Georg Kraus

Siebenburgische Chronik des Schassburger Stadtschreibers Georg Kraus

1608-1665

Georg Kraus

Siebenburgische Chronik des Schassburger Stadtschreibers Georg Kraus
1608-1665

ISBN/EAN: 9783742868503

Hergestellt in Europa, USA, Kanada, Australien, Japan

Cover: Foto ©Thomas Meinert / pixelio.de

Manufactured and distributed by brebook publishing software (www.brebook.com)

Georg Kraus

Siebenburgische Chronik des Schassburger Stadtschreibers Georg Kraus

FONTES RERUM AUSTRIACARUM.

ŒSTERREICHISCHE GESCHICHTS-QUELLEN.

HERAUSGEGEBEN

VON DER

HISTORISCHEN COMMISSION

DER

KAISERLICHEN AKADEMIE DER WISSENSCHAFTEN IN WIEN.

ERSTE ABTHEILUNG.

SCRIPTORES.

IV. BAND.

WIEN.

AUS DER KAISERLICH-KÖNIGLICHEN HOF- UND STAATSDRUCKEREI.

1864.

SIEBENBÜRGISCHE CHRONIK

DES

SCHÄSSBURGER STADTSCHREIBERS

GEORG KRAUS.

1608 — 1665.

HERAUSGEGEBEN

VOM

AUSSCHUSSE DES VEREINES FÜR SIEBENBÜRGISCHE LANDESKUNDE.

II. THEIL.

WIEN.
AUS DER KAISERLICH-KÖNIGLICHEN HOF- UND STAATSDRUCKEREI.
1864.

DIE

SCHÄSSBURGER CHRONISTEN

DES

SIEBENZEHNTEN JAHRHUNDERTS.

VON

KARL FABRITIUS.

G. Kraus sieh. Chronik. Fontes I- IV. Bd.

VII

Keinen Zweig der siebenbürgischen Literatur hat das Zusammenfallen wichtiger politischer Begebenheiten mit der Neugestaltung in Kirche und Schule während des 16. Jahrhunderts in gleichem Masse gefördert, als die Geschichtschreibung [1]. Denn während die ernsten Zeiten, welche der Schlacht bei Mohacz unmittelbar vorhergingen und folgten, den Stoff zur Geschichte in reicher Fülle darboten und den Sinn für dieselbe fortwährend wach erhielten: fing das neu sich entfaltende Leben in Kirche und Schule bereits an, Männer zu erwecken, welche die denkwürdigen Thaten ihrer Tage in der Weise jener Zeit beschrieben und zu einem Gemeingut des in weiteren Kreisen ihrem Verständniss entgegengeführten Volkes machten. Obwohl nämlich auch vor der Schlacht bei Mohacz hie und da dem Einzelnen wichtigere Ereignisse von Zeitgenossen aufgezeichnet wurden [2], so fliessen doch diese Quellen äusserst spärlich; zusammenhängende Chroniken, die auch nur im 15. Jahrhundert geschrieben wären, kennt das von ungrischen Chronisten ohnehin wenig beachtete Siebenbürgen keine [3] und es ist geringe Hoffnung vorhanden, dass die Zukunft bedeutendere Schätze dieser Art an's Licht bringen

---

[1] Schlözer: Kritische Sammlungen zur Geschichte der Deutschen in Siebenbürgen. Göttingen 1795, S. 3. — Gr. Kemény in kurz; Magazin für Geschichte etc. Kronstadt 1844, 1. Bd, S. 11.

[2] Vergl. u. A. Seivert: Nachrichten von siebenbürgischen Gelehrten. Pressburg 1785, S. 457 ff.; Eder Observationes etc. Cibinii 1803, S. 73 ff. — Fr. Müller im Ver. Arch. N. Folge I. 324 ; Henrich, Albrecht Huett etc. Hermannstadt 1847, S. 9 ff. — Der Archidiaconus de Küküllew Johannes (14. Jahrhundert) hat nichts Siebenbürgisches aufgezeichnet.

[3] Dass die siebenbürgische Chronik, welche der Jesuit Athanasius Kircher bei der Erzählung der Sage vom Auszuge der Hameln'schen Kinder in einem 1650 zuerst gedruckten Werke (Musurgia universalis T. II, L. IX, P. III; „Chronica Transylvaniae testatur, circa idem tempus in Trusylvania ignotae lingvae pueros derepente apparuisse etc.") erwähnt, der Zeit vor der Reformation angehöre, ist unwahrscheinlich. Dasselbe gilt auch von der bei F. Schuler von Libloy: Siebenbürgische Rechtsgeschichte I, 197 genannten „Chronica der Alten Sachsen in Siebenbürgen von Paul Leypolt herausgegeben von Johann Ballhorn. Lübeck 1582".

a*

werde. Daher kommt es, dass die schriftlichen Quellen zur Geschichte jener Tage vorzugsweise solche sind, welche einen amtlichen, rechtsgiltigen Charakter an der Stirne tragen und nicht um der Wissenschaft, sondern um der eigenen Sicherheit willen aufbewahrt wurden.

Erst seit dem Zusammentreffen der Siebenbürgen umgestaltenden Ereignisse auf dem Gebiete des Staates und der Kirche gewinnen die schriftlichen Quellen an Mannigfaltigkeit: die Benützung von gleichzeitigen geschichtlichen Aufzeichnungen tritt mehr und mehr in den Vordergrund. Gleich im Anfange war das Bedürfniss nach geschichtlichen Daten über seine Vergangenheit besonders im sächsischen Volke so bedeutend erstarkt, dass der Reformator Honterus, um dasselbe zu befriedigen, sich veranlasst fand, die ihm zugänglichen, Siebenbürgen im Allgemeinen und das Sachsenland insbesondere betreffenden, doch gerade in der ältern Zeit wenig haltbaren Nachrichten zusammenzustellen, 1535 [4]) an die Wand der Kronstädter Kirche schreiben [5]) und also — wie das auch in anderen Ländern der Fall war — dem gesammten Volke vor Augen stellen zu lassen. So kann denn Honterus mit Recht der Begründer der siebenbürgischen Geschichtschreibung im weitesten Sinne genannt werden; und wenn die Kronstädter Wandchronik, die sogleich nach des Honterus' Tode den weiter geführten Aufzeichnungen zufolge ihre Fortsetzer fand [6]), auch nicht überall unbedingten Glauben verdient [7]), so sichert ihr doch schon die für jene Zeit nicht gering

---

[4]) Nach Seivert: Nachrichten S. 43.
[5]) M. Georg, Haner: Historia Ecclesiarum Transylvanicarum Frankfurt et Lipsiae 1694, S. 93 „Et Chronicon Transylvanorum, cujus primus Author fuit celeberrimus Honterus, auctum vero, quotannis calendariis annectitur, fallit, accuratissimus alias, nescio quo iudicio ad hoc statuendum deceptus sit. Ideam in Ecclesiam Coronensem eadem adsignare curavit, quae postmodum a Trösteru et Krekvizio citantur". Hauer hält an diesen Worten auch noch in seinem spätern Manuscript: „Delineatio Historiae Ecclesiarum Transylvanicarum S. 219 ff." fest. Seivert, Nachrichten S. 217, dagegen zweifelt, dass Honterus der Urheber derselben sei; hat jedoch Honer gegenüber keine Gründe. Vergl. Schlözer: Krit. Sammlungen zur Geschichte der Deutschen in Siebenbürgen, Göttingen 1795, S. 6 und 208. Voreinnerungen zum III. Stück S. IV und XI. Vergl. S. Cassel: Die historische Thätigkeit in Siebenbürgen in Dr. W. A. Schmid's, Zeitschrift für Geschichtswissenschaft. Berlin 1844, II, 4, S. 360.

[6]) J. G. Schwandtner: Scriptores hung. Vindob. 1746, I. 883. Ver. Arch. IV, 115 ff. Vergl. Seivert S. 2.

[7]) Eder: Observationes etc. S. 14. Katona etc. X, 552. I. Kaler; Umrisse und krit. Studien zur Geschichte von Siebenbürgen. I. Heft. Hermannstadt S. 71

anzuschlagende historische Kenntniss, der grosse Einfluss auf die Chronisten des folgenden Jahrhunderts, in so weit dieselben ihre Angaben über die Vorzeit benützen, und der Umstand, dass ihre Daten zum Volksglauben wurden, einen bleibenden Werth in der Geschichte der siebenbürgisch-sächsischen Literatur. Bald darauf (1555—71) erhielt auch Hermannstadt [8]) eine der Kronstädter nicht ganz unähnliche, und später (wenigstens 1592) auch Schässburg [9]) der Kronstädter, wie es scheint, ganz gleiche Wandchronik.

Fast gleichzeitig mit Honterus dichtete und schrieb der Talmescher und später Budaker Pfarrer Johann Lebel [10]), der jedoch mit seiner Geschichte zum grossen Theile auf dem Gebiete der Sage stand. Auch das Nationalarchiv, der inhaltreiche Schatz zur Geschichte der Vergangenheit, wurde 1546 auf Anregung des wackern Hermannstädter Bürgermeisters Petrus Haller durch den Provincialnotär Christian Pomarius [11]) geordnet, ohne dadurch jedoch den an hergebrachten Sagen und Irrthümern hangenden Chronisten der nächsten Zeit für die Behandlung der vorigen Jahrhunderte in der sächsischen Geschichte den richtigen Weg der zuverlässigen Quellenforschung vorzeichnen zu können.

Doch erhielt seit Honterus das Gebiet der Geschichte, die auch an der stark besuchten Kronstädter „grossen Schule" bereits eine heimische Stätte gefunden [12]), eine Menge fleissiger Bearbeiter, die in regem Wetteifer, in gebundener und freier Rede für diesen Zweig der Vaterlandskunde thätig waren, die auffallenden Erscheinungen am Himmel eben so, wie die bedeutenderen Ereignisse der Nähe und Ferne niederschrieben, in den dazu eingerichteten Eberschen Kalendern oder auf leeren Blättern werthvoller Bücher anmerkten, das Vorgefundene eifrig fortsetzten und, in so weit sie den Zeit-

---

[8]) Ver. Arch. IV, 112 ff. Nach S. Mükesch: Die Pfarrkirche der A. C. V. zu Hermannstadt. Hermannstadt 1839, S. 49 ist sie unter dem Stadtpfarramt des Matth. Hebler (1555—1571) an die Wand geschrieben worden.

[9]) „1592 ... ist die Cronica in die Klosterkirchen geschrieben worden und renovirt". Mich. Moses. In dem Brande von 1676 ging sie wahrscheinlich zu Grunde. J. C. Eder: De initiis iuribusque Saxonum etc. Vienae 1792, S. 89: wo jedoch statt der Nicolaus- (Berg-) Kirche die Klosterkirche zu setzen ist, denn jene blieb vom Brande gänzlich verschont. Vergl. Ver. Arch. N. F. Band 3. 229, 233.

[10]) Seiwert etc. 265 ff. Vergl. J. K. Schuller im Ver. Arch. III, S. 336.

[11]) Seiwert: Nachrichten etc. 339 ff., Schlözer etc. 19 ff.

[12]) I. Dück: Geschichte des Kronstädter Gymnasiums. Kronstadt 1845, S. 25 und 26.

ereignissen nahe standen, von unbestreitbarem und bleibendem
Werthe sind. In den Schenken besangen die Lautenschläger hervorleuchtende Begebenheiten aus der siebenbürgischen Geschichte,
und jede sächsische Stadt hatte schon ihre Chronisten, gewöhnlich
Männer von umfassender Universitätsbildung, Männer von Amt und
Würden [13]), deren wachsame Augen keine wichtige Begebenheit, die
sie selbst oder die Heimat betraf, unbeachtet und unverzeichnet
haben vorübergehen lassen, die mit kundiger Feder sogar die
Schicksale des ganzen Vaterlandes der Nachwelt überliefert haben.
Viele Namen von solchen Geschichtsfreunden aus dem 16. Jahrhundert kennen wir schon; in der Stadt des Honterus schrieben der
Organist Hieronymus Ostermayer und der Stadtpfarrer Simon Massa [14]);
in Hermannstadt der Rathsmann Thomas Bomel, der Grossauer Pfarrer Michael Siegler, der Stadtpfarrer Christian Lupinus, sogar der
Comes-Albert Huet [15]); in Klausenburg, damals noch von deutschem
Geiste getragen, der Superintendent Kaspar Helt, der theilweise
auch Kronstadt und Bistritz angehörige Schulmann Johann Sommer,
der fürstliche Secretär Johann Jakobinus [16]); in Bistritz der Budaker
Pfarrer Andreas Irenäus und Emericus Amicinus [17]); in Medwisch der
Stadtpfarrer Christian Schesäus; die beiden Martin Oltard, Vater

---

[13]) Es genüge hier, ausserhalb des Sachsenlandes, auf den Eder'schen Kalender in der Bathorischen Familie hingewiesen zu haben, S. Kurz: Nachlese auf dem Felde der ungarischen und siebenbür, ischen Geschichte. Kronstadt 1840. S. 81 ff. — Nikolaus Olahus, Erzbischof von Gran, und Johann Listh, Bischof von Raab, kommen hier, obwohl beide Hermannstädter waren, nicht in Betracht, da sie Siebenbürgen ferne standen und auch ihre kirchliche Stellung sie den Zuständen in der Heimat entfremden mochte. Dass der Hermannstädter Stadtpfarrer und erste evangelische Superintendent Paul Wiener ebenfalls eine kleine Chronik geschrieben, wie A. Kurz (Die ältesten deutschen Sprachdenkmale und die bis jetzt bekannte älteste Handschrift der Sachsen in Siebenbürgen. Leipzig 1848, S. 10 und 27) vermuthet, ist unwahrscheinlich, da der Verfasser derselben 1542 in Hermannstadt anwesend war (S. 26), während Paul Wiener nach seiner, wie es scheint, eigenen Angabe (S. 39) erst gegen Ende des 4. Jahrzehents nach Hermannstadt kam.

[14]) Gr. J. Kemeny: Deutsche Fundgruben Klausenburg 1839. I, 1 — 69; Seiwert's Nachrichten etc. S. 282 ff., 114 ff.; J. Trausch: Chronicon Fuchsio - Lupino-Oltardinum, Coronae 1847.

[15]) Seiwert etc. 41 ff. 300 ff.; 280, 184; vergl. Henrich Huet etc. S. 28 ff.; G. J. Haner: De Scriptoribus rerum Hung. et Transylv. Viennae 1774, S. 161, 195; Trausch etc. I. S III f. Transsilvania II, 97 f. Mökesch etc. 66.

[16]) Seiwert etc. 130 ff.; 404, 208. Haner etc. 201, 173, 235. Schwandtner I, 742 ff.

[17]) J. K. Schuller im Ver. Arch. III, 354; Fr. Müller im Schässburger Gymnasial-Programm 1855 G, S. 23.

und Sohn, von denen aber der Vater auch in Hermannstadt thätig war [18]); in Reps der Seiburger Pfarrer Isaak Hendel [19]). Schässburg allein kann keinen Namen aus dieser Zeit nennen, obwohl die noch erhaltenen Aufzeichnungen nicht daran zweifeln lassen, dass sie einem oder mehreren Zeitgenossen der genannten Männer in Schässburg selbst zu danken sind.

Auch das 17. Jahrhundert folgte mit grossem Eifer der vorgezeichneten Bahn. Die Liebe zur Geschichte, zum Chronikenschreiben war in steigender Zunahme begriffen, je mehr Zeiten unsäglichen Jammers und unerhörter Drangsale über das Land hereinbrachen. Bedeutende Persönlichkeiten schrieben unter den grössten Sorgen und Bedrängnissen werthvolle Beiträge zur Geschichte ihrer Zeit; so der Superintendent Matth. Schiffbäumer, der Kronstädter Stadtpfarrer Mark. Fuchs, der Richter Mich. Weiss, der Rathsherr Andr. Hegyes, der Stadtarzt Trostfried Hegnitius, der Goldschmid Michael Seybriger, die Sachsengrafen J. Lutsch und Valentin Frank von Frankenstein, der Stolzenburger Pfarrer Thom. Bordan, die Hermannstädter Stadtpfarrer Joh. und Andr. Oltard, Vater und Sohn, und Joh. Graffius, die Hermannstädter Bürger Simon Brenner und Paul Brölfft, der Wurmlocher Pfarrer David Hermann, der Medwischer Stadtpfarrer Matth. Miles und sein gleichnamiger Sohn, der bekannte Verfasser des siebenbürgischen Würgengels, der argverfolgte Medwischer Andr. Graffius, die zu ihrer Zeit vielgenannten Töppelt und Tröster [20]), der Bistritzer Stadtpfarrer Stephan Decani. Auch Urkunden zur Geschichte der vorigen Jahrhunderte wurden fleissig gesammelt, von sächsischen Pfarrern mit grosser Vorliebe ihren Stand betreffende Privilegien und die Sinodal-Verhandlungen.

So finden wir denn auch im 17. Jahrhundert den Sinn für Geschichte noch immer recht heimisch in den bessern Häusern des Sachsenlandes, und es gehörte gewissermassen zum guten Ton, dass

---

[18]) Seiwert etc. S. 359, 315; Haner etc. 192. J. K. Schuller im Ver. Arch III, S. 353 f. Gr. J Keméuy im Ver. Arch. IV, 110.
[19]) Eder: Scriptores Rerum Transsilvanarum. Cib. 1797. I, 1, 275.
[20]) Haner etc. II, 251, 120, 230, 217. Seiwert etc. S. 71, 95, 114, 117, 140, 289, 300, 315, 435, 447, 486, Siebenb. Quartalschrift III, 264. Kem. Fundgruben I, 219, 254, 277; II, 141, 143; Chronicon F. L. Oltardinum I, 239, 293. Ver. Arch. III, 353 f Mökesch etc. 115, 45, 103, 62. A. Gräser im Medischer Programm 1851 2, S. 14. Blätter für Geist, Gemüth und Vaterlandskunde 1839, Nr. 7 – 9; 1843. Nr. 30–34. Kurz- Magaziu für Geschichte etc. Kronstadt 1844, S. 240.

eben die Gebildeteren, Vornehmeren, deren Beispiel nicht Jedermann nachzuahmen Muth hatte, geschichtliche Nachrichten aufzeichneten [21]). Dieser Sinn verpflanzte sich in Kurzem auf das ganze Volk, das während dieser Zeit an seinen Chroniken mit Liebe hing, oft auch schrieb. So allgemein war überhaupt das Chronikenschreiben geworden, dass man gar keinen Zweifel darin setzte, es würden an jedem Orte des Sachsenlandes die wichtigeren Ereignisse in die Geschichtsbücher eingetragen werden [22]). Es wurde immer mehr zur Gewohnheit, einzelne wichtige Begebenheiten zum Gedächtniss der Nachwelt in Zunft-, Kirchen-, Capitels-, Rathsprotokolle, ja selbst in Privatbücher und Kalender — besonders den Eber'schen — gleichzeitig niederzuschreiben und bei der in der Regel hohen Glaubwürdigkeit des Berichterstatters unschätzbare Berichte zu hinterlassen. Solcher Aufzeichnungen werden eine grosse Menge in den Bibliotheken, Archiven, Zunft- und Nachbarschaftsladen oder in einzelnen Familien aufbewahrt und nicht immer nach Verdienst gewürdigt; Vieles ist auch über die siebenbürgische Grenze gewandert oder liegt noch hie und da verborgen und unbeachtet. Sehr viel ist auch durch Feuersbrünste, Überschwemmungen und durch eine oft grenzenlose Unachtsamkeit der Nachkommen zu Grunde gegangen.

Eine besonders sorgsame Pflege widmete man neben der Abfassung von Chroniken auch der biographischen Richtung. Das Andenken der um Schule, Kirche und Gemeinwesen verdienteren Männer wurde theils durch Lebensbeschreibungen, die bisweilen aus ihrer eigenen Feder geflossen [23]), theils in Leichenpredigten [24]), Leichen-

---

[21]) G. Kraus sagt in der Widmung seiner grossen Chronik an den Rath von Schässburg (I. Theil. Seite 5), „dass ich ihn historicis, vudt vnseres armen nunmehr sehr ver-„wüsten, vudt verhöhrten Vatterlandts geschehenen Dingen, etwas zu beschreiben „vnterstanden, vudt angemassen, sintemal vielleicht auch andere fürnehme leüt „(denen ich mich gleichsam ihm geringsten nicht gleich achte) dergleichen für mir „gethan vndt geschrieben haben" etc.

[22]) Bordan (bei Kem. F. G. I, 226) sagt: „die Drangsaalen, so sie ihnen angethan, werden die Medwischer Annales erzählen" . . . „Was die armen Schäsburger . . . ausgestanden, will ich ihre Annales davon reden lassen". Über Medwisch s. Vereinsarch. N. F. III, 32, 80—123.

[23]) Sieb. Quartalschr. III, 317; F. K. Schuller, Archiv I, 147; Ver. Arch. N. F. I, 201.

[24]) Eine sehr werthvolle Lebensbeschreibung des Repser Königsrichters David Weyrauch ist auf diese Weise erhalten worden.

karten [25]) und häufiger als früher auch durch kunstvolle Grabsteine [26]) erhalten. Wie anderwärts so hatte dieser historische Sinn auch in Schässburg recht tiefe Wurzeln geschlagen, der sich allenthalben auch während des 17. Jahrhunderts auf die erfreulichste Art kundgab. Vor Allen nahm sich der Rath in richtiger Erkenntnis, dass die Geschichte der vergangenen Tage die beste Lehrmeisterin und das sicherste Mittel sei, eine verständige, erfahrene Bürgerschaft für den Berathungssaal des öffentlichen Wohles zu erziehen, der Aufzeichnung dessen, was Stadt und Stuhl, oder auch das ganze Land berührte, mit vieler Wärme an, munterte fähige Männer zum Chronikenschreiben auf, oder liess sogar zu bestimmtem Zwecke solche Chroniken eigens abfassen [27]), und wenn man die fast durch das ganze Jahrhundert sich hinziehende Reihe von Stadtnotären, die beinahe alle sich durch Chroniken von grösserem oder geringerem Umfange der Nachwelt bekannter gemacht haben, genauer betrachtet, so möchte man fast meinen, der Rath habe sich in seinen Notären recht eigentlich Historiographen gehalten, deren Aufzeichnungen fleissig aufgeschlagen und gelesen zu werden pflegten. — Immerhin bleibt jedoch eine auffallende Beschränkung des historischen Sinnes im Volke das im Laufe dieses Jahrhunderts wiederholt erlassene Verbot des Rathes, bei den Leichenpredigten für Leute geringeren Standes die Lebensbeschreibung des Gestorbenen aufzulesen [28]), ein Verbot, das schwerlich einem Bedürfnisse des Volkes entsprach, selbst wenn dadurch einem eingerissenen Missbrauche gewehrt werden sollte. — Mit dem Rath der Stadt scheinen in der

---

[25]) Schon in diesem Jahrhunderte gewöhnlich. Kemény: Fundgr. II, 145. Gr. Jos. Kemény hat eine grosse Anzahl derselben gesammelt.

[26]) Die Hermannstädter theilweise veröffentlicht durch Mükesch: S. 21 ff. Die Schässburger durch Fr. Müller (Ver. Arch N. F. I, 326 ff.). Die Birthälmer von demselben (Ver. Arch. N. F. II, 309 ff.).

[27]) Vergl. das unten über G. Kraus Stadthurmchronik Gesagte.

[28]) In den „Articuli pro civitate Segesvar Anno 1619 unanimi Ampl. Senatus et Dominorum Centum uirorum Consensu, de exequis et Funerum deductionibus conclusi, Anno vero 1630 et 1636 Die 11. Septemb. ab ijsdem denuo revisi approbati ratificati et confirmati" heisst es Punkt 4: „Nach vollendeter Leichenpredig soll von vnseren Herrn Ministris die geschlechts vndt geburts Linea Leben vndt wandel zu erzellen eingestellet, vndt vnterlassen werden exceptis tamen excipiendis". Da in dem „Leychen-Artikel" von 1619 dieser Punkt ganz fehlt, so trifft seine Festsetzung in dieser Gestalt erst in die Jahre 1630 und 1636.

XIV

Pflege des historischen Sinnes in ihrer Mitte auch andere Genossenschaften gewetteifert zu haben. Die erste Marktnachbarschaft hielt sich ihre eigene Chronik [29]), die einem lebhaften Bedürfniss, die Geschichte der früheren Jahre genauer zu kennen, ihren Ursprung verdankte und in ihren Versammlungen, wo die denkwürdigen Tage der Vergangenheit den Gegenstand der Unterhaltung bildeten, häufig gebraucht wurde. Auch die Zünfte liessen durch ihre Schreiber in ihre Bücher Manches eintragen, was nicht streng genommen Zunftangelegenheit war, für die Geschichte der Stadt jedoch irgendwie Bedeutung hatte [30]) oder das Andenken um das öffentliche Wohl verdienter Zunftgenossen der Nachwelt erhalten sollte [31]). Eben so wurde auch auf den Ortschaften in der Nähe manche werthvolle Aufzeichnung gemacht; der Kaisder Pfarrer Joh. Orth (1606—1683) beschrieb die grosse Wasserfluth von 1668; der gleichzeitige Pfarrer von Grossalisch die daselbst im Jänner 1662 vorgefallene Schlacht, ja die letztere Aufzeichnung soll ihre Fortsetzer gefunden haben und auf diese Weise eine Art Dorfchronik entstanden sein [32]). Überhaupt bekam beinahe jede Familie mit dem Kalender und seinem geschichtlichen Anhang eine Chronik in's Haus [33]). Eber'sche Kalender, welche bedeutendere in Schässburg gemachte Aufzeichnungen aus diesem Zeitraum enthielten, sind nicht bekannt geworden [34]); wohl aber haben wir wenigstens einen Beweis von Schässburg zu nennen, dass Studirende auch nach der Rückkehr von der Universität mit ihren Lehrern in literarischem Zusammenhange blieben und dieselben auf die trostlosen Zustände der Heimat und die jammer-

---

[29]) Vergl. Beilage I und das unten über Mich. Moses und J. Krempes Gesagte.

[30]) Vergl. das unten über A. Gehell Gesagte.

[31]) Vergl. Beilage. Wahrscheinlich war diese Reise in dem alten Zunftbuch der Fassbinder, das, wie es scheint, 1676 verbrannte, ausführlicher beschrieben gewesen und dies nur ein dürftiger Ersatz des frühern. — G. Hirling, der Grossvater des M. G. Hauer von mütterlicher Seite (Hauer, Script. II, 391) starb als Königsrichter den 27. October 1686.

[32]) Leider kann über diese Chronik nichts Näheres gesagt werden, als dass sie der im Jahre 1847 gestorbene Pfarrer Joh. Kworth in der Verwahrung hatte, und dass sie nach seinem Tode nicht mehr vorgefunden wurde.

[33]) Vergl. oben Anmerkung 5.

[34]) Die Schässburger Gymnasialbibliothek besitzt ein einziges Exemplar und zwar von 1559, das, von 1565—1571 im Besitz des Omlascher Schulmeisters Albert Fyrder, im 17. Jahrhundert im Besitz des Wolkendorfer Pfarrers Abraham Kreuzer, seines Schwiegersohnes Marcus Meusator und des Schässburger Spitalspredigers Matthias Tischler, nichts anderes als Familiennachrichten enthält.

vollen Schicksale des Landes durch Übersendung siebenbürgischer Geschichtswerke aufmerksam machten [35]).

Wohl mag zur Erhaltung und Pflege dieses historischen Sinnes im Volke auch die Schule etwas beigetragen haben [36]), allein weit mehr als die Schule wirkte das bewegte Leben, in welchem der Jüngling zum thatkräftigen Manne heranwuchs, wirkte die Familie, Zunft und Nachbarschaft, kurz das ganze gesellschaftliche Leben mit seinem reichen Schatze von geschichtlichen Erzählungen, die eben weil sie die nahe liegenden Gegenstände der Heimat berührten, empfängliche Gemüther tief ergreifen. Dass aber diese Erzählungen im Munde des Volkes nicht schwankende Sage wurden, dass sie vielmehr feste Anhaltspunkte erhielten, ist vorzugsweise den Chronisten jener Zeit zu danken, deren zwar Schässburg nicht so viele aufzuzählen vermag, als Hermannstadt und Kronstadt [37]), die aber Werke hinterlassen haben, welche an Umfang und Inhalt zu den ausgezeichneteren Leistungen der siebenbürgisch-sächsischen Geschichtschreibung gehören und als Quellen der vaterländischen Geschichte noch lange nicht gehörig benützt sind. Um hiefür weitere Belege zu geben, möge es gestattet sein, auf den folgenden Blättern das Leben und die Schriften der Schässburger Chronisten im 17. Jahrhundert, in so weit sie uns bekannt und zugänglich geworden sind, in chrono-

---

[35]) Auf einer Leipziger Bücherauction erstand ich 1849 ein Exemplar von Joh. Bettens: Rerum Transylvanicarum Libri IV, 1663, auf dessen Deckel vor dem Titelblatte Folgendes steht: „Viro perexime Claritatis Excellen. Du. M. Johanni Conrado Dürrio S. S. theol. et philos. moral. in illustri Noricorum Universitate Profess. publ. longe celeberrimo, Domino Fautori et quondam Praeceptori suo desideratissimo, librum hunc Tristium Transylvaniae offert, et Schesburgo Transylv. Altdorfinum transmittit gratitudinis et piae memoriae ergo Michael Benedictj ecclesiae Schesburgensis et patriae ad S. Nicolaj Diaconus publicus". — Benedictj aus Bodendorf gebürtig, studirte 1654 mit 11 anderen Siebenbürger-Sachsen in Pressburg (nach einem Album des Thomas Zimmermann aus Henndorf), wurde aus dem Repser Rectorat 1662 als Montagprediger nach Schässburg berufen, 1663 Stadtprediger, 1669 Pfarrer in Radeln, † 1679. — Vergl. über ihn auch Schässburg Gym. Progr. 1854/5, S. 19, wo er jedoch irrthümlich Benedict Melas heisst — Dürr (nach Wills: Geschichte der Universität Altdorf, Altdorf 1795, S. 40 f. und 329) mehrmals Rector der Universität, † 1677.

[36]) Teutsch im Schässburger Programm 1852/3, S. 21. Am Kronstädter und Medwischer Gymnasium erscheint während dieser Zeit die Geschichte als Unterrichtsgegenstand nicht. Vergl. über Kronstadt Dück a. a. O., über Medwisch Gräser a. a. O.

[37]) Schon G. v. Herrmann († 1807) führt am Schlusse des I. Bandes von seinem „Alten und neuen Kronstadt" 14 Chronisten aus dem 16. und 17. Jahrhundert namentlich auf, deren Chroniken meist noch nicht veröffentlicht sind.

logischer Reihenfolge eingehender zu behandeln. Wir beginnen die Reihe mit:

1. Petrus Surius.

Aus Kreuz gebürtig, wahrscheinlich ein Sohn des dasigen Pfarrers Petrus Saur, studirte um 1579 in Wittenberg [38]), erhielt den Ruf als Stadtpfarrer nach Schässburg den 13. Februar 1586 [39]), wurde Dechant 1590 und wohnte als solcher der in Medwisch am 14. December 1600 abgehaltenen Partialsynode bei, wo nach Lucas Ungler's Tode über die Neuwahl eines Superintendenten berathen wurde [40]). Auch auf der Generalsynode, auf welcher am 18. März 1601 Matthäus Schiffbaumer zum Superintendenten gewählt wurde, war er als Dechant zugegen [41]). Als am 14. December 1601 die Burg von den Szeklern mit List war genommen worden und bis in den Juli des folgenden Jahres Alles ihrer unersättlichen Raubgier und zügellosen Willkühr preisgegeben war: musste auch der „fromme" Pfarrer Surius weichen. Das Capitelsarchiv wurde arg misshandelt [42]), die alten Schässburger Kirchenbücher wahrscheinlich bei dieser Gelegenheit alle vernichtet [43]). Mit den unglück-

---

[38]) In dem Bestätigungsbrief des Stadtpfarrers Sim. Paulinus von Sigismund Rakoczi d. d. Alba Julia 17. Juli 1607 heisst es: „per discessum honorabilis Petrj Surij Crucensis . . . " Filken Ench·r. S. 164. — Auf das vordere Vorsetzblatt zum ersten Bande von Johannis Cluii Explicationum Anniversariorum Evangeliorum Libri IV. Lipsiae 1575 schrieb er den noch lesbaren Schluss — das Vorhergehende ist verklebt worden — „quod Christianus in hanc aetatem re violata (?) Evangelicae veritatis, quae in Accademia Wittebergensi in Cathedra Lutheri Philippique Melanthonis exorta est, quam ex eademque per Doctissimos eorum successores consiteri audivi et didici. Petrus Surius". Das Buch ist in Pergament gebunden, trägt auf der Aussenseite die Buchstaben „P. S. C." (Petrus Surius Cruceusis) und die Jahrzahl „1579".

[39]) Kleder Kapitular Matrikel und Siebenb. Provincial Blätter IV. 120.

[40]) „Ex nostro Capitulo Kysdensi evocatus Decanus eo tempore existens Petrus Surius pastor ecclesiae Segeswariensis". Matrica S. 33.

[41]) „Decani ordine suo singillatim procedentes ad electum adhuc in genuis ante altare procumbentem, manus capiti eius imponunt, invocantes Dei patris, Filii et Spiritus S. gratiam ad tam arduum in ecclesia Dei officium peragendum. Ego autem Surius, vice mea, tum hac formula extemporanea cum manuum mearum impositione sum usus" . . . Ebenda.

[42]) An dem Rande des von Surius angefertigten „Index privilegiorum finden sich von der Hand des spätern Dechanten und Stadtpfarrers Sim. Paulinus folgende Bemerkungen: bei einer Urkunde 1588: „Periit in depraedatione arcis Segesvariensis"; bei einer Urkunde von 1599: „est mutilatum per praedatores".

[43]) Die jetzt noch vorhandenen reichen nicht über das Jahr 1606 hinaus.

lichen Bewohnern der Stadt hielt der Prediger Math. Göldner, der noch mit Mühe zu Hause bleiben konnte, in der Capelle — die Klosterkirche benützten die Szekler — halb nackt und blos unter vielen Thränen an den Sonn- und Festtagen Gottesdienst. Nach der Befreiung der Stadt und seiner Rückkehr scheint Surius das Decanat sofort niedergelegt zu haben [44]) und starb den 31. Juli 1603 an der Pest [45]).

Er schrieb:

1. *De electione Superintendentis* — Vorgänge und Berathungen, die auf der Partialsynode 1600 und auf der Generalsynode von 1601 bei der Wahl des Superintendenten Matth. Schiffbaumer stattfanden — zur Kunde für die Nachkommen [46]) auf S. 55* — 56* der Matrica Capituli.

2. *Index privilegiorum et Literarum* in arca nostra repositarum, quae commodo atque usui subinde possint esse in varijs Capituli casibus cum brevibus contentorum summis. Collectus a Petro Surio Anno 1600 Decano eo tempore. Matrica Cap. 61* — 64*.

In diesem Index werden in 25 Abschnitten Inhaltsauszüge aus den die sächsische Geistlichkeit überhaupt, und das Kisder Capitel insbesondere betreffenden Urkunden und gegen das Ende des 16. Jahrhunderts auch aus Landtagsbeschlüssen gegeben. Obenan steht das Andreanum, die übrigen Urkunden und Landtagsbeschlüsse umfassen die Zeit von 1558 bis Ende 1600 (und zwar die Jahre 1558, 1559, 1562, 1563, 1570, 1575, 1576, 1579, 1580, 1587, 1588, 1590, 1593, 1598, 1599, 1600). In wie weit das Ganze chronologisch behandelt ist, kann dieser Index als eine chronikartige Darstellung der Rechtsgeschichte der sächsischen Geistlichkeit und besonders des Kisder Capitels betrachtet werden. Von 1598 an bis zu Ende sind jedem Abschnitt auch kurze übersichtliche Bemerkungen über die damalige politische Geschichte beigegeben, die obwohl meist Bekanntes enthaltend, doch nicht ohne Werth sind.

---

[44]) Zufolge der Inschrift, die mit gelber Farbe auf grünem Grunde in dem Deckel der Capitelslade steht: „Arcula Capituli Kisdensis sub Anno salutis 1575 Decano D. Christophoro Vrdesio Past. Segesd. confecta: Renovata vero Anno 1602 Decano D. Petro Lyslenio. Past. Segesd".

[45]) Kemény, Fundgruben I, 177; Sieh Provinzialblatt IV, 98.

[46]) „Hunc ritum electionis et inaugurationis iussi sumus consignare pro memoria ad Posteros".

2. Michael Moses.

Von ihm wissen wir nichts mehr, als was seine eigenhändige Bemerkung auf dem ersten Blatt der Marktnachbarschaftschronik [47]) erzählt, dass er Schullehrer auf dem Spital war, der als solcher zu dieser Nachbarschaft gehörte. Ob er die Schreckenszeit Schässburgs von 1601 — 1602 glücklich überstanden, darüber fehlen genaue zuverlässige Angaben, denn der auf der letzten Seite des Chronikbandes von seiner Hand geschriebene Übersichtskalender über die Wochen zwischen Weihnachten und Fastnacht in den Jahren 1602 — 1615 hat, eben weil er für die Zukunft geschrieben wurde, hierüber keine Beweiskraft. Auch der Grund, wesshalb er sich den „armen und elenden Schuldiener" heisst, ist nicht näher bekannt, wenn darin nicht etwa eine Anspielung auf den äusserst kümmerlichen Gehalt von etwa 10 Gulden, welcher in den ersten Jahren dieses Jahrhunderts mit der Stelle eines Schullehrers auf dem Spital verbunden war [48]), zu suchen ist.

Auf dem Richttag des Jahres 1601, zu einer Zeit, wo die Kämpfe zwischen dem Cardinal Andreas Bathori, dem Woiwoden Michael, dem k. General Basta und Siegmund Bathori noch in frischem Andenken waren und auch das Verlangen, die Vergangenheit zu kennen anregten, trug sich Michael Moses der Nachbarschaft an, ihr zu Ehren die Chronik herauszuschreiben, worin gründliche und „klärliche" Beschreibungen ungrischer und siebenbürgischer Geschichten enthalten seien. Er hielt sein Versprechen, indem er schrieb:

Ettliche furnembste vnd merkliche Geschichten, so in Vngern vnd Siebenburgen gescheen sindt, Seydt der Zeit hehr 373.

Seine Chronik reicht von 373 bis zum Herbst 1600. Aus welchen Quellen er schöpfte, hat er nicht berichtet. Möglich ist's, dass die Nachbarschaft auch frühere historische Notizen besass, die ihm vorlagen. Dass er mehrere Quellen zugleich benützte, geht aus dem in der Geschichte eines Jahres oft mehrmals gesetzten „Ittem" hervor. — In der ältesten Zeit ist der Einfluss des Thuroz

---

[47]) S. Beilage 1.
[48]) Fr. Müller im Schässburger Programm für 1855 6. Vergl. auch G. D. Teutsch im Schässburger Programm für 1851 2. S. 9 und 14.

unverkennbar, später aber tritt in seinen Aufzeichnungen mehr und mehr die Kronstädter Wandchronik nach der von Kemény (vergl. Arch. IV. 115 ff.) veröffentlichten Oltard'schen Abschrift in den Vordergrund, und da er wohl nicht die ihm weniger zugängliche Kronstädter, sondern die bei der Ausbesserung der Schässburger Klosterkirche 1592 [49]) — wenige Jahre, bevor er an die Arbeit ging — in dieselbe geschriebene Wandchronik benützt haben mag, so ist es wegen der grossen Verwandtschaft zwischen der Kronstädter Wandchronik und Michael Moses mehr als wahrscheinlich, dass die Chronik der Schässburger Klosterkirche mit der Kronstädter sehr nahe verwandt, wenn nicht ganz gleich war [50]). —Neben der Wandchronik, deren Einfluss mit 1571 ganz aufhört, ist ihm über die ältere Zeit auch eine andere, wenn auch bisweilen eben so unzuverlässige Quelle zu Gebote gestanden, so z. B. werden erwähnt:

1235 Die Ankunft der Geiszler in Ungern.
1308 Erfindung des Pulvers.
1367 Geburt des Königs Sigismund.
1415 Verbrennung des Husz („Hust").
1430 Einnahme vieler Städte in Ungern durch die „Bömen".
1443 Geburt des Königs Matthias.
1452 Erfindung der Buchdruckerkunst.
1458 Ankunft des Szilagy mit Böhmen in Siebenbürgen.
1509 Krönung des Königs Ludwig zu Stuhlweissenburg.
1515 Vermählung Ludwig's.
1518 Luthers Auftreten.
1522 Geburt des „Schuindi Lazar".

Mit der Schlacht bei Mohacz wird die Chronik reichhaltiger, genauer und ausführlicher, nimmt auf siebenbürgisch-sächsische Verhältnisse mehr Rücksicht und enthält vom Jahre 1528 an, besonders aber am Ende des Jahrhunderts, Aufzeichnungen, die unzweifelhaft in Schässburg selbst und zwar gleichzeitig gemacht sind. Und eben dieser werthvollere Theil scheint, wenn man ein-

---

[49]) „. . . 1592 als die Kirch vernayet ward . . ." Gleichzeitiges Kirchenstellenbuch S. 7. Vergl. Anm. 9.
[50]) Vergl. Anmerkung 9. Von der Kronstädter Wandchronik kommen bei Michael Moses nicht vor: 1233, 1409, 1427, 1437, 1438, 1473, 1475, 1480, 1484, 1508, 1515, 1516, 1517 und 1521 (verschieden), 1531, 1534 (verschieden) u. s. w.

zelne Daten genauer ansicht [51]), keinen andern als Michael Moses zum Verfasser zu haben.

Die Chronik des Michael Moses enthält viel Interessantes und Brauchbares. Für Schässburgs Geschichte ist sie einzig in ihrer Art, aber, obwohl sie Eigenthum einer ganzen Genossenschaft war, und wie die angegriffenen Blätter des Originals beweisen, stark gebraucht wurde, von den übrigen Schässburger Chronisten des 17. Jahrhunderts, mit Ausnahme Kelp's, nicht benützt worden. Sie birgt einen beachtenswerthen Schatz auch von meteorologischen Beobachtungen [52]).

Im Herbste 1600 schliesst mitten im Satz die Handschrift des Michael Moses zugleich mit dem Ende eines Blattes. Die Fortsetzung des abgebrochenen Satzes und der Chronik überhaupt auf dem folgenden Blatt — sie umfasst beinahe zwei Quartblätter und reicht bis zum Ende des Jahres 1604 — ist von fremder Hand geschrieben. Eben dieser Umstand könnte leicht zur Annahme führen, die Schlussblätter der Moses'schen Chronik seien — was man jetzt, wo dieselbe festgebunden ist, nicht mehr erkennen kann — schon frühe losgerissen oder hätten durch den häufigen Gebrauch stark gelitten, so dass die dort aufgezeichneten Nachrichten, um sie zu erhalten, nochmals hätten abgeschrieben werden müssen. Allein diese Annahme könnte höchstens von den wenigen Zeilen des Jahres 1600 gelten; die Jahre 1601 — 1604 haben auch aus inneren Gründen einen andern Verfasser, den unbekannten Fortsetzer des Michael Moses. Es haben bei ihm die allgemein siebenbürgischen Händel den Vorrang, Schässburg tritt mehr in den Hintergrund. Der reiche Stoff der Kriegsereignisse um und in Schässburg ist auffallend kurz behandelt, der ganzen Darstellungsweise fehlt die lebendige Frische und Genauigkeit eines gleichzeitigen Berichterstatters, die den Michael Moses ungeachtet aller Einfachheit auszeichnet. Aus diesen Gründen muss man nothwendiger Weise annehmen, diese Fortsetzung sei nicht gleich nach 1604 geschrieben worden. Zuverlässig aber gehört sie dem ersten Viertel des 17. Jahrhunderts an

---

[51]) Z. B. 1593, 10. August sei der Schaaserbach so hoch gestiegen, dass er bis in's Spitalthor gereicht habe; 1593 sei ein so geringer Herbst gewesen, dass man zu Schässburg nur 3 Eimer „gesost" habe. Der Schulmeister beim Zehnten nehmen verwendet!

[52]) Vergl. D. Hain im Schässburger Programm 1853 4.

eine Ansicht, in welcher uns auch der Umstand bestärkt, 'dass zu den am Ende des Bandes stehenden alten Nachbarschaftsgesetzen von derselben Hand ein im Jahre 1622 gefasster Beschluss geschrieben wurde [53]), was gewiss sofort nach der Fassung des Beschlusses geschah.

3. Johann Ursinus.

Er war ein Bistritzer [54]) und vom 13. September 1599 — 1602 Rector der Repser Schule [55]). Wahrscheinlich noch 1602 wurde er Notar in Schässburg [56]) und starb als solcher den 22. März 1611 [57]) wie es scheint, in den besten Mannesjahren [58]).

Das Original seiner Chronik scheint längst verloren gegangen und wegen des starken Umfanges derselben äusserst selten Abschriften daraus genommen worden zu sein. Die vollständigste Abschrift der ganzen Ursinus'schen Chronik, die bei der gegenwärtigen Bearbeitung vorlag, fand sich unter den Handschriften des Grafen Jos. Kemény in dessen „Scriptores Rerum Transsilvanicarum Minores". Tom. I. p. 1 — 77, die ich bei allen folgenden Citaten mit „Ursinus Kem." bezeichnen werde. Die Chronik führt bei ihm den Titel: *Chronologia Rerum Hungaricarum a primo Hunnorum in Pannonium adventu*, hoc futt a. c. 366 ad 1556 a nato Christo annum collecta et subseque per Anonimum Schässburgensem usque ad annum 1610 continuata, und war für die Kemény'sche Sammlung 1832 aus dem 5. Bande der Manuscripte des k. Raths Michael Conrad v. Heidendorf abgeschrieben worden. Anfangs blieb der Name des Verfassers dem Gr. Kemény unbekannt, erst als der Druck des Chronicon Fuchsio — Lupino — Oltardinum. Tom. I. 1847 erfolgt

---

[53]) „Grosse voordnungen verhütten, hat die ehrlige nachbarschafft im jar 1622 beschlossen, dass man" etc.

[54]) Den 24. October 1603 unterschreibt er sich selbst in Schässburg „Joannes Ursinus Bistriciensis Notarius". Schässb. Arch. Z. 480.

[55]) In dem alten Repser Rectorenverzeichniss steht darüber: „Huic (Matthaeo Faber Rupens. anno 1599) eodem Anno successit Johannes Ursinus Bistriciensis 3. Septembris. Johanni Ursino successit Johannes Krempes Katziensis anno 1602". Jos. Weiss' handschriftlicher Nachlass.

[56]) Sein Vorgänger im Amt, Paul Roth, erscheint zuletzt den 22. Juni 1602, Ursinus zuerst den 7. Februar 1603. Schässb Arch. Z. 480.

[57]) „D. 22. Mart. moritur D. Johannes Ursinus Notarius". Schässb. Kirchenprot.

[58]) Den 17 Juli 1610 stirbt „Johannes Oliolus D. Johann. Ursini Notarij". Seine Tochter Sara heiratete Zacharias Filkenius kurz vor 1623.

G. Kraus sieh. Chronik. Fontes. I. IV. Bd.   b

war, führte ihn eine auf S. 102 enthaltene Note des G. J. Haner—
obwohl Kemény's Abschrift gar nicht den vollständigen Text des
Ursinus enthält ⁵⁹) — zur Annahme, dass Ursinus der Verfasser dieser Chronik sei ⁶⁰). Aus diesem Grunde wurde ihr ursprünglicher
Titel vermehrt durch die Worte: „Ursini Notarii Schäsburgensis".
Dass jedoch auch diese Abschrift den Ursinus, wenigstens im zweiten
Theile von 1556 an nicht vollständig wieder gibt, dass er ein oft
sehr magerer Auszug aus dem Ganzen ist, geht aus einer genauen
Vergleichung des folgenden Auszugs und des. G. Kraus'schen
Tractatus ⁶¹) etc. der auch in die Reihe der Ursinus'schen Auszüge
gehört — an allen Stellen hervor.

In demselben Bande der Kemény'schen Scriptores finden sich
S. 97 — 108, eben so wie die vorher genannte Chronologia des
Ursinus lateinisch geschrieben auch: „Anonimi Saxo-Transsilvani
*Fragmenta historica rerum inde a nativitate sua in Transsilvania
gestarum* 1554 — 1607", die von 1599 an (auch schon das einzeln stehende Jahr 1577, wo Huet's Wahl angegeben wird, gehört
hieher) ebenfalls Auszüge von Ursinus enthalten. Diese Chronik —
Kemény hält für ihren Verfasser einen Hermannstädter ⁶²) — findet
sich auf den letzten Blättern eines Eber'schen Kalenders von 1573,
beginnt mit den einleitenden Worten: „Haec sunt, quae inde ab
anno nativitatis meae acciderunt memorabiliora, quorumve ingravescente jam senectute mea recordor", die ohne genauere Prüfung
des Inhalts keinen Zweifel über die Selbstständigkeit des Verfassers
würden aufkommen lassen, und zeichnet dann ⁶³) wichtigere Bege-

---

⁵⁹) Nur ahnend traf also Kemény das Richtige.

⁶⁰) Seine eigenen Worte lauten: „Auctorem hujus Chronici fuisse Schässburgensem, aut saltem Schäsburgi viventem vel ex eo constat, quod res praeprimis Schäsburgi semet emergentes consignaverit. — Eundem Auctorem hujus Chronologiae autem fuisse Ursinum Notarium Schäsburgensem, evenit ex sequentibus verbis Georgii Jeremiae Haner, quos Idem apposuit notis suis Chronico Marci Fuchs adjectis". „Haec (intellige conjurationem) A. 1594 contra Principem Sigis mundum Bathori intentatam) Ursinus Notarius Schäsburgensis prolixius explicat in quodam suo Manuscripto". Vide „Chronicon Fuchsio — Lupino — Oltardinum" 1847 editum Tom. I. p. 102.

⁶¹) S. Kemény Fundgruben I. 161.

⁶²) S. 99. „Certum est e contextu horum fragmentorum, auctorem eorundem fuisse Saxo-Transsilvanum coaevum, et fors quidem Cibiniensem, siquidem fragmenta haec ab ipsis rebus Cibiniensibus ordinantur".

⁶³) Unter diesem Jahr erhalten wir hier wie bei Ursinus Kem. die Erzählung von „des Basta Pflug" und „des Basta Wagen", bei Kraus Tractatus (Kem. Fundgruben I, 172) wird sie schon zum Jahre 1601 angeführt.

benheiten auf. Die Nachrichten von 1554 — 63 sind sehr genau, werthvoll und aus einer wenigstens nicht bekannten gleichzeitigen Quelle entnommen. Die Jahre 1577 — 1607 dagegen stimmen mit dem Texte des Ursinus Kemény gewöhnlich bis auf's Wort überein [64]), in einigen Stellen enthält er sogar mehr als der selbst nicht ganz vollständige Ursinus Kem. Schon dem Gr. Kemény fiel diese Gleichheit der beiden Chroniken auf, allein er konnte sich, da er über Ursinus so gut wie gar keine Daten hatte, nicht helfen. Dürften wir in diesen Kalenderaufzeichnungen zwei Chroniken von verschiedenen Verfassern, die eine von 1554 — 1563 und die andere von 1577 — 1607 erblicken, so würde sich das Räthsel leichter lösen, obwohl es auch dann immer noch sonderbar erscheinen müsste, wie ein alter Mann nur über die ersten neun Jahre seiner Kindheit, über die folgenden eines sturmbewegten Mannesalters aber nichts zu sagen wüsste: man könnte dann immerhin einwenden, ein viel späterer Fortsetzer habe die Jahre 1577 — 1607 aus Ursinus herausgezogen. Allein Gr. Kemény, dessen Eigenthum der Kalender war, sagt nichts von einer Verschiedenheit der Handschrift. — Nehmen wir indessen, um dem Eber'schen Kalender jede nur mögliche Gerechtigkeit widerfahren zu lassen, an, seine Chronik sei die ursprüngliche und Ursinus habe zwischen den Jahren 1607, wo der Kalender schliesst, und 1611, wo Ursinus starb, den vorgefundenen Stoff in seine Chronik aufgenommen: so wäre das Alles wohl möglich, aber man müsste sich doch billig wundern, dass Ursinus nicht auch die äusserst schätzbaren Nachrichten über die Jahre 1554 — 1563, über welche er — wenigstens der Ursinus Kem. — kaum mehr, als was die Kronstadter Wandchronik enthält, zu sagen weiss, dass er nicht auch diese interessanten Jahre für seine Chronik abschrieb. Dass Ursinus indessen nicht diesen Eber'schen Kalender benützte, sondern dass gerade das umgekehrte Verhältniss stattfand, wird — abgesehen von allen inneren Gründen — zur Gewissheit erhoben, wenn wir den bezeichnenden Worten des Kalenderchronisten nur einigermassen Glauben schenken wollen. Er sagt, er schreibe vom Jahre seiner Geburt an wichtige Thatsachen nieder, deren er sich noch in seinem beschwerlichen Greisenalter (ingravescente jam senectute) erinnere, fing mit 1554 —

---

[64]) Von 1554. 1556. 1557. 1558. 1560. 1561. 1562. 1563. 1577. 1590. 1600. 1601. 1602. 1603. 1604. 1607.

also wohl seinem Geburtsjahr — an und war daher als Ursinus 1611 starb, eben 57 Jahre alt. In diesem Alter, ja noch einige Jahre vor des Ursinus Tode, hätte er sich doch nicht für einen abgelebten Greis gehalten! Wollen wir also seinen eigenen Worten trauen, so schrieb er erst lange nach dem Tode des Ursinus, benützte denselben an den wenigen Stellen, die er für seinen Zweck brauchen konnte, oder besser: er schrieb dieselben wörtlich heraus, wenn der Ausdruck „recordor" in dem Munde eines Abschreibers auch immerhin sonderbar klingt.

Den dritten Auszug aus der ursprünglichen Chronik des Ursinus bildet der deutsch geschriebene, unter fremdem Titel veröffentlichte [65]) „*Tractatus Rerum tam Bellicarum, quam etiam aliarum, ab anno 1599 usque 1606 inclusive in Transylvania interventarum, per Georgium Krauss, 1646 fungentem Civitatis Schaesburgensis Notarium conscriptus*". Eine andere Abschrift dieser Krauss'schen Bearbeitung, die uns vorliegt, enthält dagegen auf dem der Handschrift nach vom Superintendenten M. G. Haner selbst geschriebenen Titelblatt wahrscheinlich die echte Krauss'sche Überschrift in den folgenden Worten: „Cum DEO? Ausführliche Verzeichnung des Elendes und Noth, welche von Anno 1599 biss A. 1606 Schessburg und andere umbliegende Örter, so ein grosser Theil Siebenbürgens erduldet und erlitten aus denen unverwerfflichen Urkunden der Stadt Schesburg zusammengetragen von Georgio Krauss Not. P. Reip. Schesburgen" [66]). Dieser Auszug beginnt mit den rohen Verheerungen Siebenbürgens nach der Schlacht bei Schellenberg und reicht bis zum Tode des Fürsten Stephan Bocskai im December 1606; ohne dass jedoch dies Jahr in dem Tractatus selbst genannt wäre. Dass Krauss auch den frühern Theil der Ursinus'schen Chronik vor 1599 kannte, ergibt sich aus einer Vergleichung der sächsischen Sagengeschichte von Karl d. G. [67]) im Ursinus Zekel- und der Stundthurmchronik, in welcher Krauss ebenfalls den Ursinus benützte [68]). Wir zweifeln keinen Augenblick, dass die deutsche

---

[65]) Vergl. Kemény: Fundgruben I, S. 161—217.

[66]) Haner fügt noch hinzu: „und auss des seel. Manuscript so in dasigem Rath-Hauss auffbehalten vndt abgeschrieben". Vergl. über diese Chronik in Haner's Büchersammlung Seiwert: Nachrichten S. 258.

[67]) Eder ad Sebessanum S. 22.

[68]) Auch nach dem Tode Bothkai's hat er sonst auf die Ursinus'sche Chronik Rücksicht genommen.

Überschrift zu dieser Chronik von Krauss selbst herrühre; allein er hat durch das Wort „zusammengetragen" auf den Titel eines selbstständigen Verfassers keinen Anspruch gemacht. — Wenn man diesen Text mit dem Ursinus Kem., dem Cal. Eber. Kem. und den nach 1646 geschriebenen Auszügen aus Ursinus prüfend zusammenhält [69]), so gelangt man zur festen Überzeugung, dass Krauss nicht allein den Ursinus zur Benützung vor sich hatte, sondern über die Zeit von 1599 — 1606, was den Werth dieses „Tractatus" bedeutend erhöht, den vollständigen Ursinus'schen Text darstellt. — Eine andere Frage die sich uns hier zur Entscheidung aufdrängt, wäre jedoch die, ob Ursinus lateinisch oder deutsch geschrieben habe. Die wörtliche Übereinstimmung des ältern Theils beim Ursinus mit der Kronstädter Wandchronik und Bomel, die dort zum Grunde gelegt sind, eben so die wörtliche Gleichheit mit dem Cal. Eber. Kem., das zwar nach dem Tode des Ursinus, aber sicher vor 1646 geschrieben wurde, erheben es zur Gewissheit, dass Ursinus lateinisch schrieb. Dagegen nöthigt uns die wörtliche Übereinstimmung des deutschen Textes beim Ursinus Zekel- mit der Stundthurmchronik bei der Beschreibung der sächsischen Sagengeschichte von Karl d. G., ferner die wörtliche Übereinstimmung des deutschen Textes bei allen über die Jahre nach 1599 schreibenden Chronisten und Benützer des Ursinus (also beim Tractatus Krauss, dem Ursinus Zekel., der Göbel-Wachsmann'schen und der Stundthurmchronik) zur Annahme, dass es um 1646, wo Krauss den Tractatus schrieb, und spätestens 1650, wo er an die Abfassung seiner grossen Chronik ging, schon eine deutsche Übersetzung des vollständigen Ursinus'schen Textes gab, die dann sofort von Zekelius (nach seinen Schässburger Schul- und Kirchendiensten von 1646 — 1650 Pfarrer in Kreuz, 1650 — 1666 in Kaisd), von den Verfassern der Göbel-Wachsmann'schen Chronik u. s. w. benützt wurde. Ja ich halte es für mehr als wahrscheinlich, dass Krauss selbst der Übersetzer des Ursinus ist, und zwar, da seine grosse Chronik offenbar eine Fortsetzung des Ursinus sein soll [70]), gleich in seinen ersten Dienstjahren in Sebässburg 1646 — 1650. Dann wäre auch sein Titel, „zusammengetragen von Georgio Krauss" etwas mehr gerechtfertigt.

---

[69]) Z. B. Ursinus-Zekel-Stadtchronik. — Göbel-Wachsmann'sche Chronik.
[70]) Vergl. unten über G. Krauss.

Die vierte Abschrift, die mir zu Gebote stand, führt die Überschrift: „*Excerpta ex Chronico Ursini quondam Notarij Schespurgensis*", füllt 13 Quartblätter und rührt der Handschrift nach vom Kaisder Pfarrer und erwählten Superintendenten Paul Zekelius († 1666) her[71]). Der Codex, in welchen dieser Auszug hineingeschrieben ist, enthält ausserdem meist Synodalartikel, Privilegien, die sächsische Geistlichkeit betreffende Actenstücke, des Andr. Graffius: Therapevtica scholastica 1633, kleinere akademische Druckschriften z. B. eine Leichenrede auf den in Königsberg 1648 gestorbenen Studenten aus Kaisd Joh. Folckenius. Angelegt wurde er von dem 1646 als Schessburger Stadtpfarrer gestorbenen Johann Fabinus, kam darauf in den Besitz seines Schwiegersohnes Paul Zekelius, der ebenfalls viel eingetragen hat und ganz besonders auf jene Blattseiten, die Fabinus leer gelassen hatte. Wer nach des Zekelius Tode die Synodalverhandlungen der späteren Jahre — das Schlussdatum ist Anno 1688, 6 Cal. Febr. — hingeschrieben, ist unbekannt. — Durch Schenkung des Trappolder Pfarrers J. G. Fr. Kraus ist der Codex in diesem Jahre (1856) in den Besitz der Schässburger Gymnasialbibliothek gekommen.

Die „Excerpta" des Zekelius umfassen die Jahre 373 — 1604. Der enge Raum, der ihm zur Verfügung stand, hat offenbar der Ausführlichkeit seines Auszuges geschadet; man sieht es sehr deutlich, wie er gegen das Ende desselben hat kurz werden müssen, um nur Platz zu haben; ja das Jahr 1604, von dem es nach den anderweitigen Benützern des Ursinus Manches zu erzählen gab, behandelt er ohne alle Ausführlichkeit stiefväterlich, gibt nur an, wie viel auf die in der Umgegend Schässburgs liegenden deutschen Truppen sei verausgabt worden, und schliesst dann, da er wie die anderen Benützer des Ursinus die herrschende Theuerung beschreiben soll, mit den Worten: „Theurung an wein und korn vide Chronicon Bunonis in Scriptis in fine". Damit kommt er bis an's Ende der Blattseite, auf den andern — in einem und demselben Bogen — stehen schon die Synodalverhandlungen von 1663, die vielleicht

---

[71]) Von derselben Hand ist an einer andern Stelle dieses Codex geschrieben: „Anno 1654. Sub Pastoratu meo Kyzdini" etc. „Anno 1657. Mense Decembri. Famulus Major Pastoris Rudlensis etc. . . . Acta et discussa me Decano". „Anno 1666. 7. Januarii. Me Decano. Famulus Major Domini Pastoris Boden". Es ist also kein anderer als Paul Zekelius (vergl. Prov. Blätter IV, 100).

früher hingeschrieben waren und nun der Fortsetzung der Ursinus-
schen Chronik hindernd im Wege standen. Das — mir übrigens
unbekannte — Cronicon Bunonis war wohl nicht eine Handschrift,
sondern ein gedrucktes Buch, dessen leere Schlussblätter Zekelius
mit seinen Daten anfüllte. Die Ursinus'sche Chronik von den Jahren
1605 — 1610 klingt in diesem Codex nur an zwei Stellen in Aufzeichnungen von der Hand desselben Zekelius wieder [72]).

Um bei seinen Auszügen kurz sein zu können, weist Zekelius
oft auf Druckschriften hin, in welchen die erzählte Begebenheit
ausführlicher enthalten sei, z. B. bei dem Ursprung der Magyaren
auf das Tripartitum [73]), bei der Erzählung von den sieben ungrischen Hauptleuten auf den „siebenbürgischen Landsmann" von
Fröhlich [74]), bei der Eroberung Konstantinopels und den Schlachten
von Varna und Mohacz auf Lonicerus, bei der Geschichte über
Karl V. auf Sleidanus. — Überhaupt tritt bei seinen Auszügen mehr
die siebenbürgische Geschichte im Allgemeinen in den Vordergrund,
das speciell Schässburg Betreffende, z. B. der Sturm der Basta'schen
Soldaten auf die Stadt 1601 u. s. w. fehlt oft ganz, eben so auch
manches andere Werthvolle [75]), und dass die Verschwörung von 1594
in ihrer ganzen Ausführlichkeit beschrieben wurde, ist auch nicht
sein, sondern des Abschreibers Verdienst, dessen er sich an dieser
einzigen Stelle mitten in der Erzählung am Anfang einer neuen
Zeile bediente und dessen schwerfällige, mit dem Auszügemachen,
wie es scheint, nicht recht vertraute Hand Alles abschrieb, was im
Originale vorlag.

Als fünfter und sechster Auszug aus Ursinus — und zwar ebenfalls aus der deutschen Übersetzung — verdienen noch genannt zu
werden die Stundthurmchronik von Krans und die Göbel-Wachsmann'sche Chronik, die bei der Beurtheilung des vollständigen
Ursinus'schen Textes ebenfalls in Betracht gezogen werden müssen,
da sie mit besonderer Rücksicht auf Schässburg angelegt wurden
und manches ausführlicher oder richtiger enthalten, als die anderen
Auszüge.

---

[72]) Die mit der Ursinus nach geschriebenen Stundthurmchronik so sehr übereinstim-
men, dass kein Zweifel daran übrig bleibt, auch diese Angabe sei aus Ursinus her-
ausgeschrieben worden.

[73]) S. Eder ad Schesaeum. S. 58.

[74]) Der auch dazu lange nach Ursinus schrieb. Vergl. Hauer, Scriptores II, 109 ff.

[75]) Z. B. die Belagerung von Bistritz 1602.

XXVIII

Die Chronik des Ursinus reichte also von 366 bis in den August 1610 und schloss [76]) mit einer übersichtlichen Darstellung der grossen Kriege und Schlachten in Siebenbürgen am Ende des 16. und am Anfange des 17. Jahrhunderts. — Wenn wir uns nach den Quellen umsehen, aus denen Ursinus schöpfte, so finden wir da zunächst die Kronstädter Wundchronik, deren Einfluss auf ihn — im Ursinus Kem. — bis 1572 unverkennbar ist. Dessen ungeachtet darf die Angabe in dem Titel des Ursinus Kem., dass der erste Theil der Chronik bis 1556 gereicht habe, nicht beirren. Vergleichen wir den Ursinus Kem. über das Jahr 1141 mit Bomel's Chronologia [77]), so finden wir, dass beide einander ganz gleich sind. Sogar die bei Haner: Scriptores etc. I, 162, Anmerkung e aufgezählten Sprünge Bomel's, die in Anmerkung f zu dem Jahre 1438 und 1476 aufgezählten Fehler, die in Anmerkung g angeführte Ermordung der Ursula und der 11000 Jungfrauen [78]) kommen alle auch beim Ursinus Kemény vor und so glauben wir — Bomel's Chronologia selbst steht uns nicht zu Gebote — vollkommen berechtigt zu sein zu dem Schlusse: der ältere Theil der Ursinus'schen Chronik sei nichts anderes als die durch Zusätze aus anderen, namentlich ungerländischen Chroniken vermehrte Chronologia Rerum Ungaricarum, welche Thom. Bomel, 3 Bogen stark, 1556 in Kronstadt drucken liess. — Selbstständiger und werthvoller wird Ursinus erst im letzten Viertel des 16. Jahrhunderts (mit Sigismund Bathori) und dann als gleichzeitiger Berichterstatter von 1599 an.

Wenn wir nun den Werth der Ursinus'schen Chronik beurtheilen sollen, so müssen wir nothwendig zwischen einem ältern und jüngern Theile derselben unterscheiden. Der ältere, nach dem Titel des Ursinus Kem. — denn in der Chronik selbst findet sich nirgend eine bestimmte Abgrenzung — bis 1556 reichend (wir möchten wegen der Kürze und Trockenheit der aufgezeichneten Nachrichten auch die Jahre bis 1580 dazu zählen) hat nur unbedeutenden Werth und verdient blos in literaturgeschichtlicher Hinsicht einige Berücksichtigung. — Der Werth des jüngern Theiles dagegen

---

[76]) Wenn auch nicht im lateinischen Urtexte, so doch in der deutschen Übersetzung.
[77]) S. die Stelle in Seivert's Nachrichten S. 43.
[78]) Bei Ursinus Kem. jedoch im Jahre 401.

ist entschieden hoch anzuschlagen. Der Verfasser beurkundet, obgleich er nach dem Geiste seiner Zeit ungemein viel auf Zeichen und Vorbedeutungen gibt, eine sehr schätzbare Gesinnung, schreibt von sächsisch-protestantischem Standpunkte, ohne dabei parteiisch zu sein, ist ein Feind des zu fortwährender Unruhe geneigten Adels, so wie des Woiwoden Michael und Bastas, die das Land zu Grunde richteten. Über Siegmund Bathori urtheilt er nicht lieblos und spricht mit einiger Anerkennung von ihm, indem er die Fehler und Missgriffe desselben in seiner Erziehung durch Jesuiten findet. Wenn auch die Geschichte unter diesem Fürsten bekannt ist, so ist doch wenigstens die Verschwörung von 1594 schon wegen der Rolle, die Huet dabei spielte, neu und sehr interessant. Besonders gründlich und brauchbar ist die Zeit vom Cardinal Bathori an; und hier vorzüglich ist er für viele Spätere eine gesuchte und ausgezeichnete Quelle.

4. Zacharias Filkenius.

Aus einer angesehenen Kaisder Familie entsprossen [79]), war er um 1601 geboren und der Sohn des Wolkendorfer Pfarrers Simon Filkenius. Seine Mutter Katharina, eine Tochter des Repser Pfarrers Bartholomäus Weyrauch, war die Schwester des Superintendenten Zacharias und des berühmten Repser Königsrichters David Weyrauch [80]). Da er den Vater in seiner zartesten Jugend (1602) verlor und die von Hause aus wenig bemittelte Mutter ausser Zacharias noch zwei Kinder: Esther, später Gattin des Steiner Pfarrers David Erasmi, und Bartholomäus, später Stadtpfarrer in Schässburg, zu ernähren hatte, so mag Zacharias sammt seinen Geschwistern sehr

---

[79]) Nach einer alten genealogischen Tafel über die Filkenius'sche Familie, die am Anfange des vorigen Jahrhunderts, wie es scheint, in Erbschaftsangelegenheiten entworfen wurde und deren Benützung ich der Gefälligkeit des Eigenthümers derselben, des Schässburger Spitalspredigers Martin Wohl, verdanke, war sein Urgrossvater von väterlicher Seite Stephan Filkenius als Königsrichter in Kaisd, sein Grossvater Simon als Kaisder Pfarrer und Dechant gestorben.

[80]) Leic. enrede für David Weyrauch und Ver. Arch. II, 314 sagt Filkenius selbst: „Die 29. Martij morbo Auginae tentatus vitam cum morte commutavit charissimus Amitinus meus Barthol. Weyrauch Keohalniensis. Magni illius D. Davidis Weyrauch Judicis Regij Keohalniensis relictus filius. Fuit hic D. David Weirauch matris meae frater germanus". Desswegen wird er sehr oft auch Weyrauch genannt und nennt sich bisweilen selbst so, z. B. „den 8. Sept. 1633 D. Zacharias Weyrauch Notarius". Schässburger Kirchenprot. — Er selbst nennt sich so Ver. Arch. II. 307.

oft an die mildthätige Nähe der günstiger gestellten Oheime von mütterlicher Seite angewiesen gewesen sein. Besser gestaltete sich sein Los, als nach 1611 [81]) der wegen seines Kryptocalvinismus hart angefochtene Schässburger Stadtpfarrer Simon Paulinus seine Mutter heiratete und er regelmässig auf dem Pfarrhofe war [82]). In den Jahren 1618 — 1622 scheint er, da er nirgend genannt wird, — wohl Studien halber — von Schässburg abwesend gewesen zu sein. Zwischen dem 18. Februar und 17. März 1622 wurde er zum Schässburger Notar ernannt, nachdem „er wahrscheinlich früher einige Zeit an der Schule als Collaborator II. gedient hatte [83]). Vom 30. August an erscheint er fortwährend als Notar und that sich in seinem Amte unter dem Bürgermeister Martin Eisenburger durch seine Brauchbarkeit bedeutend hervor. Es ist wenigstens ein ehrenvolles Zeugniss, dass man ihn, den 24 jährigen Mann, zu den wichtigen Universitätsverhandlungen schickte, wo man darüber berieth, wie man den vom Adel durchgesetzten Landtagsbeschluss, dass er in den sächsischen Städten das Ankaufsrecht haben solle, rückgängig machen könne [84]). Als darauf die gesammte Universität nach Weissenburg fuhr und den Fürsten zur Rücknahme dieses gegen die sächsischen Privilegien gefassten Beschlusses bewog, war er ebenfalls dabei. Während seines Dienstes als Notar war er die rechte Hand Eisenburger's, dessen entschiedene Massregeln überhaupt seinem jugendlichen Eifer mehr zusagten, als die hemmenden Einwendungen der neidischen Gegner desselben [85]). 1635 wurde er

---

[81]) Nach dem Kirchenprot. stirbt „den 11. Juli 1611 Barbara Klein, Uxor Simonis Paulini Pastor. hujus Ecclesiae".

[82]) Als Pathe erscheint er zweimal während seiner Jugend im Kirchenprotokoll: „den 17. December 1617. Zacharias Felk priviguus filius Pastoris", und „den 26. December 1618. Zacharias Fölkenius filius privign. pastoris".

[83]) Sein Vorgänger im Notariat, Stephan Schafferus erscheint zuletzt den 18. Februar; er zuerst den 17. März 1622 (Schässburger Archiv Z. 480). Im Kirchenprotokoll wird er noch am 28. März 1622 als „II^{der} Collaborator" aufgeführt.

[84]) Vergl. Archiv II. 30 ff.

[85]) Er erzählt in seiner kleinen Chronik zum Jahre 1621 bei der Aufführung der Bastei beim Goldschmiedthurm: „Und wowohl gedachter W. Herr Eisenburger etwas besseras wellenss gewesen in deroselben fundation, iedoch ist ihme fon seiner andern mithern etlig widersprochen, esz würde zu fiel Mühe kosten etc. Ds doch allwegen audendo et agendo res crevit Romana vnd ist also dess F. W. Hern sein guttess furhaben ferhindert vnd auf dieser fundation, wie sie izo stehet bestehen mussen. () Invidia honoris et dignitatis hominis alterius. Aber ess ist gegangen, wie man sagt. Quot capita, tot sensus".

Stuhlrichter und wohl in dieser Stellung, so wie durch seine Theilnahme an den Landtagen und durch seine nahe Anverwandtschaft mit dem bei dem Fürsten hochgeachteten Repser Königsrichter David Weyrauch, der eben in diesem Jahre (November 1635) auf dem Landtag in Medwisch starb, scheint er die Aufmerksamkeit des Fürsten G. Rakoczi I. auf sich gezogen zu haben. Der Fürst erblickte in ihm einen treuen, verwendbaren Anhänger und übertrug ihm, um ihn noch mehr an seine Person zu fesseln, unterm 6. Jänner 1636 das einträgliche Geschäft der Verzehntung im Repser Stuhl [86]). Schon jetzt brauchte ihn der Fürst; von seinem Nebenbuhler Stephan Bethlen beim Vezir in Ofen und der Pforte hart angeklagt, wurde vom Landtag aus eine Gesandtschaft nach Ofen geschickt, um den Vezir und Bethlen zu begütigen und den Fürsten zu rechtfertigen [87]). Vertreter der Sachsen in der Gesandtschaft war Filkenius. Die Verhandlungen in Ofen (14. März bis 16. April 1636) hatten beim Vezir den glücklichsten Erfolg, Bethlen zeigte sich weniger nachgiebig. Dass übrigens Filkenius bei der Gesandtschaft keine passive Rolle spielte, geht auch daraus hervor, dass Bethlen ihm 100 Ducaten verehren liess, die jedoch, um Rakoczi's Gunst nicht zu verscherzen, zurückgewiesen wurden [88]). Nachdem die Geschäfte beim Vezir in Ofen zur Zufriedenstellung des Fürsten beendigt waren, kehrte die Gesandtschaft nach Siebenbürgen zurück und traf den 26. April in Weissenburg beim Fürsten ein. Gleich am folgenden Tage erhielt Filkenius in Anerkennung seiner geleisteten Dienste vom Fürsten die halbe Zehentquarte von Sommerburg auf Lebenszeit zum Geschenk [89]).

---

[86]) S. Beilage 3.
[87]) Vergl. Ver. Arch. II. 305 ff.
[88]) Kraus grosse Chronik (XXX, 6) erzählt: „Mittlerzeit schicket der Bethlen Istvan durch seinen Secretarium Horvath Janos dem Herrn Zacharias Filkenio Nr. 100 Duckaten zur ehrung hat vill rath mit sich, ob er sie ohne gefahr des Rakoczi behalten soll, oder nicht, hell den Secretarium eine weill mit gespräch auff, biss er die andern Herrn Legaten auch darumb raht befragen lest, weil sie aber nicht darzu annuiren wollen, respuiret er endlig solche ehrung vndt lasset sie widerumb zurücktragen doch mit schwerem gemüth, quia aurum trahit, dess andern tages kompt der Bethlen Istvan mit schönem Comitat sich von den Legatis zu beurlauben, als er zum Herrn Zacharias kompt, heb er ihme für warumb er seine verehrung verachtet hette sintemall er sie zu keinem bösen endt geschicket hette, sondern nur zum zehrgeldt auf die strassen".
[89]) S. Beilage 4. Die dafür dem Fürsten überschickten Dankschreiben sind noch jetzt in Karlsburg vorhanden. Kemény: Notit. Cap. Alb. Cib. 1836. II. 272. 275.

Diese neuen fürstlichen Schenkungen, so wie der Umstand, dass er in Reps mehrere Verwandte — sein Bruder war daselbst Pfarrer — hatte, scheinen ihn nach Reps gezogen zu haben. Er legte die Stuhlsrichterwürde in Schässburg nieder und erhielt 1637 das erledigte Königsrichteramt von Reps [90]). Die Besetzung dieser Stelle hing, wie es scheint, nicht ganz von der Wahl der Bürger ab. Denn die Witwe des Königsrichters Weyrauch erklärt geradezu, sie habe ihn mit diesem Amte begabt, und auch der Fürst selbst übte auf die Besetzung der Stelle durch grosse Zugeständnisse, welche er den Repsern auf die Dauer des Filkenius'schen Königsrichteramtes machte, einen bedeutenden Einfluss aus [91]).

Mit der Witwe seines Oheims, die ihn nach Reps berufen und ihm ein Haus auf dem Markte gegen Abtretung einer geringen Geldsumme geschenkt hatte, verfiel er jedoch bald. Denn die Frau, auf die adeligen Vorrechte des von ihrem Gatten ererbten Sükesd-Hauses pochend [92]), gewährte in demselben einigen aus dem Repser Gefängniss entsprungenen raub- und mordgierigen Walachen, die ihre Unterthanen waren, eine sichere Zufluchtstätte, errichtete sich auf freiem Boden ein Meierhaus und klagte, als dasselbe auf Befehl des Rathes niedergerissen, ihre Hirten verjagt und ihre adeligen Vorrechte nicht ihrem Wunsche gemäss anerkannt wurden, beim Fürsten. Filkenius stand auf Seite ihrer Gegner, wenigstens erhebt sie über ihn die bittersten Klagen. Der Streit zog sich in die Länge, schlief aber nach dem frühe erfolgten Tode Filkenius' wahrscheinlich von selbst ein.

Als Oberbeamter des Repser Stuhles hat sich Filkenius nicht allein durch seine Verfechtung des sächsischen Rechtes gegen die adeligen Anmassungen der Witwe Weyrauch's, sondern auch durch Ankauf einer adeligen Besitzung in Kobor für den Repser Stuhl, durch die Erhaltung des deutschen Elements in Deutsch-Tekes vor

---

[90]) S. Beilage 7.
[91]) S. Beilage 5.
[92]) S. Beilage 6. — In ihrer Klageschrift ddo. 13. October 1641 (Kuchir. S. 373) sagt sie: „mivel azon haz nemes (vicll nem az) fundus Regiushoz, hanem az varmegyeboz tartozik, mert nobilitat fundus, a' mind az Swkesd familia birta mind ad'igh migh szegény Uram Sükesd Miklostol nrgh vette vala". Vergl. J. K. Schuller; Umrisse und kritische Studien etc. 2. Heft. S. 43 — Kemény; Notitia Cap. Alb. Cibini. 1836. I. 199. 222. 223. — J. G. Schaser; De jure Fheudr. Cib. 1822. S. 20.

den Anfechtungen der zugewanderten Szekler [93]) und durch den Wiederaufbau des durch eine Feuersbrunst verheerten Rathhauses [94]) Verdienste erworben. Er starb, 41 Jahre alt, den 14. Februar 1642 [95]).
Seine erste Gattin Sara, Tochter des Schässburger Notars Joh. Ursinus [96]), heiratete er zu Anfang des Jahres 1623. Als sie den 13. Jänner 1639 [97]) gestorben war, trat er in die zweite Ehe mit Anna, der Witwe des Thomas Schäser aus Schässburg [98]), die nach seinem Tode nach Kronstadt ging [99]). Den Filkenius überlebten seine Mutter, — sie starb erst 10. Mai 1644 — zwei Söhne und zwei Töchter, die aber weder für die Geschichte noch für die Geschichtschreibung irgendwie von Bedeutung geworden sind [100]).

Die literarische Thätigkeit des Filkenius ist, wenn auch nicht so umfangreich, wie die anderer Chronisten dieses Jahrhunderts, doch immer beachtenswerth. Noch als Notar in Schässburg schrieb er in das alte Rathsprotokoll (Schässb. Arch. Z. 480) ohne Titel auf einzelne leer gelassene Blätter eine

1. Kleine Chronik über die Jahre 1619, 1621, 1624, 1625, 1631. Das Jahr 1638 setzte er hinzu, als er schon Königsrichter in Reps war. Es sind kurze, aber werthvolle, gleichzeitige Aufzeichnungen, die um so schätzbarer sind, da sie das Andenken

---

[93]) Enchir. S. 352; 325 ff.

[94]) Aufzeichnungen des Königsrichters Dan. Sifft († 1850).

[95]) D. 14. Febr. 1642 moritur Generosus ac Ampl. D. Zacharias Filkenius Iudex Reg. Rup. regiminis sui anno quinto; Aetatis vero 41; sep. in sanct. Templi". Repser Kirchenprot.

[96]) Als er 1640 seine Besitzungen in Schässburg niederschrieb (Enchir. 258), führte er auch eine Korngrube auf, von welcher er sagt: „Diese Kaul hat nach mein voriger Schwiegerellerr H. Johannes Ursinus, gewesener Schespurger Notarius von eim Schespurger Binder, Michael Schelм genannt, gekauft, in welche Kaul der Herr Vatter, H. Pastor zu Schespurg H. Simon Paulinus, Korn gefüllet hat, vndt ist mir davon auch den Medem schuldig".

[97]) „D. 13. Jan. 1639 moritur Sara Ursiniana consors P. ac Circumspecti Dni Zacharise (steht so im Protokoll) Filkenij Regii Jud. Rup. Sepel in Sanctuario templi". Repser Kirchenprot.

[98]) „D. 22. Maj 1639 D. Zacharias Filkenius, Iudex Regius Oppidi ac Sedis Köhalmiens ducit Annam Relictam D. Thomae Schaesers". Schässburger Kirchenprot.

[99]) „D. 8. November 1642 D. Bartholomäus Petri (Anrifaber) Coronensis ducit Annam Relictam defuncti Circumspecti Domini Zacharise Fülkeni p. t. Regii Rupensis". Schässburger Kirchenprot.

[100]) Seine Söhne waren achtbare Glieder der Bürgerschaft in Schässburg, zwei seiner Enkel übersiedelten auch Hermannstadt.

an die zahlreichen Bauten und Befestigungswerke, die der Bürgermeister Mart. Eisenburger aufführen liess, erhalten haben [101]).

2. *Enchiridion rerum rariarum, hominj Polytico, officialj, non inutile.*

Ein Band in Folio, 389 beschriebene Seiten stark. Von chronikartigen Aufzeichnungen enthält dieser Band blos zwei werthvolle Stücke: die Fahrt der Universität zum Fürsten 1625 und die Reise zum Vezir nach Ofen 1636, die beide bereits veröffentlicht sind [102]). Ausserdem aber kann das Enchiridion als eine sehr ergiebige Quelle für die Zeitgeschichte betrachtet werden, da es zur Steuergeschichte [103]), zur Geschichte der inneren Verwaltung von Schässburg und Reps, zur Zunft-, zur Zehent-, zur Sachsengeschichte überhaupt kostbare Bausteine enthält in den zahlreichen fürstlichen Verordnungen, Freibriefen, Universitäts- und Rathsbeschlüssen, Gemeindestatuten, Übereinkünften der geistlichen und weltlichen Universität u. s. w.

Die Wandschrift ist grösstentheils die des Filkenius selbst; erst in den letzten Jahren seines Lebens, wo er offenbar durch Anderes stark in Anspruch genommen wurde, hat er sich auch eines Abschreibers bedient. Aus der Zeit nach seinem Tode findet sich blos eine einzige Hatterturkunde von Henndorf 1673 — der Handschrift nach wahrscheinlich vom spätern Schässburger Notar Johann Krempes eingetragen.

3. Georg Kraus d. Ä.

Zu den seltenen Beispielen, dass unter den Sachsen des 17. Jahrhunderts Jemand ungeachtet seiner guten Herkunft, seiner tiefen classischen Bildung, seiner auf ausländischen Hochschulen und weiten Reisen erworbenen Kenntnisse, seines vortrefflichen Urtheils und seiner allseitigen Verwendbarkeit, in der untergeordneten, mühevollen Stellung eines Stadtschreibers bis in sein hohes Alter blieb und mit nie erkaltendem Eifer seiner Lieblingswissenschaft

---

[101]) Was die grosse Kraus'sche und die Göbel-Wachmann'sche Chronik in dieser Beziehung erzählen, haben sie von Filkenius sehr oft wörtlich entlehnt.
[102]) Durch G. D. Teutsch im Ver. Arch. II. 30—33; 303—16. Die Fahrt zum Fürsten ist etwas kürzer auch in der kleinen Chronik beschrieben.
[103]) S. Ver. Arch. IV. 83—96.

oblag, gehört der Geschichtschreiber Georg Kraus. Er stammte aus einer begüterten Kaufmannsfamilie in Hermannstadt ab und war daselbst den 17. September 1607 geboren [104]). Sein Vater hiess Adam; seine Mutter Agnetha geborne Löw. Die wildesten Schreckenstage, die Hermannstadt je gesehen, brausten über seine zarte Jugend dahin und prägten sich dem Gedächtniss des Knaben mit nie verlöschender Schärfe ein. Mit lebhafter Frische erinnerte er sich 40 Jahre später, zu welch' harter Sclavenarbeit Gabriel Bathori 1611 die unglücklichen Zipser, die vom Heere des kais. Generals Forgacs waren gefangen genommen worden, anhielt, bis er sie endlich um Pferde, köstliche Gewänder, Pferderüstungen in die Türkei verkaufen liess; oder wie des Bathori Trabanten solche unglückliche Gefangene an ein Haus banden, auf sie nach dem Ziele schossen, sie schleiften und von Pferden zerreissen liessen. Solch' entsetzliche Bilder machten auf das Gemüth des Kindes einen bleibenden Eindruck [105]). Auch der Wohlstand seiner Eltern wurde damals bedeutend erschüttert. Der Vater von Kraus hatte, wie viele andere Hermannstädter ihre Kostbarkeiten, seine Kaufmannswaaren im Werthe von 4000 Gulden nach Medwisch in das Klausenburger'sche Haus geflüchtet. Die Stadt ergab sich an Bathori, wurde von seinen eidbrüchigen Soldaten geplündert und Alles, was dorthin geflüchtet worden, war verloren; die armen Beraubten mussten dann zusehen, wie die rohen Soldaten in Hermannstadt mit ihrem Eigenthum Markt hielten. Sein Vater starb an den Folgen der Misshandlungen durch die Bathori'schen Soldaten, die ihn zwischen Marktschelken und Arbegen geplündert hatten; doch geschah dadurch der Strenge seiner Erziehung kein Abbruch. Sein Stiefvater, der Kaufmann Gregorius Stamp, schickte ihn 1622 nach Klausenburg zur Erlernung der ungarischen Sprache. 1624 erscheint er unter dem Rector Valentin Frank wieder an der Hermannstädter Schule und wurde im folgenden Jahre zum „Rex Adolescentium" [106]) erwählt.

---

[104]) S. Beilage 8. Vergl. auch G. Binder in Kurz: Magazin für Geschichte etc. B. II. S. 211.
[105]) S. Band I. Seite 16. Zeile 2 von oben.
[106]) Vergl. darüber Dück etc. S. 32 und 125. Teutsch in Schässb. Gymn. Progr. 1851. 2. S. 19.

1626 trat er in die Kanzlei des fürstlichen Protonotars Stephan Kassai ein und begab sich darauf 1627 in's Ausland. Nach einem halbjährigen Aufenthalte beim kaiserlichen Rath von der Schran in Wien trat er, vom Fürsten Gabriel Bethlen mit einem Geleitsbrief (Pass und Empfehlungsschreiben), wahrscheinlich auch mit Geld versehen [107]), seine Studienreise nach Italien an, begab sich über Treviso, Venedig, wo er an dem reichen, mit Gabr. Bethlen in bedeutenden Handelsverbindungen stehenden Holländer Daniel Nys einen geneigten Gönner fand, nach Padua und widmete sich hier der Rechtswissenschaft im freundlichen Verein mit seinem Landsmann Johann Horvath von Palocz [108]), der nach grossen Reisen in Deutschland, Holland, England, Frankreich, Spanien und Italien, die er mit dem Neffen des Fürsten Peter Bethlen gemacht hatte, auf des Fürsten Befehl an der Universität zurückgeblieben war. Nach anderthalb Jahren unterbrach er seine Studien, ging nach Venedig, wo ihm die nach Bethlen's Tode aus der Porumbacher Glasfabrik entlassenen Italiener manchen Freundschaftsdienst erzeigten [109]) und begab sich darauf, wie es scheint, mit Nys'schem Gelde über Ferrara, Bologna, Florenz, Siena, Viterbo nach Rom [110]). Womit er sich hier während eines fast 7 Monate dauernden Aufenthalts beschäftigt habe, kann nicht mehr genau angegeben werden, doch mag es ihm, auch abgesehen davon, dass ihn der vortreffliche Lautenist Papst Urban's VIII., Joseph Baglioni, die Laute schlagen lehrte [111]), auf dem classischen Boden an wissenschaftlicher Beschäftigung nicht gefehlt haben. Darauf bestieg er in Ostia ein Schiff, segelte nach Neapel, durchwanderte 6 Wochen später die durch ihre Alterthümer anlockenden, reizenden Städte Puteoli und Bajä. Darauf fuhr er zur See nach Reggio, besuchte auf Sicilien Messina, Palermo, Syrakus, Trapani und zuletzt Catania am Fusse des Ätna, den er in voller Thätigkeit erblickte. Auch nach Malta ging er in der Absicht, sich hier nach dem gelobten Lande einzuschiffen und Jerusalem zu besuchen. Da jedoch eben damals die Malteserritter und Corsaren gegen einander zu Felde lagen, und letztere zur See stark streiften,

---

[107]) S. Bd. I. S. 81.
[108]) S. Bd. I. S. 81, Zeile 3 von unten.
[109]) S. Bd. I. S. 57.
[110]) S. Beilage 8.
[111]) S. Bd. I. S. 56.

so musste er, obwohl er dieserwegen 33 Tage auf Malta stillgelegen und auch schon wegen der Überfahrt den Vertrag abgeschlossen hatte, seinen Plan aufgeben und kehrte zu Lande durch Sicilien, Calabrien, Campanien nach Rom zurück, reiste von hier über Narni, Terni, Spoleto, Foligno, Loretto nach Ancona, begab sich zu Wasser nach Venedig und von da zur Fortsetzung seiner Studien nach Padua. Leider unterbrach die grosse Pest, welche 1630 mit furchtbarer Gewalt in Italien wüthete, und in Venedig täglich 1000 bis 1500 Menschen hinwegraffte, seine Studien, er verliess wahrscheinlich aus Mangel an Geld Padua und fuhr, da die Pässe nach Deutschland aus Furcht vor der Pest alle gesperrt waren, über das Meer nach Dalmatien. Mit grosser List gelang es ihm in Capo d'Istria eingenommen zu werden. Ohne fernere Anfechtung gelangte er nun über Laibach und Graz nach Wien. Auf der Heimreise durch Oberungarn traf er 1631 in Kaschau eben ein, als die zwischen dem Fürsten Georg Rakoczi I. und dem Palatin Nikolaus Eszterházi ausgebrochenen Feindseligkeiten durch die in Kaschau selbst angeknüpften Unterhandlungen beigelegt werden sollten. Kraus schloss sich an die hier weilenden siebenbürgischen Gesandten an, in der Hoffnung, mit diesen demnächst sicher in die Heimat reisen zu können. Als jedoch der Palatin im Laufe der Unterhandlungen gegen die auf dem Rakamosfelde lagernden Truppen Rakoczi's die Feindseligkeiten erneuern liess, aber eine fühlbare Niederlage erlitt, so wurde er über die Gesandten so erbittert, dass er ihre Wohnung durch 50 Dragoner einen Monat lang strenge überwachen liess, bis zwischen dem Kaiser und Rakoczi auf Grundlage der Gabr. Bethlenschen Friedenspunkte die Ruhe wieder hergestellt war. Da erst wurden die siebenbürgischen Gesandten freigelassen und zogen zum Fürsten nach Grosswardein. Von hier kam Kraus, der das Los der Gesandten in Kaschau getheilt hatte, im Juli nach Hause [112]).

In der Heimath angekommen, nöthigten ihn die Verhältnisse, das zu werden, was bereits sein Vater und Grossvater gewesen

---

[112]) Nach Beilage 8 um Ostern. Kraus XXVIII, 7 dagegen erzählt, dass es erst nach Abschluss des Friedens dahin kam, dass „die Herrn Legaten auch freigesprochen, vndt zum Fürsten Georgio Rakoczi auf Wardein kehrten, so sich biss ihn den Julium verzog, mit welchen ich beschreiber dieses auss meiner Italienischen Peregrination auch damals zu Hauss kam, davon mir denn der Verlauff dieser geschichten woll bekannt gewessen".

waren, nämlich Kaufmann. Wenige Monate nach seiner Rückkehr, am 1. December 1631, heirathete er Katharina, die einzige Tochter des Medwischer Stuhlrichters Franz Seraphin, wohl eine Nichte des damaligen Provinzialnotars und späteren Sachsengrafen Valentin Seraphin, und als sie ihm nach einem Jahre schon starb, im Februar 1634 [113]), Margaretha die Tochter des Schässburger Orators Johann Schenker, eine Enkelin des ehemaligen Bürgermeisters Valentin Schäser. Wohl mag Kraus unter seinen Mitbürgern in Hermannstadt eine angesehenere Stellung eingenommen haben [114]), allein sein Hauptgeschäft war und blieb doch der Handel. Er selbst erzählt, wie er 12 Jahre lang den grossen Eliasmarkt in Kimpolung alljährlich besucht habe [115]), und fügt seinem Berichte nicht uninteressante Nachrichten über den evangelischen Pfarrer Annanias und die letzten Spuren einer ehemaligen sächsischen Bevölkerung in Kimpolung bei. Sein Aufenthalt in Hermannstadt wurde ihm bald sehr verleidet durch die stürmischen Volksbewegungen in den Gotzmeister'schen Händeln [116]) gegen den Rath. Seiner ganzen politischen Richtung nach, stand er auf Seiten des Rathes ohne indessen mit den Missgriffen der geistlichen und weltlichen Obrigkeit sich einverstanden zu erklären. Er mochte mit dem „Pöbel und Herr Omnes", wie er die empörten Bürger nennt, nichts gemein haben, zumal da er die schlimmen Folgen voraussah. Wegen dieser Gesinnung wohl vielen Anfechtungen von Seiten seiner erhitzten Mitbürger ausgesetzt, kam es ihm ohne Zweifel sehr erwünscht, dass er nach Beendigung des Gotzmeister'schen Processes und harter Bestrafung der Bürger 1646 das Notariat in Schässburg erhielt und dadurch allen ferneren Reibungen entging. — Auch in Schässburg fiel ihm jedoch das Los nicht auf das Lieblichste. Im nämlichen Jahre (1646) verlor er seine vortreffliche Hausfrau an der Pest, die nach seinen eigenen Auf-

---

[113]) „Den 12. Febr. 1634. Georgius Kraus Cibiniensis (Mercator) ducit Magarretham, filiam Johannis Schenker Senioris". Schässb. Kirchenprot. Vergl. Anhang 8.

[114]) Das Schässb. Kirchenprot. nennt ihn „Dominus", eine Auszeichnung, die sonst ausser den Rathsgeschwornen und Pfarrern nur noch dem Notar und den Predigern zu Theil wurde. Den 26. Mai 1635 erscheint nämlich als Taufpathin „Margaretha ux. D. Georgij Krauss, Cibiniensis".

[115]) S. Bd. I. S. 12.

[116]) Chronicon F. L. Ottardinum. II 42 ff.

zeichnungen 4673 Menschen wegraffte [117]). Seine dritte Ehe schloss er 1648 mit Sara, der Witwe des Andreas Bair, die ihm am 25. Jänner 1650 seinen Sohn Georg, den Superintendenten, gebar.

Der Rath von Schässburg kam oft in die Lage, sich der Kenntnisse seines gelehrten Notars zu bedienen. Als Franz und Michael Bethlen Schässburg, Dunnesdorf und Laslen mit einem langwierigen und sehr kostspieligen Hattersprocesse heimsuchten, wurde er — der Rechtsgelehrte — nebst anderen zur Vertretung der Stadt für den nach Bistritz (25. Octob. 1649) angesagten Terminus octavalis, wo die Entscheidung erfolgen sollte, bestimmt; da jedoch derselbe zum Glück für die Stadt unterblieb, reiste er im Auftrage des Rathes nach Grosswardein (December 1649) und fand daselbst im Archiv ein Document, das den Process, zur nicht geringen Freude Aller, im April 1650 zu Gunsten der Stadt entscheiden half. Bedeutender wurde jedoch sein Auftreten in öffentlichen Angelegenheiten 1657 nach dem unglücklichen polnischen Feldzuge des Fürsten Georg Rakoczi II. Auf den meisten Landtagen der nächsten Zeit, war er als Abgeordneter von Schässburg gegenwärtig; so auf dem klagen- und vorwurfsreichen in Szamos-Ujvar 1657, wo man den Fürsten vergebens zur Rechenschaft zu ziehen und zur freiwilligen Abdankung zu bewegen trachtete, auf dem stürmischen, bei den Drohungen der Pforte und der Hartnäckigkeit Rakoczi's rathlosen zu Medwisch im Mai 1658. —

Aus der Geschichte der Vergangenheit belehrt, lebte er, wie alle Bessern des Landes, der Überzeugung, dass Siebenbürgen es jetzt im Vertrauen auf die ferne und oft zu späte Hilfe des deutschen Kaisers nicht wagen dürfe, von der mächtigen Pforte abzufallen, wenn nicht das ganze Land darüber zu Grunde gehen sollte. Dazu kam nun noch sein Widerwille gegen die Rakoczi'sche Familie, die um ihres Privatinteresses willen Siebenbürgen in grosses Unglück gestürzt hatte, ein Widerwille, der ihn oft zu scharfem Tadel über den ältern Rakoczi wegen seiner masslosen Habsucht, über den jüngern wegen seiner leidenschaftlichen Trunksucht nöthigt. Dies Alles machte ihn zu einem Gegner Rakoczi's II. und

---

[117] „Den 26. Sept. 1646 Margaretha uxor Amplissimi viri Dni Georgii Krauss Notarii magis in partu, quam peste occubuit charissima mater familias". Schässb. Kirchenprot. Nach Anhang 8 ganz bestimmt an der Pest.

liess ihn und den Rath, so wie die übrigen sächsischen Herren das Heil des Landes in einem entschiedenen Festhalten an der Pforte und an dem unter ihrem Einfluss gewählten Fürsten Barcsai erblicken. Die Schässburger Bürgerschaft dagegen zählte zu den leidenschaftlichen Anhängern Rakoczi's; Bald war die ganze Stadt auf gefahrdrohende Weise in zwei Heerlager getheilt, ein Barcsai'sches mit dem Rath an der Spitze, und ein Rakoczi'sches, zu welchem die grosse, durch tägliche Unwahrheiten von der nahen Ankunft Rakoczi's aufgereizte Menge des Volkes gehörte. Kraus, dem der Aufstand der Hermannstädter immer vorschwebte, rieth zu strengen Massregeln, man solle dem Feuer wehren, bevor es mit ganzer Macht zu allen Giebeln hinausschlage, damit nicht hinterher durch eine Thorheit des Volkes die Amtleute der Stadt in Gefahr geriethen [118]). Der Rath schlug den Weg friedlicher Belehrung und Ermahnung ein, nahm 25 der ältesten Hundertmänner an seine Seite; liess die ganze Stadt achtelweise in's Rathhaus vorladen, den Versammelten viele türkische Schreiben vorlesen und ermahnte sie, standhaft bei der Pforte zu bleiben. Es ging diesmal ohne Aufruhr, das Volk, obwohl überaus schwierig, liess sich besänftigen und versprach treues Ausharren auf der Seite der Pforte. Dies Versprechen wurzelte aber nicht tief. Denn als bald darauf Rakoczi Hermannstadt belagerte, und auch nach Schässburg um Absendung der Stuhltrabanten schrieb; erhob sich das Volk, geführt von kecken Rädelsführern, trotzig, wie noch nie zuvor, wider den Rath. Das Schreiben Rakoczi's war eben am ersten Christtag 1659 angelangt, und als der Rath zögerte, die Trabanten zum Kampfe gegen das eigene Blut und die eigene Hauptstadt in's Lager nach Schellenberg zu schicken, um so mehr, da man die schlimmsten Folgen besorgen musste, wenn Barcsai und die Türken die Oberhand behielten; so stifteten Rakoczi'sch gesinnte Rädelsführer in kurzem einen förmlichen Aufstand gegen den Rath an, hielten täglich Versammlungen und Berathungen, wo sie in den leidenschaftlichsten Ausdrücken über den Rath sich aussprachen und das Volk so sehr aufregten, dass dem Rathe offen mit dem Tode gedroht wurde, oder man wolle die vornehmsten Häupter desselben gefangen nehmen und nach Schellenberg schicken, wenn dem Befehle Rakoczi's nicht sofort

---

[118]) Kraus XCVI, 6 f.

Folge geleistet werde. Unter diesen Häuptern war wohl auch Kraus, die Seele und rechte Hand des Rathes, gemeint, und er so wie die übrigen Beamten der Stadt, auf die man mit Fingern zeigte, wenn sie auf der Gasse gingen, schwebten damals bei der Sorge für das Beste der Stadt in grosser Lebensgefahr, der sie nur entrissen wurden, als die Trabanten wirklich nach Schellenberg abgefertigt wurden. Wiederherstellung der Ruhe unter der Bürgerschaft hatte diese Nachgiebigkeit seitens des Rathes nicht zur Folge. Der Sinn für Ordnung und Folgsamkeit schien aus ihren Reihen ganz gewichen und der vollkommensten Zügellosigkeit Platz gemacht zu haben. Kamen doch die Rakoczi'schen Soldaten, auf die Unterstützung der Büger rechnend, haufenweise in die Stadt, wurden sie doch ungehindert in die Burg gelassen, raubten sie doch die Güter der Adeligen, die sich hierher geflüchtet hatten und es mit der Pforte hielten, erschienen sie doch sogar bewaffnet in den Rathsversammlungen, nahmen daselbst Platz und redeten wohl auch drein, wenn ihnen etwas nicht gefiel. Der Rath war willenlos unter dem Drucke dieses Terrorismus. Noch ärgeres Unheil für die Stadt, noch schwerere Sorgen für den Rath und dabei für dessen Schriftführer Kraus führte diese unbändige Zügellosigkeit der Bürgerschaft herbei, als Barcsai gleich nach Besiegung des Rakoczi bei Gyalu den bei ihm und den Türken viel geltenden Michael Toldalaghi und einen andern Edelmann nach Medwisch, Schässburg und Udvarhely mit der Aufforderung schickte, sich nun durch schleunige Absendung der Trabanten ganz bestimmt für die Pforte zu erklären, um ferneres Unheil vom Lande abzuwenden [119]). Die fürstlichen Gesandten wurden vom Volke, welches das sich verbreitende Gerücht von Rakoczi's Niederlage für fälschlich ausgesprengte Nachrichten hielt, schmählich misshandelt und in das Haus des Bürgermeister J. Both — jetzt Nr. 49 — geführt; es verlangte gebieterisch, man solle sie in's Gefängniss werfen (25. Mai 1660). Auch ein anderer, zufällig in der Stadt anwesender Edelmann, der Halbbruder von Toldalaghi's Begleiter, wurde vom Volke hingeschleppt. In Eile wurden Rath und Hundertmänner in die Wohnung des Bürgermeisters berufen. Schneller noch, in einer halben Stunde schon, war der Platz mit der tobenden Volksmenge gefüllt, die Männer in vollen Wehren, ein

---

[119]) S. Beilage 9.

entsetzlicher Anblick für die unglücklichen Edelleute, die mit Todesangst aus den Fenstern auf die drohenden Menschen hinabblickten und flehentlich baten, man möge sie doch um ihrer Rettung willen in's Gefängniss werfen. Endlich gelang es dem Rathe das Volk zu überreden, in aller Stille nach Hause zu gehen, man wolle die Edelleute gefangen halten und den folgenden Tag nach Verdienst ihres Frevels strafen. Das Volk zerstreute sich, Rath und Edelleute waren voll Freude. Da kam aus der Unterstadt mit neuen erhitzten Ankömmlingen frische Botschaft, die Türken seien in der Nähe, seien schon in der Unterstadt, man solle die verrätherischen Edelleute in Stücke hauen. Alles eilte leidenschaftlicher als zuvor vor des Bürgermeisters Wohnung zurück, die Männer griffen zu den Waffen, unkluge Weiber stachelten die Männer durch ihre Reden noch mehr an, das Volk war nicht länger zu halten. Die Verwegensten drangen in die Wohnung des Bürgermeisters, rissen die Edelleute aus der Mitte des Rathes, ohne auf Ermahnungen und Bitten desselben im geringsten zu achten, schleppten sie auf den Platz heraus und erschossen und erschlugen sie hier auf die jämmerlichste Weise. Die beiden Gesandten blieben todt, der andere Edelmann war schwer verwundet und starb nach wenigen Tagen. Das Volk hatte Blut gekostet, es lechzte nach mehr. Die Begleiter und Diener der Erschlagenen wurden aufgesucht; mitleidige Bewohner gewährten ihnen eine sichere Zufluchtsstätte und retteten sie. Ja es waren untrügliche Zeichen vorhanden, dass man sogar an die Vornehmsten des Rathes Hand anlegen und sich ihrer entledigen sollte; allein der bessere Geist behielt im Volke die Oberhand, man sann über das Geschehene nach und vergoss viele Thränen bitterer Reue. Zwei Tage darauf wurden die ermordeten Edelleute sehr feierlich beerdigt.

Kaum hatte Barcsai im Lager zu Markschelken von den geflüchteten Dienern der Erschlagenen die Ermordung seiner Gesandten vernommen, als er der Stadt drohte, er wolle sie schleifen lassen. Auch der Medwischer Rath schrieb, man solle dem Fürsten den Vorgang auseinandersetzen und nicht, um einiger unruhiger Mörder wegen, die ganze Stadt sammt ihrer Obrigkeit dem Verderben Preis geben. Die ganze Stadt war in Angst, einige der Theilnehmer am Auflauf und Mord flohen, ohne zu wissen, wohin sie sich wenden sollten. Der Rath bat den Fürsten, die Stadt zu schonen, man wolle die Schuldigen der verdienten Strafe unterziehen. Der Fürst erhielt das Schreiben in Medwisch und erklärte, er könne ohne Vorwissen des Vezirs von Ofen, dessen guter Freund Toldalaghi gewesen sei, sich nicht entscheiden, fürchte aber, da die ganze Stadt am Aufruhr Theil genommen habe, werde sie auch ganz gestraft werden. Die Angst in der Stadt wurde noch gewaltiger, besonders bei denen, welche zuvor das grosse Wort geführt hatten. Inzwischen war Barcsai zur Vereinigung mit dem Vezir von Ofen nach Kokelburg gegangen, wohin zugleich die Stände einberufen wurden, Schässburg schickte zwei Mitglieder des Rathes und zwei von den Hundertmännern mit werthvollen Geschenken hin, um für die Stadt zu bitten. Als diese aber auf dem Wege hörten, dass der Neumarkter (M. Vasarhely) Richter sammt zwei Rathsherren um einer geringen Beleidigung willen von den Türken an die Geschützräder mit Ketten wären angebunden worden, da wagten sie nicht, ihre Reise fortzusetzen und kehrten aus Furcht um. Der Fürst drohte, falls die verlangten Abgeordneten nicht erscheinen würden, mit dem schrecklichsten Zorn der Türken, auch wohlmeinende Edelleute aus der Nähe des Fürsten warnten die Stadt. Alles umsonst, es hatte Niemand aus dem Rathe den Muth, zum Fürsten zu reisen. Endlich erliess der Fürst die Zusendung von Abgeordneten, verlangte jedoch gebieterisch die Zustellung der Stuhltrabanten und die Auslieferung der Mörder. Das Gericht, das am 4. Juni Rath und Hundertmannschaft hielten, sprach über 4 Männer das Schuldig aus, sie wurden am folgenden Tage in Banden an den Statthalter, des Fürsten Bruder, nach Neumarkt geführt. Etwas später gingen auch einige Rathsherren dahin ab, um für die Stadt und die Unglücklichen um Gnade zu bitten. Ihr Flehen blieb ohne Erfolg. Gleich nach ihrer Rückkehr wurden andere Abgeordnete, darunter auch Kraus, mit demselben Auftrage nach Neumarkt geschickt. Als sie ankamen, waren wenige Stunden zuvor die Unglücklichen in die Spiesse gezogen worden. Die Stadt selbst erlangte mit schwerer Mühe und vielen Geschenken — die Summe von 25.000 Reichsthalern, die der Fürst zur Strafe dictirt hatte [120], erliess später Kemény [121] — Gnade, und die vom Fürsten zur Entgegennahme der Huldigung

---

[120] S. Beilage 10.
[121] S. Beilage 11.

abgesendeten Edelleute liessen sich aus Furcht vor einem ähnlichen
Schicksale, wie das Toldalaghi's, zum Einzuge in die Stadt erst
durch die feierlichsten Versicherungen und das Entgegenkommen
beinahe des ganzen Rathes bewegen. Dis Hundertmannschaft aber,
die bei diesen traurigen Vorfällen eine zweideutige Rolle gespielt zu
haben scheint, verpflichtet sich unterm 29. October 1660 schrift-
lich zu neuem Gehorsam und Vertrauen gegen den Rath.
 Wie jetzt, so kam Kraus auch in der späteren kriegerischen
Zeit oft in Lebensgefahr. Im December desselben Jahres wurde er
mit zwei Edelleuten und dem Schässburger Königsrichter Andreas
Kaiser zu dem, wegen seiner grausamen Willkür gefürchteten Ali
Pascha, der dem siebenbürgischen Landesabgeordneten Gabriel
Haller 63 Pfund schwere Fesseln hatte anlegen lassen, ihn wie den
Fürsten Barcsai selbst in Haft hielt [132]) und kurz zuvor die helden-
müthig vertheidigte siebenbürgische Festung Grosswardein eingenommen hatte, geschickt, um ihm von der dem Lande auferlegten
Strafsumme von 500.000 Thalern einen Theil — 44.000 Thaler —
abzuliefern. Man kann sich denken, wie den Abgeordneten zu
Muthe war, da sie statt der ganzen Summe nur einen Theil brachten. Ali Pascha erzeigte sich jedoch nicht so hart, als sie geglaubt
hatten, verhandelte aber sehr eifrig mit den siebenbürgischen Abgeordneten um Abtretung von Bihar, Krazna, der beiden Szolnok
und Verlegung der Grosswardeiner Gebietsgrenzen bis vor Klausenburg (ja von hier selbst noch die Monoster Gasse) und war nicht
leicht von seinem Begehren abzubringen. Vor seinem Aufbruche von
Grosswardein entliess er Kraus und den einen Edelmann nach Hause,
den andern aber und den Königsrichter Kaiser nahm er mit sich
nach Griechisch-Weissenburg, woher sie erst im Mai des folgenden
Jahres zurückkehrten. — Kraus hatte nicht lange Ruhe; mit der
Belagerung der Stadt durch Kemény, noch mehr aber während des
langen Aufenthaltes der Türken in der Stadt nach der Schlacht bei
Grossalisch (Jänner 1662) begannen die schweren Tage unruhe-
voller Sorge für ihn von Neuem. Als einst, wenige Tage vor dem
Aufbruch der Türken nach Grossschenk aus dem Harem Kuczuk
Pascha's drei Frauen desselben entsprungen waren, verlangte die-
ser von der Stadt, man solle dieselben suchen lassen, oder ihm

---

[72]) Joh. Bethlen: Rerum Trans. Lib. IV. Ausgabe von 1663. S. 163, 166, 171.

dafür eine bestimmte Geldsumme zahlen. Als ihm nicht willfahrt
würde, liess er den zufällig auf der Gasse gehenden Rathsherrn
Georg Hirling festnehmen und machte Miene, als ob er denselben
gefangen mit nach Grossschenk führen wolle. Der Rath hat durch
Kraus und einen Rathsherrn den Fürsten Apafi, er möchte sich für
den Gefangenen verwenden und dessen Loslassung erwirken. Der
Fürst gab ihnen einen seiner Hofbeamten an die Seite und schickte
sie zu Kuczuk Pascha. Sie trafen denselben eben mit dem Aufbruch
beschäftigt, erzürnten ihn aber durch ihre Vorstellungen dergestalt,
dass Kraus und der Rathsherr sofort in Eisen geschlagen und erst
nach Ausstellung eines Reverses, die Entlaufenen aufzusuchen, aus
dem Gefängniss befreit wurden. Die Entflohenen konnten trotz aller
Mühe nicht aufgefunden werden; der ganze Rath zitterte. Wie
musste den Armen zu Muthe sein, wenn sie seine Drohschreiben
lasen? [123]). Er machte Miene von Grossschenk wieder nach Schässburg zurück zu kehren und die Stadt seinen Zorn fühlen zu lassen.
Doch gelang es endlich, auch dieses unbarmherzigen Bedrängers
durch ein Geschenk von vielen Thalern los zu werden.

Über Kraus' Auftreten in der folgenden Zeit ist nichts weiter
bekannt; eben so wenig die Ursache davon, dass er kein höheres
Ehrenamt bekleidete. Möglich ist's, dass er mit dieser Stelle zufrieden war und nach nichts Höherem strebte; möglich aber auch, dass
ihn das Volk, dessen Thorheiten er in seiner Chronik schonungslos
geisselte und dessen Unfolgsamkeit und Herrschergelüste er nie
recht leiden mochte, nicht sehr liebte, und wegen seiner stark
aristokratischen Gesinnung, die ihm eigen war, gar nie zu irgend
einem Amte wählte. Ein einziges Mal erscheint er in einer Henndorfer Hallert-Urkunde von 1673 auch als Rathgeschworner [124]), sonst
überall und ganz besonders in den von ihm ausgestellten Schässburger amtlichen Schriften nur als Notar. Die ruhigeren Tage der
folgenden Zeit verlebte er der „betagte und eisgraue" [125]), wie es
scheint, ungestört in dem Kreise seiner Kinder und Enkel; auch das
rasche Emporsteigen seines Sohnes mag ihm nicht wenig Freude
bereitet haben. Allein diese freundlichen Tage seines Alters wur-

---

[123]) S. Beilage 12.
[124]) ... „Georgius Kraus, Notarius ac Juratus Civis Civitatis Segesvariensis" ... Uni-
versitätsurkunde vom 21. Juni 1673. Filken. Eucbir. S. 386.
[125]) Kurz: Magazin für Geschichte etc. II. S. 211.

den bedeutend getrübt durch die Feuersbrunst, die am 30. April 1676 die Stadt verheerte und zum Schutthaufen machte. Er war davon schwerlich verschont geblieben und empfand es schmerzlich, dass dadurch die hohen Stadtschulden noch vermehrt werden mussten. Das Unglück überlebte er nicht lange, er starb den 26. Jänner 1679 [126]).

Unter seinen Nachkommen [127]) haben mehrere um Kirche und Gemeinwesen sich dauernde Verdienste erworben. Ein Zweig derselben hat bis in die neueste Zeit als kostbare Andenken an den Stammvater aufbewahrt: ein kleines auf Elfenbein angefertigtes Porträt, 2 Zoll hoch, 1½ Zoll breit, Kraus in seinen Jugendjahren darstellend, wahrscheinlich italienische Arbeit; einen Silberpocal mit dem eingeschnittenen Kaufmannswappen und dem Monogramm G. K., aus der Helmverzierung über dem Schilde ein zur Hälfte hervorragender, nach links gekehrter Löwe mit emporgehobenen Vordertatzen und vorgestreckter Zunge, und der Umschrift: GEORG : KRAVS : NOTARJVS : S : 1669. — Das silberne Siegel desselben das in der Familie bis auf unsere Tage im Gebrauche stand, ist in den Unruhen von 1849 dem früheren Kleinschenker Pfarrer Kraus, der die genannten Gegenstände besass, entwendet worden. —

Die literarische Thätigkeit dieses um das Wohl der Stadt nicht wenig verdienten Mannes ist eine sehr bedeutende und, dem Vorhandenen nach, rein der vaterländischen Geschichte gewidmete gewesen. Dem Beispiele des Filkenius folgend, schrieb auch er gleichzeitig

1. eine kleine Chronik über die Jahre 1646, 1648, 1650, 1653, 1654, 1657, 1658, 1659, 1667 auf die leeren Blätter desselben alten Rathsprotokolles. Diese kleinen Aufzeichnungen betreffen blos die Stadt und sind, da sie von ihm nicht alle auch in seine grosse Chronik aufgenommen wurden, sehr brauchbar und werthvoll.

---

[126]) „D 26. Jan. 1679 moritur Amplss. Prudens ac Circumspectus Vir Dnus Georgius Krauss, Notarius publicus Schesburgensis". Schässb. Kirchenprot.

[127]) Pfarrer J. G. Fr. Kraus in Trappold besitzt einen 1790 von Friedr. Thallinger in Klausenburg angefertigten vollständigen Stammbaum über die Kraus'sche Familie, der obwohl von einem frühern Besitzer dem Untergange preisgegeben und übel gehalten, noch an den meisten Stellen leserlich ist und mit Hilfe der vorhandenen Familienaufzeichnungen sich leicht bis auf die jetzige Zeit fortsetzen lässt.

2. *Tractatus Rerum tam Bellicarum, quam etiam aliarum ab anno 1599 usque 1606 inclusive in Transsilvania interventarum,* per Georgium Krauss, 1646 fungentem Civitatis Schaesburgensis Notarium conscriptus.

Da hierüber das Nöthige bereits gesagt worden, so verweisen wir hier auf die Stelle oben S. 33 ff. — Anzuführen sind hier nur noch einige sinnstörende Fehler, die sich in die Kemény'schen Fundgruben, oder vielleicht früher noch in die Abschrift, die Kemény benützte, eingeschlichen haben und sich aus dem Ursinus Zekel, verbessern lassen. So ist z. B. S. 164 zu lesen, Z. 4 von unten „nicht" statt „recht". S. 167, Z. 2 von unten „Sohn" statt „Kind"; S. 170, Z. 5 von oben „nie" statt „wie", Z. 15 und 16 von oben „in gewissen Conditionen den Uayda Sigismundo zu vbergeben" statt „ein gewissen Conditionen dem Mihaly Uayda, Sigismundus je übergeben"; S. 172, Z. 2 von oben „Croñen" statt „Eranen", Z. 12 von unten „Saat" statt „Saul; S. 175, Z. 19 von oben „der h. 12 Apostel, ganz silberne bilder vnd Statuas" statt „der h. 12 Apostel, ganz silberne Bibel und Statuas"; S. 182, Z. 4 von oben „greiffet" statt „genieset"; S. 191, Z. 16 von unten „Surius" statt „Sunues", Z. 15 von unten „Paulinus" statt „Paulvius" u. s. w.

3. Die grosse Chronik.

Das Original derselben wird im Superintendentialarchiv aufbewahrt und ist sonst auch unter dem erst um die Mitte des 18. Jahrhunderts hinzugeschriebenen Titel Codex Krausio-Kelpianus bekannt, ohne dass angegeben werden könnte, wie er zum Kelpischen Namen gekommen sei, da er wohl nie im rechtlichen Besitze eines Kelp sondern Stadteigenthum war, und nicht durch des Geschichtschreibers Sohn, den Superintendenten, sondern erst um die Mitte des 18. Jahrhunderts in das Superintendential-Archiv nach Birthälm kam [128]. In dem in Folio geschriebenen, später gebundenen und wohlerhaltenen Originale selbst, wo jedes Jahr auf einem frischen

---

[128] S. G. Binder in Kurz: Magazin für Geschichte etc. Bd. II (wo Auszüge aus dieser Chronik mitgetheilt worden sind), S. 209. — Dass der Codex kurz vor der Mitte des 18. Jahrhunderts noch in Schässburg aufbewahrt wurde, dafür sprechen unter anderm auch die zuverlässig von einem Schässburger in das Kraus'sche Original geschriebenen Zusätze über Vorfälle, die 1730 und 1745 in Schässburg stattfanden. Vergl. Anmerkung 131.

Blatte beginnt, und wo am Schlusse jedes Jahres mehrere leere
Blattseiten zum Nachtragen sich finden, sind an dem Rande theils
kurze Inhaltsanzeigen über das auf dem Blatt Erzählte, theils
Zusätze, die in den Text gehören, theils auch Hinzufügungen aus
späterer Zeit geschrieben; in der Ecke oben steht die Jahrzahl,
um das Nachschlagen zu erleichtern, da über ein Jahr oft viele
Blätter gefüllt sind. Ich bedauere sehr, da mir bei dieser Bearbeitung nicht das Original, das ich blos aus einer frühern flüchtigen
Ansicht kenne, und erst nachträglich bei der Vergleichung einiger
wichtiger Stellen benutzen konnte, zu Gebote stand; denn die
in Schässburg vorfindige, von mir benützte Abschrift (171 $\frac{1}{2}$ Bogen
in Quart) war nicht nur sehr unleserlich geschrieben, sondern enthielt auch bisweilen offenbare Fehler, hatte die in den Text aufgenommenen späteren Zusätze des Kraus nicht näher bezeichnet oder
sie gar am Rande gleichsam als Inhaltsangabe stehen gelassen [129]),
Ja sogar entschieden spätere Zusätze, z. B. die Schlacht bei Pultava [130]). Nachrichten von 1730 und 1745 [131]) sind aufgenommen worden, ohne den geringsten Zusatz, dass sie von fremder
Hand hingeschrieben worden sind. Auch fehlen die meisten
von den vielen beigebundenen Original-Urkunden, auf die Kraus
hinweist.

Anmerkung des Herausgebers. An dieser Stelle kann nicht unerwähnt gelassen werden, dass die Drucklegung der Kraus'schen Chronik anfangs
eben nur auf Grundlage der hier vom Verfasser angeführten fleissigen aber
allerdings schwer leserlichen Abschrift erfolgte. Die Schwierigkeiten, auf
welche der Satz der ungarischen Pasquille B. I. S. 94 u. s. f. stiess, machten
indess die Ausführung des Wunsches, das Original selbst bei der Richtigstellung
des gedruckten Textes benützen zu können, zu einer Nothwendigkeit und so hat
denn der Codex die Reise nach Wien machen müssen. Von da ab hat denn auch
die Herausgabe an Sicherheit gewonnen, deren Abgang in den ersten Druckbogen zum grossen Theile den angedeuteten Umständen beigemessen werden wolle.

Der Urkundenschatz des Codex in Originalien, in authentischen und in
gewöhnlichen Abschriften beginnt bei dem Jahre 1657 und wird, je mehr die

---

[129]) So ist zum Beispiel die in Anmerkung 111 enthaltene Stelle von „dieser Annanias
war" etc. bis „schreibe (. . . .) ich mit Wahrheit", am Rande stehen geblieben,
die doch ganz bestimmt nicht dahin gehört.

[130]) K. aus LXXVII, I, steht am Rande: „N. B. der Schweden ihn Pohlen 1709 bei
Pultava".

[131]) „Anno 1730 aber hat das Wasser den Thurm sampt dem Thor unterwaschen, dass
er eingefallen. Wirdt 1745 wieder aufgebawet". Kraus LVIII. S.

Chronik dem Ende zuschreitet, desto reichhaltiger. Er umfasst über 120 Documente, darunter viele Originalerlässe der Fürsten Georg Rakoczi II., Achatius Barcsai und Johann Kemény, von denen die letzteren durch die häufigen eigenhändigen Postscripte bemerklich sind, welche dieser immerhin begabte aber gewaltthätige Fürst beisetzte. Die insolenten Schreiben der türkischen Pascha's, die Berichte von Gesandten und Agenten u. s. w. sind eben so viele Anlässe, den Wunsch und die Hoffnung zu hegen, es werde unter günstigen Zeitverhältnissen möglich werden, das in denselben liegende Material auch allgemein zugänglich zu machen.

An gedruckten Einlagen finden sich in dem Codex die authentischen Landtagsartikel aus den Jahren 1657 — 1661 in kl. Fol.; dann eine wahrscheinlich als Flugschrift gedruckte derbe Erwiderung des Biharer Comitates auf einige demselben von Rakóczi II. gemachten Vorwürfe in 8°, endlich ein „Quinarius Thesium astronomicarum de ecclipsi solis quae contigit 1654 mense Aug. die 12 in gratiam astronomicae veritatis propositus in celeberrimo Cibiniensium Gymnasio, praeside M. Jacopo Schnitzlero Gymn. Cib. Rectore, respondente Luca Hermanno Birthalbensi ad diem 20 Aug. in Auditorio aestivo hora matutina Anno 1664".

Von späterm Datum ist ausser der I. Bd., S. 219 unten enthaltenen Aufzeichnung von fremder Hand noch die folgende wohl vom Chronisten herrührende Notiz auf einer zwischen dem Text des Jahres 1661 eingeschobenen Blattseite:

Anno 1671 Die 20 October verreiset der F. W. H. Georgius Hirlingh mit dem Nemes Janos und Szilvasi Balint ad Portam undt langen den 9. November zu Adrianopel an. Den 17 sein sie durch den Tolmats Pannoth, so ein Grieche sein soll, zum Keyser Sultan Mehemet geführet worden, ihm 160 Beutel Toller sampt 2 silbernen Geschirr undt Waschbecken undt kan praesentiret, sein nachdem zu folgenden Pascha mit Geschenk gegangen: Mussaig Mustafa Pascha, der erste nach dem Feō Vesser, item Chaimakam Musztaha Passa, Ibraim Passa, Tephtedar Passa 's Bizanzi Passa, Kaplan Aga az Chiaia dass ist der Hopmester Mehemet Aga, Bujok Teczkericzi, Isaak Effendi, Reiz Effendi Mufti Passor. Imp. Die 9 Jan. reisen sie von der Port und langen 25 zu Rosenaw an".

Der Vollständigkeit wegen sei endlich noch bemerkt, dass die „dedication Schrifft" auf ein zweites Blatt geklebt ist, welches auf der freien Seite folgende Notiz enthält:

„Anno 1601 d. 9. Decemb. wird die Schässburger Burg durch List des Zekelischen Hauptmanns Mako Georgy geplündert und beraubet. Sie waren auf versprochene Treue und Glauben in die niederste Stadt logiret, brachen auf die Burg, liessen einen Wagen mit Wein beladen in dem Purgthor auffhalten, fielen hinein, beraubeten die Burgleute von allem, hielten den Senatum gefangen, der sich ranzioniren musste, beraubeten auch die grosse Kirche, da sie unter anderm die 12 Apostel aus Silber bekommen. Die Purger mussten weichen, durch der Gäste Gnade leben, ernenneten die Stadt Nemesvár, wolten sie ewig besitzen und richteten grossen Jammer und Elend an, erwehleten unter denen Edelleuten Obrigkeiten Albert Nagy und Vitez Miklos sammt vielen Zekelen. Zu Nösen ging es eben so und geschahe alles im Winter".

L

Auf Veranlassung des Rathes und einiger guter Freunde [132]) begann er 1650 [133]) mitten unter gehäuften Amtsgeschäften [134]) die Abfassung seiner Chronik, die er selbst jedoch nicht als selbstständiges Werk, sondern als Fortsetzung [135]) betrachtete, und zwar zu einer Geschichte, die bis in die Regierungszeit Bathori's, ganz bestimmt bis zum Einzuge des Fürsten in Klausenburg 1608 herabreichte. Kraus beginnt mit 1608, dem Erwählungsjahre Gabriel Bathori's. Allein aus dem ganzen Zeitraume, von der Wahl des Fürsten bis zur Besetzung Hermannstadts (December 1610) wird in aller Kürze nichts weiter erzählt, als ein Vorfall an des Fürsten Tafel, der ihn als den grossen zukünftigen Sachsenfeind charakterisiren soll. — Halten wir nun diesen Anfang der Kraus'schen zum Schlusse der Ursinus'schen Chronik, so wird es uns mehr als wahrscheinlich, dass die Kraus'sche eine Fortsetzung der Ursinus'schen war, die — nach dem Ursinus Kemény — mit dem August 1610 schloss — Ursinus wollte, wie es den Anschein hat, die Besetzung Hermannstadts absichtlich nicht niederschreiben, sondern die weiteren Vorgänge abwarten, und darüber ereilte ihn der Tod († 22. März 1611). Selbst der Umstand, dass Kraus aus der Zeit von 1608 — 1610 eine Begebenheit nachholt, wird uns erklärlich, wenn wir ihn als Fortsetzer des Ursinus betrachten. Bei Ursinus lautet nämlich das Urtheil über Gabr. Bathori, das er gleich anfangs niederschrieb, noch überaus günstig [136]); Kraus jedoch erblickte

---

[132]) „Nach dem mir von etlignen F. W. H. vndt gutten freunden, etwas gemeinen nutz zu gut zu schreiben Vrsaage gegeben worden". Widmungsschrift an den Rath. Kraus I, 5.

[133]) Das Widmungsschreiben ist datirt „Segesvar die 23. Decembris Anno 1650".

[134]) „Alss hab ich derowegen, neben andern meinen Notariat amptsgeschäften vndt Molestien, meinen successoribus vndt andern gutten Herrn vndt wollmeinenden freünden, zu nutz vndt Vnterricht etwas laboriren vndt bezeürhnen wollen". Widmungsschrift an den Rath.

[135]) „Continuation vorhergehender Geschichten" „ihn diessem gantzen werck vndt Continuation" in der Widmungsschrift, und so noch oft. Ja die Chronik beginnt sogar mit den entscheidenden Worten: Nach dem mir denn auss für ungehender Continuation selben Authoris Vnterschiedlige vndt sehr seltsame gefährl ge Alterationes vndt Veruenderungen, Gott geklagt, gründlige vndt genauelssam vernehmen". Und einige Zeilen weiter unten weist er hin auf den Einzug Gabor Bathori's in Klausenburg „wie in vorhergehendem achten bladt klarlig zu sehen".

[136]) Bei Gelegenheit der Wahl des Fürsten 1608 sagt Ursinus Kemény: „Gabriel Bathoreus, hagu juvenis, alacer tamen et vividus corpore et animo. Tertius hic Princeps nostrae orthodoxae religionis". In das Hofleben genauer Eingeweihte fällten

jetzt, wo er die ganze Regierung des Fürsten überschauen konnte, in ihm den Tyrannen und Wütherich gegen die sächsische Nation, darum griff er auch vor das Jahr 1610 hinein, um ihn durch eine kleine Erzählung schon vor der Besetzung Hermannstadts als solchen zu kennzeichnen. Und schlagen wir nun von der umfangreichen, vollständigen Ursinus'schen Chronik in Gedanken die acht letzten Blätter[137]) um — beim trockenen Auszuge des Ursinus Kemény sind es blos zwei — so treffen wir ganz zuverlässig auf jene Stelle, auf welche Kraus am Anfange seiner Chronik hinweist, nämlich auf die Erzählung von des Fürsten Einzug in Klausenburg. Dieses Alles erhebt denn die Annahme, dass Kraus den Ursinus fortsetzte, beinahe zur Gewissheit. Und wenn wir nun noch daran denken, dass Kraus diese ihm wohl zugängliche [138]) Ursinus'sche Chronik noch vor 1650 übersetzte, so konnte er sich gewissermassen auch als Verfasser des Stückes, zu dem er die Fortsetzung schrieb, betrachten [139]).

Seine Chronik beginnt mit 1608 und schliesst, obwohl sie anfangs nicht so weit reichen sollte [140]), mit dem 1. Mai 1665 [141]), erzählt die Geschichte von Siebenbürgen, Ungarn, der Walachei und

. Übrigens schon jetzt ein treffendes Urtheil über den jungen Fürsten. Vergl. das Schreiben des Hermannstädter Stadtpfarrers Lupinus an den Superintendenten Schiffbaumer vom Jahre 1608, Beilage 13.

[137]) Vergl. Anmerkung 135.
[138]) Des Ursinus Enkel, des Zach. Filkenius Söhne, lebten in Schässburg. Ja auch die Wittwe des Amtsvorgängers von Kraus, Math. Lani, war eine Tochter des Filkenius und Enkelin des Ursinus.
[139]) „Auss fügangehender Continuation selben Authoris" siehe Anmerkung 135.
[140]) Das Widmungsschreiben ist von 1650 datirt. Sie sollte also auch nur bis dahin reichen. Allein später wurde auf dem Titelblatt wahrscheinlich 1650 in 1659 corrigirt und als dies Jahr keine Grenze bilden konnte, noch die Worte: „vndt auch weiter" hinzugesetzt. Daher heisst es denn jetzt auf dem Titelblatte in Zusammenhang: „so ab Anno 1608 vndt continuation vorhergehender geschichten, biss ad Annum 1659 vndt auch weiter gelauffen". — Als das Voranstehende bereits geschrieben war, hatte ich Gelegenheit, auch das Titelblatt des Originals zu sehen. Es ist darauf keine Correctur erkennbar (höchstens etwa 1650 in 1659), allein das Titelblatt hängt mit seinem Gegenblatt nicht mehr zusammen; es ist später — was man genau erkennen kann — aufgeklebt worden. Es ist daher immerhin möglich, dass Kraus später einmal dieses Titel andern schrieb. Nur so lässt es sich auch erklären, wie Kraus diese Geschichte, die bis „1659 und auch weiter" reichen sollte, unter Anderen dem Königsrichter Step. Mann widmete, der schon 1657 starb. Der Name stand sicherlich auf dem ursprünglichen Titelblatte, und ging von hier ohne weitere Umstände auf das zweite über.
[141]) Eine einzige Stelle betrifft eine Begebenheit von 1671 2. Vergl. unten Anmerk. 184.

Moldau ¹⁴²) und ist dem Rath gewidmet. In den ersten Jahren nach 1650 arbeitete er nicht viel; wenigstens ist die Geschichte über die Jahre 1631 — 1661 erst zwischen 1660 und 1665 geschrieben worden ¹⁴³).

Wenn Kraus auch sehr viel niederschrieb, was er selbst erlebt und gesehen hatte, so benützte er doch auch zahlreiche und mannigfaltige Quellen. Er selbst gesteht, dass er seine Nachrichten von gründlichen zuverlässigen Berichterstattern erhalten habe ¹⁴⁴). Der Sachsengraf Valentin Seraphin erzählte ihm den Zug des kaiserl. Generals Forgacs durch die Gebirge in die Moldau 1611; über die italienischen Künstler und Gewerbsleute, die Gabor Bethlen nach Siebenbürgen kommen liess, vernahm er aus ihrem eigenen Munde in Italien sichere Kunde und stand auch später mit einem derselben in Briefwechsel ¹⁴⁵). Aus dem alten Rathsprotokoll nahm er in seine Chronik auf, was Filkenius ¹⁴⁶) über Schässburg dorthin niedergeschrieben hatte. Dass er über die Besetzung Hermannstadts durch Gabor Bathori ein gleichzeitiges Tagebuch vor sich hatte, ist an der Angabe der einzelnen Tage noch deutlich erkennbar. Doch hat er auch hier, wie überall bei der Benützung fremder Quellen, viel Eigenes hinzugefügt. Über grössere europäische Ereignisse, z. B. den 30jährigen, den polnischen Krieg, Karl Gustav's, zog er die „Anna Svevica" und den „dreifachen Lorbeer Krantz vndt triumphirende Siegeszkrone" vom Archidiakonus zu Rochlitz,

---

¹⁴²) Kraus LXV. 5: „Nachdem ich ihn meiner praefation vndt continuation diesser geschichten mich dahin zu befleissen versprochen, nicht weiter zu gehen vndt zu schreiten, alss wass vnsser landt Siebenbürgen, Vngerlandt, Walachey vndt Moldav betrifft" etc.

¹⁴³) Er schreibt zum Jahre 1631 (XXIX, 3): „sein nicht geringe vorhergehende Zeichen künfftigen Vutterganges Herrmanstedter Stadt vndt Stulss gewesen, wie ess sich in diessem 1660 Jahr weisset, den ausgang werden vielleicht ihn beschreibung desselbigen Jahres wilts Gott mit Verwunderung Ach vndt wehe hören". Und zum Jahr 1661: (CXVII, 3) „wie mir an seinem ohrt hören wollen. Alss Anno 1665"; und zu demselben Jahre wird weiter unten (CXXII, 5) erwähnt Mich. Göldner als „itziger Woll bestellter Herr Consul." Göldner war 1645 zum ersten Male Bürgermeister.

¹⁴⁴) In der Widmung fahrt er an, er habe nichts Anderes niedergeschrieben, als was „zuvor von glaubwirdigen vndt zwar nicht geringen perschonen, so eines Theils selbst perschönlich erfahren vndt dabey gewessen, vndt eines theils auch gewisse nachrichtung davon gehabt, ist censiret vndt approbiret worden".

¹⁴⁵) „ . . . . welches thodt vndt entleibung Joannes Fontanicij mein guter freundt Anno 1655 selbst von Venedig ihn Italienischer sprachen zu geschrieben."

¹⁴⁶) Und er selbst.

M. Matth. Lungvitius ¹⁴⁷), zu Rathe; über kleine scheinen ihm Zeitungen zu Gebote gestanden zu haben, woher es vielleicht auch kam, dass er bisweilen eine Begebenheit zweimal erzählte, z. B. Dampierre's Tod u. s. w. Die Geschichte von Rakoczi's polnischem Feldzug, die er sehr ausführlich erzählt, bearbeitete er, wahrscheinlich nach Kemény's: „Ruina Exercitus Transsilvaniae" ¹⁴⁸), die Belagerung von Neuhäusel durch die Türken 1663 nach Berichten, die so aussehen, als ob sie einer Art „Europäischer Fama" entnommen wären. Ja über die Zeit nach der Belagerung von Neuhäusel, besonders über den Zrini'schen Winterfeldzug von 1664 verschaffte er sich mit grossen Unkosten Nachrichten aus Wien von glaubwürdigen Männern ¹⁴⁹).

Wichtiger dagegen ist seine grosse Verwandtschaft mit Joh. Betlen: Rerum Transsilvanicarum Libri IV., continen. res gestas Principum ejusdem ab Anno 1629 usque ad Annum 1663 ¹⁵⁰). Die Ähnlichkeit und sehr oft vollkommene Übereinstimmung des deutschschreibenden Kraus mit dem lateinisch geschriebenen Bethlen — denn die durch J. Tröster veranstaltete deutsche Übersetzung Bethlens ¹⁵¹) kennt Kraus nicht — lässt sich vom Ende des ersten Bethlen'schen Buches bis an's Ende des vierten mit wenigen Unterbrechungen verfolgen. Obwohl nun Beide fast gleichzeitig schrieben, so lässt sich doch die Frage, welcher von Beiden zuerst geschrieben, ohne grosser Schwierigkeit entscheiden. Kraus schrieb seine Auf-

---

¹⁴⁷) Kraus XXIII, 3; LXV, 6: „Sintemall ville andere Scribenten vndt Historienschreiber welchen ich mich nicht gleich achte, vor mir gethan, so gleichsam grosse Volumina vndt bücher davon ausgeben liessen alss vnter andern der Hochgelarte vndt Kriegserfahrene Magister Mathaeus Lungvitius sen. Archidiaconus zu Rochlitz gethan, welcher ihn seinem dreyfachen Lorbeer Krantz vndt Triumphirenden Siegess Krone, alle denkwirdige geschichten so sich ihn der Moscau wider die Krone Polen, Schweden vndt Kossaken eben wider dieselben, wie auch alle res gestas dess Schwedischen Königes Gustavi Adolph vndt nach seinem thodt seine Obersten vndt heerführer ihn Teutschlandt verrichtet, beschrieben, wie auch ihn einem andern Tractat, Arma Svevica intituliret zu lessen "

¹⁴⁸) S. Siebenb. Quartalschr. II, 135. — Kemény: Notit. Cap. Alb. Cib. 1836, I, 118.

¹⁴⁹) Kraus CLXIV, 7: „Diesses sein demnach grossgünstiger leser die geschichten so von der Neyhelsselischen belagerung vndt einnahme fort biss ihn diess 1664 Jahr ergangen, vndt wie ich diejenige (nicht mit geringen Vnkosten) auss Wien her glaubwirdig haben kennen, dergestalt ist von mir beschrieben diess eingebracht".

¹⁵⁰) Welche zuerst 1663 im Druck erschienen.

¹⁵¹) „Das bedrängte Dacia d. i. Siebenbürgische Geschichte von Anno 1629 — 1663. Nürnberg 1666".

G. Kraus sieh. Chronik. Fontes I. IV. Bd.

zeichnungen zum Jahre 1649 nach 1662 [152]), zum Jahre 1653 zehn Jahre später [153]), zum Jahr 1661 frühestens 1665, wie wir oben gesehen haben [154]). Kraus arbeitete also seine Geschichte erst aus, als das Bethlen'sche Werk bereits im Drucke erschienen war. Eine einzige Stelle könnte hier bedeutendere Schwierigkeiten in den Weg legen, nämlich die Erzählung von der Werbung Rakoczi's I. um den polnischen Thron und seinen gleich darauf erfolgten Tod. Diese Begebenheit führt Kraus noch unter dem Jahre 1647 an. Unmittelbar darauf zeichnet er die Erwählung des Joh. Both zum Bürgermeister in einer Weise auf, die keinen Zweifel daran übrig lässt, dass damals Both — er starb erst den 23. Februar 1662 — noch am Leben war [155]). Falls nun die erwähnte Erzählung von Rakoczi auf einem und demselben Blatt, zu einer und derselben Zeit mit der Nachricht über Both niedergeschrieben und nicht etwa späterer Zusatz war — die Abschrift hat dafür keine Bezeichnung — so musste auch das über Rakoczi Gesagte von Kraus vor dem 23. Februar 1662 geschrieben sein [156]). Wie konnte dies jedoch stattfinden, da Bethlen's Werk, in welchem die Geschichte des Jahres 1663 bis zum Sommer erzählt ist, vor dem Herbst 1663 die

[152]) XLVIII, 2: „. . . . gleich wie die Thoren von Morgen her durch Burzelandt ins landt kommen also sein auch die feinde anno 1658 dannenher eingebrochen vndt anno 1660 die Pest zugleich in denselbigen grenzen zu grassiren angefangen vndt eben der Thoren, Türcken vndt Tattern Strass vor sich genohmen vndt biss jnss 1662 Jahr gewebret".

[153]) LI, 7: „Gott der Allmegtige legte ihnen (den Adligen, als sie mit dem Häuserkauf in säcks. Städten durchdringen wollten) aber einen solchen Ring in die nassen vndt erweckete einen Krieg iho der Moldav, Walachey vndt vassern landt, so auch biss jetzt zur stundt (nun iho die 10 Jahr) wehret, dass sie selbiger Articulorum vergessen.

[154]) S. Anmerkung 143.

[155]) XLVII, 1: „Anno 1648 die 13. Februarii ist der N. F. W. Herr Joannes Both zum Bürgermeister erwählet worden, welchem der liebe Gott langes leben vndt glückliche regierung verleien wolle".

[156]) Die Stellen über Rakoczi's Tod und Both's Erwählung haben, wie später ein Blick in das Original gelehrt hat, keine Beweiskraft, da Kraus mit der Erzählung von Rakoczi's Tod das Jahr 1647 schloss und mit Both's Erwählung das Jahr 1648 begann. Am Schlusse jedes Jahres pflegte Kraus einige Blätter leer zu lassen. So geschah es auch bei 1647 und auf eines von diesen leeren Blättern konnte die Nachricht von Rakoczi's Tod immerhin auch nachträglich — nämlich viel später als die Nachricht von Both's Erwählung zum folgenden Jahr — aufgezeichnet werden, ohne dass man diese spätere Aufzeichnung jetzt genau zu erkennen im Stande wäre. Noch jetzt finden sich zwischen dem Schluss von 1647 und dem Anfang von 1648 drei leere Blattseiten.

Presse schwerlich verlassen hatte? Auch dieser Umstand lässt sich, wenn auch nicht mit absoluter Gewissheit angeben, so doch mit einiger Wahrscheinlichkeit erklären. Seit dem Ausbruche der Unruhen (1658) hatte sich Bethlen's Frau sammt Kindern, Dienerschaft und einigen beweglichen Gütern nach Schässburg geflüchtet, während ihr Mann als fürstlicher Rath mit dem Fürsten im Lande herumzog. Bethlen war ein Anhänger Barcsai's und eben desshalb seine Frau bei der Bürgerschaft in Schässburg ausserordentlich verhasst. Als nun Rakoczi während der Belagerung von Hermannstadt aus Unwillen über Bethlen's standhaftes Festhalten an der Pforte nach Schässburg schrieb, man solle ihm die Güter desselben ausliefern, willfahrte ihm die Stadt, oder besser die Rakoczi'sch gesinnte Bürgerschaft mit grosser Bereitwilligkeit und gestattete es sogar, dass Frau und Tochter desselben in's Lager Rakoczi's geführt wurden. Die Vermuthung, dass Bethlen auch einige Vormerkungen zu seiner Geschichte, wenn nicht gar Ausarbeitungen [157]) nach Schässburg geführt und bei seiner Familie gelassen habe, liegt nahe, und was war dann wohl natürlicher, als dass Bethlen's Frau bei ihrer Auslieferung jene Schriften ihres Mannes, die, wenn sie gelesen wurden, den Zorn Rakoczi's noch' mehr steigern konnten, in Schässburg der sichern Verwahrung eines Mannes, wie Kraus anvertraute, von dem sie wusste, dass er mit Bethlen auf einem und demselben politischen Standpunkte stand, und solche Schriften, wie die waren, welche ihr Mann ihr gelassen, zu schätzen vermochte? Wir geben zu, dass dies Alles blosse Vermuthung sei, aber sie dient, falls jene Erzählung von der Werbung Rakoczi's um den polnischen Thron und seinen gleich darauf erfolgten Tod nicht wirklich späterer Zusatz zum Originale des Kraus ist, mehr als irgend eine andere Annahme dazu, das Räthsel zu lösen, wie Kraus auch

---

[157]) Bethlen erklärt zwar in der Widmung an Apafi, er schreibe die Geschichte auf des Fürsten Befehl (te jubente); allein in der kurzen und immer noch auch für ihn sehr bewegten Zeit, seit er Apafi Treue geschworen — er musste früher als gezwungener Anhänger Kemény folgen, war in der Schlacht bei Grossalisch anwesend, floh aus Furcht vor den Türken nach Görgény und traf erst nach einigen Wochen in Schässburg ein, um Apafi zu huldigen — bis zum Sommer 1663, wo seine Geschichte schliesst, wäre er nicht im Stande gewesen, so viel zu sammeln und niederzuschreiben. Er musste einen grossen Theil schon früher fertig haben, und jenen Worten in der Widmung an Apafi ist nur in gewisser Beziehung Glauben zu schenken.

vor dem Druck des Bethlen'schen Werkes von einem Theil desselben
Nachricht haben, ja sogar dasselbe zur Übersetzung daraus benützen
konnte. — So viel ergibt sich übrigens auch aus einer genauern
Prüfung des Inhalts, das Bethlen zuerst schrieb und dass Kraus dann
später die Bethlen'sche Erzählung übersetzte, erweiterte und oft,
wo man es am wenigsten vermuthet, schätzenswerthe Zusätze machte.
Kraus hat dem Bethlen sehr viel nacherzählt, wo letzterer Augen-
und Ohrenzeuge war, z. B. die Belagerung von Hermannstadt, wo
Bethlen bei Barcsai war u. s. w.; sogar die Erzählung von der Belagerung Schässburgs ist da, wo sie den Fürsten Kemeny betrifft,
und eben so auch die Schilderung von der Grossalischen Schlacht
aus Bethlen bei Kraus aufgenommen worden.

Dem Werth seiner Chronik thut jedoch diese mannigfaltige
Benützung von Quellen keinen Eintrag. Kraus hat sehr viel selbst
geschrieben, auch da, wo er Andere benützt, ganz vorzüglich aber,
wo er selbst Erlebtes oder von glaubwürdigen Berichterstattern
Gehörtes erzählt. Und an solchen Stellen verbindet er mit seiner
anziehenden Darstellungsweise bisweilen einen Humor, der in den
ernstesten Angelegenheiten eine heitere Seite herausfindet. Bei allem
Aberglauben, der auch ihn fesselt und in der weissen Schwalbe des
Kronstädter Richters M. Weiss ebenso, wie in der Menge von Krö-
ten und Ohreidechsen des Kemény'schen Lagers, in den Heuschre-
cken, Wasserfluthen und Erscheinungen am Himmel lauter Zeichen
des nahenden Unglücks erkennen lässt [158]), bei all' seinem Widerwillen gegen den „gemeinen Pöbel und Herrn Omnes" [159]) offenbart
er doch eine sehr ehrenwerthe vortreffliche Gesinnung, vermöge
deren er die unbändige Volkswillkür eben so tadelt, wie die Flucht
öffentlicher Beamten zur Zeit der Noth und Pest, oder die unge-
rechte Bebürdung des Volkes durch seine „Herrn": — bei all' dem
ist er doch ein ausgezeichneter, glaubwürdiger Beschreiber seiner
Zeit, der weder Kosten noch Mühe sparte, um durch seine Aufzeichnungen das zu erreichen, was er damit beabsichtigte; nämlich
durch die Darstellung des Jammers vergangener böser Tage die
verderbten selbstsüchtigen Zeitgenossen zum Gebet, zur Liebe des
Nächsten zu mahnen und der Nachwelt ein brauchbares Nachschlage-
buch zu hinterlassen, aus dem sie sich in vielen Fällen Raths

---

[158]) X, 2; XXXV, 8; CXIX, 1; CXX, 8. CLX, 8.
[159]) XC, 7.

erholen und für die ermattende Vaterlandsliebe frische Kraft schöpfen könne. Ein vorzügliches Augenmerk wendet er den gegenreformatorischen Bestrebungen in Ungarn zu und bewährt hier, wie bei mancher andern Gelegenheit eine streng protestantische Richtung, welcher der lange Aufenthalt in Italien nicht im Mindesten geschadet hatte. Für die Geschichte der Jahre 1610 — 1665 ist die grosse Kraus'sche Chronik eine gründliche, zuverlässige und überaus reichhaltige Quelle von Nachrichten, die nicht blos für Schässburg, sondern auch von sächsischem und allgemein siebenbürgischem Standpunkte aus betrachtet, von hohem Werthe sind. Die Glaubwürdigkeit und der Werth dieser Nachrichten wird noch erhöht durch die überaus zahlreichen und werthvollen Landtagsbeschlüsse, Manifeste und besonders die Briefe der Fürsten G. Rakoczi II, Barcsai, Kemény, Apafi, des deutschen Kaisers und seiner Bevollmächtigten, des Moldauischen Woiwoden Custratius Dabisa, der türkischen Befehlshaber Ali und Kuzuk Passa, des Obersten der deutschen Hilfstruppen bei Kemény, der in der tartarischen Gefangenschaft zu Baktschiserai schmachtenden siebenbürgischen Edelleute, der Räthe von Hermanustadt und Bistritz u. s. w., die grösstentheils im Original oder aber in gleichzeitigen Abschriften der ursprünglich zur Aufbewahrung im Schässburger Rathhause und zum Gebrauche des Rathes bestimmten Urschrift der Kraus'schen Chronik vom Jahre 1657 an beigefügt sind.

4. Die Stundthurmchronik.

Sie führt die Überschrift: Kurtzer und wahrer Bericht, was über diese unsere Stadt Schässburg, als in der Ordnung der Sächsisch Königlichen Städte in Siebenbürgen, nach der Hauptstadt Hermanustadt, die Erste, innerhalb 485 Jahren ihrer Erbauung bis in dieses Unglückseelige 1676" Jahr in Belagerungen, Feuersbrünsten und andern zufälligen Unglücken und Pest Zeiten ergangen auf Befehl Eines Hoch Weisen Raths und der Löbl. Hundert Mannschaft durch mich Georgium Krauss, Ein und dreissig-jährigen Juratum Notarium aufgesetzet und verzeichnet." — Kraus schrieb sie auf die angeführte Veranlassung in der Zeit vom Ende 1676 bis in den September 1677 [160]), sie wurde damals nebst andern Schriften

---

[160]) Es heisst darin am Schlusse: „. . . . welche auch mit Hilf und Beistand Gottes denselben Bau (Kirche und Stundthurm) im Martio des 1677 Jahres angefangen und circa finem Septembris glücklich und vollkommen zu Ende gebracht".

in den Knopf des mit neuem Dachwerk versehenen Stundthurms gelegt, von hier 1775 bei einer Ausbesserung herabgenommen und verbreitete sich seit dieser Zeit in zahllosen Abschriften in Schässburg. Auf der Grundlage der Ursinus'schen [141]) liefert er hier, nachdem er am Anfange die sagenhafte Ansiedlung der Sachsen durch Karl d. Gr. erzählt hat, die wichtigeren Begebenheiten, welche bis 1662 Schässburg betrafen und geht dann sofort zur Erzählung des Brandes von 1676 und die bis in den September 1677 sich verziehende Herstellung des Stundthurms über [142]). Die Chronik ist, obwohl nur ein kürzerer Auszug aus grösseren Werken, doch nicht werthlos, um so weniger, da sie zur Wiederherstellung des wahrscheinlich zu Grunde gegangenen vollständigen Ursinus'schen Textes nicht unbedeutende Beiträge liefern kann.

6. Johann Goebel und Georg Wachsmann.

In den deutschen Fundgruben vom Gr. Jos. Kemény, Band II, Seite 140 nennt ein späterer Zusatz die „Herrn" Johannes Goebel und Georgius Wachsmann Senior, als Verfasser der daselbst abgedruckten „Chronica Civitatis Schaessburgensis" und fügt noch hinzu dass der Letztere in Schässburg am 16. December 1663 gestorben sei. So sehr diese wohl noch dem Ende des 17. Jahrhunderts angehörende Angabe auf hohe Glaubwürdigkeit Anspruch machen möchte, so entbehrt sie doch jeder Zuverlässigkeit. In der zweiten Hälfte des 16. Jahrhunderts kennt weder das alte Rathsprotokoll Schässburgs [143]), noch das alte Kirchenstellenbuch [144]), beide in dieser Hinsicht beachtenswerthe Quellen, einen Johann Goebel, der unter seinen Mitbürgern eine bedeutendere Stellung eingenommen, oder gar im Rathe gesessen hätte. Gewiss ist, dass ein Goebel mit dem Taufnamen Johann im ganzen 17. Jahrhundert nicht lebte, denn in der angesehenen, aber an männlichen Sprossen nicht reichen Goebel'schen Familie erscheinen während dieses Jahrhunderts blos

---

[141]) Und seiner eigenen grossen Chronik.
[142]) Vergl. Vor. Arch. N. F. I, S. 231.
[143]) Schässburger Arch. Z. 480.
[144]) Es beginnt mit dem Jahre 1579 und enthält, da die Kirchenprotokolle erst seit dem Anfange des folgenden Jahrhunderts vorhanden sind, sehr werthvolle Beiträge zur ältern Familiengeschichte Schässburgs.

die Taufnamen Michael, Andreas und Stephan [165]). — Ebenso verdächtig wie der Name des Johannes Goebel ist auch jener des Georgius Wachsmann Senior, der am 16. December 1663 gestorben sein soll. Im Kirchenprotokoll findet sich dieser Todesfall nicht aufgezeichnet, es kommt überhaupt in diesem Jahrhundert weder in der Liste der Gestorbenen, noch in jener der Getauften und Verlobten ein „Georgius Wachsmann Senior" vor; dazu ist es auch aus inneren Gründen unmöglich, dass diese Chronik, die, wie wir sehen werden, zum bedeutendsten Theile ein Auszug aus der grössern Kraus'schen ist, Jemanden zum Verfasser habe, der zu Ende des Jahres 1663 gestorben wäre, da Kraus selbst jene Daten, mit welchen die Goebel-Wachsmann'sche schliesst, z. B. den Durchzug des moldauischen Woiwoden [166]) durch den Schässburger Stuhl im December 1663, erst später — frühestens 1665 [167]) — geschrieben hat. Angenommen jedoch, dass jener Zusatz bei Kemény wenigstens in der Angabe des Namens „Georgius Wachsmann" Recht habe, so finden wir im 17. Jahrhundert nur einen einzigen Träger dieses Namens im Schässburger Rath [168]), und dieser war ein Zeitgenosse von Krauss und wird als Rathsgeschworner oft genannt. Bei der grossen Wahrscheinlichkeit, dass dieser, obwohl er sich selbst nicht zu erkennen gibt, sondern von sich, wie von einer andern Person spricht [169]), der Verfasser des Auszuges aus Kraus sei, dürfte es angemessen sein, vor der genauern Prüfung seiner Chronik einen Blick auf seine Lebensschicksale zu werfen.

Georg Wachsmann, geboren um 1623, stammte aus Birthälm [170]). Wann er nach Schässburg gekommen, ist unbekannt; in der stürmi-

---

[165]) Nach Kemény F. G. I, 175 und II, 95 und einer vollständigen Stammtafel über die Göbbel'sche Familie, die ebenso wie jene über die Filkenius'sche am Anfange des vorigen Jahrhunderts (siehe Anmerkung 79) entstanden war.

[166]) Nach Kraus CLX, 4 kehrte Apaß aus dem Feldzug erst am zweiten December 1663 nach Siebenbürgen zurück; die beiden Woiwoden der Walachei und Moldau erhielten erst später die Erlaubniss, aus dem türkischen Lager fortzuziehen.

[167]) Vergl. Anmerkung 143 und 154.

[168]) Wohl ist im Verlobungsprotokoll am 27. October 1683 von einem Ampl. Dn. Georg. Wachsmann Conciv. civit. Segesvar." die Rede, aber es ist nicht genug gesagt, dass er ein anderer war, als jener, welcher 1669 starb. War es ein anderer, denn könnte wohl der Beisatz „Senior" gerechtfertigt erscheinen.

[169]) Kemény: Fundgr. II, S. 120 und 135.

[170]) „Georgius Birthelmer Senior" „Georgius Wachsmann Birthelmer S." u. s. w. im Schässburger Kirchenprotokoll.

schen Zeit nach dem polnischen Feldzuge finden wir ihn bereits im
Rath. 1659 im December war er Mitglied der erfolglosen Deputation, die in das Rakoczi'sche Lager vor Hermannstadt ging, um den
Fürsten wegen der Nichtabsendung der Stuhltrabanten zu begütigen [171]). Später im Juni 1662 fand er noch schlimmern Empfang,
als vor Hermannstadt, beim Kanzler des gewaltthätigen Kuzuk
Pascha, bei Ibrahim Aga, der aus dem türkischen Lager vor Klausenburg nach Schässburg geschickt worden war, um hier eine Lieferung von 800 Vierteln Hafer, 500 Kübeln Mehl, 300 Achteln Butter,
eben so viel Honig, einer unaussprechlichen Menge Erbsen, Linsen,
Gänse, Hühner, Eier, 220 Stück Schlachtvieh, 600 Schafe und
Lämmer anzusagen [172]). Wachsmann ersuchte im Namen der Stadt
um Nachlass, wurde aber sammt seinen Begleitern in's Gefängniss
geworfen und erst wieder losgelassen, als die Stadt sich zur Lieferung von 1000 Vieteln Korn und eben so viel Hafer von 100
Achteln Butter und eben so viel Honig herbeiliess. — Im Jänner 1665
war er Abgeordneter auf dem Weissenburger Landtag, wo über die
Entfernung der deutschen Truppen aus dem Lande ohne Erfolg
verhandelt wurde [173]). — Er starb im besten Mannesalter, erst 45
Jahre alt, am 20. Jänner 1669 [174]).

Die Chronik die unter seinem Namen bekannt geworden ist,
hat Graf Kemény im zweiten Bande der deutschen Fundgruben
S. 92—140 veröffentlicht, als:

Chronica Civitatis Schäsburgensis.

Dieselbe beginnt mit 1198, dem angeblichen Erbauungsjahre
Schässburgs, geht dann sofort zum Jahr 1514 über und führt mit
einigen Unterbrechungen die Geschichte der Stadt fort bis zum
Schlusse des Jahres 1663. Die Chronik zerfällt, wenn wir von 1198
ganz hinwegsehen, in drei Theile. Der erste von 1514 — 1600
ist der am wenigsten umfangreiche, aber in soweit werthvollste,
als er allem Anscheine nach auf gleichzeitigen Aufzeichnungen
beruht, und Vorfälle erwähnt, die sonst in keiner andern Chronik
in dieser Weise erzählt werden. — Der zweite Theil reicht von

---

[171]) Kraus LXXXXVII, 7 und Kemény II, 120.
[172]) Kraus CXL, 6. — Kemény etc. II. 135.
[173]) Kraus CLXVIII, 8.
[174]) „20. Januarii 1669 moritur H. Georg Wachsmann, Birthalbensis Senator et Fautor
    Ministerij Eccl. anno aetatis 45". Schässburger Kirchenprotokoll.

1601 — 1606 und ist ein kurzer Auszug aus Ursinus, jedoch nicht aus dem lateinischen Originale, sondern aus der deutschen Übersetzung desselben [175]). Die grosse Übereinstimmung dieses Theils der Goebel-Wachsmann'schen Chronik mit dem Tractatus, dem Ursinus Zekel, und der Stundthurmchronik lässt wenigstens keinen Zweifel daran übrig, und diese Behauptung gewinnt an Wahrscheinlichkeit, wenn man bedenkt, dass der Kraus'sche „Tractatus" noch in der ersten Hälfte des 18. Jahrhunderts im Rathhause aufbewahrt wurde [176]), und dass die Anfertigung eines Auszuges aus demselben vorzugsweise dem Zeitgenossen von Kraus G. Wachsmann erleichtert werden musste. — Dem dritten Theil, von 1610 — 1663 liegt die grosse Kraus'sche Chronik zum Grunde. Vergleicht man nämlich Kraus mit diesem dritten Theile der Göbel-Wachsmann'schen Chronik [177]), so stossen wir allenthalben auf die grösste Verwandtschaft mit der grossen Kraus'schen Chronik selbst, nicht etwa blos mit den Quellen, aus welchen Kraus schöpfte. — Ein einziges Datum erscheint in diesem Theile als späterer Zusatz, die Angabe nämlich, dass am 20. October 1661 Georg Hirling mit 60 Beuteln Thaler an die Pforte gereist sei [178]). Die Nachricht beruht offenbar auf einem Irrthume. Denn am 20. November 1661 finden wir denselben Hirling auf dem Landtage in Kleinschelken, wohin die Türken dem Michael Apafi die fürstlichen Insignien überbrachten [179]) und im December desselben Jahres war er mit unter jenen unglücklichen Universitätsdeputirten, denen Ali Pascha auf dem Szelister Felde Hals- und Fusseisen anlegen liess, weil die grosse Anzahl der bestellten Vorspannswagen nicht zum bestimmten Termine eingetroffen war [180]). In der kurzen Zeit vom 20. October bis 20. November 1661 konnte Hirling unmöglich nach Constantinopel reisen und wieder zurükkehren [181]). Dazu war Szilvási Bálint, den die Goebel-Wachsmann'sche Chronik als Begleiter Hirling's anführt, am 20. Octob.

---

[175]) Wie sie uns noch in dem Kraus'schen „Tractatus" erhalten ist.
[176]) Siehe Anmerkung 66.
[177]) Selbst in jenen Stellen, wo Kraus den Filkenius und Bethlen benützte.
[178]) Kemény F. G. II, S. 127.
[179]) Kraus CXXVI, 2 und Göbel-Wachsmann bei Kemény F. G. II, 129.
[180]) Kraus CXXVI, 6.
[181]) Der Sachsengraf Johann Lutsch brauchte 1658 blos zur Reise von Jennö bis Constantinopel 37 Tage. Kemény F. G. I, S. 303—309.

1661 gar nicht in Siebenbürgen, sondern als Unglücksgeführte des Sachsengrafen Lutsch in Constantinopel, woher derselbe erst am 16. September 1662 nach vierjährigem Aufenthalte wieder nach Siebenbürgen kam [162]). Georg Hirling ist also gewiss nicht 1661, wie die Goebel-Wachsmann'sche Chronik angibt, sondern nach den weit glaubwürdigeren Aufzeichnungen seiner gleichzeitigen Zunftgenossen ein volles Jahrzehnt später (18. October 1671) als Abgeordneter des Landes nach Constantinopel gereist [163]) und jene Nachricht, in der Goebel-Wachsmann'schen Chronik ist wahrscheinlich von einem spätern Besitzer oder Abschreiber derselben untergeschoben worden [164]).

Dass der erste Theil dieser Chronik nicht ohne Werth sei, ist bereits oben gesagt worden. Auch jener der beiden letzten Theile ist, obwohl sie einen oft ganz kurzen, einzig und allein Schässburgs Geschichte berücksichtigenden Auszug aus Ursinus und Kraus enthalten, hoch anzuschlagen, so lange die umfangreichen Originale, denen dieser Auszug entnommen ist, noch ungedruckt liegen. Zu bedauern ist nur, dass dem Grafen Kemény bei der Herausgabe der „deutschen Fundgruben" keine bessere Abschrift der Goebel-Wachs-

---

[162]) Lutsch nennt ihn bald Istvän (Kemény F. G. I. S. 318, 325) bald Bálint (S. 327, 333). Auch Kraus (CXLII, 4) erzählt: „Die 16. September (1662) kompt der Waradi Istvan vndt Szilvasi Balint, so nehen dem F. W. Herrn Joanne Lutsch Regio Iud. Cibin. gantzer 4 Jahr an der Port gewesen, ihm Lager an".

[163]) Siehe Beilage 2. Vergl. Anmerkung 31.

[164]) Die Durchsicht des Originals von der grossen Kraus'schen Chronik, die mir, nachdem das oben stehende bereits niedergeschrieben war, ermöglicht wurde, hat meine hier ausgesprochene Ansicht, dass Hirling im Jahre 1061 nicht nach Constantinopel gereist sein könne, vollkommen gerechtfertigt. Denn Kraus erzählt: „Anno 1671 Die 20. October verreiset der F. W. H. Georgius Hierlingh, mit dem Nemes Janos, vndt Szilvasz Balint, ad Portam, vondt langen den 9. November zu Adrinopel an. Die 17. sein sie durch den Tolmats Pansoth so ein Griech sein soll, zum Keyser, Szultan Mehemet gefahren worden, ihm 160 Leutel Taller, sampt silbern Geschir vndt Waschbecken vndt Kan präsentiret, sein nach dem zu folgenden Passa mit Geschenk gegangen. Mussaip Musztafa Passa, der erste nach dem Feövesszer. Iltem Chaimekan Monzlafa Passa, Ibraim Passa, Tephtedar Passa, 5 Tizemzi Passa, Kaplan Aga az Chiaia, dass ist der Hopmester, Mehemet Aga Bajok Teczkericxj Issak Effendj, Rex Effendi. Mufti Passor Imp. Die 9. Jan. reisen sie von der Port, vndt langen 23. zu Rosenaw an". — Sonderbar, dass diese auf einem eigenen Bogen allein stehende Nachricht in der grossen Chronik mitten in das Jahr 1661 hineingebunden wurde, und dass dadurch ein späterer Chronist sich verleiten liess, das Jahr 1671 für einen Fehler zu halten und statt dessen 1661 zu setzen! S. Fuchsii Chron. II, 170.

mann'schen Chronik zu Gebote stand, denn der von ihm besorgte
Abdruck enthält oft bedeutende Fehler. Die wichtigeren sind etwa:
S. 95, Z. 6 von unten l. „Vüstius" statt „Vöscius"; S. 97, Z. 6 von
unten „in ihrer Capelle" statt „in ihren Capellen", „Surius" statt
„Surig, Z. 1 von unten „Bergmann" statt „Bergraam"; S. 98,
Z. 13 von oben „Hatter-Brucken" statt „Haller-Brucken"; Z. 21
von oben „Kronen" statt „Browen"; S. 114, Z. 7 von unten „Both"
statt „Roth", Z. 2 von unten „Geckel" statt „Glöckel" [185]); S. 115,
Z. 5 von unten „Kuchel" statt „Kugel"; S. 124, Z. 3 von oben
„Streitforder" statt „Speitfoder"; S. 134, Z. 12 von unten „Huren"
statt „Herren", „entlaufen statt „entlassen" u. s. w.

7. Andreas Gebell.

Er gehört, obwohl seine Schreibart des Namens von jener der
übrigen Familienglieder abweicht, dem Hause der „Goehbel" an [186]),
das zu den angesehensten in Schässburg zählte. Der in den Stürmen am Anfange des 17. Jahrhunderts vielgeprüfte wackere Bürgermeister Andreas Goebel war sein Grossvater. Sein Vater gleiches
Namens kam nicht in den Rath, da dessen älterer Bruder Stephan
bereits Mitglied desselben war und hatte Katharina, die Tochter des
Medwischer Bürgermeisters Michael Ilien geheirathet. Aus dieser
Ehe stammte Andreas Gebell und wurde am 13. November 1622
getauft [187]) Früh' verlor er seine Eltern. Im November 1625 brach
die Pest in seinem Vaterhause aus und raffte in vier Tagen seine
ältere Schwester, die jüngere Dienstmagd und seine Mutter weg.
Im folgenden Jahre (5. Juli 1626) heirathete sein Vater zum zweiten Male, starb jedoch schon am 18. November 1629 an der Wassersucht [188]). Auch des Vaters Bruder, der Königsrichter Stefan

---

[185]) Der fehlerhafte Abdruck bei Kemeny hat mich im Vereinsarchiv. Neue Folge. Bd. I, S. 224 verführt, an ein Glockenspiel zu denken, was hiemit zurückgenommen wird. Die in der Chronik erwähnten „Geckel" sind die mythologischen Figuren der Luna, des Mars, Mercur, Juppiter, der Venus und des Saturn, die sich täglich ablösen, um die Wochentage zu bezeichnen.

[186]) Durch Heirath war er auch mit dem reichen Hause der Bulkesch verwandt.

[187]) „Den 13. November 1622 baptizatur Andreas, filius Andreæ Gebbelij ex Cathar. I. Uxore". Schässb. Kirchenprot.

[188]) Den 26. November 1625 moritur Cathar. filia Andreae Gebbelij peste.
Den 29. November 1625 moritur Cathar. famula minor Andreae Gebbelij peste.

Goebel, war kurz zuvor gestorben und wenige Jahre später sank auch der hoffnungsvolle Sohn desselben in ein frühes Grab. So war denn Gebell in der frühesten Jugend nicht allein eine vater- und mutterlose Waise geworden, sondern auch eines grossen Theiles seiner näheren Verwandten beraubt und der einzige männliche Sprosse der Goebel'schen Familie. Wer sich des verlassenen Knaben annahm, ist nicht bekannt geworden; wahrscheinlich vertrat eine der beiden Schwestern seines Vaters — Sara, Gattin des Kaisder Pfarrers Lucas Kusch, und Barbara, Gattin des Schässburger Rathsmannes Löw, später des Goldschmiedes Georg Haner — an ihm Elternstelle. Er scheint wenigstens eine sehr sorgfältige Erziehung und eine gründlichere Schulbildung genossen zu haben, als es für einen Zunftmann seiner Zeit gewöhnlich war. Nachdem er, wie sein Vater, Schneider geworden, heirathete er 1645 Sara, die Tochter des spätern Königsrichters Stefan Mann des Jüngern. Seit 1663 Rathgeschworner, erscheint er 1672 als Stuhls-, seit 1673 als Königsrichter und nahm öfters als Abgeordneter der Stadt Theil an Universitätssitzungen und Landtagen. Ein plötzlicher Tod [189]) machte seinem Leben am 30. März 1677 frühe ein Ende. Das Wenige, was er niederschrieb, bezeichnete ihn als einen Mann von grossem Lebensernst und tiefem religiösem Gefühl, und erweckt hohe Achtung vor seinem Leben, dem von kundiger Seite das ehrende Zeugniss seltener Unbescholtenheit zu Theil wurde [190]).

Gebell's Verdienst besteht nicht eigentlich im Chronikschreiben, sondern mehr in der Pflege und Anregung zu geschichtlichen Aufzeichnungen, die er gegeben hat. Von seinem regen Eifer in dieser Beziehung zeigen auch eine grösstentheils von ihm genommene Abschrift des Graffin'schen Pastor Transylvanus Saxo, die anderweitigen, durch öftere Theilnahme an den Universitätssitzungen und Landtagen veranlassten ökonomisch-finanziellen Aufzeich-

---

Den 30. November 1625 moritur Uxor Andreae Gebbelij peste.
Den 29. Nov. 1629 moritur Andreas Gebbelius Senior hydrope Schässb. Kirchenprot.
[189]) Den 30. Mart. 1677 Amplissimus Prudens ac Circumspectus Vir, D. Andreas Gebelius p. t. Regius Index, optime meritus, repentina obiit morte". Schässb. Kirchenprot.
[190]) Im Universitätsprotokoll XI, S. 284 heisst es, nachdem zuvor von dem mehr als 70 jährigen Schässburger Proconsul und Mitdeputirten zum Conflux vom 16. Jänner 1677 die Rede gewesen: „Andreas Goebbelius J. Regius, vir rarae integritatis, utinam tam longaevus"; wenig später erfolgte der Zusatz: „qui tamen Anno eodem obijt."

nungen besonders über die Zahlhäuser der frühern und damaligen Zeit, über Auftheilung der Deputate unter die sieben Richter, über die Anzahl der Porten und die mehrmals eingestreuten historischen Bemerkungen. Dass er das nach dem grossen Brande von 1676 von ihm angelegte Zunftprotokoll, wohl dem frühern, zu Grunde gegangenen würdig, gleichsam als fortlaufende Chronik seiner bei der Verwaltung und Vertheidigung der Stadt gegen Feinde hochstehenden, reichen Zunft führte und durch dieses Beispiel auch seine Nachfolger im Zunftschreiberamte zur Fortführung desselben in ähnlichem Sinne und zur Bemerkung wenigstens der wichtigsten Ereignisse ermunterte, ist ihm zu danken. Dadurch ist das Zunftbuch der Schneider eine nicht zu verachtende Quelle für gewisse Partien der Schässburger — und besonders der Zunftgeschichte geworden. Selbst jüngern Zunftmitgliedern theilte sich diese Richtung mit, denn wenige Jahre nach Gebell's Tode finden wir den Schneidergesellen Michael Kaysser in ähnlicher Weise, jedoch ganz selbständig, bei seiner geschichtlichen Aufzeichnung im Bruderschaftsbuch thätig [101]).

Gebell trug in das Zunftbuch der Schneider wenige Tage vor seinem Tode ein:

1. Die Beschreibung der Feuersbrunst von 1676 [102]).

Es ist eine vortreffliche Schilderung des grossen Unglücks, das die Stadt betraf und von um so grösserem Werth, da sie von einem Augenzeugen herrührt, der von anderm Standpunkte, als die übrigen Berichterstatter über diesen Brand schrieb. — In dem oben erwähnten Codex, in welchem sich auch der Pastor Tranusylvanus Saxo findet, zeichnete er auf die

2. *Limitatio Universitatis Saxonum in Transilvania.*

Sie ist der von Filkenius [103]) niedergeschriebenen beinahe ganz gleich, doch hat sie auch eigenthümliche Zusätze und Bemerkungen. Am Schlusse jedoch ist die Filkenius'sche ausführlicher.

8. Johann Krempes.

Krempes (auch Krembs [104]) ist kurz vor dem 24. October 1628 geboren [105]). Sein Vater gleiches Namens, der Sohn des 1640 als

---
[101]) Vergl. Vereinsarchiv. Neue Folge I, 221 und 233.
[102]) Abgedruckt im Vereinsarchiv N. F. I, 228 ff. Vergl. S. 234.
[103]) Vereinsarchiv IV, 83 — 96.
[104]) Schässburger Archiv Z. 480 unterm 21. März 1689.
[105]) „Den 24. October 1628 baptizatur Johannes filius Johannis Crempes ex Sara I ux". Schässb. Kirchenprot.

Denndorfer Pfarrer und Dechant des Kisder Capitels gestorbenen J. Krempes, war Mitglied der Schneiderzunft und zählte zu den angesehenern, geehrtern Männern seiner Zeit in Schässburg [196]. Seine Mutter Sara war die Tochter des greisen Rathgeschwornen Stefan Henning, der allein von seinen gefangenen und misshandelten Amtsgenossen die Schreckenstage von 1601—1602 längere Zeit überlebte und erst 1630 hochbetagt starb [197]. Dass er den Grund zu seiner Ausbildung in Schässburg legte, ist sehr wahrscheinlich; höhere Studien im Auslande scheint er nicht gemacht zu haben, da er ungeachtet des grossen Mangels an wissenschaftlich gebildeten jungen Männern [198]) nicht eine Lehrerstelle am Gymnasium, sondern blos in einer untergeordneten Elementarschule bekleidete. Die bedeutende historische Tiefe und Gründlichkeit, die er bei der Bearbeitung der siebenbürgischen Geschichte offenbart, lässt daher mit Recht auf eine sorgfältige Pflege dieser Wissenschaft an der Schässburger Schule selbst schliessen. Wenigstens standen der Anstalt um die Zeit, als Krempes noch zur Schule zählte, Freunde der vaterländischen Geschichte, wie zum Beispiel der Stadtpfarrer Johann Fabinus und sein Schwiegersohn Paul Zekelius [199]) sehr nahe. Den 16. November 1659 heirathete er aus unbekannten Gründen ein Mädchen vom Lande, die Katharina Barth aus Manyersch [200]), ohne durch diese Verbindung genöthigt zu sein, dem freundlichen und geselligen Umgange mit den bessern Familien der Stadt entsagen zu müssen. Das Kirchenprotokoll nennt ihn zur Zeit seiner Heirath „Scholasticus" und bezeichnet ihn damit wol eher als Schullehrer, denn als Schüler [201]), zumal da er im März 1660 als Mitglied

---

[196]) „Den 1. Januar 1626 Johannes (Sartor) filius Reverendi D. Joh. Kremp. Past. Dalien. ducit Saram, filiam Dni Stephani Henning". Schässb. Kirchenprot.

[197]) S. Keméay: F. G. II, 97. „Den 10. Juli 1630 moritur D. Stephanus Henning, Senator 80-gen". Schässb. Kirchenprot.

[198]) G. D. Teutsch im Schässburger Programm für 1851/2 S. 23.

[199]) S. oben S. 36 f.

[200]) Vergl. meinen „Process des Schässb. Bürgermeisters Johann Schuller von Rosenthal" im IX. Bande des von der kais. Akademie der Wissenschaften herausgegebenen Archivs für Kunde österreichischer Geschichtsquellen. S. 11 f.

[201]) „Scholasticus" kommt zwar zur Bezeichnung eines Schülers vor (Schässb. progr 1851/2 S. 25 und 22 Anmerkung 134), oft aber auch zur Bezeichnung eines Schulmeisters. Beweisstellen hiefür finden sich unter Anderem im Schässb. Progr. 1851/2 S. 2, Anmerk. 7; S. 20, Anmerk. 111 — 113 und der Ursinus Keméay erzählt zum Jahr 1599 bei der Verheerung des flachen Landes: „sacerdotes et Scholastici in

der ersten Marktnachbarschaft, sicherlich als Schullehrer auf dem Spital, die Fortsetzung der Chronik des Michael Moses übernahm. 1664 finden wir ihn schon als Gehilfen (Secretär) an der Seite des Königsrichters und seit 1679, wo Kraus starb, als Notarius. In diesem Amte blieb er bis zu seinem am 13. December 1692 erfolgten Tode [101]). Seine amtliche Stellung verschaffte ihm vielfach Gelegenheit, von allen bedeutenderen Zeitereignissen in Siebenbürgen Kenntniss zu nehmen, doch ist das anregende Beispiel seines Vorgängers Kraus auf ihn von geringem Einflusse gewesen; er schrieb darüber, so viel bis jetzt bekannt geworden ist, nichts nieder und beschränkte sich als Secretär und Notär blos auf wenige geschichtliche Angaben über Schässburg, die er wahrscheinlich im Auftrage des Rathes aufzeichnete; auch fand man seine amtlichen Schriften, besonders die Stadtrechnungen, nach seinem Tode in grosser Unordnung. Wollte man hieraus einen Schluss ziehen, so käme man leicht auf den Gedanken, dass Krempes in seinen letzten Jahren von jener Gesinnungsstärke und geistigen Spannkraft, die ihn 30 Jahre früher so vortheilhaft kennzeichnet, bedeutend nachgelassen habe. — Seine einzige Tochter, die ihn von seinen zahlreichen Kindern überlebt

---

ipsis templis ad Altaria mactantur", wo „Scholastici" nichts anders, als Schulmeister (vergl. die Übersetzung Keméoy F. G. I, S. 164) beissen kann. Dass heirathende Scholastici noch Studirende gewesen seien (Schässb. Progr. 1851/2 S. 19; mein Process des Schässburger Bürgermeisters Schuller von Rosenthal. S. 11) ist, nicht wahrscheinlich; weit eher standen sie in Schullehrerdiensten und betrachteten dieselben als Wartezeit zum Vorrücken in ein anderes Amt. So heirathet nach dem Schässb. Kirchenprot. der (auch im Schässb. Progr. 1851/2 S. 19, Anmerk. 106 erwähnte) Scholasticus Paul Bohemus am 5. Febr. 1623 Sophia, die Witwe des Senators Georg Leo († 1620), die früher auch Ehegattin des Kaisder Pfarrers und Dechanten Georg Sidler († 1617) gewesen war. Bohemus war 1636 Secretär, 1636 Rathgeschworner und starb als solcher 1638. — Ein anderer Scholasticus Matthias Wernerus ehelichte 23. Jänner 1632 Sara, die Witwe des Leschkircher Pfarrers Georg Schnell. Die Leschkircher Pfarrerin, und dort die Kinder Dechantin und Senatoria werden gewiss nicht Studirende geheirathet haben, sondern (vielleicht akademische) Schullehrer, die Aussicht hatten, von hier in ein geistliches oder weltliches Amt emporzusteigen. Auch der im Schässburger Programm a. a. O. erwähnte Scholasticus Martin Werder, welcher am 5. November 1628 heirathete, starb am 23. October 1640 als Composator", d. i. Burglehrer, was er wohl schon damals gewesen sein mag, als er seine Ehe schloss. So ist es mit allen im Schässburger Programm 1851/2 als Verheirathet angegebenen Scholasticis der Fall wie der Verfasser des Programms seither selbst erkannt hat.

[101]) „Den 13. Decembris 1692 moritur Amplius: Dous Joh. Krempess, Not. Civ. nostrae Public. Schässb. Kirchenprot.

zu haben scheint, und seine Gattin, die er nicht in den glücklichsten Umständen zurückliess, waren durch die zerrütteten Vermögensumstände, noch mehr aber durch den Hang der Mutter zu sinnlichen Vergnügungen in so hohem Grade sittlichem Verfalle preisgegeben, dass die Letztere wegen Falschmünzerei im April 1700 den Tod durch Henkershand starb [203]).

Die folgenschweren kriegerischen Ereignisse, die gleich nach der Mitte des 17. Jahrhunderts über Siebenbürgen hereinbrachen, und auch in Schässburg schwer empfunden wurden, hatten in der ersten Marktnachbarschaft den historischen Sinn wieder wachgerufen und das Verlangen lebhaft angeregt, auch die merkwürdigen Begebenheiten jener Tage in die Blätter ihrer Chronik eintragen zu lassen. Krempes erhielt als Mitglied der Nachbarschaft — Schullehrer auf dem Spital — am 26. März 1660 den Auftrag [204]), die von Michael Moses begonnene und von einem Unbekannten bis 1604 weitergeführte Chronik fortzusetzen und schrieb nun in dasselbe Buch, wie Michael Moses seine

1. Grosse Chronik.

Sie reicht von 1606 bis zum 12. October 1660, schliesst also kurz vor dem in Schässburg abgehaltenen Landtage Barcsai's inmitten der wichtigsten Begebenheiten, ohne dass eine Ursache angeführt wäre, warum die Chronik so plötzlich abbricht. Überdies zerfällt sie nach Form und Inhalt in zwei Theile, die auch in Betreff des Werthes einander nicht gleich stehen. Der erste Theil (1606 bis 1652) behandelt die Geschichte der Zeit mit einer einzigen Ausnahme (1629) ganz kurz, berücksichtigt Schässburg nur selten erwähnt auch des Bürgermeisters Eisenburger († 1640), den doch Krempes noch gekannt haben musste, mit keinem Worte und lässt an dem Stoffe, wie an den eingestreuten Zeichen [205]) oft ganz ver-

---

[203]) S. das Nähere in meinem „Process des Schässburger Bürgermeisters Schuller von Rosenthal" S. 11—21.

[204]) „Anno 1660 den 26. Tag dess Monaths Martij Ist auss gutten und unverwerfflichen motiven auff angebung der Ehrenvesten und Wohlgeachten W. H. Georgij Roth und Georgij Nushaumeri, als damals wolbestälten Herrn Nachbarvätter (gestrichen, aber noch leserlich ist: doch nicht ohne consens der andern Mitglieder dieser löblichen Nachbarschafft) diese hie oben aufgezeichnete Ungerische oder Landes Cronica weiter continuiret worden, und darinnen nicht mehr einverleibet, als wass bona fide et historica veritate hat geschehen können. — Welches auff Befehl der W. H. der Nachbar Vätter durch Johann Krembs geschrieben ist".

[205]) Z. B. C und *

schiedenartige Quellen erkennen. Auffallend ist bei diesem Theile die stark hervortretende Ähnlichkeit mit einigen Stellen der grossen Kraus'schen Chronik. An eine Benützung von Kraus kann nicht gedacht werden, da Krempes selbst in diesen ähnlichen Stellen noch einige Verschiedenheit besitzt und andere interessante Nachrichten eines und desselben Jahres, namentlich von Schässburg, verschweigt, die er zuverlässig angeführt hätte, wenn ihm das Kraus'sche Manuscript bei der Bearbeitung vorgelegen wäre. Diese Ähnlichkeit lässt sich nur dadurch mit Wahrscheinlichkeit erklären, dass man für Beide gleiche Quellen annimmt, die sie benützten. Darunter befand sich eine siebenbürgisch sächsische (vielleicht Hermannstädter) Chronik und eine ausländische Zeitung, aus welcher Krempes mit besonderer Vorliebe wunderbare Erscheinungen und Hirngespinnste des Aberglaubens herausgezogen zu haben scheint. Blos die Nachricht von dem in der Schässburger Spitalskirche abgehaltenen Landtage von 1629 beruht auf einer gleichzeitigen Schässburger Aufzeichnung und ist desshalb auch ausführlicher erzählt worden.

Der zweite Theil unterscheidet sich schon äusserlich vom ersten durch die grössere Ausführlichkeit und zusammenhängendere Erzählung der siebenbürgischen, zum Theile auch der europäischen Zeitgeschichte, in so weit diese in jene eingreift. Der Verfasser beginnt mit einer strengen Charakteristik der Jahre 1624 bis 1653 [206]), in welcher er nicht ohne allen Grund das Unglück seiner Zeit als eine nothwendige Folge der Entartung der Vorgesetzten darstellt und zum Besten der Nachwelt zeigen will, wie Gott strafen könne. Darauf geht er über zur Geschichte des Jahres 1653, als dem Anfange des Unfriedens und Unglücks in Siebenbürgen und führt die Feder über die Jahre 1653 — 1660 (October) mit so meisterhafter Gewandtheit und für seine Zeit mit so ungewöhnlichem Freimuth, dass man die scharfen, rücksichtslosen Urtheile, die genaue Sachkenntniss bei einem noch sehr jungen Schullehrer mit Recht bewundern muss, falls nicht etwa auch hier aus fremden Quellen, die sich jedoch nicht mehr erkennen lassen, Manches geschöpft worden ist. Überaus werthvoll, wenn auch nicht so aus-

---

[206]) Einzelne Stellen daraus sind mitgetheilt worden im „Process des Schässb. Bürgermeisters Joh. Schuller von Rosenthal". S. 4, 5, 7.

G. Kraus sieh. Chronik. Fontes. I. IV. Bd.

führlich, als bei Kraus, ist die Geschichte des polnischen Feldzuges von 1657 und des Verheerungszuges der Tataren durch Siebenbürgen von 1658; Schässburger Ereignisse sind sehr geschickt in die allgemeinen Begebenheiten verflochten. Der Werth dieser Aufzeichnungen wird noch erhöht durch den Umstand, dass wir aus ihnen die Volksansicht, wie sie sich ausserhalb der Rathssäle kund that, kennen lernen, denn Krempes vertritt — als politischer Gegner von Kraus — die Partei der Anhänger G. Rakoczi's II. unter den Sachsen und ist ein sehr eifriger, fast leidenschaftlicher Gegner des „verrätherischen" Adels, besonders des Fürsten Barcsai, sowie jener sächsischen Herren, die es mit ihm und der Pforte hielten. Es bleibt, wenigstens für Schässburg, von einigem Interesse, dass beide Parteien durch gleichzeitige Chronisten vertreten sind, und wenn auch bei Krempes die kernige Sprache bisweilen in's Derbe übergeht, so ist doch seine Erzählung sehr anregend, feurig, auch Vaterlandsliebe und in gewissem Sinne Wahrheit kann man ihm nicht absprechen. Die scharfe Sprache gegen die sächsischen Herren und die parteiische Vorliebe für das im Rathe nicht genug vertretene Volk scheint einige Stellen seiner Aufzeichnungen gleich nach ihrer Abfassung einer Art Censur unterworfen zu haben [207]). Wer dieselbe ausübte, ist nicht bekannt, dass Krempes aber zugegen war, beweisen einige durch das Streichen nothwendig gewordene Correcturen, die von seiner Hand hinzugefügt wurden. Krempes hat, wie oben gesagt wurde, diese Chronik nur bis in den October 1660 fortgeführt. In demselben Jahrhundert schrieb ein unbekannter Fortsetzer noch einige unbedeutende, theilweise bei Krempes schon enthaltene kurze Notizen über die Jahre 1660, 1661, 1676, 1677 mit schwerfälliger Hand hin, welche den bei 1677 begonnenen Satz schon nach dem zweiten Worte unausgeführt liess [208]).

---

[207]) So wurden z. B. im Nachfolgenden die unterzogenen Stellen dick durchstrichen, konnten aber nach einigem Abreiben mit Radir-Gummi wieder gelesen werden: „Die Verrhklerische Edelleüth aber so ihm Lande waren, mit sampt vielen Sachsischen herren, so sich auch in diese verrehterische spiel mit eingelassen hatten, haben nicht rube kennen haben" . . . . „Die Herr, mons[t]ädter aber haben ihre Gaest, die sie wie auch die Krohner, haben heiffen ruffen (sie, nämlich die Tataren) nicht feindtlich entpfangen" . . . . „In der Herrmanstadt hat ein Ehrbarer Mann, etwas weniges von den Verrehtern und[t] Barcsaj Akos sinistre geredet: den hat der tolle blutdurstige Burgermeister daselb, alsbaldt lassen enthaupten".

[208]) „1677 Hielt Leopoldus".

Das Original dieser Chronik — in einem und demselben Quartbande mit jener des Michael Moses — ist wohlerhalten und wird noch jetzt in der ersten Marktnachbarschaft aufbewahrt. — Krempes schrieb ferner eine

2. Kleine Chronik

über die Jahre 1668 — 1684 in das „General-Register", Buch Nr. 3 im Schässburger Archiv. Wenn sie auch erst in den achtziger Jahren — wohl auf Veranlassung des Rathes — niedergeschrieben wurde, von geringem Umfange ist und auf die siebenbürgische Geschichte keine Rücksicht nimmt, so enthält sie doch schätzenswerthe Beiträge zur Geschichte Schässburgs, da sie allein das Andenken an die in diesem Zeitraume wieder hergestellten Befestigungswerke und die nach dem grossen Brande vorgenommenen Neubauten erhalten hat. — Ebenfalls auf Antrieb des Rathes zeichnete er auf

3. Den grossen Brand vom Jahre 1676

in das alte Kirchenstellenbuch [209]), das er als Notär zu führen hatte. Wenn auch diese Aufzeichnung nur wenig Unbekanntes enthält, so ist sie doch schon in so fern zu beachten, weil Krempes dieselbe „der Posterität zu märklicher nachricht" in das Kirchenstellenbuch, das sonst nicht eine diesartige Bestimmung hatte, eintrug.

9. Georg Krauss d. J.

In Schässburg am 25. Jänner 1650 geboren, hat der Himmel den Wunsch seines Vaters, des wackern Notärs und unermüdlichen Geschichtschreibers seiner Vaterstadt, den er bei der Aufzeichnung seines Geburtstages mit eintrug [210]): „Der Almagtige Gott lasse denselben zu seinen ehren, der Christliger kirchen zu nutz vndt Vns zu freyden auferwachsen" an dem Leben des Sohnes in Erfüllung gehen lassen. Von seinem Vater dem „heiligen Lehrstande gewidmet [211]), genoss er von seiner frühesten Jugend auf eine sehr sorgfältige Erziehung. Im 14. Jahre begab er sich nach des Vaters Willen auf das berühmte Gymnasium in Hermannstadt und bezog 1666 die Universität Strassburg. Während seines drei-

---

[209]) S. 30 ᵇ und 31 ᵃ.
[210]) Beilage R.
[211]) G. Binder in Kurz Magazin etc. II, 213.

jährigen Aufenthaltes in dieser Stadt war er unter der Anleitung des M. J. Reinhardus unermüdet thätig und schrieb 1668 eine gelehrte metaphysische Abhandlung²¹²). Seine grosse Lust zum Reisen führte ihn nach Beendigung seiner Studien in Strassburg auf dem Rhein flussabwärts über Speier, Worms, Mannheim, Mainz, Frankfurt, Köln nach den Niederlanden, wo er Utrecht, Amsterdam, Rotterdam sah, und nach den norddeutschen Hansestädten Bremen, Hamburg, Lübeck, von wo er über Lüneburg und Magdeburg nach Leipzig ging. Als Tischgenosse des Doctors der Theologie Scherzer brachte er hier ein Jahr zu, besuchte noch Wittenberg, Dresden und trat dann mit anderen Landsleuten über Breslau, Krakau, Eperies die Heimreise nach Siebenbürgen an, konnte aber wegen der ausgebrochenen Unruhen — die Ungarn hatten gegen Österreich die Waffen ergriffen — Eperies erst nach einem Vierteljahre verlassen, um in der Begleitung kaiserlicher Soldaten bis Neustadt (Nagy Banya) und von da ohne Schaden nach Hause zu kommen (1670). Die Stefanspredigt (2. Christtag), die er hier nach dem eben erfolgten Tode des Stadtpredigers A. Grell im Auftrage des Stadtpfarrers Paul Graffius hielt, gefiel so wohl, dass er am 27. Februar 1671²¹³) zum Montagprediger ernannt wurde. Nach sechs Jahren (1. April 1677²¹⁴) erhielt er die zweite Stadtpredigerstelle und wurde aus dieser 1678 zur Pfarre nach Sebaas berufen. In selbstvergnügtem Zusammenleben mit seinen Zuhörern erhielt er den Ruf nach Schässburg am 19. Juli 1684²¹⁵). Sein Stadtpfarramt fiel in die schwere Zeit, wo die Bürger von Schässburg, die sich vom verheerenden Brande des Jahres 1676 noch kaum erholt hatten, die drückenden Lasten der Übergangszeit an die österreichische Regierung zu tragen hatten, wo die Erscheinung eines verbrecherischen Lebenswandels und gewaltthätiger Habsucht in den besseren Familien das Vertrauen der Bürger mächtig erschütterte²¹⁶), wo die Kuruzen in den Jahren 1704 — 1706 die Stadt mehrmals mit Feuer und Schwert heimsuchten und auch

---

²¹²) Seivert a. a. O. S. 257.
²¹³) „Dno Josepho (Ockershauser, der Stadtprediger wurde) successit Dominus Georgius Krauss S. S. Theol. Stud. Anno 1671 den 27. Febr." Schässb. Kirchenprot.
²¹⁴) Schässb. Kirchenprot.
²¹⁵) Sieb. Provinzialblätter IV, 98.
²¹⁶) S. meinen Process des Schässb. Bürgermeisters Johann Schuller von Rosenthal".

das Kirchengut stark beschädigten [217]), wo endlich vom Jänner 1709
bis in den Juli 1710 die Pest so stark wüthete, dass zuletzt die
feierliche Beerdigung der Gestorbenen und die Anzeige derselben
unterblieb [218]). Dennoch liess Kraus den Muth nicht sinken; und als
die Pest ihm in wenigen Tagen drei Prediger und zwei Lehrer
sammt ihren Familien entriss, da ordinirte er — seit 1694 war er
Dechant — sich selbst einen Prediger [219]) in der von allem Verkehr
abgesperrten Stadt. Dafür erwarb er sich aber auch die Liebe des
Volkes in hohem Grade und, dass seine Verdienste auch sonst Anerkennung fanden, beweist seine im Jänner 1711 erfolgte Wahl zum
Superintendenten [220]). Bei der Wahl der in Medwisch versammelten
geistlichen Universität hatte er gleiche Stimmen mit dem Medwischer Stadtpfarrer und Generaldechanten Lucas Graffius, das Loos
entschied für Kraus. Er starb schon am 5. August 1712 und als die
Nachricht von seinem Tode in Schässburg bekannt wurde, war die
dankbare Anerkennung seiner ausgezeichneten Wirksamkeit so
gross, dass die Stadt dreimal des Tages, wie wenn er als Stadtpfarrer gestorben wäre, läuten liess und durch ernste Trauer ihre
Theilnahme an den Tag legte [221]).

In seinem Familienleben wurde Kraus öfters von schweren
Schicksalsschlägen heimgesucht, da der Tod dreier Gattinnen und
mehrerer Kinder sein eheliches Glück trübte [222]). Bald nach seiner
Anstellung heirathete er Sara, die wohlgezogene Tochter des dama-

---

[217]) Fortsetzung der Kraus'schen Stundthurmchronik vom M. G. Schech. Vergl. auch
Vereinsarchiv. N. F. I, 311, 333.

[218]) Am 12. August 1709 starben 23 Personen! Der Stadtprediger G. Andreae bemerkte
hierüber in's Kirchenprotokoll: Hoc die (20. Aug.) primum cadavera hum. et
consilio Ampliss. Senatus absque cerimoniis publ. et consuetis sepulta sunt. —
Cum per hoc, ceu novum quid, animi civium perturbarentur, nulla funera indicato
sunt, usque ad diem 29. hujus mensis (Aug.), quo per inquisitionem sequentia
indicata sunt, absque significatione temporis et diei" . . . . S. Ver. Arch. N.
F. I. S. 269.

[219]) „Eodem Anno (1709) vocatur in Diaconum Lunarem Praest. Du. Georgius Ackner,
ex Sveund. officio. qui etiam hic Schässburgi ritum Ordinationis accepit a Viro
M. V. et Clar. D. Georgio Krauss, Antistite, ob pestem h. t. tristissimum."
Schässb. Kirchenprot.

[220]) Seivert a. a. O. S. 237. Sieb. Quartalschr. II, 28.

[221]) G. Binder a. a. O. S. 214.

[222]) Von 6 Kindern überlebten ihn nur zwei Söhne: Andreas, der 1729 als Pfarrer in
Trappold und Georg Theodor, der 1773 als Pfarrer in Neithausen starb.

ligen Stadtpfarrers Paul Graffius, die er schon am 22. August 1674 verlor [223]). Am 20. November 1675 schloss er den Bund der Ehe mit Sara, der Tochter des Stefan Heltner, einem Sprössling der Mannschen Familie; sie starb ihm den 22. März 1691 [224]) und in kurzer Zeit folgten ihr rasch nach einander alle ihre Kinder an einer seuchenartigen Krankheit [225]). Am 1. August 1691 nahm er Sara, die Witwe des gewesenen Orators Stefan Kayser zur Gattin; auch diese endigte am 2. November 1698 ihr Leben [226]). Darauf hielt er 1700 zu derselben Zeit (24. Februar), wie sein Sohn Andreas, Hochzeit mit Eva Dorothea, der Witwe des Neithausers Pfarrers Laurenz Wagner und ältesten Tochter des Superintendenten Pankratius [227]), die ihn überlebte und erst 1728 starb.

Auf dem Gebiete der Literatur wird Kraus als ein unermüdeter Mann für die vaterländische Geschichte gerühmt, doch fügt schon Seivert [228]) hinzu, dass seine schönen Handschriften höchst selten seien und ein grosser Theil davon, selbst von einem seiner Enkel, aus Gleichgiltigkeit für die Geschichtskunde, als Maculatur verbraucht worden. Von den bei Seivert S. 258 angeführten und ihm zugeschriebenen handschriftlichen Werken rühren die beiden ersten nicht von ihm, sondern, wie wir bereits gesehen haben, von seinem Vater her. Ihm gebührt daher nur das dort genannte dritte, nämlich:

---

[223]) G. Binder a. a. O. und Schässb. Kirchenprot.

[224]) „22. Mart 1691. Pertriste Fatum! O diem atrum! hoc enim, diem suum obijt dulcissima, castissima mea costula, Sara Heltnerin, Pastrix Schäsburgensis, corruit insuper Firma columna Domus, rarae pietatis imago, Virtutis Speculum, Delitiaeque viri", Schässb. Kirchenprot.

[225]) „14. September 1693. mor. Filiolus meus dulcissimus Georgius Krauss" „22. September 1693. Subsequitur Filiolum meum amantissimum praenotatum, Filiola natu Junior, charissima, Esthera Krauszin, acculissima (ut Frater Georgius) Dyssenteria".
„2. August 1694 mor. Filia mea. ut unica, ita unice dilecta, Sara Krauszin". Schässb. Kirchenprot.

[226]) „2. Novemb. 1698 mor. Conthoralis mea lectissima tertia prudens et fidelis, Oeconomiae meae moderatrix, Sara Kauffmannin, Relicta Keyserin, quae mihi revera Conjux, Matris instar fuit: sit maneatque in pace memoria ejus in perpetuum". Schässb. Kirchenprot.

[227]) „Ego Georgius Kraus, Pastor Schäsburgen. Capit. Kizdensis h. t. Officialis insuffic. duco Viduam, virtutibus matrimonialibus Conspicuam Evam Dorotheam, Rever. Dni Laurentij Wagneri, Pastoris quond. Nithuzinal fidelissimi, vigilantissimi b. m. Relictam: Praecellentis atque Clarissimi Dni Doctoris Michaelis Pancratij, quondam Superattendentis b. m. gravissimi, filiam natu majorem". Schässb. Kirchenprot.

[228]) A. a. O. S. 237.

Annales sui temporis. Deutsch, über deren Inhalt, da sie nicht weiter bekannt geworden sind, nichts Genaueres gesagt werden kann.

10. Mag. Martin Kelp [229]).

In Halwelagen 1659 geboren, wurde der reichbegabte Knabe, der schon im zehnten Jahre lateinische Gedichte schrieb, von seinem Vater, Georg Kelp, der seit 1658 in Halwelagen, seit 1661 aber in Denndorf Pfarrer war und als Dechant des Kisder Capitels 1685 starb, den Schulen in Schässburg und besonders Hermannstadt, wo er an Mag. Schnitzler und Mag. Isak Zabanius wackere Lehrer fand, anvertraut. Mit Mag. Elias Ladiver kehrte er nach Schässburg zurück und, nachdem er hier ein Jahr in der vertrauten Nähe dieses gefeierten Lehrers zugebracht hatte, bezog er 1679 die Universität Wittenberg. Nach kaum zweijährigem Aufenthalte in dieser Universitätsstadt zog ihn der Ruf des berühmten hebräischen Sprachlehrers Edzard nach Hamburg, woher Kelp drei Jahre später nach Leipzig ging und hier 1684 die Magisterwürde erhielt. Bald darauf (1. Juli 1684) kehrte er in die Heimat zurück, wo er, der 25jährige junge „Mann voll Feuereifer und nie ruhender Thätigkeit" das Rectorat der Schässburger Schule übernahm, um das Gedeihen dieser Lehranstalt sich ein bleibendes Verdienst erwarb und für die Folgezeit bedeutende Männer erzog. Am 16. Juli 1687 zog er als Pfarrer nach Bodendorf, hielt als solcher 1690 dem Fürsten Michael Apafi eine hebräische Leichenrede, wurde 1692 als Pfarrer nach Meschen gewählt, wo er jedoch schon um 5. Juni 1694 [230]) einen frühen Tod

---

[229]) G. D. Teutsch im Schässb. Programm von 1852 3 S. 10 – 13. Seivert; Nachrichten etc. S. 214 ff. G. J. Haner: De scriptoribus rerum Hungaricarum et Transsilvanicarum etc. II, S. 286 ff.

[230]) Die „Annales Ecclesiastici ab Anno Christi MDCLIX, quo Clarissimus D. David Hermannus suos finivit, ad finem usque seculi illius ex Documentis publicis adeoque authenticis et indubiis continuati a Luca Graffio, Eccles. Aug. Confess. invar. addictarum per Transsilvaniam Superintendente" (in der Sammlung des Gr. Jos. Kemeny „Collectio minor Manuscriptorum historicorum. Tom. XII") sagen über Kelp: „Pridie festi Trinit. h. a. (1694) post diuturnam febrim quartanam moritur Cl. M. Martinus Kelpius Past. Eccl. Musnensis et Syn^{d}icus generalis A. Univers. Eccl. Vir multae eruditionis et insignium donorum et Praeceptor olim in Officio Rectoratus Scholae Schässb. fidelissimus et indefessus, ex cujus schola prodiere qui successu temporis Comitis Nationis, Consulis Provincialis Superintendentis aliorumque summorum munerum in utroque statu dignitate digni judicarentur".

fand. — Mit seiner jungen Witwe Katharina, einer Tochter des Bürgermeisters Michael Deli, — er hatte am 27. Februar 1686 geheirathet — verband sich ein Jahr nach seinem Tode (20. Juli 1695) der nachherige Sachsengraf Andreas Teutsch.

Ausser einigen andern theologisch-philosophischen Streitschriften schrieb er als Dissertation zu seiner Promotion:

1. *Natales Saxonum Transilvaniæ, aposciasmate historico collustrati.* Resp. Joach. Christiano Westphal, Neo Rupin. die 22. Mart. 1684. Lipsiæ in 4°.

Obwohl nicht eine Chronik, können diese Natales hier doch nicht übergangen werden, da sie einiges Licht auf den Stand des Studiums der vaterländischen Geschichte in unsere Schulen werfen, denn Kelp schrieb seine Dissertation fern von siebenbürgischen Quellen fast nur aus dem Gedächtnisse nieder [231]); er hatte also wahrscheinlich in Schässburg oder Hermannstadt Unterricht auch in der vaterländischen Geschichte erhalten. — Die in drei Hauptstücke (I. Von den sächsischen Stühlen in Siebenbürgen; II. Vom Ursprunge der Sachsen; III. Widerlegung irriger Ansichten, besonders der Sage von den Hameln'schen Kindern) getheilte Abhandlung ist eben dadurch, dass Kelp sie in seiner Jugend ohne gründlichem Quellenstudium zu schreiben veranlasst war, nicht frei von manchen Einmischungen des nicht zur Sache gehörigen, auch nicht ohne Fehler geblieben [232]) und beschränkt sich in Betreff des Ursprunges der Sachsen auf die durch Tröster und Töppelt damals stark verbreitete Behauptung, die Siebenbürger Sachsen seien Überbleibsel der Dacier und Gothen, die dann durch Gepiden und Longobarden, und später durch Deutsche, namentlich Sachsen, verstärkt worden seien. — Obwohl nun längst veraltet, machten diese Natales doch zu ihrer Zeit Aufsehen unter den Gelehrten und waren nicht ohne Einwirkung auf die damaligen Geschichtschreiber [233]). Kelp legte ferner auf der Rückseite der alten Schässburger Schulmatrikel an eine

2. Kleine Chronik,

bei welcher ebenso, wie bei den Natales [234]) die innigste Wehmuth

---

[231]) Schässb. Programm für 1752/3, S. 11.
[232]) Haner a. a. O. S. 287 ff.
[233]) Der später im Burzenlande lebende Martin Ziegler schrieb 1684 von Dresden aus „Literae ad Martinum Kelpium de origine Saxonum". Vergl. Seivert a. a. O. S. 513, f.
[234]) Schässb. Programm 1852/3, S. 11, Anmerk. 36.

über die trostlose Lage seines Volkes hervorleuchtet [235]). Selbständig oder aus einer nicht näher bekannten Chronik entnommen ist blos das Jahr 1514, bei allen übrigen Aufzeichnungen lassen sich die Quellen noch ganz genau erkennen. So sind die Nachrichten über die Jahre 1528, 1537, 1562, 1575, 1577, 1592, 1593, 1597 und 1599 (die beiden letzten in's Lateinische übersetzt) mehr oder weniger vollständige Auszüge aus Michael Moses. Ebenso sind die Jahre 1572, 1601 und 1604 (richtiger 1605) aus der Göbel-Wachsmann'schen Chronik hier aufgenommen worden, falls Kelp bei den Jahren 1601 und 1605 nicht geradezu den lateinischen Text des Ursinus benützte. Eigene Zusätze finden sich nur wenige, doch tragen auch diese wenigen mit dazu bei, der Chronik einen, wenn auch nur geringen Werth zu sichern.

Ob Kelp ausserdem auf dem Gebiete der Geschichtschreibung thätig gewesen sei, ob er namentlich, wie Seivert [236]) anführt, vortreffliche Handschriften von vaterländischen Merkwürdigkeiten hinterlassen habe, die Hanern bei der Ausarbeitung seiner Hist. Eccles. Trans. sehr nützlich gewesen sein sollen, bleibt in Ermangelung genauerer Daten zweifelhaft; gewiss ist, dass ihm Seivert [237]) die Fortsetzung des Codex Krausio — Kelpianus seit 1612 mit Unrecht zugeschrieben hat [238]).

11. Mag Georg Haner.

Er war der Sohn des angesehenen, väterlicher Seits mit der Göbel'schen Familie verwandten [239]) Schässburger Schneiders und Communitätsmitgliedes Georg Haner und am 28. April 1672 geboren [240]). Seine Mutter Sara, die Tochter des Königsrichters Georg

---

[235]) Er beginnt diese Chronik mit den einleitenden Worten: „Adjeci haec et alia sparsim hic exhibita (ut manus indicat) Rector Sch. Sch. M. Martinus Kelpius, collecta hincinde et sedulâ investigatione reperta. Miseram Transylvaniae, miseram gentis nostrae, miseram Vrbium nostrarum Chronologiam! Quantis nebulis obsepta priorum temporum historia! Sed nec modo calamitatum finis. Misereatur nostri Deus, Verbique sui praeconium nobis intemeratum, nostrisque posteris asserat".
[236]) Seivert: Nachrichten etc. S. 216.
[237]) A. a. O. S. 259.
[238]) Vergl. das oben über G. Kraus d. Ae. Gesagte.
[239]) Seine Grossmutter, Barbara die Gattin des Goldschmieds Georg Haner, war die Tochter des 1603 gestorbenen Bürgermeisters Andreas Göbbel.
[240]) So sagt er selbst in der Dedicatio seiner Hist. eccles. — Im Schässb. Kirchenprot. heisst es: „Den 30. April 1672 bapt. Georg. fil. Georg Haleners (Haners) ex Sara l. Ux".

Hirling [241]) hatte ihn so lieb, dass sie den vom Vater zur Erlernung des Schneiderhandwerks bestimmten talentvollen Sohn für höhere Studien rettete und die dazu erforderlichen Kosten aus Eigenem reichlich hergab [242]). Nachdem er bis in den Juli 1687 das Gymnasium seiner Vaterstadt besucht hatte, begleitete er seinen geliebten Lehrer M. Martin Kelp [243]) nach Bodendorf und blieb etwa drei Jahre in der Nähe desselben [244]). 1691 trat er, 19 Jahre alt, die Reise in's Ausland an und gelangte auf dem beschwerlichen Wege durch Polen am 4. April glücklich nach Wittenberg [245]). Der Umgang mit den Professoren der Universität, hochgebildeten Männern, erhöhte seinen Eifer für die Wissenschaft; schon 1691 vertheidigte er eine philosophische Streitschrift, im folgenden Jahre zwei theologische und erhielt eben damals auch die Magisterwürde der freien Künste [246]). Im Herbste 1694 beriefen ihn der Schässburger Stadtpfarrer und der Rath der Stadt zur Übernahme des Rectorats nach Hause [247]), zu derselben Zeit, als ihm eine Feldpredigerstelle bei einem kurfürstlich sächsischen Regimente angetragen wurde, mit der schmeichelhaften Zusicherung, er solle nach dreijährigem Dienste die erste Superintendentur, welche in Erledigung komme, erhalten. Die Liebe zum Vaterlande behielt die Oberhand; Mitte Jänner 1695 kehrte er in seine Vaterstadt zurück und übernahm das Rectorat des Gymnasiums, das unter ihm für kurze Zeit einen neuen Aufschwung erhielt [248]). Schon am 19. December 1697 wurde er zum Montagprediger und am 25. Jänner 1701 zum Pfarrer von Trappold gewählt [249]). Nach unsäglichen Mühsalen und Bedrängnissen, die er hier von den Kuruzen auszustehen hatte, genoss er ruhigere Tage seit dem 24. August 1706 als Pfarrer in Kaisd und seit dem 18. Juni 1708 in Grossschenk. Nach vier Jahren (1713) erhielt er den Ruf zum Stadtpfarrer nach Medwisch und führte vom

---

[241]) S. oben S. 14, 81 f. und 110 f.
[242]) G. J. Haner: De Scriptoribus etc. II, S. 391.
[243]) In seiner Delineatio Historiae Ecclesiarum Transylvanicarum Mscpt. S. 159 führt ihn Haner an als seinen „Praeceptor quondam desideratissimus, νῦν ἐν ἁγίοις:".
[244]) G. D. Teutsch im Schässh. Programm für 1852/3, S. 13.
[245]) Haner a. a. O. S. 392.
[246]) Seivert a. a. O. S. 131.
[247]) Haner a. a. O. S. 399.
[248]) G. D. Teutsch a. a. O. S. 14.
[249]) Haner a. a. O. S. 400.

10. Mai 1722 an das schwierige Amt eines Generaldechanten mit
solcher Anerkennung, dass er nach dem Tode des Lucas Graffius von
der Generalsynode am 12. Dec. 1736 zum Superintendenten gewählt
wurde. Als Generaldechant wie als Superintendent erwarb er sich als
unermüdeter Vorkämpfer für die Rechte der Kirche ein bleibendes
Verdienst unter seinen Volks- und Glaubensgenossen. Leider zog er
sich schon nach wenigen Jahren seiner Amtswaltung auf einer Reise
nach Hermannstadt eine heftige Krankheit zu, die seinem Leben in
wenigen Tagen ein Ende machte. Er starb im 69. Jahre am 14. December 1740 [250]) und hinterliess der Kirche wie der Wissenschaft
an seinem gelehrten Sohne G. J. Haner einen vollkommen gleich
gesinnten und gleich thatkräftigen Stellvertreter.

Noch während seiner Universitätsstudien schrieb und veröffentlichte er die:

1. *Historia Ecclesiarum Transylvanicarum, Inde a primis Populorum Originibus ad haec usque tempora, Ex variis iisque antiquissimis et probatissimis Auctoribus, abditissimis Archivijs et fide dignissimis Manuscriptis IV Libris delineata Auctore M· Georgio Haner, Schœsburgo Transilvano Saxone. Francofurti et Lipsiæ Apud Joh. Christoph. Fölginer. Anno 1694.*

Er widmete dieselbe den Häuptern seiner Nation und seiner
Vaterstadt, und behandelte, weit ausholend, im 1. Buch die Geschichte
von Noah bis zum Tode Philipp's von Macedonien; im 2. bis zur
Geburt des Königs Stephan des Heiligen; im 3. bis zur Reformation;
im 4. und hier meist in chronologischer Ordnung bis zum Jahre
1652. Die beiden ersten Bücher, zum Theil auch das dritte, gehören,
streng genommen, gar nicht hieher [251]), da sie der siebenbürgischen
Kirchengeschichte fremdartige Gegenstände behandeln und auch
im 3. Buch, wo von Siebenbürgen die Rede ist, nur frühere Ansichten
Töpelt's und Kelp's wiederholt werden. Im 4. Buch ist bei den Reformationsjahren stark benützt worden das 1684 erschienene Werkchen des Pariz Pápai: „Rudus Redivivum" und die darin sammt
allen Fehlern aufgenommene Reformationspredigt des Hermannstädter
Stadtpfarrers Johann Oltard; dann noch ein Band Synodalacten [252]).

---

[250]) Haner a. a. O. S. 402.
[251]) Haner a. a. O. S. 394 f. Anmerk. i.
[252]) Histor. Eccl. S. 127 204, 217, 211, 234, 286. Vergl. auch Seivert a. a. O.
S. 305 und Haner's Dedication zu seiner Hist. Eccl. Trans.

Seine Hauptquelle für dieses Buch bilden jedoch die „Rerum Transilvanicarum Annales Ecclesiastici, Inde a Reformatione Religionis A. 1520. Auctore Davide Hermanus Past. Vormloch [253]", die zwar mehrmals auch citirt worden sind; aber nicht so oft, als sie es verdienen. Anfangs ist der Hermann'sche Text allerdings überarbeitet und bisweilen auch durch anders woher entnommene Zusätze erweitert worden, später aber hat Haner an Hermann's Worten sehr wenig geändert [254]) und gegen Ende sogar die chronologische Form beibehalten, in welcher Hermann aufzeichnete. Auffallend ist es, dass Haner nicht, wie er auf dem Titelblatte versprochen, die Kirchengeschichte bis auf seine Zeit, ja nicht einmal bis zum Jahre 1659, bis zu welchem Hermann († 1682), geschrieben hatte, fortführte.

Wenn Haner's Kirchengeschichte auch zum grossen Theile auf den schätzbaren Arbeiten Anderer beruht und eine bedeutende Anzahl von chronologischen, historischen und Druckfehlern enthält, die er bei seiner Entfernung vom Druckorte nicht verbessern konnte [255]), so bleibt Haner's Verdienst auch schon darum immer noch gross, weil er aus Liebe für die Wissenschaft und die vaterländische Jugend [256]) ferne von der Heimath endlich das Gefahr bringende Schweigen seiner Landsleute über ihre kirchliche Vergangenheit brach und werthvolle Nachrichten veröffentlichte, die sonst nur Wenigen zugänglich geworden wären, abgesehen davon, dass man hohe Achtung haben muss vor einem jungen Manne von 22 Jahren, der durch die Lectüre von zahlreichen Geschichtswerken, die er citirte, eine so treffliche Benützung der reichhaltigen Wittenberger Universitätsbibliothek an den Tag legte [257]). Bis auf unsere Tage ist seine siebenbürgische Kirchengeschichte Quellenwerk gewesen, der heutige Stand der Wissenschaft macht jedoch tiefere Forschungen und ein Zurückgehen auf die Urquellen sehr nothwendig.

---

[253]) Seivert a. a. O. S. 161 ff. Benützt wurde bei der vorliegenden Bearbeitung eine (auf Veranlassung des Superint. Lucas Graffius angefertigte?) Abschrift, die jedoch nicht vollständig zu sein scheint; jetzt enthalten in der Collectio minor Manuscriptorum historicorum. Tom. XII. des Gr. Jos. Kemeny.

[254]) Höchstens Einiges übergangen.

[255]) Haner a. a. O. S. 398 — 399.

[256]) G. D. Teutsch a. a. O. S. 13.

[257]) Haner a. a. O. S. 395.

Unter Haner's handschriftlichen historischen Werken nennt Seivert [258]) eine:

2. *Continuatio Historiæ Ecclesiarum Transilvanicarum* und berichtet auf Grundlage einer in Schmeizel's Bibl. Hung. enthaltenen Nachricht, Haner's Sohn, Georg Jeremias, habe diese Handschrift mit nach Jena gebracht, aber wegen Mangel eines Verlegers wieder in die Heimath zurückgeführt. — Ist dieses Werk ein und dasselbe mit „Haner Hist. Eccl. Msct.", das Lucas Graffius in seinen Annalen oft citirt, so ist es nicht blos die Fortsetzung, sondern wahrscheinlich das Manuscript zu einer 2. Auflage der Hist. Eccl. Trans. gewesen, denn Graffius weist in Betreff der Versetzung der Sachsen durch Karl d. G. nach Siebenbürgen auf „pag. 108 seqq." dieses Manuscripts und auch sonst (1659—1697) noch öfters darauf hin, an interessanten Stellen, wo man dasselbe ungerne entbehrt. Es scheint tief herabzugehen und sehr umfangreich zu sein, da Graffius zuletzt bei der Geschichte des Jahres 1697 dasselbe anführt und bei der Erzählung von der Union der Armenier mit der römisch-katholischen Kirche im Jahre 1686 „Haneri Hist. Eccl. Msct. p. 1070 et seqq." zu vergleichen auffordert. Graffius und Seivert scheinen offenbar ein und dasselbe Werk von Haner gemeint zu haben, ohne indessen ganz genau den Titel anzuführen, welchen der Verfasser seinem Buche gab. Derselbe lautet:

Delineatio Historiae Ecclesiarum Transylvanicarum, und von diesem Manuscripte Haner's wird ein Band (8, 796 Seiten, bis zum Jahre 1595) im Superintendential-Archiv in Birthaelm aufbewahrt. Dass die Graffius'schen Citate bei diesem Bande nicht mit der Seitenzahl zusammentreffen, findet seine natürliche Erklärung darin, dass Graffius vor Haner Superintendent war, diesen Band also nicht in dem Superintendential-Archive vorfand, sondern eine eigene Abschrift dieses Werkes besass. Der auch hier mit Noah gemachte Anfang, die frühere Periodeneintheilung, oft auch die Beibehaltung derselben Worte führen auf seine Historia Ecclesiarum Transylvanicarum hin und machen es unzweifelhaft, dass dieses Manuscript den Stoff zu einer zweiten vermehrten Auflage derselben liefern wollte. Was aber den Werth des vorliegenden Werkes bedeutend erhöht, ist das noch tiefere Quellenstudium und die Einfügung vieler wichtiger Urkunden

---

[258]) A. a. O. S. 133.

zur siebenbürgischen Kirchengeschichte sowohl vor als nach der Reformation. Mit 1595, womit der 1. Band schliesst, hörte Haner nicht auf; er hat seine Geschichte wenigstens bis zum Ende des 17. Jahrhunderts fortgeführt, doch ist es vor der Hand noch unbekannt, wo etwa der fehlende zweite Band sich findet. Wenn auch Haner dieses Werk wahrscheinlich erst im folgenden Jahrhundert beendigte, so dürften doch Vorarbeiten dazu auch schon in das 17. Jahrhundert fallen und so bildet denn Haner, was schon sein Lehrer Kelp durch seine Natales einzuleiten versucht hatte, durch seine beiden Texte der Historia Ecclesiarum Transylvanicarum von den Schässburger Chronisten des 17. Jahrhunderts gleichsam den Übergang zu der mehr pragmatischen Geschichtschreibung des 18. Jahrhunderts.

Seine übrigen von Seivert angeführten bedeutenden Urkundensammlungen und Briefe gehören nicht mehr dem 17. Jahrhundert an, sondern liefern, besonders die im Superintendential-Archiv aufbewahrten Briefe, einen sehr werthvollen Stoff zur Kirchen- und Sachsengeschichte, während der Zeit seines Generaldecanats und seiner Superintendentur im folgenden Jahrhundert.

Beilagen.

I — XIII.

I.

Im Jar 1601 den 7. tag Martij, Ist von den Erbarn vnd weisen Herren den Nachbarn, czu einem Nachbarvater erwehlt worden, der achtbar vnd wollweise Herr, Herr Georgius Hehrschauer, vnd Lehonardus Thellman. Daselbst ist im verheisz gescheen, der Erbarer Nachbarschafft czuehren. Als das der arme vnd ellende Schulldiener auff dem Spital; Michael Moses, die Cronica wölt aus Schreiben, darin grundliche vnd klerliche beschreibungen Vngrischer vnd Siebenburgischer geschichten sind Veil es sich offter czutregt vnd begibt, das wen man in Collatien vnd Nachbar versamlungen beijsamen ist, solcher geschichten fleget czugewehnen, vnd man gern wissen wolt, wie lang es sieder der zeit hehr were, daz ein ding gescheen ist. Vnd hat auch solch verheis ins werck bracht vnd geleist.

_{Auf dem Titelblatt der Chronik der 1. Marktnachbarschaft in Schässburg.}

II.

Beschreibung der groszen vnd sehr gefehrligen Reisz: so dieser Woll: Geachte: Weise: Herr: Ausgestanden Hatt; Nemlich: Herr Georgius Hirlinck: Seines Handwerks Ein Binder, vnd ein Mitglied eines Ehrsamen vnd Woll Weisen Rahts Alhie in vnserer königligen Stadt Schesburg: Weilger Sein Ampt in der Liebligen Czech so Woll Auch in Einem Ehrsamen vnd Woll Weisen Rahts Auffrichtig vnd Redlich geführet hat, Vnd jeder Menniglich Einen Wolgefallen An seiner geschicklikeit gehaben hat, deronwegen Ein F. G. Michaell Apafi, vnd dem Landt den Woll Weisen Hern Expediiret Haben zu ziehen An die Otomanische Port. Bey den Grossmachtigen Tirkischen keiser. Weilches Auch geschehen ist, vnd ihn

Mit augen geseben hat: Worauff der Tirkische keiser den W. Hern Auch Mit Tirkischen kleidern verehret hat: Vnd Aldo sein Ampt, Wasz ihm vom Firsten, vnd dem Edlen Land Befohlen ist gewesen: Redlich vnd Auffrichtich Aussgerichtet hat, hernach nach Woll verrichteter sachen, den Lieben seinichten, vnd Vnss: seinen Czech Hern: Mit guttem gesund: Gott Lob: fyr die Augen ist gebrocht vnd gestalt worden, darfür Mir neben dem W. Hern dem Lieben Gott zu dancken Haben.

Der Auss Zuch dieses W. Hern ist Gewesen Anno Christi 1671 Die 18. Octobrisz. Die Wiederkoufft ist Gewesen Anno Christi 1672 Die 1. Februari.

Auf dem Titelblatt des „Schripcionale oder Schreib-Buch der Ehrligen Binder Czech Alhie zu Schässburg Anno Domini 1678".

III.

Nos Georgius Rakoci Dei gratia Princeps Transylvanice, partium Regni Hungariae Dominus, et Siculorum Comes etc. Memoriae commendamus tenore praesentium significantes quibus expedit Universis; Quod nos attentis et consideratis fidelitate et fidelibus servitiis Nobilis Prudentis et Circumspecti Zachariae Veyrauch, Civitatis nostrae Segesvariensis, ad praesens Sedis Judicis, quae ipse nobis in omnibus occasionibus ad et juxta benignas commissiones nostras, magna cum animi sui promptitudine, ac ad nobis complacendum alacritate, exhibuit ac impendit, exhibiturusque et impensurus est in futurum. Confisi etjam ulterius de fide ejus syncera, aequitate, ac rerum et negotiorum obeundorum et administrandorum dexteritate et sufficientia: Officium igitur ad manus Decimationis, Totalium et integrorum frugum, tritici puta, siliginis, hordei, avenae, speltarum, aliorumque bladonum e terra nescentium, lini quoque, cannabis, pisorum, milii fabarum, aliorumque quorumvis leguminum: Item Agnellorum, apum et omnium aliarum rerum decimari solitarum, Oppidi et Sedis Saxonicalis Keohalom eum solitis ejusdem officii proventibus, usibus et accidentiis, exque authoritate, qua idem ab antecessoribus ejus est administratum, eidem Zachariae Veyrauch, vita sua durante gratiose dandum concedendum ac committendum; duximus: Ita tamen, ut ipse omnes et quaslibet ejusdem Sedis Keohalmiensis decimas, fisco nostro quotannis provennire debentes, fideliter et juste, pro sibi dandis instructionibus; diligenter exigere, colligere, exigique, et colligi, ac fisco nostro citra jacturam administrari facere, rationemque liquidam superius reddere debeat et teneatur. Imo damus, concedimus et committimus praesentium per vigorem. Quocirca Vobis Generosis. Balthasaro Veseleni de Gycke Comiti Comitatus Dobocensis et Decimarum Transylvaniensium Arendatori Supremo, Wolffgango Deli de Sárd bonorum fiscalium in Transylvania Praefecto et Decimarum Vice Arendatori, modernis et futuris etjam pro tempore constituendis: Prudentibus item, Circumspectis et Providis, Indicibus et Universis incolis dictorum Oppidi et Sedis Saxonicalis Keohalom, harum serio committimus et mandamus firmiter, ut vos quoque deinceps dictum Zachariam Veyrauch, pro legitimo et a Nobis ordinato Decimatore, Oppidi et Sedis Keohalom habere et conservare, decimationem integram illi permittere, et solitos officii reditus eidem concedere modis omnibus debeatis et teneamini, Secus non factur, Praesen. perlectis exhiben. resti. Datum in Nostra Curia Thordensi die Sexta Mensis Januarii Anno Domini Millesimo sexcentesimo Trigesimo Sexto.

    G. Rakoci m. p.

                      Martinus Markosfalui Secretarius m. p.

Aus des Filken. Enchiridion S. 224 f.

IV.

Georgius Rakoci Dei gratia Princeps Transylvaniae partium regni Hungariae Dominus et Siculorum Comes etc. Fidelibus nostris Generosis Egregis et Nobilibus Balthasaro Veseleni de Gycke, Comiti Comitatus Dobocensis Universarum Decimarum Supremo Arendatori: Volffgango Deli de Sárd, Universorum bonorum nostrorum in Transylvania Praefecto ac Decimarum Vice Arendatori nec non Decimatore Comitatus Albensis Transylvaniae modernis scilicet, et futuris pro tempore constituendis: Cunctis etjam aliis, quorum interest et intererit praesentes Nostras Visuris nobis dilectis, Salutem et gratiam nostram. Zacharias Veyrauch Segesvari Szekbiro hüvünknek megh tekentven eleitreol foghva nekünk valo igaz hüseghes szolgalattját, és nem ketelketven ez utanis azon hüseghes szolgalattjanak praestalásában; Keohalom

LXXXVIII

Szekben es Feiervarmegyeben egy arant leveo Sombor nevü falu, mindenfele egész dezmaiabol valo eggyik quartajanak felét, mellyet ennek teleolte Nehai Nemzetes David Deak Keohalonizeki Kiralybiro eleteigh birt. Azon minden féle, Dézma quartanak azt a felét David Deak holta utan immár, megh nevezet Zacharias Veyrauch hüvünknek vita durante conferáltuk kegyelmesen; absque ulla Arendae solutione; Hadgyuk azert es kegyelmesen paranczollyukis hüseghteknek ez levelünket véven, ez utan a megh irt Sombori mindenfele egesz dezma eggyk quartajank felét, mellyet ez eleot megh nevezet David deak birt, Veyrauch Zachariasnak, vagy arra boczatando Emberinek eo szamara, absque ulla Arendae solutione tempus intra praemissum, percipialni szabadozon es békesegessen megh engedgye Secus non factur. Praesen. perlectis, exhiben, restitutis. Earum vero paribus pro sui cautela reservatis. Datum in Civitate nostra Alba Julia, die Vigesima Septima Men. Aprilis. Anno Millesimo Sexcentessimo Trigesimo Sexto.

G. Rakoci m. p.

         Martinus Markosfalvi Sekret. m. p.
Anno 1636 die 28. Apr. Exhibitae
et praesentatae coram me
         Wolffgangum Deli m. p.

Enchiridion S. 226.

V.

 Georgius Rakoci Dei gratio Princeps Transilvaniae, partium regni Hungariae Dominus et Siculorum Comes etc. Fidelibus nostris Generosis Egregüs et Nobilibus Balthasaro Veseleni de Gyeke Universarum Decimarum Trausylvaniensium Supremo Avendatori nostro et Dobocensis, Joanni Kemény de Bükös, Albensis Transylvaniae Comitatuum, Comitibus et Thesaurar. Cubicular. ac etjam Capitaneo, Petro Szénás de Balyok Bonorum nostrorum in Transylvania Praefecto, et Decimarum Vice Arendatori, Martino item Felvinci, Provisori bonorum Arcis nostrae Fogarasiensis; Poro et Decimatoribus, Vice Decimatoribus Opidi et Sedis Keohalom, modernis et futuris etjam pro tempore constituendis praesentium notitiam habituris Salutem et gratiam nostram. Büczulletes hüvünk Veyrauch Zacharias Deak Keohalmi Kiralybironak, eleitöl fogvan hozzank és Orszagunk koozeonseghes jovahoz megh mutattot ighaz hüseghere, es rendi szerint valo alhatatos szolgalattjara, feiedelmi kegyelmessegghel valo tekentetünk léven, és hogy ennekutannais azon igaz hűseghet hozzank szeme eleot visellye es megh tarcza, az eo szemellyejert, Keohalom Varosunknak megh engedtük kegyelmessen, hogy es teoleok az mű szamunkra jutando es vezendeo mindenfele Dezmát, tovab és egyebűve sohova vinni, és szallittatni ne tartozzanak, hanem Fogarasi hazunkhoz mindaddégh, valameddegh megh emlittet Zacharias Deak az Keohalmi Kiralybirosághnak tisztét foghja viselni. Seot ennek felette, mivel Zacharias Deakot, az Keohalmi Szek, az mű keggelmes Commendationkra és parancziolatunkra veotte be Kiralybirajoknak, eo hozzaiokis, egesz Szekül abban czelekedet engedelmes hűseghekert, hogy eokis Szekül ez engedelmesseghnek teolünk hasznat erezzek, evel coreghbűttjuk és nevellyök Keohalom Varosahoz mutatot feiedelmi kegyelmesseghűnket, hogy valameddigh Zacharias Deak hivűnk Keohalmi Kiralybiro leszen, es eokis Szekestől eo vele egyetemben, igaz hűsegghel viselik magokat hozzank, senkinek Quartirt és Szállast Szekekben, nagy szükseghen kivűl, nem rendeltünk, és ollyan gazdálkodassal eoket nem terhellyűk; Intven kegyelmessen eoket, magok keozzeot szep egy ertelemben éllyenek, mindennek egy mást Kereszteny jo indulattal, szeretettel megh bűczűlven. Az Keohalom Varosa Dezmajanak dolgábol azert, elől megh nevezet beczűlletes tiszt és allapatbeli hiveink, hűseghteknek, hadgyunk kegyelmessen, s, paranczollyukis, hogy mostantul fogva ezután, valameddigh Zacharias Deak hivűnk Keohalmi Kiralybiro leszen, azon Keohalom Varostol mű szamnnkra jutando mindenfele Dezmát, egyebűve sohova ne vitese, es ne szallitasa, hanem Fogarasi haznnkhoz es másűve valo szállitásra, eoket ne kenszericze, sem penigh azért semmi uton és modon eoket megh ne bancza se karosicza. Mellyben hűseghtekis Fogarasi megh nevezet mostani es ezután lejendő Tisztviseleo hiveink, az Kihalmi Varosbelieknek, minden segetseghel es oltalommal legyen, hogy az mű kegyelmes annuentiankba á meghirt ideigh mindenekteol bántásnélkülkül megh tartassanak. Secus ab utrinque non factur. Praesen. perlectis exhiben restitut. Datum in Oppido Keohalom die Decima Septima Men: Marti Anno Domini Millesimo Sexcentesimo Trigesimo Octavo.

 Georgius Rakoczi, m. p.

       Martinus Markosfalui, Sekretar, m. p.

Enchiridion S. 223.

VI.

My Kemeny Janus Bűkeoseon Feieruarmeggeben lako Fogaras Varanak feo kapitannia, Vrunk eö Nagyságanak Feo komornikia, Tesaurariussa, es Feieruarmegyenek Feo Ispannia, Szekel Mihaly Bűrkösön Feieruarmegyeben lako ezen Varmegyenek Vice Ispannia, es Torda Sigmond Tűűesen Feieruarmegyeben lako ezen Varmegenek feo Szolga biraia, ez dologban ugymint keozbirak es Nemes szemelyek. Adgyuk emlekezetire mindeneknek az kiknek illik es mj leuelunknek rendiben. Hogy in hoc Anno præsenti 1637. die vero 16. Marty, az Orszagh Generalis gjűlesekor, Jeouenek mi eleokben it Megyessen az Milesz Matias Uram hazanal egj felöl az Nehay keohalami Dauid Deakne Aszszoniom Welteriana Sophia Aszoni, Welter Mathias Uram katzai praedicator, Weyrausch Gergelj Jbiszterfi prædicator, keohalmi Dauid Deak, es Turi Pal alias Weyroch, mas felöl pedig az keohalmj Wraimek képeben Szekbiro Zöczi Matjas, Nimet Matias es küt Polgár, ezzek mellet az Uniuersitas kepeben Szebeni Oroszlan Lukaczi, es Segesuari Ember alias Szabo Istvan, es Teonek mi elöttunknek illjen derekas es megh hihatatlan erös Contractust es vegezest, hogj tudni illik valami neuel nenezendö dificultasok Controversiak keosztök ugj mint az Universitas, keohalami Comunitas, es az nehay keohalmi Nehay Dauid Deakne Welteriana Aszoni es attiafiai keozeöt ekkediglen leottek es uoltak uolna azok in perpetuum silentiumban maradgianak es deponaltaszanak. Hanem keohalomban az Sükösd haz mellet ualo haza Dauid Deakne Aszoniomnak eleteig exempta legien, minden nemű ado vedötöl, et hoc per expressum denotato, hogj az eo kegyelme Sükesd hazat mely ugyan keohalomban uagion regi Priuilegiumiaban megh tarcziak, semmi uton benne megh ne haborgaszak, az keohalmi Vraim: Az szegeny Dauid Deak uramnak deputatumiat eo kegyelmek az Aszonink megh adaszag, Az Regius fundusson leuö Jobbagiok pedig magokot, Tiz, tiz, forintal Aszoniom kezetöl kiualthaszak es szabad Emberek legienek, Dauid Deakne Aszoniomnak az fundus Regiushoz semmi keozi ne legien; Az kik pedig meg nem ualtanak magakot, Aszoniom keze alat uaradgianak, ha pedig az falu ualamely jobbagiot ot nem akar patialni, tehat Aszoniom onnet et uihesze az maga földere akor, uagi akar kinek al adhasza, Az penznek pedig felet ad festum Beatae Margarethae Virginis, felet ad festum Sancti Martini Episcopi fogiatkozasnelkül praesentalliak, ha pedigh ualameilyk johbagi uagi leuellel a uagi Nemes emberi bizonsaggal Comprobalhattia, hogi az Nehay Dauid Deak Vramnak cziak eleteig atta bemagat jobbagiul, set libera persona, de nem az extraneusok valthaszak megh magokat, hanem cziak az fundus Regius hol ualok, az extraneusokat pedig Dauid Deakne Aszoniom oda vehesze a houa akaria, es adhassa az kinek akaria eo kegyelme, Ezt az contractust pedigh ualamellyk fel keozzűleok megh nem allana hanem violalna, tehat az megh allo fel, az meg nem allo felen, minden nemű teoruenjbelj remedium excludaltatuan, neque Gratia Principis obstante, ezen leuelnek ereieuel, vagi ezen keoz birakkal, vagi quod Deus auertat ha holtok törtinnek ezeknek, ezzen varmegienek egi Vice Ispanniaual es egi feo biraiaual, mos et de facto Eöt szaz foriutot exequaltothaszon, kinek fele az executoroki, fele pedig az laesa parse ugi mind Dauid Deakne Aszoniome vagi fiaie es attiafiaie legien, e contra az masfelet, ha eo kegyelme uiolalna Aszoniom. Mely dolognak nagiob ereossegere, es jeövendebeli bizonsagara attuk es mj fide mediante meghirt peczetes leveluuket. Datum et Actum die Anno et loco superius denotatis.

                    Locus Sigilorum, cum subscriptione
Johannes Kemény m. p.   Sigism. Thorda,
Michael Szekel, Vice Comes   Supremus Judex Nobilium Comitatus Albensis m. p.   bensis.
                                         Correcta per eosdem.

Enchiridion S. 218 ff.

VII.

Donatio domus Keohalmiensis et totius Curiæ ejusdem mihi Zachariæ Filken, facta a Generosa Domina Sophia Weltheriana relicta Vidua Generosi Domini Davidis Veyrauch, olim Judicis Regii Keohalmiensi, Anno salutis MDCXXXVII die 4. Novemb. quae Domus sita est intra Joannis Marci, alias Sutoris, et Josephi Sutoris, Domus.

    Ich Sophia Weltheriana, hinterlassene Wittib des Fürsichtigen weisen Herren, Davidis Veyrauch, weyland gewesenen Königsrichters des Marcks vnd Stuels Keohalom, thuen kundt vnd zu wissen jedermänniglichen, dass nach dem der liebe Gott, nach absterben meines allergeliebsten Herren, den Ehrsamen weisen Herren Zachariam Filken, meines obgedachten Herren Schwester Sohn, hieher verordnet, vnd mit des Königsrichter ampt vnd würden begabet, Als hab ich dem weisen Herren, auss sonderlicher liebe vnd zuneygung, zur eigenen besitzung mein eygen Hauss, welches auf mich von meinem Sohn Bartholomæo, seeliger gedächtnüs, jure hæreditario geerbet, gelegen auff der obern seyten des Marcks zwischen Bidners, alias Marci, Hannes, vnd Josephi Schustern, mit allen Juribus, Privilegiis, prærogativis so es gegen beyde Nachbar, vnd anderstwo hat, zum eygenthumb guttwillig schenken vnd verehren wollen. Der weise Herr aber auch seine Dankbarkeit gegen mich zu beweysen sich etwa ehrliges hat kosten lassen, vnd mir dagegen verehret, in instanti, Taleros Imperiales Numero Ducentos i. e 200 Reichs Thaler, welche mir auch in paratis ohne allen defect überliefert vnd zu händen gestellt sein. Derowegen ich auch dem weisen Herren, oben gedachtes Hauss mit allen freyheiten, wie voran vermeldet, vollkömlig zum eygenthumb vnd ewiger besitzung übergebe, v. mich nun desselben gantz zu enteissern gelobe. Darüber ich denn auch gegenwehrtigen Schein stelle vnd mit eygenem Sigill richtig, wie es gebüret, bekräfftige. In praesentia Circumspecti Domini Stephani Fabrici, Reverendi Viri, Domini Josephi Deli Symistæ Ecclesiae Rupensis. Datum in Keohalom in Domo mea nobili die 4. Novemb. Anno 1637.

Rem ita esse sancte fatetur Josephus Deli Minister Ecclesiae Rupensis m. p.

Eadem quae superius m. p.
Confirmo rem et ego sancte se ita habere.

Confirmo rem et ego sancte se ita habere supra notatus Ego Stephanus Fabricius concivis Keobalmiensis, Sigilloque meo confirmo m. p.

Locus trium Sigillorum.

Aus des Zach. Filkenius Enchiridion S. 227 f.

VIII.

Soli Deo Gloria.

Anno 1607 Die 17. September. Bin ich Georgius Kraus ihn der Hermanstadt von Gottseligen Elteren ihn die welt gebohren, mein H. Gross Vatter Adamus Krauss handelsman Cibiny die Gross Mutter Dorothea [1]) h. Vatter ist [2]) gewessen der Ehren Veste Adamus Kraus handelssman der Hermanstadt meine Mutter Agnetha Löwin.

Anno 1622 bin ich von meinem Stieff h. Vatter Seliger alss dem W., Herren Gregorio Stamp handelsman nach Claussenburg die Unrische Sprach zu lehren geschickt worden. Vnndt Anno 24 sub Disciplinam des h. Valantin Franck Rectoris Cibiniensis pro Adolescente Commendiret worden. Vnndt sub eadem Disciplina Anno 25 pro Rege Adolescentium sollenniter eligirt worden.

Anno 1626 begabe ich mich in die Canzelly bey den Edlen h. Stephanum Kassaj Prothonotarium Illustrissimi P. DD. Gabrielis Betthlen.

Anno 1627 begabe ich mich auf meine Peregrination Vnndt hielte mich zu Wienen ihn Österreich auf $1/_2$ Jahr bey einem fürnehmen Keysserligen rahts herren von der Schran [3]) h. Geörg Zemper. Vnndt reissete von dannen In Italiam nach Treviso, Venedig Vnndt Paudua alda ich mich auf der Accademia enthalten ein Jahr Vnndt ein $1/_2$. Zoge von dannen abermall nach Venedig, Terrara, Bononia, Florentz, Siena, Viterbo Vnndt von dannen nach Rohm, hielt mich darin auf 6 Monat Vnndt 3 wochen Vnndt reist weiter von dannen auf der Tyber biss nach Ostia aldo die Tyber ihn das meer feldt; schiffete alsso fort nach Neapolis, 100 meill Vngrisch von Rom gelegen verharrette aldo 6 wochen vnndt zoge von dannen weitter nach Puteolis, davon Cicero vill geschrieben insonderheit da er Spricht Quid non potuj videre cum per Emporium Puteolin iter facerem, wie ich selbst die schönste Antiqviteten des welsch Landt ahn dem Ohrt gesehen, von dannen schiffet ich weiter nach Baia

---

[1]) Ist oben auf der Seite gleich unter „Soli Deo gloria" angemerkt.

[2]) Darüber ist ein Wort sehr unleserlich hingeschrieben, etwa: „abermall" oder „obermelt" etc.

[3]) Ist oberhalb dieses Absatzes angemerkt.

eine Uhr alte Stadt Aldo auch vill schöne vnndt lustige Sachen zu sehen, wie denn Terentius auch davon zeiget sagendt Nullus in Orbe locus Bais praelucet amoenis. Von dannen schiffet ich durch die Scillam vnndt Charibdim ein gefährliges ohrt des mehres, zoge erstlig in Calabriam gegen Regium derron Actorum Vltimo gemeldet wirdt, weill sonsten ihn dem Landt nicht vill denkwirdige Stadt, vndt sonderlig den fremden auf setzige vnndt feindt selige leut wohnen, schiffet ich aber durch die Scillam vnndt Charibdim in Siciliam, Missinam, Palermo, Syracusa, Trapano aldo eine grosse papstische . . . . . [1]). Item von dannen nach Catania eine sehr alte Stadt, ligt vntter dem Berg Etna, welcher wie Virgilius schreibt 500 Jahr vor dess herren Christj geburt zu brennen angefangen, welches ich sehr offt selber gesehen. Item Sein alda nicht weit davon mitten ihm meer ligendt zwen felssen Vulcanus vnndt Strombolj, welche ebener massen brennen thun. Von Sicilia schiffet ich abermall ihn die Insel Malta oder Melita, wie dieselbe der Apostel Paulus Actorum Vltimo beschreibet kan aldo gelessen werden ligt von Rohm 350 meill weges muste durinnen der streiffenden Barbarischen raubschiffen wegen still ligen 33 tage, hatte mich zwar nach Hiernsalem zu reissen verdinget wurde aber wegen Cziaka eine Stadt ihn Barbaria so damals von den Malteser rittern belagert war verhindert vndt kerethe demnach von danen zu rück durch Siciliam vnndt Calabriam ihn das Konigreich Nepolis vnndt alsso fort durch Campaniam, abermall nach Rohm, zoge von dannen eine andere Strasse auf Narnj, Ternj, Spoleto; Recanatj, Fuligno, Loreto vnndt Ancona, su eine maritima Civitas ist, hielt mich auf biss zu gutter gelegenheit auf 3 wochen, die erzelte Orter sein alle schone machtige Stadt. Von Ancona schiffte ich nach Venedig vnndt Paudua auf meine Ate sitz meine Studia Jurjs weitter zu promouiren, vnndt fiel ihn dem Anno 30 eine grosse Pest ein, davon nicht genuch zu schreiben, ess kam letzlig zu Venedig dahin das täglig taussent, 12, 13, 14[2]), 1500 menschen einen tag stürben vnndt weill der Pest wegen alle Pass teutsches Landes versperret war, begabe ich mich auss mangel des geldes zu wasser in Dalmatiam vnndt wurde mit grosser list zu Justinopolis eingenohmen. Von dannen zoge ich weitter durch

---

[1]) Es fehlen ein oder zwei Worte.
[2]) 12, 13, 14 sind später durch Hinzufügung von je zwei Nullen ergänzt worden.

Carniolam vnndt Stiriam Carinthiam nach Laubach eine haupt Stadt ihn Carniola von dannen nach Grättz eine haupt St. Stiriae vnndt kam endlich abermall Viennam, vnndt Ihm 1631 Jahr alss der Palatinus Esterhazzj Miklos mit dem Rakocj Geörgy die scharmutzel bej Rakomos hielt, gelanget ich nach Cassau vnndt kam weitter mit gewündschter gelegenheit nach Hauss. Ihm Jahre 1631 vmb die h. Ostern.

Eben In diessem 1631 Jahr Die 1. Decemb. begabe ich mich ihn den h. Ehestanden mit des F. W. H. Franciscy Zeraphini einiger tochter, Stulssrichters von Meggies Catharina vndt lebt mit ihr ein Jahr vndt 2 Monat ihn sehr gewündschten Ehestanden.

(Anno) 1633 Die 16. Febr. Erfrayet Vns Gott mit einer togter Catharina reber wel(cher geb)urt die arme mutter 3 stunden darnach ihr leben enden müssen, welcher (Gott g)naden woll. Ligt ihn Kloster füs dem Predigstull begraben.

Anno 1634 Die 24. Febr. vereheliget ich mich abermall mit des W. h. Joannis Schinckers hundetman wortmanss tochter von der Schesburg Margaretha ein Enckellen des N. F. W. h. Valentini Schässers Burgermeisters daselbst.

Anno 1635 den 7. Marty erfreiet Vns Gott mit einer tochter Agnetha, welche Gott zu seinen ehren wolle erwachsen lassen.

Anno 1639 den 8. April erfrayet Vns der Liebe Gott abermall mit einer Tochter Margaretha. Gott gesegne Vns weitter nach seinem Wollgefallen.

Anno 1646 Die 7. April ziehe ich nach Segesuar auf das Notariat Ihn selben Jahr Stirbet aldo an der Pest, so von mir aufgezeignet worden 4673 Seelen, vntter welchen meine liebe haussfrawe Seeliger, mit grossem hertzbrechen den 26. Septemb. auch thodes verbliechen, bej welcher ich gelebet ihn aller Lieb vndt enigkeit 12 Jahr vndt mit ihr gezeuget 3 Kinder alss 2 tögter vndt einen Sohn, welcher alss eine vnzeitige gebührt zur Zeit der Pest mit der elenden Mutter begraben worden doch vngetaufft.

Anno 1648 Die 7. May verebliget ich mich zum drittenmahl mit dess Achtbaren vndt W. h. Martinj Schmidt alias Mutter togter Sara der Ehrbahre Georgy Nönchen vndt Andereae Bair hinterlassener witib, welche ebestanden vns Gott gesegnen wolle.

Anno 1649 werde ich ihn vnsseren hattert geschäfften von einem Amplissimo Senatu gegen Varadt ihns Captalan expedijet.

Eodem Anno Die 27. May hielt meine elste tochter Catharina mit Nicolao Koch hochzeit.

Anno 1650 den Tag Paulj bekehrung erfreyet Vns Gott mit einem Sohn Georgio, welcher wahr der 25. Januar. Der Almagtige Gott lasse den selben zn seinen ehren der Christliger kirchen zu nutz vnndt Vns zu frayden auferwachsen.

Eodem Anno in Martio erfreiet Gott meine tochter Catharine mit einem Sohn Francisco.

Anno 1651 den 22. Novemb. hielt meine togter Agnetha mit Martino Stamp Kirschner gesellen hochzeit, welche Gott gesegnen wolle.

———

Diese Aufzeichnung findet sich an den 3 Seiten des hinteren Vorsetzpapieres des Foliobandes: „Vngarische Chronica. Das ist Ein gründtliche beschreibung dess allermächtigsten vnd gewaltigsten Königreichs Vngarn etc. Erstlich durch den Hochgelehrten Herrn Antonium Bonfiuium in 45 Büchern in Latein beschrieben. Jetzund aber dem gemeinen Vaterland, teutscher Nation, zum besten, in gut gemeine Hochteutsch gebracht vnd mit schönen Figuren, sampt einem nützlichen Register gezirret durch einen der Freyen-Künste, Historien vnd alter Geschichten, Liebhabern, P. F. N. Gedrukt zu Frankfurt am Mayn, durch Peter Schmidt, In verlegung Sigmund Feyerabendts 1581". Die Schrift hat nur am Rande durch Abreissen ein wenig gelitten, deshalb die in Klammern eingeschlossenen Stellen. Besitzer des Buches ist jetzt (1856) der emer. Schässburger Bürgermeister Karl v. Sternheim. Als früher Besitzer sind im Buche selbst angegeben, Johann Schinker 1679 und 1689; ferner M. S. Schech (später „v. Sternheim").

IX.

Aufschrift: Prudentibus ac Circumspectis Magistro Civium Regio ac Sedis Indicibus caeterisque juratis Civibus Civitatis nostrae Segesvar. Fidelibus nobis gratis etc.

Acatius Barcsai Dei gratia Princeps Transylvaniae, partium regni Hungariae Dominus et Siculorum Comes etc.

Prudentes ac Circumspecti fideles nobis dilecti, Salutem et
gratiam nostram. Az fényes Portának az az ellensége ki kegyelmeteket
kardal akarta birni, tegnapi napon Szász Fenesnél minden hadait ell
vesztvén szaladt el, noha azért az haza mind eddégis háládatlansággal
fizetett, mind az által keresztyénségünk kénszeritvén azt nem tekén-
tyük, azon igyekeznénk, az Budai Vezérrel eo Nagysagával bé jött
gyözedelmesen hadak bellyeb az országba ne nyomublyanak, hanem
magunk akarunk az Vezér eo Nagysága eleibe menni. Minek okaért
parancsollyuk igen serio hüségteknek, a szokás szerént valo gyalogot
haladék nélkül küldgye mellénk. Eisdem sic facturis gratios. propen.
manemus. Datum in Civitate nostra Cibinien die 23. Maji. A. 1660.

           Achatius Barcziai m. p.

P. S. E mellett az mellettünk levö hiveink s-Teörök-Vitezek
szamára minden fele elest elegedendöt küldgyeön ide Szebenhez,
vagyaz hul Taborunkat erti.

<sub>Aus dem Original, beigebunden der Urschrift der grossen Kraus'schen Chronik im
Superintendential-Archiv in Birthälm.</sub>

X.

    Wir Georgius Wulschner verordneter wortman der Löbligen
hündertmanschafft, Joannes Schincker, Georgius Webber, Marcus,
Thumes, Melchior Schneider, Petrus Wolbahrt, Georgius Briditsch
Joannes Herman, Georgius Remmer, Michael Pfaffenbruder, Valan-
tinus Schuster, Petrus Theill, Thobias Kirschner, Petrus Binder,
Stephanus Kyser, Joannes Hendorffer, Martinus Streitförder, Andereas
Kirschner, Stephanus Pulwermacher, Georgius Meszner, Georgius
Eszig, vnndt Stephanus Tischler etc. Fügen hiemit ihn stat, nahmen
vnndt perschon der Löbligen hundertmanschafft wie auch der gantzen
Stadt vnnd gemein Schespurg iedermennigkligen, wesz standensz
oder würden sie sein mögen, zu vernehmen, wie nach dem ihn verlauffenen Jahren, vnndt disturbijs, Gott geklaget, sich alhie bey Vnsz,
wegen groszen Vngehorsam, vnndt misztrawen, so mir wider vnszeren
höchsten Magistratum, vnndt einen E. W. raht getragen, uill vnzehlig
vngemach, vnndt vnfahl mit eingeriszen, ausz welchen denn endtlig
nichts anders alss feyndtschafft, vneinigkeit, hass, neidt, Verfolgung
vnndt mordt entstanden, vnndt erfolget, wie denn etlige vnszerer

auffrörischen vndt vnruhigen mitbürger, auss vorhergehenden vndt erneuten lasterstücken, wie auch frewellen muht, dassjenige, welches sie eine Zeither, ihn ihren heimligen, vndt Tückischen rattschlagen ihm Sinn geführet, mit schandligem mordt, inss werck gesetzet vndt mit offentliger entpörung, drey Ihr F. G. delegatos vndt Edle herren ermordet vndt gemetziget vndt dadurch Stadt vndt Stul ihn groszen iammer ellendt vndt schaden gestürtzet, dermassen vndt gestalt, dass wenn vnsser gnädige Herr vndt Fürst Achatius Barczaj dem scharffen rechten nach Juridice mit vnss procediren vndt secundum delictj qualitatem straffen sollen, mir vigore Decretj, alle Stadt Privilogia immunitates, vndt andere freyheiten verliehren müssen, derweill aber auf velle demütige intercessiones wollmeinender Herrn vndt freundt, seine Fürstlige G. ex singulari Priucipali gratia et clementia seposito omni Juris strepitu, sich mit vnss, per compositionem gnedig eingelassen, vndt wegen begangenen mordts, vnss Nro Fünff vndt zwantzig taussent Reichss Taller zu erlegen, zur straff erkennet, vndt zwar innerhalb dreyen Monaten, wie auch ein theill mox et de facto, derweill ess aber gleichssam eine vnertreglige Summa, vndt ihn so kurtzer Zeit zu erlegen nicht möchbafftig gewessen, alss haben mir Unanimj uoto et censensu, einen E. W. raht prasentium uigore Assecuriren vndt vollmächtig machen wollen, vnz verobligirendt, dass mir alle dassjenige geldt so zur kegenwertigen noht, von denen F. W. Herrn wird entlehnet werden, mit der Zeit, laut der Handtschrifften, sampt dem gebührenden interesse mit grosser Dancksagung, so woll ausserhalb wie auch innerhalb der Stadt erlegen vndt restituiren wollen. Derweill mir aber auch darneben, zuvor auss durch ietzigen klagligen casum, wie auch mit eigenem grossen vndt vnertragligem schaden erkennen, vndt bekennen müssen, dass wegen vngehorsam, vndt misstrawen ihn wollbestelten Regimenten vndt Policeyen, nichts heilsammes vndt bestandiges erfolget, alss versprechen mir einem E. W. raht, künfftiges vndt grösseres Vnglück zu verhüten von heut dato neyen gehorsam, vndt alle gebührende affection vnndt Vntterthenigkeit, mit angehenckter Assecuration, dass mir vnss künfftig ihn allen vorfallenden gemeinen gescheefften, vnndt nohtfallen, denen F. W. Herrn, alss vnsseren fördereren, vnndt von Gott gesetzter Obrigkeit, gentzlig verlrawen, vnnd heim lassen wollen, der hoffnung, die F. W. Herrn werden zu beförderung dess gemeinen nützes, wie auch zum bleiben vndt erbawung

Stadt vnndt stull, Gott, vnndt seine Göttlige gerechtigkeit angesehen, bej nacht vnndt tag sorgen vnndt wachen vnndt dessen zu mehrem glauben vnndt sicherheit geben mir hierauff alss Altisten vnndt Vorgenger, ihm nahmen der gantzen Löbligen hundertmanschafft, vnssere gewöhnlige Sigilla vnndt Petschafften. Actum Segesvar Die 29. October Anno 1660 in Domo Senatoria.

<small>Aus einer gleichzeitigen Abschrift des Not. G. Kraus, beigebunden dem Original seiner grossen Chronik im Sup. Arch.</small>

XI.

Aufschrift: Prudentibus et Circumspectis, Magistro Civium, Regio Villico et Sedis Indicibus, caeterisque juratis Civibus Civitatis nostrae Segesvar. Fidelibus nobis dilectis.

Joannes Kemény Dei gratia Princeps Transylvaniae, partium Regni Hungariae Dominus et Siculorum Comes etc.

Prudentes ac Circumspecti, Fideles nobis dilecti, Salutem et gratiam nostram. Nékünk irt hüségtek levelét elvettük, melyben emlekeztetvén bennünket elébbi állapatunkban hozzáia mutatot jo akaratunkrol és oltalmunkrol, könyörögh azon, Az mely summát Barcsai Akos Uramnak, ö Kegjenek, igért volt annak megh fizetése alol szabaditanok fel, complacálván valami modon ö Kegyelmet. Az mint azért annak elötteis hüségtektöl jo akaratunkat meg nem vontuk, mostan annál inkáb Fejedelmi kötelességünkis azt kivánván, az mi Kegyelmességünkben fogjatkozást nem tapazstal. Az mi az Barcsai Akos Uramnak adando summa állapattyát illeti, Petki István Ur mostan ot lévén az hüsegtek Városába, arrol valo válasz tételünket ö Kegjetöl megh értheti. Quibus de caetero gratcose propensi manemus. Datum in Castro Nostro Radnot. Die 23. Martij Anno 1661.

J. Kemeny m. p.

Kraus schrieb eigenhändig darunter: „Circa finem January" liess der Fürst Barcsaj, die Summam der 25000 Taller, so ihm wegen dess Toldolagj thot von der Stadt zu erlegen versprochen worden, erenstlig solicitiren, welches wegen mir bei dem Neyen Fürsten Kemeny Janos, Vnssere Zuflucht sucheten davon seine F. G. Vns kegenwertige resolution geschrieben, vnndt sein Gott lob, von

der Zeit ihm geringsten nicht solches wegen infestiret worden. Gott
lob die strick ist entzwey, vnndt mir sein frey. Welche F. Gnadt vns
durch H. Petkj augekündiget worden.

*Aus dem Original, beigebunden der Urschrift der grossen Kraus'schen Chronik im
Superintendential-Archiv in Birthälm.*

XII.

En Tekintetes és Nagysagos Kucsuk Mehemet Passa. Hatalmas
gjözhetetlen Török Császár igaz hive, és ö hatalmasságának Jeneji
vég várának, és ahoz tartozo Sanczalságnak s mostan penig Erdélynek
hatalmas Császárunk öszöl maradot Országának oltalmatására ide
küldöt minden fenyes hadajinak fö igazgato gondriselöje.
Akarok tudtokokra adni, tü Segesvári Birak Polgárok és az
Egesz városnak lakosi. Mivel a mi el szabadult Rabunkert kötötték
ugjan magokat három esküdt Polgár Társajitok; de tudtotokra légjen,
hogj mi nem az három embertöl, kiknek kötés levele nálunk, kivánnjuk
az el szaladot rabunkat kezünkhöz, hanem töletek városul. Hogj
ezt azért nyilvabban el hihettetek, s' ebben bizonjosábbak lehessetek
ennek nagjob bizonyságára adtuk e peesetes levelünket, az harom,
esküt Tanátsbéli Társajitoknak, hogj mi kezünket nem a három
szemelyen, hanem rajtatok egész városul tartynk. Iratot Nagy Sinken
die 15. Febr. A. 1662.

*Das Original ist beigebunden der Urschrift der grossen Kraus'schen Chronik im
Sup.-Arch. in Birthälm. Es ist gewöhnliches Schreibpapier, rechts unten ist das Zeichen
der 3 Rossschweife mit glänzend schwarzer Tinte aufgetragen und links daneben ist
das türkische Siegel mit Druckerschwärze aufgedrückt.*

XIII.

Reverendo et Clarissimo Viro D. Matthiae Schiffbaumer Pastori
Ecclesiæ Birth, et Superintendenti Ecclesiarum Saxon. vigilantissimo
Domino ae fratri mihi summa observantia honorando.
S. P. D. Reverende et Clarissime Vir et Compater observande,
Reversi sunt nostri Legati ab Aréndatore Sylvasio, cui præsentarunt
Cathedraticum, et tandem juxta contentum privilegij repetiverunt
solutionem Arendæ. Ille vero respondit: Arendæ negotium commis-

sum esse nostris Politicis, ut illi conveniant, et deliberent, an Principi istam quartam gratis velint concedere. Quaesiverunt legati nostri. Cur hac in re Pastores non requirerentur, D. Superintendens et Decani etc. Respondetur: Politici non solvunt Pastoribus Decimas, ideo in illorum potestate esse situm, aliquid de stipendio Pastorum abstrahere et Principi assignare. Nostri regerunt: Imo et Pastores habent Privilegia de Decimis, quod pertineant ad Pastores; habent et Confirmationes Regum et Principum super hac re: Ideoque Politicos nil juris habere in Privilegia Pastorum, ut aliquid abstrahant. Ad extremum tandem dixit Arendator. Arenda Pastorum constituit fl. plus qum quinquies mille: Princeps vero non habet fl. 50. non ut nobis arendam persolvere possit: Ideo date operam, ut Principi aliquid gratificetis. Est enim Juvenis iracundus, qui vi ad se rapit quicquid vult. Ex Arenda vestra cupit aedificare templum Albense Aulam Regiam et alia aedificia necessaria etc. Nostri legati respondent: Non esse iustum, nec rationi consentaneum, ut Pastores Saxonici Templa Vngarorum aedificent, cum propria non possint aedificare. Ideo Pastores non cessuros nec latum ungvem. Si Princeps velit habere Decimas, persolvat. Si non habeat unde, relinquat Pastoribus suos Proventus, et quaerat alium modum sustentandi, aedificandi suis et suorum aedificia etc. Consul noster intelligens culpam in illos conijci, vehementer turbatus est, et arguit sylvasium et eos qui dicunt, quod consensissent in Principis postulatum, mendacij. Quin imo se non permissuros, ut nostrae Decimae vel perfraudem vel per vim auferantur. Principem hac de re compellare, ut qui jurasset in Privilegia, ea etiam salva retineret. Reliqua ex D. Francisco intelliget. Modo nos maneamus constanter, de Politicis nostris non habemus, quod dubitemus. Eandem feliciter valere exopto. Datum Cibinij 1608.

R. D. V. fr. Chariss.

Christianus Lupinus.

Gabriel Bathori, Dei gratia Princeps Transyl. Partium Regni Hungariae Dominus et Siculorum Comes. Generose Domine nobis observande: Salutem et nostri Commendationem etc.

Emlekezhetik kyd rea, az Szasz Vraim igiertek vala it letekben, hogy innet haza menuen, othonn végezuek egymassal az Arenda felöl, kegdt azert zerettetel kerjük, hogy kgdt meg ertuén, hol lezzen giwles kezetek, vegye fell azt az faratsagot erettünk, menvén ketzikben, es vegesszen vgy velek felőlle, mellyet mind kgdtől s mind töllyek vehessük kedvessen. Credentiat is irattunk kgdre nekik meljet kgdt kezében kültünk, hogy kegdt ez dolog felcol tractalasson vélek Tarcza meg Isten kgt. Datum ex Civitate nostra Colosswar di 6. Aprilis Anno 1608.

Auf der Aussenseite: Transumtum ad Arendæ causam pertirens.

Originalbrief des Lapinus in der Sammlung des gewesenen Arkeder Pfarrers Johann Mild.

Inhalt zur Einleitung.

	Seite
Einleitung	V
Petrus Sarius	XVI
Michael Moses	XVIII
Johann Ursinus	XXI
Zacharias Filkenius	XXIV
Georg Kraus d. Ae.	XXXIV
Johann Göbel und Georg Wachsmann	LVIII
Andreas Gebell	LXIII
Johann Krompes	LXV
Georg Kraus d. J.	LXXI
M. Mart. Kelp	LXXV
M. Georg Haner	LXXVII

Beilagen.

I. Aus der 1. Marktnachbarschaftschronik in Schässburg	LXXXV
II. Aus dem Zunftbuch der Fassbinder in Schässburg	LXXXV
III. G. Rakoczi I. ddo. Thorda 6. Jänner 1636	LXXXVI
IV. G. Rakoczi I. ddo. Weissenburg 27. April 1636	LXXXVII
V. G. Rakoczi I. ddo. Reps 17. März 1638	LXXXVIII
VI. Weissenburger Gespanschaftsbehörde ddo. Medwisch 16. März 1637	XC
VII. Sophia, Witwe des David Weyrauch ddo. Reps 4. November 1637	XCI
VIII. Aufzeichnungen des G. Kraus d. Ae.	XCIII
IX. Achatius Barcsai ddo. Hermannstadt 23. Mai 1660	XCVI
X. Hundertmannschaft von Schässburg ddo. 29. October 1660	XCVII
XI. Johann Kemény ddo. Radnot 23. März 1661	XCIX
XII. Kucsuk Mehemet Passa ddo. Grossschenk 15. Februar 1662	C
XIII. Schreiben des Hermannstädter Stadtpfarrers Lupinus an den Superintendenten Schiffbaumer 1608	C

Alhie ist zu wissen dass Minya Waida mit dem F. Barcsai vndt
dem Landt einen bundt aufgerichtet hatte, tali con- <small>Der Kemeny Ja-</small>
ditione, dass weill kein theil dem andern nicht trawete <small>nos kompt aus der Tatrischen</small>
solte jede Part dem andern der Vornembster dess lan- <small>rabsagh.</small>
des zu pfandt vndt Geissellen geschickt werden, dahin der Ladani
Istvan, Itileö mester [1]), sampt andern 2 Herren zu ziehen geschickt
worden; alss sie auf Cronstadt langen vndt der Walachei zustanden,
die niderlag der Türcken, wie auch den bundt mit dem Rakoczi
auffgericht vernohmen, kehren sie vmb, langen wiederumb ihm
Lager an, mitlerweill kompt dem Barcsai Post, dass der Herr Kemeny
Janos auss der Tatrischen gefangnüs vndt rabsagh ihm landt angelanget, vndt den folgenden abendt zu Megyes ankommen würde;
alss solches ihm landt kuntbahr ward, erhoben sich mancherlei
reden vnter dem Volck, dass ihn augenblick ein theill Barczaisch,
Rakoczisch vndt Kemenyisch wurden vndt ward dadurch aller schlus
vndt bleiben dess Landes davon ihm Landtag beschlossen worden,
sehr gehindert. Doch, damit ess bei dem Barcsai nicht ein anselin
hette, alss dass ihm dess Kemeny Janos ankunfft zuwider were,
schicket er ihm etlige Herrn vndt eine fahn Meszei entkegen, vndt
langet den 23 August ihm Leger auf dem Keresztes meszeö an, da
sich der Fürst Barcsai mit demselben mit halssen vndt küssen ent-
pfingen vndt sich eusserllig anzusehn lauter fraidt ansehen liess,
welche baldt mit plötzlicher ankunft des Rakoczi zerstöret wurde,
vndt zu Gallen wardt; denn nicht lang etwa 3 tag darnach Post
kame dass sich des Rakoczi Volck vnter dem Meszes sehen lassen.
Weill aber der Varadi Istvan vndt Daika Istvan mit 8 fahn bei Gorbo
auff der wacht lagen, vertrawet sich das landt auff die- <small>Acht Fahn Barcsa-</small>
selben, weill aber vntter der Zeit, ein klein Marcktag <small>sche Meszei hal-ten bei Gorbo</small>
zum Gorbo eingefallen, sind die Obristen sampt 2 Fahn <small>wacht vndt wer-</small>

---
[1]) Protonotair, Landrichter.
G. Kraus sieh. Chronik. Fontes I. IV. Bd.

des von 200 Ra- zum Marck geritten sich ihn Mett vndt Wein voll ge-
kocrischen vber-
fallen vndt er- soffen, sein ihn aller sicherheit, sowoll die ihm feldt,
hawen. alss die ihn Gorbo, nichts arges sich versehendt, mitlerweill kommen 200 Rakoczische Katner, hawen nieder, was sie
ankommen, welche sich ergeben, kleiden sie auss vndt müssen
schweren; Nachdem wird der Marck von ihnen auffgeschlagen,
bekommen grossen raub, hawen die Barcsische tolle vndt volle
Katner sampt dem Kapitanen Daika Istvan nider, den einen Kapitan,
Varadi Istvan bringt seiner nichternen Diner einer davon; wass thut
vndt verursachet die sicherheit vndt trunckenheit, Vnglück vndt offt
den Todt.

Alss diess geschrei vndt rumor inss leger gelanget ist jeder-
Ein Erschreck- mann erschräcket vndt von stundt an Musterung gehal-
ung ihm Lager. ten, vndt die wachten bestellet worden, die Zeckel
aber alssbaldt vom Landt abgefallen, vndt wider den Rakoczi nicht
krigen wollen, weil er ihnen nicht lang zuvor die augen mit
fl. 10,000 ∥ aussgestochen hatte, welcher abfall dem Barcsai vndt
dem landt ein hartes nachdenken gab; alss aber vnter dem vom landt
auff allen seiten Straszen aussgeschickt worden, welche aus grosser
furcht nicht weit aussreiseten, sondern in der nähe vmbkehreten, die
Post brachten dass kein Rakoczisches Volck vorhanden were, welche
botschaft den Fürsten Barcsai vndt dass landt widerumb sicher machen
vndt fahren weiter ihn Landesgeschäften fort; dess dritten Tages
kompt ein Rakoczischer Diner Debreczeni Janos mit schreiben, eines
Dess Rakoczi Post an Fürsten Barcsai dass andere dem landt lautendt, welche
kompt mit schrei- aber weder der Fürst, noch das landt, wegen der
ben so. dass ander
schrikhauss. darüber gemachten Artickel, so auss dess Feö Veszers
gebot zu Müllenbach ihm Landtag gemacht worden,
geöffnet, sintemall wie oben gemeldt, solcher schreiben eröffnung
der Feö Veszer ihm nahmen des grossmächtigen Keyssers ver-
bietten lassen, weill aber zu der Zeit der Herr Kemeny Janos nicht
zukegen, sondern ihn seiner Joszagh zum Gerend gewesen, ist er
auch ihn solchem Fall rathgefraget, ob die schreiben solten violiret
vndt eröffnet werden, oder nicht, welcher gantz nichts dazu rahten
wollen, sondern ess dem landt heimgelassen, der Fürst Barcsai aber
sampt dem Landt hat nach villen discurs vndt consultation beyde
Dess Rakoczi schreiben, auss furcht vndt befehl der Port durch dess
schreiben werden Rakoczi Diener abermall vngeöffnet zurückgeschickt,

1659.

alss die schreiben dem Rakoczi zukommen, bricht er *vom Landt übermelliovieliret rusuch geschicht.* sie ihm Zorn auff, vndt schicket sie durch einen andern Diener aber dem Barcsai vndt dem Landt zu, er aber macht sich von stundt an auf, den Coztandin Waida, den Gaude Andras, Forgats Adam, Hungariae Generalis, Barkoci Istvan, vndt Mikes Mihaly bei sich habendt, welche ein jeder sein absonderliges Volck hatten. Alss sie dess andern tags bei Apahid vndt Suk auf der Meszeösegh ankommen, schicket der Rakoczi den Barkozi Istvan vndt Mikes Mihaly bevor, mit befehl den Barcsai sampt den landt zu vberfallen; alss aber von den aussgeschickten Straszen die ankunft dess Rakoczi dem Fürsten Barcsai angekündiget worden, lässet er erstlig die Universität zu sich fordern, nimpt Vrlaub von ihnen, neben errinnerung, fest an der Port zu halten, damit dem Landt nicht grösseres Vngemach, alss daher geschehen, widerfahren möge, scheidet sich mit dem von ihnen vndt ziehet mit dem Tabor, welcher sehr gering war, weill das meiste Theill entflohen waren, Weyssenburg zu, die Universität aber ein jeder zu hauss. Alss der Kemeny Janos zum *Barcsai Abos die-* Gerend solches erfahret, machet er sich eillendt auff, *bet vor dem Ra-koczi, welchen* reisset dem Tabor nach, beredet den Fürsten vmbzu- *der Kemeny vmb-* kehren, mit Versprechung selbst dem Rakoczi entgegen *kehret.* zu ziehen, ihn zu begütigen vndt versehen hilffen, auff welches Versprechen der Fürst Barcsai still bleibt, ferneren aussgang der sachen zu sehen; der Kemeny Janos reiset zum Rakoczi, welchen er bei dem Schuck auf der Meszeösegh antrifft, entpfangen sich weinendt mit einander, mit erzählung der grossen mutationen vndt villen Vnfallen, so sich die Zeit seiner gefängnüss zugetragen hetten; nach Verrichtung desselben thut der Kemeny Janos dass seine, bemühet sich hefftig, damit er den Rakoczi begütigen möge, von seinem Vornehmen abzubringen, mit erklärung, dass er *Der Kemeny Ja-* nichts anders ausrichten möge, alss dass er die Port *nos reisset zum Rakoczi, so be-* desto mehr wider ihn erhitzen, vndt das landt wie auch *gütigen, richt* sich selbst ihn dass eusserste Verderben bringen *nichts auss.* würde. Alss der Rakoczi aber auf des Herrn Kemeny ermahnungen gantz nicht hören noch achten wollen, sondern alless was ihm möglich sein würde, zu tentiren einen theuren Eid gethan, vndt der Kemeny daneben seinen indispositun animum, wie auch alle Kriges praeparatoria gesehen, schreibet er dem Barcsai auf der Post alles zu, vntter andern mit diessen worten: En nekem is Rakoczi eö

<small>Kemeny Janos ermahnet den Barcsai vor sich.</small> Nagysaga eleőt, semmi respectusum es hitelem nem volt, Nagysagod viselyen gondot magara ¹). Alss diesse Post dem Fürsten Barcsai ankompt fliehet er von stundt an auf Weyssenburg vndt von dannen mit seinem Rath vndt hoff gesindt ihn dass schlos Deva.

Alss derowegen, wie gehört der Kemeny Janos mit bit bei dem Rakoczi nichts aussrichten kunt, muste er sich gedulden, der Rakoczi aber nachdem er den Barkoci Istvan vndt Mikes Mihaly, den Barcsai anzugreiffen, bevorangeschickt hatte, brach er auch auff, behielt den Kemeny Janos bei sich; als aber der Fürst Barcsai schon mit der Flucht sich salviret hatte, vndt der Rakoczi solches ihn acht genohmen, jaget er ihm biss auf Weyssenburg nach, aber vmbsonst, denn er schon biss ihn Deva gelanget war, muss demnach zurückkehren raubet vndt plündert vntterwegenss alles, wass ihm vorkam, schluch der Edelerleut hoff auff, vorauss denen, so ess an der Port hielten, mit Wegtreibung villess Viehes. Alss der Rakoczi dess Barcsai flucht vernohmen, legert sein Volck bei Gerend inss feldt, er aber kehret zum Kemeny Janos ein, bleibet 2 tag still, vndt rücket den 3. tag auff Weyssenburg theten allenthalben mit rauben <small>Der F. Rakoczi legert sich bei Gerend.</small> grossen schaden, plünderten vill Edelhöf vndt derjeniger Jobbagyen gütter, so Barczisch waren, vndt dess landes heill vndt wollfahrt sucheten.

Die 2 September wirdt vnss von den Herrn Cibinienses eine Copey eines schreibens so der Fürst Barcsai sub dato 29 Aug. auss Deva geschickt zu Henden gebracht, vndt von der Port nicht abzufallen vermanet mit tröstung künfftiger hilf.

Die 6 Sept. kommen etliche Barkozische Katner bei vnss vnerkennet, finden vngefehr dess Betthlen Janos Diener einen ausserhalb der Stadt, bringen ihn gebunden zum Herrn <small>Zwen Rakoczische Katner richten zu Segesvar einen Tumult an.</small> Regio, Gregorio Heyselio, begehrten ihn ins gefangnüss zu sperren; alss aber die Betthlen Janosin so damalss ihn der vntteren Stadt auff dem Marck: zur Herbrig gelegen, ihren gefangenen Diener ersehen, schicket sie andere Diener den gefangenen frei zu machen, welche auch kommen vndt die Strick daran er gebunden zerschneiden, alss aber dess Barkozi Katner so nur ihrer zwei, solches sehen, schisset der eine der Betthlen Janos-

---

¹) Auch ich fand bei Seiner Gnaden, Rakotzi, keine Beachtung und kein Vertrauen. Mäge euer Gnaden sich vorsehen (ungar.).

1659.

in Diener einen, Kis Sigmund, einen Edelmann ihn einen armen, vndt rennen vom freien Mark davon, der Betthlen Janosin Diener lauffen zu fuss nach, thun etlige schuss nach ihnen vndt hebt sich grosser Tumult ihn der Stadt, weill ess vill Stadtleut mit dem Rakoczi hielten, vndt dem Betthlen Janos aufsetzig waren, liessen den Rakoczischen vndt Barkozischen freyen Pass, vndt hetten baldt die Betthlenischen erschlagen, da denn die Betthlen Janosin verursachet ward, vndt von stundt an auff die Burg entwiche, vber welches etlige Rakoczische Stadtleut abermall nicht wenig vnduldeten; wass sich aber neben dem vngefehr weiter ihn der Stadt zutrueh, gehe ich vor diessmal mit Stillschweigen vorüber; Nam veritas odium parit. Tumult zur Schemsperg.

Alss nun der Rakoczi mit seinem Volck auf Weyssenburg gelanget vndt auch da biss auff den andern tag dass zerstörte Weyssenburger Sodoma vndt Gomora mit vilem seufzen vndt weinen wie gesagt, angesehen, ist er von dannen vber den Maros gerückt vndt seinen Leger bei Müllenbach geschlagen, schicket von dannen dem Fürsten Barcsai schreiben ihn die Deva, ihn auff trey vndt glauben, sampt seinen Herren zu sich begehrendt, ihm pfall sie aber nicht kommen mögten, sollen sie wissen dass er das gantze landt verwüsten, verderben vndt dass theill so der feindt noch übrig gelassen, bis auff ein eintziges Dorf einaschern wolte; der Fürst Rakoczi rücket mit seiner Armada auf Weyssenburg vndt schicket dem Barcsai schreiben auf Deva.
Barcsai sampt seinen Herren hielten hierüber vill raht, wass ihnen zu thun vndt zu antworten sein würde. Schickten endtlich den Herrn Betthlen Janos zum Rakoczi, an stat ihrer, welcher hart angefahren wirdt, vndt vom Rakoczi ihm rbel gedreiet vndt beängstiget, endtlich nach villem Discurs verspricht ihm der Rakoczi gratiam, soweit er den Barcsai vndt seine Herren zu ihm zu kommen bewegen wollte. Der Betthlen Janos ist ihn grossen angsten, verspricht alles, vndt auch mehr als er hette leisten kennen, gibt ein Reversal vndt Assecuration von sich, wirdt mit 200 Hayducken biss ihn die Deva begleitet, alss er ankompt, halten sie wenig raht darüber, bestellen dass schloss, vberantworten ess dem Herrn Lazar Geörgy, vndt Barcsai Gaspar lassen die Fürstin darinnen vndt reisen dieselbe nacht mit grossen angsten vndt fürchten zum Temesvari Bassa. Die so mit dem Barcsai Akos waren diesse: Haller Gabor, Betthlen Janos, Toldolaghi Mihaly, Czaki Lasslo, ein Vngerlender Magnificus

so hei dem Barcsai ihn Diensten war, ein grosser feindt des Rakoczi. Barcsai Andras vndt Pasko Christoph sampt andern vom Adel mehr, vermeldeten alle Zustände des armen Sübenbürgen begehrten raht vndt hilf, welche ihnen der Temesvari Bassa versprach, ess ward an die Port aller handel geschrieben, vndt herkegen von der Port alle tröstung vndt hilffleistung versichert vndt bliebe derweill der Fürst Barcsai sampt seinen Herren zum Temesvar still ligen.

Der Fürst Barcsai reiset sampt seinem rabt auf Temesvar aus furcht dess Rakorzi.

Die 7 September vberschicket vnss, wie auch an die gantze Universität der Rakoczi ein schreiben, welches er selber aufgebrochen, auss solcher Vrsach, weill er gewust, dass, auss gebot der Port, vndt des Landes seine schreiben anzunehmen vndt zu öffnen verboten worden, welches inhalt dieser war, dass er nicht alss ein feindt, sondern alss ein beschitzer des landes kommen sei, drumb solte jederman seiner arbeit pflegen vndt dess dass er zu feldt liege nicht achten, ja, wenn seine Krigsvölcker sich aussmacheten vndt gewalt theten, solten sie gefangen ihm zugeschickt werden. Liess darneben, eben laut desselben schreiben, ad 24 September auff Neyenmarck einen General Landttag beruffen, dahin alle Officiales, vndt Dorfs Biro vndt Hannen erscheinen, vndt einstellen solten; belangendt dess Rakoczi Versicherung seines Volkes wegen, kan die Versicherung an seinem Ohrt verbleiben, neben welcher doch solches rauben vndt plündern ergangen, dass vill arme Adelleut, Mans vndt Weibes perschonen, wie auch andere vnschuldige Seelen davon zu sagen wissen voraus auff der Meszeösegh, vndt ihm Clausenburger Revier, alda sie den armen leuten, Edelen vndt vnedelen, die Häupter gebrüdelt vndt gepresset zu auffenbahren, alda sie etwas verborgen gehabt.

Rakoczi schickt der Universität Patent schreiben.

Ein Rakotzischer Landtag zum Neienmarck.

Grausamkeit der Rakotzischen Katzer.

Die 9 September kompt uns von Cronen her schreiben wie der Minyn Waida mit 25,000 mann zu feldt lege vndt wie er von der Port abgefallen, vndt sich zum Rakoczi geschlagen hette. Item wie nachdem er seine 300 Türcken vndt 100 Janizaren niderhawen lassen, wie er biss auff die Tonaw gantz Walachei verwüstet vndt verbrennet hette, vndt nun willenss were, ihn Sübenbürgen einfall zu thun vndt mögte ihn kurtzem vber sie vndt dass arme Burtzelandt hergehn. Alhie ist zu wissen, dass die Herrn Coronenses eben dazumall dess Feö Veszers schreibens Copey, welches ihnen zu promoviren zugeschickt sei worden, vnss zugeschickt solches inhalts dass wegen administration der Tax vndt dessen Verzuch, der Grossmägtige Keysser hefftig erzürnet sei, vndt ihm pfall nicht damit geeilt würde, grosses Vnglück vber das Landt ergehen mögte. Vndt hatte zudem ihm selben schreiben erkläret, dass dazumallen der Türckische Keysser sich zu Brussa befinde, würde von dannen auf Adrianopel ziehen vndt er seinen Zuch auf griechisch Weyssenburg nehmen vndt ihm pfall biss zu der Zeit die Summa der Tax nicht vber- schicket würde mögte dem Landt Verderben bringen, vnangesehen zwar dass das arme Landt, vndt zwar diejenigen so ess mit der Port hielten ihn exigirung der Tax sehr emsig vndt fleissig waren, nur damit sie den friden erkauffen mögten, vndt hofften besser zu werden, sed meliora sperando, deteriora sequebantur. Dass thet alles des Rakoczi ehrgeitz vndt ambition, dass er mit seinen Vngerlendischen Krigsgurgeln vndt teuffelskindern (dannen her sie Ördegh lelkü genanndt worden) so vill einfall inss landt thet, dass jederman seines berufs vergasse, vndt alle administrirung eingestellet wurde, darauss denn die Port solches Verzuchs wegen, nur zum Zorn beweget worden, waren aber dabei nur winter gäst, da sie niemanden fürchten; wenn der Sommer herbei kam, nahmen sie die flucht, führeten ihren raub ihn Vngerlandt, vndt liessen vns den fainden zu theill, vndt musten dergestallt alleweil vnssere mäntel nach dem wind hangen, baldt kalt vndt Rakoczisch, bald warm vndt Barczisch sein, mit wahrheit aber zu sagen, ist doch dass landt meiste theill alleweill mehr Rakoczisch, denn Barczisch gewessen, ob sie schon das Vnglück vor Augen gesehen, ja welches zu verwundern, dass auch, nachdem er künftig vmbkommen, seinen thodt vnterhalb zwei Jahren nicht recht glauben wollen, vndt allezeit seiner erlössung gehofft vndt gewartet vndt offt zu zeiten wunderbahrlige reden vndt lügen vntereinander getrieben; solches aber alles das meiste dannenher kommen, dass die heuchler, schmeichler, vndt allerhandt Verräther, so der Fürst Barcsai vorauss vmb sich gehabt, zur Zeit der Gnaden ihm favoriziret vndt ihndem ein kalter windt kommen, von ihm abgefallen vndt ihn auf allen seiten verrahten, ja auch ihn der Zeit, alss sie

ihn seiner gunst gewessen, wie offt gesagt, alle heimligkeit dem
Rakoczi zugeschrieben, dass mir mit dem Hieronimo
recht sagen kennen: Plus nocet lingua adulationis quam
gladius persecutoris.

Der Schmeichler Zungen schärfer denn ein schwert.

Die 12 September kommen Walachische Lega-
ten wie auch ein Koszakisch Bischof auf Balasfalva zum
Rakoczi, was ihre Verrichtung gewessen, hat man nicht
erfahren kennen. Alhie ist weiter zu wissen, dass nachdem der
Betthlen Janos mit einlegung eines revers, den Rakoczi versichert, abermall zu ihm zu kommen, vndt auch den Fürsten Barcsai
zu ihm zu kommen bewegen hilfen, hat aber seinen glauben nur so
lang, biss er aus des Rakoczi Henden kommen, gehalten, vndt sampt
dem Barcsai zu den Türcken geflohen, der Rakoczi aber stündlich
ihre ankunft erwartet, alss er aber gesehen, dass er betrogen, vndt
ihre flucht vernohmen ist er nicht nur schlecht darüber erzürnet,
sondern sich auch nicht wenig darüber bekümmert, betrachtend
was darauss erfolgen würde, wie auch geschehen; hat demnach
aller derer Joszagen vndt güter, so mit dem Barcsai
entflohen, durch seine Freybeiter vndt Eördegh lelkh
rauben vndt plündern lassen, neben wegtreibung alles
Viehes, nominanter aber dess Herrn Betthlen Janos bona, ihn allen
Städen aussfodern lassen, wie er denn auch bei vns durch den Szent-
Pali Janos den 15 September vil Raubvögel bei sich habendt, dess
Herrn Betthlen Janos weib vndt kinder sampt allen bonis auffsuchen
vndt begehren lassen, welches einem Ehrsamen Raht vndt der hundert manschaft vill rahtschlagens vndt consultirens genützet. Da zu
wissen dass derentwegen die hundert manschaft vmb ein Vhr zu nacht
beruffen worden vndt nach langem rahtschlagen dem Fürsten Rakoczi
ein demütiges bitschreiben, mit praetendirung dess Artickels, dass
der Nobilium bona nicht sollen auss den Städen gegeben werden,
geschickt, aber nichts erhalten kennen, alle seine bona ausgeben
vndt sie sampt beiden Söhnen verarrestiren vndt ihn die 14 tag mit
vnsseren Stadtleuten nacht vndt tag verwachen müssen, vnter
welcher Zeit der Stadt von den Vngerlender Völkern nicht geringe
gewaldt vndt schadt geschehen, welches nicht anders, wie auch die
Ausgebung selbiger bonorum verursachet, alss die Vneinigkeit der
bürger, durch welche auch Ein Ehrs. W. raht vntter der Zeit, wie
gut sie auch die sach gemeint, nicht ihn geringe furcht gerahten,

vndt manchem vntter denselben oft den thodt gedreiet, doch Gott ess ihnen nicht zulassen vndt verhengen wollen; wass auch weiter vntter solcher Zeit ibn der Stadt mit eingelaufen, were vnssern nachkömlingen zum Vutterricht sehr nöthig alhie zu melden, weil aber die wahrheit niemandt gerne hört, vndt mich niemandt vrtheillen möge, dass ich solches proprio affectu oder iemanden zu rach thete, lass ichs dabei bleiben, wünschent dass der liebe Gott alle rebellen vndt widersinnige Vnterthanen, so sich ihrer Obrigkeit zu widersetzen unmassen, bekehren undt auff den rechten weg bringen wolle.

Mir haben gehört, dass der Barcsai sub dato 29 Aug. der Universität auss der Deva, vndt künfftig auch von Temesvar schreiben geschickt, vndt zur standhaftigkeit vermanet, wie auch, dass er sie ihn kurtzem vom Rakoczischen Joch befreien wolt, getröstet; nachdem aber dergleichen schreiben par eins dem Kemeny Janos zu Henden kommen, hat er alless Versprechs vndt trey so *Der ihn die Türcken geführet Fürst Barcsai schreibt anss Temesvar an alle Status, zur standhaftigkeit vermanedt.* er dem Barcsai vndt dem landt auf dem Keresztes meszeö ihn seiner ankunft versprochen ihn Vergess gestelt, vndt selbiges schreiben dem Rakoczi auf Balasfalva auf der Post geführt, vndt ihn wider unsere arme Nation zu neuem Zorn beweget.

Alss der Terminus dess Landttags herbei kommen ist der Rakoczi mit allem seinem Volck, auf Neienmarck gezogen, dahin 900 Vngerlender Kalner, so ihm seine Mutter die alte Fürstin zugeschickt, von neiem ankommen, welches jedermann grosses schräcken gegeben, da denn auss den 900 Völckern 9000 denominiret worden ob ess ein praetext gewesen oder nur zum schräcknüss abgesondert gewesen, ist nicht auffenbahr, genuch ists, dass jedermann wegen der grausamkeit solcher Völcker darüber erschitert worden, vndt grösser geachtet, alss da der Ali Bassa mit so grosser menge inss landt kam. Sein alsso ihn selbigen Landtag von vnsserer Stadt die F. W. Herren Bartholomeus Bartha, Michael Güldner vndt Joannes Schweischer, geschickt worden, welcho erstlig auf Bonyha zum Herrn Kemeny Janos, dahin die Herrn Cibinienses auch langen, verreissen vndt mit dem Kemeny Janos zugleich auf Neienmarck ziehen, alda sich dess andern tages der gantze Adel vndt Szekelysegh versamlet, nicht so vill auss lieb dess Rakoczi wie auss furcht dess schwerdts wie er denn dem Udvarhelysek geschrieben hatte, vndt mit diessen worten *900 Rakoczische Kalner kommen zum Neyenmarck an.*

beängstiget: Az visza vonnokat nem egyeben hanem fegyverel büntetyük megh ¹). Alss demnach den 27 September dass landt beisammen kommen, hat der Rakoczi durch den Mikes Mihaly seinen Cancellarium dass landt entpfangen lassen, vndt durch denselben keine andere Postulata eingeben lassen, alss 'dass er das landt aller derjenigen vnterlaufenen Ding vndt geschichten, so sich von der Zeit, dass er seines Fürstenthums entsetzet gewesen erlaufen, erinnern lassen, mit einbildung dass wofern sie sich ihm vndt dem Römischen Keysser, ihn welches bundt er sich eingeschlossen, widersetzen würden, wie vill vnerträglich Ungemach vndt gefahr dem landt enstehen mögte vndt doch daneben dass landt getröstet, dass er auch von der Port gnadt zu erlangen hoffete sintemal er jetzunder seine Legaten dahin geschickt, vndt zur Versöhnung dem Türckischen Keysser eine grosse Summam geldes antragen lassen, nemlig gesagt wardt den Miszirer Tribut, d. i. fünfmal hunderttaussendt Duckaten ÷ 500000 vndt Jahrlig daneben 50000 Duckaten zur contribution, hat aber doch nichts erlangen kennen.

Alss nun der Mikes Mihaly vor dem landt seinen Sermon geendet, haben sich die zwei Status der Adel vndt Zeckel gantz entschlossen, den Rakoczi zum Fürsten anzunehmen, ihn welches der 3. Status, alss die arme Saxen nolenter volenter, auch billigen müssen, da dass landt eo momento hie vorn beigefügte puncta dem Rakoczi alssbaldt vortragen lassen, welche von ihm alssbaldt gratiose angenohmen vndt vnwiderruflich zu halten versprochen worden, hierauf das landt den Rakoczi alssbaldt vor den Fürsten des landes erkennet, ihm von neyem geschworen, vndt er herkegen dem landt auch. O der viller Seelen Verlohrnüss so ihn wenigen Jahren ihn Verenderung der Fürstenthumben geschehen.

Rakoczi II. zum drittenmall zum Fürsten angenohmen.

Anmerkung des Herausgebers. Die hier erwähnten puncta lauten nach der Einlage des Originals:

Anno 1659 Die 27 Septembris In Maros Vasarhely.

1. Hogy az eddig teörtent dolgok generalis es perpetualis Amnistiaba mennek indifferenter mindeneknek szemelyekre es javakra nezve, mind eö Nagysagatol 's mind eö Nagysagahoz tartozoktul

---

¹) Die sich Weigernden strafen wir nicht anders, als mit dem Schwerte (ungar.).

valakik az orszag egyessegenek es valaztot fejedelmenek magokat nem offeralyak.

2. Hogy az Orszagnak Securitassarol mind maga eö Nagysaga ben levö haduira 's mind külseö ellenseghtöl valo felelmere nezve meltoztassek eö Nagysaga providealni az orszaghot egyenlö erteleinböl Istentöl mutatando minden jo mediumok altal.

3. Mind nemessi 's mind egyeb Privilegialis megh bantodasokat megh orvosollyon es tolallyon eö Nagysaga azokkal nem ellenkezeö törvenyet es szabadsagit szentül megh tartani meltoztassek.

4. Az mint Szekely atyankfiainak mutata kegyelmesseget eö Nagysaga declaralta, ugy az töb Statussoknak is ayanlott kegyelmesseget declarallya menyibe töredgyen azokra is erthessek.

5. Az fejedelmi Conditiok es az haboru idö alatt levö üdöknek valtozassi szerent eminualtatot Articulusoknak bizonyos es jo karban alatassa felöl Isten eö Nagysagat közünkben hozvan, az Nemes orszaggal együtt tegyen bizonyos Determinatiot es vegezest, eö Nagysaga egyeb szükseges dolgokrol is kegyelmessen provideallyon; ezeke kegyelmessen eö Nagysaga magat promittalni meltoztassek.

Übersetzung. 1. Es sollen alle geschehenen Dinge bezüglich der Personen und der Güter Aller ohne Unterschied unter eine allgemeine und immerwährende Amnestie fallen, sowohl von Seiten Seiner Gnaden als von Seiten der Anhänger desselben, wenn auch einige der Einheit des Landes und dem gewählten Fürsten sich nicht zu Gebot stellen.

2. Seine Gnaden geruhe für die Sicherheit des Landes sowohl mit Rücksicht auf die darin befindlichen Truppen Seiner Gnaden selbst als mit Rücksicht auf die Furcht vor dem äussern Feind im Einvernehmen mit dem Landtag durch alle von Gott zu weisenden guten Mittel Vorsorge treffen.

3. Seine Gnaden möge die Verletzungen sowohl der adeligen als der anderen privilegialen Rechte gut machen und aufheben, und die damit nicht im Widerspruch stehenden Gesetze und Freiheiten heilig zu halten geruhen.

4. So wie Seine Gnaden den Szekler Landsleuten seine Gnade gezeigt und erklärt hat, so möge er auch die den anderen Ständen versprochene Gnade erklären, damit sie ersehen, wie weit selbe sie angeht.

5. Betreffend die Herstellung der conditiones principis und der während der Kriegszeit durch den Wandel der Zeitverhältnisse ausser Kraft gekommenen Artikel in einen sicheren und guten Stand möge Seine Gnaden, da ihn Gott in unsere Mitte brachte, mit dem Lande gemeinschaftlich eine gewisse Bestimmung und Schlussfassung machen, und möge Seine Gnaden auch für andere nothwendige Dinge Vorsorge treffen; Hierüber geruhe Seine Gnaden eine gnädige Zusicherung zu ertheilen.

Auf der Rückseite befindet sich folgende Erwiederung Rakoczi's auf diese Punctation:

As Nemes Erdely Orszagatol küldetet Punctumokra valo Resolutio.

Ad 1. Valami Orszagh nevevel es communi consensu törtent arrol generalis Amnistia legyen, bar azoknak kik az mostani Gyülesben comparealtak voxot attak es az kik szokas szerent keöveteket küldettek es azok gyülesbe jövetelcket nem impedialtak, ugy mind az altal, ha eö kegyelmek is orszagh nerevel communi voto ellenünk es neveink ellen valo irasokat vegezeseket, cselekedeteket cassalyak, tollalyak es megh orvossollyak; ezen kivül levök megh talalvan bennünket, kegyelmessegünket elöttünk szoktuk viselni s' ez utann is azont keövettyük minden cselekedetünkben a menyire illik.

Ad 2. Valamire az jo Isten segelt eö Kegyelmekkel egyezzö ertelemből minden mediumoknak keresöi 's elkeövetöj kevannunk lenni szegeny (haza?) securitassara.

Ad 3. Ez elött is intetük eö kegyelmeket, nyullyonak szabadtsagok meghorvoslasahoz magok eö kegyelmek kezeben leven nyobban az Regimen; az utan miben melioraltak eö kegyelmek, tudgyuk csak nekünk is despectussunkra ne szulgallyon, eö kegyelmek kevansaga minden Istenes rendes dolgokra keszek vagyunk Augurationkhoz, mikre köteleztük magunkat el nem felejtetünk törvenytelenseget sem keövettünk ez utann is.

Ad 4. Kezünket egyik Statussoknak valo segetsegröl is nem akarjuk megh kötni, az Szekelysegnek tött igeretünkre az mozditott, mivel jöt fülünkbe az elötti adoval is kevesedett szamma az Orszagh kardgyaknak Mü bizony discretiot abban nem tartunk csak egyarant tökeletes hüseghet viselyenek; mind az altal hogy eö kegyelmek mostani kevansaganak annualyuk mind ket statusnak singulatim igerünk annyit mennyit az Szekely vitezlö rendre mostan felvetet egy egy talleros ado leven ezen felleöl csak az lehetlen dologra nem mennenek szegeny haza securitassaert eö kegyelmek is tartozo hüseghekben alacritast taposztalvan.

Ad 5. Mü legitime valasztatot es confirmatus Fejedelmnek leven mas ember es fükeppen inpositivus Fejedelmek conditiot acceptalni böcstelenseghnek tarcsuk, nem is akarjuk emlekezetben forogyon, egyeb arant mint legitimus fejedelem igaz hiveinkvel syncere es confidenter mindt ket reszröl consultalkodvan valami melto 's illendö

mindent keszek vagyunk el keövetni az Orszagh jovara es tehesse-
günk szerent providealni.

Übersetzung. Resolution auf die vom löblichen Landtag über-
sendeten Punkte.

Ad 1. Was im Namen des Landes und durch gemeinsame Zustimmung
geschehen, darüber soll wohl eine allgemeine Amnestie gelten für jene, welche
zum gegenwärtigen Landtag erschienen sind, ihre Stimme abgegeben und die
dem Herkommen gemäss Deputirte gesendet und deren Ankunft im Landtag
nicht gehindert haben, jedoch so, dass auch Wohldieselben im Namen des
Landes und durch gemeinsame Zustimmung die gegen Uns und unsern Namen
gerichteten Schriften, Beschlüsse und Handlungen cassiren, aufheben und gut-
machen; für den Fall, dass die hier ausgeschlossenen Uns angehen werden, so
haben wir Gnade bisher geübt und werden auch in Hinkunft selbe bethätigen in
allen unsern Handlungen so viel es sich ziemt.

Ad 2. So weit der gute Gott hilft, wollen wir im Einvernehmen mit Wohl-
denselben zur Sicherung des armen Vaterlandes alle Mittel aufsuchen und
anwenden.

Ad 3. Auch bisher haben wir Wohldieselben erinnert, sie mögen an die
Wiederherstellung ihrer Freiheiten gehen, da die Lenkung mehr in ihren eigenen
Händen liegt; wenn sie dann Verbesserungen angebracht haben, wobei sie nur
wissen mögen, dass es auch Uns nicht an der Achtung Abbruch thue, werden
wir auf den Wunsch Wohlderselben in allen gottgefälligen und ordentlichen
Dingen zu unserer Billigung bereit sein; wozu wir uns verbunden haben, haben
wir nicht vergessen und werden auch in Zukunft keine Ungesetzlichkeit
begehen.

Ad 4. Uns die Hände wegen der Hilfe eines einzelnen Landstandes zu
binden, sind wir nicht gewillt; zu unserm der Szeklerschaft gethanen Versprechen
wurden wir dadurch bewogen, weil es uns zu Ohren gekommen, wie auch durch
die frühere Steuer die Zahl der Degen des Landes sich verringert hat. Wir
machen da gewiss keinen Unterschied, möge man nur gleichmässig vollkommene Treue zeigen. Um indessen dem jetzigen Wunsche Wohlderselben entgegen zu kommen, versprechen wir beiden Landständen jedem einzeln gerade so
viel, wie viel auf den wehrhaften Szekler Landstand aufgeschlagen worden ist;
was eine Steuer von je einem Thaler ausmacht; Nur mögen Wohldieselben über
dies hinaus nicht nach unmöglichen Dingen greifen und zur Sicherung des
armen Vaterlandes in ihrer gebührenden Treue auch Eifer bethätigen.

Ad 5. Da wir gesetzlich erwählter und confirmirter Fürst sind, so halten
wir die Annahme der Condition eines andern Menschen zumal des aufgedrun-
genen Fürsten für eine Unwürdigkeit und wollen auch nicht, dass ihrer
gedacht werde; übrigens sind wir als legitimer Fürst mit unseren wahren
Getreuen aufrichtig und vertrauensvoll beiderseits Rath pflegend bereit alles
was löblich und ziemlich ist zu beobachten und zum Besten des Landes und
nach unserem Vermögen Vorsorge zu treffen.

Nachdem nun der Rakoczi wie gehört, widerumb zum Fürstenthumb gelanget vndt Wardein vndt Kövar dem Barcsai Akos gehuldiget hatte wurden zur auflössung selbiger hůsegh auss selbigem Neymärcker landttag von den Statibus Legationes dahin geschickt. Alhie ist weiter zu wissen, dass nachdem der Rakoczi zum Fürsten widerumb angenohmen worden, schickete dass Landt an den Szeidi Bassa, Budai Veszeren schreiben, anhaltendt damit doch der Rakoczi bei dem Fürstenthumb behalten, vndt dem landt friden geschafft möge werden; wass aber von selbem Veszeren vor antwort kommen, ist auss dieser kegenwertigen Copei seines schreibens zu sehen.

Anmerkung des Herausgebers. Die hier erwähnte Copie ist folgenden Inhalts:

Budai Veser Sled Achmet Bassa levele.

Az Messias vallason levö fö rendeknek tekentetessi es Erdely orszagbban lako harom nemzetnek becsületessi, Isten dolgaitokat szerencseltesse! Mostani Erdelyi Fejedelemhez Barcsai Akoshoz leveletek es irastok jöven, Erdelyböl irtatok hogy ennek elötte Erdelyi fejedelemseghböl kitetetet Rakoczi György uyonnan haberusagot inditott Erdely orszaghban embereket es leveleket küldöt csalardsughnak sine alatt, hogy maga ala boldoltasson, gonosz ügyekezetben vagyon. Azert ha az megh nevezet kyralyatok az Török fenyes hadakkal Erdely Orszaghaban megyen, hatalmas Csuszarnak megh hodolt igaz hivei legyetek, az megh nevezet kyralytokat meg becsüllyetek, hozza allyatok; az kik kyralynak ismernek, karok, artalmok nem leszen; kegyelmet hogy kertek 's minket tudossittotak az szerent levelet irtunk elküldetünk meghadvan; szükseges hogy az megh nevezet eördönges csalardsagnak veszedelmere es tanacsara indito szolgai altal el ne hütessetek, hatalmas Csaszar hüsegheben alandok legyetek, Rakoczi melle ne menyetek, tölünk varjatok; mü is egy nehany nap alatt az Török fenyes hadakkal es az megh nevezet Kyralytokkal Barcsaj Akossal oda menyünk; az kik hatalmas Csaszar hivei azok az Török hadaknak es kyralytoknak eleiben jöjenek megh holdolyanak, mert az Menynek földnek teremptö Isten igassagara irom, hogy Hatalmas Csuszarnak hiveinek es azoknak, kik Barcsay Akost kyralynak ismernek, marhajoknak, javakban, Feleseghekben, gyermekekben senkinek kara artalma nem leszen, sem hatalmas Csaszar reszeről, sem magunktol sem az Török hadaktol artalom, bantodas, kar nem következik: Ha pedigh Rakoczi csalardi szavai altal el hüttetek senki közzülettek megh nem szabadul; feleseghestöl, gyermekestöl rabsagra szorott vas lanczokra, es minden jovatoknak elpraedalasra jutnak, bizonyossan elhidgyetek. Az elmult esztendöben mi törtent Erdely orszagban tudgyatok, hatalmas Csaszarunk kemeny haragja, eles fenyes kardgya minyemü legyen azt is tudgyatok; ezekhez is kepest ha magatoknak jot kivantok, magatok ahoz alkalmaztassatok, az ördengesek szavaitol el ne hüttessetek, Orszaghtoknak pusztulasanak okai ne legyetek. Aldozunk köszenetünk legyen veletek.

Irat Tömösvari mezön.

Übersetzung. Schreiben des Ofner Veziers Siod (Seid) Achmet Pascha.

Hochlöbliche die Messias Religion bekennende Magnaten und ehrenwerthe drei Nationen Siebenbürgens! Gott sei eueren Unternehmungen günstig! In den an den jetzigen siebenbürgischen Fürsten Achatius Barcsay gekommenen Briefen und Schreiben meldet ihr aus Siebenbürgen, dass der kurz vorher von dem siebenbürgischen Fürstenstuhle entsetzte Georg Rakoczi von neuem Feindseligkeiten in Siebenbürgen eröffnet hat, Männer und Briefe gesendet hat unter trugvollen Vorwänden; dass er, es sich zu unterwerfen in ruchloser Weise bemüht ist. Desshalb', wenn euer eben erwähnter König mit den prächtigen türkischen Kriegsvölkern nach Siebenbürgen kommt, so zeiget euch als die aufrichtig getreuen Unterworfenen des mächtigen Kaisers, achtet euren jetzt henannten König und stehet zu ihm; die ihn für ihren König anerkennen, werden keinen Schaden und Nachtheil erfahren. Wie ihr um Gnade angesucht und uns gemeldet habt, demgemäss haben wir euch den Brief geschrieben und gesendet und bemerken euch: dass es nothwendig ist, dass ihr durch die zu gefährlichen Anschlägen reizenden Diener der Betrügerei euch zur Treulosigkeit nicht verleiten lasset, dass ihr in der Treue gegen den mächtigen Kaiser beständig seid, zu Rakoczi euch nicht schlaget und unserer gewärtig bleibet; wir werden auch binnen wenig Tagen mit dem prächtigen türkischen Kriegesvolke und mit euerem benannten Könige Achaz Barcsay hinkommen; — Die dem mächtigen Kaiser getreu sind, mögen den türkischen Kriegern und euerem König entgegenkommen und huldigen, denn auf die Wahrhaftigkeit des Himmel und Erde erschaffenden Gottes schreibe ich es, dass den Getreuen des mächtigen Kaisers und jenen, welche den Achazius Barcsay als König anerkennen, an ihrem Viehstande, ihren Gütern, ihren Weibern und Kindern kein Schade und Verlust zugefügt werden soll; weder von Seite des mächtigen Kaisers noch von Uns noch von dem türkischen Kriegsvolk wird ein Nachtheil, eine Verletzung, ein Schade erfolgen; Wenn ihr jedoch auf die truglistigen Worte des Rakoczi abfallt, so wird keiner von euch entkommen; sammt Weib und Kind werdet ihr mit eisernen Ketten an die Sclaverei geschmiedet und alle euere Güter der Plünderung preisgegeben; das glaubet nur sicherlich! Ihr wisst, was im vergangenen Jahr in Siebenbürgen geschehen ist, und wisst auch, was der strenge Zorn des mächtigen Kaisers und die Schärfe seines glanzvollen Schwertes bedeute! Wenn ihr dieses vor Augen euer Bestes wünschet, so richtet euer Benehmen darnach ein, lasset euch durch die Worte der Teufelssöhne nicht zum Abfalle bringen und werdet nicht die Urheber der Verwüstung eueres Landes. Unser Segen und Gruss sei mit euch.

Geschrieben auf dem Temesvarer Feld.

Alss es vom Fürsten gelesen, ist er ihn sehr schwere gedancken dadurch gerahten, vndt an seinem glück gleichssam zu zweifeln angefangen. Derweill aber kein Vnglück allein ist, alss er ihn so schweren gedanken ist, wird ihm angezeiget, wie der Kemeny Janos vntter Dem Rakoczi wer- dem schein der freundtschaft nach dem Fürstenthumb den des Kemeny Janos Practiken trachte, vndt heimliger weiss ihn Vngern Volck werben aufzuheben. liess, welches den Rakoczi zu seinen vorigen schweren gedancken zumalen sehr krenckte, vndt gleichssam alle seine geberden vor Vnmuth verstellete, welches der Kemeny Janos endtlig zimliger massen ihn acht nehmen kunt, vndt auch nicht ihn geringe furcht geriehte; alss er aber sahe, dass sein anschlag zu weit auskommen war, machete er sich auss dem Staube, entwiche ihn Joannis Kemeny Vngern zu seiner Vertraweten ihn den Aranyos Megyes, hochzeit ihm Vngern. liesse sich mit ihr copuliren, kam auch von der Zeit dem Rakoczi nicht vntter augen noch inss landt biss Anno 1660 im December alss er mit gewaldt vndt finanz inss Fürstenthumb sich eindrang, vndt seine anschleg so er noch ihn seiner Tatrischen rabsagh, vndt zu des Rakoczi zeiten, wie wir gehört, practicirete, inss werck setzte, aber ein jämmerliges endt nahmen vndt dadurch vill grosseres Vnglück anstiffte, alss der Rakoczi iemalss gethan, wie mir an seinem Ohrt hören werden.

Damit mir dess Rakoczi Acta vndt Facta weiter anhören mögen, ist zu wissen, dass nachdem er sein Verderben auff allen seiten gesehn, hat er vill vndt mancherlei Vorschlag vndt Practiken vor- Der Mina Waida genohmen, vndt alss er gehört, dass der Mina Waida fellt von den Türcken ab. ihn der Walachey vom Türcken abgefallen vndt die bei sich habende Türcken jamerlig ermorden lassen vndt dass er zudem auch weiter gesinnet sei sich wider die Port zu setzen, welches ihm nicht eine geringe freyde gewessen, hat demnach Legaten zu ihm ihn die Walachey geschickt vndt sich mit ihm verbinden lassen. Ut hostes et inimicos eosdem habeant.

Nach vollbrachtem Landttag zum Neienmarck, vndt der Rakoczi widerumb inss Fürstenthumb gelanget, kommet er sampt dem Coztandin Waida, mit sehr grossem Volck auff die Schesspurg hält Musterung ihm Volck, vndt ziehen auf Fogaras, von dannen der Rakoczi vntterschiedliche Legationes ihn die Walachei zum Minya Waida schicket vndt beweget denselben dass er biss ihn den Rukur, so zu nechst vntter dem gebürg 7benbürgen zu ligt, mit seiner gantzen Armee kompt, sich nach ihrer abredung, mit dem Rakoczi zu begegnen, vndt sich weiter mit einander zu verbinden; alss der Rakoczi solche dess Minya Waida ankunfft innen wirdt, bricht er von Fograsch auff, vndt ziehet auch sampt dem Coztandin Waida, mit seiner gantzen macht ihn Burtzenlandt, schicken abermals Legationes zusammen, sein auff beiden seiten ihn furchten, keiner will vom ersten dem andern nicht trawen, schicken endtlig Geissel zusammen, da bricht der Minya Waida von Rukur auff vndt leget sich ausserhalb Tirschfest auf ein ebenes feldt; der Rakoczi ziehet ihm entkegen biss dahin, entpfangen sich mit grosser Pracht an einander, schlissen baldt was sie ihm willen haben, vndt verbinden sich miteinander, einer bei dem andern zu sterben, scheiden sich von einander, der Minya Waida rücket mit seinem Volck kegen der Donau legert sich alda den Türcken, vorauss dem Szilistrai Bassa, den Pass zu wehren. Der Rakoczi aber legert sich ihn Burtzenlandt, sampt dem Coztandin Waida, welchen er mit Volck vndt andern requisitis befördert, vndt nach der abredt dess Minya Waida ihn die Moldaw sich einzusetzen verordtnedt. Vntter disser Zeit wirdt der Stephan Waida gewahr, wie der Fürst Rakoczi sampt dem Coztandin Waida, sich mit dem Mina Waida zu begegnen von Fogurasch aufgebrochen, machet sich auch auf so mit seinem Volck so auf 4000 wahren auff den Meszösegen hin vndt wider lag, vndt ihn solchem pfall ihn nichts gewarnet war; zoge bei Schesspurg vorüber dem Fürsten zu, alss er ihn Burtzenlandt zu ihm ankompt, ist der reien schon getreten, die Klocken gegossen, vndt der Coztandin mit beystandt dess Rakoczi schon ihn die Moldaw gezogen, alss der elende Stephan Waida solches vermercket, kehret er widerumb sehr bekümert zurück, zihet abermall Neyenmarck zu, er selber kompt ihn die Stadt, liget vber nacht alhie, vndt verreiset dess andern tages vort.

landt vom Rakoczi kehret traurig rerück.

Alhie ist weiter zu wissen, dass der Stephan Waida noch starcke Hofnung gehabt, dass Moldawische Regiment widerumb zu bekommen vndt hatte vor seinem auffbruch zum Rakoczi ihn Burtzenlandt Nr. 2 Taussent Hayducken vndt 300 Soldaten inss Nössner gebürg geschickt, dem Molder Waida derweill eine Furcht einzujagen, aber von der Practick dess Rakoczi vndt Coztandin Waida nichts gewust; alss er uber solches hernacher erfahren, hat er sein Volck widerumb auss dem gebürg abhollen lassen, vndt damit Vngerlandt zu gewichen vom Fürsten Rakoczi ein gut gekaufft, ist mir recht im Sinn, Solyomkeö genandt, sein Volck dass meiste theill abgedanckct, vndt allda eine Zeit residiret.

Vnter disser Zeit, alss ihm October schicket der Barcsai Akos der Universität lautende Schreiben von Temesvar, dieselbe zur standhafftigkeit ermanendt, vndt dass dem landt baldt mit hilf wolte erscheinen, alss selbe schreiben dem Herrn Fodor Istvan, Richter zu Bross, zu henden kommen, dirigiret er sie nicht der Universität, sondern dem Rakoczi zu, welcher mit grossem schräcknüss sich auch von stundt an mit seinem Volck auff den Kenyermeszö legert sampt dem gantzen Adell, damit er den einbruch dess Barczai wehren mögte, mittlerweil als der Minya Waida, wie mir oben gehört, auff der Donaw zu beystandt dess Rakoczi zu feldt gelegen, schicket der Szilistrai Bassa, dess Mina Waida macht zu erkundigen einen Bassa selb 40 vber die Donaw, welche, alss sie auffenbahr werden, sampt dem Bassa von ihm erschlagen, vndt 6 gefangen genohmen, welche nach harter marter dess Barcsai vndt Szeidi Budai Veszeren auffbruch von Temesvar bekennen, welches der Mina Waida alles dem Rakoczi wissen lassen.

Der Fürst Barcsai schicket von Temesvar schreiben.

Nota. Im November wirdt zu Presspurg ein landtag gehalten vndt geschlossen 7benbürgen wider den Rakoczi hilff zu thun, darzu der Fürst Anibal Gonzaga pro Generali erwehlet wirdt, welcher sub dato 16 October dem Barcsai auf Temesvar schreiben schicket, welches par derselbe sub dato 6 November in 7benbürgen schicket.

Rakorzius belegert Devam.

Alss der Rakoczi sich wie gehört auf dem Kenyer Meszö gelagert, schicket er seiness Volcks die Devam

1659.

zu belagern, vndt lasset alda ihm Vmbkreiss ihn die 20000 Pauren an dass schloss treiben, anlauff zu thun; richt aber nichts damit auss, muss mit schanden abziehen, rücket mit seinem Volck widerumb auff den Kenyer Meszö.

Mir haben gehört, wie der Mina Waida auff der Donaw zu feldt gelegen, vndt wie er ihn die 40 Türckische Spie erhawen, vndt etliche fangen lassen, vndt weill diejenigen so entkommen waren, dem Szilistrai Bassa solche Post bracht, haben sich die Türcken auffgemacht, vndt ihn die Walachei einfahl gethan; alss solches an den Mina gelanget, hat er dem Rakoczi vmb hilff geschrieben insonderheit der Mikes Kelemen vndt Gaude teutscher Obriste, welcher nicht lengst zuvor dem Mina Waida zu hilff geschickt waren worden, vndt vntter solcher hilff begerung ist der Mina Waida von den Türcken vberfallen, vndt hart geschlagen worden, vndt gar biss inss gebirg verjaget vndt zerstreuet worden, da denn die Türcken grossen raub davon geführet. Alss nun die Post vom Rakoczi hilff zu begehren, auff dem Weg gewesen, seien dess Rakoczi Posten denselben entkegen kommen, ebenermassen von Mina Waida hilff zu begehren, sintemall der Barcsai Akos sampt dem Budai Veszeren Szeidi Bassa eben damalss wider ihn zu ziehen ihm anzuch gewessen, dass dergestalt keiner dem andern hilf thun kennen, alss demnach jeder an der hilf zweiflete, müssten sie nolle velle schlagen, vntter welcher Zeit ess ihrem driten mitconsorten, so ihn einem Verbündtniss mit ihnen war, dem Coztandin Waida ihn der Moldaw nicht besser erging, denn er vom Moldner Waida vndt einem Tatrischen Sultan Galga genannt, so mit 50000 Tatern auss dem Buzak ankommen war, eben den tag alss der Rakoczi bei dem eisernen thor eingebüsset, nämlig den 22 November geschlagen worden, alsso dass es geheissen Gaudium est miseris socios habere malorum; da denn der Minna Waida wie den fünften Tag zuvor von den Türcken biss aufs Haupt war geschlagen worden, dass dergestalt alle drei confoederirte flüchtige Völcker, von dreien plagis der Welt, einer vom Aufgang der zweite von Mitag der dritte von Abendt flüchtig zusammen kommen vndt gejaget werden.

Nota. Die 19 November ist ein erschräckliger windt, welchen tag der Mina Waida geschlagen worden, er entweicht ihn den Buka-

Der Szilistrai Bassa vberfellt den Mina Waida.

Der Gaude Andres vndt Mikes Kelemen ziehen dem Mina Waida ihn die Walachei zu hilf.

rest, die Bujeren seyn ihn willenss vmb zu bringen, er hawet selbst ein kleines thörlein auff, entkommet selbst dort, dazu der Gaude kompt mit 800 Vngerlendern vndt 50 Soldaten kommen flüchtig biss auf Rosenaw, eben denselben tag kompt der geschlugene Coztandin auch an das Kroner Purzengässer thor, selbe 50, wirdt nicht eingelassen es werden ihm etliche Czipo zur Speiss geschickt. Alss beide Waida dess Rakoczi niderlag vernehmen, kennen weder vor sich, noch hinter sich kommen vndt sein ihn grossen Ängsten kehren doch letzlich ihn Siebenbürgen, wie mir hören werden.

Die 22 ist der Coztandin Waida ihn der Moldaw geschlagen, dann denselben tag ist auch des Rakoczi niederlag bei dem Eisernen thor geschehen, hierauss zu sehen ist, dass Gott ein gerechter Gott ist, vndt disse 3 Potentaten gleichsssam an einem tag von den vngläubigen Heiden gestraft.

Der Gaude ziehet erstlich auf Fogarasch, nimpt landtvolck auss jedem Hauss einen menschen, sammeln sich zum Schenk 3000 starck, der Mina W. hat grosses gut bei sich.

NB. 40 Katner Vngerlender kommen flüchtig nach Cronen vndt werden von denselben erschlagen.

Alss demnach wie gehört, der Mina Waida geschlagen worden, muste er sampt dem Mikes Kelemen vndt Gaude Andras dem teutschen General flüchtig ihn Sübenbürgen sich begeben. Alss der

Die Hermannstädter geben auff den Gaude vndt Mikes Kelemen feur, wie auch auf den flüchtigen Mina Waida. Gaude sampt dem Mikes Kelemen der Hermanstadt zu nahen sich zum Rakoczi zu begeben, wirdt auss der stadt mit stücken vndt hacken starck feuer auf sie gegeben dass sie weit von der Stadt weichen müssen, vndt genaw davon kommen kennen, sintemal die in der Stadt liegende Edelleut sampt dem Stadtvolck ihnen nachgeeilet, vndt starck persequiret, welche etlige ihre proviant vndt Munition wagen, sampt etligen Soldaten ihn die Stadt bracht.

Damit mir nun auch von des Rakoczi bei dem Eisernen Thor erlittenen niderlag etwas hören, vndt sagen mögen, ist zu wissen, dass nachdem wie mir gehört, der Mina Waida dem Fürsten Rakoczi der Türcken auffbruch wissen lassen, ist derselbe mit seiner

Der Rakoczi siehet dem Eisernen thor so dem Türcken den Pass zu verlegen. macht dem Eisernen Thor je neher biss auf ein ebenes feldt zu gerückt, leget 200 Dragoner vndt 300 Katner ihn einen engen pass eingeschantzet, etwa 2 Meilen vom Leger, sein sehr vermessen vndt sicher, alss aber den 17. November die Türcken nicht weit vom schantz angelanget, haben sie die ihm Schantz vnvermerckter weiss vberfallen, vill nider gemacht, wie auch der Dragoner Kapitän selbst sampt 200 Dragonern vndt die vbrigen ihn die flucht geschlagen, vndt den schantz eingenohmen, vor welcher botschaft der Fürst nicht wenig erschrocken, doch aber alsso baldt seine Strasen ausgeschickt, welche gleichess pfalls von den Türcken alsbaldt geschlagen worden, alss der Fürst solches erfahren, ist er etwass zurück bei ein Dorf Zaikan gewichen, sich mit seinen herren, wass nun weiter zu thun sei, berahtschlaget, alda sich mancherlei meinungen funden, endtlig geschlossen, vorauss diejenigen, so es am meisten mit dem Rakoczi gehalten, etwass wider die Türcken zu probiren, vndt sich auch von stundt an ihn eine schlachtordnung gestellet; ess hatte sich aber der Huszain Bassa, welchen der Szeidi Achmet Bassa vorangeschickt, ihn ein Dorf Kernyesd nidergelassen, vndt drey gefangene Katner dem Szeidi Bassa zu geschickt mit Vermeldung, wass sich innerhalb zween tagen zugetragen, vndt wie der Fürst Rakoczi vorhanden, vndt nicht weit abgelegen were, welches er alles, von den ihm zugeschickten gefangenen Katnern vernehmen künte, solte derowegen nacheillen, vndt weiter schawen, wass zu thun sei; alss der Budai Veszer Szeidi solches vernimpt, eillet er ihn aller Unordnung flugss vort, befehlet dem Barcsai allgemach nachzufolgen, machet sich ohne einige gefuhr vber das Gebürg, vnter welchem er ihn einem Dorf zum Huszain Bassa stosset, alda auch der Fürst Barcsai anlanget, gegen abendt gehet der Szeidi Achmet Bassa, sampt seinen vornembsten Herren, ihn dess Barczai Zelt rathschlagen, wass den folgengen tag vorzunehmen sei, vndt geschlossen, man solte ess biss auf den andern tag anstehen lassen, damit man auch von dem Kriegsvolck ihre meinungen anhören möge, dess andern tages wurde mit raht aller Herren der Huszain Bassa mit 2000 Türcken vndt vngrischen Kalaussen oder wegzeiger ihn den Haczegh geschickt, sich vom Fürsten zu erkundigen, sintemall weill er zurückgewichen war, niemandt eigentlich wissen konte, wo er sein mögte, der Toldolaghi Mihaly aber mit 1000 Türcken, vnter das schloss, Keölcz genandt, so der Kendefy'schen Familie zugehörig, geschickt, die Edelleut so dahin geflohen zu ermanen,

Der Toldalaghi Mihaly wirdt von den Türcken mit 1000 Volck ratter dass Schloss Kéölcs geschürkt zur Huldigung za vermanes.

Der Rakoczi brennt 3 stück loss bei der nacht sein Volk zo warnen, welche schuss ihm zum schaden gereichet.

mit Versprechung sicheres geleits zum Budai Veszeren zu kommen, ihn derselben nacht ist demnach Alles still verbliben. Nachdem aber der Fürst Rakoczi der Türcken ankunfft nun gewiss vernohmen, hat er sich algemach ihn eine Ordnung gestellet weill aber damalss ihn die 3000 Völker auff die Sakmany, oder Fütterung aussgeschickt, vndt damit sie alssbaldt sich inss lager gefügen mögen, lässet er drei stück losbrennen, welcher schall dieselbe nacht auch ihn der Türcken lager erhöret worden, aber doch geschlossen, ess möge ihn der Deva oder Hunyad geschehen sein. Vndt wurde gesagt, dass wenn selbige drey Schuss nicht geschehen, vndt der Rakoczi verstendig die sach angegriffen, hette er mit der macht, so er gehabt, leichtlig obsiegen kennen.

Der Hussain Bassa wirdt sampt dem Toldalaghi Mihaly zu erkündigen aussgeschickt.

Den folgenden Tag wurde eben der Huszain Bassa vndt Toldalaghi Mihaly mit drei taussent Türcken verordnet vndt aussgeschickt, vmb weitere kuntschaft, vndt wo sich der Fürst Rakoczi finden würde, den ersten anrit zu thun, alss sie aller parat waren, trit der Szeidi Achmet Bassa zum Fürsten fraget ihn ob er lust hette zuzuschawen, solte er dem Huszaim Bassa etwa von weitem nach folgen, welches der Barcsai alssbaldt billiget vndt nachfolget: alss mitlerzeit des Herrn Toldalaghi Diener einer etwass ausgeritten, Speisse zu suchen, vndt vngefehr des Rakoczi leger ersehen, hat er solches seinem Herren vndt dem Huszain Bassa angezeiget, mit Vermeldung, dass er kaum mit dem leben davon fliehen kennen, hat sich der Huszain Bassa zu schlagen gefast gemacht, vndt den Szeidi solches auch wissen lassen, welcher sich alssbaldt auff einen nicht weit ligenden Hügel gemacht, vndt selbst des Rakoczi leger geschawet vndt allen officialibus alssbaldt gebitten thun, sich zu schlagen gefast zu machen, vereiniget sich auch von stundt an mit dess Huszain Bassa 3000 Völeker. Vnter dieser Zeit, obschon der Rakoczi alle schlachtordnung angeordnet hatte, war er doch etlige Stunden still, ob ess aus furcht oder anderer Vrsach geschehen, wirdt ihm bewust sein

Der Rakoczi vndt die Türcken rüsten sich zum schlagen.

gewesen, hette erss aber frisch gewagt, vndt den Türcken sich besser anzurüsten nicht Zeit gelassen, hette wie gesagt wardt leichtlich obsiegen kennen; alss derowegen jede Part sich gerüst gemacht, hatte der Fürst Rakoczi einen

Morast vor sich, welchen jedermann durchzuwagen vnmöglich vermeinet, hat derowegen sein aller schwachstes Volck, alss die ihm lincken Flügel, dahin gestellt, dass wenn die Türcken sich hindurchen zu wagen vermeineten, stecken blieben, vndt erschlagen würden. Der Fürst Rakoczi hatte ihm rechten Flügel 24 Fahn wohl geübte Katner, deren Obrister Ver Sigmund war, ess war aber ein weiter vndt tieffer graben vor ihnen, welche sie am anrit sehr hindern thet, der Rakoczi aber hat die mitten ein, vndt die Onoder Hajducken vmb sich her, welche er zum ersten angriff verordnet hatte, griffen auch kecklig die Türcken an vndt zwar mit solcher manheit, dass dess Budai Veszeren leib-Fahnträger sich mit seinem heer vmbwenden, vndt fliehen muss, welches der Szeidi Achmet Passa gesehen, denselben seinen Fahnenträger so ein vornehmer Bassa war, von stundt an erstiehet vndt die fliehenden widerumb vmbkehret, welche widerumb behertzt angegriffen, vndt wegen ihres Vmbkehrens auff dess Ver Sigmund Volck stossen dieselben alssbaldt vberreutten vndt vmbringen, alss solches seine Völcker sehen dass ihr oberster gefallen, geben sie sich ihn die flucht, vndt lassen den Fürsten mit seinen Onoder Vitezen ihm stich: auff die aber im lincken Flügel so am Morast vndt sumpfigen Ohrt hielten, treffen dess Huszain Bassa vntterhabende Türcken, machten sich durch den Morast vndt weill ess das schwechste Volck war, musten sie hart einbüssen. Der Fürst Rakoczi aber hielt sich mit seinen vmb sich habenden Vitezen ritterlig, triebe letzlich das Fussvolck an, welche er mit den vberbliebenden Dragonern vnttermischt hatte, vndt bracht mit eigener Handt etlige vornehme Türcken vmb, alss er aber seine flüchtigen Völcker fliehen sahe, vndt dass der Dondar seregh vnangefochten vndt vngejaget ebenermassen die flucht gegeben, hat er endtlig mit grossem Verlust sich auch mit der flucht salviren müssen, alsso dass die Türcken obgesieget vndt was sie erjagen kennen nidergehawen vndt vill wie auch vornehme perschonen gefangen, dass dergestalt von dess Rakoczi Volck 3000 blieben vndt von der Türcken seiten hundertfünfundzwanzig man vndt bekamen dabei die Türcken dess Rakoczi acht stück, welche den tag auch nicht gebraucht worden vndt neben dem andere stattige beute, alle Munition vndt proviant Wägen sampt villem Vieh, eilleten dess raubs wegen, so sie vor sich nahmen, nicht weiter nach, sondern blieben nach ihrem brauch, drei gantzer tag auf der stell der niderlag still ligen vndt (Szeidi?) verehret den folgenden tag seinen Völckern, vor alle erschlagene Häupter, sonderlige geschencke.

Der Rakoczi kompt flüchtig auf Radnothen. Nach dissen Verlauff zerstreien sich alle Rakoczischen Herren sampt den Völckern hin vndt wider er selber kompt flüchtig auff Radnothen, lesset den Kapitan Török Janos ausserhalb Radnothen ihm Feldt auf der Wacht bleiben, welche ihn der ersten nacht auss furcht der Türcken, welche doch ihn die 5 oder 6 meilen hinter ihnen waren, die flucht nahmen, welche Flucht dem Rakoczi zumahlen dass Hertz genohmen vndt feig gemacht.

Allhie ist zu wissen, dass wegen verlorner schlacht grosse furcht vntterm Adel erwecket, vorauss derer so ihre bona hin vndt wieder in den Staden gehabt, vndt sich zum Rakoczi begeben hatten, liessen derowegen alle dass, was sie fortbringen kennen, abführen *Wegen des Rakoczi verlorner schlagt ist der Adel tagheft.* mancher ihn Fogras, Görgeny, vndt anders wohin, der Fürst Barcsai sampt den Türcken mögten solche auss begehren, sich befürchtendt.

Alss nun, nach erhaltener Victorie, die Türcken nach ihrem brauch, biss auf den 3. tag auf der Wahlstadt gelegen, sintemal sie nach erhaltenen schlachten nimmermehr den Feinden nachjagen, sondern allezeit biss auf den driten tag still ligen, machen sich derowegen sampt dem Fürsten Barcsai auf, reissen vber den Fluss die Strell genandt, so ein sehr geschwindes Wasser ist vndt legern sich bei dass Dorff Piski, von dannen der Fürst Barcsai auf Devam, so eine meill weges davon ist, seine sehr kranke Frau zu besuchen; seimet sich sechss tag alda, entbotschaftet aber dem Szeidi Achmet Passa, worumb er so lang still lige, vndt dem Rakoczi weiter nicht nachjagete, denn sich zu fürchten, er mögte sich derweill stercken, vndt dass letzte erger werden, alss dass erste gewessen, welcher botschaft die Türcken nicht wenig erschrecket vndt eben solche gedancken gehabt, ess mögte der Rakoczi ein hinterhalt haben vndt mögten ihm zu widersteheu zu schwach sein, vndt dass, was sie gewonnen, auff einmall doppelterweiss einbüssen, halten vill Divan vndt raht darüber, wie sie sich weiter halten sollten, damit sie erstlig mit umbkehren nicht wider ihren Herren, den grossmächtigen Keys- *Die Türcken sein beunruhiget vndt* ser, sündigen, oder auch mit weiterem nachjagen ihn grössere gefahr kommen mögen, sintemall sie erfahren,

1659.

dass der Rakoczi wackeres Kriegsvolck vmb sich gehabt *zweifelhaftig ob*
vndt die erste schlagt weill ihres Volckes nicht allzuvill *sie vmbkehren,*
gewesen, nur durch ein blindes glück erhalten hetten, *oder nachjagen solten.*
nach langen bedencken aber, sich besonnen, besser zu sein, etwass
frisch gewaget, alss vmb zu kehren, vndt den grossmächtigen Keysser dadurch zu erzürnen, vndt durch jämerligen Tod stranguliret zu
werden, sintemal ihnen auch befohlen sei den Rakoczi auss dem
landt zu schlagen, vndt den Barcsai einzusetzen. Mitlerzeit liess der
Rakoczi allenthalben schreiben vndt Patent aussgehen, ess solte sich
niemand an dem dass er geschlagen sei ärgern, sinte- *Der Rakoczi liermal solches nicht aus der Türcken macht geschehen sei bet vor den Türsondern nur casu vndt durch ein Versehen; er wolte sich Patent schreiben*
noch recoligiren, vndt nachdem ihm dass Volck so ihm *aussgeben.*
auss Vngern zukeme, ankommen würde, den feindt aus dem landt
schlagen, thete aber mit diessem seinem ermanen vndt Versicherung
dem gantzen landt grossen schaden denn er vnter der Zeit immer
flüchtig fortwiche, vndt den Szeidi auch immer tiefer inss landt
kommen liess, dadurch die Status allenthalben confundiret vndt turbiret worden vndt nicht wusten ob sie zur rechten oder linken halten
solten. Mitlerweill rücket der Budai Veszer fort, legerte sich sampt
dem Fürsten Barcsai bei Vintz, von dannen auf Weissenburg; alda
liess er einem Vngrischen Edelmann so er bei dem Eisernen Thor
gefangen wegen etliger vngeduldiger Wort, so er sich hören lassen,
den Kopf abschlagen, zog von dannen Torenburg zu lagert sich bei
dem Dorf Decze, denselben abendt wirdt von den Türcken dem
Fürsten Barcsai ein vngrischer Paur bracht, welcher vnter dem
Eidt bekennet, ess weren eben denselben tag dem *Es kommen 2000*
Rakoczi 2000 Vngerleudische Völcker durch Torda mar- *Vngerländer dem Rakoczi zu vndt*
schirendt, zugezogen; alss solches vor den Budai Veszer *werden zu Torda*
gelanget, lasset er den Fürsten Barcsai im leger, machet *erschlagen.*
sich zu ross den Völckern nach, welche sich schon alss sie der
Türcken ankunft vernohmen zurück auf Torda gewendet hatten, alda
sie der Budai Veszer erreichet, welche sich, wegen grossem erschräckniss auff 3 Theill getheilet vndt mit der flucht salviren wollen,
dass schwachste theill derselben hatten die vbrigen ausserhalb Torda
vber einen Hügel zu fliehen gewissen, welche der Huszain Bassa
erreichet, vndt alle erhawen, das andere Theill so den Saltzgruben
zu gezogen, hatte eben dieser Huszain Bassa erreichet vndt alle

erleget. Das 3. Theill aber, so die versuchteste Völeker waren vndt sich in Vngern mit den Türcken zu schlagen oft geübet, hatten sich alda zu Torda ihn einer gassen zusammen geschlagen vndt vnter der Zeit dass der Huszain Bassa das seinigte gethan, sich dem Szeidi Achmet Bassa hart opponiret, alsso dass von beiden Parten vill bliben; alss sie aber die nacht vberfallen, seien noch auf 250 Vngerlender ihn der flucht davon kommen, der Budai Veszer weill er einen vornehmen Bassa vndt ettige wackere Krieger verlohren hatte, kehret widerumb, aber mit traurigem gemüht inss läger zum Barcsai, machen sich den andern Tag auf ziehen auff Gerend, vndt alss sie vernehmen, dass der Rakoczi von Radnothen auf Neyenmarck zu gereisset, säumen sich nicht lange alda vndt legern sich neben Radnothen, haussen sehr vbel ihm schloss, schlagen Öfen, Fenstern alles ein, hawen den weinen im Keller sampt Essig, Honig, vndt was sie finden, die boden ein, nehmen vom Proviant alles mit sich zünden Radnothen mit feur an vndt verbrennen es vndt weill sie nun vom Rakoczi gewissen Bericht empfangen, dass er die nacht zu Vasarhely anzutreffen würde sein, machen sich die Türcken von

Der Rakoczi fie- Stundt an auff, alss der Rakoczi solches von seinen
het vor dem Bu- wachten vndt Strassen innen wirdt, bricht er ihn aller
dai Veszeren. eill dieselbe nacht auf vndt fliehet die ganze nacht

Deesch zu, welches der 3. December war. Der Fürst Barcsai ziehet sampt dem Budai Veszeren biss auf den Libancz jenzet Vasarhely legern sich vndt bleiben ihn die 8 Tag still ligen, lassen

Der Fürst Barcsai allenthalben schreiben ausgehen, zu erforschen mit
sampt dem Szeidi wem ess die Sächsische Städt wie auch andere Örter
legern sich auf
des Libanes. halten wolten, dahin denn allenthalben her gesannte zur

Huldigung zogen, wie denn auch von uns ein Senator D. Joannes Pauli mit einer anzahl hundertmenner non parvo cum terrore geschicket wurden.

Nota. 9 December kommen frische Völcker dem Szeidi zu, 3000 reitende vndt 500 Janczaren, vndt kommen den tag schreiben vom Barcsai die zwei geschlagene Waida zu verfolgen, mir schreiben Cibinium, der bot wirdt sampt dem schreiben auf Fogaras gefangen geführt.

Vntter disser Zeit kompt Post dass die Muscoviter den Tatter biss auffs Haupt geschlagen vndt zwar dergestalt, dass nur die Alten blieben vndt alle ihre Junge manschaft vndt so zum Krig düchtig gewesen, erschlagen worden, dass gleichssam kein Saamen verblieben, mitler zeit aber hat man das widerspill vndt der Muscoviter Vnttergang vernohmen, dass auch nicht hundtssaamen verblieben sei, beweissen die vill hundert taussendt Seellen, so auss Wallachei, Moldaw, Sibenbürgen vndt Vngern derzeither geraubt worden.

Von den Tattern wirdt eine lägra spargiret.

Mir haben gehört, wie der Mina Waida ihn der Walachei vndt der Coztandin Waida ihn der Moldaw gleichssam mit dem Rakoczi vmb eine Zeit geschlagen worden, der Mina Waida vndt der Rakoczi von den Türcken, der Coztandin von dem Alten Gyga Waida mit hilff des Galgar Szultan vndt Buczaker Tattern, welcher beider Waida geschlagene Völcker, eben vmb diesse Zeit, alss der Szeidi Budai Veszer auff dem Libanez neben dem Neyen marck lag, hauffen vndt troppenweiss flüchtig, ihren vorherfliehenden Herren nach, dem Rakoczi welcher schon auf Deesch zu geflohen, zu zogen; alss solches

Zweier geschlagener Waida flüchtiges Volk kompt ihn Siebenbürgen dem Rakoczi zu.

der Szeidi Passa sampt dem Fürsten Barcsai Akos erfahren vndt inne worden, wardt Divan, dass ist, rath gehalten, wass ihnen, weill der Rakoczi weit auss geflohen, würde weiter zu thun sein, vndt wardt geschlossen, dass weill eine sehr vnerleidtige Kälten ware, vndt sich ihm Feldtlager auffzuhalten vnmöglich sein würde, vndt weill sich zu dem die geschlagene zwei Waida mit dem Rakoczi mit starkem eidt verbunden, vndt sich jetzunden von neyem vereiniget vndt versammlet hetten, were sich grosser gefahr zu befürchten, were rathsamer, dess grossmagtigen Keyssers Volck, mit beqvemenheit etwass hintter sich zu führen vndt weiter, mit rath der vbrigen Landesherren, wie auch der Saxischen Nation, etwas abzureden; alss der Budai Veszer dess Fürsten Barcsai vndt seiner Herren raht vndt schluss angehöret, hat er gleichssam mit fröhlichem Gemüth darinnen gebilliget, vndt dess andern tages von dannen auffgebrochen vndt das leger neben Megyes vndt Probstdorf geschlagen, etlige Tag allda still gelegen, vndt alssbaldt convocatorias allenthalben an die Status geschriben vndt dieselben auf Balasfalva convociren lassen vndt nachdem seine läger dahin gerücket. Den Tag aber vor seinem aufbruch wirdt dem Budai Veszer gesagt, dass die Medwischer Rakoczisch weren vndt ihn täglich wündscheten zu kommen, sie von dem Türckischen Joch zu erlösen, lasset derwegen den Herrn Consulem Andream Fleischer vndt Herr Andream Seidner, gefanglig inss läger holen, will sie enthaupten lassen, auf Vorbit aber dess Fürsten Barcsai wird der Consul frei gelassen, die Partasaigen auff zu suchen vndt Herr Andreas Seidner gefangen gehalten vndt endtlich auch frei gelassen.

NB. Es wirdt ein landtag auff Deesch berufen den andern tag kommen andere Regalia vndt weill der Rakoczi vber dass gebürg Ember feö gewichen wirdt der Landtag auf Clausenburg transferiret endtlig den 4 tag auff Balasfalva mutiret, ess wirdt auch aus dem nichts.

NB. Von Libancz her kommet der Betthlen Janos auf weisskirch dreiet seiner genommenen bonorum wegen die Stadt durch die Türcken ihn den grundt zu verderben. Die hundertmenner confluiren vndt werden ihm 6 schöne ross sampt den silber fl. 250 wehrt verehret, will sie nicht annehmen, die Fraw behält hinter dess Herren rücken 4 schwarze, schicket zwei braune zurück, die Stadt ist abermal ihn ängsten; ex consensu centumvirorum wirdt H. Petrus Nusbaumer Consul, Joannes Roth Proconsul vndt Bartholomaeus Goldschmidt zur Versöhnung geschickt, richten nichts aus.

Alss mittlerzeit der Rakoczi bei dem Deesch ligend, von etligen Adelleuten, so auf beiden Achseln getragen, gewarnet vndt certificiret worden, dass der Szeidi Passsa mit fürchten auffgebrochen,

Der F. Barcsai vndt Szeidi Passa lassen auf Balasfalva einen Landtag berufen, ess wirdt nichts daraus. vndt flüchtig hinter sich ziehe, ihndem er ihm aber, wegen erlittener schlagt so nicht lengst geschehen, ihm nicht woll trawen dorfft, sondern vielmehr schlüsse, ess mögte der Szeidi solchen seinen auffbruch vndt hinter sich ziehen nur simulatione angestellet haben, vndt zu dem seine Völcker sehr zerstreiet vndt noch furchtsam waren, hat er nichts anders anfangen dörfen, sondern von stundt an, dass landt Volck ihn derselben gegendt der Türcken flucht vndt zagheit ankündigen, vndt freien raub aussruffen lassen mit Versicherung dass er auch mit gerüstem neyem Volck hinter ihnen her sein wollt, vndt sie schützen, wie er denn auch den Mikes Mihaly seinen Cancellarium

Der Rakoczi schicket seinen Cancellarium mit 17 Fahn von Deesch aus zu kundschafft. mit 17 Fahn reitern etwas zu wagen aussgeschickt, welcher sich aber nicht im geringsten dahin nahen dorffen, sondern allenthalben dahin er gezogen, grossen schaden gethan vndt jederman grosse Furcht eingejaget; alss aber nun sich zimliges vill vnversuchtes landtvolck, Walachen vndt Vnger von den Meszesögen vndt Balas falva herum bereden lassen, vndt sich zusammen gerothet, sich aber an die Türcken, so sampt dem Fürsten Barcsai bei Balasfalva lagen nicht wagen dörften, sondern sich hin vndt wieder zwischen den bergen vndt wäldern nur verborgen hielten, vndt diejenige Türcken, so vmb fütterei ausszogen, angriffen, vndt welche sie bezwingen kunten, nidermacheten, alss aber solches ihn des Passa lager ruchbahr worden, hat der Szeidi wie auch der Barcsai Volck aussgeschickt zu erkündigen was dahinter sein mögte oder ob ihm pfall der Rakoczi etwan in der nähe sei, alss aber niemandt anderss alss elende Pauersleut funden worden, 200 Pauren alsein dieselben von solchen aussreitenden Türcken ganz dergemacht von den Türcken 45 zerstreuet, vill nidergehawen vndt gefangen worden, gefangen inss lager geführt, ein welcher gefangenen den andern zum schräcknüss der jeder ihn jeder Szeidi Passa ihm lager etlige enthaupten lassen, villen Handt ols haupt Nasen vndt Ohren abschneiden lassen, mit befehl, dass mit sich bringendt welche sie schlasie hingehen vndt ihre Hende ein andermall nicht an die den müssen, sachwehren, sondern an den pflug vndt ackerwerk legen dem sein ihnen selbst nasen vndt solten. ohren abgeschnei-

Nota. Der Fürst Barcsai schreibet Patenten auss, den worden. die Pass bei dem rothen Thurm vndt Terczfest zu verwachen, damit die Tater so den Waiden nachjageten, nicht inss landt brechen mögten.

Alss demnach wie mir gehört, etlige von den Statibus, vorauss von der Universität auf das convociren, so geschehen war, bei Balasfalva ihn dess Szeidi lager erschinen, ist geschlossen worden, dass der Szeidi oder Budai Veszer, des starcken winters wegen, widerum auf Temesvar zu wintern ziehen solt vndt der Fürst Barcsai mit einem präsidio sich in die Hermanstadt begeben sollte, alss aber die Herrn Delegati Cibinienses solchen schluss gehöret, vndt widersprochen seien sie endtlig selbst ihn die stadt geschicket worden, solches anzuzeigen, alss Herr Joannes Vernengell vndt der Herr Melchior Stuckard ihm leger verblieben, vom Adel sein Cibinium mitgeschickt worden der Ugron Andras, Toldolaghi Mihaly vndt Bedeöhazi Tamas. Der Budai Veszer derweill ihm leger beharret, alss aber die Herren Cibinienses nach villem rahtschlagen den Fürsten Barcsai sampt einem präsidio einzunehmen bewilliget, ist derselbe nachdem die aussgeschickte Legaten ihm leger ankommen, mit ellichen Landtherren, alss dem Haller Gabor, Betthlen Janos

Cassai Ferenz, Barcsai Andras so nicht lengst auss der Tatrischen gefangnüss ankommen war, Barcsai Gaspar, Pasko Christoph, Toldolaghi Mihaly, Ugron Andras, Haller Pal vndt andern mehr wie auch seinem hoffgesindt, vndt taussendt Jantczaren vndt 500 reitenden weghboli ¹) Türcken so ihm der Szeidi verlassen, auffgebrochen vndt Cibinium gezogen, der Szeidi Passa aber vngehindert auf Temesvar. Alhie ist zu wissen, dass der Mikes Mihaly mit seinen Taussent sibenhundert Katnern allezeit dem Barcsai auf dem Fusse nachgezogen, vndt verborgener vndt stiller weiss, allezeit nur auf eine halbe meill vom Fürsten enthalten, vndt weill er ihn nicht angreifen dörfen, hat er ihn vngehindert sicher ihn die stadt müssen passiren lassen, sich aber gleichwoll des andern tages auff der Hermansteder Aue erzeiget, welchen die Hermansteder erst von den Pasteien vndt Stadtmauern gesehen vndt inne worden. Nimpt seinen zuch der Saltzburg zu, alda er 14 vnsserer Stolsswägen so bei Balasfalva wein vndt andern Proviant geladen, dem Barcsai Cibinium nachzuführen, welche alle plündern vndt den weinen die boden ausshawen lest vndt die wägen verbrennen. Ziehet weiter dem Rakoczi zu.

Vnsere Legati begern vnrerrichtter sachen zu haus vndt werden gefangen.

Wir haben ihm vorhergehenden blat gehört, dass der Szeidi Passa vndt der Fürst Barcsai, die Status inss lager bei Balasfalva, etwas zum bleiben dess landes zu schlissen, beruffen lassen, dahin mir denn die F. W. H. Georgium Thelmann, Bartholomäum Goldschmidt vndt Paulum Aurlig expediret vndt auch ihm läger angelanget, derweill aber Post kommen, dass der Rakoczi zu Claussenburg ankommendt handelssgewölber vndt ander Herrenhäuser aufschlagen vndt plündern lassen, hette iedermann freien raub vndt den Jobbagyen vndt Vntterthanen Nemesseg vndt Freiheit aussruffen lassen, so mit wider den Türcken ziehen würden, ihm welchem pfall ihm auch vill landtvolck zugelaufen, zu vor auss ein wallachischer pfaff von Cziurolya, ober Clausenburg her, 600 behertzte walachen bei sich habendt welche allenthalben vbel gehauset vndt ihm gantzen landt grosse furcht erwekket.

Der Cziurolai Walachische pfaff kompt mit 600 räubern zum Rakoczi.

Derweill derowegen zum Barcsai vndt Budai Veszeren inss läger zu ziehen, auss furcht dess Rakoczi

---

¹) Grenzer.

iedermann laviret vndt ausserhalb etliger Saxischen Stadt Legaten weder vom Adel noch Zeckellen, ankommen sein auch diejenigen, so sich sistiret hatten, nach des Passa vndt Fürsten Barcsai auffbruch nach Hauss gekeret, alss demnach vnssere Schesspurger Legaten ihm heimweg zu Kleinscheneken angelanget, sein sie ihm Marck von des Mikes Mihaly Volck ergriffen, hart geschlagen vndt gefänglich denselben Tag auf Frauendorf geführet, vndt nachdem sie die W. Herren verarrestiren vndt verwachen lassen, plündern sie dieselben sampt den Dienern von alle dem dass sie haben, lassen sie gleichwoll des dritten tages dess arrests frei, kommen sehr elendigklig zu hauss. *(Bege Geörgy, Pap Laszlo vndt Kölessi Janos fangen vndt berauben vnssere Legaten.)*

Die 19 December kompt schreiben von Prybek Ferenz, Vice Ispanen, wie der Mina Waida so mit 600 Mann von der Hermanstadt her flüchtig ihn Fogaras sampt seiner Tatrischen Braut kommen, auff were, Csik vndt Gyergyo zu willenss zu verreissen, damit er dem Rakoczi zu hilf ziehen möge, drum solt jederman ihn zu verfolgen auf sein, welches mir von stundt an in Maros Szek vndt Nösen schriftlig wissen lassen, damit dass landtvolck auf freien raub den Mina Waida anzugreifen beweget möge werden. *(Es wurde ins Türckische Leger zu führen vill Provisat begehret beladen 40 wagen mit 15000 brod 200 Cub. Haber welche aoss forcht der mancherlei Zeitungen vmbkehren vndt zu Hauss kommen.)* Nach diessem dess Prybek Ferenz schreiben schicket er vuss etliche Katner sampt zween Fograscher einwohnern gefänglich in die Verwahrung, welche die iobbagyen vndt landtvolck vmb erlangung ihrer Freiheit dem Rakoczi zuzuziehen beweget, vndt beschrieben. Alss solches bei vns vorlief vndt dess Rakoczi ankunft je lenger je mehr ruchbar wardt, vndt herkegen auch von der Port Budai Veszeren vndt vom Fürsten Barcsai Cibinio her zur standhaftigkeit vermanendt sehr scharfe schreiben kamen, erhobe sich alhie bei vnss zu Segesvar vnter dem gemeinen Pöbel so sehr gespalten war, grosse Vneinigkeit vndt entpörung wider die Obrigkeit, weill ein theil Rakoczisch vndt ein theill Barcsaisch wahr, welche zu stillen vndt zur einigkeit zu vermanen ein Ehrsamer raht sampt fünf und zwanzig der ältester hundertmenner beisammen trat, die gantze Stadt achtelweiss inss rahthauss fordern liessen, an der Port standhafftig zu verbleiben vermanendt alda vill Türckische schreiben gelesen wurden vndt auch Gottlob (ob es sich schon vnter dem Vulgo gefährlich ansehen liesse) ohne sonderligen Tumult dazumalen zuging vndt dass gemeine Volck an der Port zu halten genuchssame Assecuration thete, welches wegen mir einen Fussboten ihn aller stille, solches anzukündigen Cibinium schicketten; solche Assecuration bliebe aber nicht lange bestendig, sintemall damallss vill vndt seltzame lügen vnter dem gemeinen Volck spargiret worden, welches ich vor diessmall, weill auf des gemeinen Pöbelssreden wenig zu bawen, ihn seinem esse verbleiben lasse, sintemall nach der Rede des Heil. Apostels Pauli niemandt lügt, denn alle menschenkinder von art, Quia omnis homo dicitur mendax, welcher wegen auch vill Vngemach vndt Vbel entstanden vndt die Primores Civitatis, drei oder viere so die bürde trugen ihn gefahr kammen, geschahe daher weill anfangs des tumults niemandt corripiirt wurde, dass wasser muss ja seinen lauff haben, wehret man ihm nicht, ehe ess aussbricht, thut ess merklichen schaden dem Feur zu gleich, wehret man ihm nicht, schlaget ess mit aller macht zu allen gibbelln hinauss, darnach nimmer zu rahten vndt zu webren ist; solcher gestallt geschicht ess auch mit dem Vulgo, wehret man ihrem bössen Vorhaben nicht baldt, werden sie endtlig blind vndt sehen

Was dess Volgi thun sey, wirdt gemeldet. gar nichts, biss sie ein grosses Vnglück anstiften, wie nach dem baldt mit dem thodtschlag der Edelleut ge-

Der Stein Tyreenus mit der einigkeit vergliechen. schache, wie mir hören werden. Ess wirdt von einem stein, Tyrenus genandt gemeldet, welcher ob er schon sehr gross ist, wenn er nur gantz bleibt, auff dem wasser wider die Natur der Stein schwimmet, sobaldt er aber zerbrochen wirdt, zu grundt sinket; dass Weltlig Geistlig vndt Hauss regiment ist dissem Stein gleich, so lang einigkeit darinnen ist so lange bestehet ess, wo aber Vneinigkeit vndt Zwispalt sich darinnen erhebet, muss ess fallen vndt vnttergehn, welches mir denn auch auff vns ziehen kennen, ihndem wir erfahren, dass mir ja vom 1614 Jahr dess Betthlen Gabor Fürstenthumbs fort so lung dass landt Siebenbürgen einig gewessen ihn die 40 ihn guttem friden gestanden, sobaldt aber 1653 der Rakoczi zu der wehre griffe vndt Moldaw vndt Walachei anfochte vndt vntter vnsseres Joch bringen wolte, haben mir uns dass Vnglück selber auff den Kopf gebeuffet, vndt scharffe ruhten auf vnssere rücken gebunden, vndt dermassen gesteupet, dass manchem dass blut vnverhofter weiss vber den Kopf vndt rücken geflossen ist, welches alles vnssere sünden vndt dess Adelss grosser Vbermuth, Pracht vndt hoffart verursachet hat, welche eine Sünde vber die andere begingen, biss sie endtlig Gott stürzte

1659.

vndt ihn die 28000 Seelen ihn der Tatter rahsagh brachte wie mir oben gehört, ist ihnen recht ergangen wie die schrifft sagt: Quando peccant, tum sibi ipsis ruinam parant, Ittem Psal. 37. Dejicis eos dum attolluntur in altum ut lapsu graviore ruant. *Dess Siebenbürgischen Adelns poena peccati.*

Vmtter diesser Zeit vndt Ende des December war grosse Vnruhe in beiden lendern Moldaw vndt Walachei der geschlagenen Waida wegen, sintemal die Länder gleichess falss gespalten waren, eine part hilts mit einem, die andere mit einem andern, vndt waren sehr vneinig.

Die 20 December kommen vns abermall vom Barcsai vutterschidlige schreiben sampt dem Manifest des Anibal Gonzaga sub dato 16 Nov., welches schon zuvor von Temesvar uns zu Henden war kommen, der Fürst Barcsai aber vermeinet es mögte ihm pfall nicht ankommen sein, erkläret darneben in seinem schreiben dass er mit dem Szeidi Achmet Passa Budai Veszeren ihm nahmen vndt mit Verwilligung dess Römischen Keyssers einen bundt gemacht, den Rakoczi hilfen zu tilgen, auss Vrsach derweill er zwar sich auch mit ihm befriediget vndt ihn einen bundt gelassen, ihm pfall er auf seinem gut vndt boden still ihn frieden sitzen vndt nicht neue Vnruhe wider die Türcken vndt Sübenbürgen anrichten würde, weill er aber wider seinen Eidt ihn Sübenbürgen gezogen vndt gleichssam mit seiner Keysserligen hilff gloryrte vndt dadurch zwischen ihm vndt dem Türckischen Keysser zum Krieg vndt feindschafft Vrsach gebe, wolte er ihn vndt alle diejenige Vngerlendische Herren so ess mit ihm gehalten mit seiner widerkunfft strafen vndt auff das eusserste persequiren hilffen. Vndt wurde derowegen diesses Manifest von *Erklerung dess Römischen Keyssers bündtniss mit dem Budai Vesseren vndt Rakoczi lf.* neyem verlessn, vndt davon discuriret ob man starck bei der Port, oder dem Rakoczi so noch entpor vndt auff den Füssen were, halten solt vndt wardt im beisein der hundert menner geschlossen, den aussgang zu sehen, dass welcher das Feldt behalten würde, an dem solte man halten vndt zudem verobligirten sich die hundertmannschaft sich in allem pfabl einem Ehrs. W. ruht auch weiter zu vertrawen.

Nachdem nun wie mir gehört der geschlagene und flüchtige Fürst Rakoczi, von Deesch auf Clausenburg gelanget vndt mit seinen Vngerlendischen Krigsgurgeln vbel alda *Der Rakoczai laust gett zu Thorda zu* gehauset, kompt er biss auf Torenburg, schreibet allenthalben Patentschreiben aus, sub dato 18 December dass welches Landtvolck ihm mit Hilf erscheinen würde, solte ein Jahr lang Zinssfrei sein, schreibet neben dem an die Universität vndt Szekelysegh sehr scharfe ermanungen, die Ordinari Trabanten zu sich forderndt mit diesen worten: Keszünkben az fegyver, az ki nem jeö aval büntetyök megh [1]), nach welchem schreiben Udvarhelyszek auss furcht dess schwertss zu ihm reisset.

Die 23 December kommen vom Szilistrai Passa vndt dem Georgio Gyga, Waida auss der Walachei, dem Herrn Michaeli Herman, Judici Coron. scharfe schreiben zu, ihn welchen der grossmächtige Keysser dem landt an der Port zu halten vndt den Rakoczi zu verfolgen ernstlig dreien thut; selbiger schreiben Paria kommen vns durch den Haller Pall zu henden; auff disse schreiben werden dess Rakoczi wie auch der beider Waiden geschlagene Völcker vndt drey stüller Szeklischer Adelleut von neyem ihn Burzenlandt von den Cronnern persequiret vndt verfolget: alss aber baldt darauf der Rakoczi widerumb ins landt kompt, vndt die Hermanstadt helegert, triumphiren die partassige Adelleut abermall vndt persequiren vicem pro vice die Croner ebenermassen vndt bringen sie bei dem Rakoczi sampt allen denjenigen Adelleuten so an der Port gehangen zu grossen Vngnaden vorauss vntter andern den Bassa Tamas, so ein Consiliarius der beider Fürsten war vndt sich zu Kronstadt auffhielte, künte auss grossen furchten ihn der Stadt nicht bleiben, muste ihn die Walachei weichen, welches wegen die Croner dass er nicht vorhanden were künftig vill Eidt dem Rakoczi ablegen müssen, seinen Sohn Bassa Peter liess er fangen, vndt ihn den Kövar führen.

Alhie ist ein nothwendiges zu merken, dass vntter disser Zeit eine sonderlige Practik dess Ali Passa, so dazumal Gyennei Passa war vndt dess Rakoczi angeköndiget worden, dass nemlig derselbe Ali Passa, von Rakoczi mit geschenck vndt gaben bestochen, stetig schreiben mit dem Rakoczi gewechselt, vndt ess heimlig mit ihm gehalten, hette baldt nach der Schlagt bei dem eisernen Thor gehalten dem Szeidi Budai Veszeren geschrieben auf

---

[1]) In unserer Hand ist das Schwert, wer nicht kommt, den strafen wir damit.

sich zu mercken, dem Rakoczi nicht weiter inss landt nachzujagen, sintemall er selbst perschönlig nicht in der schlacht gewesen, sondern mit starckem Volck an einem beqvemen ohrt lege, vndt dass gantze Landvolck an sich bracht, ihm widerstandt zu thun, vndt hinter ihm her zu sein vndt sey disses die Vrsach gewesen, alss der Budai Veszer auf dem Libanez still gelegen, dass er dem Rakoczi nicht nachgeeillet; alss aber mitlerzeit der Mahalatsch Cannissai Passa so vmb solche Practicam gewust dem Budai Veszeren den Handel zu geschriben vndt wie der Ali Passa mit dem Rakoczi verbunden were, hat er geschworen von Temesvar nicht abzuziehen, biss der Ali Passa nicht thodt sei; dass glück aber, dass rundt ist vndt sich wie ein ball wälzet, dienet dem Ali Passa (alss einem verschlagenen Fuchsen, welcher er auch war vndt mir ihn auch ihn perschon vndt thaten gekennet) dermassen, dass er nicht lang darnach zum Szeredar vndt Feldt General vom grossmägtigen Türckischen Keysser eben durch heimlige Practiken gesetzet wurde, vndt nachdem er erstlig den Mahalatsch Cannissai Passa, welcher dem Budai Veszeren seinen Handel dess Rakoczi wegen auffenbahret hatte, vmbringen liess, künfftig auch den Szeidi Achmet Bassa, Budai Veszeren so doch mehr alss er gethan, vndt den Rakoczi zum andernmall geschlagen vndt gethödtet hatte, jamerlig thüden vndt nach einnehmung grosswardein alda ihm feldt hinrichten liess. *Der Mahalatsch Canissai Passa auffenbahret dem Budai Veszerer dess Ali Passa practik.*

Derweill mir droben gemeldet, wie der Fürst Rakoczi den Mikes Mihaly seinen Cancellarium mit 17 Fahn Vngerlendischen eördegh lelkigen Krigsgurgelln vndt reubrischem Volck von Claussenburg aussgeschickt, vndt er widerumb auf deesch gerückt, vndt was derselbe derweill vmb die Herrmanstadt verrichtet, vndt den Fürsten Barcsai sampt seinem Herren vndt den Taussent fünfhundert Türcken, sicher vndt vngehindert ihn die Hermanstadt ziehen lassen, er aber nur vmb die Stadt javiret, grossen schaden gethan, leüt bekümmert vndt alless, was ihm vorkommen geraubet vndt geplündert vndt sich nachdem vmb Reissmarcker gegendt herumb gelegert, dess Szeidi Passa endtligen abzuch erwartendt, welcher etlige tag auff dem Kenyer Meszö gelegen vndt sich mit ihm zu schlagen vndt seiner, wie auch dess Rakoczi zu erwarten, oft entbotschaftet, sich aber an ihn nicht wagen dörffen; alss aber

Der Mikes Michaly thut raub die Herrmanstadt grosses schaden. demnach der Szeidi auss dem land gezogen, vndt er dem Rakoczi solches zu wissen gethan, welcher schon biss auf Thorda gerücket war, hat sich der Fürst Rakoczi ihn aller stille abermall auss dem loch herfür gemacht, vndt alle dass, so er bei ihm beschlossen, niemanden auffenbahret, reiset derowegen mit all seinem Volck längst dem Fluss Möresch auff Weyssenburg vndt Müllenbach, vereiniget sich mit dem Mikes Mihaly vndt nahme seinen Zuch der Hermanstadt zu, lagern sich anfänglich bei der

Der Rakoczi bricht an Torenburg auf vndt conjungiret sich bei Müllenbach mit dem Mikes Mihaly. nacht ihn aller still neben Nependorf ihn die Wisen, so dass nächste Dorf neben der Stadt etwa ein Viertheill meil weges ligt am fluss Szibin, liess vor tag seine Herren, Capitanen vndt hauptleut beruffen, eröffnet ihnen sein Vornehmen der Stadt belegerung wegen, ob zwar etlige schwer einwilligten, mussten doch aus furcht ihren Willen drein geben, wurden demnach alle praeparatoria geschickt vndt zugericht vndt nach Fogaras Stück zu holen geschickt, dannen her 5 grosse Stück Maurenbrecher vndt andere kleinere bracht wurden.

Alss der tag angebrochen vndt sich der Rakoczi sicher befunden, die ihn der Stadt aber die nacht von etligen Paursleuten von dess Rakoczi ankunft gewarnet worden, haben sie sich auch gefast gemacht, vndt von der Neyen Pasteien, der Soldasch genannt, auf den Rakoczi stark feur gegeben, welcher sich von stundt an auffgemacht, seinen weg auff Reissdorfken vndt Kleinscheüren zu genohmen vndt sich zu Stolzenburg, so eine gutte meill von Hermanstadt ligt die stück zu erwarten vndt sich besser zum angriff der stadt zu schikken, nidergelassen, welches der 21 December war, beruffet den Herrn Pastorem desselbigen Ohrts D. Georgium Klocknerum, schicket ihn Cibinium, sein Vornehmen der stadt, einem Ehrs. raht vndt dem gemeinen Pöbel zu erklären, vndt ihm pfall sie ihnen würden rahten lassen, wass der Stadt guttes, vndt herkegen, wo nicht wass er bösses vndt Vngemachs thun wolt; thete dem

Past. Stoltzvarius. D. Georgium Klocknerum schicket der Rakoczi Legation weise Cibinium. Herrn Klocknero, wo er bonis persvasionibus etwas efficiren würde, grosse Verheissungen, liess ihn mit sicherem geleite biss zur Stadt beleiten; alss der Rev. Vir. seine Werbung vndt Legation verrichtet, aber nichts erlanget vndt verrichtet, alss dass er Vbel erger macht, besann er sich eines andern, fürcht sich selbst vndt sein leben, liess alles was er hat im stich vndt rapuz, verbrachte seine legation vnverautwortet vndt blibe auss raht eines Ehrsamen rahts vndt seiner befreundten brüder vndt schwestern ihn der Stadt, thete ihm damit nicht geringen schaden, sintemal auss befehl des Rakoczi, alss er erfuhr, dass er betrogen war, ihn den Pfarrhof vngerlendische Katner legete, vndt dass von früchten vndt anderm vorhanden war, plündern vndt verderben liess.

Derweill mir droben gehöret, wie der Rakoczi von Toremburg aussgeschriben vndt dem gewöhnlichen brauch nach alle Status mit gebührender wehr vndt waffen zu ihm geschriben, wie denn vorauss die Szekelysegh häuffig zu ihm geeillet, der Universität Trabanten sich aber noch eine weill zurückgehalten, vndt nicht erscheinen wollen, sintemall eine Löbl. Universität sich noch eine Zeit der Neutralität gebrauchen wollen, vndt auch wieder ihre eigene Nation vndt geblüt hilf zu geben sich gescheiet, welches der Rakoczi schwer aufgenohmen vndt die Trabanten täglich mit grosser indignation sollicitiren lassen, wie vnss denn Die 25 Decembris, so der heil. Christtag war, dergleichen schreiben einss zu Henden kommen vndt auss sehr grossem eifer vndt zorn neben den Trabanten auch drei Rathsherren zu ihm zu schicken begehret, welches begehr einem W. raht schwer gefallen, vndt vill Discurs darüber gehalten vndt weill ein jeder den schwermuht, so er vber einen' ehrs. raht gehabt, woll gewusst (Vrsach dass derselbe an der Port allezeit starck gehalten), sich jederman zu ihm zu ziehen geweigert, sein doch endtlig die W. H. Michael Göldner, Michael Helvig, alias Sigmundt vndt Georgius Wachsmann, neben einem demühtigen Bittschreiben zu ihm nach Stoltzenburg geschickt worden, welche er zwar angehöret, aber nichts was mir von ihm begehren, erlangen kennen, die Trabanten alssbald zu schicken befohlen, vndt sie endtlig mit grosser indignation abgewiesen vndt dass er voraus auff 3 oder 4 perschonen seinen Vnmuth geworfen sich erkläret, welches mit dieser Herren ankunft bei der Stadt nicht geringe furcht erwecket; der raht vndt hundert menner confluiren abermall, vndt weill der Rakoczi die Hermannstadt schon belegert hatte vndt seine Vngerlender Katner häuffig der Stadt zu naheten vndt sich wunderbahrliger dreiwort hören liessen, wurden abermall zwei Rathherren alss Herr Stephanus Schindler vndt Joannes Pauli den

Marginalien: Der Rakoeci schreibt mit grosser indignation. — Der Segesvar radt begehret 3 Rabtherren zu ihm zu schicken. — Der Rakoczi erkläret seinen Vnmuth wider der Stadt Segesvar eliige perschanen, welche eine neye Legation zu ihm schicket vndt wirdt gesanfftmüthiget.

Fürsten zu begüttigen, mit Bittschreiben vntter die Hermanstadt geschickt, brachten endtlig schriftliche resolution, ihn welcher sich der Rakoczi gnädiger erkläret vudt auch assecuriret, wo die Stadt bey ihm halten würde, wolte er der Stadt schonen vndt etliger Herren wegen so wider ihn gesündiget hätten, die Stadt nicht verderben. Anders aber hatte niemandt von der Obrigkeit wider ihn gesündiget, alss dass ein Ehrsam raht neben dem landt vndt der Universität beständig an der Port hielten vndt den vulgus so zwar das meiste Theill Rakoczi'sch war, auch an der Port zu halten gern bewegen wolten, welches auch das heilsamste war vndt die Stadt nicht in so vill Schaden vndt Verderben gerahten wäre, wenn sich jeder der Obrigkeit heimgelassen vndt vertrawet hätte, wie mir künfftig hören wollen.

Alss der Fürst Rakoczi zu Stoltzenburg liegendt vernohmen, dass die Stück, so er von Fogarasch auss dem Schloss zu bringen hatte, auff dem weg weren ist er von dannen aufgebrochen, dass Volck auf alle Dörfer vmb die Hermanstadt her verordnet, vndt sich auf Schellenberg, eine Viertheill meill von der Stadt, dahin man ihm mit schiessen keinen schaden thun kunte, niderliess, vndt zwar bei der nacht ihn aller stille, der meinung die Stadtthörer, ehe manss ihn der Stadt ihn acht nehme zu vberfallen, wie denn auch geschahe,

Erste scharmü- wurde ihm aber starck widerstandt gethan, dass er mit
tel so vmb die schanden abweichen müsste, vndt war solches der
Hermanstadt ge-
schehen. 23 December, welchen Tag die Türken zum 3tenmall, sampt den Vngern zum Heltner vndt Burger thor auss der Stadt fiellen, vndt harte scharmützel geschagen, liess aber vnterdessen die Stück hintter die Hallerscheir auf einen kleinen Hügel, die Haller Pastey zu beschiessen, plantiren vndt durch Angebung dess Andreae Gaude, seines teutschen Obristen vndt Colonellen, einen guten erfahrenen kriegsmann, den Schantz werfen.

Die 25 December alss am heiligen Christag kommen vnss schreiben, ihn welchen er die Trabanten zu schicken, wie auch vill Proviant starck begehrete, alss solches begehren aber einem ehrsamen W. raht wider ihr eigenes geblüt vndt nation, wie auch ihre Hauptstadt zu krigen schwer vorkam vndt hierüber vill gedancken hatten, was ihn solchem pfall zu thun sein würde vndt wass hernacher, so der Fürst Barcsai sampt den Türcken widervmb die Oberhand bekommen mögten, der Stadt vor grosses Vngemach entstehen würde; alss aber etlige Radelführer dess Vulgi so am Rakoczi hingen, solches wegen einen grossen Tumult baldt gestifftet hetten, vndt ihm Fall dess Rakoczi begehren nicht effectuiret würde, dass sie die vornembste Häupter der Stadt dem Fürsten aussgeben, oder aber ja gar thodtschlagen wolten, wie denn täglich dergleichen Versammlungen vndt rahtschleg vom Pöbel geschahen, vndt gleichssam offt mit Fingern auff etlige Officiales wenn sie vorüber gegangen gewiessen worden, dass mancher sein ampt mit grosser furcht vndt seufzen verrichten müssen, alss demnach endtlig Ein Ehrsam rath feur vndt wasser vor augen gehabt, ihn der Stadt den Vulgum vndt ausserhalb den Rakoczi zum feindt gehabt, vndt sich täglich eines öffentlichen aufruhr vndt Vnglück besorget, sein endtlig die Trabanten auff Schellenberg sampt 40 wagen mit Proviant geschickt worden. *Der Stadt Gegenwar grosse Vnsicherheit der Bürger.* *Vill proviant wirdt dem Rakoczi zugeschickt.*

Mir haben gehört, dass zur Zeit des Neymarker Landtag die Betthlen Janosin sampt ihren bonis auff begehren dess Rakoczi dem Szent Pali Janos ist aussgegeben worden vndt widerumb, sampt einem protectional abermal frei gelassen, alss aber künftig der Rakoczi die Herrmanstadt belegert vndt der Betthlen Janos von neyem, weill er mit dem Fürsten Barcsai ihn die Stadt geflohen, bei ihm in Disgratiam gerahten, seine Frawe aber zu Weisskirch ihm Schloss sich nicht sicher zu bleiben vermeinet, vndt ihr auch auff Schesspurg, weill ihr der gemeine Pöbel nicht günstig gewesen zu ziehen nicht getrawet, hat sie per Nobiles an die Stadt suppliciren lassen, damit sie widerumb sampt ihren bonis eingelassen vndt nicht widerumb auszugeben versichert solte werden, ihn welches die Stadt nicht eingehen wollen; alss sie aber des Rakoczi Zorn vndt Vnmuth vernohmen vndt ihn grosse furcht gerahten, sintemall des Rakoczi Vngerlendische kriegsgurgelln vndt Ördegh lelkü, wie solche damalss genant worden, sie sehr beängstiget hatten, vndt dass lebendige Viehe so sie ihn den Betthlenischen Joszagen hin vndt wieder funden, bauffenweis weg getrieben vndt nach gehaltener Kotyevity verkauffet, hat demnach endtlig nicht anders wohin zu fliehen gewüst, sondern sich ex desperatione quasi in gemeinen paurischen Kleidern vermumet vndt vnerkannt ihn die burg ihn ihres Losament kommen, alss aber Rakoczi solches *Die Betthlen Janosin supplicirt per Nobiles an Begernr sie ihn die Stadt zu nehmen.* *Die Betthlen Janosin kompt verkleidet auf die borg vndt wirdt*

Marginalia (left column, abbreviated): des 3. tages sampt der Prybkin dem Rakoczi aussgegeben, vor welches factum anno 1667 die Stadt 10,000 Gulden zebatausgestahlen müssen.

erfahren hat er am Jahresabendt alss 31 December durch den Betthlen Gergely dieselbe sampt ihren bonis aussbegehren lassen, welches ihm denn auch auss zulassung dess Vulgi zugelassen worden, vndt sampt der Prybek Ferenzin sub honesta custodia zum Fürsten geführet worden; dess andern tages sein die Vngerlendische Krigs Völcker ihn ihre Joszagen verreisset vndt alles was sie funden allerlei Viehe vndt hausraht genohmen, vndt etlige tag bei uns alhie zu Schesspurg kauf vndt tausch damit gehalten, villerlei sachen sehr wohlfeill verkauft, welches die arme käuffer mutatis temporibus widerumb ohne geldt zurückgeben müs-

Marginalia: Die Rakoczischen thun ihn der stadt gruese gewaldt.

sen. Was vor gewaldt vndt Vnrath von den Rakoczischen krigsvölkern damalss ihn der Stadt geschehen, vndt wie sie, aus gunst vndt zulassung des Pöbelss ihn die burg gelassen vndt wie sie ihn etliger Edelleut bonis gehausset, wer vill zu schreiben, ess heist aber, Lingva sile calamum cohibe, veritas enim odium parit. Ess kam so weit, dass dieselben Vngerlender vndt Rakoczische ohne schey vndt vngehindert inss Consistorium vor den Senatum gehen dörfen, vndt mit trutzen vndt pochen solches reden dörfen was ihnen gelüstet, welche eben dozumallen auff des Ugron Istvan herbrig, welcher auch Barcsaisch gewesen, vngehindert gegangen

Marginalia: Dem Ugron Istvan werden 6. 1055 genomen, Item Nro. 219 Ducaten Nro. 829 Taller.

vndt ihm auff taussendt gulden ittem etwass in Tallern vndt Duckaten ihn habertanistern weggetragen, in Summa, solches so sich dazumallen, vorauss biss die Betthlen Janosin, sampt dem jüngsten Sohn Paulo vndt tögterlein gefangen worden, zugetragen, wer vill zu schreiben, welches ich aber alhie vor diessmall vntterlasse.

Nota. Der Prybekin sein vnwissendt dess rahts in ihrer herbrig etlige bona mobilia doch kein Geldt von den Rakoczischen Katnern alss der Rath im Rathhause versammelt gewesen, genohmen worden, ittem 6 sillen ross sampt den sillen vndt 2 reitross, welches Alles ex admissione vulgi geschehen, so sie selbst zur Herbrig geführt vndt ihn der vnttern stadt die ross gezeiget vndt zu Henden gegeben. O blinde Thorheit vber alle Thorheit, künftig mag es heissen: redde rationem insaniae tuae.

Marginalia: Anno 1660.

Alss sich nun, wie mir gehört, der Rakoczi wegen belegerung der Hermanstadt, zu Schelemberg, so auf eine Vierteill meil davon ligt, nidergelassen, hat er die Völcker auff die vmbliegende Dörfer auffgetheilet, welche sich sehr vbel vndt Tyranisch angelassen, die ross ihn den Stuben vndt Kellern gehalten, Kirchen, Thurm vndt andere schöne gebey nidergerissen vndt verwüstet, welche Kennzeichen auch vnssere Kindeskinder werden sehen vndt gedencken. Nach diessem sein von Fogarasch fünff grosse Carthaunen vndt etliche kleine Feldstück gebracht, vndt neben die Haller Scheir ihn einen Schantz gepflanzet vndt auf die Haller Pastey gerichtet worden, welche zu beschissen den 6. Januar ein anfang gemacht worden, alss sie aber nichts oder gar wenig aussrichten kennen, hat der Gaude Andras der Teutschen Völker Generalis, die Stück auff die vnschuldige Kirchen, Thurm vndt auff die schönste gebeü der Stadt richten lassen vndt starck beschossen aber ohne schaden; mittlerzeit geschagen vill excursiones vndt aussfäll von den Türcken vndt Vngern so ihn der Stadt lagen, wie auch von dem Stadt Volck, vndt hielten oft zu Zeiten mit den Rakoczischen harte scharmützel, welche hart einbüsseten vndt vill Köpf ihn die Stadt geführt wurden, vber welches der Rakoczi noch mehr ergrimmet vndt der Stadt mit schissen je mehr zusetzet; alss sie aber keinen sonderligen der Stadt schaden spüreten hielten sie mancherlei raht, was sie weiter vornehmen solten, sahe auch der Rakoczi dabei, dass seine öffte ermanungen so er ihn die Stadt thete, wie auch der schrecken des schissens wenig hafften wollen, schliesset er bei sich gar abzustehen vndt sich auf Vngern zu begeben; alss solches sein Generalis der Fussvölcker, Gaude Andras ihn acht nimmt, bringet er die Vngerlendische junge Herren, die Barkozischen, so ohne Verstandt nur Jünglinge waren, an sich, vndt bereden den Fürsten in seinem Vornehmen fortzufahren, damit er der belegerung nicht schand hette, vndt sich seines schadens, welchen er entpfangen, erhollen möge; alss sie aber eines tages ihn solcher Versammlung vndt raht zu Schelenberg sicher sein, vndt von dem Stadtvolk verspiet waren, thut das praesidium sampt dem Stadtvolck einen aussfall, vndt weill die Stück nicht vergraben noch verschantzet gewesen, vberlauffen sie die Stück, vndt zwar solcher gestalt, dass die wacht dass Stadtvolck ehe höret, denn sehet, werden aber flüchtig vndt von dem Stadt Volck nidergemacht; alss der Gaude so gleich damalss ihn schantz gewesen, solches getümmel höret, vndt auch ansichtig wirdt, gibet ohne Hut, ungegurt, wehrloss, die flucht, findet zu seinem glück ein ross ohne Sattel, mit welchem er davon kompt. Dass Stadtvolck aber sampt den Türcken hawen nieder was sie antreffen, zünden allen pulver mit feur an, nehmen ein grosses Stück vndt zwei kleine, sampt alle dem wass sie finden mit sich in die Stadt, mit Vernagellung aller der andern stück, bringen auch etliche Fahn mit sich, welche sie dem Fürsten Barcsai verehren, welcher sie herkegen widerumb begabet, aber nicht mit freudigem Hertzen, sintemall er wegen der viller schreiben vndt ermanungen dess Rakoczi schon sehr inciniret gewessen, dass Fürstenthumb aufzugeben; als aber der Rakoczi solcher geschehenen Ding kuntschafft bekompt, machte

Der Barcsai ist inclinirei vom Fürstenthumb abzustehen. er sich eillendt mit seinem Volck dem schantz zu, aber tarde fabulare, richtet nichts aus, kehret zurück, sterckt sich mit Volck, ziehet abermall ihn den Schantz, lasset die verschlagene Stück eröffnen vndt laden, stellet sich mit seinem Volk vntter einen Hügel, den Deppen kaulen zu, wie der Ort genant wirdt, lasset fleissig wacht halten, der Hofnung, ess mögtens die ihn der stadt nachmittag widerumb wagen, welches auch geschehen, denn alss die in der Stadt, wegen ihres glücks etwas be-

Die Chisienses vberfallen den Schantz zum andern mall. hertzt geworden, seien sie auf den nachmittag stärker herauss dem schantz zu gefallen, alss sie aber die stück abermall zu vberfallen vermeinet, sie die ihm schantz dazumallen etwas wachbarer alss ihn der Frühstundt gewessen vndt auff die anfallende lossgebrennt, aber etwass zu frühe vndt ohne Verletzung eines eintzigen menschen, alss die lossbrennung geschehen, ist der Rakoczi mit seinen Fuss Völkern vndt reutenden herfür gebrochen vndt kegen einander hart scharmützirett, sein aber die Rakoczischen von dem kegentheill mit Verletzung vndt nidermachung viller Fussvölcker ihn die flucht geschlagen worden, welches gar biss ihn den abendt gewehret, vndt die Stück von dem Stadtvolck abermall härter als zuvor vernagelt worden, welches nachdem mit hinterlassung eines eintzigen Menschen mit gleichem tryumpf ihn die stadt geköret, auf welche scharmützel der Rakoczi etliche tag sowoll mit schissen alss andern feindseligkeiten, still

Die Stärk werden zum andernmall vernagelt. blieben vndt getrachtet, wie er den Barcsai mit grossen Verehrungen vndt Verheissungen vom Fürstenthumb abzustehen bewegen möge, oder aber mit harten bedreiungen erschrecken, welches auch geschehen; alss demnach der Fürst Barcsai die schreckliche bedreiungen furcht, wie auch herkegen die grosse Verheissungen, voraus aber sein sehr krankes weib, so er ihn der Deva dem schloss gehabt, hat betrachtet, hat er heimlig mit raht seines rechten bruders, Andreae Barcsai, sich verwilliget, ihm pfall er ihm Eörmenyes cum omnibus pertinentiis, neben sicherem geleit eingeben wolte, alda zu residiren, wolte er ihm Deva, wie auch die Stadt sampt dem Fürstenthumb vbergeben, vndt eines tages vnter dem schein anderer geschäfte, gedachten seinen bruder Andream mit Vermeldung seines Vorhabens zum Rakoczi auff Schelenberg geschickt, vnwissendt aller bei sich habender Landtherrn vndt raht; alss der Barcsai Andras mit solcher seiner botschaft bei dem Rakoczi ankommet, nimpt er ihn mit Freuden an, verheisset ihm nicht nur Eörmenyes, sondern neben elligen taussendt Duckaten zehnmall so vill josagh, vndt den Türcken sicheres geleit, vndt sauffet sich sampt des Fürsten Bruder vor grossen Freuden toll vndt voll, welcher noch denselben Tag wie gehört wol besoffen mit gleichen Freuden zum Fürsten Barcsai ankompt, vndt, nach erzelten sachen, vndt wass der Rakoczi versprochen vndt gesagt wirdt der Fürst Barcsai gleicherweiss erfreuet, lüsset von stundt an seinen Rath vndt landtherren beruffen, mit erklärung aller hendel, so sich mit dem Rakoczi ergangen vndt wie er seine kranke Fraw nun im Schloss Deva nicht mehr fürchten thet, sondern were resolut die Stadt sampt dem Schloss Deva dem Rakoczi zu übergeben vndt vom Fürstenthumb abzusteben; alss solches der Fürstenraht zu vorauss der Herr Haller Gabor vndt Betthlen Janos, vernehmen werden sie gleichssam consterniret nichts anders schlissendt, alss dass der Fürst Barcsai nicht recht bei sinnen were, oder ja gar verzweifelt hätte, reden ihm hart ein, fragendt wenn nun solches alles vom Rakoczi geschehete, ob er dem landt damit frieden schaffen würde, oder was er damit anzuheben vermeinet? welcher ihnen hierauf mit keinem Grundt antworten kennen, vndt nur auf seiner meinung bestanden; alss die Herrn Regimentsrath vor dismall nichts schaffen kennen, sein sie vom Fürsten nach Hauss gegangen vndt weiter getrachtet, wass zum bleiben dess landes vndt der Stadt zu thun sein würde: mitlerzeit alss der Barcsay bei seinem rathe nichts

Derweill dem Fürsten Barcsai sein Vornehmen nicht vorgeht, trachtet er wie die Stadt mit den praesidiariis in Vneinigkeit gerahten mögen.

schaffen kennen, hat er mittel vndt weg gesucht, wie er zwischen den Praesidiariis Türcken Ungern wie auch den bürgern der Stadt Vneinigkeit vndt Zwietracht möge anstifften kennen, vndt baldt eine bald die andern von allen dreien Nationen zu sich fordern lassen vndt kegen einander verunglimpft vndt verhasst gemacht, dass oft wenn beide Herrn Haller Gabor vndt Joannes Betthlen nicht dass beste gethan, grosse gefahr vndt innerlig krig ihn der Stadt entstanden were, welches alles der Barcsai dem Rakoczi täglich zugeschrieben vndt zu kunt gethan, der dann grosse freudt darüber entpfangen. Alss demnach endtlig die drei Nationes, Türcken, Vnger, wie auch dass Stadtvolck, des Fürsten Barcsai wankelmuht vndt vnbeständiges gemüht erfahren vndt befürchtet, sie mögten sambentlig ihn gefahr vndt endtliges Verderben gerahten, sein sie *Die 3 Status halten raht vndt schicken Legaten zum Fürsten Barcsai.* sehr einmüthigklig ihn des F. W. H. Consulis Andreae Werders, hauss zusammen kommen vndt nach vill rathschlagen vndt Discurs folgende Legaten zum Fürsten Barcsai geschickt, alss von dem Adel, den Herrn Franciscum Kereztessi Consiliarium, zween Rahtsverwanten, vndt von den Türcken der Janesaren von Buda vndt Erlen Aga mit Vermeldung vndt bit, dass er seinen wanckelmuth vndt Vnbeständigkeit fahren lassen sollt vndt mit geduldt der Ottomanischen Hilf erwarten vndt harren, damit er nicht mit ihnen vndt der gantzen Stadt ihn gefahr kommen möge, oder aber, wenn er schon ja bei ihm geschlossen, vom Fürstenthumb abzustehen vndt ein Privatleben zu führen, damit er doch selbst eigene Legaten zum Türckischen Keysser schicken, vndt vor den Rakoczi suppliciren solte; alssdenn wollten sie, auss dess grossmächtigen Keyssers vndt Feö Veszers annuents die Stadt gern vbergeben, ehe aber solches nicht geschehete, wolten sie ihr Leben daran setzen; welche Legationen der Fürst Barcsai anhörendt ist er nicht wenig erschrocken vndt geantwortet, er sehe woll wass durch angebung des Haller Gabors vndt Betthlen Janos wider ihn beschlossen sei, ihndem er ihn acht nehmen künte, sie wollten ihn seines Fürstenthums gern entsetzen, aber dass solte ihm niemandt vornehmen, sintemal er von demselben ihn keinem wege abstehen wolt, mit welchem respons die Legaten entweichen müssen. *Der Fürst Barcsai ist widerumb genisset dass* Dess andern tages lesset er vnwissendt dess Herrn Haller Gabor vndt Betthlen Janos, von den Vngern, Stadtleuten vndt Türcken beruffen, vorgebendt wie er ver- *Fürstenthumb* williget hette, vom Fürstenthumb abzustehen vndt die *aufzugeben.* Stadt dem Rakoczi zu vbergeben, auf welches ihm geantwortet worden, dass biss die beide jetzt ernannte Landtherrn vndt Fürstenraht nicht zukegen weren, künten sie sich hierauf ihn solchem Fall nicht resolviren, auff welche antwort er von stundt an beide Herren ruffen lassen, vndt von aufgebung der Stadt von neyem angefangen zu discuriren, welches ihm aber in communi hart widersprochen worden, vber welches er mit harten bedreiungen ihn grossen Zorn gerahten vndt nach solcher Verrichtung sich der Defension der Stadt gar nicht angenohmen, sondern sich dem trunck vndt gastereiungen ergeben, welches die belegerten vermercket, sich der steter wacht vndt Defension desto embsiger vndt fleissiger angenohmen vndt beflissen.

Alss der Fürst Barcsai sihet, dass er mit auffge- *Der Fürst Bar-* bung der Stadt nichts schaffen, sondern auf angebung *csai schreibet dem* der beider Herr Haller Gabor vndt Betthlen Janos alle *Rakoczi alle heimligkeiten* wachten vndt alle Defensiones fleissiger angestellt *der Stadt zu.* worden, schreibet er solches alles dem Rakoczi zu, welcher über beide Herren sehr erzürnet wirdt vndt durch seine Kriegsgurgelln vndt vngerlendische raubvögel alle ihre bona vndt landtgütter ihn den Joszagen hin vndt wider rauben vndt plündern lassen, welche bona mobilia zuvor auss Rindtvieh, ross, Schwein vndt dergleichen betreffendt, ihn die nechste Städt vndt Dörfer gefühlet, vndt nach gehaltener öffentlicher Kotyevity sehr wohlfeill verkaufft worden, welches die arme leut so solches gekaufft künftig, alss das Glück widerumb auff des Barcsai seiten gefallen, abermall ohne geldt, vndt mit schaden, jedem zurückgeben müssen.

Alhie ist weiter zu wissen, wie mir auch oben gehört, wie nachdem dess Herrn Betthlen Janos Eheweib sampt ihren Kindern, welche zur Zeit des Neymarker Landttag von dem Vulgo zur Schesspurg, so Rakoczisch waren, ausgegeben, vndt dem Szent Pali Janos sampt allen bonis vberliefert worden, welche doch hernach ex gratia Rakoczi abermall restituiret vndt ledig gelassen worden, ist dieselbe, so sich ihn solchen fürchten von neyem ihn fremder Kleidung. Mägdsgestalt ihn vnssere burg gemacht hatte, vom Rakoczi durch den Gregorium Betthlen aussgefordert vndt begehrt worden, vber welches ihn eines ehrs. W. rahts vndt der gemein Versammlung vill ruht gehalten, endtlig mit nicht geringer empörung des gemeinen Volck sampt einem tögterlein, abermall vndt secundario aussgegeben vndt am heiligen Jahrestag ihn trefflicher vndt vnerleidlicher Kälten zum Rakoczi ellendigklig geführt worden, darbei allhie zu merken, dass dazumalen bei vnserer stadt ein

Der Volgea so Segeavar bella mit dem Rakoczi vndt bringen etlige des Raths in gefahr.

wunderbarliger Zustandt vndt grosse confusion der bürger gewesen, indem der Vulgus vndt Herr Omnes mit dem Rakoczi haltendt, sich täglich auss anreitzung etliger Rädelführer, welcher nahmen ich zu beschreiben nicht düglig achte, wider den Rath vndt etlige der gemein empöreten, ja der Principaliorum dess Rahts etligen, so ess mit dem landt vndt der Port hielten, oft den thodt dreieten, vndt sampt ihren bonis den Rakoczischen Völckern ihn die Hende zu geben willens waren, derer ehrlige vndt auffrichtige gemühter ihr ampt oft mit furchten vndt seufzen verrichten müssen, die Vnschuldt aber gutes vnverletztes gewissen gab ihnen solchen freidigen muht, dass sie Gott fürchtendt gleichwoll der Stadt bestes sucheten vndt mit Democrito dem Weltweyssen, ihre ämpter treilich vndt getrost verrichteten, denn alss derselbe ihn einer grossen gefahr gefragt wardt, wess er sich tröstet, hat er keck vndt getrost geantwortet, der Vnschuldt vndt seines gewissens, vndt hiess es ein töricht Ding, sich fürchten vor den lästerworten eines schandligen liederligen gemeinen menschens vndt vorgenger dess Herrn Omnes, denn von einem ehrlosen künte niemanden seine ehr entzogen werden.

Democriti meinung vom H. Omnes.

Wie demnach oben gemeldt, war vmb diese Zeit vndt Rakoczischen wessen, vorauss allhie bei vns, ein wunderbarliger Zustandt, indem die bürger so das meiste am Rakoczi hingen, seine Vngerlendischen Völcker, so alss vnssere feindt mit grosser schar, hauffenweis ihn die stadt kamen, frei vndt vngehindert auf die burg liessen,

Dess Rakoczi Kaiser werden vngehindert ihn die burg gelassen, plündern etliger Nobilium herbrigen.

welche mit ihren wehren inss Consistorium vor einen ehrsamen raht traten, sich nidersetzeten vndt zuwider redeten, nach ihrem belieben, ja vngehindert etliger Nobilium (so ess an der Port hielten) herbrigen vberfiellen vndt ihre bona raubeten, vnter andern des Ugron Istvan's, welche Paarschaft vber fl. 1000 erliffe, vndt vnter einander theilleten, Ittem des Prybek Ferenz bona zugleich, welchem sie, neben seinem güttern auch sein weib, mit der Betthlen Janosin, auf einem wagen zugleich gefangen mit sich führetten; ob aber solches recht geschehen vndt zu loben gewessen, gebe ich jedem rechtschaffenen Christen, vndt Regenten zu erkennen.

Die Prybek Freuzia wirdt ausgegeben.

Nota. Dess Ugron Istvans bona lauffen auff 1055 fl. Ittem 219 Dukaten Nro. 229 Taller. Teste D. Barth, Goldschmidt.

Nachdem mir droben gehört, wie der Gaude mit schissen beim Leichenthorlein nichts schaffen kennen, hat er dess andern tagess, die vbrige stück auf die andere seiten der Stadt plantiret, sich mit dem Rakoczi berahtschlaget vndt dieselbe nacht solche stück ausserhalb Neppendorf ihm zu grossem Spot vndt gelächter sehr weit von der stadt führen lassen, vndt mit befehl des Fürsten allenthalben von der Universität vill Menschen mit hawen vndt tragen begehren vndt fodern lassen, wie mir denn wider vnsser gewissen vndt wider vnssere Nation selbst von vnsserm Stull 200 menschen geben müssen, welche Schantz vndt laufgräben graben vndt tragen müssen, daran mancher sein leben einbüssen vndt enden müssen. Alss derowegen der Gaude, alss welcher die gantze belegerung befohlen, mit schissen der

Vill Paurschafft wirdt dem Rakoczi schants zu machen zugeschickt.

stadt, ob er schon auch letzlig mit gantzen glünnden Feur Kugelln schissen lassen, nichts schaden kennen vndt wegen des weit abgelegenen Schantz nur grossen Hon vndt Spot erlanget, ist er mit schantzen je lenger je näher zur Stadt gerückt vndt bei die Ziegelscheuren zween Schantz vor einander machen vndt werfen lassen, darauss er den Kirchen Thurm, Kirchen vndt andern gebeü vnaufhörlich doch ohne sonderlichen schaden beschissen lassen, ess wurde herkegen auch aus der Stadt von den pasteyen vndt thürmen kegenschuss zu thun nicht gefeuret, vorauss aus dem Schmidtthurm, dannenher den in den schantzen der meiste

Es werden abermall 3 schants aufgeworfen.

Schaden gethan wurde, welche denn auch endtlig ihr schuss auff denselben theten, vndt durchlecherten, dass sich zu verwundern gewessen, wie er so lange kennen stehen bleiben; gleichssam taglig wurden auch vill aussfall von den Türcken, Vngern vndt Stadtleuten auf die Schantz gethan, dass sie gleichssam nimmermehr sicher darinnen waren vndt geschahe vill

Es geschehen vill Scharmützel vor der Hermanstadt.

scharmützel, dass mancher seinen Kopf einbüssen müste; die belägerung weret den gantzen winter alss vom Januario fort, bis ihn den Majum ihn steter grosser kalten, vntter welcher Zeit des

Rakoczi Krigsvölker auff dem landt in Regio Fundo vbel hausseten vndt dem armut alles auffrassen, vndt müste doch man ihnen zudem an Haber, Heu, Fleisch vndt brodt die menge zuführen, dass sich gleichssam zu verwundern gewessen, wie dem armut noch ein stück brot verblieben.

Alss endtlig der Fürst Rakoczi sahe, dass er an der stadt weder mit bitt noch bedreiungen, wie auch mit beschiessen nichts schaffen kunte, liess er das erschrecklige Stück den Wolf genandt, welches auch ihn der Christenheit wenig gleichen soll haben, auff einem mit Eissen beschlagenen Schlitten dafür 80 Paar Ochssen gezogen, von Weyssenburg vor die Stadt bringen, zu welchem alhie in Schosspurg ein laden gemacht vndt mit eissen davon (?) Centner gewessen, beschlagen wurde, mit selbem stück liess er auch täglich schiessen, doch alles ohne schaden; alss auch disses nicht zur aufgebung dienen wollen, liess er mit den armen Saxen in fundo Regio der stadt zum schräckniss vill grosse vndt starke leutern machen vndt aussruffen, dass alle Jobbagyen, so vntter die Hermanstadt kommen vndt dieselbe stürmen vndt besteigen helfen wolten, denen solte erstlig freier raub, vndt zum andern die Freiheit von der leibeigenschafft gegeben vndt zugelassen werden, auff welches Manifestum vill taussent jobbagyen, zu grossem Verdruss ihrer herrschaften herzu kamen, hatte aber nichts auf sich vndt keinen bestandt, sintemall der gantze Adel so dazumahlen vmb den Fürsten waren, solchem widersprachen vndt mancher seinen Jobbagyen ihn banden mit schanden vndt harten schlägen zurückjugen vndt treiben liess.

Der Wolf wirdt mit 80 Paar Ochssen zur belegerung der Herrmanstadt bracht.

Der Rakoczi lasset ein Manifestum der Jobhagyen wegen ausgeben.

Alss derowegen bei solchem Verlauff der Fürst Rakoczi die Stadt zu gewinnen zweifelhaftig war, liess er circa finem Januarii einen Landtag gegen Schelemberg beruffen, dahin die Status des Landes confluirten vndt wurden von vnsserer Stadt Herr Andreas Keisser, Sedis Jud. vndt Georgius Grell auch dahin geschickt, wie denn auch Cibinio aller dreien Nationen Legati erschienen, wardt aber nichts aussgericht, sintemall der Fürst der Port zuwider nur schlecht dass Fürstenthumb praetendiret vnd zogen alsso jederman widerumb au sein ohrt, er aber hielt an der belagerung noch starck an, richtete aber nichts aus; alhie ist zu wissen, dass obschon die Croner, dem

Ein Landtag wirdt zu Schelemberg gehalten.

Rakoczi zuwider, fest an der Port hielten, schicketen sie doch ihre Legaten ihn jetzt bestimmten Landtag, aber nicht auss anderer Vrsach, alss damit sie dassjenige so alda gehandelt würde, auf das eheste an die Port schreiben vndt ankündigen mögten, wie denn auch gethan, vndt mit Hilf etliger Adelleut so ihn der Stadt waren, dem Kalnoki Janos dahin geschickt, welcher nach Verrichtung solcher reissen mit dem Türckischen Schreiben von seinen Krigsvölekern so vmb Speiss ihn Burtzenlandt gereisset, ergriffen vndt dem Rakoczi gantz verstalt (sintemall damit er nicht gekennet wurde, er ihm den bart abscheren lassen) zugeführet worden, welcher ihn Eissen geschlagen vndt sampt den Nagysagoschen Herrn Szolyomi Miklos, Farkas Ferenz, Ugron Istvan, vndt andern villen Adelleuten, ihn dass Schloss Wardein geschickt worden. *Der Kalnoki Janos kompt von der Port vndt wirdt von des Rakoczi Volck gefangen.* *Vill Adelleut vom Rakoczi gefangen.*

Auf solches der Croner Verbringen, schicket der Fürst Rakoczi den Mikes Mihaly, seinen Cancellarium vndt Generalen, mit etlig taussent mann Vngerlendischem Volck den Cronern, wie auch etliger abtrüniger Adelleut zum schräcknüss vndt Verderben, ihn Burtzenlandt, welcher ihn aller stille sich vors erste Türsburg zu machete vndt bei der nacht dass schloss wegen schlechter wacht, besteigen vndt einnehmen liess, dessen der Mikes sehr erfreit dem Rakoczi solches alssbaldt ankündigen liess, zog mit dem ihn die drei Stull, plündert villen an der Port haltenden Adelleuten ihre Heusser, rücket vor Cronen, vntterschiedtige Adelsperschonen herauss begehrendt, vntter andern den Bassa Tamas, einer auss dem Fürsten Raht; diesser alss er des Mikes haussen vndt Verrichtungen höret, machet er sich bei Zeit auss der stadt, vndt entwich in die Wallachei, sein Sohn *Der Mikes Mihaly haussot ihn den drei Stullen vbel der Bassa Tamas entkompt sein sohn wirdt gefangen.* *Der Mikes Mihaly haussot ihn den drei Stullen vbel der Bassa Tamas entkompt sein sohn wirdt gefangen.*
Bassa Peter wardt ergriffen vndt gefangen ihn den Görgeny geführet; alss die Croner endtlig dess Rakoczi ernst vndt zorn vermercken vorauss weill sie auch Türczvest verloren lassen sie sich mit dem Mikes Mihaly ein, vndt schwören dem Rakoczi nach versprochener Amnestia von neyem.

Prima Februarii langen der Banffy Sigmund, Stoica Simon, vndt Czako David Senator Coronensis, welche eine Summam geldt an die Port geführt, nach Hauss, vndt stellen sich zu Schelemberg bei dem Rakoczi ein, villmehr furcht alss liebe wegen vndt erlangen gratiam. Herr Michael Konz, Senator Cibin. seines Handwercks ein Seiller, welcher der F. W. H. Regius Cibiniensis von der Port von sich gelassen, kompt etwass später an, alss obengedachte Herren vndt wirdt vnterhalb Deva von des Czurulai Pap Völckern, so sich damalss alss auff Rakoczischen seiten alda auffhielten, jemmerliger weiss erhawen.

Der Czurulai Pap findet sich mit 900 raubern vmb Deva, Herr Michael Konz wirdt erschlagen.

Alss Cronen wie mir gehört dem Mikes Mihaly nolenter volenter schwören müssen, hatten sie nicht lang vor dem den Waida auss der Walachei ihnen wider den Mikes Mihaly zu beystandt zu kommen bewegen, welcher sich aufgemacht, vndt biss an seine vndt der Croner Grenzen ihn den Rukur kommen, alss der Mikes Mihaly solches ihnen wirdt, ziehet er ihm entkegen, sich der Croner Eydt vertröstet, schickt ihm aber zwei vntterschiedlige schreiben, mit harten bedreiungen, mit Vermeldung der Croner Eydts entkegen, welcher baldt sich zu hauss kehret vndt still bleibet, der Mikes aber lasset starcke besatzungen ihn Türzburg vndt 800 mann ihn der Bussan, vndt keret widerumb zum Rakoczi.

Die Croner schweren dem Rakoczi.

Der Waida auss der Walachei ziehet den Cronern wider den Mikes Mihaly zu hilf.

Alss nun ihm Februar mit treffliger vndt gleichsam vnerleidliger kalten die belagerung der Hermanstadt mit weniger frucht continuiret worden, kamen dem Rakoczi 18 Fahn neye vngerlendische Völcker zu, welche nichts anders theten, alss dass sie raubeten vndt arme leüt macheten, welchen zum Vberfluss vill Speiss, alss erhungerten Völckern, wie vill Hey vndt haber zugeführet wurde, welche doch endtlig auff die Dörfer in fundum Regium inss Qvartier gelegt worden, wie denn der Capitan Földvari Mihaly mit 800 Katnern ihn vnseren Stuhl dem armuht zu grossem Verderben verordnet wurde, welche mitlerzeit nichts anders theten alss dass sie ausritten vndt strassenrauber abgaben, die vbrigen so vatter der Hermanstadt blieben verwüsteten vndt zerstörten derweill die schöne gemauerte vndt mit Ziegeln gedeckte Dörfer sampt den Kirchen vndt Thürmen, welcher greill der Verwüstung auch jetzunder zu sehen.

18 Fahn Vngerlender kommen dem Rakoczi zu hilf vnter die Hermanstadt.

Derweill derowegen die belagerten ihn der Stadt dess Fürsten Rakoczi ernst, vndt dass er von der belagerung nicht abstehen wollt, sahen, vndt anders woher ausserhalb Gott vndt der Port,

keine entsatzung hoffeten, schicketen sie etlige heim- *Die Belegerten*
lige boten mit schreiben, welchen sie grossen lohn *schicken aus der*
verheissen, zum Grossmechtigen Keysser, deren aus- *Stadt heimlige*
serhalb zween alle ihn des Rakoczi Hende gerichten *Port.*
welchen Nasen vndt Ohren abgeschniten vndt etlige gehenckt worden, diejenigen zween aber, so durchkamen vndt schreiben vndt
Verheiss der entsatzung vndt erlössung brachten, wurden höchlig
begabet vndt ehrlig entpfangen, vntter welchen schreiben auch der
Sübenbürgischen Legaten, alss dess F. W. Herrn Joan- *Von Herrn Jo-*
nis Lutsch Regii Cibin., Varadi Istvan, Sylvasi Balint, *anne Lutsch vndt*
schreiben waren, welche die erlössung vndt dass die *andern Legatis*
dazu verordnete hilff, nemlig der Ali Passa, so den *bra von der Port.*
15 April auff sein würde, wie auch der Budai Veszer, Szeidi Achmet
Passa gewisslich schrieben, welches allen einwohnern vndt praesidiariis, Vngern vndt Türcken, wie auch dem Fürsten Achatio Barcsai
selbst, so doch eine Zeit lang heimlig am Rakoczi haugendt dass
Fürstenthumb aufzugeben gesinnet war, grossen muht gabe, vndt
sich ihn der Defension desto manhafter vbeten.

Alhie ist zu wissen, dass vntter diesser Zeit dess Fürsten Barcsai
Akos kranke Fraw, die Fürstin Elisabetha Szalanczin, den 8 Martii
ihn schloss Deva stirbt, welches dem Fürsten zumahlen *Die Fürstin Barcsai*
grosses Herzenleidt verursachet, weill er aber noch *Akosis stirbt ihn*
ihn der Stadt eingethan war, vndt nicht zu ihr kommen *der Deva.*
kunt, musste die sach beruhen, obschon der Rakoczi die leich abzuholen oder in die Hermanstadt zu führen, vergönnet hatte, doch
wollten die Herrn Cibinienses solches nicht gestatten.

Weiter ist nun zu wissen, dass nachdem wie mir gehört den
15 April dess Ali Passa auffbruch von Adrianopel, wie auch dess
Szeidi Achmet Passa, Budai Veszers ausszuch geschehen, ist solches
ihn gantz Vngerlandt kunt vndt ruchtbar worden vndt grosse Furcht
vndt Fluchten verursachet, welches wegen dess Rakoczi Religions-
genossen, die Calvinische pfarberren vernehmen, halten sie einen
Conventum, vndt schicken den Herrn Megyessi hoffprediger, zu dess
Rakoczi Mutter, Susanna Lorantffi, der Alter Fürstin, vorgebendt
vndt bittendt, damit sie doch dem Rakoczi, von belage- *Die Calvinische*
rung der Herrmanstadt abzustehen wolte ermanen las- *Pastores ihn Va-*
sen, anders were sich zu befürchten, auff diessmall *gern halten we-*
möchte sein Verderben sein, vndt ein grosses stück *gen belegerung*
der Hermanstadt
Conventum.

Vngerlandts, oder ja die Vestung Wardein selbst, ihn der Türcken Hende gerahten; alss solches anbringen vom Megyesi geschehen, soll sie, die alte Fürstin, ihn gefragt haben, ob er solches auss grundt seines hertzens riehte, hat er geantwortet ja; soll sie gesagt haben weill sie hört, wie er ihr riethe, vndt auss lauter hass vndt neidt geschehete, solte er künftig ihr Seelensorger nicht lenger sein, vndt ihren hoff raumen; er herkegen hatte sie abermall gefragt, ob sie solches auch von grundt ihres Hertzens redete, hat sie auch ja, geantwortet; alss solches geschehen hat er das meiste so er gekant ihm bereitschaft bracht vndt vom Hof geschieden, alss er aber auf eine meill gereiset, hat sie solches bereiet vndt vmbzukehren nachgeschickt, ehe er aber zurückkeret vndt ankompt, rühret die alte Fürstin auss Gotts geheimen raht vndt sonderliger rach, die Handt des Herrn, dass sie kein anders wort reden kann, alss dass sie zu zweimallen, Megyessi, Megyesi geruffen

Die alte Fürstin Susanna Lorantffy stirbt ihm Patak. 21. April.
vndt gestorben, wass sie damit deuten wollen giebet die Vernunfft, Justus es Domine et justa sunt judicia tua hat der Keysser Mauritius gesagt.

Vnter dieser Zeit dess Siebenbürgischen Vnfriedens berahtschlagen sich die Tater wegen dess grossen Zwispalt vndt Vneinigkeit der Sübenbürger inss landt einen einfall zu thun, vndt machen

Neu 40000 Tatter sampt einem Sultan machen sich auf Siebenbürgen zu überfallen.
sich 40000 vierzigtaussendt auf die Strass, begeben sich auf den Eiss, kommen getrost der Moldaw zu, alss sie aber von den Koszaken verspiet worden, machen sie sich hinter ihnen her vndt setzen ihnen auf dem Fuss nach, zerhawen auf einem armen des meeres den Eiss hintter ihnen auff, alss aber der meiste theill der Koszaken, welche sich getheillet hatten, auff der seiten an die Tatter gesetzet, haben sich die Tatter von den letzten so nicht zugleich mit den ersten auf gewesen getrennet, die ersten haben auss noht sich zur kegenwehr stellen müssen vndt die letzten zurückkehren müssen, alss sie aber von dem aufgehawenen Eiss nichts gewusst, sondern getrost gewichen, sein sie ihn grosses ellendt gerahten, vndt von denjenigen Koszaken so ihnen die pfallen vndt stricken gemacht,

4000 Tatter kommen vnter dem Eiss vmb.
profligiret worden, dass auff 4000 vnter dem eiss fischen vndt verrecken müssen, die vbrigen haben derweill so noch ihn 36000 gewessen sich starck mit den Koszaken schlagen vndt scharmutziren müssen, hiss endtlich die

Koszaken gleichwohl den kürzeren nehmen vndt weichen müssen, haben sich aber baldt gesterckt, vndt den Tattern weiter auff den Dienst gewartet, welche aber mitlerzeit, den Polacken mit welchen sie ihn bundt waren, solches alles zu kunt gethan, dass sich der Podoczki den Tattern zu Hilf aufgemacht vndt mit etligen Taussenden den Tattern zugezogen; alss vngefehr die Koszaken auff die Polacken getroffen vndt vnversehens überfallen, ist der Podotzki von den Koszaken geschlagen vndt zurückgejagt worden vndt sein nach solchem Verlauff die Koszaken desto getroster den Tattern zugezogen, vndt auff die 11 meillen wegs profligiret, vill erhawen, vndt auff hundert Vngrische Adelleut vndt andere rabben, welche sie ihn Sübenbürgen zu lössen mit sich bracht hatten, abgewonen vndt erleset, dass alsso Siebenbürgen vor dassmall solcher gestalt vor dem einfalt der Tatter behütet worden, vndt sich die Furcht ihn Siebenbürgen auch gestillet, sintemall schon vnter dem gebirge herum von der Moldaw her lengst der Tatter vornehmen dess einfallss erschallet war vndt grosse flucht erwekket hatte.

Die Polaken siehen 25000 starck den Tattern zu hülf.

30000 Tatter sambt Sibenbürgen kommen sollen werden von den Koszaken zertrennet vndt geschlagen, wie auch die Polacken zugleich.

Ihm Monat Martio besammeln sich zwischen Gyenneö vndt Vilagosvar 5000 Türcken, einen einfall auff Vngern zu thun, werden aber verspiet vndt von den Vngerlender Katnern zertrennet, 300 werden nidergehawen 25 gefangen. Von diesen 5000 Türcken sondern sich in ihrer flucht 600 ab, vndt kommen in einem neyen gemachten weg neben dem Eissernen thor herein, rauben vndt plündern menschen vndt viehe schier biss auf Deva, werden aber von Herrn Kappi Georgy mit Hinterlassung des raubs widerumb aussgeschlagen vndt verjaget.

Zwischen Gyenneö vndt Vilagosvar werden 500 Türcken erhawen, 25 gefangen.

600 Türcken fallen bei dem Eisernen Thor herein.

Die 21 Martii ipsa Die Palmarum Schicken die Herren Coroneuses schreiben so von der Port kammen, durch einen heimligen Boten Cibinium, welche laut derselben schreiben de necesse andere schreiben den Herrn Coroneuses schicken müssen, geben einem Seiller vndt einwohner der Stadt, fl. 35 solche schreiben dahin zu tragen, wirdt bei der Nacht zur Stadt heraussgelassen, kompt glücklich an vndt wirdt wider mit schreiben Cibinium geschickt, der Seiller vndt bott vntterwegens dem Rakoczi gefangen geführt, welcher

Die Coroneuses vndt Cibinienses schicken heimlige schreiben zusammen, vndt wird der bott aufgefangen.

schreiben Copei der Rakoczi durch seiner Eteghfoghu einen, Cziriek genannt, den Cronern mit grosser bedreiung vndt indignation zu geschickt.

Alhie ist zu wissen, dass vmb diesse Zeit sich die zween Walachische Waida Costandin vndt der Minya, zum Szakmar auffgehalten. Am Ostermontag hat der Coztandin den Mĩnya Waida zum essen, ist frisch vndt gesundt, kompt von der gasterei zu hauss zu seiner Czerkes Tartarischen braut oder Concubin, verrecket dieselbe nacht vndt wirdt dess Morgens thodt funden, wie ihm geschehen, darff nicht fragens; der gemeine mann darffe es vor einen halben oder auch gantzen schlag halten; ess sei ihm nun geschehen wie ihm woll, ess ist genuch dass er gehliges thodes gestorben, lass das Vrtheil andern. Der Costandin aber feiert keinen augenblick macht sich sowohl mit seinem, wie auch des Minya Waida hinterlassenem Volck vndt dienern gefast, vndt ziehet mit 12000 man dem Rakoczi zu vnter die Hermannstadt, wie ihm weiter ergangen wollen wir bald hören.

Der Minya Waida stirbt ihm Szakmar, der Costandin kompt mit 12000 mann ritter die Hermannstadt zum Rakoczi.

NB. ihm April stirbt ihn der Hermannstadt der Oberste Passa der Türcken, Kupani Eli Passa genandt vnnt wirdt bei dass Cziganische Creutz begraben.

Mir haben gehört, wie die Herrn Coronenses den Herrn Cibiniens, von der Port ankommende schreiben zu geschickt, welche denn sich höchlich bemühet, selber schreiben inhalt nach dessjenigen so ihnen gebotten vndt befohlen, auszuwarten, vndt auch an die Port vndt Tarterey kegenantwort zu führen bohten abgefertiget; alss sie aber von den Coronensibus vernohmen, dass die ersten von des Rakoczi Volck aufgefangen worden, haben sie zum andernmall schreiben an die Port vndt Tartarei lautendt verfertigen, vndt damit sie desto vnvermerkter weiss vortgebracht mögen werden ihn Wachs giessen lassen, vndt Coronam zugeschickt, alss sie aber biss auf Schors ihn Schenker Stull geführt werden, kommen dieselben ebenermassen dess Rakoczi leutfressern zu handen vndt werden auf Schelemberg gebracht.

Der Herrn Cibin. an die Port vndt Tartarei lautende vndtiche Warhe gegossene schreiben werden aufgefangen dem Rakoczi zubracht.

Alss demnach der Rakoczi der belegerten grossen ernst wegen der viller schreiben so er auffgefangen, gesehen vndt an der auffgebung gezweiffelt lässet er ad 1. April allen Zeckeln vndt Var-

megyen gebiettendt vntter die Hermanstadt beruffen vndt freien raub aussruffen, dass, welche sich neben seinen freybeitern, so Szabad legenyek genandt worden, so er auff 3000 auss Vngern mit sich bracht, zur besteigung der stadt wolte gebrauchen lassen, solte denjenigen alle dass, was sie ihn der stadt bekommen würden, zu eigen bleiben; *Der Rakoczi ruffet zur Störmung der Hermanstadt freien raub auss.*
ess war aber auch diesses nur zum schrekken der Stadt angestellet, wolte sich aber niemandt solches zu wagen finden lassen, dass er alsso das landtvolck nur unnöthig bemühet vndt wegen des villen auf vndt abreisen nur dass arme landt verwüstet vndt dass armuht aufzehren liess. Alss aber auch solches ihn der Stadt kunt worden, achten sie auch das gar nichts, weill sie aber sahen, dass sie auf Cronen zu kein schreiben fortbringen kunten, schicketen sie schreiben ihn dass Schloss Deva, dannenher sich der Stoica Simon De Maramoros vndt Ferenz Deak, ein Komornik dess Fürsten Barcsai, welche ihm Schloss lagen, auffmachten vndt auff *Stoika Simon vnd andere reissten auss zum Ali Passa hilf zu begehren.* Temesvar zum Ali Passa reisseten, welcher alssbaldt den Waida aus der Walachei mit seinem Volck vndt etwas wenigen Türcken dem Eissernen thor zu schicket, den Pass derweill zu verwaren; derweill aber der Rakoczi schon nachdem er dess Stoika Simon vndt Ferenz Deak abziehen vernohmen, ausserlesenes Volck dahin geschickt, ebenermassen der meinung, den Pass zu verhietten, welche vngefehr vndt vnverhofft auff den Waida stossen, angreiffen vndt zerstreien, dass er die Flucht nehmen muss, bleiben also die Rakoczischen eine kleine Zeit alda, alss sie aber dess Ali Pascha vndt dess Szeidi Achmet Passa starcken anzuch vernehmen, will ihnen die weill lang werden vndt ziehen ab dem Rakoczi zu.

Vntter diesser Zeit kompt Post dass achthundert Koszakische Schiff auf Constantinopel zugefahren, sich an die Türken zu wagen vndt etlige stadt vndt Dörfer zu vberfallen; welche Zeitung den Törcken grosse furcht erwecket; *800 Kosackische schiff streifen auf Constantinopel.* mitlerzeit schicken die Tatern auch hilf von den Törcken zu begehren wider die Koszaken, so ihnen inss landt gefallen waren; welchen einfall, wie auch die Schifffahrt der Koszaken, alles der Rakoczi per Legatos verrrsachet hatte, nur damit die Türcken die Hermanstadt zu entsetzen gehindert mögen werden. Alss demnach der gross-

mechtige Keysser disses alles erfahren, wirdt er gezwungen den
Ali Passa vmb lassen zu kehren, welches wegen denn auch die
belagerten ihn der Hermanstadt der Hilf desto länger erwarten müssen,
derweill aber gleichwoll die Koszaken an ihrem Heill etwas
gezweiffelt vndt in eine furcht gerahten, sein sie wiederumb vnverrichter
sachen mit ihren schiffen zurückgekehret vndt dem Ali Passa
seinen Zuch zu continuiren widerumb gebotten worden.

Mir haben droben gehört, wie dass der Costandin Waida sich
mit 1200 mann von Szakmar dem Rakoczi zuzuziehen vndt von
Der Costandin dannen sich an die Walachei zu wagen, auffgemacht,
Waida ziehet von Szakmar mit welcher denn den 9. April vntter der Hermanstadt an-
1200 Mann ihn gelanget, vndt ziehet nach gehaltenem raht mit dem
die Wallachei. Rakoczi mit 1200 mann vndt 500 Vngern so ihm der
Rakoczi gegeben bei dem rothen Thurm ins landt, hatte aber vntter
der Hermanstadt her solches alles an die vornembste Boeren gelangen
lassen, mit erklerung, wie auf der Seit der Moldaw ihm zu gut
12 taussent Kossacken auch ihm anzuch weren, welches doch ihn
der Wahrheit nicht also war, vndt wollte er weder ihrer, noch ihrer
weiber vndt Kinder schonen; auf welche bedreiungen die Boeren
bewogen wurden, von dem Dikul Waida so auch nicht lange regieret
hatte, abzufallen vndt an den Kostandin zu fallen. Alss sie demnach
ihn solches alles versichern, vndt ihm etlige Boeren, alss
gleichssam zum pfandt entgegen schicken, vnwissendt des Dikul
Waida, ziehet der Cosztandin desto getröster, alss er nun zimlig
Der Dikul Waida lieff inss landt kompt vndt der Dikul Waida solches
fliehet aus dem inne wirdt, gibt er alssbaldt die flucht vndt fliehet
landt nach
Foghsan. nach Foghsan; alss die vbrigen Boeren des Dikul
abzuch vernehmen, ziehen sie einmüthigklig dem Coztandin entkegen
vndt führen ihn auff die sitz; alhie ist zu wissen, dass wie
gesagt worden, dass des Coztandin Waida einzuch inss landt keine
andere Vrsach gewesen alss diese dass er einen sehr grossen schatz
von goldt vndt silber, alss er erstlich aus dem landt weichen müssen,
ihn einen Teich oder Weyr sencken vndt verbergen lassen,
Dess Costandin damit er denselben nur wider gefüglich bekommen
Waida Schatz möge, sintemal er gut gewust, dass er vor dem Türcken
ihn einem Teich. nicht lange beständig bleiben kunte, welches auch
geschehen, denn er kaum so vill Zeit gehabt, solchen seinen schatz
zu gewinnen, vndt alss er gleichssam auf der sitz nicht recht warm

worden, kommen ihm die Türcken vndt Tattern auf den Hals, bringen den Alten Gyga, so lang auf der Port ihm Arest gewesen, zum Waida, welchem der Coztandin nachdem er seinen Schatz gleichwoll bekommen endtlich weichen muss; disser alte Gyga bleibet gleichwoll auch nicht lang ihn solchen liederligen ehren bestendig; innerhalb einem Monat kommen andere Türcken, schlagen den alten Greiss ihn eissen, schicken ihn an die Port, vndt bringen seinen eigenen Sohn Gregorium Gyga zum Waida an seine stat, welcher gleichwoll biss inss fünfte Jahr ihm Waidenthumb bestendig verblieben vndt doch auch endtlig vertrieben worden, wie mir baldt hören werden.

Der Coztandin Waida ist ein Monat vndt einen Tag auf der stat vndt vom Gyga aussgeschlagen.

Damit mir auch dess Stephan Görgicze, vertriebenen Waida aus der Moldaw nicht vergessen mögen, ist zu wissen, dass derselbe vom Rakoczi dass Schloss Solyomkö, sampt elligen Dörfern, wie mir oben gehört, gekauft, vndt sich eine Zeitlang alda auffgehalten; alss diesser dess Coztandin abziehen vom Szakmar, wie oben gemeldet, vernohmen, bedencket er sich eines andern, nimpt alles wass er bey sich hat mit sich, vndt reisset zum römischen Keysser nach Wienen, die Vrsach warumb, möge er wissen vndt sich selbst drumb erfragen, sintemal er ihm ihn Verrathung seines Herrn dess Luppul Waida selbst das Vnglück gesucht vndt geschmidet hatte, denn wer an seinem eigenen Herren ein Verrahter wirdt, muss endtlig gleiches mit gleichem bezahlen, vndt ihn die gruben mit fallen, welche er einem andern gegraben; waren derowegen dazumallen drei vertribene Waiden ihn Vngern, der Coztandin vndt Minya auss der Walachei, wie woll der Coztandin sich eine kleine Zeit, mit

Der Stephan Waida auss der Moldaw ziehet nach Wienen.

Drei vertriebene Waida halten sich ihn Vngern auf.

Hilf des Rakoczi, auch ihn die Moldaw angesetzet hatte, wurde aber zu grossem hohn vndt schaden mit sehr blutiger schlacht widerumb herausgeschlagen nemlig den 22 November des 1659ger Jahrs den Tag alss der Rakoczi bei dem Eissernen thor geschlagen worden, vndt dess driten tag, alss den 19 November zuvor auch der Minya, welche alle als conspiranten an einem seill ihr Vnglück zogen, vndt Gott sie aus gerechten Zorn heimsuchen thet, wurden alle drei zugleich auch von den Heyden geklopfet.

Damit mir nun, laut vnsserer continuation, auff des Rakoczi thaten abermall kommen mögen, haben mir gehört wie derselbe zum schräcknüss vndt besteigung der

Der Rakoczitessel g'unser leittern zur besträcung machen.

Hermanstadt mit den armen Saxen wider ihre eigene Nation grosse
vndt sehr weitte leittern machen lassen, niemand aber selbe zu
brauchen vndt die Stadt zu besteigen wollen finden lassen, welches
ihm, (zuvor auss weill er von der Türcken praeparation vndt aufbruch oblique etwass gehört), vill seltzame Grillen ihm Kopf machet,
vndt mit seinem Krigsraht, dem Gaude vndt andern mehr vill raht
hielte, wass nun weiter anzufangen sein würde; alss sie hievon sich
berahten, kompt Post, wie die Türcken gewisslich zu Temesvar
aufgebrochen vndt ihn vollem Zuch weren, welcher Zeitung wegen
der Rakoczi gutte besatzung vntter der Hermanstadt liess mit befehl,
dass der Gaude seine mannheit beweisen, vndt die Stadt stetig
sollte beschissen lassen, welches auch geschehen, aber alles vergeblich; er aber zog mit den Varmegye, Zeckeln vndt 2000 Vnger-
Der Rakoczi le- lendischen raubern auff Müllenbach zu, lagert sich bei
get ein leger bei Wintz, etwass gründtliges zu erforschen, welches
Wintz auss furcht
der Türcken. wegen er kuntschafter vndt Straszen aussschickete,
kame ihm endtlig gewisse Post, wie zwar der Türcken Tabor vndt
lager noch bei Temesvar still weren, gewiss were ess aber,
dass fünftaussent 5000 Türcken auffgebrochen, einen raub auss
dem laudt zu bekommen, welche denn auch schon ihn Lugos
vndt Karansches angelanget weren; auff welche Post sich der
Rakoczi mit seinem Heer ihnen entkegen zu ziehen aufmacht;
alss aber etlige Adelfrawen, welcher Herren ihn der Hermanstadt
ihm praesidio lagen solchen Zuch anhöreten, sintemall sie nicht
5000 Türcken weit abgelegen wohnten, schickten sie alssbaldt dem
kommen auf dass Türcken dess Rakoczi zuch anzukündigen ihre boten
landt vmb raub,
werden von Edel- entkegen, alss sie aber ihre Straszen bevor geschickt
frawen des Ra- vndt dass dem alsso sei auch erkündigen lassen, sein sie
koczi wegen ge-
warnet vndt kerea vmbgekehret, der Rakoczi aber starck vortgerückt, alss
zurück. er aber, (nachdem er sein Volck sehr bemühet) der
Türcken vmbkehren vernohmen vndt dass die vbrige Türcken gantz
still, vndt villmehr auff Vngern einzubrechen, wie gesagt worden,
gesinnet weren, hat er sich auch vmbgewandt vndt re infecta widerumb vntter die Hermanstadt gezogen, vndt die belagerung desto
getroster angegriffen vndt die Stadt vnauffhörlig beschissen lassen,
die Varmegye aber vndt Zeckel ihnen zu sonderligem glück von
sich gelassen vndt nur etliges sampt den besoldigten Völckern, seine
Eördegh lelkü, wie sie genannt werden, bei ihm gehalten.

Nota. Den 20 April vnter wehrender belegerung sein die Weingärten durch gantz Sübenbürgen erfroren vndt der Alte wein sehr theur worden. *Erfroren die Weingärten.*

Die 26 April Schicket der Rakoczi vnter der Herrmanstadt her den Dionisium Banffy vndt Ladislaum Vas legation weiss ihn dass schloss Deva, welches ihm ein sehr grosses Obstaculum vndt Dorn in den Augen war die aufgebung des schlosses zu begehren; kunten aber nichts erhalten, vndt wurden schlecht abgewissen, solten auch keine Hofnung haben, jemals solches schloss zu bekommen vndt ob sie zwar ihn der wahrheit vber drei monat Speiss nicht haben mögten, doch wolten sie sich nicht ergeben, vndt ehe sterben, solten aber gewisslich glauben, dass Sibenzigtaussent Türcken täglig einzufallen bereit weren, auff welche erklerung denn die Legaten mit kaltem bescheidt widerumb zum Rakoczi ziehen müsten, welcher solche botschaft auch nicht gerne angehöret. *Der Dionisius Banffy wirdt ihn die Deva geschickt.*

Ihm Majo erhebet sich ihn Vngern, wegen der Polacken einbruch Munkats zu, grosse furcht vndt flucht, sintemall der Podotzki vndt Czernitzky beide Generales mit etlig taussent mann inss landt gefallen waren vndt bestimptes schloss Munkats belagert, der meinung dess Rakoczi schatz daraus zu gewinnen vndt wardt von den Vngerlendern deswegen bei Keeze eine Musterung gehalten; die belagerung vnter Munkats helt aber nicht lang an, denn nachdem sie dass Schloss zu gewinnen gezweifelt sein sie wiederumb ihn Polen zurück gezogen. *Der Pollen weg erzielten Vogern grosse furcht.*

Mir haben droben gehört, dass die Stadt Cronen sich mit dem Rakoczi widerumb befreundtschaftet vndt von neyem geschworen, welchen er den 12 Mai dass Schloss Türczvest wider vbergabe, alss sie dass schloss ihnen hatten, wardt die freundtschaft widerumb aufgegeben vndt hieltten, wie auch andere, den Mantel dem Wind nach. *Cronen schwöret dem Rakoczi vndt bekommen Türczburg.*

Nachdem nun der Ali Passa wie oben gemeldt, den 15 April mit seinem heerzuch von Adrianopel auffgebrochen, ist er auf Griechisch Weyssenburg vndt Temesvar kommen, lasset dem Szeidi Achmet Passa, Budai Veszeren gebot thun von stundt auf zu sein, den Rakoczi vnter der Hermanstadt oder wo er ihn finden mögt, auffzusuchen, zu fangen vndt ihm seinen kopf zu schicken, wolt er anders selbst ein *Der Ali Passa bricht den 15 April auf Vngern vndt Sebenbürgen zu ziehen.*

freies leben haben; der Budai Veszer kann ihm nicht anders thun
vndt muss mit seiner Heeresmacht auf sein vndt alss er biss auf
Szarvas anlanget, wirdt der Gyulai Ferenz, Waradi Capitan vndt
Barkoczi Istvan gewarnet, welche sich auch alssbaldt aufmachen
ihm dess Ohrts Pass zu verlegen, alss aber der Gyulai Ferenz die
menge Türcken ansichtig wirdt, kehret er vmb, der Barkoczi setzet
allein an, ist aber zu schwach vndt muss weichen, verstehet an die
Straszen, welcher ihn 2000 waren, der Barkoczischen Kutner kommen 300 vmb, vndt 15 gefangen, darunter etlige ,des Herrn Kemeny
Janos vornembster Diener waren.

Dess andern tages Nachdem der Gyulai Ferenz, Waradiner
Capitan wegen dess Barkoczi vergangenen tages entpfangenen
schadenss sich an den Türcken zu rechnen vorgenommen, schickt
Des Budai Vesze- er dem Budai Veszeren Szeidi Achmet Passa, durch
ren kompt eine
furcht an. ist einen Pauren ein schreiben mit Vermeldung er solte
willens umbzo- nicht weiter fortsetzen vndt seinen weg mit einstellung
kehren.
seines Vornehmens anders wohin nehmen,, wolte er
nicht grossen Spot entpfangen, auf welches schreiben, ob er, der
Szeidi, schon ein sehr kühner Helde, vndt erfahrener kriegsmann
war, sich etwass entsetzet vndt furchtsam worden vndt gleichssam
von dannen vmb zu kehren sich verwilliget; alss aber die andern
Passa, Aga vndt dergleichen, solches ihn acht nehmen, reden sie ihm
Der Gyulai Fe- hart zu, vermannendt des grossmächtigen Keyssers
renz vndt Bar-
koczi sein gesin- gebot zu bedencken, wolte er nicht sein leben drumb
net dem Wesser- verlieren vndt hette darzu 25 taussont erfahrenes vndt
ren widerstandt
zu thun. wollgerüstes Volck bei sich, wess darfte er sich fürchten? auf welche ermanungen der Szeidi Passa sich
etwass simulirt, alss were er nie vmbzukehren gesinnet gewesen,
sondern nur sehen wollen, ob sie selbst bei ihm beständig vndt
beharrlich sein wolten, vndt auch von stundt an dem Volck auf zu
sein geboten vndt seinen Weg den Haydukischen Marcken vndt
Dörfern zu genohmen, der Gyulai Ferenz aber, sampt dem gantzen
Bihar Varmegye vndt Waradinern, so widerumb ein Hertz gefast,
macheten sich auch auf dem Budai Veszeren entkegen zuziehen; alss
sie aber einen halben tag gereisset, lagern sie sich an ein bequemes
Ort vber nacht zu verbleiben; alss sie aber sich nidergelassen vndt
ihn grosser sicherheit das nachtmall zu entpfangen gesetzet, stossen
vngefehr auff 2000 Türcken so vmb Speiss vndt Proviant aussge-

zogen, auff sie, welcher wegen sie solches schrucknüss entpfangen, dass sie nachtmall, Speisen, Messer vndt alles ligen vndt ihm stich lassen vndt auf Wardein die flucht nehmen vndt sie doch niemandt gejaget, ja auch nicht ehe in acht genohmen, biss sie die flucht genohmen, alss die Türcken aber endtlig solche ihre flucht gesehen, sein sie nachgeeillet vndt sich an das ohrt desselben lagers nidergelassen, dem Veszeren solches wissen lassen vndt die nacht seiner alda erwartet vndt ihre vorgenohmene füterey eingestellet vndt dess andern tages alle Dörfer der Haidonum alda ihm Vmbkreiss ihn brandt gestecket vndt verbrennet. Alss der Gyulai Ferenz, welcher des vorigen tages dem Budai Veszeren sein Verderben gedreiet hatte, mit seinen Vitezen das feur vndt den rauch gesehen, sein sie nicht wenig darob erschrecket vndt kleinmüthig worden, kommen derwegen zusammen, rahtschlagen was ihnen zu thun sein würde, vndt schlissen mit einstimmung des Capitan Gyulai Ferenz einmüthigklig eine legation zum Veszeren zu schicken vndt damit ihrer geschont werde, ihm zu huldigen vndt nur damit dess schlosses geschont werde zu ergeben, schicken demnach desselbigen tages den Boldovai Marton, Vice Comitem, legation weiss zum Budai Veszeren, alle dass was ihm befohlen vorzubringen, mit Versicherung, dass weillen der Rakoczi von der Ottomanischen Port abgefallen vndt ihn solches Verderben bracht, wolten sie mit allem Volck, so sie ihn Bihar, Szolnok vndt Krazna Varmegye hetten, mit ihm ziehen vndt den Rakoczi aufsuchen hilffen, auf welche legation vndt erklerung der Wardeiner der Veszer zufriden gewesen mit einstellung des brandts vndt aller hostilitäten die Legaten von sich gelassen vndt gar biss auf Wardein begleiten lassen, vndt sein des driten tages der Boldovai Marton so dem Volk zum Obersten gesetzet, sampt den 3 Varmegye oben bestimpt mit den Veszeren zugleich aufgewessen vndt beständig vndt einmühtig ihn Sibenbürgen biss auf Gyalu gezogen, vndt wieder den Rakoczi streiten hilffen, wie mir baldt hören wollen, darbei denn zu wissen dass die Türcken, neben dem Schloss Poczai, so der Alte Fürst Rakoczius Primus an den Fluss Hortobagy hawen vndt aufrichten lassen, vorüber zu reisen sich vorgenohmen, keines willenss sich an selbiges schloss wegen grosser eill etwass zu wagen, weill ihm aber die ihm Schloss mit

Pocsai wirdt zerstöret vndt alles nider gehawen. aussfall vndt andern hostilitaeten grosse Vrsach gegeben, haben sie sich ob sie schon vorüber gereist vmbgewendet, vndt das Schloss zu bestürmen gefast gemacht, haben sich sehr behertzt inss wasser begeben vndt alda sie nicht grundt funden durch geschwommen, wie denn zum Exempel der Szeidi Passa selbst mit durchgeschwommen vndt das Schloss ihn solcher Furie auf ein ansetzen vberstiegen vndt erobert vndt die darinnen arme leut, so sich zu schützen hineinbegeben wie auch eine Partie deutsche Soldaten vndt Vnger, so ihm praesidio gelegen (aussgenohmen was jugendt gewessen, vndt gefangen genohmen) alles nidergehawen, vndt dassjenige, so sie ihm Schloss funden, mit sich genohmen, dass schloss der erden gleich geschleiffet vndt zer-

Somlyo, Nagyfalu vndt andere Oerter werden von den Türcken ihm brandt gestreckt. störet, von dannen mit grossem gewinn auf Somlyo gerückt vndt sowoll den Marck alss dass Schloss ihn grundt verbrennet vndt verderbet, vndt nach solchem allem ihr Lager nicht weit von der Silla geschlagen

dahin der gantze Szilagy vnzehlige vill Speiss zuführen müssen, dess Rhedei Ferenz Joszagen sollen ihm gantzen Szilagy ob certum respectum geschonet sein worden. Den 17 Mai bricht er sampt seinem leger auff, kompt vber den Meszes, legert sich neben Sombor, schicket kuntschafter auss, dess Rakoczi beschaffenheit zu erkundigen, dess andern tages kompt botschaft, wie der Rakoczi oberhalb Claussenburg nicht weit zu feldt lege vndt zu schlagen bereit were, welcher bottschaft der Szeidi Achmet Passa, Budai Veszer zwar erfreiet vndt nur eusserlig vor dem Volck, aber innerlig nicht wenig beängstiget, welches er nach erhaltener Victoria selbst bekannt soll haben, hat derowegen auff solche bottschaft alles ihn Ordtnung bracht vndt ihn voller schlachtordnung alle gemach seinen

Der Budai Veszer lagert sich bei Szamosfalva. Zuch sampt dem Boldovai Marton vndt oben erzehlten dreien Varmegyen vndt Spanschaften Clausenburg zu genohmen vndt bei Szamosfalva gelagert vndt mit seinem krigsraht wie auch mit dem Boldovai Marton vndt auch seinen Capitanen vill raht gehalten, wie vndt wass weiss sie den Rakoczi angreiffen sollten; damit ihnen aber der pass ihm pfall der noth bei Clausenburg vngehindert offen stehen möge, schicket der Veszer mit raht dess Boldovai Marton den Szilagyi Janos, Deczei Istvan vndt noch einen andern Vardeiner Edelmann kegen Clausenburg die Stadt aufzubegehren vndt zu huldigen, ihm pfall ess aber nicht geschehen würde, wolte er das eusserste an sie wagen. Alss sie ihre Legation verrichten, nehmen die Clausenburger diesse alle 3 gefangen vndt vberschicken sie dem Rakoczi inss leger, welcher sie mit sehr harten worten vbel gescholten, vorauss den Szilagy Janos, so zuvor allezeit gut Rakoczisch gewessen vndt thut befehl sie in gutter Verwahrung zu halten, sein aber jetzt bestimpte Legaten dess andern tages alss den 20 Mai noch in praesentia der Clausenburger so die Gefangenen eingebracht alle drei enthauptet worden, vndt wie gesagt ohne wissen des Rakoczi nur auss befehl des Andreas Gaude der teutscher vndt Fussvölcker Generalen. Alss aber disse Clausenburger so diesse Gefangenen geführt die grosse Menge der Türcken gesehen vndt zu Hauss angezeigt wie auch der Legaten enthauptung, gereiet von stundt an den raht, wass sie gethan, vndt wenn ess ein leerer Sack gewessen were gern vmbgedrehet hätten; war aber zu spet, fiellen in grosses Schräcken vndt angsten, wussten nicht wie sie der sachen raht finden sollten vndt musten baldt hernach solchen ihren frewel theuer bezahlen, wie mir baldt hören werden. Alss derowegen der Szeidi Achmet Passa, Budai Veszer, seine Fuss auf den Rakoczi zu ziehen fortgesetzet vndt mit grossem vndt guttem vndt beherztem Volck darunter vill mohren vndt Veghbeli waren, Vngern zu kamen, gab ess den Vngern grosse Furcht, vndt schicket der Homonai so gleich zu der Zeit Kiraly Kep war worden durch seinen Commissarium zum römischen Keysser lesset ihm anzeigen, dass er besser auf Vngerlandt sorgen solte, alss daher geschehn, wo anders so hetten sie die Vngrische Cron ihn Henden vndt wolten sie einem aufsetzen, welcher sie schützen würde; alss solches an den Keysser gelanget, lesset er fragen, wer derselbe sei, antwortet er: ess were der Heldt Rakoczi, welche Antwort der Römische Keysser zwar verschmertzen muss, die Jesuviten aber durch ihre Practicum, langen dess Homonai Koch durch seinen beichtvater Nr. 100 Duckaten seinem Herrn mit gifft zu vergeben; wass geschieht, der Koch ist listig vndt getrei, nimpt das Geldt, bereitet zur bestimpter Zeit seiner gewohnheit nach dergleichen Speisen, so der Homonai voraus gerne gessen, bereitet zugleich neben andern auch den gifft, tragt selben ihn einer schissel zu tisch, setzet sie seinem

Herren vor, die hundert Duckaten aber ihn einer absonderlichen schissel, gibt ihm die wahl zu essen, auss welcher er gelüsten würde, mit bericht, ess were wulische vndt ney erfundene Suppen, derer er sein lebtag nicht gessen hätte, hebet mit dem die obern Deckschisseln weg, mit erklerung des gantzen Handels; der Beichtiger bei der Tafel sitzend erschräcket hierüber, weiss nicht was er anfangen soll, der Homonai aber mit grime vndt Zorn vberschittet, ersticht seinen beicht vndt neyen Suppen Koch bei dem tisch. Dem getreyen Koch aber verehret er neben den kegenwertigen 100 Duckaten, noch andere hundert, vndt erhebet ihn zum Kuchelmeister mit begabung der Adelschaft.

Dess Homonai Koch soll seinem Herrn mit gifft beykommen vndt wirdt dadurch verehret vndt zu grossen ehren erhohen vndt simpl erinen einsuch nachdem auf Cassau alda einas sicher zu residiren.

Ist dem also geschehen, wie von etligen gewisslig erzehlet, vndt zwar nicht von geringen Adelssperschonen, so were diese geschicht denkwürdig ihn die vornembste Chroniken zu setzen.

Die Türcken, welche, wie oben gesagt, bis bei Szarvas kommen wahren, vndt von den Straszen den Verlauff mit dem Gyulai Ferenz und Barkoczi Istvan geschehen, vernohmen, halten raht wie sie ferner ihre sachen fortführen mögen und schlissen dem Temesvari Bassa zu schreiben, sich auch mit seinem Volck einzustellen vndt bis er anlangete, wollten sie derweill vmb einen raub ausschicken wie denn auch geschehen, brechen demnach von dannen auf vndt kommen biss auf Szobozlo, bleiben alda still ligen, dess Temesvari Bassa zu erwarten, mittlerweill lassen sie vber die Theiss oder Tissa eine Brück binden, den raub desto gefüglicher vort zu bringen vndt schicken zu Verrichtung solches ihre Völcker aus,

Die Turken schliessen eine Brucken über der Tissa.

der Barkoczi Istvan hatte sich aber auch gefasst gemacht ihnen auf den dienst zu warten, reisset vber den fluss Hortobagy vndt trifft vngefähr auf eine Parthey Türcken so vmb raub aussgezogen waren, setzet ihn sie, obschon an der zahl dreimall mehr Türcken als Vngern waren, vndt hielt ein hartes treffen, alss seine Katner aber endtlig etwass beängstiget werden, werfen sie das Hasen Panier auff vndt werden flüchtig: alss der Barkoczi solches ihn acht nimpt, muss er auch den kürzeren nehmen vndt sich ihn die flucht begeben. Weren seine Katner beständig blieben hette er vor dassmall etwass denkwürdiges verichten kenneu, hatte aber auch dazumallen ihn den den Türcken nicht wenigen schaden gethan, vndt 50 Haupter der Türcken mit sich nach Wardein bracht.

Der Barkoczi schlaget mit den Turcken.

1660.

Alss nun die Brücken vber den Fluss Tissa verfertiget worden vndt der Temesvari Bassa bei dem Budai Veszeren bei Szobozlo ankommen, machen sie sich auf, kommen biss auff Debritz, alda der Budai Veszer sein Zelt auff den Markt schlagen lassen, bleibet etliche Tage ausszurästen still ligen, vndt der vbrigen hinterbliebenen Türcken zu erwarten vndt ist zu wissen, dass die Vngerlendische Paurschaft, so sich vnterhalb der Theiss ihn den wildtnüssen hin vndt her versteckt gehalten, als sie nun des Veszers Vberzug vermercket, schlagen sie sich zusammen, zerhawen die von den Türcken gemachten Brücken, dass vill Türcken so ihm nachtrabb kamen ihn noth gerahten vndt vill vmgebracht werden mit hinterlassung villes Viehs vndt anderer gütter; alss solches dem Budai Veszeren vorkompt, schicket er villes Volck dabin, sed tarde fabulare, der reyen war getreten. Alss aber nun der Budai Veszer aussgerastet hatte liess er Debritz, Kalo vndt Onath ihn brandt stecken vndt begab sich Sübenbürgen zu.

Der Budai Veszer schlaget seine leger kegen Debrits.

Droben ist gesagt, wie der Rakoczi die Herrmannstadt zu gewinnen alle mittel vndt wege auffgesucht hat, aber mit bit, bedreiungen vndt schissen nichts aussrichten kennen vndt auch schanden halber schlecht davon nicht abziehen wollen, sondern mit vnaufhörlichem schissen vntter der Stadt beharret vndt ausserhalb der grossen kirchen Thüre vndt der grossen Heüssern, dahin er zwar otlige löcher geschossen, keinen sonderlichen schaden gethan; alss er demnach ihn seiner Melancholei mit villem hauptbrechen in seiner residenzstadt vndt quartir Schelemberg lag, kompt ihm den 20. May vom Wardeiner Capitan, dem Gyulai Ferenz Post wie der Budai Veszer mit grossem Volck biss auf Debritz kommen, selbigen Ort wie auch Kalo vndt Onath, ihn brandt gestecket, vndt Sübenbürgen zu, die Hermannstadt zu entsetzen, kommen, drumb solte er selber zuschawen, wie er sich schützen möge; alss der Rakoczi solche Post gehöret, erschricket er nicht wenig, machet sich von stundt an bei miternacht auf vndt lässet den Mikes Mihaly mit 6000 ‖ Sechstaussendt man, sampt dem Gaude vntter der Stadt, der belagerten solches alles vnwissend; alss der Rakoczi aber nicht weit von Torenburg bei Szamosfalva anlanget, kompt ihm auch von seinem Weib Post, wie Pocsai, dass Schloss geschleifet worden, Somlyo sampt dem Schloss, wie auch Nagyfalu, vndt andere Oerter mehr verbrennet vndt verderbet, undt dass er sich wol in

Dem Rakoczi kompt Post von Budai Veszer vndt sihet ab von der Hermannstadt.

acht nehmen solte, schicket derowegen allenthalben ihm landt schreiben auss, alle Adelleut, gefreiten vndt die Zeckel zu sich ruffendt, schreibet sub dato 16 et 18 May ihn alle Saxische Städt, ausserhalb der Hermannstadt, zur Standhafftigkeit vermanendt, vndt dass er auss dem landt nicht ziehen, sondern des Feindes warten vndt mit der Hilf Gottes und viller Vngerlendischer Hilf, schlagen wolt; schicket gleicherweiss auch dem Gyulai Ferenz Wardeiner Kapitan gleichförmige schreiben, ihm alssbaldt Volck, so vill er könnte zu schicken, welcher dann, wider allen der Türcken gethanen Eidt, dem Boldovai Marton vndt allen bei sich habenden zu grosser gefahr, Sechshundert Katner zuschicket, aber auf die fleischbanck wie wir hören werden; liess neben dem allda im Vmbkreiss aller manschaft, so vber 16 Jahr were, aufgebieten vndt durch den Czurulai, Valachischen pfaffen alle lasterhaften, so Vater vndt Mutter gethödet, oder anders Uebel gethan, Vergebung vndt gutte soldt aussruffen, welcher denn in kurtzem mit 600 ‖ Sechshundert raubern erschienen vndt zu ihm einstellete. Alss er demnach solches alles bestellt hatte, zog er zu Clausenburg ein vndt liess von stundt an die Stadtthorer mit seinen eigenen Trabanten verwachen, vndt thet den Stadtleuten grosse gewalt vndt Widerdruss, vndt soll auss der Vrsach geschehen sein, dass weillen die Vornembsten der Stadt ihre bona Cibinii gehabt, den Kemeny Janos alss der Rakoczi von der Hermannstadt abgezogen, sollen warnen haben lassen; allhie ist zu wissen dass gesagt worden, dass der Marschalk Georgius Lubomiczki auss Polen selbs acht ihn geheimb zu Clausenburg bei dem Rakoczi gewesen, die Verrichtung aber nicht auffenbahr kennen werden, guttes aber ist nicht zu schlissen, sintemall baldt darauf das Schloss Munkats von ihm belagert worden, aber vergeblich, sintemall alss bald darauf der Rakoczi geschlagen vndt vmbkommen vndt die Türcken ihren Zuch wiederum auff Vngern zu genommen, sein die Polacken von Munkats vnverichter sachen abgezogen. Alss demnach wie oben gehört der Mikes Mihaly vndt Gaude vnter der Hermannstadt verblieben vndt von dem Rakoczi zu sich gerufen worden haben sie die Schanz vnter der Stadt vndt anders mehr anzünden lassen vndt vor Tag den 27 May die Stadt quitiret vndt abgezogen, dass also die belagerung bei sehr hartem winter ihn die 5 Monat angehalten vndt gewehret, welche sich in schneller eill ihn dess Rakoczi lager eingestellet, dannen her der Gaude dem Türcken den Pass bei Dees zu verlegen mit villem Volck auf Szamos Uyvar geschicket, aber des andern tages von stundt an zurückgerufen worden, derweill die Türcken schon vber den Meszszes hereingebrochen hatten; alss derowegen der Rakoczi die ville vndt menge der Türcken gewisse kuntschafft bekommen, vndt nur eine Meille weges abgelegen weren, helt er raht, was zu thun sei, vndt gibt selbst vor, dass, weill er sich wider solche menge zu schwach befinde, were sein raht (damit sie sambentlich ihn einer nacht nicht vberfallen würden) man solte weiter rücken vndt der Vngerleuder hilf erwarten, die krigsraht aber waren des Rakoczi meinung zuwider, bevorauss der Mikes Mihaly vndt Kelemen sampt dem Gaude, welcher voraus dem feindt zu stehen gesinnet war, oder wolte er seine wehren niederlegen vndt vom Generalat abstehen, welches auch der Zeckel Hauptleut riehten, derer auch das meiste bei dem Rakoczi waren, dass, wie gesagt worden bei vnsserem gedencken auff einmall nimmermehr so viel Zeckel beisammen gewesen, sein aber am ersten geflohen vndt den Rakoczi im Stich gelassen. Auff gutdencken aber bestimpter Herren lasset es der Rakoczi ihm auch gefallen mit Versprechung sein blut und leben daran zu setzen, sie solten nur daran sein, vndt die Schlachtordtnung anordnen, welches auch alssbaldt geschahe. Derweill aber dazumallen dess Rakoczi lager zwischen Gyalu vndt Kappus lag vndt der Ort zu schlagen etwass vnbequem war, rücketen sie etwass hinterwerts zwischen Gyalu vndt Fenes auff eine schöne Ebene, ihm zum Verderben, dem feindt aber zum grossen Vortheill vndt glück, rifften das Volk zusammen vndt ordneten ein jedes an ein gewisses ohrt zum schlagen. Mittlerweill alss dess Budai Veszeren legaten so er nach Claussenburg geschickt, nicht zurück kommen vndt ihnen wirdt wie die Clausenburger gehandelt vndt wie sie der Rakoczi hinrichten lassen, ergrimmet er heftig, dreiet der Stadt ihren Vnttergang, machet sich im Zorn auff vndt rücket von Szamosfalva biss oberhalb Monostor, welches den 22. May an einem Sonabendt war, legert sich auff eine stunde dahin, richtet sich auch zum schlagen vndt ordnet selbst alles fleissig an, brach ihn solcher ordnung auff vndt legert sich neben Fenes, liessen

Der Budai Ve-
szer schicket sich
mit dem Rakoczi
zu schlagen.

ihre Zelt vndt Schattert aufziehen, befahlen solche, sampt allem Viehe vndt andern ihren Dienern vndt gesindel; wass wehrhaftig war theilleten sie wider ihren gemeinen gebrauch in zween hauffen, den einen leget er neben den Fluss Szamos bei eine bequeme Furt oder Durchzuch des Flusses, den andern Hauffen aber vnter einen Hügel dem Dorf Lona zu, mit befehl, dass solche abgetheilte haufen so lauter Fussvolck vndt Janczaren waren, solten trachten vndt den Rakoczi hinten zu angreiffen, aber nicht eher, biss er mit der Reiterey einen angriff gethan vndt angesetzet hatte, alss demnach diese zween hauffen, nemlig dass Fussvolck angeordnet worden, bliebe der Szeidi Passa, Budai

Der Hussain Bassa wird bestellet den ersten angriff zu thun.

Veszer in der miten, schicket den Hussain Passa, so die Temesvarer vndt Jennöer Türcken vnter seinem Commando hatte, mit 20 Fahnen zum angriff bevor, welche auch ihn zwei theill getheilet waren, er aber zoge sampt dem Boldovai Marton, so dass Bihar, Szolnok vndt Krasznu Varmegye bei

Bihar, Szolnok vndt KrasznaVarmegye sind mit den Türcken vntermenget.

sich hatte, ihm Dandar Seregh ihn der mitten ihn einem haufen, mit welchen er dass gantze feldt vornam vndt zoge also vom aufgang der Sonne dem Rakoczi, so kegen nidergang der Sonne lag, vntter augen.

Dess Rakoczi anordtnung nun betreffend, ist solchergestalt geschehen, erstlich hat er den Kovats Gergely, so taussend Meszei

Dess Rakoczi schlachtordnung.

Kutner vnter ihm gehabt sampt den Cziker vndt Gyergyoer Zeckeln alss einen alten erfahrenen Ritter ihn den rechten Flügel geordnet dess Hussain Passa Flügel gegenüber, ihn den lincken Flügel aber die drei stüller, Maros vndt Udvarhely szeker Zeckel, dem andern Türckischen Flügel so Lona zu lagen, ebenermassen kegenüber. Zwischen diesen beiden Flügellen hatte er auf einem Hügel acht Stück gepflanzet, vndt zur einer seiten seine hoff besoldigte Völker, vndt zur andern den Walachischen pfaffen Georgium Cziurulai mit 600 raubern geordtnet, er aber der Rakoczi mit den Onader Katnern, so er, alss das beste kriegs Volck zu seinem Schutz gehalten, hat hinter den Stücken her gehalten; Allhie ist zu vernehmen, dass weill der Rakoczi kegen die Türcken zu rechnen sehr weniges Volck hatte vndt der Ort sehr ebendig war, hat er den Türcken zum schrecken auf rath des Gaude alhie oben erzehlte Ordtnung doch nur vor den einen Flügel gehalten vndt den andern ebenermassen, wie den ersten auf zween Flügel gestellet, alss ihn den einen die Wordeiner Hilf, 500 sampt dem hoffgesindt vndt Katnern, so dass landt Fahn geführt, ihn den andern aber die Varmegye vndt Siebenbürgische Adelleut, ihn die Mitte das gantze fuss Volck, sampt etwass weniger teutschem Volck, geordtnet, vndt damit er dass Feldt den Türcken zum Schrecken gantz einnehmen möge vndt ein ansehen mache, hatte er ihm nachtrap alless wehrlose gesindel, Koch, Kuchelbuben, Fuhrleut, Ochsenknecht mit allem Vich vnttermenget ihn gewisse schlachtordnung gestellet, einen starcken hinterhalt anzusehen, wie ess denn von fern auch solches ansehen hatte, sintemall sie dergestalt dass ganze feldt ebenermassen wie die Türcken mit der Reutterei vberspreitet hatten.

Alss derowegen, wie gehört, sowoll die Türcken, wie auch der Rakoczi sein Volck nach allem Fleiss angeordnet hatte vndt zu schlagen fertig waren, zogen beide Herer, alss der Budai Veszer von auffgang vndt der Rakoczi von Niedergang der Sonne zusammen. Derweill aber ausserhalb des Szamos ein geringer aber mit hohem Ufer sumpiger Fluss zwischen ihnen war und keine Part gefüglich den andern anzugreifen fug hatte, mussten sie sich an einander anschawen; endlig wagts der Hussain Passa mit dem einen Flügel hindurch zu machen, welches der Rakoczi ersehen, wie schwer ess den Türcken worden, schicket er den Kovats Gergely mit den Meszei vndt Csiker Zeckelln den Durchzuch zu verhindern, welcher denn mit aller macht zum ersten anrit ihn den Hussain Passa setzet vndt ihn die flucht bracht mit erlegung ziemlicher Türcken; alss solches beider Heerer in der Mitte haltende Truppen gesehen, sein sie auch starck auf einander zugezogen, weill aber beide Theill des flusses Vngelegenheit wegen nicht zusammen langen kennen, haben sie sich ebenermassen nur anschawen müssen; alss aber der Türcken reutterei dess offt gedachten Flusses Vngelegenheit wegen hinderwerts ziehen müssen Lona zu, alda sie gefüglich durchkommen haben sie sich beflissen, den rechten Flügel dess Rakoczi, in welchem der Czurulai Pap sampt seinen 600 raubern vndt besoldigten Völckern gehalten, zu vmbgehen, alss solches der pfaff ersehen will er nicht stehen vndt weicht von stundt an vngefochten, alss er aber weiter in seiner flucht des Rakoczi Der Czurulai pfaff fliehet vor einem tropf Türcken. müssiges, wehrloses gesindel, knecht, buben, Viehe vndt dergleichen, welche der Rakoczi zum Dandar Seregh wie oben gemeldet, geordnet hatte, ersehen, vndt vermeinet nicht anders, alss ess weren Türcken, welchen er nicht entfliehen kůnte, kehret er vmb, vndt muss nolenter volenter ihn die Türcken, so ihn jageten, setzen, vndt fechten, vnter welchen ein hartes treffen geschahe vndt obschon der wallachische pfaff Czurulai ihn solcher angst behertzt ihn die Türcken setzet, so hatte er doch mit seiner ersten flucht den vnter ihm habenden allen Muth genommen, dass sie ihn grosse Zachheit geriethen vndt ihrer vill vmbkamen, biss der Czurulai endlich ubermall die flucht geben muste, dass seine rauber sampt den besoldigten Völckern gleichsam alle erhawen worden, vndt er selber mit wenigen darvon kommen; derweill dieses ihn des Rakoczi rechtem Flügel ergienge vndt der Hussain Passa vnter der Zeit, wie ietzunder gemeldt, von Kovats Gergely ihn die Flucht getrieben vndt der Budai Veszer seine noth gesehen, ist er ihm mit dem Boldovai Marton vndt dem Vngerlendischen Volck zu hilf gekommen, vndt von der Gefahr befreiet, alss es nun gleich seinen Kopf gelten sollen; alss aber neben dem der Budai Veszer gesehen, dass der Kovats Gergely gleichsam mit seinem Volck vom Lager zimlig weit abgesondert gewesen, hat er denselben mit seiner menge vmbringet vndt ihn einen rundel getrieben vndt obschon der Rakoczischen sehr wenig, doch haben sie mit den Türcken ritterlich gefochten, die Türcken aber sampt den Vngerländischen Varmegyen, deren Obrister der Boldovai Marton war, wie offt gemeldt, sich auch nicht gesparet vndt jeder Part ein rechter Ernst gegolten, dass alsso alhie, gleichsam vnerhört, ein Christ vndt gvtter freündt wider den andern streiten müssen; alss dess Kovats Gergely noht vndt gefahr der Rakoczi erschen, ist er ihn eigener perschon mit grosser Furi, denselben zu erretten, gerant, nicht anders vermeinendt, die Onader Katner, welche er zu seiner wacht vndt schutz, wie oben gesagt, gestellet, folgeten ihm nach, weill aber solche still blieben vndt der Rakoczi mit etligen wenigen seiner Diener zu weit in die Türcken eingerennet, hat er mit eigener Hand tapfer gefochten, vndt selbst etliche Türcken der Vornembsten nidergemacht, biss er endlich Vier wunden, als 2 am kopf, vndt 2 am leib entpfangen; alss er aber wegen der einen Wunde am lincken Schlaff, welche er ihm selbst ihn eill mit seinem facenettlein vndt tuch verbunden, ermüdet, ist er mit hilff seiner diener auff ein frisches vndt gerast ross gesetzet vndt sehr müheselig vndt kraftloss davon bracht werden, die Onader Katner aber, welche er ihm vor das beste Volck zu seiner wacht erlösset hatte vndt sich in dess Rakoczi noth vndt gefahr auch aus der stell nicht beweget hatten, welche doch ihn mit guttem Fug vndt geringlig eretten vndt schützen kennen, hatten alssbaldt nachdem der Rakoczi ihn die feind gesetzet, die Flucht gegeben vndt Vngerlandt ohne Verlierung eines menschen gesucht; diese waren derjeniger die vntter der Hermannstadt Eördigh lelkü genennet würden vndt lauter eissen, Mauren vndt menschen fressen vndt verdeien wolten, ihn der höchsten gefahr aber lassen sie ihren Herren im stich vndt werfen dass Hasenpanier zum ersten auf vndt fliehen.

Die Onader Katner reissen aus der Schlacht.

Alss nun der Rakoczi nach entpfangenen wunden davon bracht worden, wie mir baldt sagen wollen, vndt der Kovats Gergely vndt alte krigsmann sampt seinem Volck erschlagen, dass von seinem Flügel sehr wenig entkommen, kommen vntter disser Zeit dass Fussvolck vndt Janczaren von beiden Flügellen, alss ein gerästes Volck auch an, ihm willens den Adel dess landes, sampt dem Siebenbürgischen fussvolck, so vntter dem Hügel, darauf die 8 Stück gepflanzet, waren, zu vmbringen; alss der Adel solches ersehen, werden sie sampt den Varmegyen flüchtig vndt welches Rakoczisch Fussvolck von den Türcken nicht erhawen worden, wardt vom Adel ihrem eigenen Volck ertreten, dass dergestallt alles Fussvolck vmbkommen vndt erleget worden, vndt die Türcken mit eroberung der 8 Stück, dess landt pfan, vndt anderer viller fahn mehr, sampt aller Munition vndt Pagagi wagen neben villem Viehe vndt menschen dass feldt vndt den Sieg behalten vndt dem Rakoczi alss sie seine Flucht vernohmen nicht weiter, alss biss auf Gyulu nachgejaget, wie die Türcken denn auss alter

Der Rakoczi wird geschlagen vndt kompt flüchtig vndt verwundt ihn Wardein.

8 Stück sampt aller Munition vndt pagagi kompt des Türcken ihn die Hende.

gewohnheit, nachdem sie nach erlangtem Sieg eine meill nachjagen, biss auf den 3. tag von der Wahlstadt der schlacht nicht weichen, sondern derweill ihre erschlagenen begraben vndt ihres raubs pflegen, vndt wenn sie dem Rakoczi (so seinen Weg Wardein zu genohmen, vorauss weil er zu ross nicht fortkommen können sondern Matigkeit wegen, zu wagen ist geführt müssen werden) nachgeeillet hetten, were derselbe den Türcken, sampt seinen wunden lebendig ihn die Hende kommen. Alhie ist weiter zu wissen, dass nachdem der Rakoczi alss von so vill wunden ermatteter mensch schwer fortgebracht kennen werden, sein die vmb ihn beharrende Diener (alss sie jentzet den Feketeto anss Gebirge langen) ihn *Dess Rakoczi* solche furcht der nachjagung der Türcken gerahten, *Dieser sein ihm* dass sie vnttereinander beschlissen, ihren Herrn den *der Flucht ge-* *slasst ihren Herrn* Rakoczi zu würgen oder zu erschissen, damit sie ent- *vmbzubringen.* fliehen, vndt der Türcken Hende entkommen mögen, sein aber endtlich auff anhalten etliger dess Rakoczi gutter freundt zur barmherzigkeit beweget worden, seines lebens geschonet vndt vngehindert inss schloss Wardein bracht, alda er denn nach 28 tagen alss den 7 Juny sein leben geendet vndt beschlossen. Dabei alhie zu wissen, dass er vntter disser Zeit seiner Krankheit seiner schwachheit nicht geachtet, sondern stetig getrachtet, wie er sich auch weiter der Ottomanischen Port wiedersetzen vndt rechenen möge vndt liess an das gantze landt wie auch ihn die Vniversität *Der kraftloss* schreiben gelangen, vndt zur standthafftigkeit vermanen, *Rakoczi ist in* lobet die, so neben ihm wider den feindt gestritten, *seiner schwach-* *heitgesinnet sich* vndt dreiet denen, so von ihm geflohen alles Vnheill *an den Türcken* vndt Vngenadt, mit Versprechung, dass er ihn kurzen *zu rechnen.* tagen sich repariren vndt mit frischem vndt starckem Volck ihm landt erscheinen wollte. Ihn wehrender seiner Krankheit aber, alss er der Onader Katner Vnbeständigkeit vndt flüchtigkeit betrachtet, hat er vorgenohmen sie mit Volck zu vberziehen vor ihre Vntreyheit sie vor die Hundt nider lassen zu hawen; alss ihm aber gesagt, dass ausserhalb etliger weniger hoffdiener kein Volk, *Der Rakoczi will* so solches verrichten künnte, vorhanden wäre, alss hat *die Onader Kat-* er solche seine rach müssen fallen lassen et fuit vana *ner siderhowen* *lassen ihrer Vn-* sine viribus ira. Endtligen ist demnach weiter zu wissen, *beständigkeit* dass wie gemeldt, die Türcken nach erhaltenen Sieg, *wegen.* alles was in der Lägerstell verblieben zu Henden bekommen. Die Zahl der Erschlagenen ist von keiner Part gewiss ausgesprochen worden, sondern ihn einem zimligen grossen Haufen wie auch jetzunder zu sehen gelegt worden, von denjenigen Wardeinern so wider ihren gethanen Eydt wider die Türken vndt ihre gefreundten gestritten, sein wenig oder gar keine zu Hauss kommen vndt mit vndt neben dem Kovats Gergely vmbkommen; allen meineidigen pflegts alsso zu ergehen.

1660.

Nach geendeter vndt erhaltener schlacht vndt nachdem zugleich ihre vndt andere erschlagenen versorget vndt begraben worden, ist der Budai Veszer von der Läger still fortgerücket vndt sich nicht weit von Clausenburg gelegert, den Raht der Stadt zu sich fordern vndt begehren lassen, damit er sie sammt der Stadt erstlig wegen dess, dass sie ihm, alss er erstlig ankommen nicht jemanden, wenn es auch nur ein schweinhirt gewessen nicht entkegen ihre demut zu auffenbaren geschickt, 2. weill sie mit dem Rakoczi gehalten, vndt ihn allem wider die Ottomanische Port gefördert, 3. dass sie seine Legaten alss den Szilagyi Janos, Deczi Istvan vndt noch einen andern Edelmann, (welches er vor das grösste geachtet) wider alle recht der Welt dem Rakoczi ihn die Hende vndt zur Fleischbanck geschickt. Alss demnch die beide richter sampt 8 rahtherren vor ihm erschienen, hat er sie nicht nur ihn eissen schlagen, sondern auch an die Halsse handt vndt ketten legen lassen vndt einem Jeden seinen mit eissen beschlagenen spiss vorgeleget vndt sie von stundt an richten zu lassen befohlen; die arme erschreckte Herren haben anders nicht thun kennen, sein vor grossen furchten auff ihre knie gefallen vndt vmb gnadt gebetten neben dem auch ihn der stadt alles ankündigen lassen, welche nicht weniger schrecken vndt furcht entpfangen, den Vesziren durch schreiben ersuchen vndt vor ihre Obrigkeit bitten lassen, welcher sich auch endtlig erbitten lassen, aber hunderttaussend Taller von ihnen zu erlegen begehret; vndt wurde der Vertrag auf 60000 Taller gelassen, welches sie eines theilss ihn Silber vndt eines theilss ihn geldt erlegeten, biss solches aber erpresset wurde, müssen die faugene Herrn vill leiden schmach vndt ellendt aussstehen; alss aber ihn ausszahlung der Gelder, Silber auff 25000 fünfundzwanzig taussendt Taller beträff, wolte der Veszer solches nicht annehmen, sondern (gebot?) solches mit sich nehmen vndt so vill Taller daraus schlagen lassen, vndt mussten demnach solches silber widerumb mit sich ihn die Stadt nehmen vndt wurde ihn solchem Verlauff auch der gefangenen vndt verarrestirten Herrn Richter vndt rahtherrn nicht geschont sondern wurden mit aller gewaldt oft durch den Szamos oder fluss Tomösch in ihren Banden geschlepft vndt gezogen; alss sich aber vill Zeit verzogen hette, biss alless silber zu

Der Budai Veszer fordert den Clausenburger raht zu sich.

Die beide Richter vndt 8 Senatores von Clausenburg werden ihn eissen geschlagen vndt auf 60000 Taller beschatzet.

Die Clausenburger Herren werden in ihren banden hin vndt widergeschleppt.

Tallern were gemacht worden, bemüheten sich die Clausenburger von Adelleuten vndt anderswo derweill so vill zu entlehnen, wie denn auch bei vnss auf Schesspurg der Tattar Mihaly Senator sampt einem andern Stadtmann zehntaussent Reichstaller zu entlehnendt begehrendt, welche vor einem Ehrsamen Raht vndt der gemein ihn vnsserem Rahthauss erschienen, kunten ihnen aber, weill mir selbst nichts hatten, auch nichts geben weill aber selbe Clausenburger Legaten von des Veszeren auch kegen vnssere Stadt gefasten Zohren wegen erthödung dess Toldolaghi vndt anderer Edelleut gehöret vndt ihn acht genohmen, haben sie in publico vor raht vndt gemein auss sehr gutter meinung gerahten, bei Zeit ehe er zu der Stadt nahete, dem Veszeren einen demüthigen Fussfahl zu thun mit erklärung starck an der Port zu halten, sonst were zu besorgen, ess mögte vnss nicht anderss, alss den Clausenburgern selbst gehen. Ess

z Clausenburger Senatoren erscheinen ihn vnserem rathhauss vndt was sich mit Ihnen zogetragen. hatten sich aber disse gutte Herren mit ihrer wollmeinung weill schon dergleichen etlige schreiben vom Fürsten Barcsai vndt dem Budai Veszeren ankommen waren, bei dem Stadt Volck so verdächtig vndt verhast gemacht, dass wenn sie vom Rahthauss durch etlige rahtherrn vndt hundertmenner nicht biss zur Herbrig begleitet weren worden, weren sie vom Stadt Volck erschlagen worden, sintemall sie der grosse Hauffe nur vor Spion vndt kundtschaffter der Türcken gehalten, welchem doch ihn der Wahrheit nicht alsso gewesen; dass ernante Clausenburger aber die wahrheit angezeiget, hat sich aus villen schreiben so unss nachdem vom Fürsten vndt Veszeren geschickt worden erwissen, welche vnss auch nicht wenig Angst eingejaget wie mir weiter hören werden.

Derweill mir nun etlige geschichten des Rakoczi so von abzuch der Herrmansteder belegerung biss auff seinen thodt geschehen beschriben, wollen wir nun vom Fürsten Barcsai Akos vndt den belagerten Türcken auch etwass erzehlen, alss derowegen der Rakoczi dem Mikes Mihaly sampt dem Gaude, welche er nach seinen abziehen mit 6000 mann vnter der Hermanstadt gelassen, auch zu sich nach Clausenburg fordern lassen vndt der Stadtpass geöffnet worden, hat der Fürst Barcsai mit dem Budai Veszeren offt schreiben gewechselt vndt alles an einander erkündiget, wie denn der Budai Veszer nachdem der Rakoczi den 22 May geschlagen worden, den 24 desselben Monat schon wissen lassen; wass vor freidt derent-

1660.

wegen ihn der Hermanstadt entstanden, ist nicht auszusprechen, vndt weill der Barcsai ehe der Rakoczi nicht getilget worden, ob die Stadt schon befreiet worden, gantz still blieben vndt nichts sonderliges anfangen wollen, sein die Türcken ihn der Stadt auch ruhig blieben, ihndem aber gewisse post seines Vntergangs ankommen, haben die Hermansteder vor ersten mit bewilligung dess Fürsten Barcsai die 200 Rakoczische Trabanten vom Rothen Thurm aussgejaget vndt Soldaten dahin geschickt. Nachdem schicket er an alle Status Huldigungsschreiben neben ankündigung wie der Rakoczi vom Budai Veszeren geschlagen, vndt mit etligen Wunden ihn Vngerlandt geflohen sei. Nun solte das Land und jederman zuschawen, ob sie an der Port halten, oder aber dem landt ein neyes Verderben schaffen wollten, vndt schickete vntter andern den Toldolaghi Mihaly einen der Vornembsten vom Adel sammt dem Simon Mihaly von Sard mit villen schreiben auf Meggies Schesspurg vndt Udvarhelyszek; als gedachte beide Adelleut sampt etligen Dienern vndt 3 oder 4 Handelsgriechen, welche die Herrn Cibinienses ihnen zur comitiva gegeben hatten, auf Laszlen langen, den Czakany György Vice Decimatorem alda finden vndt ihm in Discursu der Türcken vndt dess Barcsai aussxuch aus der Hermanstadt, neben seiner Verrichtung zu Schesspurg ankündigen, will gedachter Csakany etwas neyes ihn die Stadt bringen, zeiget hin vndt wider dess Toldolaghi Mihaly vndt Simon Mihaly ankunften dem gemeinen Volck an, wie sie nemlig mit Türcken, so ihn der Hermanstadt gelegen, im zuch kommen wass ihr Vornehmen were, künte er nicht wissen; mit welcher unglückseliger bottschaft gedachter Csakany ihn einem augenblick grossen auffrohr vndt Tumult anrichtet vndt dass gemeine Pöbel zu grossem Vnglück reitzet; alss mittlerzeit der Toldolaghi vndt Simon Mihaly zwischen vnssern garten bei der hinterster Port anlangen lauffen etlige vnruhige Burgleut ihnen entkegen, reissen beide Adelleut von den rossen, schelten sie vor Verrahter vndt führen sie mit villen schmehworten wie auch schlegen auff die burg ihn des N. F. W. H. Joannis Both Consulis behaussung mit begehrung sie, alss Verrather inss gemeine gefangnüss zu sperren.

Der N. F. W. H. Consul dem nichts bösses bewust, vber solchen Frevel erschreckendt voraus als der F. W. Herr mit Vbergebung

Dem Fursten Barcsai schreibet der Saridi Passaeiaro Sieg wider den Rakoczi vndt wass sich vmb die Zeit angetragen.

200 Rakoczische Trabanten siben vom rothen Thurm ab.

F. G. Barcsai schreiben, dess Herrn Toldolaghi verrichtung vndt Commission anhöret, helt mit bitt bei dem Stadtvolk an, damit sich jedermann zur Ruhe gebe, biss Ein Ehrs. W. raht vndt die hundert menner Altisten beisammen kämen, vndt Fürstl. schreiben mögen lesen hören; wie denn der raht vndt hundert mener auch alssbaldt gewarnet worden; jemehr aber der F. W. H. Consul vmb stillung bat, je grösser der Tumult sich erhube, dass innerhalb einer halben stundt wenige aussgenohmen die gantze Stadt auf dem Burgplatz vor dess Herrn Consulis hauss ihn vollen wehren stundt, die beiden Adelleut alss Verrähter in die Hende begehrendt, alss aber vngefehr ein anderer frommer Adelmann Nagy Sigmundt von Sarden seiner eigenen geschäfften wegen ihn die Stadt kommen, ist derselbe gleicherweiss, weill er dess Simon Mihaly von der Mutter her leibliger bruder gewesen, sehr vnschuldig von dem vattersten Marck hingerissen vndt zu den andern zween ihn dess Herrn Consulis hauss geführet worden, alda sie ihn der obern stuben, alss sie auss den fenstern iedermann ihn wehren stehen sahen, ihn grosse furcht vndt angsten geriehten vndt vmb nichts anders batten, alss damit sie derweill inss gefangnüss gesperret mögen werden, biss dess Fürsten

Schessporger To- Barcsai schreiben gelesen wurde, vndt hören mögen,
molt wirdt be-
schrieben. dass ihre Verrichtungen ihn allem der Stadt Heill betreffen, hat aber alles bitten vndt bedreyen nichts hilfen wollen, sondern jedermann, (wie auch vill vnkluge weiber, so auch gleichsam zu solchem tumult die gröste Vrsach gegeben), nur dass crucifige geschrichen, alss aber gleichwoll endtlig der Vornembster auss dem Senat vatter wehrendem tumult ihn dess Herrn Consulis hauss zusammen kommen, haben diesselben bonis persvasionibus so weit beredet gehabt, den Vulgum nemlig, ess solte jedermann ihn aller stille zu hauss gehen, keine so tag werde auch raht kommen, derweill wollten sie die Adelleut inss gefangnüss sperren vndt dess folgenden tages nach ihrem begehren vorstellen, vndt nach Verdienst ihres frevels straffen lassen, auff welche persvasion vndt Verheissungen sich auch diejenigen, so damalss zukegen gewesen zimliger massen stillen lassen vndt auch angefangen nach hauss zu gehen, alsso dass Ein Ehrs. W. raht sampt den beängsteten Nobilibus hochlich erfreuet worden, alss wenn sie ney geboren gewessen, vndt sich auch selber von einander scheiden sollen; alss aber wie gedacht ettlige ihm zu Hauss gehen vntter der fodersten Port andere vndt

neye aufrührer antreffen, vndt mit lügen berichten, wie der Feindt, die Türcken schon albereit ihn der Vnttersten Stadt weren, drumb solte man die verrahterische Adelleut auff stücker zerhawen, alss solches die auf vndt abgehend Stadtleut hören, kehren sie mit diesen neyen aufrührern vmb vndt erwecken einen neyen Tumult vndt bewegen jedermann widerumb zur wehr zu greifen; alss sie vor dess Herrn Consulis Joannis Boht hauss darinnen die drei Adelleut sampt den vornembsten dess raht versammlet waren, kamen, lauffen etliche vermessene bürger inss hauss hin, vnter welchen der förderste Joannes Kirschner alss ein Radelführer vulgariter Malus genandt, welcher nahmen an ihm selbst kein guttes sondern arges mit sich bringt sampt dem Joanni Schneider alias Wolff vndt andern mehr, da denn der Malus den Vnschuldigen Michaelem Toldolaghi auf der brust fasset vndt andere die andern zween Nobiles als Michaelem Simon vndt Sigismundum Nagy de Sard, welche halbe brüder waren vndt ohne abschew vndt respect ihres magistrates gewaltsamer weiss auff den Platz führen vndt vor des F. W. H. Pauli Boht vndt Georgy Heltners behaussungen niderschiessen vndt erschlagen, ja nachdem sie gefellet, etliche auss thorheit vndt muthwillen vill wunden ihn sie hawen vndt zu einen jamerligen vndt abscheiligen Specktakel vbel zurichten vndt auf der freien gassen ligen lassen; alss solches vollbracht, hat sie noch mehr vnschuldiges blut zu vergiessen gedürstet vndt mit grossem Toben auch die Diener vnd diejenigen, so der Magistratus Cibiniensis ex mandato Principis zu begleitung geordtnet, zu metzigen auffgesucht, weill sie aber hin vndt wieder alss vnschuldige von gutthätigen leuten an heimliche öhrter verstecket worden, vndt sie nicht finden kennen, sein solche erhalten worden, welcher erhaltung manchem so villeicht handt an sie helffen legen, auch sein leben mit erhalten helfen; Alles wass sich denselben tag allhie bei uns erlauffen vndt wass bei dissem klagligen pfall zu Notiren were gewessen, vndt wie zugleich etliche nicht geringe Menner vndt Frawen sich gebähret vndt zu solchem bössen Vrsach gehen, were vill zu schreiben, sed quia veritas odium parit, lasse ichs alhie bewenden, denn wenn es nach Manches raht vndt Willen were ergehen sollen, vndt Gott ihnen nicht die Hende gehalten, hette ess denselben tag (wie klarliges Zeuchnüss vorhanden) neben den vnschuldigen

Am Tag Urbani so der 25 May war, wirdt der Toldolaghi Mihaly sampt 2 Ed-lleuten erwordet.

Continuatio dess Scheessperger Tumults.

Adelleuten, auch manchem von den Vornembsten dess Rahts vndt denen so sich vmb den schaden Joseph bekümmerten, sein leben gekostet, aber Gott ist gerecht, der die seinen wunderlig führt vndt schützet der wirdt zu seiner Zeit einen jeden nach seinem Verdienste wissen zu finden vndt zu richten; Alss nun nach vollbrachtem Mordt der schwürige vndt erhitzte Pöbel sich etligermassen vertheillet vndt vergangen, sein zween der erschlagenen alss der Toldolaghi vndt Simon Mihaly wie auch der halbthode Nagy Sigmund ihn gewisse häusser von dem Magistrate verordtnet worden, vndt die zween thoden dess andern tages nach sit vndt gebrauch vnsserer Stadt ehrliger vndt Christliger weiss auff den Alten fridhoff begraben worden ihn ein grab. Den Nagy Sigmund betreffendt, obschon seiner fleissig gepfleget worden, ist doch dess Sechssten tages, von dem schuss so er von Joanni Schneider alias Wolff entpfangen, voraus aber wie die balbierer bezeuget, wegen der harten schlege so auf die brust geschehen, auch dess thodes verblichen vndt ebenermassen auf den Alten Fridthof begraben werden. Diess sein nun lieber lesser die frücht dess gemeinen Pöbels vndt Herrn Omnes tägligem vill raht haltens vndt widersprechens, so dem Magistrat so woll heimlig alss auch öffentlig zu villen mahlen geschehen, welche ihr Amt nur mit seufzen verrichten vndt vill Vnrecht dess Vulgi mit <ins>Wass der Vulgus vndt Herr Omnes oey wiedt gemeldet.</ins> gedult verschmertzen müssen, O blindheit vndt thorheit der Menschen, welche nicht vor der Zeit vndt ehe sie dass Vnglück vherheuffet ihr eigenes heill vndt wolfahrt erkennen; aber wass hilffts, es hat der welt alleweg die lugen vndt dass bösse am besten gefallen, wie der 4. Psalmen lautet: Filii hominum, usque quo gravi corde, ut qui diligitis vanitatem et quaeritis mendacium. Die lügen laut aller Historien vndt geschichten, hat der gemein Pöbel alleweill vor die wahrheit geliebt vndt gesucht, vndt wass bey demselben nicht gefelscht gewessen, vndt nach seinem Kopff gegangen, hat nichts gegolten; ihn allen sachen, reden vndt handellen ist die bloss warheit zu grob vndt der welt zu rauch vndt schlecht, man muss sie, damit sie etwas gelten möge, zuvor radbrechen, vermantellen vndt mit farb anstreichen, in Summa der baldt glaubig vndt auffruhres leichtfertiger Pöbel kann nichts recht dulden noch leiden, er muss die wahrheit vor ehe würgen vndt lügen straffen, Sapient. 2 Cap. et Math. 16 vndt wenn er vndt Herr Omnes den Zaum vndt wagen eine weill nach ihrem sine geführet, leget er doch nie keine ehr ein, vndt wirdt ihm laut aller schrifften gleiches mit gleichem vergolten. Die Philosophi haben den Vulgum ein villkopfiges thier genennet, dass wie vill köpf so vill sinn hette, die Poeten ein wanckelbahr vnstet Volck, das hin vndt her fert von einem zum andern vndt ihn nichts bestendig ist, glaubt der lügen so lang hiss ess endtlig ihn Vnglück geratet, wie eben denjenigen armen sündern (welche ihres Verbrechens wegen sehr schmälig gerichtet worden, wie mir baldt hören wollen) ergangen, vndt wirdt auch biss an dass ende der welt allen dergleichen nicht anders ergehen, denn das ist der verlohrene hauffen, der keiner Vernunft noch weissheit nachfragt, sondern fahret nach seinem Sinn vndt aumut fort, wie ihn sein affect leitet vndt last sich ihn allem pfall von jederem geringen menschen leucht vberreden, sed post factum poenitet actum, alsso geschachs auch vnss vndt vnsseren armen Schesspurgern, alss der Mordt geschehen, vndt gesehen wie thörig sie gehandelt, wass auch zugleich vor Vngemach der gantzen Stadt darauss erfolgen werde, hat sie ihr thun vndt bösse that auch berciet, dass wenn es ein Sack gewesen, gern vmbgedrehet betten, aber zu spät, ess war geschehen, vndt kunt nicht gewandelt werden. Vier arme sünder musten ihn Spiessen vertruckenen vndt die Stadt vill taussent gulden bezahlen, wie baldt gesagt wirdt werden.

Damit mir aber vnssere continuationem ihn acht nehmendt ordentligerweiss procediren mögen, müssen mirs alhie lassen beruhen, vndt von des Fürsten Barcsai vndt der Türcken gelegenheit vndt Progress etwass melden, alss derowegen der Fürst Barcsai ehe er auss der Hermannstadt auffgebrochen, wie gehört, an alle Status der Huldigung wegen geschrieben, ist er auff des Szeidi Passa Budai Veszers Gebot den May sampt allen Vngern vndt Türcken, wider alles Verhoffen der Saxischen Nation vndt der Hermansteder selbst, aufgebrochen, vndt sehr fridlig auss der Stadt gezogen, vndt vor derselben seine vndt der Türcken zelt aufschlagen vndt mustern lassen, sich auf des Budai Veszer begehr auff das eheste mit ihm zu conjungiren, schicket derowegen von denen Türcken so ihm praesidio bei ihm ihn der Hermannstadt gelegen, bevor her vor Strazen auss 300, welche vorher die Saltzburg vndt andere Ohrter so nicht in fundum Regium gehörten auffschlugen vndt triben villes Viehe mit sich, alss aber der Fürst

Der Fürst Barcsai siehet mit den Türcken auss der Hermannstadt.

Barcsai seine Strass Medvisch zu genobmen, welches den 27 May war, alss nemlig dess driten tages nach der Nobilium mordt, sintemall derselbe ipso die Urbani welcher den 25 May war geschahe, liess er sich bei Hassagh vndt Marckschelken nider, ihndem langen 2 dess Toldolaghi diener sampt dem Hermansteder Koch Mihaly vndt dem Griechen Christoph so die Nobiles wie gehört begleitet vndt ihr leben ihn der Burg erhalten hatten bei dem Barcsai ihm feldt an mit bericht wass sich mit dem Toldolaghi vndt den andern Nobilibus zu Schesspurg ergangen wie sie ermordet vndt begraben worden; alss der Fürst Barcsai solches vernimpt, wird er darob bestürtzet, weiss nicht was er thun soll, behält solches vor den Türcken vndt lasset seine andern Herren besammeln zu rahten wass zu thun sein würde, nach endtligem schluss schicket er den 28 tag May schreckliche dreyende schreiben an die Stadt wie er den Budai Veszeren an sich nehmen vndt die Stadt schleiffen wolte, welches bei jedermann nicht wenigen schrecken gab, vorauss aber bei denen, so woll am Tumult wie auch am thodschlach theill hatten, welche nicht wusten wohin sie vor furcht fliehen solten, wie denn auch etlige flüchtig davon kamen. Denselben tag langet der Herr Haller Gabor Fürsten raht, welchen er bevor geschickt zu Megyes an, auch mit derselben Obrigkeit sich zu berahten wass solches Mords wegen zu thun, vndt wie die Sach nieder zu legen sein würde, die Herrn Medienses schreiben vns alles eo momento zu, rahten vndt ermanen dem Fürsten Barcsai einen fleissigen hitbrieff zu schicken vndt die Obrigkeit sampt der Stadt zu entschuldigen, damit wenn straff erfolgete, nicht der Vnschuldig mit dem schuldigen straf leide, oder vielleicht etliger vnruhiger Mörder wegen, nicht die gantze Stadt, wie dass Vernehmen were, vnttergehen möge, welches auch baldt geschehen, ihndem mir den ganzen Handel vndt Verlauff dem Fürsten Barcsai zu schriben, vnttertbänig bittendt der Stadt zu schonen, sintemall nur etlige menschen schuldig weren, welche sie auch zu seiner Zeit secundum qualitatem delicti gewisslich ohne ansehn der perschon straffen wolten; mittlerweill alss der Fürst mit seinen Türcken so nah auf die (—) waren bei Medwisch ankommen vndt ihm vnsser schreiben eingehendigt worden hat es wenigen respect bei ihm gehabt, vndt fluchss widerumb repliciret ess stünde ihn seiner macht nicht ohne Vorwissen des Budai Veszeren, welches gutter freundt der Herr Toldolaghi M. gewesen were, solche grosse fehl vor sich zu verrichten, sondern was derselbe befehlen würde, geschehen müste, befürchte sich aber, weill die gantze Stadt wie er gehöret empöret gewesen, würde auch dieselbe gantz gestraft werden; auff welches schreiben vndt Replicirung weill der Fürst auch je mehr vndt mehr zur Stadt nahete, noch grössere Furcht bei vns gab, dass mancher nach weissagung dess Propheten Jeremiae auch nur vor einem rauschenden blat, welche sich zuvor vor Helden erzeigeten, zu flieben begünete; ess wurde hierüber vill berathschlaget sampt der gantzen Stadt vndt auch mit etligen Adelleuten, so ihn die Stadt geflohen vndt auch selbst zur Zeit begangenen Mordts grosse Furcht vndt Angst aussgestanden hatten, ess mögte endtlig auch vber sie hergehen, wie denn auch dess Vulgi meinung nicht anders gewesen, wenn ess nicht von Gott verhütet were worden, kunnten aber kein sonderliges mittel aufflinden, schreiben ein schreiben vber dass andere, richteten aber wenig auss, ess war nur lauter angst vndt furcht ihn der gantzen Stadt.

Des geschehenen Mordes wegen ist grosse forcht zur Schesspurg.

Alss dieses alles zwischen dem Fürsten Barcsai vndt der Stadt Schesspurg ergangen vndt keine gnadt erlangen kunten, muste der Barcsai von Medwisch auffbrechen, sich mit dem Budai Veszeren Szeidi Achmet Bassa, welcher von Claussenburg auch derweill aufgebrochen vndt dem Barcsai, damit er nicht etwan von einem Hinterhalt der Rakoczischen, so irgendt ihm Verborgenen weren, beschädiget möge werden, zu begegnen, welche sich vntterhalb Kuckelburg an einander begegneten vndt dahin nider lagerten vndt nach villem rahtschluss auss allen Stutibus wie auch auss Städen vndt Marken Legaten dahin zu schicken begehreten, dahin mir denn obschon auss grossen fürchten den F. W. H. Georgium Thelman sedis Judicem, Michaelem Helvig Jur Cirem, Martinum Streitforder et Joannem Tischler Centumviros mit stattligem geschenk vndt praesenten schicketen; alss sie aber bei Bonesdorfi anlangen vndt von denen so ihn begegnet dess Veszeren vndt des Lagers gelegenheit erforschet, alss sie aber vnter anderem vernohmen, wie der Neymarcker Richter sampt 2 Rahtsherren ihm leger ankommen vndt vom Veszeren vndt dem Fürsten wegen eines Frevels, so sie wider den Szeidi alss er zum erstenmall ihm landt gewessen vndt auff dem Libancz gelegen, gesündiget hatten, an die Stück-

Der Fürst Barcsai vereiniget sich mit dem Budai Veszeren bei Kockelburg.

räder mit kettenen anbinden lassen, kehren sie auss grossen angsten vmb vndt kommen vnverichter sachen nach Hauss; vntter wegenss aber alss dem Joanni Tischler die zeit zu lang will werden, begibt er sich bei seit vom wagen vndt kompt zuvor zu fuss nach hauss, mit bericht wie er wunderbarlich entkommen vndt nicht wüste wie es den andern seinen Herren vndt mitconsorten ergangen vndt wohin sie kommen weren welche Post zumalen ihn der Stadt vorauss bei Von Schesspurg werden Legaten zum BudaiVeszer geschickt. der W. H. weibern vndt kindern grosse furcht erwecket, welche W. H. aber auch des andern tages ohne Verletzung ankamen vndt die Vrsach ihres Vmbkehrens erkläreten, da dann weiter in publico gehandelt wurde, wass weiter zu thun were; ess hatten aber die Umbkehrende von der strass von Medvisch her die gelegenheit zu erforschen vndt ihre ankunft anzukündigen Joannem Ziffra einen Stadtdiener zum Fürsten inss lager geschickt, welcher nachdem er seine Post verrichtet vndt vom Vmbkehren seiner Herren nichts wuste, stets aber von der Legaten ankunft gefraget er aber alleweil der ankunft derselben getröstet, alss aber die Zeit verflossen vndt anfangen zu zweifeln ess mögte anders zugehen, machet er sich heimlig auch darvon, vndt alss er vntter wegens der W. H. Umbkehren vernohmen, kommt er auch zu Hauss. Der Fürst Barcsai alss er vermercket wie er ihn allem pfall betrogen, Der Fürst Barcsai schreibet mit grosser indignation an die Stadt Schesspurg. schreibet alssbaldt mit trefflicher indignation an die Stadt et quidem peremtorie mit angehenkter protestation dass ihm pfall die Stadt nicht Legaten wie er sampt dem Veszeren gebotten schicken werde, den schräcklichen Zorn des Szeidi Passa (welcher nun vom thodschlag vndt Mordt dess Toldolaghi M. alless wuste) zu stellen, würde er auff sein vndt die Stadt zu einem Steinhauffen machen. Ess hatte aber eben zu dissem mahl der Herr Betthlen Janos, ob er schon wegen seines weibs, kinder vndt bonorum aussgebung grossen Zorn auff die Stadt gefast, auss erbarmen der Stadt seinem Eidam dem Herrn Paulo Haller auff Weisskirg vnss zu warnen geschriben welcher denn solches gethan vndt mit seinem eigenen schreiben auch des Betthlen Janos schreiben mitgeschickt, nur damit desto eher Glauben gegeben würde, ess hatte aber desto weniger auch dass kein bedencken, ess gabe zwar furcht, aber niemandt wolte der Katzen die Schell anhangen vndt dahin verreissen vndt war von 27 May biss auff den 6 Juny ihn der Stadt Segesvar nur lauter furcht, zittern vndt zagen.

Allhie ist weiter zu wissen, dass nach villem rahtschluss dem Fürsten Barcsai ein schreiben solches inhalts geschicket worden, dass weillen wegen der Neymarker Herren gefangnüss zu ihm inss leger zu reisen sich niemandt wolte bewegen lassen, were von der gantzen Stadt beschlossen, ihme vndt dem Veszeren zu huldigen, aber ehe die Türcken nicht auss dem landt zieheten, wolte ihm niemandt den Eid ablegen, auff welches der Barcsai noch hefftiger erzürnet vndt mit grosser indignation abermall an die Stadt schreiben liesse gelangen, begehrte zwar keine Legaten zu schicken, forderte aber vnssere gewöhnliche Zahl der Trabanten sampt denen so die Adelleut ermordet hätten vndt wofern solche nicht geschicket würden werden, solte alle dass was daher der Stadt von dem Veszeren gedreiet worden, erfüllet werden, auss welchem begehren abermall nur furcht vndt angst entstunde. Alss vnter wehrender Zeit auff so vill schreiben vndt anhalten kein genadt erfolgen wolte, wurden die auff die Burg geflohenen Adelleute zachhafft, ess mögte der Veszer an die Stadt ansetzen vndt mögten mit der Stadt inss Verderben gerahten, lissen derowegen ihrer vill ihre bona, weiber vndt kinder anderswohin alss auff Weisskirg, Nössen, Geörgeny vndt Fogaras führen, welches zumallen Angst vndt furcht ihn der Stadt gabe, konnten doch nichts anders damit aussrichten, alss dass mir die Sach Gott befehlen musten. *Die auf Schessburg geflohene Edelleut flichen auss furcht anders wohin.*

Alss mir, wie jetzunder gemeldt, ein huldigung schreiben dem Fürsten Barcsai geschickt ihm zwar zu huldigen aber vor der Türcken abzuch nicht zu schweren, derweill aber die Zeckel ibn Udvarhelyszek gleicherweiss vom Barcsai zur Huldigung ermanet waren, schicketen sie zween Palffische brüder Legation weiss ihn vnssere Stadt zu erforschen, wie mir gesinnt weren, mit erklärung, dass sie zwar, weill dess Rakoczi thodt nun gewiss were, dem Barcsai gehuldiget aber vor der Türchen abzuch auss dem landt nicht schweren wolten vndt ihm pfall sie vernehmeten dass der Türcke seinem dreyen nach, der Stadt zu schaden sich auffmachen würde, wollten sie alss gutte nachbahr gut vndt blut neben der Stadt wagen; alss die Legaten vernohmen, dass die Stadt gleichförmiges schreiben der huldigung vndt Eydes wegen dem Barcsai geschriben, sein sie darob erfreiet vndt der Stadt alle hilffleistung versprochen. *Udvarhely Szek schicket Legaten auf Schessspurg.*

6*

Vntter disser Zeit alss der Türckische Keysser den Tattern zum Ali Passa vntter Temesvar zu ziehen gebotten, alss solche ihm Die Tater werden von den Muskovitern zerstreuet. Zuch gewesen, dahin zu reissen, haben die Muskoviter vndt Koszaken ihnen auff den dienst gewartet vndt ihn die zwei meill weges wass sie antroffen nider gehawen vndt zurückgeschlagen, welche einen andern weg nehmen müssen, welcher Vrsachen wegen der Ali Passa desto lenger sich alda auffhalten müssen vndt der Tarter ankunfft erwarten.

Nachdem nun die Status regni dem Fürsten Barcsai ausserhalb des Juraments etligermassen gehuldiget, lisse er auch das Schloss Fogaras will dem Barcsai Rakoczi nicht huldigen. Fogaras zu huldigen auffbegehren, mit bericht, dass der Rakoczi nicht nur geschlagen, sondern auch gestorben were, weill aber die ihm schloss nicht traweten noch glaubeten, wolten sie nicht huldigen, sondern dass Schloss vor dass landt behalten, vndt des aussgang erwarten.

Mitlerweill alss die Stadt wegen aussgebung der Mörder hart bedrenget vndt sollicitiret wurde, komen ein Ehrs. raht sampt der hundert manschafft den 4 Juny ihm Rahthauss zusammen, von der Sachen ehe ein Vnglück geschehete, abzureden vndt kame endtlich auf eine Zur Schessperg wirdt wegen der Edelleut Mord inquiriret vndt etlige Stadtleut werden eingezogen. inquisition, durch welche etlige Stadtbürger ihn die haft genommen werden, alss Joachimus Elgius, Colosvari Mutyas Schneider, Stephanus Schlosser Schiffter, Joannes Gunesch Kirschner, Joannes Greff Schuster, der Alte Stephanus Erger, Ambrosius Kirschner, Joannes Schüller vndt Michael Haydu Trometer, welche alle des mords vndt auffrohrs beschuldiget worden; alss ess aber auff eine endtlige inquisitionem kommen, sein letzlig vntter diesen, vier menner dess mords vndt thodtschlags beschuldiget worden, alss der Stephanus Erger, Joannes Schuller Schneider zimliges geschlechts vndt Herkommens, ein hüpscher junger man, Michael Haydu Trommetter, vndt Ambrosius Kirschner, welcher allezeit ein stiller vndt frommer man gewesen vndt anders keine schuldt gehabt, alss dass nachdem der Toldolaghi nidergeschossen worden, kompt der arme Mann seinen Sabel friedlich ihn der Scheide habendt, ihndem kompt ein weib, redet ihn mit dissen worten an: seidt ihr allein mit unss eine fraw, oder ein hundtssfut, reverenter, vndt wolt nicht zuhawen? beweget mit dem den guten mann, dass er dem Toldolaghi auch einen Hieb ihn den Kopf gegeben, welche denn des folgenden tages alss 5 Juny

ihn banden vndt eissen des Fürsten Barcsai Herrn bru- *Vier arme Sün-*
der Barcsai Gaspar Locumtenenti durch Herrn Stepha- *der werden auff*
Neyenmarck ge-
num Hennegh Sen. auff Neyenmarck geschickt. Die *fuhrt.*
andern gefangenen aber oben bestimpt sub certis conditionibus ihres
Arests freigelassen. Dissen Tag werden vom Szeidi Passa dem Locumtenenti 500 Türcken zugeschickt.

Derweill demnach die Stadt wegen dess Budai Veszeren vndt
dess Barcsai Vngenadt ihn grossen furchten stunde, wardt beschlossen etlige W. H. dahin zu schicken vndt zugleich vor die gefangenen zu suppliciren, dahin Herr Paulus Aurlich Sen. Georgius Hirling Sen. Joannes Renner vndt Joannes Polder geschickt werden
mit 9 silbernen geschiren dem Veszer vndt andern Herrn zu verehren, alss aber die Legati ihre botschaft so weit verrichtet vndt
die silberne geschier noch nicht ankommen vndt darzu vermerkt,
dass sie auch mit solchen nichts erhalten würden, weill *Es werden aber-*
auch schon der Tabor ihm auffbruch gewesen, haben *mall Legaten*
zum Barcsai ge-
sie die geschenck vnter weges vmbgekehrt vndt wide- *schickt.*
rumb zu Hausse gebracht.

Alss nun der Barcsai Gaspar mit den Türcken nach Neymarck
gelanget, ziehet er mit etligem Volck Geörgeny, welches noch Rakoczi'sch war, auff zu fodern, alss er hinkompt wirdt ihm dass schloss
vbergeben; derweill aber der Rakoczi vill gefangene Edelleut sampt
etligen Türcken so er vnter der Hermannstadt gefangen, alda im
Arrest gehabt, befreiet sie der Barcsai Gaspar, lässet *Geörgeny ergibt*
sie auff 4 Wägen bis kegen Neymarck bringen vndt wer- *sich dem Barcsai*
Gaspar.
den loss gelassen, alda sich die Türcken so mit dem
Barcsai Gaspar ankommen mit den Geörgenyer gefangenen Türcken
höchlich erfreiet.

Nachdem nun die Stadt Segesvar dess Barcsai Gaspar ankunft
auff Neyenmarck vernohmen, wirdt der F. W. Herr Petrus Nusbau-
merus Proconsul sampt dem Notario Georgio Kraus vndt etligen
hundertmennern ex superabundanti von neyem vor die arme vier
gefangenen zu bitten auff Neyenmarck geschickt, biss diejenigen
aber anlangen sein die ellende menschen etwa vor ein
Paar Stunden durch dass Strenge gericht jamerlliger *Die Schessper-*
ger werden zum
weiss ihn Spiess gezogen vndt auff die 4 Strassen des *Neyenmarck*
marckts gestecket worden, welche Gott gleichwoll *justificiret.*
begnaden wolle.

Alhie ist zu wissen, dass nachdem albie bestimpte Herrn Delegati H. Petrus Nussbaumer vndt Notarius sehen, dass sie die nun mehr Justificirten zu erlössen zu kurtz kommen, welchen auff dem Fuss auch andere W. Herren alss Herr Michael Helvig Sen. Joannes Schincker, Joannes Hendorffer vndt Joannes Kraft Centumviri auch nachgeschicket waren worden vndt nichts mehr alda verrichten kennen, schicken sie sich nach Hauss zu kehren, werden aber zu den Locumtenentibus kegen hoff gehollet mit Vorgebung, dass weillen die Stadt Schesspurg durch verbrachten Mordt der Edelleut vndt durch öffentligen aufrohr vom Fürsten Barcsai abgefallen, weren sie entschlossen auss seiner F. G. vndt dess Budai Veszeren Szeidi Passa ernstem gebot von Stundt an ihn die Stadt zu kommen, dass Homagium vndt den Eydt von neyem abzulegen, derweill seine F. G. sampt dem Veszeren noch ihm landt were, welche denn damalss bei Bonczida zu feldt lagen, dazu denn der Ugron Andras vndt Szombathfalvi Istvan bestellet waren, welche, damit sie nicht wie die vorige Edelleut ihn gefahr oder ja gar vmbkommen vndt von den bürgern zugleich erschlagen mögen werden, werden sie die 500 Türcken neben 200 Katnern zum Schutz mitbringen müssen vndt begehren zu dem von der Stadt schriftliche Assecurationem; vber welches denn ernannte Herrn Legati nicht wenig erschracken aber doch nach möglichkeit beantwortet vndt solches begehren abzuwenden sich hefftig bemühet, aber nichts erhalten kennen, schreiben derowegen solches einem Ehrsamen W. raht zu, dadurch denn demselben sampt der ganzen Stadt ebenermassen sehr grosse furcht eingejaget wirdt vndt werden zu den andern noch mehr W. Herren mit etligen silbernen grossen geschirren vndt bechern die Locumtenentes vndt Commissarios zu verehren, nachgeschickt, alss Georgius Thelman, Bartholomäus Goldschmidt, Georgius Grell, Joannes Schweischer Senatores, Joannes Thumes, Thomas Sadler, Centumviri wie auch etlige auss dem gemeinen Pöbel, anzuhalten, damit doch das Homagium abzulegen auff eine Zeit biss sich das Stadt Volck etwas stillen möge, eingestellet möge werden, kunten aber anders nichts erhalten, alss dass sie die Türcken zwar zurückhalten wolten, dass Homagium sollte aber vnter gutter Assecurration praestiret werden, bei welchem ess die Delegati haben müssen bleiben lassen vndt sich sampt den Commissariis aufgemacht nach Segesvar zu reisen. Alss sie nun vnterwegess sein, kompt den Commissarien eine neye Furcht an, endern ihres Verheiss vndt geben vor, sie wolten keineswegs ihn die stadt kommen, sintemal sie nicht traweten, sondern sie wolten auff Weisskirch ihn das Schloss reissen, dahin solte der gantze raht sampt aller manschaft der Stadt kommen vndt alda ihren Eidt ablegen. Alss der Stadt abgesante solches angehöret, sein sie nicht weniger auch vber dem erschrecket vndt von Stundt an einen Rath Herrn Joannem Schweischer solches anzukündigen bevor geschickt mit Vermeldung dass sich zu befürchten, weill 500 Türcken bei dem Barcsai Gaspar waren, ess mögte ein betrug dahinden sein, drumb solte die Stadt deliberiren wass zu thun sein würde; alss solche Post ankompt, erhebet sich ein neyer Lermen vndt furcht ihn der Stadt vndt werden abermall andere Legaten alss Herr Andreas Keisser Regius Judex, Joannes Pauli, Stephanus Hennigh, Paulus Aurlig, sampt etligen hundertmennern biss auff Nadosch entkegen geschickt welche ebenermassen auff fleissiges anhalten nichts erlangen kennen, endtlig als die Commissarii sampt allen Delegatis Segesvariensibus ihn die Weech bei die Steinerne Brücken langen, kompt der Herr der Hann Michael Geöldtner mit dem hundertmann wortmann Georgio Woltschner vndt andern hundert mennern auch zum Vberfluss an, dass dergestalt nur der Herr Consul Joan. Boht sampt zween Senatoren zu Hauss bleiben; alss die Commissarii solchen ernst sehen, stehen sie von ihrem Vornehmen ab vndt folgen mit ihn die Stadt doch mit grossen furchten mit fleissiger Verwachung ihrer Losamente, geben dess andern Tages den Eydt auff vndt nach Verrichtung desselben ziehen sie auf das schnellste auss der Stadt auff Neyenmarck dahin auff der Türcken begehren 120 wagen mit Proviant geschickt werden.

Ablegung des Homagii Segesvariensium beschreibung.

Den 13 Juny wirdt das Homagium praestiret.

Derweill mir drohen berichtet, wie der Fürst Rakoczi den 22 May zwischen Gyalu vndt Fenes von dem Budai Veszeren geschlagen mit entpfangenen 5 wunden ihn das wardeiner Schloss gelanget, allda er nach 16 tagen alss den 7ten tag Juny auch verschieden, an welchem tag eine extraordinari Finsterniss an der Sonne soll gesehn sein worden. Alhie ist zu wissen dass die Fürstin sampt ihrem Sohn Francisco einen tag vor des Fürsten thodt nemlig den 6 Juny zu Warad auss dem Etsed ankommen vndt noch etlige Stunden mit ihrem Herren dem Fürsten reden kennen, alss er aber verschieden, hat sie des andern tages alss

Fürst Rakoczi stirbt den 7 Juny ihn Warad.

den 8 Juny vier gefangnen Türcken vndt 2 Tattern an einem verborgenen Obrt die kopff lassen abschlagen, die vbrige gefangenen aber alle ihn gemein, wie auch vill gefangene Sübenbürger Edelleut so Barcsisch gewesen vndt gefangen dahin geschickt worden, ihres gefängnüss frei gelassen, vndt Jedem einen gulden zehrgeld geben lassen, eine sonderlige gnadt eines weibes. Zu dem thut sie befehl, dass das Schloss sampt allen andern Schlössern so vntter ihres verstorbenen Herren Commando weren, dem landt Sübenbürgen zu vbergeben, mit Verheissung im pfall der Rakoczische nahmen künfftig vom landt nicht würde geschmehet vndt gelästert werden, wolte sie jährlich dem landt zu gut 500 Katner auf ihre Vnkosten halten, ist aber nicht darauss worden, sintemall von der stundt an von dem meisten theill dess Landt Volckes lauter Fluch, anstatt des Segens auff die Rakoczische Familiam gelegt wurde.

Die Fürstin lesset 4 gefangene Türcken davor virzig tauserent Taller zur Ranzion gebuhltes worden, sampt 2 Tattern enthauptet.

Weiter ist alhie zu wissen, dass ihm ankommen der Fürstin folgende Edelleut ihn Wardein vmb den Rakoczi gewesen, alss der Mikes Mihaly, Barkoczi Istvan, Szent Pali Janos vndt Gaude Andras, welche etlige Stunden der Fürstin nicht vntter Augen gehen dorfen, alss sie aber endtlig vor sie kommen hat sie mit grossem Vnmuth diese wort zu ihnen gesagt: Am Urak, tü öltetek az Uramot¹), ess hat ihr aber keiner darauf geantwortet.

Alss nun die Fürstin sich etwas gesanfftmühtiget, hat sie sich letzlich mit ihren Herren berahtschlachtet, wass mit dem thoden Fürstligen körper (vorauss weill der Szeidi Passa vndt Ali Passa nicht weit zu Feldt liegen), weiter zu thun were, schlissen endtlig denselben von stundt an nach Etsed zu führen, denn sich zu fürchten Warad möchte vom feindt belagert werden, ihn welches die Fürstin billiget, den leib auf einen wagen laden lest vndt eine Meill von villen calvinischen pfarrherrn vndt Schüllern mit gesang begleitet Etsed zu eillet; dabei zu mercken dass bei wehrender Schlacht vndt aussführung dess leibs auss Wardein folgende omina sich erzeiget, alss vntter wehrender schlacht den 22 May soll zu Wardein ihm Schloss ein starckes gewelb eingefallen vndt alss der thode leib auss dem schloss geführt worden, sehr

Omina so sich bei des Rakoczi thodt v. schlacht erzeiget.

---

¹) Ja wohl, ihr Herrn, ihr habt meinen Eheherrn getödtet (ungar.).

grosser vngeheurlicher windt gewessen sein, so heusser vndt vill Däger auffgedeckt vndt eingerissen.

Mir haben gehört, dass die Fürstin nach Absterben ihres herren alle gefangenen dess Schlosses ihres gefangnüss befreyet, welches auch geschehen, ausserhalb etliger Adelleut, welche der Rakoczi weill sie es mit dem Barcsai gehalten, nach wegnehmung ihrer bonorum alda im gefangnüss gehalten vndt auss befehl des Mikes Mihaly Cancellarii ohne sein Vorwissen nicht frey zu lassen befohlen, alss gewessen: Miko Miklos, Kalnoki Janos, Bendocz Istvan, Sorban Istvan, Gurzo Istvan, Nemes Peter, Kovats Peter, Czepreghi Mihaly, Szurtei Georgy Kapitan der Meszei vndt andere mehr. Diesse hat ihm der Mikes Mihaly mit raht dess Gaude vndt anderer bevor behalten, vndt seinen brüdern vndt ihm bei der Szekelysegh gunst zu erwecken ohne der Fürstin Vorwissen ihn dass Schloss Etsed zu führen, angeordnet, welches ihm aber die ihm Schloss generaliter nicht zulassen wollen vndt ihm den thodt gedreiet, dass er sie endlig frei lassen müssen. *Alle gefangenen werden nach des Rakoczi thodt frei gelassen, radt wie ess mit ihnen ergangen.* Alss er siehet, dass er anders sein gemüht nicht erkühlen kann, schicket er alss die Fürstin mit dem thoden leib verreisset, Nro 1000 Völcker auss vndt lesset auff der Türcken erde starck brennen.

Diesse Zeit ligt der Palatinus mit 9000 Teütschen vndt Horvathen bey Harangadt, schicket etlige hundert etliger Adelleut heusser zu plündern, welches auch geschehen, alss sie ihm zurückziehen sein, vndt vill taussent stück Viehe vor sich treiben, auff welche oben bestimpte 1000 Völcker stossen, alles Viehe abtreiben vndt ausserhalb 8 perschonen alle Palatinische niderhawen. *Rakoczische Völcker hawen toss dess Mikes Mihaly gebot vill Palatinische nider.*

Albie ist weiter zu wissen dass vnter disser Zeit der Ali Passa, so vom Türckischen Keysser zum Szeredar oder Generalen geordtnet gewesen, zwischen Temesvar vndt Jenneö mit 20,000 Türcken vndt Janczaren gelegen, wie auch der Szilistrai Passa ihn der Walachei mit 8000 Mann, zu wachen, dass ihm pfall der Budai Veszer vom Rakoczi geschlagen würde, oder dass landt nicht huldigen wollte, sollte in Sübenbürgen alles verderbt werden.

Damit mir nun weiter auff des Szeidi Passa oder Budai Veszerens vortgang seines zuchs auss Sübenbürgen mögen kommen, ist zu wissen, dass derselbe mit seinem Volk sampt dem Fürsten Barcsai

bei Bonczida vntterhalb Clausenburg gelegen, biss so lang er
weitere anordtnung von der Port dahin er wegen erhaltenem Sieg
bottschafft gethan, bekeme, mittlerweill kompt den 8 Juny dem Fürsten Barcsai von Wardein inss läger schreiben, so ihm der Balogh
Matthae vndt Stephan Ferenz zugeschriben, dass der Rakoczi des
vorigen tages gewisslich gestorben vndt dass die Fürstin den leib
auff Etsed geführet hette, drumb solte er zuschawen, damit er dass
Schloss Warad sobaldt ess sein künte zu henden bekeme. Alss der
Barcsai solches vernohmen, hat er ihn aller stille ohne Vorwissen
des Szeidi Passa Commissarios dahin geschickt vndt den Balogh
Mathae Vice Kapitan, Jnezedi Andras, Bighe Geörgy vndt Ratz Janos
Das praesidium den Porkolaben ihm schweren lassen, dass Schloss auff
ihn Wardein
schweret dem seine ration zu behalten, nach Verrichtung diesses alss
Barcsai Fürsten. ein listiger mann weiter getrachtet, wie er den Szeidi
Passa, ehe er dess Rakoczi thodt erführe, auffbewegen möge auss
dem landt zu ziehen, nicht damit er ihm pfall dess Rakoczi thodt
innen werde dass landt Sübenbürgen vor sich behalten möge, gibt
derowegen Vrsach vndt beweget den Szeidi Passa zum auffbruch,
verehret ihm alss ein armer Fürst vor seine Vitezsegh Nro. 500
Taller sampt einem beschlagenen Sabel seinem sohn Nro. 200 taller
vndt einen Sabel zugleich; alss der Szeidi Passa nach villem raht,
so er ihn Divan mit seinen Passaken gehalten sich auffzubrechen
verwilliget, begehret er alss ein listiger Fuchss, der Fürst Barcsai
solte ihm biss auf Warad dass geleit geben, so wolte er voranziehen, ihn in der mitten lassen, vndt die Janczaren binden ziehen
lassen, damit ihnen, weill er wenig Volck hatte, kein Vngemach
begegnen möge, welches der Barcsai ob zwar vngerne, doch
Der Budai Vezeer endtlich müssen geschehen lassen, vndt mit ihm ziehen,
wirdt vom Für-
sten Barcsai ver- wie denn auch von den drei Statibus Regni gewisse per-
ehret. schonen mit dem Fürsten zu ziehen denominirt worden,
hat sich aber niemandt mit zu ziehen anmassen wollen, wie offt auch
mandiret worden.

  Alss der Szeidi Passa von Bonczida auffzubrechen entschlossen,
Die angeschla- hat er dem Fürsten vndt etligen Landherren vorgege-
gene Tax der
500,000 Taller ben, wie ein Kapuczi Bassa ankommen were, durch
werden durch
einen Kappuczi welchen der Türckische Keysser an den fünfmallhun-
Passa begehret. derttaussent Tallern vor dissmall 300,000 begehrte zu
erlegen, anders müste das Verderben vber dass landt

1660.

kommen, derweill er sich aber nicht säumen künte, wolte er denselben Bassa ihm landt lassen ernantes geldt zu exigiren, er aber wolte derweill den Rakoczi persequiren vndt nicht ablassen, biss er gethödtet werde, vndt solte er vill Jahr daran wagen; auff diesses des Kapuczi Passa begehr, wurden von den Statibus gewisse perschonen alss der Haller Gabor, Daniel Ferenz, vndt Fodor Istvan zum Ali Passa zu ziehen verordtnet, vmb eine linderung vndt lengere Dilationem anzuhalten, vnter welchen nur der Haller Gabor vndt Daniel Ferenz verreisset; alss sie anlangen, bricht der Ali Passa mit allem Volck auff, ziehet Wardein zu sampt den Legaten. Alss aber vntter der Zeit der Szeidi Passa auss Sübenbürgen auch auffgebrochen vndt ihm zuch ist, den Rakoczi zu verfolgen vndt auffzusuchen vndt nun von den Sübenbürgisch Grentzen abgewichen, auffenbahret der Fürst Barcsai dem Szeidi Passa dess Rakoczi absterben vndt wie der leib von Wardein auff Etsed geführet worden, muss sich aber simuliren, alss were ihm nur erst damalss solche bottschafft kommen vndt schicket denselben Edelmann so ihm die botschaft bracht vndt heimlig bei sich behalten, selbst zum Veszeren dess Rakoczi thodt anzukündigen, welcher ihm 20 Duckaten verehret. Alss der Szeidi solches vernimpt eillet er schnell fort Etsed zu, verheret vndt verwüstet alles was ihm vorkömpt, kommet aber zu kurtz vndt muss sich Warad zu kehren; alss der Ali Passa vernimt dass der Szeidi Passa den Fürsten Barcsai mit sich genohmen, schreibet er ihm denselben nicht von sich zu lassen, sondern mit sich vntter Wardein dahin er auch kommen wollt, zu bringen. Haec dicitur Practica Turcica.

Der Szeidi Passa bricht auss Sübenbürgen auf.

Alss nach diessem allem der Feö Veszer dess Szeidi Passa Victoria vndt des Rakoczi thodt vernohmen, vndt weillen der Szeidi Passa oder Budai Veszer ihm alssbaldt nach der schlacht solches nicht wissen lassen vndt ihm nicht etlige taussent gefangene Christen zu geschickt, fasset er grosse Zohrn auff ihn, schreibet dem Ali Passa, den Szeidi von stundt an zu ihm auff die Port zu schicken vndt einen andern Budai Veszeren zu setzen, welches der Ali Passa auch alssbaldt thut vndt vntter Temesvar auss befehl dess Feö Veszers den Ismael Passa zum Budai Veszeren erkläret vndt lasset mittlerweil den Szeidi Passa zu sich begehren, damit er ihn auff geheiss dess Feö Veszers auff die Port schicken möge; alss der Budai Veszer nämlig der Szeidi Passa so noch vntter Etsed ihm feldt lag solches vernimpt doch vmwissendt, dass ein ander Budai Veszer an seine stat gesetzet war, bricht er auff dem Ali Passa zuzuziehen.

Der Haller Gabor schreibet dem Fürsten Barcsai des Ali Passa aschblos Wardein wegen. Vntterwegenss kompt dem Fürsten Barcsai vom Haller Gabor ein schreiben mit bericht, dass ihm pfall dem Ali Passa sein verkehrtes vndt zorniges gemüht zu stillen nicht einen theill von der aufferlegten Summa der 500000 Taller alsbald zugeschickt würden vndt zugleich dem Kapuczi Passa, so derentwegen ihn Sübenbürgen ankommen auch nicht ein zimliges theill gegeben würde, mögte wie er gehört das Land vmbkehren, zudem were er, alss er bei ihm ankommen mit schlimmen augen angesehen vndt hart von ihm angefahren worden, vermerckte auch aus allen Vmbständen vndt zubereitung der stück, welcher vber die hundert weren, dass er Willens were Wardein zu belagern, da er doch gleichwoll alles verhöllet vndt nichts anders mercken vndt von sich hören liess, alss dass er vber diejenigen so ihn dem Schloss weren sehr erzürnet sei, dass sie vom Barcsai abgefallen vndt den vberwundenen Rakoczi eingenohmen hetten. Alss der Barcsai solches vernimpt, wirdt er nicht wenig traurig darüber, darff doch vor dem Budai Veszeren sich nichts mercken lassen, sondern mit ihm Wardein zu fortziehen müssen.

Nachdem nun der Ali Passa wie gehört den Ismael Passa zum Budai Veszeren gesetzet vndt bei Wardein neben dem Dorff Szeöleös sich inss feldt niderlässet, nimpt er den Herrn Haller Gabor gefan- *Den 14 July wirdt der Haller Gabor vom Ali Passa gefangen.* gen, lesset ihm eissen von 63 Pfunden anschlagen, mit ernstem befehl dass ihm pfall er ihm dass schloss, weill er Supremus Capitaneus darinnen gewessen, nicht vbergeben würde, müste er des thodes sterben vndt würde derweill von den banden nicht frei gelassen werden, biss er das schloss nicht in den Henden hette, drumb solte er wegen auffgebung ihn das Schloss bericht thun. Wie dem armen gefangenen Herren zu gemüht wirdt gewessen sein, gebe ich jedem zu erkennen. Alss nun dess driten tages der Fürst Barcsai mit dem Budai Veszeren auch alda ankompt vndt dess Herrn Haller Gabors Arest vernimmet, fallet er ihn grosse traurigkeit vndt bekümerniss; den 16 July wirdt er selber sampt seinem hofgesindt ihn Arest genohmen, vndt wirdt mit benehmung aller wehren tag vndt nacht von Janczaren verwachet, ess hatte aber der Fürst Barcsai den Tag bevor einen Posten zu seinem bruder Barcsai Gaspar alss seinen Locumtenenti mit schreiben ge-

schikt vndt sowoll dess Haller Gabor gefangnüss, wie auch die
Furcht der belagerung Wardein ankündigen lassen, neben erinne-
rung, dass die Schatzung vndt geldt beisammen zu bringen solte
vorgenohmen werden, welches wegen gedachter Locumtenens auff
den 27 July Albam einen Landtag liess beruffen, dahin er sampt dem
Kapuczi Passa den 24 July aufbrach vndt den Herrn Betthlen Janos
vndt Lazar Geörgy so der ander Locumtenens war alssbaldt von
Deva zu sich ruffen liess, sich vor der ankunft des landes mit einander zu besprechen; kam derowegen dass Landt den 24 July
zusammen, schliessen anders nichts, aiss dass die Tax von stundt an
vorgenohmen vndt durch den Kappuczi Passa ein theill dem Ali Passa
ehe er der belagerung dess Schloss Wardein einen
anfang machete, zu zu schicken, vndt schiede dass landt <small>Comitiae Albea-</small>
noch den tag von einander.

 Alhie müssen mir die Vnglückselige belagerung Wardein etwas
hinden setzen vndt wass sich vntter diesser Zeit ihn Sübenbürgen
weiter zugetragen melden, alss haben mir demnach oben gehört,
dass der Coztandin Waida alss der Rakoczi vntter der Hermanstadt
gelegen widervmb mit hilff etliger verrahterischer <small>Folgen dess Cot-</small>
Bugeren ihn die Walachei auf die sitz kommen; alss <small>tandin Waida geschichten.</small>
aber der Ottomanische Keysser solches vernohmen,
schicket er den Szilistrai Passa mit Törcken vndt Tattern auff ihn
vndt wirdt nachdem er ein Monat vndt acht tag auff der sitz gesessen von ihm aussgetrieben vndt wirdt der Gyga Dikul an seine
stat zum Waiden gesetzet; alss die Croner solches ihnen werden,
vndt dem Locumtenenti Barcsai Gaspar solches zuschreiben, gibt
es von neyem grusse Furcht vndt Flucht ihm landt; mitlerzeit
schreibet der Fürst Barcsai auss Vngern von Örmeszeö, alss er mit
dem Budai Veszern zu feldt lag, eben dess Costandin Waida flucht
vndt dass Türcken vndt Tatter hinter ihm weren, zu dem weren die
ihn der Moldaw liegende Tatter auch gewarnet, dem Kostandin
Waida auf den Dienst zu warten, vndt dass sie nachdem, auss befehl
dess Feö Veszeren, die Rebellische Csiker vndt Gyergioer Zeckel
vberziehen vndt verderben solten, drumb solte allenthalben fleissige
Wacht gehalten werden; auff welche Zeitungen der Barcsai Gaspar
allenthalben das landtvolck zu warnen vndt zugleich auf zu sein
schreiben aussgehen lisse, wie denn auch von vnsserer Stadt
Schesspurg Nro. 100 Reuttende vndt so vill Fuss Völcker, begehret

wurden, welchen tag auch der F. W. H. Regius Andreas Keisser, Georgius Grell vndt Georgius Hirling Senatores neben den andern W. Herrn von der Universität vndt den Statibus, dem Fürsten Barcsai ihn Vngern nachzuziehen geschicket werden, aber wegen einbruch des Constandin Waida solcher Zuch verhindert wurde. Alss demnach der Kostandin Waida circa finem Juny mit 3000 mann bei Cronen einbrach, liessen die Croner freien raub wider ihn ausruffen, dass baldt ihn eill doch wider dess Richters Michaelis Hermanni willen, vill Volck zu lieff, derweill aber der Waida schon dass Feldt erlanget vndt starck mit Volck war, kunte man wenig aussrichten, alss er aber bei Rosenawe vorüber zu marschiren vermeinete, gaben sie vom Schloss starck feur auff ihn, dass er bei seit weichen muss, jagen ihm zugleich neben anderen einen wagen mit vill geldt beladen ab, wirdt ihm aber auss befehl Herrn Michaelis Herrmann wider gegeben, dadurch er sich sehr verdächtig gemacht, sintemal er nicht vnlengst bei dess Rakoczi leben ihm ein Albam soll zugeschickt haben; von dannen nimpt er seinen weg Honigberg zu, welche sich mit schissen auch starck wider ihn setzen vndt weil aussweichen muss, setzet mit dem Volck vber den Altfluss vndt nachdem er die Völker gemustert, ziehet er ihn den Czik vndt Gyergio, welche sich sampt villen drey stuller Zeckelln vnter ihrem Kapitan Lazar Istvan vndt Apor Lazar an ihn schlagen; etliges dess Waida Volck zihet Udvarhely zu, treffen auff dem Makfalver feldt 65 Edelleut an, schlagen sie auff, plündern sie sampt dem Marckt Makfalva. Alss der Locumtenens Barcsai Gaspar solches alles vernimpt, lägert er sich sampt den 500 bei ihm habenden Türcken vndt andern landt Volck vntterhalb Vasarhely auff den Libancz; ihndem bricht der Costandin Waida bei Görgeny herauss, an welchen sich der Marosszeki Kapitan Bako Istvan, so sich nicht vnlängst wegen dess Rakoczi thodt mit theurem Eidt an den Barcsai Akos begeben hatte, alssbaldt geschlagen, dadurch der Locumtenens zumall grosse furcht bekam, vndt alss er sich zu schwach befunde, sich widerumb auff Vasarhely machte; Vntterwegens wurde ihm an den Nösner Richter lautendes schreiben vom Budai Veszern vberschickt, so er ihm auch von stundt an zugeschicket, ihn welchem ihm gebotten worden, dass ihm Fall Coztundin Waida von seinem Revier entkeme, solte ihn einen Spiess gezogen, vndt die Stadt Nössen geschleift werden;

alss das schreiben ankompt wirdt dem landtvolck aufgeboten vndt freier raub wider ihn ausgeruffen vndt wirdt von demselben der Waida widervmb zurück ihn die Gyergio getriben, von dannen er mit Hilf der Zeckel durch das gebürg mit grosser mühe ihn den Marmoros entweichen muss.

Alss sich dess Coztandin Waida gefahrlicher einfall etligermassen gestillet hatte, wurde zum Neyenmarck von den Landthern vill gerahtschlaget, wie die fremde Völcker, alss die Tatter so ihn beiden Ländern auss befehl der Port legen, vndt den Zeckeln zur Straff geschickt weren, abgewissen solten werden vndt wardt gerahten, den Vmbkreiss der gebürger aufzuwegen vndt die Pass fleissig zu verhüten, welches auch geschehen.

Nachdem der Coztandin Waida auss dem landt weichen muste, müssen die Verordnete von den Statibus, so dem Fürsten Barcsai ihn dess Budai Veszeren lager nachziehen sollen, auff Vasarhely ziehen, vntter welche die F. W. H. Georgius Schelker, vndt Gregorius Stamp Sen. Cibin. von der Universität dahin verordtnet waren, dahin denn von vnsserer Stadt Segesvar hattert heuff kegen Varad vndt Vngern zu werffen H. Andreas Keisser zu kommen begehret wardt, welcher sampt Herrn Georgio Grellen vndt Georg Hierlingh biss auff Neyenmark zum Locumtenenti reisseten, auss furcht aber der reiss vndt vbellen schmacks, so ihn Vngern war, kompt Herr Andreas Keisser vndt Herr Georg Grell nach Hauss, lassen Herrn Georgium Hierlingh sampt dem Speisswagen zum Neyenmarck, der meinung ess sei rahtsamer, einen auff die fleischbanck zu schicken, als zugleich ihrer drei. Mittlerweill aber, als die belagerung vntter Wardein starck angegangen vndt der Fürst Barcsai sampt seinen hoffgesindt wehrloss gemacht vndt sub custodia gehalten worden, wurde der Statuum Zug widerrahten, vndt villmehr wie die Landt Tax auffzuschlagen vndt zu exigiren sei, gerahtschlaget, damit weill der Kappuczi Bassa schon auff ein Monat ihn landt gelegen, der Zorn des Ali Passa entbrennen möge, der Fürst ihn grosse gefahr kommen möge, welches angesehn die Status von der vorgenohmenen reisse befreyet vndt die Limitirung der Taxe vorgenohmen werden.

Von den Statibus werden gewisse Legaten zum Fürsten Barcsai zu schicken begehret.

Vnter dieser Zeit der Versammlung kompt den Herrn Cibiniensibus Post, dass die Tatter so den Costandin Waida persequiren geschickt worden, biss ihn den Ardisch ihn die Walachei, so eine tag reiss von der Hermanstadt ligt, kommen weren, einen Durchzuch durchs landt begehrendt, wolten aber keinen schaden thun. Canis credat! alss die Post ankommet, schicken die Cibinienses 500 mann den Rohten thurm zu bewachen, weigern dass Landtvolck auff, vndt lassen alle weg vndt stech ihm gebürge verhawen, welche Post sie auch dem Locumtenenti auff Vasarhely thun, dahin ess auch schreckniss gibt. Der Locumtenens schreibet solches alssobaldt dem Ali Passa zu mit Vermeldung, dass der Tatter einpfahl ihn Zusammenbringung der Tax der Flucht wegen, so vntter das Volck kommen, grosses hindernüss bracht hette vndt wofern sie nicht zurückbliehen, künnte an der schatzung nichts geliefert werden. Der Ali Passa schreibt auff solche Post sowoll den Tattern zurückzukehren, wie auch dem landt ihm pfall sie gewaldt mit einbrechen thun wolten, vndt er Zeitung davon bekommen würde, wollte er Volck schicken vndt alle vor die Hundt hawen lassen, schicket auch darneben zwei Türckische Czaussen Postweiss zu ihnen, mit Vermeldung, dass weillen sie nicht zur noht kommen weren, solten sie auch ietzunder zurückbleiben. Diesse ankommenden Czaussen vnwissendt schicket der Kapuczi Bassa mit den Herrn Delegatis Cibin. 3 Türcken eben auff solche weiss, die Tatter vmbzukehren, welche denn auch weichen müssen.

Vmb diesse Zeit kommen schreiben von der Port, dass weillen nun der Hundt Rakoczi, wie sie nach ihrer weiss schreiben, thodt were, sollte der Kemeny Janos vndt Kostandin Waida vom Landt Sübenbürgen proscribiret werden, sonst sollte alle Vnguadt auf dem landt sein.

Nach verrichten geschäften bricht der Locumtenens sampt dem Kapuczi Passa vom Neyenmarck auf, ziehet auf Müllenbach, den gefangenen Maros Szeki Kapitan Bako Istvan vndt Veres Janos der Udvari Katonaken Hadnagyen, welche zum Konstandin W. wider ihren gethanen eidt gefallen waren, mit sich nehmendt, liess auff dem Müllenbächer Marck einen galgen auffrichten vndt alle beide ihn kegenwart des Kapuczi Passa vndt der anderer 500 Türcken, so von dannen auss dem landt ziehen sollten, auffhencken, mit welcher müntz künftig etlige Bareczische Zeckel, wie auch er der Locumtenens

1660.

selber alss gleiches mit gleichem bezahlt wurden wie mir hören werden.

Alss demnach die Zecklische Stull, Csik, Gyergio vndt die drei Stull Sepsi, Kezdi vndt Orbai dess Locumtenentis Barcsai Gaspar sehr strenges Regiment vernohmen vndt wie er mit dem Bako Istvan inaudita causa vortgefahren, entstundt eine neye rebellion vnter ihnen, sintemall sie ihren vorgesetzten Obersten Kalnoki Mihaly ihm Csik vndt die drey Stüller den Donath Istvan gefangen nahmen, welchen letzten den Donath Istvan sie auch in continenti auffhencketen vndt schlugen neben dem etlige derer, so ihnen im weg lagen, gar zu thodt.

Die Zeckel rebellires vndt der Kalnoki Mihaly sampt dem Donath Istvan gefangen, vndt der letzte aufgeheackt.

Alhie ist zu wissen, dass der Locumtenens Barcsai Gaspar den Csiki Kiraly Biro Lazar Istvan zur Zeit als der Bako Istvan gefangen worden, auch ihn das Schloss Görgeny gefangen geleget hatte, derweill aber der Gefangene allezeit nach befreiung trachtet, alss erdencket ihm dieser Lazar Istvan auch eine list vndt lasset sich bei der nacht durch einen Locum Pilati secretum vber des Schlosses Mauern hinvnter vndt kompt ohne die etlige Taussent Taller, so der Barcsai von ihm wegen der Ranczion begehret hatte, davon vndt gelanget ohne alle gefahr eben zur rechten Zeit vnter die Rebellen der Zecklischer Stull vndt Pauren aufruhr, hilfet alssbaldt den Szekely Samuel vndt Tompa Istvan wider den Barcsai auffrichten vndt ist mühehafftig ihn der sachen.

Lazar Istvan entkompt auss dem gefängnuss.

Nachdem nun der Locumtenens Barcsai Gaspar den Verlauff vndt auffruhr der Zeckel, so einem Paurenkrig gleich sahe, innen ward, zoge er mit seinen besoldigten Völckern auf Reps zu, er selber nahme sein Quartier ihm Marck vndt verlegete die Völcker auff die Dörfer hin vndt wider; alss die Zeckel solches erfuhren, nahete sich Szekely Samuel, dess Barcsai Völcker zu überfallen, wie er denn etliche ihn der Gemein Katzendorf vnversehn vberfiel vndt nidersabelte, vnter welchen damalss ein junger Adelmann, Farkas Simon vmbkame; weill ess ihme diessmall etwas gelungen, vermeinte er auch ihn einem andern Quartier solches zu wagen, alda die Walachische Völcker lagen vndt auf der ersten Vnglück etwass wachsamer waren, theten ihnen harten widerstandt, vndt alss sie mit einander scharmützirten, kam vnter solchem Spill der Locumtenens Barcsai Gaspar mit seinem Volck vndt den teutschen Dragonern

Szekely Samuel sampt seiner Paurschafft wirdt vom Lorentz-nerusti geschlagen; 1300 bleiben auf dem Platz vndt villen nassen vndt ohren abgeschnitten. dazu; alss der Szekely Samuel solches erfuhr, gab er alssbaldt die flucht vndt liess seine Paurschaft die ellende Schlucker ihm stich, welche von den Barcsi-schen bei dem Dorfe Baroth dass meiste theill wie dass Viehe geschlachtet wurde; ihrer Villen wurde zum Denkzeichen nassen vndt ohren abgeschnitten vndt zu hauss geschickt. Szekely Samuel aber flohe zu denen so ihn aussgesandt hatten; Barcsai Gaspar aber draug nach erhalte-ner Victori etwass tiffer ihn den Haromszek vntter die Zeckel haus-ssete vhel mit ihnen, liess vill auffhencken vndt zugleich an nassen vndt ohren stümmelln; nach solchem Verricht stellet er seinen Zuch auch Csik zu, welche ihm alssbaldt einen katholischen pfaffen Mar-tinum Kaszoni mit huldigung schreiben entkegen schicketen vndt vmb genaht babten vndt obschon die Vergebung schwer zugieng, doch liesse sich gedachter Locumtenens ob certum respectum endt-lich erbitten, et quidem tali conditione, dass sie ihn folgendem Land-tag auff Schesspurg ihre Plenipotentionirte Legaten schicken solten, alda sie ihren gehorsam vndt huldigung vor dem Landt besserer weiss vorbringen solten.

Alss demnach solcher der vntreyen Zeckel auffstand, mit ihrem grossen schaden vndt nicht geringer niderlag sintemal auff taussent-fünfhundert Haar gelassen hatten, gestillet war, liess der Fürst Barcsai *Ad 20 Octobr. wirdt auff Seges-var ein Landtag beruffen.* Akos von Radnothen auss ad 20 Octobr. ihn die Stadt Schesspurg beruffen, dahin er neben den Landstenden zu erscheinen allen Dorfsbeampten alss Hannen vndt Rich-tern dess gantzen landes liesse gebietten, erstlich durch gewisse Commissarios vntter den eydt zu erforschen, wohin vndt wie vill ein jedes ohrt seine schatzungen gewendet hatte, vndt ihnen zugleich alle handel dess landes, wie auch wass sich mit dem Ali Passa zuge-tragen vndt wie sie sich künfftig zu erhaltung des landes halten sol-ten, einzubilden, welche alhie ernannte Hannen vndt Falusi Biraken, welcher eine grosse anzahl waren nach vorangehendem Landtag widerumb vngehindert nach hauss gelassen worden.

Nota. Vntter wehrendem Landtag verehligte sich der Fürst Barcsai mit des Herrn Banffy Sigmund togter einer Jungfraw vndt helt alhie zu Schesspurg hochzeit.

Alhie werden mir den Sübenbürgischen Zustand vndt Verlauff des Schesspurger Landtag etwas bei seit setzen vndt etwass von einnehmung dess Schlosses Wardein melden müssen vndt ist demnach zu wissen, dass, wie mir droben gehöret, dass der Ali Passa den Haller Gabor nach anbringung seiner Legation ihn Arest nehmen lassen, vndt Wardein zu mit sich genohmen, welchen der Fürst Barcsai zwischen Lippa vndt Jenneö auch entkegen kommen vndt dess Ali Passa *Zwischen Lippa vndt Jenneö conjungiret sich der Fürst Barcsai mit dem Ali Passa.* verkertes gemüt vndt Vnmuth ihn achtung genohmen, welcher seinen zuch mit einer grossen Arme vnd villen stücken gerad auff Wardein genohmen, welchen der Szeidi Achmet Passa mittlerweill mit seiner Armada nach erhaltenem sieg wider den Rakoczi begegnet vndt sich wegen erhaltener Victori alles Guttes zum Ali Passa versahe, da er doch schon auf befehl des grossmächtigen Keissers vor etligen Tagen seiner Budai Veszerschaft entsetzet vndt der Ismael Passa an seine Stell erwählet worden. Alss derowegen Ali Passa des andern tages dem Szeidi Passa die degradirung seiner Veszerschaft erklären lassen, ist der Szeidi Passa von stundt an mit seinen Völckern aufgebrochen vndt zum Ali Passa gezogen vndt zwar ihn solchem Vnmuth, dass er ohne Schonong des Ali Passa Volcks dass gantze läger dess Ali Passa vorgenohmen vndt alles, wass ihm im wege gelegen alss Schätert vndt anders mehr, mit den rossen zertreten vndt vmbreiten lassen, welches wegen in dess Ali Passa leger nicht geringe furcht entstanden vndt auch der Ali Passa selbst ihn grosses schrecken gerahten vndt sich mit der gantzen Janizarschaft vmblegen lassen; alss er aber ankommen, hat sich doch der Szeidi Passa etwas besseres bedacht vndt mit inclinirung des haupts zu Füssen gefallen vndt ihm die Völcker *Szeidi Passa lesset alless keisserlich Volck von sich vndt behält doch 9000 seiner besoldigte Völcker.* vbergeben, der hofnung sein Leben dadurch zu fristen, ist aber künfftig mit grosser list von ihm enthauptet worden, welcher wenn erss hette sollen wissen, seine schantz alss ein statliger Soldat besser ihn acht genohmen hette, dadurch denn auch vieleicht die eroberung Wardein zurückblieben were, sintemall er nur nach eroberung dess Schlosses enthauptet worden.

Damit mir dennoch die Vrsachen dess Szeidi Passa degradirung vndt thodt, welcher doch ihn erlegung des Rakoczi ein statliges werck verrichtet hatte, etwass wissen mögen, soll diesses des grossmächtigen Keyssers zorn gewesen sein, weill er ihm nach erhaltenem sieg wider den Rakoczi nicht vill Taussendt rabben zugeschickt vndt weill er ohne sein be- *Vessire Szeidi Passa entsetzungs Vrsachen werden erzehlet.*

fehl auss Sübenbürgen gezogen vndt nicht weitere Ordinans erwartet hatte; mit solchem vndt dergleichen lohn pflegen die Türcken gleichsam aller benampten wohlthaten zu belohnen, noch will sich keiner, nur damit ein jeder eine zeit herrschen vndt seine gewaldt gebrauchen möge, daran kehren. O magna insania!

Betreffendt nun der Vestung Wardein, so ein schlüsssl Vngerlands vndt Sübenbürgens gewessen, belagerung vndt einnehmung, ist zu wissen, dass nachdem der Ali Passa mit so grossem Volck wie gehört, je lenger je neher sich dem Schloss zu genahet vndt sich die einwohner, so inss schloss geflohen waren, sampt den Praesidiariis, einer belagerung besorgten, schwuren sich alle manschaft so ohne weib vndt kinder nicht mehr als achthundert vndt funfzig waren

Die Belagerung Wardein wird beschriben. zusammen biss auf den letzten blut tropfen bei einander zu leben vndt zu sterben; ess ist aber zu wissen, dass zu erhaltung solcher Vestung sich grosser Mangel befunden, erstlig, obschon das schloss mit genuchsamer proviant vndt munition versehen gewesen, so hat es doch am praesidio welches auch 5000 man erfodert hätte, sehr gemangelt vndt hat zum andern kein rechtes haupt vndt Capitanen im schloss gehabt, sintemall weill der Rakoczi nicht sehr lengst alda gestorben, hatte der Vice Capitan Gyulai Ferenz sampt andern Officialibus dem verstorbenen Leichnahm biss auff Etsed dass geleit gegeben gehabt vndt nicht zukegen gewessen, dass alsso sich der Vestung ausserhalb eines jungen Herren vndt tapfern belden, eines eben desselben Schlosses Capitans Sohn Ibrany Mihaly niemandt recht angenobmen, welcher denn das wenige Volck nach Vermögen angeordnet, angefrischet vndt in allem Fall sich der Defension angenohmen vndt sein bestes gethan, so auch endtlig sein leben darüber gelassen, wie mir baldt hören werden. Alss derowegen der Ali Passa die belagerung des schlosses vor zu nehmen zum schloss sich genahet hatte, hat er sich den 14 July kegen der gassen Velencze, in welcher vor Zeiten der Tyrann Bathori Gabor vmbracht worden, zwischen den bäumen selbigen obrts, ihm zum grossen Vortheill, der Vestung aber zu grossem Schaden, nidergelassen, vndt bei der nacht verschantzet vndt den andern vndt driten schantz jentzet dem WasserKeresd vndt zwischen den weinbergen Ablakos vndt Aranyas, dem Szeidi Achmet Passa auffzurichten befohlen.

1660.

Dess andern tages, welches der 15 July war, liess der Ali Passa durch den verarrestirten Fürsten Barcsai vndt den ihm 63 pfündigen eissen gefangenen Haller Gabor, dess schlosses Obersten Capitan ein schreiben inss schloss schreiben vndt schicken, dass sie sich dem Ali Passa, wo sie nicht alle zu grundt gehen wollten, sampt dem schloss, ergeben solten, wo nicht, so wolte er nach einnehmung dess schlosses auch das kindt im mutterleibe nicht leben lassen, welche beide, der Fürst vndt Haller Gabor, als arme gefangene nolentes volentes ein ermanungsschreiben mit dissem Dato schicken müssen, nemlig Datum ex metu, welches ehe es vort geschickt worden dem Ali Passa ist gelessen müssen werden, dass Datum aber von niemanden ihn acht genohmen worden; alss aber das schreiben inss schloss gelanget vndt nach Verlessung desselben sie das Datum gewissen vndt gelehret, wie sie sich verhalten solten, haben die ihm schloss dess Ali Passa begehren vndt des Fürsten vndt Haller Gabors schreiben also beantwortet, dass sich nemlig der Ali Passa dess Versicherungsschreiben, so ihnen der Szeidi Passa eingeleget, wie auch, dass sie demselben, vntter des Boldovai Marton Commando zu erlegung des Fürsten Rakoczi Volck vndt hilf gegeben, erinnern, vndt dess Schlosses, so sie vntter dem Schutz des grossmächtigen Keissers lange zeit her erhalten hetten, schonen solte; ihm pfall er aber anders gesinnet were, weren sie auch gesinnet, biss auff den letzten Bluttstropfen die belagerung ausszustehen vndt nach Vermögen das schloss zu beschützen vndt wolten zum Vberfluss des Szeidi Passa Versicherungsschreiben an einer Stangen vber die Mauren hangen, damit Gott solchen Meineydt nicht ungerochen lassen möge.

Alss der Ali Passa der praesidiariorum resolution schreiben verlesung gehört, hat er sich dem Fürsten Barcsai disser gestalt resolviret, dass dem zwar also sei, dass die Wardeiner neben ihrer Huldigung zu erlegung dess Rakoczi hilf gethan, so hetten sie aber solchen ihren Eydt vndt Huldigung, ihndem sie den Rakoczi alss ihren feyndt nach der schlacht inss schloss genohmen, gebrochen, vndt wider die Port gehandelt. Dass aber der Szeidi Passa ihnen ein Versicherungsschreiben eingeleget, were er schon damalss (obschon vnwissendt), degradiret gewesen, vndt weill derowegen der Ali Passa sehe, dass die ihm Schloss sich zu wehren gesinnet waren, liess er von stundt mit Nro.

11 Stücken, dass Schloss starck beschissen, doch Gottlob vor erst ohne sonderligen schaden; alss aber der Ali Passa der belägerten erenstlige Defension sahe vndt nach ettligen tagen der seinigten grosse niderlag, vndt dass ihm vber taussendt seines Volcks erlegt waren, gebot er auff S. Stephans vndt S. Petters berge neye schantz zu machen, wie auch geschahe, dannenher seinem belieben nach auss den grössten Stücken in die Festung starck schissen liess, dass sich die belägerten gleichsam auf den Pasteyen nicht sicher darften sehen lassen, vndt in weniger zeit ihrer vill verloren, wehreten sich doch auch bei solcher gefahr auff das tapferste, alss aber endtlich nach Verlauf eines Monats der Ali Passa den grossen Verlust seiner Janczaren vndt etliger grosser Herren vndt Passa sahe vndt ihn acht nahm, dass er mit schissen wenig ausrichten kunte, vndt auch wegen dess wasser graben kein Sturm lauffen wegen dörffte, liess er ihn beisein aller seiner Püchsenmeister krigsraht halten, wass doch weiter anzufangen wer, vndt wurde gerahten, dass ehe dass wasser des grabens nicht abgeleitet würde, künte nichts rechtschaffenes weder mit Miniren noch vuttergraben vorgenohmen werden, wenn aber das wasser abgeleitet were, wolten die Püchsenmeister vndt feürwercker, welche dass meiste theill Italiener vndt Teutschen waren, ihre künste mit Miniren versuchen. Alss trachtete derowegen der Ali Passa stets wie er doch das Wasser dess grabens so gleichsam einem grossen Teich gleich sahe, benehmen vndt ableiten möge, liess derowegen ihnerhalb 3 wochen tag vndt nacht mit seiner gantzen Armee vndt sehr viller mühe von der Aranyas Bastia einen graben biss ihn den Keresd fluss graben vndt dass meiste wasser ableiten, kunte aber doch weill noch vill wasser vorhanden vndt dess Keresd fluss wegen nicht tiefer graben vermogte, nichts damit aussrichten, welches wegen wie auch wegen so viller zeit vndt angewendeter arbeit er sehr ergrimmte vndt gleichssam rassendt sein Volck durch das Wasser zu stürmen antreiben wolte, alss ess aber nicht möglich war vndt dass nicht darzu bringen kunte vndt sahe dass er dadurch ihn gefahr geriehte vndt gleichsam seines eigenen Volcks wegen seines lebens nicht sicher war, ergrimmete er noch hefftiger vndt war gleichsam entschlossen die belagerung ihm stich zu lassen vndt abzuziehen; alss er aber auch ihn solchem pfall, wenn er mit Schanden abzüge, sein Verderben vndt gewissen thodt betrachtete, liess

er noch etlige tage das schloss noch härter als zuvor je beschissen vndt zwar nicht mit geringem schaden der armen belägerten, derer nur sehr wenig vbrig blieben waren vndt alss dieselben ihn acht nahmen, dass dass wasser von tag zu tag je lenger je mehr abnahm wurden sie zumalen sehr betrübt, doch liessen sie gleichwoll ihren muht nicht ganz fallen, sondern theten nach möglichkeit allen widerstandt.

Alhie ist weiter zu wissen, dass vntter diessem Verlauf sich eine lose vngrische gefangene hur sich hören lassen, dass wofern sie ihres gefangnüss würde frei gelassen werden, wolte sie den Ohrt zeigen, alda dass wasser biss zu grunde abgeleitet künte werden, sintemall sie, alss die Bethlen Bastya zur zeit dess Betthlen Gabors gebawet worden sie dem damaligen Hoff Richter gedienet vndt den gantzen Zustand des Wassergrabens wüste; alss solche zeitung vor den Ali Passa kommen, hat er ernanntes geringes vndt leichtfertiges weib von stundt an mit grossen freiden vor sich fodern lassen vndt ihr die freyheit ihres gefangnüss, sofern sie ihrem Versprechen nachkommen würde, willigklich versprochen; alss wurde demnach ernante hur etligen Türcken das Ohrt zu zeigen hin geschicket, welche die Türcken an den kleinen Fluss Pece genant geführt vndt von dannen einen graben biss zur Betthlen Bastya zu graben vorgegeben, so würde dass wasser gantz vndt gar ablauffen; welches den Türcken nicht wenig freudt, den belagerten aber grosse traurigkeit erweckete; alss demnach der graben ihn kleiner zeit fertig gemacht vndt das wasser abgelauffen, hat der Ali Passa einen neyen Schantz der Aranyas Bastya kegenüber machen lassen vndt dermassen feür gegeben, dass sich endtlich niemandt darauff darfen sehen lassen, auf welcher denn auch obengedachter Ibrany Mihaly alss Oberster Verwalter erschossen wurde, welches thodt den belagerten allen muht wegnahm; derweill derowegen der graben mit ablaufung des wassers trocken worden, begunten die Türcken zu miniren, alss die ihm Schloss aber zu contraminiren willenss waren, hatten sie niemandt vntter den Büchsenmeistern, so sich auffs miniren recht verstunde, welches ein grosser schadt vndt abbruch ware, sintemall dass was kegen gegraben wurde, einfiele, vndt zu nichts dauchte vndt obschon die ihm schloss mit contra miniren keine frucht schaffen kunten, thäten sie doch mit ihren Stücken vndt feürrohren, davon sie die

Eine vngrische Hur vndt Rabbia aufenbaret dem Ali Bassa alle heimligkeit dess grabenss, wie dass wasser besohmes könte werden.

Nach ablauffung des wassers wirdt ein neyer Schantz aufgerichtet.

Volle hatten, dem feyndt grossen schaden, zersprengeten ihnen acht stück, worüber die Türcken gar rassendt ergrimmeten vndt wenig fehlte, dass sie den Fürsten Barcsai nicht stündtlich nidermacheten; liessen auch nicht ab von ihrer kühnheit, sondern wehreten sich nach aller möglichkeit sehr ritterlig; ess geschahe aber vngefehr nachdem dass Schloss ein monat belagert gewesen den 14 August durch Versehung eines lichts ein erschräcklickes Vnglück ihm schloss, ihndem dess Vice hoffrichters vnachtlosses gesindt, so

Von des Karli Junos Vice Udvarbiro verschlossem gesindt, wirdt dass Zeughauss aufgesprengt. neben dem zeuchhauss seine wohnung gehabt, ihndem ein funcken eines lichts so durch das zeughauss getragen worden, ihn den Pulver gefallen, davon ihn einem augenblick dass ganze zeughauss, sampt den benachbarten Gebewen mit mehr denn hundert perschonen mit schröckligen krachen von grundt auss gespränget worden vndt zwar zu grossem abruch der Defension, welcher Verlust auch zu fridliger zeit vmb vill taussendt gulden zu schätzen gewessen vndt von mänigkligen vor ein bösses Omen dess Schlosses ruin vndt Vnttergang gehalten worden, der feyndt aber grosses frolocken darüber gehabt.

Als diesser gestalt der Ali Passa auch mit Miniren vndt anderem anlauff nichts aussrichten kűnte, sintemall die belagerten sich sehr manlig hielten, liess derselbe vntter dem Reszerdeö herumb alle menschen vndt Viehe, so auffzufinden gewessen, vutter das Schloss treiben zum anlauff, den Wassergraben damit auszufüllen; alss aber mit schissen aus dem schloss grosser widerstandt gethan wurde,

Der Ali Passa lesset vill Paarschaft vndt Viehe vatter das schloss zum sturm laufen treiben. kehret das Viehe auss furcht dess fewres vmb, schonet als thumes Viehe niemandes, tratten vndt trümmerten alless, was vor ihnen war nider vndt theten ihn den Türcken vnaussprechligen schaden, alsso dass dasselbemal sampt denen, so vom Viehe zertretten worden, vier taussendt Türcken vmbkommen.

Alhie ist weiter zu wissen dass der Szeidi Passa vndt Budai Veszer, alss er ihn Sübenbürgen den Rakoczi zu persequiren den Wardeinern inss schloss ein Assuration schreiben gegeben, dass weder zu begehren noch demselben etwas zu schaden, alss er demnach seine degradation so ihm vom Ali Passa geschehen ihn acht genohmen vndt den grossen ernst des Schlosses belagerung gesehn, kompt bei der nacht zum verarrestirten Fürsten Barcsai, alss sein aufgenohmener Vatter, tröstet ihn auff das beste, sich nichts zu fürchten,

sintemall der Ali Passa nur dess Feö Veszers Hopmester
vndt ein mensch ohne glauben vndt voller lügen war,
darzu ihm nicht befohlen, dass schloss zu bekrigen, drumb
sollten die belagerten sich tapfer wehren vndt sein
Assecuration schreiben, so er dem schloss gegeben, an einer stange
an die Mauren stecken lassen, welches denn auch dermassen geschehen, vndt dess andern tages ihn einer Koppjen vber die Goldt Pasteien gehangen vndt starcker alss zuvor von allen Pasteien geschossen worden, welches dem Ali Passa newen Zorn vndt grimm erwecket hat, lesset darauff mit Vnttergrabung der Mauren, auf dreien
seiten Minen von Pulverwerck einlegen; alss die belagerten solches
vermerckt halten sie raht, wie sie contraminiren mögen, hatten aber
vnttter allen Püchsenmeistern nicht einen einzigen, so
sich darauf verstunde, sintemall der Commandant Gyulai Ferenz vor weniger Zeit, vmb eine kleine rach, den
bessten Constabel, so mit granaten werffen vndt miniren
fertig vmbgehen kennen, sehr vnbedacht abgeschafft, vndt
auss dem schloss ziehen lassen, Granaten zwar sein ihn
grosser menge ihm schloss gewessen, mit welchen dem
feindt der grösste schaden ihm miniren vndt anlauffen were geschehen kennen, weill aber keiner damit vmbgehen kennen, sein sie ihn
solcher noht nichts nutz gewessen, welches wegen denn vmb
abschaffung gedachten Feürwerckers dem Gyulai Ferenz sehr geflucht worden.

 Nachdem mir gehört, dass das Miniren vndt vattergraben kein
ende nehmen wollen, hat sich der Ibrany Mihaly eines eben desselben Schlosses verstorbenen Capitans sohn voller vnverhoffter tapferkeit vntterstanden mit kegengraben die Minen ab zu leiten vndt
sich wacker daran gewaget, weill ess aber alles geschüttete erden
gewessen, hat es keinen bestandt gehabt, vndt nichts aussrichten
kennen vndt sich nur mit anderer kegenwehr defendiren müssen.

 Vntter diesser zeit der belegerung Gross Wardein lesset
der Ali Passa die Moldawer Kurlaner sampt 5000 bei
sich habenden Tattern auss zulassung von sich nach
hausse in die Moldaw zu ziehen, lassen sich bei Deesch
vndt Szamos Ujvar nider, ihre Strass auf Nössen zu
durch die Radna ihn die Moldaw zu nehmen, vndt gibt
allenthalben ihm landt grosse furcht, schrucknüss vndt

flüchten vndt wirdt von Herrn Locumtenentibus den 14 August dem gantzen landt auff Szamos Ujvar zu ziehen auffgeboten, biss aber wegen grosser Uneinigkeit der Szekel der auffbruch zu spät geschehen, machten sich ernante 300 Kurtaner vndt 5000 Tatter mit guttem fug vndt grosser beut auss dem landt. Von den hindersten aber vndt nachtrappen sein ihrer vill von den Walachen vmb Radna herumb erhawen vndt nidergemacht worden.

Wir haben hie oben gehört, dass der Lazar Istvan, so sich als ein Rebell vmb 15000 Taller ranzioniren sollen, sich bei der nacht an einem spill auss dem schloss gemacht, welches dem Locumtenenti

Szekely Samuel Provisor Geörgey wird za Vasarhely nidergehawen. Barcsai Gaspar sehr vbel gefallen, schreibt von stundt an dem Ugron Janos so Geörgeny Capitan war, dess schlosses Provisorem Szilagy Samuel nach Vasarhely zu schicken; alss derselbe anbracht worden, ist er ohne alle Verhörung durch des Barcsai Gaspar eiwer vndt befehl von stundt an nidergehawen worden.

Szekely Ferencz bei Gyala vndt Kappus wacht gehalten, wirdt von den Türcken antroffen vndt nidergemacht. Vntter diessem Verlauff hatten sich auff etlig hundert Türcken so sich von Varad auff die Sakmany vmb speiss auf gemacht, bei Gyalu vndt Kappus oberhalb Clausenburg nider gelassen vndt mittlerweill einen Kapitan Szekely Ferenz mit 150 Katnern, so alda auff der wacht gelegen, antroffen, welche meistentheils von den Türcken nidergemacht worden dass Fahn bekommen vndt der erhawenen kopf auff Wardein bracht, der Kapitan aber mit etligen darvon kommen.

Die Pest grassiret im landt alss zu Hermannstadt Cronen vndt ihm Schenkerstuhl. Vmb diesse Zeit langet der Abrugyi Petter mit zimligem guttem bescheidt von der Port an, dass des Schlosses Wardein geschonet solte werden; ess waren aber nur wort vndt wardt doch nichts daraus, sintemall mit aufspringen zweier pasteien dass schloss schon halber genohmen war, wie mir baldt hören werden, ess grassirte zu disser zeit auch die pest im Burtzenland, zu Cronen vorauss vndt ihm grossschencker Stull, Cibinii aber der Hagymas [1]), darauff vmb den Herbst auch die Pest folgete vndt vill menschen davon nahm.

Ihn diessem Monat August kommen scharffe schreiben von den Locumtenentibus alle Stadt vndt schlösser zu muniren, proviantiren vndt auch zurecht sich zu opponiren, vndt werden Herr Andreas

---

[1]) Hagymás Typhus (ungr.).

1660.

Keisser, Regius Segesvariensis vndt Stephan Fodor Judex Szaszvarossiensis bei Szamos Ujvar denominiret, vom Landt zum Fürsten Barcsai vntter Wardein zu schicken vndt werden den 24 August dahin geruffen, weill aber Herr Andreas Keisser pertinaciter sich widersetzet vndt nicht ziehen wollen, wardt Herr Georgius Thellmann sen. Legationsweiss abgefertiget, Herrn Keisser zu excusiren, richtet aber nichts auss, vndt wirdt Herr Andreas Keisser tanquam Regius auch noch starck begehrt, konnte aber von dem Senat vndt der gemein mit nichten zu ziehen beweget werden.

Herr Andreas Keisser Regius Segesvar. wirdt vom landt vntter Wardein zu expediren gefodert vndt will nicht ziehen.

Alss derowegen das gantze landt bei Szamos Ujvar sich besammelt hatte, luvirten doch die zeckell alleweill vndt wolten nicht dran, insonderheit weill damalss gesagt wardt, der Koztandin Waida were mit den Kosacken in der Moldaw, welche mit hilf der Muskowiter die Tataren geschlagen hatten, ware doch ihn der wahrheit nichts daran.

Dass landt besamelt sich bei Szamos Ujvar, die Zeckel wollen sichts erscheinen.

Nachdem nun, wie offt gesagt, der Lazar Istvan seines gefangnüss durch hilf seines Kochs vndt Jnaschen frei worden, kompt er ihn sein Gyergioer Schloss, Szarhegy, beredt alle einwohner selbigen Landelein, dass sie an ihn fallen, ziehen mit ihm ihn Ober vndt Nider Csik, welche auf schöne beredungen vndt trost des Rakoczi, so nicht thodt, sondern lebendig vndt auff frischen füssen in armis were, ebenermassen ihm zufallen, vbersteigen bei der nacht dass schloss Mikovar, welches auff dess Fürsten Barcsai part war, nehmen den Kalnoki Capitan gefangen, ziehen dess Neyen Kiraly Biro Sohn, Veres Istvan sampt seiner Mutter nacket auss, vndt werfen sie vber die Mauren hinauss, die Vrsach aber solches Verbringens soll gewesen sein, dass der Lazar Istvan einen tag bevor ihnen zu aufgebung des Schlosses Legaten geschickt, welche sie bei sich behalten vndt auss dem schloss nicht lassen wollen.

Dass Schloss Mikovar wirdt vom Lazar Istvan vbersliegen vndt hasset rhel darin.

Vntter belagerung dess schlosses Wardein ist der Ali Passa entschlossen einen Passa selb 200 Cibinium zu schicken, zu sehen ob die Tax der 500000 Taller parat seien, vndt im pfall solche beisammen weren, wolte er von Wardein abziehen, ess waren aber nur lauter schein, mitlerweill wardt doch das schloss starck beschossen vndt bestürmet, schicket aber doch gleichwoll einen Kappuczi

Ein Kapuczi Bassa übet Cibinium der angeschlagenen Tax wegen. Bassa zu dem Barcsai Gaspar dess Fürsten Bruder vntter Szamos Ujvar, welcher von stundt an sampt dem Passa Cibinium zoge vndt dass wenige so beisammen war schaweten, welche Summa auch baldt darnach durch Herrn Gilani Gergely, Andream Keisser, Regium, Georgium Krauss Notar. Segesvar. vndt Georgium Pünkesdi vntter Wardein geschickt wardt, nemlig 28 taussent Duckaten. Mitlerweill nachdem der Locumtenens sampt dem Kapuczi Passa die beschaffenheit der zusammengebrachten Tax gesehen, schicket der Barcsai Gaspar der Siben Richter Katner sampt zwei Edelleuten selbige Summam abzuhollen, richten aber nichts aus, sintemall die Perceptores alss der Ugron Andras vndt Kendi Janos ohne befehl vndt Assecuration dess landes gar nichts aussgeben wollen, sintemall gleich zu der Zeit der Boros Istvan von der Port eine mündlige Post bracht, dass der Türckische Keysser von der belagerung dess schlosses gantz nichts wüste, sondern nur des Ali Passa vndt dess Feö Veszers thun were, ess befande sich aber inss künfftig ihn der that vill anders.

Folgen nun etlige geschichten so sich vntter belagerung dess Schlosses Wardein ihn Vngern zugetragen, alss nachdem der römische Keysser vndt Vngerlandt die augen auffgethan vndt betrachtet *Der Römische Keysser lasset zum behilff Wardein dass Schloss Canischa belegern dabin zur entsetzung der Budai Veszer Ismael Passa geschickt wirdt.* wass mit eroberung Wardein endtlig Vngerlandt zu handt stossen mögte, wirdt ein Partial Landtag beruffen vndt geschlossen, dem Törcken zum schräcknüss dass Schloss Canischa zu belegern, damit der Ali Passa desto eher von der belagerung abstehen möge vndt wurde der Forgats Adam mit villem Volck dahin geschickt, welcher ihn aller stille die Vorstadt dess Schlosses vnversehens ihn den brandt stecket, aber weill auss dem Schloss starck fewer gegeben worden hat er die belagerung selbigen Ortes einstellen müssen vndt mit grosser beüt vntter Gran oder Estergamb gerücket vndt sich biss auff gelegene zeit zu feldt geschlagen; alss aber der Ali Passa solches erfahren, hat er den Ismael Passa neu erwählten Budai Veszeren beide Schlösser zu entsetzen aussgeschickt, mittlerweill der Türckische Keysser den Römischen Keysser seines fridenbundes errinnern vndt auch hart bedreyen lassen, welches angesehn der Forgats Adam auff Keyssers gebot von stundt an abziehen müssen.

Alss demnach der Handel mit belagerung Canischa nicht angehen wollen, ist der Palatinus Veseleni Ferenz sampt dem General

Zuza mit 12000 auserlesenem Volck biss auf Rakamoz gerucket vndt sich die zeit der belagerung alda vmb die Tissa auffge- *Der Palatinus vndt General Zuza legen sich mit 12000 man bei Rakamos.*
halten; alss der Ali Passa solches erfahren, hat er fragen lassen, wass sie mit solchem ihrem zuch vorhetten, ist ihm geantwortet worden, sie nur zur Wacht vndt be-
schützung Vngerlandes dahin kommen, welches der Ali Passa sein lassen; hette aber Vngerlandt ihr folgendes Vnglück vndt Verlierung dess Schlosses Neyheüssel ihn acht nehmen kennen, weren sie nicht vergebens inss feldt ziehen dörffen, vndt Wardein bono modo entsetzen kennen.

Damit mir nun ihn continuirung der belagerung vndt einnehmung der weit berümpten Vestung Wardein fortfahren mögen, ist zu wissen, dass nachdem der Ali Passa gesehen, dass ihm das Schloss zu gewinnen noch sehr vill Volck vndt vnaussprechlige vill Vnkosten daran gehen würden, zwinget er mit grossen bedreiungen vndt verlierung dess lebens den verarestirten Fürsten Barcsai ein schreiben inss schloss zu schicken, damit sie sich ergeben mög- *Der Fürst Barcsai wirdt abermall gezwungen ein schreiben ihn Wardein zu schicken.*
ten, anders würde weder dem Fürsten noch dem gantzen landt Sübenbürgen kein genadt bewissen werden, vndt gantz zu grunde gehen müssen. Der Fürst Barcsai kann anders nicht thun, lesset zwar ein schreiben machen vndt mit des Ali Passa Czausen einem inss schloss schicken, setzet aber dass Datum wie auch zu anfang der Belagerung geschehn. Datum ex metu, auss welchem die belagerten leichtlig abnehmen kennen, wass ihnen zu thun sei; alss aber die belägerten solches schreiben vngeachtet sich auch nachdem tapfer gewehret, ist der Ali Passa noch mehr grimmet, vorauss als er gesehen, dass ihm täglich vill Volck vmbkommen vndt dem Fürsten Barcsai endtlig den thodt gedreiet, wo er zu auffgebung des Schlosses *Der gefangene Haller Gabor wirdt von einem Janitzern zu einem rahtschluss zum aulassung des Ali Passa zum Barcsai getragen vndt werden einige Puncta Asser curatoria gemacht.*
nicht mittel auffinden würde; der Fürst aus thodes furcht kan nicht anders thun, erwehlet endtlig drei Adelleut, alss den Daniel Ferenz, Bassa Mihaly vndt Horvath Kozman inss schloss zu auffgebung desselben zu ermanen zu schicken, ehe er aber solches thete, hat er vom Ali Passa den ihn eissen gefangenen Haller Gabor zu ihm vmb beystandt zu schicken begehret, welchen der Ali Passa alssbaldt durch einen starcken Janczaren auff dem rücken ihn dess Fürsten zelt tragen lassen, welche beide alss ihn

thodes ängsten gleichwoll dahin gerahten, dass, ihm pfall sie zweifelten das Schloss zu behalten, solten sie sich vndt ihr leben mit vorhergehendem wolbedachtem raht ihn acht nehmen vndt auff gewisse Conditiones dass schloss lieber ihn der zeit aufgeben, alss mit dem eussersten Vnglück vbereillet werden vndt vntter andern ihres bedenckens, vor dass erste Punctum dass begehren, dass Jedermann, mit alle dem wass er hette, friedlig mit guttem begleit abziehen solt. 2. Die Schatzung des landes Sübenbürgen gantz zu erlassen; 3. damit der jahrlige zinss auff dem Alten wie zu Betthlen Gabors Zeiten bestehen mögt; 4. Solte ausserhalb Wardein sampt seinen gehörigen Dörffern nicht ein Schuh breit erden mehr begehret, noch gegeben werden; 5. dass sie weder vom Ali Passa noch Feö Veszeren, sondern vom Türckischen Keysser selbst das revers der Assecurations Puncten entpfangen solten. Alss alhie erzehlte fünf Puncta berahten vndt durch oben ernante Herrn inss schloss geschicket worden, haben die belegerten vill darüber gerathschlaget vndt selbst vnttereinander ihn Uneinigkeit geruhten vndt der meiste hauffen derer so noch vbrig bliehen, sich noch weiter zu wehren erkleret vndt eben denselben tag starck feür auss dem Schloss gegeben, auf welches der Ali Passa sich sehr ergrimmet vndt den folgenden tag

Die Minen werden angezündet vndt geben nach der Türcken wandtluch ab.

so der 24 August war, alle Minen zugleich anzünden lassen, welche auch nach des feindes wundtsch abliessen, dass dass gantze schloss davon erschüttert vndt der rohten Pastey Maur mit schrecklichem krachen zu grundt vmbworfen wardt, dadurch der feindt zehn ellen breit platz zum einfallen bekame, die Goldt Passtei bekam auch ihr theill vndt einen solchen riss, dass eine Compagnie leichtlig hette hinaufsteigen kennen. Auf dissen aussgang wartete der Ali Passa mit Sturm fertigem Volck vndt damit er die belegerten von einander desto leichter trennen möge, gebot er zum Vberfluss 6 taussenten die Czonka Bastya mit leitern zu besteigen vndt auf der andern seiten, denen so die Vestung zum ersten erobern würden, grosse Verehrungen verordnen vndt ausruffen, vndt dergestalt, dass die Janczaren die mauren so beherzt stürmten, dass gantze Compagnien zum andernmall mit villen fahnen bride Pasteien erstigen, wurden aber gleichwoll, von den

Es wirdt sturm grlauffen vndt kommen 3000 Turken vmb.

wenigen Belagerten beherzt wider herunter geschlagen vndt 15 fahn erobert, sintemall auch die Weiber mit heissem Pech vndt Wasser giessen, wie auch alle Verwundeten ihrer wunden nicht schoneten vndt den Feindt *sampt dem Ali* abtreiben hilfeten, vndt wehrete solcher sturm von der *Passa Canceller vndt der Janczaren General.* Sonne aufgang fort bis zu mittag vmb 12 Uhr, dass also eine so geringe besatzung, welcher nicht mehr als 600 waren, eine so grosse menge, alss nemlig auf vierzigtaussent (wie die *Der Ali Passa* Türcken selbst bekennet) abgetrieben haben; alhie soll *verheisset denjenigen so dass* der Leser mercken, dass ihm anfang der belegerung *schloss zum ersten besteiget* nicht mehr als 800 vndt fünfzig streitbahre menner ge- *werden grosse* wessen, dass weillen die leittern etwas zu kurtz gewe- *geschenck.* ssen vndt die Spitze der Pasteien nicht erreichen können, sein die feyndt desto leichter abgeschlagen kennen werden, doch hat disser Sturm auch die belagerten vill blut vndt tapfere Soldaten gekostet, darüber denn auch der grosmühtige heldt, Ibrany Mihaly, sein leben durch einen schuss enden müssen, welches abgang we- *Der Tapfere jange heldt Ibrany* gen der gantzen besatzung aller muht vndt lust zum *Mihaly wirdt erschossen.* fechten entfallen vndt benohmen worden.

Alss der Ali Passa ihn verlaufenem Sturm vber dreytaussendt Volck verlohren vndt zudem der Janczaren oberster Ge- *Der Ali Passa* neral vndt sein eigener Cantzler, neben villen vom Adel *rauflt aus Vngedult vndt grimm* vmbkommen waren, welcher wegen dass krigsvolck zu *seines bart aus* dem hören lassen, dass ihm pfall sie noch auff einen *vndt erdencket einen neyen faul* sturm dass Schloss nicht eroberten, wolten sie den Ali *zu sturmen.* Passa zu den erschlagenen Seelen auch aufopfern vndt von der belagerung abstehen, geriebt er in solche Vngeduldt, dass er vor grimm seinen bart ausrauffete vndt sein leben sehr fürchtete, vndt gleichssam an der eroberung fast zweiffelte, doch alss einer seines lebens beängstigter noch einen Sturm zu wagen ihm vornam; gebot demnach dem gantzen krigsvolck, einem jeden ein gebündel holtz zu lössen vndt zusammen zu tragen vndt erhöhung dess Sturms auff zu streien, welches die Janczaren vndt Soldaten ihn grosser geschwindigkeit verrichteten; alss liess derowegen nach solchen Verrichtungen, der Ali Passa von allen Schantzen auf die Festung starck feür geben, dass sich gleichssam von den belagerten nicht gar woll regen dörffen; weill derowegen, vndt dess Schlosses besatzungen eine gantze Compagnie Szemenyer waren, welches ein sehr heyloss vndt vntreyes Volk ist, alss derjenigen einer durch eine Lücken der aufgesprengten Pasteyen den zubereiteten Sturm der feyndt ersahe, lieff er durch dieselbe Lücken vngesehen zum feyndt inss lager

vndt erzehlet dem Ali Passa des schlosses vndt der weniger besatzung (alss welcher nun nicht mehr denn 300 gesundte
weren) gantze beschaffenheit, welches alles der Ali
Passa zwar glaubete, aber dass nur 300 streitbahre
menner ihm schloss weren, kunte er nicht glauben,
sintemall er alleweill gantzlich davor gehalten, dass
auff das wenigste vier oder 5000 Mann darinnen sein müssen.

Ein Zimerer läufft aus dem schloss zum Ali Passa, vndt nffenbaret des Schlosses beschaffenheit.

Derweill demnach die belägerten dess schelmischen Szemenyer
aussreissung vernohmen vndt auch die zubereitung dess vorgenohmenen Sturms vermercketen vndt zugleich ihrer wenigkeit wegen
solchen sturm ausszustehen verzweiffelten vndt bevor auss, weill sie
von niemanden ihn der welt keine hilff noch entsatzung zu gewarten
hatten, alss liessen sie endtlig den 27 August 1660 zum zeichen der
ergebung auff alle Pasteyen weisse Fahnen auffstecken,
welche frölige zeichen vndt andeutungen den Ali Passa
vndt dass gantze Volck nicht wenig erfreieten, vndt ihn
alle Assecurations Punct der belegerten gutwillig mit
Vntterschreibung vndt auffdrückung seines Sigilss, ein-
ging. Vndt sein die Assecurations Punkt folgende:

Es werden zum Zeichen der auffgebung dess Schlosses weisse fahnen auffgesteckett.

1. Dass ausserhalb dieser Vestung Wardein vndt von alters her
darzu gehörenden landgüttern keine andere des landes Sübenbürgen Stad, Vestung, Schloss, Dorf, noch einige Landtschaft
von ihnen weiter begehret vndt abgebrochen werden.
2. Würde vntter der Wardeiner bürgerschaft einer oder der
andere verbleiben oder auch künftig wider zu kehren lust haben, dass ihm alle sein haab vndt gut, hauss vndt hoff einge-
raumet solte werden, vndt nach den Sübenbürgischen rechten
zu leben vergönnet sein solte.
3. Solte ihnen zum abzuch fertig sich zu machen, drei tag gegeben vndt genuchsam wagen ihre sachen weib vndt kinder darauff zu führen, verordnet vndt sicheres geleit gegeben werden.
4. Die Cantzelei brieff so ihm Kaptalan vorhanden sampt der Druckerei vndt allen Büchern solten dem Sübenbürgischen Fürsten
aussgeliefert vndt vbergeben werden.
5. Allen so vnn wegen dess gehorssambs zur Ottomanischen Porten vom Fürsten Rakoczi gefangen worden oder sonst dem
Szeidi Passa treye Dienst geleistet haben, sollen nicht nur ihre
vorige gütter gelassen werden, sondern auch im gantzen reich

dess Türckischen Keyssers ohne einige zinss oder beschwernüss zu leben vergönnet werden.

6. Derweill die Vestungen Jenneö, Lugos, Karansebes vndt Wardein von Sübenbürgen abgewendet vndt dass guntze landt erbärmlig zugerichtet worden, alss soll der Ali Passa der aufgelegten Summ vndt Tributs erleichterung bei der Port zu intercediren schuldig sein.

Da nun Ali Passa diese oben erzehlte Assecurations Punct anhörete, schrieb er ihnen zurück wie folget:

Alless wass ihr begehret, soll euch sicherlich geleistet werden vndt sollen euch alle eure haab vndt gütter, (aber doch ohne alle Arglistigkeit vndt Hinterlist) zu bewohnen frei stehen. Ittem sollen auch 200 wagen zum auffbruch vndt der Janczar Aga sampt 3 Beegen vndt einer anzahl Türcken zum beleit zugegeben werden. Vndt dass mir diesses alles redtlich halten wollen, schwere ich laut vnsseres Alcoran bei dem lebendigen Gott vnsserem heiligsten Propheten Mahomet vndt meines grossmächtigsten Türckischen Keyssers gebenedeitem haupt vndt zu bekräfftigung disses alless gebe ich hierauf mein Sigil vndt Vntterschreibung meiner eigenen handt.

Der Ali Passa gibt den Wardeinern einen reverss von sich.

Gegeben im Feldtleger vntter gross Wardein den 30 August 1660.

Diesser gestalt zoge derowegen noch denselben tag alle die Besatzung, welche ohne Weib vndt kinder von den achthundert fünfzigen, so dass schloss von anfang der belegerung beschützen vndt verfechten hilffen vbrig verblieben, ohngefehr noch drey hundert, auss der Vestung vndt wurden von Szeidi Achmet Bassa hiss auff Debritz convoiret vndt da solcher kleinen hauffen die Türcken ansichtig wurden, sein sie gleichsam darüber erschrecket vndt bestürzet worden vndt nicht glauben wollen, dass so weniges Volck ihnen solchen vnermesslichen schaden thun vndt so vill mühe machen kennen vndt gesagt der meiste theill müste entlauffen sein.

Die Vestung Wardein wirdt übergeben vndt ziehen auss dem schloss.

Disse kleine beschreibung der benahmten vndt weit berümpten Vestung Wardein Vbergab conterfei vndt abriss so entweder vusserer nachlässigkeit oder auch vnsserer vndt dess landes Vngerlandts Zwietragt vndt Vneinigkeit wegen so liederlig versehn vndt verloren worden. Vntter welchen auch vnssere Sünden ihn gemein gleichwoll solches alles vervrsachet, da doch zwar der Palatinus Veseleni Ferenz vndt General Zusa, welche mit zimliger macht vndt Röm. Keysserliger Armee bei dem Dorfe Rakomoz auff der Tissa gelegen, diesse Vestung auss zulassung vndt hilff Gott woll hette entsetzen vndt die belagerung verhindern kennen, wenn sie anders die alte rach, so sie vher Sübenbürgen lange Zeit her getragen, darzu gelassen hette.

Sub dato 21 August kommen sehr traurige schreiben vom Fürsten Barcsai mit bericht, dass der wassergraben dess Schlosses Wardein eingenohmen seie vndt sich zu hefürchten wer, dass wo Gott von oben her nicht seine hilff sendete, dass schloss innerhalb 3 oder 4 tagen mögte eingenohmen werden, wie denn nach etligen tagen der Balo Laszlo die erste vndt gewisse post bracht, dass dass Schloss, Gott geklagt, auch schon bereit eingenohmen sei, vber welche traurige post dass gantze landt erschrecket vndt bestürzet worden.

<small>Balo Laszlo bringt seitung dass Wardein erobert sei.</small>

Alss nun derowegen der verarestirte Fürst Barcsai vndt ihn eissen gehende Landtherr Haller Gabor dess Schlosses Wardein einnehmung vndt vbergab mit eigenen augen gesehn vndt darzu von ihrem vndt dess landes Sübenbürgen wollstandt wenige hoffnung hatten, liessen sie, zuvorauss der Fürst Barcsai an seinen bruder dess landes Locumtenentem vndt alle stande mancherlei schreiben abgehen, etlige vndt eines theilss waren ermanungsschreiben, damit die aufferlegte Summa ihm pfall dass gantze landt nicht zu grundt gehen wolte, dem armut aussgepresset vndt dem Ali Bassa vberschicket möge werden, bissweillen schriebe er auch, dass nun wegen seiner vndt der bei ihm habenden erlössung vndt dess landes wollfahrt nun gleichssam wenige hoffnung were, drumb solte sich eine jedere Stadt vndt ohrt versehen, so gut ess künte, welches dem gantzen landt nicht geringe vndt neye furcht vndt schrecknüss gab.

Sub dato 3 September langet ein schreiben vndt befehl an alle stände, dass man alleweill vntter zwei bössen mitteln dass eine vndt geringste, wanns vorauss die noth erfodert, erwehlen solte, were derowegen sein vndt des Haller Gabor raht, dass wo möglich alle die Herren, so ihm Rakoczischen wessen entweder aus furcht oder von eigenen freyem willen auss dem landt gezogen, solten nach Hauss geruffen, vndt mit derselben raht etwass vorgenohmen wer-

<small>Fürst Barcsai schickt ebermall auss Verzweiffelung schreiben an alle Landtstände.</small>

den; künte es mit raht derselben nicht anders sein, ehe ihre Joszagen vndt andern ihr bona mobilia vndt immobilia gantz zu grundt gehen vndt ihn Türcken hande gerahten solte, künte dass eusserste daran gewaget vndt sowoll mit eigener alss mit fremder hilf vndt gewaldt für das Vaterlandt ein feldtzuch vorgenohmen werden. Alss liessen derowegen die Locumtenentes dass gantze landt beruffen, welche auch ausserhalb den Szekellen erschienen, sintemall sie des Rakoczi thodt nicht glaubten, so eine starcke hoffnung hatten, er würde sie noch einmall erretten; ess wurde demnach ihn solcher Zusammenkunft des Fürsten Barcsai schreiben gelessen vndt von stundt an den Exulirenden Adelleuten, sich alssbaldt ihnss landt zu verfügen, geschriben, wie auch absonderlich der Herr Kemeny Janos, so sich neylig ihn Vngern verheurathet hatte, vmb raht gefraget wurde, wass doch ihn so eusserster gefahr den landt zu thun sein würde; ess wurden auch vntter andern allen Ständen des landes Vngern, wie auch an den Palatinum insonderheit kläglige bitschreiben geschickt, damit doch dass landt Vngerlandt mit hilff erscheinen möge, welche der Herr Kemeny Janos auch auff das gefüglichst verordnet vndt promoviret, liess auch zugleich alss ihn so grosser landes gefahr alle Sübenbürgische Exulanten beruffen vndt wurden nach einem heyligen raht, sowoll der Sübenbürger Landt Stände brieff, wie auch ihre eigene an den Palatinum so bei Rakomoz lag vndt der belagerung aussgang dess Schlosses Wardein erwartet (geschicket?).

Dem Palatino wirdt wegen einnehmung Wardein klägliger bericht gethan.

Alss demnach der Palatinus dess landes Sübenbürgen ellendt vndt eusserste gefahr hochlig betraurete, vberschickete er die Sübenbürgische Schreiben an Röm. Keyssers Majestät vndt suppliciret auch selbst bei seiner Majestät, den ellenden Sübenbürgern, ehe sie gantz zu grunde gingen, mit Hilff zu erscheinen; ess künte aber ihn solcher gefahr weder seiner Majestät resolution, noch hilff erwartet werden, sondern müssten die arme ihn gefahr schwebende Sübenbürger vntter zween bösen mitteln eines erwehlen, brachten demnach eine Summam der 500000 Taller, nemlig vier vndt viertzig taussend Taller 44000 beysammen, vndt wurden ihm December durch den Herrn Gilany Gergely, Georgium Pukesdi, Andream Keisser Regium Jud. vndt Georgium Krauss Notar Segesv. dem Ali Passa vntter Wardein

Der Palatinus suppliciret wegen den Sübenbürgern bei Röm. Keyssers Majestät.

Nro. 44000 Taller werden dem Ali Passa vntter Wardein geschickt.

geschickt, dahin denn dess dritten tages auch der Herr Banffy Sigmund angelanget, die Hattertsachen mit dem Ali Passa zu schliessen, wurde aber nichts aussgericht, sintemall er mit Bihar Varmegye kein genügen gehabt, sondern alle den Revier so vntter der Wardeiner Kapitansagh gewessen alss Bihar, Krazna, beide Szolnok, vndt andere Varmegye, wie auch den Hattert gar biss auff Clausenburg zu legen begehret, alss aber auf sein begehren nichts erhalten kennen, vndt ihm alles widersprochen, hat er endtlig von Clausenburg die eine Gassen nemlig die Reppengassen, alias Monostor Utza, begehret vorwendend, sie hätten ihm Schloss Warad brieff funden, dass vor Zeiten selbige Gassen dahin gehörig gewesen, weill ihm aber auch solches widersprochen, hat erss auch müssen bleiben lassen vndt nachdem Banffy Hunyad oder Sebesvar zum Hattert ernennet; derweill aber der Banffy Sigmund sowoll Hunyad alss auch Sebesvar seine gutt vndt der Familien Joszagh praetendiret vndt auch mit alten Donationibus bezeugen wollen, dass dem nicht anders sei, hat er geantwortet, wenn dem alsso sei, sollten sie zwar solche örter vndt joszagen behalten, solten nur Annuatim zum Wardeiner schloss von allen früchten die Decimas vndt gewöhnligen Tribut geben, ihn welches der Legatus Banffy auch nicht eingeben wollen, dabey ess vor das mall auch bleiben müssen, et haec in mea praesentia acta.

Dess andern tages vndt zwar vntter diesser Verrichtung, derweill mir noch vntter Wardein zukegen gewesen, werffen sich auff taussent Vngerlender Katner auff, nehmen dem Ali Bassa Nro. 52 Cameele, 60 Essel vndt ihn die 600 ross auss dem feldt, welches im gantzen lager grosses schräcknüss vndt lärm gibt vndt muss iedermann auff sein, vermeinen nicht anders, alss der Palatinus sampt dem General Zuza, so bei Rakomoz lagen, weren auff, dass Schloss zu entsetzen, alss sie ess aber anders erfahren, muss der Szeidi Passa den Katnern nachjagen, alss er aber denselben zu nahe kommen vndt die Cameelen sampt den Essellen ihrer langsamigkeit wegen nicht fortbringen kennen, hauen sie den Cameelen vndt Essellen die köpff ab vndt treiben die ross davon.

Eben zu dieser Zeit wirdt Herr Joannes Scherlingh Rahtsgeschworner von Nössen, mit Nro. 22 wagen vntter Wardein geschickt, die Brieff dess Kaptalans oder Capituli sampt der Druckerei vndt darzu gehörigen sachen vndt büchern darauff zu führen, dafür

das landt Taussent Taller erlegen müssen, obschon der
Ali Passa ihn den Assecurations Punkten solches versprochen
gehabt, aber nicht geleistet, fuerunt verba.

Dass Kapitain wirdt von Wardein ihm Nebenbürgen geführet.

Alss nun nach einnehmung dess Schlosses Wardein der Ali
Passa vntter dem Schloss liegendt dass Schloss mit den zerbrochenen
Mauren woll gebauet vndt nach noht versehen hatte, darzu den
Szeidi Passa wie oben gemeldt stranguliren lassen vndt auss dem
weg geschafft hatte, brach er ihm November auf, zoch mit seinem
gantzen Volck auff griechisch Weyssenburg inss Winterquartir,
entliess aber vor seinem aufbruch den Gilany Gergely, vndt mich,
Georgium Krauss Not. Segesv. nach Hauss zu ziehen vndt nam den
Herrn Maiteni Andras, so der Türckischen Sprach gut
kündig war, sampt vnsserem Herrn Regium Andream
Keisser mit sich, welche nur erst (—) zu Hauss gelassen
wurden.

Ali Passa ziehet von Wardein Alban Gracenss inss winterquartir.

Nachdem mir droben gehört, wie Fürst Barcsai ad 20 October
nach Schesspurg einen Landtag beruffen, dahin denn sein bruder
Casparus Barcsai nach erlangtem sieg wider die Zeckel auch anlangete,
auff gethane Vorbitt derselben alle faindtschaft vndt hass ihn
Versammlung dess Landes abzulegen; auff diesen landtag stelleten
sich die Csiker Zeckel zwar ein, aber nur auff einen schein, sintemall
sie der Pater Kassoni vndt Practicant des Herrn
Kemeny Janos beweget, dass sie heimlig schreiben vndt
bohtschaften demselben schicketen vndt vntter wehrenden
Landttag auff dass Fürstenthumb beruffeten;
auch mangelts zugleich an etligen Edelleuten so vmb
den Fürsten Barcsai waren nicht, voraus so es mit dem

Pater Kassoni ein Practicant ihm nahmen der Zeckel dess Kemeny Janos, durch welchen sie ihm sich wider den Barcsai zu entpören Vrsach geben.

Herrn Kemeny Janos allezeit gehalten, denselben hilffen anzureitzen,
welches denn auch diejenigen thaten, so auss dem land
ihn Vngern gewichen waren, dass er sich dess Fürstenthumb annehmen
vndt den Barcsai verfolgen solte, massen sie denn auch be
Barcsai lebezeiten inss landt nicht kommen derfften. Auff diese
gegebene gelegenheit wie auch antreibung viller vom Adel huber,
dem Kemeny die ohren an zu spitzen vndt fiell ihm zu gedachtnüss,
wie ihm der Fürst Barcsai noch bei lebzeiten des Rakoczi auff dem
Kereztes Meszcö dass Fürstenthumb angebotten vndt geschickt hette.
Zudem ihm auch ihn frischem gedachtnüss war, wie der Fürst
Barcsai ihm Feldtleger vntter Wardein gesinnet gewesen were, alle

seine ihn Sübenbürgen habende bona zu confisciren vndt an sich zu

Der Kemeny Ja- bringen. Alss sammlete er derowegen auff Taussent
nos sterkt sich Vngerlendische Rakoczische Hayducken vndt zoge Sü-
mit Volck auff
den Barcsai zu benbürgen zu, welchen anzuch etlige Edelleut, Landes-
bekommen. kinder, dem Landt zu gutt durch etlige vntterschiedlige Diener ihm Schesspurger Landttag ankündigen liessen, ihre
sache allgemach besser vorzusehen, welche arme Diener aber vor
ihren lohn vndt geleisteten Dienst vndt trey auss befehl des Barcsai
an Nassen tndt ohren eben zur Schesspurg gestümelt wurden. Ess

Ess werden Se- schicket aber gleichwoll der Fürst Barcsai einen Haupt-
gesterini des-
jenigen so dem mann Nanasi mit 200 Katnern an den Sübenbürgischen
Barcsai sss lieb grenzen wacht zu halten, welche nach wenigen tagen
vor dem Vnglück
waren ennes alle von den Kemenyschen Völckern vnversehens vmbhal-
radt ohren abge- ten vndt aufgefangen wurden; alss solches noch ihn weh-
schnitten. O
Magne infamia. rendem landttag durch etlige Edeleut angekündiget
wurde, wurden dieselben von den Barczischen vor Verrähter auss-
geschrien vndt ebenermassen ohne Verhörung vnbarmherziger weiss
an Nasen vndt Ohren gestümmelt worden. Alss aber der Schesspurger landtag nach villem gezanck vndt wiederwertigkeit sein
ende nahm, vndt dass Kemenysche geschrei ie mehr vndt mehr

Der Fürst Barcsai ruchtbarer wardt, begabe sich der Fürst Barcsai Akos
begibt sich auss
Furcht vor dem ihn dass veste Schloss Geörgeny vndt schicket seinen
Kemeny Janos bruder vndt General Barcsai Gaspar mit 1200 Katnern
ihn dass Schloss
Geörgeny vndt vndt besoldigten, dem Kemeny den Pass zu verlegen,
schickt den Na- welcher die Völcker neben den Szamos allda der
nasi Kapitan mit
20 Knechten dem Kemenysche einfahl zu befürchten war leget, er aber
Kemeny Janos zoge mit seinem hoffgesindt ihn das gut Eörmenyes, so
nach zu weichen,
seines bruder ihm sein Herr bruder Barcsai geschencket hatte; mitt-
aber Barcsai Ga- lerweile schriebe der Kövari Kapitan, so es mit dem
spar mit 1700
Mann den Pass Barcsai hielte, dem Fürsten zu, wie sein Hauptmann
zu verlegen. Nanasi sampt seinem Volck von den Kemenyschen auf
gefangen worden, warumb er sich besser ihn acht nehmen, vndt mit
mehrem Volck versehen sollte, sintemall er, Kemeny Janos, Sübenbürgen zu starck ihm anzuch were; ess war aber dieses alles bei
dem Barcsai verachtet vndt vor nichts gehalten Surdo narrabater
Fabula, war sicher, liess alles bei ohren hingehn, biss ihn dass
Vnglück plötzlich vherfielle. Diesses alles wurde demnach von der
Szekelysegh dem Herrn Kemeny zu kunt gethan, dass der Barcsai

ihn seiner sicherheit leicht zu vberfallen were, drumb sollte er wacker daran setzen vndt dass glück wagen, ess würde ihm gelingen.

Alss schickete derowegen der Kemeny Janos einen bei ihm exulirenden Edlen Herrn Szent Pali Janos mit etligen Volck bevor, den Barcsai Gaspar zum ersten zu vberfallen, welcher ihn denn ihn oben gedachten seinem geschenkten gut Eörmenesch nur mit etligen Dienern antraf, welche wenigen sich aber starck widersetzeten vndt ritterlich miteinander fechteten, dass der elende Barcsai Gaspar endtlig nur mit dreyen knechten widerstandt thun müste, alss sie aber nicht lenger bestehen kunten, wurden sie vberwunden vndt dem Barcsai der Kopf abgehawen vndt zu stücken gehawen worden; mitlerzeit hatten eben diesse dess Szent Pali Völcker etlige *Der Barcsai Gaspar wirdt von des Kemenyschen zum Eörmenyes umbbracht vndt die übrige Völcker zerstreiet.* quartirende Kurtaner vndt Dragoner ihm Dorff Buza antroffen vndt starck miteinander gefochten, biss die Kurtaner nach villem Verlust die flucht gehen müssen, alss demnach die Dragoner ihren Vuttergang gesehen, haben sie sich den Kemenyschen auch ergeben.

Alss derowegen diesse alhie erzehlte Tragoedische geschichten mit vutterlauffen, nahete Kemeny Janos mit seinen übrigen gewerbeten Völckern auch ihm grossem ernst vndt furi algemach inss laudt, liess an alle status offentlige Patente aussgehen dass er nicht das Fürstenthumb practendirendt sondern des landes frieden zu suchen vndt desselben Zwietracht vndt Vneinigkeit zu stillen, ankommen sei, welcher Patenten eines er auch dem Fürsten Barcsai vberschickete, vber welches er nicht in geringe Furcht gerichte zuvorauss, alss er seines bruders Barcsai Gaspar Vuttergang vndt vnversehenen Mordt vernohmen hatte, liesse derowegen seine fürstliche raht, alss den Haller Gabor, Bettblen Janos vndt Lazar Geörgy, Prothonotarium, ihn eill zu sich begehren, welche ebenermassen nicht wenig erschrecket sich zu ihm zu verfügen gefasst macheten; alss der Fürst aber die gefahr so ihnen vatter wegens begegnen möchte ihn acht nahm, schicket er ihnen andere warnungsschreiben, sich auff das schnellste vorzusehen vndt zu salviren, sintemall ihr ankommen gefährlig sein würde, denn die Kemenyschen Völker schon allbereit ankommen weren; alss demnach ernaunte drei Herren solches erfuhren, begabe sich der Herr Haller Gabor zu seinem bruder Haller Pal ihn dass *Der Kemeny Janos schicket offener Patenten an alle Status des landes.*

schloss Feieregyhasz oder Weisskirch, Herr Betthlen Janos nach Eppeschdorf zum Herrn Apaffi Mihaly, so künfftig zum landesfürsten erwehlet wurde, Herr Lazar Geörgy aber nach Szent Demeter, Herrn Gyulaffi Lazlo hinterlassener witib zugehörig, sintemall er alss ein kranker Herr weite flucht nicht ausstehen kunt; alss nun Herr Kemeny Janos nicht weit von Geörgeny angelanget war vndt erfahren, wie oben gedachte drei Fürsten Räht auss furcht ihn so geringe schlosser sich retiriret hatten vndt sich die lenge nicht würden auffhalten kennen, wuste auch, dass dieselben sich am allermeisten allezeit starck neben dem Fürsten Barcsai bemühet vndt ihm Fürstenthumb erhalten hetten, schicket er seinen Sohn Kemeny Simon mit einer Partei Reuter Herrn Haller Gabor, vndt Herrn Betthlen Farkas seiner Schwester sohn Herrn Betthlen Janos abzuholen,

Herr Kemeny Janos schicket dem Haller Gabor, Betthlen Janos vndt Lazar Geörgy Protectionales zu sich zu fodren vndt mit ihnen sich zu begegnen.

Protectional schreiben bei sich führendt vndt mit theürem Eidt bekrefftiget, dass ihnen kein Leidt widerfuhren solte, schickete zu gleich eine andere Vngerlandische rott, Herrn Lazar Geörgy von Sz. Demeter abzuhollen; alss aber diejenigen selben frommen vndt auffrichtigen Herren in seinem krankbeht funden vndt gewaltssamer weiss auff ein schlitten nicht weit vom schloss brachten,

ist derjenige von einem Vngerlander bösswicht Kis Andras mit nahmen vnversehens vmbbracht vndt zu stücken sehr vnschuldig zerhawen worden, ob solches ihr befehl gewessen, ist biss dato nicht erfahren kennen werden, weill sein vnschuldiger thodt aber vngerochen blieben, ist zu muhtmassen, dass es aus fürsats muss geschehen sein. Demnach nun Herr Haller Gabor vndt Betthlen Janos auff erforderung beider Herren alss an so geringen Ohrtern

Haller Gabor Betthlen Janos wie auch Lazar Geörgy siehen ihn fürchten vom Kemeny Janos vndt wirdt der Herr Lazar Geörgy voller dem Schein der Protection vnschuldig erhawen.

nicht lenger auffhalten sondern sich ihn gedult ergeben vndt mitziehen müssen, wurden sie vnterwegens beisammengebracht, darffeten aber kein heimliges Gesprech miteinander halten, ess ging auch mit keinem lachen zu vndt waren ihn grossen angsten neben ihrem Assecuration schreiben, zu vorauss als sie dess frommen vndt fridliebenden Herrn Lazar Geörgy vnschuldigen vndt vnverhofften Jämerligen thodt vndt entleibung vernohmen hatten, wie sie denn auf eine zeit eine rechte furcht angestossen vndt ihn einen angstschweiss gerahten, ihndem ettige Katner nicht weit vom Neyenmarck vngefehr ihre Sabel vber sie gezücket vndt wenig gefehlet, dass sie von ihnen wider beider Herrn Commissaren willen nicht nidergehawen worden, Gott sie aber gleichwoll behütet vndt auff Neyenmarck, dahin der Herr Kemeny Janos auch gelanget, endtlig gebracht werden. *Haller Gabor vndt Betthlen Janos sein ihn angstrn vndt gefahr.*

Alss nun, wie gesagt, diesse beiden Herren auff Neyen Marck ankommen, sein sie auf ihren Herbrigen starck verwachet vndt eine weill biss Herr Kemeny Simon von seinem Herrn Vatter anordtnung eine reiss vorzunehmen mit ihm gemacht, auffgehalten worden, welchen Herr Kemeny Janos eo momento mit zimligem Volck vnter dass veste Schloss Fogaras geschickt, dess Fürsten Bruder Barcsai Andras, so dass schloss ihnen hat, zur auffgebung zu bereden; alss er aber solches nicht erhalten kunt, suchet er mittel, die belegerten im Schloss zur Vneinigkeit zu bringen vndt wie ess demnach weiter ergangen, wollen wir baldt an seinem ohrt hören.

NB. Kemeny Simon wirdt Fogras auffzufodern von seinem Herrn Vatter geschicket vndt werden die Fograscher Marktleut von den Kemenyschen Völkern am heil. Christsonnabendt so der 24 December war vnversehens auffgeschlagen, mutternackt aussgezogen, vndt geplündert, werden aber auss dem schloss mit Schissen ohne Verletzung abgetrieben.

Nachdem nun Herr Kemeny Simon von seinem Herrn Vatter zu aufforderung der Vestung fogaras expediret, liess er die ankommende beide Herrn Haller Gabor vndt Betthlen Janos zu sich fordern, führet sie nachdem er sie dem eusserligen schein nach bewillkommen hatte ihn sein eusserstes gemach, mit erzehlung, wie er nicht wegen etliger Publicorum vndt Landesgeschäfften, sondern seiner Privatorum, welche er gern ihm vndt seinen haeredibus zu gut ihn eine rechte Ordtnung bringen wolt, inss landt kommen, ja ess sollte ihm auch nur niemandt einbilden, dass er mit solcher seiner ankunfft dass Fürstenthumb zu suchen oder den Fürsten Barcsai ihm geringsten zu infestiren oder etwass, so dem landt schädlig sein *Kemeny Janos perwasion dem Haller Gabor vndt Betthlen Janos gethan. Kend szüle Kendt¹).* mögte gesinnet sei, sondern mit wenigem zu berühren, wie oben gesagt, vor dass erste seine eigene Privata, so ihn wehrendem seinem gefangnüss vndt Rabsagh sehr distrahiret worden, besser zu

---

¹) Ungr. Sprichwort etwa: Art lässt nicht von Art.

bestellen, vor dass andere gleichwoll auch hette er alss ein Landeskindt die grosse Zwitracht vndt Landes Vneinigkeit ihn acht nehmen wollen, welche, damit sie weiter dem landt dass eusserste Verderben nicht causiren möge, were er gesinnet zu stillen vndt nach Verrichtung solches Handels wie auch nachdeme seiner Sübenbürgischen gütter besitzung von dem landt würde gesichert werden, wolte er alssbaldt widervmb auss dem landt ziehen vndt seiner gelegenheit ihn Vngern pflegen, dass er aber so starck vndt mit Heereskraft inss landt kommen sei, were zu dem ende geschehn, dass ihm pfall sich ihm jemandt ihn solchem seinem gutten fürnehmen opponiren vndt solcher stifftung der einigkeit zuwider sein würde, oder ja auch seine bona occupiren wolte, were er gesinnet zu straffen vndt zu opponiren; damit derowegen ihn solchen hohen vndt dem Vatterlandt nützligen Dingen ihm niemandt ihn keinem pfall hinderlig sein mögte, hette er sie, alss Fürstl. raht vndt Vornembste dess landes zu dem ende fodern lassen, damit sie ihm zum ersten, ehe etwas vorgenohmen mögte werden, ein jeder vnter ihnen schrifftligen schein vndt revers sub sigillo geben solten vndt auch die andern ihres gleichen, wie auch alle Status zu solchem bewegen hilfen; auf solche dess Herrn Kemeny Janos anbringen vndt begehren, haben die beide Edle Herren selbiges einmühtigkligen widersprochen vndt keinen revers von sich zu geben erkläret, sintemall solches begehren wider ihren Fürsten vndt das landt, welchem sie trey zu sein einen theuren Eydt geschworen, zu sein scheinete, drumb er sie, ihn solchem pfall, selbigen begehrens vberheben vndt befreien wolte, ihn andern zulässligen Gelegenheiten wollten sie ihm zu willfahren allezeit geflissen sein. Alss sie ihm derowegen solches zu thun widersprachen, hats geheissen Actum de amicitia vndt ist in grossen Zorn gerahten vndt so ihnen vndt dem landt öffentlig vor einen faindt erkläret vndt hart; welche Edele Herrn sich aber gleichwoll, alss ihn solcher gefahr, endtlig berahtschlaget vndt sich besser zu bedencken eine kleine bedenckstundt begehret; alss sie aber vatter der Zeit dess armen Herrn Lazar Geörgy vndt Barcsai Gaspar kläglig es Exempel vor augen gehabt, uam illorum vestigia illos terrebant haben sie endtlig wideren ihren willen scines begehren willfahren vndt annuiren müssen. Alhie ist weiter zu wissen, dass auf ankunft Herrn Kemeny vndt sein Verbringen, so er an Herrn Lazar Geörgy vndt Barcsai Gaspar, dess Fürsten Bruder, hatte vben lassen, den Csiker, Gyergeoer vndt drei stüller Zeckelen, so ihn zu solcher ankunfft auch beweget hatten, der muht sehr wuchsse, waren trotzig vndt stolss, entpörten sich wider ihre mitbrüder die Udvarhelyer Zeckel, so es mit dem Barcsai vndt den anderen landeständen hielten, fielen sie, vorauss die vermöglichsten mit gewalt an, plünderten sie von allem was sie hatten, riessen ihre gebew ein vndt thaten ihnen alles zu leydt, wass sie nur wüsten vndt künten vndt machettens nicht besser alss Türeken vndt Tattern; ess war weder der perschon, noch dass sie einer religion waren, kein ansehn, schreiben darzu alless wass sie ver- *Zum Anfang dess Winters frist ein Wolf den andern, dass ist ein Zeckel plündert den andern vndt machen ess ärger alss Türcken vndt Tattern.* brachten ihrem Irdischen Gott, dem Kemeny Janos zu vndt begehrten auch weiter ordinans von demselben, wass ihnen nunmehr ihm zu gefallen zu thun sei, so wollten sie ess willigkliger verrichten; alss aber der Herr Kemeny Janos sahe, wass vor frücht aus solchen frevellen nicht erwachsen mögten vndt dass die streitigkeiten, welcher wegen er inss landt kommen were zu stillen, dergestalt sich nicht legen, sondern je länger je mehr gereitzet vndt vill ein grösseres feür darauss werden würde, alss liess er ihnen vor ihre geleistete vndt treye dienst freundtlich abdancken, von raub vndt plündern abzulassen, solten nach hauss ziehen vndt sich in künfftigem landttag, welchen er auf Regen zu beruffen willens were, einstellen.

Nota. Ess ist zu wissen zur ankunfft des Herrn Kemeny ihm nahmen des landes un beide länder Moldaw vndt Bleschland Legationes mit schreiben geschickt, alss den Budai Peter ihn die Walachey vndt den Szekely Istvan in die Moldaw Kriegssvölker wider den Kemeny Janos zu bringen; alss aber derselbe sich mit dem F. Barczai vereiniget hatte, sein zurückrufende schreiben den legaten nachgeschicket worden.

Nachdem die beyde Herrn Haller Gabor vndt Betthlen Janos dem Herrn Kemeny wider ihren willen einen revers geleget, schicket er zum andernmall schreiben vom Neyenmarck ihn dass schloss Görgeny zum Fürsten Barcsai alss ein archlistiger Fuchs, bei ihm anhaltendt, irgendts an einem bequemen Obrt ein Particular aber doch nothwendiges gespräch miteinander zu halten vndt mögte ihm pfall auch zur Wollfahrt dess landes gereichen können, liess aber mitlerzeit, biss ihm antwort keme, alle strassen vmb Regen, Birck

vndt Görgeny mit kriegssvolck belegen, damit kein brieff weder ein noch auss dem schloss kommen möge, welches dem Barcsai zwar alles vnwissendt war bewilligte sich derowegen solches gespräch, welcher antwort Herr Kemenyius content vndt zufrieden war, vndt damit ess desto gefüglicher zugehen möge, rücket er mit seinem Volck vndt bei sich habenden Herrn biss auf Regen, von dannen er Herrn Banffy Dienes zum Barcsai abfertiget abzureden, alwo begehrendess gesprech zu halten sein solte vndt wurde der hof, so vnter dem Geörgenyer schloss liget, darzu denominirt; alss demnach Herr Kemeny, sampt seinen Landtherrn so mit ihm alss Exulanten inss landt kommen, alss Herr Stephan Petki, Wolfgango vndt Gregorio Betthlen, Banffi Dienes vndt Stephan Ebeni, wie mit Herrn Haller Gabor vndt Betthlen Janos, welche er vor etligen tagen von hauss zu sich fodern lassen, an bestimptes ohrt ankommen, fuhre der Fürst Barcsai sampt seinem Schwieger Herrn Banffy Sigmund mit wenigen seinem hoffvolck zu ihm, vndt nachdem sie sich aneinander begrüsset vndt entpfangen, sollen sie (wie derjeniger Herren so dabei gewesen, erzehlet) einen weitläufigen Discurs ihm beisein
Der Fürst Barcsai vndt Herr Kemeny halten gespreg mit einander vndt beit einer dem andern seine malefacta für.
oben erzehlter Herrn mit einander gehalten vndt oft ihn eifrige wort gerahten sein, da ihm der Herr Kemeny alle dass Ybel, so vnter seinem regiment dem landt geschehen vndt den schaden vndt Verschehwindung der landt Taxen so er ihn seine Privat hendel angewendet hette, ihm zugemessen, welches der Fürst Barssai ihm hart widersprochen vndt herkegen auch dergleichen vorgehalten, so ihm nicht gefallen, und dermassen sich aneinander erhitzet, dass die Herren, so zukegen gewessen abgetretten vndt allein beisammen gelassen, alda sie sich eine zimlige weill allein mit einander beredet vndt nachdem sie sich vereiniget, die abgetrettene Herren zu sich begehren lassen vndt ihn praesentia derselben ein Obligation schreiben von sich zu geben, alle dass, was ihm künfftigen Landtag zum Regen würde beschlossen werden, zu halten, welche Obligation
Der Fürst Barcsai vnterlasset sich dem Herrn Kemeny.
er durch seinen Herrn Cancellarium Joannem Betthlen, schreiben lassen, ia ihm die Form derselben selbst dictiret. Praecipua puncta vero haec fuere, dass er erstlig mit theürem Eyd entschlossen wäre, alle dass wass ihn vorstehenden Comitiis zum Regen von den Statibus regni würde geschlossen werden, er billigen vndt halten wolle vndt jedermann seiner huldigung

vndt seines sacraments befreien vndt zugleich weder von der Ottonischen Port, noch sonst jemandt Schutz zu suchen, hilf begehren, vndt derowegen nach Verfertigung solches Obligation schreibens auff begehren dess Herrn Kemeny Janos auch die Regalia vndt beruff brief dess folgenden Landttages vntter seinen nahmen Die 24 December. schreiben lassen vndt durch dess Herrn Kemeny eigene Cominiae Regesses habitae. Posten aussschicken vndt den landttag beruffen lassen, vndt sein also beide Herren, ein jeder mit den seinen, von einander, einer mit freuden, der andere mit beküemerten Herzen geschieden vndt sich künfftig niemahlen an einander begegnet vndt gesehen, da denn der freydige ihn kurtzem erhoben vndt der andere mit Vergiessung seines bluts geniedrigt worden, endtlig aber auch der freydige, per quae peccaverat, nicht lang nach des genidrigten entleibung mit gleicher müntz bezahlet worden, wie mir an seinem ohrt hören werden, Nam nullum violentum diuturnum.

Alss nun derowegen dass gantze landt laut der Regalien vmb die Weinachten zum Regen erschiene vndt sahen, dass sie vom Fürsten Barcsai alles gehorssambs vndt pfligt frei vndt ledig gesprochen worden, haben sich die allermeisten vndt denen am heill des landes vill gelegen gewesen, vber den Wanckelmuht des Fürsten verwundert vndt hat ihnen vill Grillen ihn den köpfen gemacht, pro et contra vill discuriret zuvorauss, wenn sie die Verzweiffelung einige gnaden von der Ottomannischen Porten zu erlangen betrachtet vndt zugleich den aufgelegten Rest der 500000 Taller behertziget, hat man schier nicht gewust, wass anzufangen sein würde. Alss aber wegen der Csiker vndt drei stüller Zeckellen, so allezeit am H. Kemeny gehangen grosse furcht vnter die landt Herren kame vndt sowohl feür alss wasser vor augen hatten, bewilligeten sie endtlig den Herrn Kemeny zum Fürsten zu erwehlen, damit nicht etwan einer oder der andere nach dem Exempel des H. Lazar Geörgy undt Barcsai Gaspar dess Fürsten Bruders mit blut mögte besprengt werden. Vndt wurde also Hr. Kemeny, unanimi voto zum Fürsten erkläret vndt dem Barcsai Akos gewisse bona zu seinem leben vndt Vntterhaltung bestellet worden.

Nachdem der Herr Kemeny zum landes Fürsten erwehlet worden, ist der Fürst Barcsai nach wenigen tagen abermall auff ein gespräch geruffen worden, aber nicht erscheinen wollen, welche Vrsachen gründtlig niemandt innen werden kennen. Damit aber auch dassjenige, so sich mit dem Fürsten Barcsai ihm Schloss Görgeny ehe des Herrn Kemeny Janos erwehlung zugetragen (welches nothwendig zu wissen) möge kürtzlich erzehlet und berührt werden; ist zu wissen, dass vor angehendem landtag der Herr Kemeny Janos auss seinem Schloss Vets von den Statibus regni den Herrn Haller Janos Magnificum, Gabrielem Ferenczi seinen Secretarium vndt Georgyum Vrescher Iur. Civ. Bistr. Legationweiss zum Fürsten Barcsai geschickt, zu erfragen, ob er laut seines Assecuration schreiben auch noch gesinnet sei, bei dem zu bleiben, was er versprochen hette, dass ihm pfall dass landt erkennen würde, dass er dergleichen ihn seinem Fürstenthumb gehandelt so dem land schädlich gewessen einen Neyen Fürsten zu erwählen vndt einen jeden seiner Part seiner huldigung vndt Eydts ledig zu sprechen, wie auch anderes inhalts seines Obligation schreibens sich zu bequemen, derselben freien Wahl nicht widerspruch zu thun; auff welche requisition er zwar anfänglich gleichssam bestürzt vndt erschrocken nicht gewust, was ihm zu antworten sei, sich vor ehe mit seinem ihm Schloss kranck ligenden Schwiger Herrn Banffi Sigmundt vndt andern bei ihm habenden Herren davon consultiret vndt befraget, welche ihm denn gerahten, dass weillen er alle dem, so an ihn vom Herrn Kemeny begehret worden, zu gestehen nicht nur mündtlig versprochen, sondern auch sub Sigillo Principali ein Assecuraton schreiben von sich gegeben, welches nun ohne Seelen Verlierung vndt anderer grosser leibes gefahr schwerlich künte widerruffen werden; drumb were kein ander mitel, alss die freye wahl zu zu lassen, er aber solte Gott vertrawen vndt gutter Hofnung leben, weill er von der Ottomanischen Port zum Fürstenthumb mit consens der landt stende confirmiret worden, dass landt mögte doch wegen dess Türcken furcht von ihm nicht abfallen, vndt ihren erwehlten und confirmirten Fürsten erkennen: welche der Fürsten rüht derowegen angesehen, hat er ernante Legaten ihn solcher hoffnung mit der resolution von sich ziehen lassen, er wolte sein Assecuration schreiben in rigore halten vndt die freie wahl nicht hindern, auss welcher gutter hofnung denn er einen jeden Legaten mit einem vbergilten kopf verehret vndt begabet.

Nach anlangung der Legaten zum Kemeny hat sich derselbe mit 2000 Völckern von Vets nach Regen zu den landtständen be-

geben vndt dess anderen tages die Verrichtung seiner Legation dem
landt vortragen lassen; alss dass landt demnach dess
Fürsten wohlmeinende resolutionen angehöret, haben
sie vor gut angesehen, auff solche dess Fürsten Barcsai
erklärung auch weiter eine Legationem von den statibus
zu ihm zu schicken, welchen nach endtliger eriune-
rung gethaner seiner Assecuration mit demselben handellen solten,
dass ihm pfall duss Fürstenthumb gewandelt würde, vntter wass für
conditionen der neye Fürst erwehlet sollte werden vndt wie zugleich
seiner Fürstl. Gnaden nohtwendige Vntterhaltung vndt wo seine
residenz sein würde, sollte seine F. G. bei sich derweill behertzigen
vndt betrachten, zu welcher Legation der Herr Banffy Dienes, Mikes
Kelemen vndt Michael Helvig alias Sigmundt, Jur. Civ. Segesvar.
deputiret vndt geschicket worden. Alss demnach dieselben laut ihrer
vom Landt gegebenen Instruction ihre Legationem vndt begehren
dem Fürsten Barcsai vorbracht, hat er instante ihn acht genohmen,
dass anstat seiner dass landt einen andern Fürsten mit hindansetzung
aller furcht der Porten zu erwälen gesinnet were vndt solcher
gestalt mit Verstellung aller geberden mit villen Exceptionibus sein
Assecuration schreiben in toto zu halten, gewanckel
vndt tergiversiret vndt seinen schutz von der Purt zu
erwarten sich rundt erkläret, welches die Herrn Legati
dem landt vndt Herrn Kemeny alssbaldt schriftlich vberschicket, vndt nachdem dass landt instinctu Herrn Kemeny's von ihrem begehren nicht abstehen wollen
vndt die Legatos solches weiter zu vrgiren angetrieben,
sein dieselben ihm Schloss Geörgeny etlige tag verharren müssen;
mittlerweill aber der Herr Kemeny wie droben gesagt, zum Fürsten
erwehlet worden, welche Wahl den Legatis eo momento angekündiget, etlige tag bei sich ihm schloss in silentio gehalten, alss aber
entdlig solche des Herrn Kemeny Fürstenwahl dem elenden Barcsai
zugeschrieben worden, ist derjenige dermassen bestürzet vndt erschrecket worden, dass er sich von stundt an ihn ein kranckbeth
legen müssen, vndt ist weiter zu wissen, dass weill ihm schloss vnter
einem teutschen Capitan, Joannes mit namen, von hundert sechs
106 soldaten vndt einer Zahl vngrischen Völckern ein praesidium
mit genuchsam proviant und Munition gewessen, ist ihn derselben
nacht, vnwissendt des Fürsten Schwiger H. Banffy Sigmundt beschlos-

sen worden, die 3 Legatos dess andern tag Kaput zu machen vndt
ihre häupter auff die mauren, Regen zu, zu stechen; alss aber die
Fürstin selbst (ess nun von ihrem Herrn oder von einem andern)
solches vernohmen, hat sie solches ihrem Herrn Vatter, so ebenermassen ihm kranckbeht gelegen, alssobaldt ungekündiget, welcher
solches eben durch seine togter, die Fürstin, dem Banffy Dienes von
stundt an sagen vndt auss dem Schloss sich auff das eheste zu machen warnen lassen; derselbe ist nicht träg, zeuget solches bösse
Vornehmen dem Mikes Kelemen vndt Michael Helvig
Senat. Segesv. auch an, vndt, nachdem sie ihre pferdt
schon heimlig sattellen lassen, machet sich der Banffi
Dienes vndt Mikes Kelemen auss dem Schloss vndt kommen vngehindert davon, aber doch vnwissendt, weill
der heimlige schluss noch nicht kuntbahr gewessen:
derweill aber Herrn Michael Helvig keinen seiner Diener
mit inss Schloss zu nehmen war vergönnet worden vndt
auch sein ross anderen zu versorgen gegeben worden, hatten die
abgereiste beide Legati einem ihrer Diener befehl gethan bei Herrn
Helvig zu bleiben vndt ihm sein ross gerüst vntter zu bringen, sobaldt ess sein könne, sonst mögten sie beide vmbs leben kommen,
welches befehl selbiger Diener mit zusammenbeissung seiner Zende,
mit grossem Vnmuth vndt forchten verbringen müssen; alss aber
ihn solchem anbringen dess ross ein augenblicklicher verzuch geschehen vndt durch ausreissung Herrn Michaelis Helvig vndt desselben Dieners der beyder Herrn Banffi Dienes vndt Mikes Kelemen
abreissen kuntbahr worden, ist offtgedachter Herr Michael Helvig
sampt der beider Herrn Diener durch des Fürsten Hopmester Balogh
Matthae von den Soldaten von den rossen ihn grossem grimm gezogen vndt ihm Schloss gehalten worden, vndt hat wenig gefehlet
wenn Gott nicht seine wacht vndt hut vber den W. H. gehabt vndt
mit grosser flucht sich ihn des krancken Herrn Banffi Sigmundt lo-
ssament nicht salviret hatte, were derselbe durch eine Zehndtschaft
persequirender Soldaten, so mit Muschqneten vndt brennenden
lunten auff ihn kommen, gethödtet vndt jemmerliger vndt vnschuldiger weiss vmbgebracht worden; nachdem aber die beide Herrn bei
dem neyen erwehlten Fürsten ankommen mit erzehlung ihrer gefahr
vndt wie ess mit ihrem abziehen vndt ihres dritten mitherrn zurückbleiben ergangen, hat dass landt neben F. G. zum dritenmall schreiben

1660.

an den Barcsai, wie auch an Herrn Michaelem Helvig abgehen lassen, welche aber keines demselben abgegeben, sondern vom Barcsai verhalten worden; alss der Barcsai derowegen wegen der viller schreiben, so ihm dass landt sampt dem Herrn Kemeny geschickt, ihn grosse Vngedult, grimmigen Zorn vndt gleichssam ihn Verzweiffelung gerahten, hat er sampt seinen Herren beschlossen, Herrn Michaelem Helvig folgenden tages ihn einen Spiess zu ziehen vndt Regen zu auff die Mauer stecken zu lassen vndt ist dergestalt starcke wacht vndt achtung auff denselben gegeben worden. Zur essenszeit ist er zwar wie zuvor geschehen zur Taffel gesetzet worden vndt derweill der Fürst kranckheit oder villmehr leidts wegen nicht zum essen kommen, ist der W. H. zu grossem Spot vndt zum zeichen seines thodes an die Taffel oben an ihn des Fürsten stell gesetzet worden, welchem der teutschen Völcker Capitan zunechst gefolget vndt weill derjenige starck an Barcsai gehangen, hat er die Mahlzeit vber mit harten Worten offt an ihn gesetzet vndt sowoll vber ihn, alss vber die gantze Saxische Nation lästerlig gefluchet vndt weill er den schluss, so vber denselben beschlossen gewessen, gewusst, hat er alle seinen muht vber ihn ausgegossen, zu welchem der Hopmester Balogh Matthae vndt Gilani Gergely auch öel inss feür geschüttet, vndt gleichssam eine Comedie mit ihm zu Spillen angefangen, welches der arme W. H. alles mit gedult (vndt zwar seiner gefahr vnwissendt) leiden müssen und wehrender mahlzeit aber, weill der Herr Banffy Sigmundt eben durch seine togter, die Fürstin, auch diesses handelss wissenschaft bekommen, hat er sich zum Fürsten Barcsai tragen lassen vndt ihn seines Vornehmens, so er an einem vnschuldigen menschen vndt zwar an der Saxischen Nation abgesunen, so einen Statum praesentiret, zu vben gesinnet sei, abzumahnen, mit erzehlung wass auss solchem handel vndt vnerhörten hohn endtlig erfolgen mögte, vndt dass sie sampt ihm ihn dass eüsserste Verderben gerahten würden; nach verrichten selbigen H. Banffi Sigmundt anbringen, hat seine togter die Fürstin mit gleicher bit den Fürsten von solchem Vornehmen abzustehen angemahnet, auff welche bitt vndt anbringen der Fürst Barcsai sich bereden lassen vndt denen, so vmb die sache gewust, alss dem Balogh Matthae, Gilany Gergely vndt der Soldaten Capitan, Joanni N. dem die Execution verlassen gewessen, befehl gethan, von allem Vornehmen abzustehen vndt damit derjenige, dem der thodt bereit gewessen, hinfüro vor dem geringsten Vngemach behüttet möge werden: alsso behüttet Gott offt die frommen, dass auch ihn der grossen gefahr alles Vebel abweichen muss; nachdem nun der teutschen Völcker Capitan Joannes N. dess Fürsten befehl angehöret vndt auch selbst der sachen aussgang besser nachgesinnet, hat er sich dess andern tages zu gedachtem Herrn Michael Helvig genahet vndt mit erzehlung dess, wass vber ihn beschlossen gewessen, allen schweren Vnmuht abgebetten vndt vor dess vorigen Tages schmach, so er ihm vber der mahlzeit angethan, alle ehr erwiesen, ja sich zum Vberfluss erboten, dass ihm pfall ess ihm gefallen wolt vndt begirdt hette, auss dem Schloss zu kommen, wolte er ihn zu einem heimligen thürlein hinauss verschaffen, nicht damit sich das glück etwa ihn einem augenblick vmbschlagen möge, er weiter ihn gefahr gerahten möge, ob nun der Capitan sein guttes erbieten auss Christligem mitleiden gethan, oder durch des Fürsten Barcsai befehl verrichtet, möge er gewust haben, genug ists, dass er sich gegen oft ernannten Herrn Michaelem Helvig alles guttes erbohten, welcher sich aber allezeit seiner Vnschuldt vndt vnverletztem Gewissen getröstet vndt nicht weichen oder auch durch jemanden verhollener weiss auss dem schloss abführen lassen wollen, sondern von Gott die erlössung gewartet; würde er aber auss Gottes geheimen raht vndt seinem Verhängnüss ergriffen vndt auch erthödet, würde sich mit einem handtvoll blut Niemand vill behülfen, ess mögte aber mit der Zeit Gott jemanden erwecken, so seinen vnschuldigen thodt rechnen würde, zudem were er vntter den armen verachteten lasttragenden Sachssen ein mensch vndt gleichssam der geringsten einer, da herkegen noch vill taussendt im lande weren, so solchen vnschuldigen thodt vndt freventlig verbringen nicht in vergess stellen mögen.

Derweill wir demnach gehöret, wie dem Fürsten Barcsai sein bösser anschlag mit ermordung vndt hinrichtung Herrn Kemeny vndt des landes Legaten zu zweien mahlen gefehlet vndt erste zwei Herren dess ersten tages entkommen vndt ihm landt (mit erzehlung aller geschichten vndt wie ihr dritter Mitherr ihn der grössten gefahr zurückbleiben müssen), angelanget, damit demnach der Fürst Barcsai nicht etwa eine thorheit an demselben, weil er ein Landesgesannter were, begehen möge, sollte dass landt mittel erdencken vndt ihren Legaten seines Arrestes befreien vndt wurden derowegen vill schreiben auff vndt abgeschickt; ess wurde aber wie auch oben gedacht Herr Michael Helvig (keines?) eingehändiget vndt nicht wissen kunte, auff was er sich hette verlassen sollen; alss derowegen der dritte tag seines Arests vorüber gegangen vndt dass landt nichts gewisses vernehmen kunte vndt zudem von des landes heill vndt bleiben mit dem Fürsten Barcsai zu bestellen war, alss wurden abermall sehr ernstlige schreiben inss schloss gesendet, dass der Fürst Barcsai geflissen sein solte, gewisse Geissel auss dem schloss zu schicken, so wolte dass landt andere herkegen hineinschicken, damit von seinem, wie von dess landes bleiben vndt wollfahrt möge kennen gehandelt werden; alss ihm Fürst Barcsai demnach solches gefallen lassen, hat er seines Vatters bruder sohn, Barcsai Mihaly, vndt Budai Sandor, seinen leiblichen jüngern Bruder von der Mutter, so künftig mit ihm zugleich ermordet worden, wie mir baldt hören werden, zu Geissellen zum neyen Fürsten geschickt, vndt herkegen Herr Banffy Dienes, vndt Mikes Kelemen mit völliger Instruction zum Barcsai abgefertiget, welche nachdem sie inss schloss ankommen, alssobaldt vndt mit vollem eifer vndt furie ihm Vor-Palota dess Fürsten vmb ihren mitherrn gefraget, welcher sich vor grossen freiden nicht sobaldt auff dass erste auffordern herfür stellen wollen, sondern sie zum andernmall ruffen vndt ihn begehren lassen, alss sie denn auch letzlig an seinem leben angefangen zu zweiffeln; alss er aber weiter inss Palota hineintrit, kommt Herr Michael Helvig herfür getreten, vber welches leben Herr Banffi Dienes höchlich erfreiet wirdt, nimpt ihn beim armen vndt führet ihn zum Fürsten Barcsai, alss sie zur thür langen, kompt der Hopmester Balogh Matthae ihnen entkegen, lesset den Herrn Banffi vngehindert gehen, Herrn Helvig wehret er aber hineinzugehen, alss der Banffi Dienes solches ihn acht nimpt, spricht er zum Balogh Matthae: Miert nem boczatot Uram be menni, eö Kegyelme volna az Küvet, nem Kegyed eö Kegyelme jeöjen be, 's Kegyed maradgyon kün [1]), wie ess auch geschehen, dass der W. H. mit zum Fürsten gegangen vndt der

---

[1]) Warum, Herr, lässt Er ihn nicht hineingehen, Wohldieselbe ist Gesandter und nicht Er; Wohldieselbe mag hereinkommen und Er mag draussen bleiben.

Hoffmeister zurückbleiben müssen; alss diejenigen zum Barcsai kommen, werden ihm im Namen dess ney erwehlten Fürsten vndt landt alle seine Facta vor der zeit seines Regiments, wie auch, was sich noch ihm seiner herrschaft mit heimligen Practicken zugetragen vndt auch letzlig, wass sich mit ihnen alss des landes Legaten ihn wenigen tagen erlauffen, dass er gesinnet gewesen were, sie thödten zu lassen, vorgehalten vndt ihm im beisein seines hoffpredigers Stephani Csengeri hart zuwider geredet; belangendt seine facta des Fürstenthumbs wie auch andere, ob er sie schon hart widersprochen, hat er doch ettige nicht leugnen können vndt gebetten, ihn in damalliger seiner kranckheit nicht weiter zu molestiren; belangendt aber das letzte Vorhalten, dass er vber sie etwass böses beschliessen lassen, were nicht geschehen vndt solten ihnen dergleichen auch nicht einbilden, sondern er schlisse, ess mögte sie nur eine furcht ankommen sein, durch welche sie ihn solche Angst gerahten sein müssen; bei welcher entschuldigung ess denn vor dassmall, weill die Herrn Legati etwass wichtiges in Commissis gehabt, bleiben müssen.

Betreffendt nun die praecipua Puncta Legationis, ist nach weitläuffigem Discurs dem Herrn Barcsai erstlig dem neyen Fürsten zu schweren dass Jurament imponiret worden, welches er sampt seinen bei sich habenden Herren vndt hoffdienern praestiren müssen, nachdem ist mit ihm tractiret worden, wo er seine künftige residens haben vndt ihn wass seine Vnterhaltung bestehen solte, alss hat derselbe das Schloss Fogaras, das Schloss Deva, Görgeny, Radnothen, Eörmenyes, Sz. Peter cum omnibus pertinentiis vor sich zu behalten begehret vndt sein die Herrn Legati nach solchem begehren (weill die beantwortung ihnen nicht anbefohlen gewessen), von ihm geschieden, vndt dem landt vorgetragen; kürtzlich davon zu reden, ist nach weitläuffigem discurs erstlig Fogaras abgeschlagen worden, Vrsach, selbiges schloss were allezeit des Landes Fürstinnen zugehörig, dass Schloss Deva aber ihm zu geben, were auch nicht möglich, noch rahtsam, sintemall ess in vicinitate Turcarum lege vndt dem landt durch heimlige Pracktiken grosses Vngemach entstehen künte, mit Radnothen kunte ess ob certum respectum auch nicht sein, wass aber Görgeny belange, selbiges schloss solte mit seinen angehörigen

Joszagen seine residens sein, zu welcher gleichwoll Eör- *Dem Barcsai*
menyes vndt Szent Petter dienen solten; welcher dess *wirdt Görgeny zu seiner residenz*
landes schluss vndt decretum dem Barcsai nur Postweiss *gegeben vndt*
ihn schriften auff vndt ab geführet worden, alss er aber *werden ihm alle andern postulata*
wie weit er sich auch bemühet, nicht mehr alss das *denegiret.*
Schloss Görgeny mit bestimpten Joszagen erhalten kennen, ist er
ihn grossen Zorn vndt Vngeduldt gerahten, dadurch seine Kranckheit auch vermehret worden, sed quia vana sine viribus ira, hat er
ess dabei müssen bewenden lassen vndt sich Gott ergeben; sed quia
nulla calamitas sola, ist ihm vom Fürsten Kemeny vndt dem landt
dess andern tages wegen des Praesidii selbigen Schlosses eine neye
Frage zu beantworten vorgetragen worden, vnter welcher Frage
vill verborgenes gelegen, dass weill das praesidium ihn 106 Soldaten vndt einer anzahl Trabanten vndt Katnern bestünde, wie vndt
von wem dieselben künftig besoldigt sollen werden, auff *Es wirdt wegen*
welche Frag er sehr vnbedacht vndt zu seinem Verder- *dess Görgenyer praesidii mit dem*
ben soll geantwortet haben, dass, weill ihm alles Vor- *Barcsai tractiret,*
theill benohmen were vndt er, wie mennigklichen be- *welches er aus Vnbedacht frei-*
kannt, ohne geldt were, künten selbige von ihm nicht *spricht vndt kündftig beweiset.*
besoldiget werden, sondern dass landt solte solches zu
gehen schuldig sein, vndt diesses ware eine stimme, so ihn dess Fürsten vndt landess pfeiffen klingete, sintemall das landt nach allem
vorhergehenden Verlauff auf nichts mehr trachtete, alss wie die 106
Soldaten auff das wenigste auss dem Schloss gebracht mögen kennten
werden, sich befürchtendt, dass wofern das Schloss besetzet würde
bleiben, weill zugleich ihm Schloss Proviant die genüge war vndt
vngefehr ein fremder feyndt inss landt keme, vorauss weill auch des
Herrn Kemeny electio ohne wissen der Port geschehen, künte der
Barcsai dergestalt ihm schloss erhalten vndt widerumb zum Regiment
gelangen, alss derowegen dem landt dess Barcsai beantwortung der
besoldigung wegen angesagt worden, sein sie darüber erfreyet vndt
doch praetextu quodam dem Barcsai abermall geschrieben, dass
weill ihm dass Volck zu besoldigen vnmüglich were, so *Es werden Com-*
were dass landt die besoldung zu geben verbietig *missarii die Sol-*
vndt geschickt, alss würde er nun hinfüro zwar ein *vndt abzuführen*
Herr dess Schlosses sein, mit den praesidiariis aber *ihn den Görgeny*
nichts zu thun vndt zu schaffen haben, sondern würden *Soldatten sein*
von denen, so ihnen Soldt geben werden, hören *No. 106*

müssen; auff welches schreiben denn dass landt von stundt an den Szekely Istvan vndt Herrn Michaelem Helvig Jur. Civem Segesv. ihn den Geörgeny nachschicket, dass teütsche Volck mit dem Eydt einzunehmen vndt dass halbe theill sampt dem Kapitan Joanni abzuholen. Alss demnach die Commissarii ankommen vndt laut ihrer Commission ernante Soldaten ihr Jurament abgeleget, hat der Barcsai sein vnbedachtes Versprechen, so er dem landt gethan hatte, bereiet vndt erst gesehn, was er gethan, mit betrachtung, dass wenn er eine kleine Zeit vndt so lang er Proviant vndt Munition haben kennen, dass schloss behalten künte, er mit der Zeit mit der Port beystandt, so ihn zum Fürsten erhoben, abermall zum Regiment were gelangen können, ess hiess aber tarde fabulare, hin war hin, vndt muste dass halbe theill der Soldaten abziehen lassen, welches andere halbe theil der Fürst dess dritten tages durch oft ernannten Schesspurger Senatorem Herrn Michaelem Helvig auch abholen lassen, vndt sein zur abführung der Soldaten Purtecken 22 wägen iuss schloss geschicket vndt alle ihre sachen auffgeladen vndt davon geführet worden vndt ist solche abziehung und beladung der wägen von den Soldaten mit grossen freyden vndt frolocken ergangen, welche nicht nur das ihrige, sondern was ein jeder wagen ertragen künnen, alss von Speck, mehl, butter vndt andere essende Speisse aufgeladen vndt obschon der Hopmester Balogh Matthae den Soldaten solches wehren wollen, weill sie damalss keine starckere als sie zukegen gewust, haben sie doch auff ihn, wie daher geschehen, nicht hören wollen. Alss seine bedreiungen nichts hilfen wollen, hat er sich zum Herrn Michaele Helvig gewandt vndt mit ihm vngeduldet, warumb er solches gestattet, er würde ess künftig theür bezahlen müssen, welcher sich aber entschuldiget hat, man hette ihn nur zur abführung der Soldaten geschickt, mit dem Rest hette er nicht zu thun, wider ihre gewalt künte er nicht thun, were ihm auch nicht befohlen ihnen solches zu wehren, ob sie aber auch von iemanden getrieben vndt etwas Proviant mit sich zu nehmen gestercket worden, kente er bona conscientia bezeugen, dass ihm davon nichts bekannt vndt zu wissen were; drumb ist das glückrad rund, thut offt das Widerspill, ist baldt oben baldt vntten, wie alhie geschehen, denen, so daher der Darcsai, seine Hopmester vndt hoffbedienten gebohten vndt ihre Oberherren gewesen, dieselben thun was sie wollen vndt hören auff niemunden. Alhie ist weiter zu wissen, dass derweill dieser Soldaten

Kapitan, Joannes, der Vngern wanckelhaftiges gemüht, vndt falschheit erfahren, er sich verschworen künftig ihm keines Vngrischen Fürsten Dienst mehr einzulassen, vndt derowegen, wie gut ess ihm doch der Fürst Kemeny versprochen, keinen dienst annehmen wollen vndt auss dem lundt gezogen, vndt alsso den Völckern ein ander Vorsteher gegeben vndt vorgestellt worden.

Der teutscher Kapitan Joannes will wegen der Vngern falschheit dem landt nicht dienen.

Demnach nun die hundert sechss Soldaten auss dem Geörgeny abgezogen, haben sich die vngrische Völcher volenter auch dem Kemeny Janos ergeben, sich von dannen gemacht vndt seine besoldigte worden, dass alsso ausserhalb No. 27 Szabadossen so zum Schloss gehörig vndt dessen Jobbagyen gewessen vndt etligen wenigen dienern, niemandt ihm Schloss blieben, alss hat der elende Fürst erst sein ellendt vndt noth beweinet vndt sich nicht anders, als vor einen gast (dem täglich der Vrlaub angesaget mögte werden) ihm Schloss geschätzet, vndt ob er schon keiner brillen bedorffet, doch hat er leicht seinen künftigen thodt vndt Vnttergang sehen kennen, von welchem iamerligen thodt mir denn baldt hören wollen.

Der Fürst Barcsai beweinet sein ellendt.

Alss nun der Fürst Kemeny den Barcsai ihm Schloss Görgeny ihn geringer beschaffenheit bestellet wuste, schicket er seine eigene besatzung vndt praesidium inss Schloss, dass, wie oben gesagt, der Barcsai nur recht ein gast ihm schloss war, vndt sie einiger entpörung nicht zu befürchten hatte, derweill demnach die landes Stände zum Regen beisammen waren, wurde der Herr Banffi Dienes vom landt zum Römischen Keysser, hilff vndt schutz von ihm zu begehren, geschickt vndt abgefertiget, welcher wider Verhoffen nach etliger zeit bericht thete, dass des keyssers hilff versprochen were, ihm pfall dass landt ihn Szekelyhid, Kövar vndt Ilye keysserlige Völcker einzunehmen bewilligen würde, auff welchen bericht das landt gewilliget, den Banffi Dienes solches gesichert, wie auch denn dergestalt ihn kurtzer Zeit ihn Szekelyhid vndt Kövar Keysserlige Völcker eingenohmen, Jlye aber dass Schloss auff eine andere Zeit befor behalten worden, vndt ist also nach abfertigung Herrn Banffi Dienes dem landt zum Regen abgedancket undt nach hauss zu ziehen vergönnet worden.

Der Fürst Kemeny schicket ein praesidium ihn dss Geörgeny.

Banffi Dienes wirdt Legation weiss zum Römischen Keysser geschickt.

Derweill aber der Fürst Kemeny Janos sich bei seinem vbergebenen Fürstenthumb noch nicht aller sicher wuste, eines theilss derweill er noch Fogaras vndt Deva, welche die stärckste örter dess landes sein, noch nicht ihn seiner gewaldt hatte, vors andere, dass die beiden Commissarii Budai Peter so ihn die Walachei, vndt Szekely Istvan, so ihn Moldaw wider ihn hilff zu bringen aussgeschickt weren, wie oben gemeldt, noch nicht auf des Barcsai vndt sein eigenes schreiben ankamen, noch von ihrer beschaffenheit bericht thetten, vor welcher Hilf er, Kemeny Janos, noch stetig ihn fürchten war, zuvorauss derweill dess Fürsten Barcsai leibliger bruder, Barcsai Andras, so Fogaras noch in seiner gewaldt hatte, zwey vntterschiedlige schreiben von dannen an die Port vmb hilff geschicket hatte vndt angekündiget, dass der Barcsai vom Regiment abgesetzet sei, welches alles dem Fürsten Kemeny bewust war, als urgirte er den Barcsai ohne Vntterlass, dass er secundario schreiben ihn beide länder, Moldaw vndt Walachei, wie auch an den Feö Veszer, schicken müsse, damit weill dass landt nun einen andern Fürsten an seine statt angenohmen vndt erwehlet hette, die hilff zurückbleiben mögte; soll aber neben solchem schreiben allenthalben, wie gesagt werden, heimliger weiss dass widerspill geschriben haben, ihm in der eussersten Noht beizustehen vndt wider den Neyen Fürsten hilff zu senden.

Droben ist gesagt, wie der Kemeny Simon, baldt nach seines Herrn Vatters ankunfft von ihm dass Schloss Fogaras auffzufordern geschickt worden, derweill sich dasselbe vnter der Verwaltung Andreae Barczai sehr vest gehalten vndt sich nicht ergeben wollen ist der Kemeny Simon vnverrichter Sachen zu seinem Herrn Vatter nunmehr erwehlten Fürsten auff Regen kommen, welcher sich ihn grossem Vnmuht von dannen auffgemacht vndt auff Radnothen gereiset, dahin den 10. Februar des 1661 Jahrs, auch die Fürstin auss Vngern ankommen, aber in ihrer lang gewüntschter Meltosagh [1]) wie mir baldt hören werden nicht lang bestendig bleiben kennen.

Alss derowegen der Fürst Kemeny wegen beider Vestungen Fogaras vndt Deva keine ruhe hatte, brachte er auff 5000 Volck beisammen vndt schickete seinen elteren sohn Kemeny Simon, mit gutter praeparation, Fogaras

---

[1]) Würde (ungr.).

mit Sturm anzugreifen, welcher auch dass schloss hart beschissen liess, kunte aber nichts schaffen, entpfing mit Verlust viller gutter Viteszen grossen schaden dafür; ess theten auch die ihm schloss auss des Kapitans Barcsai Andras gebot etlige aussfehl ihn die Kemenyschen vndt theten grossen schaden, wie denn ihn solchem aussfahl, neben andern teutschen Völckern, der Dragoner Kapitan Hanss Wolff auch vmbkommen; alss demnach der Kemeny Simon nichts aussrichten kunte vndt sein Verderben vor Augen sahe, schicket er zum Fürsten Kemeny, damit er sampt dem Barcsai Akos abgesezten Fürsten ihn perschon inss leger kommen solte vndt selbst zur sachen schawen, vndt zu dem mehres Fuss Volck schicken solte; auff solches schreiben schicket der Fürst von stundt an zum elenden Barcsai den Haller Gabor zu ihm auff Radnothen zu kommen, welcher keinen widerspruch thun dorffete vndt volenter nolenter zu ihm reissen muste, da er ihm wegen Fogaras harter Widersetzung grosse furcht einjagete, muste sich derowegen zu allem, wass er begehret, accomodiren.

NB. Kemeny Simon vndt Sz. Pali Janos ligen zu Betthlen vndt dass Volck vntter dem Schloss, sein lustig dabei vndt hoffeten täglig dass Schloss zu bekommen; mittlerweill schickete der Barcsai seinen Komornik Ferenz Deak, damit er seinem Bruder Barcsai Andras gebieten möge Fogras auffzugeben, ess waren ihm aber ihn seines Kleides Vattertheill brieff eingenehet gewessen, so dass contrarium gedeutet, ihm zurückziehen schicket der Barcsai Andras den Kornetführer mit dem Ferenz Deak, welcher ebenermussen dergestalt schreiben seinem bruder geführet, auff solche heimlige schreiben liess der Barcsai Andras stärker alss iemalss feur auss dem schloss geben, mit erklärung dass biss er nicht schreiben von der Port sehe, wolte er auff dess Fürsten seines bruders gebot nicht achten.

Alss schickete demnach der Fürst Kemeny selben abgesetzten Fürsten Barcsai sampt dem Herrn Petki Istvan vndt Betthlen Farkas vntter Fogaras an seine stat zu ziehen, vndt das eussorste am Schloss zu wagen, damit auch der Barcsai seinen bruder zur auffgebung möge bewegen, er aber derweill, wass mit dem Schoss Deva anzufangen sei, wege erdencken vndt aufsuchen möge. Alss diese bei vns auff Schesspurg langen, kommen schreiben vom Fürsten, sich eine Zeit alda zu seumen, vndt weitere Ordinanz von ihm zu erwarten, ess solte aber der Barcsai alssbaldt wegen aufgebung dess Schlosses, alss seinen praesidiariis inss Schloss schreiben, vndt die Vbergebung gebietten, welches auch zu vntterrschiedligenmalen geschehen, aber nichts hafften wollen, ess lagen derowegen gedachte Herrn Legati mit der Stadt nicht geringem schaden ein Monat lang bey vnss, vntter welcher Zeit selbiger belagerung die armen Saxen hin vndt wider wie auch vnssere Stulssleut Proviant vndt Posterei wegen gleichsam biss auff Marck vndt bein aussgesogen worden. Belangendt dass ander begehren dess Kemeny Simon, mehres Volck vntter Fogaras zu schicken, alss hat der Fürst von der Vniversität ihre gewöhnliche Trabanten vndt Reutter sampt den darzu gehörigen wagen ad 5 Martii vntter Fograsch zu schicken gebotten, welche auch alda erscheinen müssen, richten aber desto weniger nichts auss.

Dess Luppul W.- scho Stephan kompt auf des Costandin Walda ihe die Moldaw vndt Stephan wirdt geschlagen.

Albie ist zu wissen, dass vntter wehrender Fograscher belagerung der Costandin Waida die Moldawer sitz noch ihne gehabt; Mittlerweill kompt dess Luppulss Sohn Stephan, bringt auss zulassung der Port Türcken vndt Tartaren mit sich, alss er an die Moldawische greutzen langet, schlaget sich ein grosser Hauffen Moldawisch Volck an ihn, vertrösten ihn dess Waidenthumb, er sollte ess nur wacker wagen. Alss der Kostandin Waida solches innen wirdt, rüstet er sich mit seinen teütschen, Kozakischen vndt Moldawischen Völckern, ziehet ihm vntter augen, halten ein hartes treffen vndt wirdt dess Luppuls sohn Stephan vom Costandin geschlagen, dass er etwas zurück weichen müssen, alss uber die Moldawer sehr gespalten waren vndt vill mehr lust zu des Luppuls Sohn, alss zum Kostandin hatten, vndt ihm häufflig zulieffen, bekame er ein Herz, zoge zum andernmahl auff den Kosztandin, welcher ihn auch zum andermahl schluge, doch zog derselbe nicht ab, schicket ihn Türckei vmb mehre Hilff; alss die Hilfe sich aber etwas verzoge, waget ers zum drittenmall, war willenss den Kostandin Waida bei der Nacht (auss raht dreier Boiren) zu vberfallen; alss er nun im anzuch ware, wardt der Costandin von einem derselben gewarnet, welcher sich vnverzacht bei Zeit auffmacht, alss ess des Luppuls sohn Stephan auch nicht ihn acht nehmen kann vndt wirdt vnversehens vom Kostandin vberfallen vndt widerumb geschlagen, vndt seine Völcker zerstreuet; derweill der Kostandin Waida seiner Part

Moldawischen Boieren wegen etlicher vmbstanden nicht trawen
dorffte, wollte er dess Luppuls Sohn Stephan nicht weiter nachsetzen, sich fürchtendt ess mögte ihm mittlerweill ein
anderer ihns nest sitzen, kehret derowegen widerumb
zurück, Jener uber zoge nicht weit, sintemall er taglich
von den Vornembsten dess landes Vertröstungen bekommen, insonderheit weill sie gehöret, dass er vmb
weitere hilff auf die Port geschicket hatte vndt dem
landt grösseres Vngemach dadurch zu entstehen befürchteten; alss derowegen der Kostandin Waida solches alles bei
ihm betrachtete, vndt der Boieren archlistigkeit erfuhre, sich dabei
befürchtendt, weill er sich wider die Port entpörete, er mögte doch
nicht beständig bleiben kennen, fiel er ihn tieffe gedanken, be-
schlosse endtlig bei ihm von der sitz auff eine Zeit zu weichen,
vndt mit hilff der Muschkovitter sich weiter an dess Luppulss sohn,
wie auch an seinen abfälligen Moldawern zu rechenen, begabe sich
demnach ihn Pollen, alss er aber alda misstrostungen bekommen
vndt ihm widerrathen worden, ist er weiter vortgezogen vndt sich
ihn Vngerlandt zum Rakoczi Ferenz begeben, nach seinem abzuch
uber auss der Moldaw ist dess Luppulss sohn Stephan zum Waida
erkläret vndt auff die sitz erhoben worden.

Damit mir nun weiter der Fürsten Kemeny ge-
schichten anhören mögen, wollen mir dess Fograscher Schlosses beschaffenheit etwas bei seit legen vndt wie ess mit dem schloss
Deva ergangen, etwas melden, alss ist zu wissen, dass vnter wehrender belagerung Fogaras der Fürst Kemeny etliges
Volck Deva auffzufodern geschicket hatte; alss aber
die besatzung ihm schloss, so ihn teutschen vndt Vngern
bestunde, etwass vneinss wegen auffgebung dess schlosses wahren vndt die Vnger vnwissendt der teutschen
Völcker vmb Succurs zum Temesvari Bassa geschickt,
wurden dieselbe schreiben von denen, so der Fürst Kemeny zur
aufforderung dess Schlosses geschickt hatte, vngefehr auffgefangen
vndt dem Fürsten alssbaldt zugeschickt, mitlerweill alss die ihm
Schloss vber der auffgebung noch ihn ihrer Vneinigkeit beharreten,
werden die Vnger zu raht, die teutschen bei der nacht mit list zu
fangen vndt ihn eissen zu schlagen, sintemall sie ein heimliges
schreiben vom Barcsai bekommen hatten, dass wenn er gleich

wegen auffgebung dess Schlosses schreiben würde, solten sie doch dass Schloss behalten, denn er eines Succurs ihn kurtzem hoffnung hette, welche freyheit er ihnen mit der Zeit reichlig belohnen wolte. Alss aber, wie oben gemeldet, dess Kemeny Janos auffoderung schreiben sampt dess Fürsten Barcsai Commission, ihn welcher er sowoll die teutschen, alss Vngern, ihrer pflight vndt Eidt befreiete, ankamen vndt Thomas Springer der teutschen Oberster dess Fürsten Barcsai befreiung vndt dess Schlosses auffgebung lasse vndt zugleich hörete, dass er dess Eides so er dem Fürsten Barcsai vndt landesstenden gethan, befreiet war, ward er entschlossen dass Schloss, zwar nicht dem Fürsten Kemeny, sondern den landt Stenden zu übergeben, alss aber die Vnger, deren zwar mehr wahren alss teutschen, solches mercketen, errinnerten sie sich dess Barcsai heimlige Vertröstung dess Succurs, vndt auch der Zusag von ihm geschehen, so sie dass schloss behalten würden, beschlossen sie von neyem die teutschen wie oben gedacht zu fangen vndt ihn die eissen zu bringen; alss aber Thomas Springer Oberste der teutschen, so ein behertzter vndt verstendiger Herr war, der Vnger anschlag etwas von weitem vernohmen hatte vndt ihr Vornehmen vermerckete, hielt er mit seinen Officirern auch raht vndt weill die

Vngrische vndt teutsche Völcker werden wegen Vbergebung dess schlosses Deva veinig vndt nehmen die teutschen die Voger gefangen, vndt 3 der Voraembaten sampt einem geistlichen dem Fürsten Kemeny gefangen geschickt.

Vnger keine Vornehmen von Adel, alss nur einen schlechten Edelmann geringen herkommens zum Kapitan halten, so vor Zeiten dess Barcsai Diener gewesen, griffen die teutschen ihre mitpraesidiarios die Vnger behertzt an vndt vbbetten dass an denen, wass sie ihnen vermeint zu thun, nahmen die Vnger gefangen vndt schlugen sie alle biss auff einen ihn eissen vndt schriben den Statibus, ihnen dass Schloss zu vbergeben, welches der Fürst Kemeny mit freuden anhörete vndt bekame derowegen der Fürst dass Schloss Deva diesser

Fürst Kemeny lesset die 4 gefangenen justificiren.

gestalt zu henden, sampt den gefangenen Vngern, vntter welchen die principaliores gewesen Rev. Andreas Kallai ein Vngrischer Calvinischer Prediger, Janosi Janos, Raffai Tamas vndt Fodor Janos, Politici, welcher 4 perschonen schreiben, so sie vmb Succurs zu den Türcken geschicket hatten, von den Kemenyschen intercipirt waren worden; alhie ernante 4 perschonen liess der Fürst derowegen nach auffgebung dess Schlosses auff Radnothen gefanglig bringen vndt dess andern tages, ohne Verhörung, ihn der Frühestundt vor der Sonnen auffgang mit weniger leut fürwissen enthaupten vndt ihre leiber ihn eine zerfallene Korengruben werffen vndt versencken.

Mir haben droben gehört, wie der Herr Kemeny Janos zu der Zeit, alss der Barcsai zum Fürstenthumb gelanget, von dem Tattar Cham alss sein gefangener biss ihn die Walachei mit einer anzahl Tattern, zum Fürsten einzusetzen, geschickt ware worden; derweill aber der Fö Veszer den Barcsai mittlerweill schon zum Fürsten erhoben hatte vndt die Tatter durch den Szigethi Peter einen Canzellisten, (welchen der Herr Kemeny alss einen kuntschaffter bevor inss landt biss auff Schesspurg geschicket hatte) solches vernohmen, haben sie denselben re infecta widerumb ihn sein voriges ellendt vndt gefangnüss geführet vndt künfftig sein ranzion geldt desto grosser vermehret; auff welcher ankunfft vndt vernehmung dess Neyen Sübenbürger Fürsten der Tattar Cham von stundt an dem Feö Veszer schreiben geschickt, dass wofern der Fürst Barcsai nicht abgesetzt vndt der Kemeny an seine stat angenohmen mogte werden, were er resolut, von ihnen abzufallen, vndt denselben mit gewalt einzuführen, auff welches schreiben der Fö Veszer nicht wenig erschrecket worden vndt vill grillen ihm Kopf bekommen, vorauss alss er zugleich vernohmen, dass der Kemeny ihm den Tattar Cham vndt vill der vornembster Tatter zu freunden gemacht hatte; alss schriebe er derowegen an den Ali Passa, so mit der Türckischen Armada zu Griechisch Weyssenburg lag, dass, ihm pfall er den Kemeny Janos mit guttem fug zum Fürsten einsetzen künte, solte es ihm nicht zuwider sein; dieses gebot zu effectuiren hatte der Ali Passa vill vndt mancherlei gedancken vndt Vorschlag kunte doch vor der Zeit nichts vornehmen, alss er aber endtlig auff eine Zeit dess Kemeny ankunfft ihn Sübenbürgen vndt dass der Barcsai dass Fürstenthumb auffgesaget vndt auch ihm Arrest were, vernohmen, hat er alssobaldt zween Legaten zum Kemeny Janos geschickt, vntter welchen der eine, nach ihn wehrendem Landtag vndt der andere zu Radnothen ankommen vndt ihre bohtschafft sowoll schrifftlich alss auch mündtlig dergestalt anbracht, dass zwar der Feö Veszer auff intercession dess Tatter Chams mit seinem Fürstenthumb zufriden were, drumb solte er alssobaldt seiner

Kemeny Janos geschichten alss er von den Tattern biss ihn die Walachei zum Fürsten bracht vndt was sich dabei verloffen.

Zween Türckische Legaten kommen zum Kemeny Janos vndt wirdt der Kalaczki Mihaly mit demselben abermall zum Ali Pascha geschickt.

söhne einen auff die Port zum Geissell schicken vndt er ihn
perschon zu ihm dem Ali Passa kommen, damit er von ihm die
confirmirung vndt andere zum Fürstenthumb gehörige Insignia
durch die gewönligen Ceremonien empfangen möge, auff welches
des Ali Passa begehren der Fürst Kemeny den Kalnoki Mihaly,
einen Zeckelischen Edelmann, sampt beiden Legaten, welche er
woll begabt hatte, zum Ali Pascha abfertigte mit solcher Instruction,
dass wofern ihn die Ottomanische Port die auffgelegte Summam der
Tax zu geringern vndt den ordentlichen Tribut nicht zu augiren
versichern würde, so were er geschickt, sich in perschon bei ihm
einzustellen, wegen seines sohnes meldet er aber gar nichts vndt
schwige davon gar still.

Ihn belegerung Fogaras schicket der Kemeny Simon vmb weitere Ordinanz zum Fürsten.
Damit mir nun die belagerung dess Schlosses Fo-
garas weiter continuiren mögen, ist zu wissen, dass
nachdem das Schloss wie gehört, vom Kemeny Simon
starck belagert vndt beschossen worden, weill er aber
nichts aussrichten kunte, erlittete er solche Blocquirung
mit gedult, vndt schickete seinem Herrn Vatter dem Fürsten vmb
weitere ordinanzschreiben, wass er nunmehr vornehmen solte, denn
dess Fürst Barcsai bruder Andras, so Commandant ihm schloss war,
nicht gesinnet were dasselbige zu vbergeben vndt wollte sein blut
daran wagen, auff welches schreiben der Fürst bei dem Barcsai anhalten liess, damit er doch einen gewissen bohten zu seinem bruder
schickete vndt ihm gebieten liess, dass Schloss zu vbergeben, welcher auch alssbaldt seinen Hofprediger Stephanum Czengeri zu ihm
auff Fogaras sendet vndt ihm dass Schloss aufzugeben gebieten liess,
welcher denn auch alssobaldt gehorssamte vndt nach starcker vndt
sicherer Assecuration, so ihm der Fürst Kemeny seiner perschon
wegen gethan hatte, vbergabe er dass Schloss vndt zoge zu seinem
bruder ihn den Görgeny, dahin auff eine zeit der Fürst Kemeny dem
Barcsai sampt seinem bruder Andras auff eine Jagd zu kommen beweget, liess er den Andream Barcsai (sich an ihm zu rechenen) vn-
Des Fürsten Barcsai bruder, Andreas wirdt vom Kemeny auff Fogaras gebracht vndt nach erlittener marter auff gehenckt.
gefehr fangen vndt ihn dass schloss Fogaras, alda er
nicht vnlengst Commandant gewesen, führen vndt liesse
ihn nach grosser erlittener Marter an einen galgen so er
ihm Schloss selbst auffrichten lassen, auffhencken, vndt
wardt gesacht dass der Barcsai Andras derentwegen
dem Herrn Kemeny so schwer vbergeben wollen, weill

derselbe ihn der Tarterey auff 6000 Taller vor ihn bürg worden vndt sampt dem Meszei Kapitan, Kovats Gergely, heimliger weis, entsprungen war, vor den Barcsai Andras 6000 Taller erlegen vndt seiner 4 diener zugleich zu bürgen lassen müssen, welches verübeten Eidtbruches wegen er sich vor dem Fürsten Kemeny gern hütten; wollen vndt drumb ihm der Fürst starcke Assecuration thun müssen ob aber der Fürst Kemeny wider seine Assecuration vndt gethanen Eidt ebenermassen mit guttem gewissen solches thun kennen, gebe ich einem Jeden zu erkennen; es heisset aber mit dem Barcsai Andras recht, dass mit was einer sündiget, mit dem wird er gestrafft, sintemall zu vernehmen ist, dass der Barcsai Andras, alss er ihm Schloss Fogaras Capitan gewessen, einen Zeckelischen Adelmann Mikes Geörgy, so Rakoczi'sch gewesen, ihn eissen funden, hat er auss erkiellung seines gemühts demselben einen halben galgen, so ihn zween höltzern besteht, ihn dass schloss aufrichten vndt machen lassen vndt ernanten Mikes Geörgy daran durch einen Zigainer, welchen er dazu zwingen müssen, hencken lassen, an welchen seinen gemachten galgen er hernacher eben durch denselben Zigainer, so er hencker zu werden gezwungen, gehangen worden, an welchen auch des Fürsten Barcsai Komornik Deak Doboli Istvan künfftig gehencket worden, vor seine dem Fürsten Barcsai geleiste trey, wie mir baldt hören wollen.

<small>Barcsai Andras Mikes Geörgy vndt Doboli Istvan geschichten ihres galgens wegen.</small>

Vmb diesse Zeit schicken etlige Adelherren alss der Szolomi Miklos, Kendeffi Miklos vndt Romos Janos schreiben dem Ali Passa, begehren Türcken vndt Tattern auff den Kemeny Janos zu bringen, alss der Barcsai ihm Geörgeny solches inne wirdt, schreibet er auff begehren dess Fürsten Kemeny dass contrarium vndt bleibet der Succurs zurück.

<small>Szolomi Miklos v. andere schreiben dem Ali Passa</small>

Alss diese geschichten ihn Sübenbürgen ergiengen, bekamen die Türcken durch ihre listigkeit wider ihren accord vndt contract, so sie vor einnehmung der haupt Vestung Wardein gemacht, etlige vmheralb dess Wardeiner schloss an Sübenbürgen gehörige Schlösser ein, alss Papmeszö, darinnen Johbagyen vndt Walachen waren, vndt selbst zur auffgebung die Türcken ruffeten, ittem Solyomkeö, ihn welches Schloss ein Vngrischer Calvinischer Pfar vndt ein rechter geistloser die Türcken einführt. Vntter dieser Zeit huldigten ihn

<small>Pap Messö, Ss. Job vndt Solyomkö, wirdt von den Türcken eingenohmen.</small>

Kraszna vndt Also Szonok Varmegye iobbagyen vndt landt Volck den Türcken willigklich, stunden wider ihre Herren die Edelleut auff vndt halfen sie selbst plündern, belagerten endtlich mit Beystandt etliger Türcken dass Schloss Szent Job, welches besatzung dass meiste aus Pauren vndt Jobbagyen bestunde, welche vmb ein Haar nicht besser waren, alss welche dass Schloss belegert hatten, et quia similis simili gaudet, gaben sie den Türcken dass Schloss Szent Job ohne Widersetzung in die Hende, ziehen von dannen auf Szekelyhid, so eine sonderlige Hauptvestung ist, sich auch auf dasselbige zu wagen, welche aber auss zulassung Gottes Kemenysches Volck antrifft vndt sampt etligen Türcken vill von ihnen nidermachen,

Bei Szekelyhidt werden etlige Türcken von den Kemenyschen nidergemacht. welches Schloss doch endtlig auss heyder Keysser verwilligung vndt gebot der erden gleich zerstöret vndt geschleiffet worden, wie mir an seinem ohrt hören wollen. Alss Ao. 1665. Vndt kompt der Kemeny Janos diesser weniger Türcken niderlage wegen bei der Port ihn grosse Vngnadt, vndt wenn ihn dem Schloss Szekelyhidt ein tapferer vndt beherzter mann Borbely Albert mit nahmen, nicht gewesen were vndt biss zur ankunfft Röm. Keysserliger besatzung defendiret hette mit etwass wenigem Volck, so were auch dasselbe Schloss den Türcken zu Henden kommen.

Nach diessem Verlauffe so zu Szekelyhidt geschehen, vndt der Türcken niderlag bei dem Waradi Sziuan Bassa ankommen, schickete der Bassa anderes Volck, welche Walkovar, Hadat vndt andere geringe Oerter mehr einbekommen, welches bei dem Fürsten Kemeny vndt Sübenbürgen grosse furcht gibt, weill aber auf der andern seiten der Fürst Kemeny sich befürchtete vndt auch gründtlig vernohmen, dass der Fürst Barcsai wider seinen ihm gethanen Eydt durch den Budai Sigmundt, so von der Mutter sein leiblig er Bruder war, an die Port seine schmach zu rechenen von neyem geschriben hatte, schicket der Fürst Kemeny ihn den Geörgeny vndt

Fürst Barcsai wirdt ihm Arrest genohmen vndt sein broder Budai Sigmundt gefangen. liess gedachten Budai Sigmundt gefanglich nehmen, vndt ihn eissen schlagen, liess zugleich den Fürsten Barcsai von seinem Ehegemal absonderen, ihn Arrest nehmen und hart verwachen, ia baldt darnach zu gleich jemerlig hinrichten, wie mir baldt hören werden.

Alhie ist weiter zu wissen, dass zur zeit dess Barcsai Regierung der Herr Kassai Istvan, Kovats Ferenz vndt der F. W. Herr Joannes

Simonius, Notar. Cibin. alss Perceptores, die landt Tax einzunehmen
ihn vnssere Stadt Schesspurg verordtnet waren vndt Nr. 43000
Jmper. beisammen bracht hatten, alss sich aber endtlich mancherlei
necessitudines ihm landt anfingen, vndt der Fürst Kemeny Janos
ihnen offt solcher wegen schreiben thet, worden sie zu rabt, zogen
auss der stadt vndt liessen das geldt ihn deposito, so mir eine zeit
verwachen müssen, alss der Fürst solches erfuhr, schicket er einem
Ehrsamen W. raht schreiben selbiges landtgeldt ihm auszugeben;
derweill aber ein Ehrs. W. raht ohne Vorwissen der vornembster
Landtherren dass geldt nicht aussgeben wollte, liess er selbige
Landtherren besammeln, welche alssdenn krafft ihrer schreiben
vndt Sigill durch einen Commissarium vndt Jacop von Langen Liessländer sampt 50 Soldaten abholen, vndt ihm Szamos Ujvar ihn einem gewelb verpetschiren liessen, welche 43000 Taller künfftig der Fürst Kemeny *Fürst Kemeny lesset 43000 Taller Landtgeldt ihn Samos Ujvar führen.*
ohne erlaubniss der Landtherren vndt dess landes, mit violirung
der Sigill leviren vndt nehmen liess, dem armen landt zu sehr
grossem schaden, vndt war dess dicterii eingedenck: Rapui dum
potui, rapiatis quando potestis, gedeiet ihm aber, wie dem hundt
dass gräss. Nach levirung dess landes geldt schicket der Fürst
Kemeny ihn alle Stadt Commissarios vndt liess sie auff die Union
schweren, welches Jurament mir allhie dem Kussai Istvan
vndt Kendi Janos ablegeten, die Herrn Cibinienses *Fürst Kemeny lesset die Universität auf die Union Jurtren*
schweren sub certis conditionibus sich nemlig der Port
niemalen zu opponiren; Cronen will gar nicht schweren, biss dem Fürsten Kemeny die insignia von der Port nicht gebracht wörden.

    Mir haben droben gehört, wie der Kostandin Waida ihn der
Moldaw dess Luppulss sohn Stephan zum drittenmal geschlagen
vndt doch endtlig ihm die sitz räumen vndt abziehen *Der Kostandin W. schlaget dess Luppulss sohn vom stull, vndt wirdt ihn kortzem von ihm mit gleicher müntz bezahlet.*
müssen, alss sein ehrgeitz aber nicht ruhen kennen,
kompt er vmb diesse Zeit mit neyem Volck stillschweigendt ihn die Moldaw vndt schlaget dess Luppulss Sohn
Stephan widerumb vom stull, diesser nimpt widerumb
mit Hilf der Moldner Tatter an sich vndt schlaget den
Kostandin baldt widerumb auf, fliehet mit etligen wenigen Dragonern
auff Kamenitz, alss die Polacken solches vernohmen, lassen sie ihn
alda alss auff ihrem boden ihn Arrest nehmen.

G. Kraus sieh. Chronik. Fontes. I. IV. Bd.

Alss ihm Monat Februar der Fürst Kemeny vernohmen, wie sich die Türcken allgemach zum Krieg praeparirten vndt herkegen von der (Confirmirung?) seines Fürstenthumbs keine Versicherung bekommen kunte, liess er auff Nössen einen landttag beruffen vndt wardt der Barcsai, so ihm Arest lag, krafft seiner aufgefangenen brieff vndt seiner Obligation dem landt angeklaget, alss dass er dem landt neye Vnruhe zu schaffen gesinnet were vndt dergestallt durch seine Brieff vberzeüget wurde, vndt dass er zugleich ein grosses geldt so er von armen und reichen mit gewalt aussgepresset

Auff Nössen wirdt ein landtag beruffen, alda der Fürst Barcsai condemniret wirdt.

hette vndt vnnützlich verschwendet hette, welches doch zu erlössung dess Vatterlandts gesammellet worden, alss wardt vom landt geschlossen, ihn, Fürsten Barcsai, fleissig zu verwachen, damit er durch heimlige list nicht entkommen oder an die Port schreiben möge vndt solte zugleich von ihm vber die landes Tax genaue Rechnung genohmen werden, würde er aber ihn falschheit ergriffen vndt dem landt seinetwegen eintzige Vnruhe erstehen, solte der Fürst Kemeny mit seiner perschon verfahren wie ess ihm gelüsten würde. Endtlich wurde ihm landt beschlossen, dass weill man sehe, dass an der Ottomanischen Port keine gnade zu hoffen were, solte dass gesammelte landtgeldt wider dieselbe angewendet vndt krigsvolck dafür geworben werden, vndt hernach dass landt gut vndt blut daran wagen, denn es besser were, ehrlig vndt ritterlig gestorben, denn ewig verdorben, zu welcher Summa Landtgeldt alda zu Nössen kriegsvolck zu werben fl. 8 auff das Kappu geschlagen wirdt, dass landt felt ganz von der Port ab vndt schlegt sich zum römischen Keysser.

Dass landt felt zu Nössen von der Port vndt schlegt sich zum Römischen Keysser.

Zum ende dess Nössner Landtags kommen Tatrische Legaten zum Fürsten Kemeny, welcher werbung niemand erfahren kennen. Eben zur selben Zeit schicket der Fö Veszer durch den Czelebe Bassa dem Kemeny Janos das erste schreiben vndt vom Ali Passa durch den Lispai so ein gutter Vnger war, derer Verrichtung anders nichts war alss dass sie den Fürsten Kemeny auff Griechisch Weyssenburg ad confirmationem vndt seiner söhne einen auff die Port zu schicken, bewegen wolten. Derweill er aber dass landt von der Port abzufallen Vrsach gegeben vndt vor den Legaten sich solches nicht mercken dorffen lassen, muste er sich neutral erzeigen vndt ihnen nach stattliger verehrung gutte wort geben vndt ihn demut lassen.

Nach abzuch derselben Legaten kam dess vierten tages der erste Czauss Passa zum andernmall von Ali Passa Legation weiss; welcher dem Fürsten Kemeny wider sein Verhoffen dess Fürstenthumbs zimlige Hofnung machet, alss schicket er den Kalnoki Mihaly zum andernmall mit demselben Cziuusz Bassa zum Ali Passa, welchen derselbe Ali Passa an die Port schicket vndt widerzukehren 20 tag zum Termino setzet, der Kalnoki Mihaly seiner derweill warten muste, alss er aber ankompt, wirdt er alssobaldt zum Römischen Keysser vom Ali Passa abgefertiget vndt der Kalnoki Mihaly vnverrichter sachen nach hauss gelassen, damit er die Verrichtung dess Czauss Passa zu seiner ankunfft nicht innen werden möge. *Es kommen Türckische Legaten der Fürst Kemeny erkläret sich neutral.*

Vmb diese Zeit langen vom Ali Passa 13000 Türcken bei Warad an, entpietten auff Szakmar, die teütsche Völcker abzuschaffen, anders wolten sie dass Schloss ihm grundt zerstören. Sed vana sine viribus ira, alss sie nichts auff sie hören wollen, ziehen die Türcken vnverrichter sachen ihren zurückweg. *Es kommen 13000 Türcken bei Warad an vndt wirdt der Kalnoki Mihaly zum 2ten mall zum Ali Passa geschickt.*

Horvath Janos, Makai Mihaly vndt Kis Pal werden mit 400 Katnern auf Udvarhely inss quartier geleget, hausseten sehr vbel, berauben vill strasse leüt vndt thun vnsserem Stull grossen schaden, welche Völcker von dannen ihn vnsseren Stull sich legen; alss sie auf Poldt kommen, haussen sie mit fressen vndt sauffen vbel, schwächen vill weiber mit gewalt, albie merke man ein greylig Exempel, ihndem ihrer 8 Katner ein weib alternatim schwechen, welche künfftig der Ehemann recusiret vndt von sich stiess; solches vbeten sie auch zum Segesd, alda sie eine Merenburgerin antreffen vndt ihn praesentia viri ihrer drei ibre schandt begehen, vndt wirdt mit einem Karren heim geführt. *Dess Fürsten Kemeny Völcker thun lastertige thaten ihm quartier.*

Vom landt wirdt auffs Kappu ein Cub. Korn, die Schlosser zu proviantiren, angeschlagen vndt der Apor Lazar gefangen ihn Fogaras geführt.

Vmb diesse zeit kommen 18000 Türcken bei Canischa an, wess sinnes, hat man nicht erfahren kennen, diesse werden vnversehens vom Szereny Miklos vndt den Horvathen vberfallen vndt 8000 nidergemacht. *Szereny schleget die Türcken bei Canischa.*

Die 3 May. Alss der Kalnoki Mihaly, so mit dem Czaus Passa zum Ali Passa verreisset war, ihm Vets zum Fürsten Kemeny ankommen mit erklärung, dass er laut seiner Instruction nichts aussrichten kennen vndt sollte dass landt keine hoffnung dess friden haben, sintemall tag vndt nacht praeparatoria zum krieg zubereitet wurden, vndt were der Ali Passa gesinnet auff dass landt zu kommen, nach welcher Relation der Fürst Kemeny sub dato 8 May allenthalben, dass Landt auch weiter ihm anhängig zu machen, ein schreiben mit Vntterschreibung seiner eigenen handt aussschicket vndt langen auch baldt, nachdem Kalnoki Mihaly angelanget, vnsser Herr Reg. Jud. Andreas Keysser vndt der Teörek Deak Mayteni Andras so ihn die 5 monat Legation weiss (noch vom Fürsten Baresai dahin geschickt) bei dem Ali Passa verharret, zu hauss; alss der Herr Kemeny auch von ihnen der Türcken beschaffenheit vernimpt, lesset er seinen Fürsten raht beruffen, zu tractiren, was nun mehr zu thun sei, vndt wirdt geschlossen, dass weill sich zu fürchten, ess mögte dass letzte Spill erger werden, als dass erste, drumb were rahtssam, derweill dess Röm. Keyssers Succurs zu hoffen were, sollten Cibinii vndt Sebesspurgii in continenti praesidia begehret werden, damit zur zeit der noht iedermann wüste, wohin er sicherlich fliehen mögt. Alss wardt der Ugron Andras Cibinium vndt der Betthlen Farkas bei vns Segesvarinum geschickt; die Herrn Cibinienses gebrauchen die Neutralität laviren ihn ihrem respons, mir vor vnsser theill waren ebenermassen solches sinnes zu vorauss, weillen mir eine enge burg hetten, vndt vill incommoda dabei zu betrachten were, würde ess sich bei vnss schwer schicken undt seiner F. G. selbst beschwerlich fallen, auff welche vnssere relation der Fürst Kemeny ein schreiben schickete, derweill aber mittlerweill von ihm ihn den Juni auff Medvisch ein landtag beruffen worden, alss resolvirten mir vnss zur selben zeit mit der L. Universituet davon zu handelln vndt begehrten dilationem. Nach entpfangenem vnsserem schreiben vndt entschuldigung repliciret der Fürst abermall mit hübschen persnasionibus, alss aber endtlig die andere Städt die praesidia einzunehmen annuirten, musten mir auch willigen; alss wurde vns derowegen eine Copey der Assecuration zugeschickt, nach welchem innhalt mir sub Civitatis sigillo einen revers von vns geben müssen. Albie ist zu mercken dass, weill mir erstlig dem Fürsten nur ein Paar dess Assecurationsschreiben, absque ullo dato, zugeschickt hatten, vnd

FürstKemenyj begehret ihn den Sächsischen Stettes praesidia.

zwar aus keiner bösser meinung, sondern nur zu erfragen, ob es ihme gefallen wollte, hat der Fürst vill darüber judiciret vndt vns derowegen endtlig kegenwertiges schreiben vndt der Assecuration, ein Paar wie jetzunder gewelt, zugeschickt, nach welchem inhalt ein Ehrs. W. Raht dergleichen schreiben machen vndt versiegeln lassen, vndt dem Fürsten zugeschickt.

Mir haben droben gehört wie der General Susa mit 9000 Mann Keyssers Volck vor belagerung dess Schlosses Wardein bei Rukomoz gelegen, diesser wolte ihn seinem abziehen etlige Völcker ihn Caschau, Leutsch, vndt Epperies inss quartier legen, sie aber, auss furcht der Reformation, wolten die Völcker nicht einnehmen. Der General Susa ist vngeduldig, dreiet ihn das eüsserste Verderben, sie alss ihrer Römisch.Keysserligen Majestät rebellen anzuklagen; selbe Stette geben zur antwort: würde er solches thun vndt ihn der Religion turbiren, so wollten sie alssbaldt sich zum Türcken schlagen vndt ihm huldigen; alhie ist weiter zu wissen, dass eben vmb diese zeit die beiden Graffen Palfi Istvan vndt Nadusdi vmherulb Oedenburg starck reformireten vndt mit den Evangelischen vndt Calvinischen jammerlig vmbgehen liessen.

<small>Graff Nadasdi v. Palfi reformiren ihn Vagern.</small>

Weiter haben mir droben gehört, wie dreihundert wagen Polen wegen der Arianischen Sect auss dem landt vertrieben, bei dess Barcsai Fürstenthumb angehalten, sie iuss laudt einzunehmen, weill dass landt dieselben aber ob certas rationes nicht einnehmen wollen, haben sie sich vnter dess Fürsten Redei Ferenz schutz, umerhalb dem Schloss Hust ihm Marmoros nidergelassen, welche von des Fürsten Kemeny Vngerlandischen Völckern, Ördeghlelkeö genannt, unversehens vberfallen vndt von allem beraubet vndt zerstreiet worden, welcher dass meiste theill ex desperantia zur Papstischen Regalion sich ergeben vndt widerumb ihn Polen marschiret.

<small>Dreihundert wagen Arianische Pollen werden von dess Kemeny Jauos Völckern geplundert</small>

Da nun der Fürst Kemeny auss dess Kalnoki Mihaly relation vernohmen, wie starck sich der Türck zu feldt zu ziehen rüstete, vndt der Ali Passa von Griecheseh Weyssenburg, kegen dem ende dess Maji vber die Donau begeben, vndt dass er zugleich, (nachdem er das Volck ihn zween hauffen getheillet hette) den einen hauffen auff Sübenbürgen zu ziehen geordnet, liess er seine Landtherren beruffen vndt berahten, wass ihn der sachen zu thun sein würde, gab ihnen endtlich eine ihn 4 Puncten bestehende Frage für, alss weillen die Türcken wie nun bekannt starck ihn armis vndt dazu im anzuch weren, were sein raht, dass Landt zu versammelln vndt mit desselben consens den Röhm. Keysser vmb hilff zu ersuchen, vndt 2do ehe der Türck inss landt keme, vndt den Fürsten Barcsai nicht etwa seines gefangnüss befreiete, vndt von neyem einsetzete was damit zu thun sei, 3tio weill die Universitaet sich des begehrten praesidii wegen nicht nach wundtsch resolviret hetten, wie ess zu mediren sei, vndt 4to were ess sehr rahtsam, alle Status ad unionem schweren zu las-

*Comitiae Mediae- sen; auff welche dess Fürsten Kemeny proposition die
ses vndt alda für- landtherren in allem pfall ihren Assensum herzugaben,
fallende 4 Punc-
ta.* vnd liessen ad 2dam Diem Juny nach Medwisch einen Landtag beruffen, allda ietzt erzehlte Puncta dem Landt proponiret worden, zuvorauss dass erste, dass, weillen nun öffentlig erwissen, dass der Fürst Barcsai laut seines contracts vndt Obligation nach abtrettung seines Fürstenthumbs vill vnruhige Practiken angestellet vndt wider dass landt heimlige brieff an die Port geschickt, vndt sich zu befürchten were, wofern auss zulassung Gottes der Türck inss landt keme vndt auch schon im anzuch were, ess mögte seinetwegen dem Landt gross Vngemach entstehen, wurde demnach vom Landt geschlossen, dass der Fürst laut seiner ihm selbst erkannten Sentenz mit ihm nach seinem belieben vndt Verdienst verfahren solte, sintemall er sich verbunden hette, dass ihm pfall dass geringste zu Verderben dess landes an ihm gespüret würde, solte ohne eintziges erkenntnüss, gerechtliges mittel, sein leben ihn dess Fürsten Hende stehen. Zum andern wurde auf geschwinder Post dess Ali Passa Feldeszuch vndt Marsch Sübenbürgen zu, dem Römischen Keysser zugeschrieben, welches aber ihm guntzen Keisserlichen hoff nicht geglaubet kunte werden vndt zurückgeschrieben wurde, dass seine Keysserlige Majestät dem Türckischen Keysser öffentlig erklärung gethan, dass, wofern sein zuch wider Sübenbürgen nicht würde ein-

*Röm-Keysserlige gestellt werden, solte der Friedt zwischen ihnen auff-
resolutions- gehoben sein, vndt hielten gewisslig dafür, dass die Tür-
schreiben.* cken ihn solchem pfall, wegen solcher bedreiungen, an Sübenbürgen nicht tentiren würden ob sie schon dreyeten.

Zum driten wurden zugleich sowoll vber alhie erzehlte Puncta, wie auch vber andere, vom landt fünff Articuli condiret, wie alhie zu lessen [1]).

---

[1]) Anmerk. des Herausgeb. An dieser Stelle sind die gedruckten und mit der Unterschrift des Fürsten und dessen Siegel versehenen Landtagsartikel v. 1661 beigebunden.

Alss demnach der Landtag zu Medwisch sich geendet hatte, kompt dem Fürsten Kemeny Post, wie der Ismael Passa, so an dess Szeidi stat Budai Veszer worden, mit seinem theill der macht bei dem Eissernen thore eingebrochen mit feür vndt Schwert alles verherete, welchem der Ali Passa mit der vbrigen vollen macht auf dem fuss nacheillete vndt liess alle Schantze, so alda aufgericht waren, zerscharren. Alss liess derowegen der Fürst Kemeny solches alles dem Röm. Keysser durch geschwinde Post wissen, welcher alssbaldt seinen Generalen Monte Cuculi, dass landt Sübenbürgen zu entsetzen, abfertigte wie mir vntten hören wollen.

Ali Passa kompt bei dem eissertera thor herein.

Derweill nun der Fürst Kemeny den Türcken ihm landt zu sein gewiss wuste, vndt vorss erste nichts nöthigeres zu sein vermeinte, alss, ehe der Türck den Fürsten Barcsai auss seinem Arest erlösete, denselben pro majori securitate auss dem wege schaffete. Schickete derowegen einen zecklischen Adelmann vndt einen Hadnagyen Waradi Jonas Vngerlender mit einer wollgerüsten Reüterey den Fürsten Barcsai auss dem Geörgeny ihn die Vestung Kövar zu führen, nahmen den Ellenden Fürsten derowegen, vndt setzeten ihn (sampt dem Budai Sigmundt so von der Mutter sein bruder war, wie oben gesagt) ihn einen mit Dillen gefütterten Wagen, darinnen die Rakoczischen Fürsten ihre Jagdthundt zu führen gepfleget, der Vorwendung sie beide auf befehl dess landes ihn den Kövar zu führen, alss sie aber auff die Meszeö-

Ultima Juny wirdt der Fürst Barcssai vmbracht.

segh langen, wirdt der Fürst Barcsai erstlig ihm hundtswagen, durch die runde löcher, dadurch die Hunde ihre haupter vor zeiten zu stecken pflegten, von den Katnern erschossen, vndt dem Budai Sigmundt auf desselben wagen teisselt der kopf abgehawen, sein diener zugleich Szeverdi Janos zuletzt von ihnen erhawen, nemlich zwischen den dörfern Kozmann vndt Repa, dahin auch die leiber inss dorff Repa, weill ess zunechst gelegen, von den Pauren auss erbarmung schlechter weiss auss befehl der Commission vntter die Feddel begraben worden. Alhie ist zu wissen, dass des Fürsten Barcsai Komornik Deak, Stephanus Doboli seinem Herrn von weitem nachgefolget, den aussgang seiner sachen zu erfahren, alss er aber vntterwegens seine entleibung vndt alwo er begraben, endtlig erfahren, lesset er zum Neyenmarck leinwand kauffen, den Fürsten ausgraben, vndt nachdem er den leib geseübert, eingewickelt, ihn die leinwand versorget, lesset er den verstorbenen vndt verwundeten leib mit Glockenklang vndt gesang nach dess ohrts gelegenheit ihn die kirchen begraben, welcher armer leüt mühe, vndt gutthat er reichlig belohnet; welches dieners trey denn höchlich zu loben, bekommt aber schlechten danck vndt lohn davon sintemall, nachdem der Fürst Kemeny Janos solches sein Verbringen erfahren, lesset er ernanten Stephanum Doboli greiffen, gefangen auff Fogras führen vndt ohne Verhörung an des Mikes Geörgy vndt Barcsai Andras galgen auffhencken, est satis crudelissimum factum.

N.B. Taboroszas bei Maros Ujvar, alda sich vill böuse omina sehen lassen erstlig lasset sich im Maros Fluss ein grosser Fisch finden, welcher an menschen vndt rossen wenn sie zum wasser kommen grossen schaden gethan, etlige ross mit seinen zehnden zerbawen vndt vnter andern einem Zeckel, so sich gebadet seine scham abgebissen, so dess andern tages sterben müssen; wenn sich dieser Fisch sehen lassen, hat er mit seinem schwimmen den gantzen fluss beweget vndt dass dem nicht also gewesen soll niemandt zweiffeln, nam comprobatum est.

Vntter diesser zeit lag der Fürst Kemeny mit seinen landt vndt besoldigten Völckern bei Maros Ujvar zu feldt der Keysserlichen hilff täglich erwartendt, liess derowegen an alle stände vndt Stätt schreiben abgehen, beständig bei ihm zu beharren vndt dess Röm. Keyssers hilff sich zu trösten.

Alhie ist weiter zu wissen, dass, nachdem der Ali Passa mit seinem starcken Heer dem Ismael Passa nachgefolget, schicket er die Buczaker Tatter auff 25000 bevor an, ob sie vieleicht den Fürsten Kemeny zum Glück auffangen künten, er aber leget sich in den Hatzek, mehr Tattern zu erwarten, alss die ankommen, folget er dem Tatter mit seiner schweren Armee nach, vndt verheeret vndt verbrennet alles was ihm vorkam, die Stadt Müllenbag vndt Broos, auss welcher alle einwohner geflohen waren, liess er ihn den grundt, sampt kirchen, Thürmen vndt klocken verbrennen, welchen, wenn sie zu hauss verblieben gewisslich nichts widerfahren were; ess ist aber zu wissen dass der Fürst Kemeny die Müllenbächer vndt Bröser gleichssam gebotten auff Hermanstadt zu fliehen, welche auss angst mit sehr grossem fuhrlohn vndt schaden sich auffgemacht vndt die Städt wüste gelassen, weren die arme leüt still blieben, vndt jemanden wie der Ali Passa selbst gesagt, ihm entgegen geschicket,

·en sie mit friden blieben vndt ihre Städt ganz behalten. Nach die beider Städt Einäscherung hat der Ali Passa Weyssenburg, wass den ersten Tatter geblieben war, von neyem zerstöret, die Kirngewölber mit Pulver aufgesprengt, die Fürstlige vndt andere 'ser violiret, die tbode körper herausgeworfen, verbrennen lassen t alle zierraht weggenommen; nachdem ist mit Eoyetten gleicherss gehandelt worden, vndt sein endtlich vill taussent Seelen so gebürg bei Weyssenburg Ketskekö genandt geflohen weggo·t worden. Von dannen zog er auff Weyssenburg vndt schicket le stände schreiben auss, wie er auch, ehe er inss landt kommen, ·n hatte, dass sie vom Kemeny abfallen vndt auss freyer wahl einen andern Fürsten erwehlen solten, so wolte er den alssobaldt confirmiren, von allem brennen ablassen vndt auss dem landt ziehen, welche brieff aber von den Kemenyschen Völckern aufgefangen, keinem Statu zu henden gelangen künten.

Alss der Fürst Kemeny dess Ali Passa starcken Anzuch vernohmen vndt auss den auffgefangenen an die Status Regni dirigirten schreiben seine grosse Vngnadt ihn acht nehmen kunte, hielt er starcke Musterung ihm Volck vndt rücket mit seiner Armee neben dass dorff Deeze vndt schicket den Sz. Pali Janos der Röm. Keysserligen Armee ihm pfall sie ihm anzuch were, entkegen zu eillen vndt den Betthlen Gergely mit etligen pfan Vngerlendischen Völckern eben selbige ankommende teütsehe Völcker vorherzuführen Vngerlandt zu; mittlerweill brach des Ali Passa lager von Weyssenburg vndt Wintz auf vndt waren nicht mehr alss drei meillen wegs zwischen seinen vndt dess Kemeny legern. Alss der Fürst Kemeny aber sahe, dass er, ehe der Keysserlige Succurs anlangen mögte, mit so einem mächtigen feindt nicht schlagen dörffte, vndt sein Volck noch zu grösserer noht gern lenger sparen wollte, alss schickete er seinen Vornembsten raht, den Herrn Petki Istvan Lazar Istvan vndt Mikes Kelemen mit 800 Zeckeln Hermannstadt vndt Fogras zu mit befehl, dass wenn er auch Vrsach sich mit zu schlagen haben mögte, so sollte er doch nichts vornehmen, sondern selbiges Volck auff sonderlige noht sparen, welches Volck denn fortzogen vndt vntterwegens den armen Sachssen grosse Vngelegenheit macheten, der Fürst aber rückete weiter biss auff Bonczida vndt weill er sich fürchte, ess mögte dass Schloss Szamos Ujvar dem Ali Passa wegen geringer besatzung zu henden kommen, schriebe

1661.

Pothi letvan wirdt mit 800 Zechein auf Fogras geschickt nach ihn der Bassa wegen einbruch der feindt zu wachen vndt wirdt dem Grafen Hector vnd Soccurs geschrieben auf Szakmar.

er dem Obersten, Grafen Hector von Brazen auff Szakmar, dass, weill er nun die Ligam zwischen ihm vndt dem Römischen Keysser allermassen wüste, vndt beide Schlösser Kővar vndt Szamos Ujvar schlegt besetzet weren, solte er der Christenheit zu nutz, welcher er mit seiner tapferkeit zu dienen schuldig were, alssbaldt Keysserliges Volck vnter dem Commando eines glaubwürdigen Officiren ihn jedes schloss schicken, welches begehren er denn auch vom Graffen Hector erlangte vndt gedachte Schlösser besetzet wurden.

Eben vmb diesse zeit alss der Fürst Kemeny bei Bonczida vndt Egerbegy zu Feldt lag, kame der Banffy Dienes, so vor etligen Monaten wegen Römischer Keysserliger hilff aussgeschicket war, an

Der Fürst rücket ebermall mit seiner armee bei Bonczida alda sich obeerressen böse omina erzeigen, dass sie ihn des Fürsten Zeit reichlige Kroslen vndt Obreidern feudes vndt nicht abgetriebnen können werden.

brachte sowol schrifftlich alss auch mündtlig Keysserlige resolution an, dass seine Majestät dass vorige Vebel, so ihm vom land Sübenbürgen zu vntterschiedlicher zeit widerfahren, nicht ansehen wolte, sondern bette seine hilf der Christenheit vndt Sübenbürgen zu gut zu schicken gnädig versprochen, vndt were auch schon gewissen Generalen mit dem Succurs zu eillen vndt Ihre F. G. Kemeny Janos ihn vorigen stand einzusetzen anbefohlen worden, welcher Succurs denn auch schon im anzuch were, welcher fröligen bottschaft Fürst Kemeny sampt dem gantzen läger höchlich erfreuet wurde, vndt wegen sulcher gewündtschter resolution vndt linderung ihres schmertzens vndt furcht, nicht anders meineten, alss der Ali Passa were sampt seinem Volck schon geschlagen, vndt hette alles brennen, Morden vndt Plündern ein ende. Alss demnach das gantze lager wegen glückliger ankunfft Herrn Banffi Dienes, vndt Keyserliger annehmlichen resolution grosse freyde hatte, kompt bottschaft an

No. 800 Türcken sollen Claussenburg vberrennen haben sam Hunyad 170 mehschen nider, mit wegführung villor gefangener.

wie den vorigen Tag No. 800 Türcken Claussenburg die Stadt zu vberrennen willenss gewessen vndt nicht vermöget, hetten sie Banffy Hunyad oberhalb Claussenburg auffgeschlagen die ihn die kirchen salvirte arme leüt gross vndt klein nidergehawen vndt Nro. 170 menschen, meiste mannsperschonen gefangen mit sich geführet; auff diese sehr klägliche bottschaft wurde ihm Kemenyschen läger aller freyden vergessen vndt kame grosse furcht an.

brachen von stundt an auff sich weitter fortzumachen, alss aber mittlerweill der Ali Passa mit seiner Armee fortzuziehen auch nicht gefeiert vndt dess Fürsten Zuch auss den lägerstellen seiner Armee ihn acht nehmen kennen vndt zugleich von etligen aufgefangenen armen leüten den Vorzuch dess Fürsten vndt seine schräcknüss vernohmen, hat er eine grosse meng vndt anzahl seiner besten Tattern ihm auff dem Spür vndt fuss nachzufolgen aussgeschickt; alss dieselbe vngefehr auff eine dess fürsten nachguardia antroffen, werden etlige so sich etwan zurückgehalten von den Tattern niedergehawen, welches die Voranreitende vndt ihre geselschaft wartende solches vermercken, bringen sie dem Fürsten solche traurige bottschaft inss lager, welches sich nur vor ein paar Stunden von Bonczida auffgemacht hatte; auff welches geheüffete schräcknüss, iederman ohne alle Krigsordnung ihn eill an einem Freitag zum abendt vatter Szamos Ujvar anlangete, etwass wenig sich niederliesse, dieselbe nacht aber sich der gantze Tabor, ob ess schon etwass finster war, auffmachte vndt vber den Emberfeö Vngerland zu zoge vndt bei dem dorffe Neger falva niderlisse dahin denn die Tatter entweder nicht dorffen oder dunkelheit wegen weiter (nicht?) nachsetzen dorfften.

NB. Alss dem Fürsten Kemeny dess Ali Passa ankunfft angekündiget wurde zog er dess Keyssers Alexandri Spruch an, welcher als eben die Barbari mit Heereskraft auff ihn kommen, soll er gesagt haben: Decet viros fortes atque moderatos optima quaeque optare, sed ferre quaecunque incidant. Tapfern Gemüthern geziemet allezeit dass beste zu hoffen vndt dass glück herzhafftig zu tragen vndt zu dulden.

Alss nun der Kemeny Janos der Türcken grossen ernst sahe, sich befürchtendt derweill er auss dem landt gewichen vndt dess Röm. Keyssers hilff noch nicht ankame, ess mögte sich der Ali Passa der geringer Schlösser vndt Vestungen bemächtigen vndt alles geschoss zu henden bekommen, alss schriebe er dass alle Sächssische dörffer allers geschoss bey die Stadt fliehen sollten, welche aber solches nicht thun wolten; wie er denn dem jetzigen vnsserem gnädigen Herrn vndt Fürsten, alss er noch ihn seiner Herrschaft war vndt zu Hauss (etwass von seiner Tatrischen gefangnüss ausszuruhen) gelassen hatte, ebenermassen schreiben schickete vndt warnen liess sein

Der Fürst Kemeny schreibet alles Geschoss von Dörfern in sichere Örter zu schaffen.

geschoss ihn starcke Schlosser zu schicken vndt zugleich dass Schloss Epeschdorff wüst zu lassen, damit er nicht ihn Türcken Hände gerahte vndt war demnach zu dieser zeit grosse flucht, Furcht der Türcken vndt grosse Pest hin vndt wider ihm landt. Die 3 July wurde ein Buss vndt Fast Sonntag publiciret vudt denselben tag menschen vndt Viehe ihre Speiss gewehret ihm gan-tzen landt. Ymb diesse zeit kompt ein schreiben von Herrn Joannes Lutsch, Varadi Istvan, vndt Szilvasi Ballint auss Türckei an alle status, welches innhalt in albie beigelegter Copei zu lesen.

Ein Buss- vndt Bettag wirdt gehalten.

Anmerkung des Herausgebers. Die hier erwähnte Copie lautet nach der Einlage des Codex:

Szolgalatunkot ajanlyuk Nagysagtoknak, Kegyelmeteknek; hogy az Ur Isten szerencses hoszszu elettel, bekesseges csendes, megh aldgya Nagysagtokat 's Kegyelmeteket szüvünk szerent kevanyuk.

Nyilvan lehet orszaghul Nagysagtok 's Kegyelmetek elött, hogy az elött egy nehany hettel az Vezer eö Nagysaga az Havassalföldi Vaida altal ertesere atta Kemeny Janos Urnak eö Nagysaganak, hogy az Hatalmas Csaszar az Fejedelemsegeben szenvedni egy altalyaban nem akarja; az Vezer eö Nagysaga münket is az elött harmad nappal fel hivatatvan megh parancsolta, hogy iryunk Nagysagtoknak kegyelmeteknek, hogy Kemeny Janos Urunkat eö Nagysagat az Fejedelemseghben semmi uton modon Hatalmas Csaszar egy altalyaban nem szenvedi, hanem az Romai Csaszar eö Felsegbe tekinteteert Hatalmas Csazar az szabad electiot Orszaghul Nagysagtoknak es Kegyelmeteknek megh engedte az Szultan Szuliman Athname szerent. Azert Nagysagtok Kegyelmetek hogy ha orszaghul megh maradassat kevanya az szabad electionak helyben allitassat kevanya, kesedelem nelkül ödgyekezzek magok közzül mentöl hamareb mas Fejedelmet valasztani; az megh leven ejel nappal tudosicsa az Vezert eö Nagysagat es Hatalmas Csaszar Szerdallyat Ali Passat eö Nagysagat mindenekrül; Ez dologhnak megh lenni pedigh szükseges adigh, migh hatalmas Csaszar fenyes Hadai megh nem mozdulnak Nagysagtokra Kegyelmetekre, mert ha megh indulnak, kesö leszen az Nagysagtok 's Kegyelmetek szemeit fel nyitani; bizonyosson el hidgye Nagysagtok es kegyelmetek az Tatar megh indult, mihelt Varadhuz erkezik az Veszedelem Nagysagtokon es Kegyelmeteken leszen; ez elött is sok rendbeli levelünkben megh irtuk volt Nagysagtoknak Kegyelmetek edes hazank felől való veszedelmes szándékát az fenyes Portanak az Nagysagtoknak 's Kegyelmeteknek kemeny engedetlensegeert; publicaltak-e leveleinket Nagysagtok 's Kegyelmetek elött, mű nem tudgyuk. Mostan uyobban is edes hazánkhoz nemzetünkhez való szeretetünkből kenszerittyük Orszaghul Nagysagtokat 's Kegyelmeteket kiczintöl fughva nagyighlan az elő Istenre az eö Szent Fianak erdemere, az vakmeröseghnek vessen veget, szanya megh szegeny hazajoknak vegbkeppen való romlasat, pusztitasat, magok Felesegeket az sok szegeny ártatlan embereknek vereket, es örükke való rabsagra való vitelcket, mert bizony az utolso veszedelem nagyob leszen az elsönel. Minket Isten ugy aldgyon megh 's ugy vigyen edes Hazankban 's edes Nemzetünk keözben, senki szemelyet nem nezünk ebben az dologhban, hanem annak az szegeny megh nyomorodott puszta Orszaghnak megh maradassara nezünk es vigyazzunk; az dolgokat valossaggal megh irtuk; mű az mű lelkűnket salvalyuk se Ur Isten előtt, se az eö Szent Angyalok előtt se az vilagh előtt vetkesseknek ne talaltassunk, mert mű igazan megh irtuk.

Az Ur Isten igazgassa vezerellye Nagysagtok 's Kegyelmetek elméit annak az Szegeny veszedelemben forgo hazanknak meghmaradassara. Datum in Constantinopoli die 24 Junii Anno Domini 1661.

Nagysagtoknak 's kegyelmeteknek jo akaro Attyafiai.

Luts Janos m. p. Varadi Istvan m. p. Szilvassi Balint m. p.

Übersetzung. Wir empfehlen unsere Dienste Euer Hoch- und Wolgeboren! dass Gott der Herr mit einem glücklichen langen Leben, einem friedlichen und ruhigen, Euer Hoch- und Wohlgeboren segne, wünschen wir von Herzen.

Es dürfte Euer Hoch- und Wohlgeboren landtäglich bekannt sein, dass vor einigen Wochen Seine Gnaden der Vezier durch den Woiwoden der Walachei Seiner Gnaden dem Herrn Johann Kemeny eröffnete, es wolle ihn der mächtige Kaiser im Fürstenthum schlechterdings nicht dulden. Uns hat Seine Gnaden der Vezier vor drei Tagen auch zu sich holen lassen und befohlen, wir sollten Euer Hoch- und Wohlgeboren schreiben, dass der mächtige Kaiser Seine Gnaden unsern Herrn Johann Kemeny schlechterdings auf keine Art und Weise auf dem Fürstenstuhle dulde, aber aus Achtung vor Seiner Majestät dem Römischen Kaiser Euer Hoch- und Wohlgeburen die landtägliche freie Wahl gestattet habe in Gemässheit des Athname des Sultan Soliman. Desshalb, wenn Euer Hoch- und Wohlgeboren im Landtag die Erhaltung der freien Wahl, deren Wiederherstellung wünschen, mögen Sie ohne Säumen bemühet sein, aus Ihrer Mitte je eher je besser einen andern Fürsten zu wählen; ist dieses geschehen, so mögen Sie durch Tag und Nacht eilende Boten Seine Gnaden den Vezier und Seine Gnaden den Serdar des mächtigen Kaisers, Ali Pascha, von allem in Kenntniss setzen. Diese Dinge müssen aber nothwendigerweise vollbracht sein, bevor sich die ruhmreichen Kriegsvölker des mächtigen Kaisers auf Euer Hoch- und Wohlgeboren los in Bewegung setzen. Glauben es Euer Hoch- und Wohlgeboren nur als gewisslich, der Tartar ist aufgebrochen; sobald er bei Wardein anlangt, wird die Gefahr Euer Hoch- und Wohlgeboren auf dem Halse sein; Auch vor diesem haben wir in mehrern Zuschriften Euer Hoch- und Wohlgeboren die unserm theueren Vaterlande Gefahr drohenden Absichten der glanzvollen Pforte wegen der hartnäckigen Unfolgsamkeit Euer Hoch- und Wohlgeboren geschrieben; ob man unsere Briefe Euer Hoch- und Wohlgeboren publicirt hat? wir wissen es nicht. — Jetzo von neuem aus Liebe zu unserem theuern Vaterlande und unserer Nation beschwören wir Euer Hoch- und Wohlgeboren als Landstände vom Kleinen angefangen bis zum Grossen, bei dem lebendigen Gotte und dem Verdienste seines heiligen Sohnes, der Hartnäckigkeit ein Ende zu machen, ein Mitleiden zu haben mit der gänzlichen Zugrunderichtung, Verwüstung ihres armen Vaterlandes, den eigenen Gattinen den theueren Kindern dem Geblüte der vielen armen unschuldigen Menschen, und ihrer Fortführung in die ewige Sclaverei. Denn gewiss, die folgende Gefahr wird grösser sein, als die frühere war. — So möge uns Gott der Herr segnen und in das theuere Vaterland und die Mitte unserer theuern Nation wieder bringen, — wie wir in dieser Angelegenheit Niemandes Person vor Augen haben, sondern nur auf die Erhaltung dieses armen, zu Grunde gerichteten, wüst gewordenen Vaterlandes sehen und sorgen. Wir haben die Sachen geschrieben, wie sie in Wahrheit sich verhalten und retten unsere Seele damit wir weder vor Gott, noch seinen heiligen Engeln, noch vor der Welt schuldig befunden werden können, denn wir haben es getreulich geschrieben.

Möge Gott der Herr die Gedanken Euer Hoch- und Wohlgeboren zur Errettung dieses armen in Gefahr schwebenden Vaterlandes lenken und führen. Gegeben in Constantinopel Am 24. Juni 1661. Im Jahre des Herrn 1661.

Euer Hoch- und Wohlgeboren wohlmeinende Brüder.

Johann Lutsch. Stephan Varadi. Valentin Szilvassy.

Nachdem mir gehört wie der Fürst Kemeny bei finsterer Nacht hiss vntter den Emberfeö gewichen, alss hat sich derselbe sampt der Armee folgendes tages an einem Sonnabendt sehr frühe abermall vber das gebürg auffgemacht vndt bei Olah Lappos dem dorff so Sübenbürgen vom alten Möresch vntterscheidet niedergelassen willens den folgenden Sonntag alda stille zu liegen, aber etwan vmb 8 oder 9 Uhr desselben tages Vormittag kompt Post, dass die Tattern ihn der nähe vndt nicht weit von dannen weren, dem denn auch ihn der wahrheit also ware, welcher zeitung der Fürst nicht geringes schräcknüss entpfinge vndt von stundt an seinem weib der Fürstin so ihn Szakmar geflohen war ankündigen liess, mit befehl dass sie sich in aller eill von dannen aufmachen vndt ihn den Hust begeben sollte, welche sich auch ihn eill aufmachete vndt mit beleit 100 Soldaten dahin ankame aber von den praesidiariis schwer eingelassen wurde, die 100 Soldaten aber so Keysserische waren zurückziehen musten.

Die Kemeny Jessisbomntlihn Hust an.

NB. Alhie ist zu wissen, dass der Fürst sein weib zu begleiten selbst Zathmar zu gezogen, alss er aber dieselbe mit begleit 100 Soldaten Keyssers Volck antroffen vndt bei dem Schloss Nyalab sich zum Mittag nidergelassen, kam ihm post dass der Ali Passa nicht weit were vndt die Tatern vorhanden, alss hat er die Fürstin sampt etligen Sibenhürgischen Adelfrawen mit beleit der 100 Soldaten vndt 300 Katnern ihn den Hust geschickt.

NB. Alhie ist weiter zu wissen, dass die Kemeny Janosin schwer ihn den Hust eingelassen worden, alss sie aber inss schloss kommen, hat sie doch dem Banffi Dines vndt Kalnoki Mihaly alle Schlissel dess Schlosses nehmen vndt dass schloss mit ihrem Volck verwachen lassen.

Alss demnach der erschrockene Fürst Kemeny sich Sontag vmb den Mitag auffgemacht vndt sich auss furcht der Tatter zum schutz ihn den Maromorosch begeben, liess er auss raht seiner landtherren die wälder vndt weg dess gebürges allenthalben hinter sich verhawen vndt legerten sich vnter dass gebürg nider mit grossen furchten stündtlig des feyndes harrendt, derweill aber die Tatter auff dem gebürg Emberfeö dess Fürsten Kemeny Spur verloren vndt sich auff eine andere strass geschlagen vndt dem Fürsten nicht folgeten, wie mir hören werden, zoge der Fürst ferner auff Szigeth, den andern tag auff Teczeö, den dritten biss untter dass Schloss Hust, aldo er sich auff das eben feldt legerte. Nachdem derowegen die Tatter auff dem Gebürg des Fürsten Spur verlohren vndt auf die lincke handt ziehen lassen, (welches aus Gottes Vorsehung geschehen müssen) sie aber auff die rechte handt der vngrischen Neystadt zu zogen vndt vill taussent Pauren beisammen fliehendt funden, welche sie alle gefangen mit sich geführt, ihn welchem eillen sich eine

Fürst Kemeny lauget ihn seinem läger bei Hust an vndt schreibet der Universität schreiben.

Edelfraw vndt witib eines vornehmen Edelmanns auff die Neystadt zu fliehen etwas versäumet, Sombori Janosin mit nahmen, so auch in ihre Hende gerahten; alss sie derowegen vnter den tagen so der Fürst Kemeny biss auff Hust gereiset, das leger nicht antreffen

kennen, haben sie derweill ihn Vngern hin vndt wieder alles mit
feuer vndt schwert verwüstet vndt vill taussendt gefangene mit sich
geführt, welche sie in ihrer sicherheit in ihren eigenen Heussern
vberfallen hatten, endtlig zogen sie bei Szakmar vorbei vndt ver-
Vill 1000 gefan- sammleten vill taussent Christen bei dem Dorff Doma-
gene werden bei hida alda der Ali Passa sampt seinem Volck auch anlan-
Szathmar ver-
sammlet. gete vndt sich abermall mit ihnen vereinigte.

Droben ist gesagt, wie die Tataren bei Domahida eine Menge
Volck beisammen gefangen gehabt, welche dem feindt abzutreiben
der Graff Heister Commandant ihm Szakmar dem Fürsten Kemeny
Graff Heister geschriben, welcher sich derowegen eillendt auffge-
Commandant ihn macht vndt bei der nacht eine meill von Szathmar an-
Szathmar ist ge-
sinnet den Tat- langete, vberkame er schreiben vom Commandanten,
tern des raub wie dass die Tataren mit den gefangenen Christen
abzujagen.
schon fortgezogen weren, wesswegen der Fürst seinen
Zuch der Tissa zu nehmen muste, legert sich bei Sasvar nider, den
aussgang zu sehen vndt schickete von dannen einen hauffen Volck
auff Aranyos Megyes, auff dass er vor der feyndt Vberfall sicherer
sein mögte; alss diejenigen aber, weill der Ali Passa ihnen zu starck
ihm anzuch war, eilleten sie mit solcher Post dem Fürsten zu,
welcher sich aber solchem Feindt zu widerstehen, zu schwach be-
fandt, setzet bei Tissebatsch vber den Schiffreichen Fluss Tissa
vndt liesse sich am Vfer des Flusses nieder, alda er den Dampf vndt
Flamme der brennenden Dörfer mit schmertzen sehen muste.

Alss nun der Ali Passa von etligen auffgefangenen Adelleuten
dess Fürsten abzuch vber die Tissa vernohmen hatte, liess er sich
bei dem Schloss Nyalub nieder, alda er etlige tag still lage vndt ihm
Divan raht schlagen liess, wass weiter vorzunehmen were. Vnterr-
dessen streiffeten die Tattaren ihm alten Marosch vndt vmb Munkats
herum, hausseten mit brennen vndt morden ohne widerstandt auff
Ali Passa legert dass graussamste vndt trieben auff 300 Stück Viehe
sich bei dem vndt gefangene Christen davon, alss aber die ihm
Schloss Nialab.
Schloss Hust sich einer belagerung besorgeten vndt die
ankunft der Tataren vernahmen, machen sie sich in zimliger anzahl
zu ross vndt zu Fuss auss dem Schloss, vndt trieben den Tattern
das geraubete Vieh zwar ab, die gefangenen Christen aber brachten
sie davon, welches ihn Vngern vndt Sübenbürgen grosse Schräcknüss machte.

1661.

Vmb diesse Zeit haben sich ihn Vngern 3 Mon sehen lassen zu vntterschiedligenmallen, der mittelste ein Creutz ihn sich habendt. *Drei Mon wersehen gesehen.*

Weiter ist alhie zu vernehmen, dass nachdem der Fürst Kemeny der Tattern wütterey vndt grossen raub vernohmen, vndt dass zugleich der Ali Passa bei dem Schloss Nyalab zu feldt geschlagen, vndt vor ihm nicht sicher sein künte, machete er sich von dem Vffer der Tisza auff, vndt lägerte sich bei dass Dorff Benne jenzet der Tissa, vndt damit ihm die enge Passe besser ihn Vngern zu reisen nicht verrennet möge werden, schicket er seinen älteren sohn Kemeny Simon mit einem theill seiner Armee vndt der vornembsten dess Sübenbürgischen Adelss auff Munkats zu, alda die Tattern schon alles verwüstet hatten, einen Vmbweg Hust zu zunehmen, er aber mit *Der Fürst Kemeny machete sich ... fürcht dess Ali Passa vber die Tissa.* etligen seinen rahten, seinem leib Regiment vndt seinen besoldigten Völckern, machte sich vber etlige enge Passe mit grosser mühe hinüber, vndt legerte sich sehr matt vndt müet bei Kis Lona inss Feldt, alda er sich auch nicht säumete, sich auffmacht vndt ihn die zwischen der Tissa vndt Bodrogh flüssen ligende Insell lagerte, seines Sohnes Kemeny Simon ankunft so auff Munkats gezogen zu erwarten, nemlig bei dem Stätlein Semleny, alss aber dess Fürsten Kemeny sohn Simon mit seiner Armee wie oben gemeldt Munkats zu nahete, wurde er von der Fürstin Rakoczin Generalen Mikes Mihaly, so sampt derselben ihm Schloss Munkats lag, vndt dess Fürsten Kemeny abgesagter feyndt war, der enger Passe wegen mit Verherung der Rakoczin Volck sehr turbiret vndt gehindert, dass er endlich gleichwol nach viller bit durch die Passe zu ziehen erlaubniss von der Rakoczin erlangete vndt eine nacht vber sie alda inss feldt alss sehr abgemattete kriegsleut legern muste vndt von dannen dess andern tages ihn aller frühe sich sampt der Armee aufmachete, vndt auff Semleny zu marschirte, vndt sein feldtlager nicht weit von seinem Herrn Vattern auffschluge vndt von demselben, (mit erzehlung wass sich mit dem Mikes Mihaly vntter Munkats zugetragen) weitere Ordinanz zu vernehmen. *Fürst Kemeny wirdt bei Munkats vom Mikes Mihaly angefochtet.*

Derweill nun mitlerzeit der Ali Passa mit seiner macht vntter dem Schloss Nyalab, wie gemeldt gelegen, vndt keine hoffnung, den Fürsten Kemeny zu bekommen, hatte, schicket er den Temesvari vndt Jennei Passa Huszaim mit einer ausserlessenen Reutterey vndt starcken Versicherungsschreiben an die starcke Vestung Hust, solches inhalts, dass er sich vber die massen verwundere, warumb sich Sübenbürgen einem eintzigen menschen Fürsten Kemeny zu gefallen wider die Ottomanische Porten widersetze vndt rebellire, vndt nicht die vorhergehende schreckliche Verwüstungen vndt Verderben dess landes betrachteten vndt damit sie aber nicht gantz vndt gar ihns endtlige verderben oder auch gantz vmb ihr landt kommen mögen, sollten sie auss zulassung dess grossmechtigen Keyssers vnter den beiden Graffen Redei Ferenz dem Vatter, so auch zuvor zum Fürsten erwehlet worden, vndt dem sohn Redei Lazlo, einen zum Fürsten erwehlen, wollten sie vntter diesser keinen so solte auch der Graff Solyomi Miklos die wahl haben, vndt welchen sie erwehlen würden, solten sie zu ihm inss lager bringen, sie sollten dabei vntter einem theuren Eidt versichert sein dass er ihn sampt allen requisitis zum Fürsten von ihm bestätiget solte werden, vndt wolte mit einstellung alles streiffen vndt brennen auss dem landt ziehen; alss demnach ernanter Huszaim Passa nicht weit von Hust mit seinen Völckern anlanget vndt auss dem schloss ersehen worden, haben sie 5 schuss auss Stücken gethan, auff welches schissen die Türcken Zeichen gegeben, dass sie Legaten weren, haben demnach die ihm schloss Nro. 50 reutter, sprag mit ihnen zu halten, entkegen geschickt, mit welchen der Huszain Passa zween vornehme Türcken summt des Ali Pascha Versicherungsschreiben ihn den Hust ziehen lassen. Alss sie nicht weit vom Schloss ankommen, werden von den vngrischen Katnern den 2 Türcken die augen verbunden vndt zum berg hinauf vor dess schlosses thor geführt, alda sie mit Vebergebung (den 4 Aug.) dess Ali Passa schreiben, dem Kalnoki Mihaly der Kemenyin Hopmester ihre Legation abgeleget, dass sie nemlig von den 3 Graffen so ihm Schloss weren oben bestimpt einen Fürsten erwehlen, vndt damit dass Schloss dem Ali Pascha huldigen möge. Nach hierüber gehaltenem raht, hat der Hopmester Kalnoki Mihaly zur antwort gegeben, dass die zween Redei ihn Pollen geflohen, vndt der Szolyomi Miklos bei dem Fürsten Kemeny gefangen were vndt mögte auch biss non mit dem schwert (Verrätherei wegen) gerichtet sein worden, wie es zwar dem auch allso war, sintemall derselbe eben damalss einer convincirten Verratherei vndt Türckischen Practickischen schreiben wegen alda ihm Hust ihm Arest lage. Zudem gab er zur antwort, hetten sie einen erwehlten gutten Fürsten, vndt bedorfeten keines andern, hetten dabei Pulver vndt bley genuch ihm schloss, welches sie zur ankunfft dess Ali Passa ihm zu schicken wolten. Nach dieser gegebenen antwort sein die beide Türcken mit zugebundenen Augen dem Madarasz Matyas einem Kemenyschen Hauptmann vndt etligen Katnern zum Hussain Passa zu führen gegeben worden, welche zwar die beide Türcken ein stück weges begleitet, sie aber endtlig von allem geplündert, den einen hart verwundet, vndt per pedes marschiren lassen; ob sie, alss Legaten recht gethan, wiewoll ess Heyden gewessen, gebe ich jedem zu erkennen Nam ex inimicis servanda est fides. Diesses des Madarasz Matyas Schelmstück haben die ville vnschuldige seelen, so der Ali Passa auss rach wegführen lassen, bezahlen müssen, wie mir hören werden. Alss derowegen jetzt ernante beide Türcken vom Schloss abgezogen, ist von stundt an auff den Hussain Passa mit stücken feur gegeben worden, welcher dann widerumb mit zimligem Spot zum Ali Passa, so noch vntter dem Schloss Njalab gelegen, zurückziehen müssen; alss derselbe den entpfangenen spot vndt Plünderung der zwei Legaten vernohmen, hat er auss grossem grim den 13 August eine grosse menge Tattern von neyem ihn den Maramoros zu brennen vndt sengen geschickt, welche gar biss auff Szigeth kommen, alss aber auff 300 Puskassen sich ausserhalb dem Mark ihnen opponiret vndt mit ihnen scharmützirct, haben sie dem Marck mit brennen nicht schaden können, ihm zurückreisen aber haben sie Teczin vndt Visk sampt vnzehligen Dörfern ihn brandt gesteckt, vndt mit wegraubung vill 1000 Christen sich dem Ali Passa zu inss gebürg geschlagen, duss heist mit gleicher Müntz bezahlt.

Nota. Alhie ist zu wissen, dass die Graffen ihm schloss verleugnet worden, doch sein sie zukegen gewesen, alss die beide Redei alss Herren dess schlosses, der Graff Zolyomi dess alten Herrn Schwestersohn, weill er einer Verrätherei vberzeiget worden, ihm Arest gelegen, alss bei seinen bürgen.

Alss dieses brennen rauch der Kemeny Ferenz so ihm Kövar residirte ersehen, hat er nicht anders vermeinet, alss dass gantze

Türckische leger were vmbgekehret, thet demnach solches ihn
Sübenbürgen schreiben, vndt erwecket grosse furcht vndt flucht
ihm landt; alss nachdem diesse Tattaren mit vollem raub bei dem
Ali Passa anlangen, vndt den Kemeny Janos zu fangen, oder von den
3 Graffen einen zum Fürsten einzusetzen keine Hoffnung hatte, liess er zuvor durch den Budai Veszer dess
Fürsten Kemeny erheurathes Stattlein Aranyos Megyes
durch zween anlauff vergebens stürmen, doch ohne
alle grobe geschütz vndt lencket nachdem seinen weg
wiedervmb Sübenbürgen zu. Alss er an Sübenbürgen
grentzende Vngrische Neystadt anlangete, schonet er
der Stadt, leget ihr aber eine grosse Summam Proviant
zu geben auff, welche auch alssbaldt gegeben wardt,
begehret nachdem der Stadtrichter vndt Rath zu sich,
alss sie erschienen, nahm er sie mit sich ihn Sübenbürgen, wie mir hören werden.

marginalia: Arauyos Megyes wirdt vergeblich gestürmet. Der Ali Passa schont der Ney-stadt, müssen aber eine grosse Summam Provi-ant geben vndt simpt den Rich-ter selb 4 mit sich vndt legert sich zwischen Dees vadt Betth-len.

Alss diessergestalt der Ali Passa ihn Siebenbürgen anlangete,
lagerte er sich zwischen Dees vndt dass schloss Betthlen von dannen
er die bei ihm habenden Tattern sampt seiner ganzen Reiterei auff
Nüssen vndt Neymarck schicket, welche alles ihn den Brand stecketen,
dass oft auff einmall 300 Dörffer brenneten; was nur etwa betagte
leut waren, musten durch das schwert fallen, die Jungen mennliges
vndt weibliges geschlecht führeten sie gefangen mit sich. Mittlerweill lagert sich der Ali Passa mit seiner Armee vor Nössen Stadt
liess die Stadt ihm zu huldigen auffodern, derweill nach villem rahtschlagen die Stadt nirgendt her einzige hilff vndt schutz zu hoffen
hatten, schikketen sie zwei der Altester Rahtherrn Herrn Georgium
Vrescher vndt Leonhardum Schneider zum Ali Passa zur Huldigung,
welcher ihnen seinen schutz versprach vndt ihn dero revier dass wass
noch nicht verderbt war, zu schonen, vndt vom brennen abzulassen
gebieten liess; nach verrichter Nüssner Herrn Legation,
liess der Ali Passa den Herrn Richter der Stadt Herrn
Georgium Böhm auch zu sich foderen, vndt nachdem
er von des landes bleiben vndt Verderben vill mit ihm
abgeredet hatte, liess er ihn abermall fridtlig ihn die
Stadt ziehen, mit Befehl, dass er von stundt an ihn alle Sachssische
Städt ihre zustände vndt was er mit ihm geredet hätte schreiben
sollte, dass welche zu ihm zur Huldigung kommen würden, solten

marginalia: Die Stadt Nössen schicket 2 Herrn dem Ali Passa zu huldigen er be-gehret aber den Richter zu ihm zu schicken.

schutz, welche aber nicht, solten Vngnadt vndt dass Verderben
haben, wie denn auss alhie beigelegten schreiben zu sehen, welche
vusserer Stadt von Nössen vndt den Neystätter Herren, welche der
Ali Passa, wie oben gemeldt von Nagy Banya mit sich geführt,
zugeschickt worden.

    Anmerkung des Herausgebers. Der Chronist verweist hier auf
die folgenden vier Urkunden, ausser denen noch eine fünfte im Text nicht
berufene dem Codex beiliegt. Es ist ein Schreiben der damals auch im Türken-
lager anwesenden Klausenburger Rathsherren, mit jenem der Bistritzer vom
selbem Tage datirt und, geringe Abweichungen am Schlusse abgerechnet,
wörtlich gleichen Inhaltes.

    Das erste Schreiben lautet:

1.

    Amplissimi Prudentes ac Circumspecti Domini Amici nobis
honorandi, salutis voto proemisso officiorum nostrorum partem commendamus.

    Euer fürsichtige Weisheit von des jetzigen unsers Zustandens
Gelegenheit und Trübseligkeit haben mir nicht umbgehen wollen zu
informieren: Wie dass ahm vergangnen Sonnabendt der Faindt
sich widrumb bei Keövar ins arme Vatterland herein geschlagen,
undt etliche derer Dörffer, so furmals unverletzet verblieben, biss
ahn unser Röwier angefangen zu plündern undt zu verbrennen, undt
viel arme Leutte unserer Stadt zufliende weg geraubet undt auch
niedergehauen: Ja thuen auch noch bis dato solch ihr toben undt
rauben continuieren, also dass niemandt in diesem tractu gantz biss
auff Deesch unverletzet reisen darff. Wo der derek Tabor [1]) sai?
können wir zwar nicht gäntzlich erfähren, sindt aber gewisslich
informieret worden, dass sie weit herummer schweben undt arme
Leutte dem Tabor zu führen. Wass künftig folgen werde, kann niemandt wissen. Der Liebe und getreue Gott wolle uns samtlich im
lieben Vatterlandt doch dermaleins auss Gnaden erretten. Haben
zwar auch dem H. Petki als von Ihr. F. G. constituierten Locumtenenti dieses zugeschrieben, wass er dazu fürgehen werde. His

---

[1]) Haupt-Marht.

easdem Dominationes vestras diutissime feliciter valere comprecamur. Datum Bistricii die 23 Augusti 1661.

Amplissimarum, Prudentium et
Circumspectarum Dominationum
vestrarum amici benevoli.

Georgius Behm judex
et Jurati Cives Civitatis Bistriciensis.

II.

Amplissimi, Prudentes et Circumspecti Domini, Amici nobis honorandissimi! Praemissa salute omnigenam benedictionis affluentiam cum promptissima officiorum nostrorum benevolentia offerentes etc.

Die 2 Aug. wurden dero F. W. W. trey-freundtlige schrifften unss durch dero abgefertigte Diener praesentiret; Worinnen amice von uns E. F. W. unseres armen fast mehrentheils desolierten Vatterlandes lamentabilem statum zu exploriren begönnen, nicht weniger auch des F. W. W. Herrn Regii nebest der übrigen daselb anwesenden F. W. W. Herren delegatorum Universitatis Saxonicae standen, in was gestalt selbiger bestehe. Als haben nicht können, noch wollen dero F. W. W. billigem und freundtligem Begehren völliges Genüge zu thuen unterlassen. Wahr ists zwar, dass (leider Gottes) der grausame Ertzfeyndt der Christenheit in benachtbarten Orten durch grausames Wüthen und Brennen auch unss nicht geringe Forcht eingeschlagen, indeme dessen Feyndes Thoben schier unseres armen Reviers limites, (im fal Göttliche, Väterliche undt grundtgütige Obacht nicht geschützet hette), auch angetastet; Aber benachtbarte Örter von Klausenburg an biss auff Somkerek können undt sollen billig bemeldten Feyndes Tyranney und Grausamkeiten vestigia kläglich beweinen; sintemahle suburbia Claudiopolitana funditus evvertieret, Dees, Bethlen, Rettegh, sampt den adpertinentiis undt da herumb gelegenen Gemeinen allen, gantz zue Boden eingeäschert worden, vill arme Leute, so im Felde und zu Hause unverhoffet überfallen, jämerlich etlige erleget, etlige gefangen weggeführet: Nach erzehleter verbrachter Tyranney ist der gantze Türkische Thabor von Deefer Aw die 29 Julii bey der nacht auffgebrochen, undt aufi Keővár hinauss gezogen, undt so vill wir verstanden, auch die Ungrische Neustadt umbgeben hatte, können gleichwoll gründtlig nicht wissen; und wessen Begünnens und Vorhabens dieser Feynd weiter sey, stehet einlzig und allein bei dem höchsten Gott, welcher sich unseres armen Vatterlandes, nachdem es so vill Unglück leidet, auss lauther Gnaden erbarme undt so gefährlicher undt verderbliger Zeit gnädigst entledige. Anlangendt aber Einer Leöbligen Universität Herrn Delegatorum gelegenheit, können dero F. W. W. significiren, dass selbe mit Ihr F. G. in Maramarus ungehindert durch verreiset, seindt zwar verständiget, als commorierten selbe F. W. H. im Husst; ob es nun deme also sey, wissen nicht eigentlig. Werden unss etwa neuere bothschafften untterdessen zuegebracht, auch selbe E. F. W. breviter zu Wissen lassen, seindts jeder Zeit undt treyfreundtligst erbiettig. In reliquo Amplissimas Prudentes et Circumspectas Dominationes vestras omnibus cum vitae tum animae periculis remotis diu prosperrime valere desideramus.

Datum Bistricii die 23 Aug. 1661.

Ampliss. Prud. et Circumspectarum
Dominationum Vestrarum Amici sincere semper studiosissimi.

Georgius Behm Judex
primarius et Senatus Civitatis Bistriciensis.

III.

Mivel az Istennek az mi bűneinkért való haraghja naponként büntetesünkre mennyire ki terjedvén raitunk, hogy alkalmas üdeötoöl fghván való sullyos látogatasát is ugyan megh tudván fáylalni, mégh m is abbol ki térni nem tudunk, hanem csak szem behunyva nézzük szegény hazánknak nagy veszedelmét, mellyen ez hatalmas Nemzetséh is csudálkozván panaszolkodik előttünk, scöt ugyan parancsolya is nekünk, hogy el irván minden várossokra, intimálnok az hozáiok megh mutatando engedelmességet, hátra hagyván az Kerény Jánosban való bizodalmot, kit az Fényes Porta ki mondott szerentiája szerént semmiképpen az Fhjedelemséghben nem szenved. Kérjük annak okáert kegyelmeteket, és nagy szerettettel inttyük, szánnya megh maghát és hazáját, es sok Ezer el rablott lelkeknek keserves siralomra jutott sorsokat, az Hatalmas Nemzetségh ellen, kinek Isten minket birodalma alá adott, ne rugodozzék, es azzal nyat ne vonnyon. Mert lám az elmúlt példák is ugyan tanitnak bennünket, hogy valamikor ez haza az Fényes Porta ellen fel keütt, mindenkor annak keserves gyümölcsét kostolta megh. Seöt lám üdveözült Bethlen Gabor Fejedelmünk is ugyan Testamentumában hadta volt, megh az országhnak hogysoha az Fenyes Portátol el ne szukadgyan ha megh maradását kivánnya. Ez mostani tüznek is penigh semmi egyébb megh oltható eözkeöze nincs az engedelmességhnél, és az Fényes Portához valo megh békellésnél. Kérjük annak okáért Kegyelmeteket az nagyhatalmu, Istenért is, hogy szegény hazáját megh szanván, ne vannya el magát, hanem minden haladék nélkül siessen ki jöni elejekben, ne féllyen semmit, mert valakik az Hotalmas gyeözhetetlen Czászárnak keöntesében hiven ragaszkodik, azoknak semmi bántásuk nem lészen, seöt az Hatalmás Vezér is hüttel teött assecuratoriáját küldi mindeneknek, valakik az eö Nagysága kegyelmét venni akarják; az kik contrariumot cselekesznek, azok annak szomoru jutalmát veszik el.

Mert el hagyván az égetést, es sok szegénységhnek rablását, minden engedetlen várakat 's városokat el ront; Bánnyai Uraimék és mi is kijeöttünk és semmi bántásunk nincsen, mely másoknak is jo példa legyen. Kemény Jánost az Fényes Porta az Fejedelemséghben, nem szenvedvén, azt kivánnya, hogy az országh minden késedelem nélkül negyed napra Marus-Vásárhelyre ki jöni el ne mulassa számos dolgok véget; senkinek semmi bántása nem lészen, ha penighlen küleömben cselekeszik, itt benn telel es mindeneket véghképper elpusztit. Ezeknek utánna Isten Kegyelmeteket szent lelkével igazgassa, minden megh maradasnak való jóra. Kivánnyuk igaz keresztény indulatból. Datum in Castris Turcicis ad aquam Szereht posits in Territorio Bistriciensi.

Die 30 Aug. 1661.

Kegyelmeteknek igaz tiszta
szivbeöl szólgáló jó akaró
Attyafiai.

Béhm Geörgy Besztercze
varossának foöbiráju és
Tanácsa m. p.

IV.

Prudentes ac Circumspecti Domini Nobis honorandissimi Servitiorum nostrorum paratissimam commendationem. Örvendetes meghmaradással álgya Isten Kegyelmeteket fejenként.

Eléggé megh sirathatatlan romlását és pusztulását édes Nemzetünknek, melyet mind ez elmúlt esztendökben 's mind mostan ujjabban keservessen szenved, kegyelmetek inkább experiálhatta, 's érthette is eddigh, mint sem mi azt bö szoval is elegedendöképpen declaralhatnok kegyelmeteknek. Mely pusztitásnak szomoru ereje Isten igaz itéletébül, mi kerüllöttünk valo darab földre is ki hatván, és Hatalmas Vezér Ali Passa, táborával együtt ket úttal határunkra szálván, noha Isten után az eö Nagysága jó akarattyábol mi békességhben megh marattunk, ha szintén valami szenvedés nélkül dolgunk nem lehetet is mindazáltal ö Nagysága maga mellé révén Biránkal együtt egynehányon bennünket, táborában kihozott; holott az Erdélyi állopotokrul holmi dolgokat értvén és halván ugy veszszük eszünkben, hogy Kemény János Uramat eö Nagyságát az Fényes Portának változhatatlan parancsolattya szerént, ez nagy hatalom az Fejedelemséghben nem szenvedi, hanem azt kévánnya, hogy az országh must valakit szeretne választani Fejedelmül maganak, kit az Vezér eö Nagysága az Hatalmas Császár akarattyából nem csak acceptálna és bottal, zászlóval székben ültetné, hanem az nagy pusztitástul is hadait megh szüntetné, és minden sietséggel az országhbul kivinné. Azomban penigh, ha kik az varosokbul is ö Nagyságához engedelmességeknek okáért ki jönének, és ö Nagyságboz békellenének, elöttünk erőss hitre esküszik az Vezér ö Nagysága, azoknak sem személyekben sem javokban semmi bántódások és károk nem lenne, söt minden kegyelmességet mutatná hozzájok. Ellenben valakik contrariumot cselekesznek, és ez nagy erőnek, engedelmeskedni nem akarván, opponállyák magokat, erős hittel esküdt az Vezér ö Nagysága elöttünk azon, hogy mindeniket az országhban porrá tétetné, el pusziittatná, az lakosokat fegyverre hanyatná, raboltatná, minden ellenkező várakat és városokat el rontatna, söt az országhban benn maradván valami mostanrol el maradna, jövendő tavuszon és nyáron végben vinné. Melly veszedelmes dolgokat mi igy értvén söt egyneány hellyeknek siralmas pusztitulásokat szemeinkkel látván, akarok keyelmeteket keresztényi tisztünk szerént requiralnunk; kérvén felette igen uz Istenért is arra, hogy az mennyire kegyelmetek uttzat fel talalhatja succurállyon ugy az közönséges jónak, hogy mind az szegény haza annyi bokros romlásá után, 's mind penigh kegyelmetek maradhasson békességben; mellynek igen jó uta es eszköze leszen, ha kegyelmetek hova hamaréb az Vezérhez ö Nagyságához békellik, és engedelmességének bizonságára ö Nagysága eleiben böczülletes követeit mennél hamaréb ki küldi. Ne féllyen kegyelmetek semmit, erős hittel mondja eö Nagysága nekünk, hogy valakik ö Nagyságát megtalállyák semmi bántodások, sőt inkabb szabados békességes jövetek menetek és oltalmoztatasok leszen. Beszterczei es Culosvári Uraimék is velünk együtt békével itt kün vadnak. Irtanak eö kegyelmek is kegyelmeteknek, kikkel mi is egy értelemben lévén, elhiszük, kegyelmetek ez dolgot illy bizonyosan értvén jól considerállya és következhető kárának elforditásáért effectualni fogja. Ezek után éltese Isten kegyelmeteket sokáigh jo egés ségben. Datum ex Castris Turcicis ad Besztercze positis die 30 Aug. 1661.

Prudent. ac Circumsp. Dnum
Vrum Servi paratissimi.

Stephanus Petri Judex Primarius
Joannes Czehi Pro Consul
Joannes Cantor
Valentinus Fekete
Petrus Fejes
Joannes Villas Senatores
Coeterique adjuncti Jurati Liberae
Regiaeque Civitatis Nagy-Banya.
m. p.

Übersetzung des ungarischen Textes der beiden vorstehenden Urkunden.

III.

Nachdem Gottes Zorn ob unsern Sünden von Tag zu Tag so sehr zu unserer Bestrafung sich über uns ergiesst, dass wir seit der gelegenen Zeit seine schwere Heimsuchung wohl mit Schmerzen empfinden können, sind wir auch heute noch nicht im Stande daraus herauszukommen und sehen nur mit niedergeschlagenen Augen die grosse Gefahr unseres armen Vaterlandes, worüber auch diese mächtige Nation staunend vor uns Anklage erhebt, ja uns beflehlt, dass wir in alle Städte schreiben und zu der denselben zu erzeigenden Huldigung unter Beseitigung des Vertrauens auf Kemeny Janos, den die glanzvolle Pforte nach ihrem ausgesprochenen Urtheil auf keine Weise auf dem Fürstenstuhle duldet, auffordern sollen. Wir bitten desshalb euch und ermahnen euch liebevoll; mit sich selber und dem Vaterlande, und dem zu bitterm Jammer gewordenen Loose der viel Tausend weggeraubten Seelen Erbarmen zu haben, gegen die mächtige Nation unter deren Herrschaft uns Gott gegeben, nicht sich aufzuwerfen und mit derselben nicht anzuhinden. Denn, siehe, auch die vorigen Beispiele lehren uns, dass so oft dieses Land gegen die glanzvolle Pforte aufgestanden ist, dasselbe immer die bittern Früchte davon gekostet hat. Ja es hatte ja auch unser Fürst der selige Gabriel Bethlen in seinem Testamente dem Lande hinterlassen, es solle niemals von der Pforte sich losreissen, wenn es seine Erhaltung wünsche. Auch diese jetzige Feuersbrunst hat kein anderes Löschmittel, als die Ergebung und Aussöhnung mit der glanzvollen Pforte. Wir bitten euch daher bei dem allmächtigen Gott, sich nicht zu weigern, sondern ohne Verzug zu ihnen herauszukommen sich zu beeilen, fürchtet nichts, denn diejenigen, welche getreu an dem Mantel (Kleide) des mächtigen unüberwindlichen Kaisers festhalten, denen wird keine Verletzung geschehen; vielmehr sendet der mächtige Vezier seine mit Eidschwur bekräftigten Geleitschreiben allen, welche die Gnade Seiner Hoheit annehmen wollen; die das Gegentheil thun wollen, empfangen dafür den traurigen Lohn.

Denn während er (sonst) das Brennen und die Wegraubung der vielen armen Leute unterlässt, zerstört er Alle widerspenstigen Schlösser und Städte. Die Herren aus Bánya und auch wir sind herausgekommen und haben keine Verletzung erfahren, was andern ein gutes Beispiel sein möge. Da die glanzvolle Pforte den Johann Kemény auf dem Fürstensitz nicht duldet, so wünscht sie, dass der Landtag binnen vier Tagen in Maros-Vásárhely wegen zahlreicher Angelegenheiten zusammenzutreten nicht säumen möge; Niemandem wird eine Verletzung zugefügt werden; Wenn man aber anders handelt, so wird er hier überwintern und alle gänzlich zu Grunde richten. Diesemnach möge Gott mit seinem heiligen Geiste euch zu allem zur Errettung dienlichen Guten lenken. Wir wünschen es aus wahrem Christenherzen. Datum u. s. w.

Euere aus wahrer reiner Seele
dienstwillige wohlmeinende
Brüder.

Georg Behm Oberrichter und der
Rath der Stadt Bisstriz m. p.

IV.

Prudentes u. s. w.
Mit erfreulicher Erhaltung segne euch Gott insgesammt!
Die nicht genug zu beweinende Zerstörung und Verwüstung, welche unser theueres Volk sowohl in den letzten Jahren, als auch jetzt neuerlich bitter empfindet, habt ihr bisher besser erfahren und einsehen können, als wir sie

mit weitläufigen Worten euch in erschöpfender Weise auseinander zu setzen vermöchten. Da die traurige Gewalt dieser Verheerung aus dem gerechten Rathschlusse Gottes auch auf das um uns herum liegende Gelände sich ergoss und der mächtige Vezier Ali Pascha mit seinem Heere auf zwei Wegen unser Gebiet betrat, sind wir nebst Gott durch den guten Willen Seiner Hoheit in Frieden geblieben, wenn es auch ohne einige Leiden mit uns nicht abgehen konnte; indessen hat Seine Hoheit einige von uns nebst unserm Richter mit sich genommen und in sein Lager herausgebracht. Indem wir von den siebenbürgischen Zuständen einiges merken und vernehmen, gewinnen wir die Einsicht, dass Seine Gnaden den Herrn Johann Kemény nach dem unabänderlichen Gebote der hohen Pforte diese grosse Macht in dem Fürstenthume nicht duldet, sondern den Wunsch hegt, es möge das Land sich einen andern zum Fürsten zu wählen belieben, worauf Seine Hoheit der Vezier nach dem Willen des mächtigen Kaisers denselben nicht nur acceptiren und mit Scepter und Fahne einsetzen würde, sondern auch die grosse Verheerung durch seine Truppen einstellen und selbe mit aller Beschleunigung aus dem Lande führen würde. Indessen aber, wenn jemand aus den Städten Seiner Hoheit zu huldigen herauskommen und mit Seiner Hoheit Frieden schliessen wollte, schwört Seine Hoheit der Vezier uns mit einem kräftigen Eide, es werde solchen weder an ihrer Person noch an ihrem Vermögen eine Verletzung oder Beschädigung zustossen; vielmehr werde er denselben alle Gnade erzeigen. — Dagegen hat Seine Gnaden der Vezier, wenn welche das Gegentheil thun und dieser grossen Macht, zum Gehorsam nicht geneigt, sich widersetzen, vor uns mit starkem Eide geschworen, er werde alles im Lande zu Staub machen, verwüsten, die Einwohner in's Schwert fallen lassen, wegrauben, und alle widerspenstigen Schlösser und Städte zerstören, ja sogar in dem Lande verbleiben und was von jetzt an noch übrig geblieben sein werde, im kommenden Frühling und Sommer vollenden. Da wir diesen gefahrvollen Stand also in Erfahrung gebracht und selbst die bejammernswerthe Verheerung etliger Orte mit unseren Augen gesehen haben, so wollen wir euch aus christlichem Berufe angehen und desshalb auch bei Gott bitten, dass ihr sofern ihr Mittel und Wege findet, zum allgemeinen Besten hilfreiche Hand bietet, dass sowohl das arme Vaterland nach so viel gehäufter Zerstörung, als auch ihr selbst in Frieden erhalten werden könnet. Ein sehr guter Weg und ein Mittel dazu wird sein, wenn ihr möglichst bald mit Seiner Hoheit dem Vezier Frieden macht und zur Bezeugung der Huldigung an Seine Hoheit ehrenhafte Abgesandte mit Beschleunigung heraussendet. Fürchtet nichts, mit starkem Eide sagt uns Seine Hoheit, dass wer Seine Hoheit angehen wird, keine Verletzungen vielmehr freies friedliches Kommen, Gehen und Schutz erfahren werde. Die Bistritzer und Klausenburger Herren sind auch mit uns in Frieden hier draussen. Sie haben euch auch geschrieben und wir mit denselben im Einverständniss sind der Ansicht, ihr würdet, wenn ihr die Sachlage so genau erfahret, es gut überlegen und zur Abwendung des etwa folgenden Unheils darnach handeln. Nach alle dem schenke Gott euch ein langes Leben in guter Gesundheit. Datum u. s. w.

Vmb diese Zeit ist allenthalben ihn Siebenbürgen grosses geschoss in der luft, als schisse man mit Stücken, gehört worden, welche dess landes Verderben Vorbohten gewessen, auch ist zu Fogras ihm Schloss eine halbe, aber sehr starcke Pasteimauren, von sich selbst eingefallen, vndt den wassergraben bedecket.

Alhie müssen wir dess Ali Passa fortzuch vndt Verrichtungen etwass bei seit legen vndt dess Fürsten Kemeny coniunction mit den Keysserischen Völckern berühren, alss haben mir gehört wie derselbe auss Furcht dess Ali Passa mit seiner Armee eine Zeit bei Zemleny drey meillen von Tokai gelegen, vndt dess Keysserligen Succurs erwartet, alss wurde ihm vntter dess Ali Passa einzuch ihn Sübenbürgen Post gebracht, wie auss allhie beygelegten schreiben zu sehen, dass der General Montecuculi mit der keysserligen Armada nicht weit vorhanden, und nach mögliger geschwindigkeit sich mit ihm zu conjungiren eillete, von welcher bottschaft die vor furcht fast erstorbene gleichssam ein Herz fasseten vndt erfreiet wurden; alss schickete derowegen der Fürst Komeny den Teleki Mihaly, so nur etwa vor ein Paar Stunden von einer ihm anbefohlenen reiss ankommen war, ihn eill dem General entkegen, mit Vermeldung alle dessjenigen so sich mit dem Ali Passa zugetragen, vndt ihm pfall er nicht eillen würde, dem feyndt auff dem Fuss nach zu ziehen, so mögten derweill alle Sübenbürgische Stadt und Schlösser, so biss dato nicht gehuldiget, sich ergeben, vndt würde dergestalt alle mühe umbsonst angewendet sein, auff welches des Teleki Mihaly unbringen ihn der General alssbaldt zum Fürsten zurück schickete, mit Vermeldung der Zeit vndt dess ohrts ihrer conjungirung vndt dass er zu eillen geschickt were; nach ankunft dess Teleki brach der Fürst Kemeny von seiner alten lägerstell auff liess seine Armada fortmarschiren, er aber zog mit etliger Reutterei ihn den Hust zu seiner Gemalin, säumete sich aber nicht lang, vndt alss er seine Armadam erreichet hatte, conjungiret er sich bei dem Dorff Martin mit dem General Montecuculi, welcher ihn mit seiner Armada, alss wenn er eine völlige Schlachtordnung halten sollt, mit aller reverentz entpfinge, vndt ihn dess General Zelll auff ein Paar Stunden sich miteinander bespracheten; dess andern Tages alss der Fürst Kemeny sampt seinen rähten vndt andern Befehlshabern, die gantze Keysserlige Armee, vndt wie sie mit genüge der Stück versehen were, recht ihn acht genohmen, sein sie ihn allem content vndt zufriden gewesen, vndt vor genuchssam geschatzet den Ali Passa aus dem landt zu schlagen, brachen derowegen selbigen tages mit grossen freyden auff, vndt eilleten Sübenbürgen zu. Mittlerzeit schickete der Fürst Kemeny dem Herrn Petki Istvan vndt Csiker Zeckeln so er zur Wacht ihm lande gelassen hatte, dass sie von Stund an so starck sie immer mögten auff sein sollten, vndt sich mit ihm conjungiren, alss machete sich der Herr Petki Istvan, Lazar Istvan vndt Mikes Kelemen mit ihren Szeökelyer auff, dem Fürsten mit freiden zu zuziehen, auff welchen sie auch lange gewartet; alss sie aber auss ihrem loch heraussgekrochen, vndt ihm anzuch waren, nicht anders vermeinendt, den Ali Passa allein zu schlagen, ehe die teutsche Hilff ankeme, alss sie aber endtlig den Rauch der brennender Dörffer sahen, vndt die Hitze dess feures empfunden, nahmen sie dass Hassen Panier vor die Handt, kehreten den rücken vndt schlieffen wiederumb, wie die meusse ihn ihre Löcher, liessen die wälder vndt strassen hintter ihnen verhawen, vndt liessen den Fürsten einen frommen man bleiben. Zu den schickete der Fürst Kemeny an alle Statt vndt Schlösser Patent schreiben, zur Standthafftigkeit vermanendt, vndt wie er der Hofnung were, dass landt neben der Keysserligen hilff, so schon ankommen were, ihn kurtzem von allem <small>Fürst Kemeny schicket allenthalben Patent schreiben auss.</small> Vngemach zu erlösen, aber es hiess nach dem gemeinen sprichwort Subsidia tarda sunt inutilia, iam tarde fabulare, die Furcht dess feindes hatte schon die meiste Stätt zur Huldigung getriben, vndt auff die Keysserlige hilff sehr wenig geachtet.

Damit mir nun weiter dess Ali Pascha Verrichtungen melden mögen, ist zu wissen, dass derselbe auss seinem Nössnerischen Feldlager vor Neyenmarck rückete, vndt liess durch Huldigungschreiben alle Officiales geistliges vndt weltliges standes der Sächsischen Nation, wie auch die ihn den Stätten versammelten vndt gegeflohenen Edelleute zu sich fodern, wie auss seinem alhie beygelegten Schreiben zu sehen.

<small>Anmerkung des Herausgebers. Das hier dem Codex beiliegende, jedoch allem Anscheine nach mit der vom Chronisten weiter unten erwähnten zweiten Aufforderung des Ali Pascha identische Original-Document ist auf starkem, auf einer Seite glänzendem Schreibpapiere in Grossfolio-Format geschrieben.</small>

Zwischen dem Kopfe desselben und dem eigentlichen Texte ist ein handbreiter freier Raum, worauf die Unterschrift in türkischen Schriftzeichen, links das mit Druckerschwärze aufgedrückte Siegel und rechts das Zeichen der drei Rossschweife sich befindet. Letzteres ist mit kräftigen Zügen in glänzend schwarzer Tinte aufgetragen, anscheinend mit Goldsand bestreut. Auf der Rückseite steht: Segesvari kiralybironak adassek d. i. „dem Schüssburger Königsrichter zu übergeben"; es ist nach der Anwendung der christlichen Zeitrechnung und der lateinischen Worte am Ende zu schliessen, nicht von einem Türken geschrieben, und lautet wie folgt:

Mi Hatalmas es Gyözhetetlen Czaszar Tengeren tul nemünemü es innen levö minden fényes Hadainak feö Gondviseleö Generalissa; Hatalmas Szerdar Ali Vezer Passa.

Ti Segesvaron lakozo Szabo Janos Polgarmester, Czaszar Andras Királybiro, es töb feö gondviseleö Tanaczbeli szemelyek akarunk ertestekre adni, kivantatik Hatalmas es Gyeözhetetlen Czaszar es ez egesz orszagh közöt levö dolgok felül valo tractara fenyes Taborunkban tekintetünk eleibe jüni; Ennek elötte valo het levelünket el vittetek, melyfelöl semmi ketsegtek ne legyen, hogy: abban megh ne allanank; hivetünk bennünket, el nem jövetek, hanem kepekbeli embereiteket küldöttetek; Ez nem haszontalan dologh, hanem Gyözhetetlen Czaszar es az orszagh dolga 's annak igazitasára szükseges Magatoknak el jüni; Azért elsölegh ti nektek hit levelünket küldöttünk, hogy semmit nem felven el jöjetek; Isten kegyelmessegoböl el jöven, minden dolgat el vegezven, az Orszagh megh maradasara, az utan bekevel megh maradtok 's magatok is szabadsaghban maradhatnak es visza mehetnek. Itten az egesz Hatalmas Czaszar fenyes Taboraban levö Vezerek, Passak, Tatar Aga, Janczar Aga, Ispahiak Agak es mind az egesz Taborban levö Gondviselök hitekre fogadgyuk, el jöveltek karotokra nem, hanem inkab Orszagyhtoknak megh maradasara leszen, ha pedigh nem jütök, mi Isten 's mind ez vilagi nemzetsegh elöt artatlanok legyünk, ha nagyob romlas leszen az utan Orszaghtoknak. Ennek nagyob erössegere adgyuk ez vezeri Czimerünkel es Petsetünkel megh erösitet Hitlevelünket. Iratot Vasarhely alat levö fenyes. Taborunkban 7 Setembr. Ai 1661.

Idem qui supra.

Übersetzung. Wir, den Oberbefehl über einige jenseit des Meeres und über sümmtliche diesseit des Meeres befindliche ruhmreiche Kriegsvölker des mächtigen und unüberwindlichen Kaisers führender General, der mächtige Serdar Ali Pascha.

Ihr in Schässburg wohnende Johann Schneider Bürgermeister Andreas Keiser Königsrichter und übrige mit der Oberleitung betraute Rathspersonen! wir wünschen euch kund zu geben, dass behufs der Verhandlung über die zwischen dem mächtigen unüberwindlichen Kaiser und diesem ganzen Lande obwaltenden Angelegenheiten es erforderlich ist, dass ihr in unser ruhmreiches Heerlager vor unser Angesicht herauskommt. Unsere frühern Zusicherungsschreiben habt ihr erhalten und ihr braucht darüber keinen Zweifel zu hegen; wir haben euch gerufen, ihr seid nicht gekommen, sondern habt eure Stellvertreter gesendet. Es ist dies keine unnütze Sache, sondern eine Angelegenheit zwischen dem unüberwindlichen Kaiser und dem Lande und zur Ordnung derselben ist es nothwendig, dass ihr selbst kommt. Desshalb haben wir euch zuerst unser Versicherungsschreiben gesendet, damit ihr ohne etwas zu fürchten erscheinet. Wenn ihr aus der Gnade Gottes gekommen sein, und Alles zur Erhaltung des Landes abgeschlossen haben werdet, dann bleibe ich in Frieden und auch ihr könnt in Freiheit bleiben und zurückgehen. Wir alle in dem ruhmreichen Heerlager des mächtigen Kaisers befindlichen Veziere, Pascha's, Tartaren, Aga, Janitscharen-Aga, Spahi, Anführer und sümmtliche Hauptleute des ganzen Lagers versprechen euch eidlich, euer Kommen wird euch zu keinem Schaden, vielmehr zur Erhaltung eueres ganzen Landes dienen; wenn ihr aber nicht kommt, so wollen wir vor Gott und allen Völkern dieser Welt keine Schuld tragen, wenn dann die Verheerung eueres Landes eine grössere sein wird. Zu dessen grösserer Bekräftigung geben wir unser mit dem Vezier Wappen und unserm Siegel bestätigtes Versicherungsschreiben. Geschrieben in unserem bei Vásárhely befindlichen ruhmreichen Heerlager 7 Sept. 1661.

Idem qui supra.

Alss demnach vnsseres schreiben ankompt, schreiben mir Cibinium, wass vuss ihn solchem pfall zu thun sein würde, sie repliciren, dass ihnen ein ebenmessiges schreiben zukommen vndt begehren von unss auch zu wissen, ob sie publico nomine Universitatis vmb den friden anhalten solten, vndt wass in puncto verae unionis et concordiae zu thun sei, vndt ob mir zugleich bei ihnen stich halten, vndt nicht wancken wolten, wie daher geschehen; mir thun ihnen Assecuration, mitlerweill erwarten die Herrn Medienses der Herrn Cibiniensium Disposition nicht, schicken dem Ali Pascha Huldigungsschreiben, sampt 2 Rathherrn, die Herrn Schenkenses thun dergleichen, alss mir von vnsserer Statt solches

Der Ali Pasa legert sich bei Neymarck vndl begehret alle officiales zu sehen, welches wegen mir Cibinium schreibes.

erfahren, ne periculum sit in mora, werden von vnss etliche W. Herrn vom raht vndt gemein sampt einem Huldigungsschreiben vndt stattligen Praesenten zum Ali Passa geschickt nemlig Herr Georgius Thelman Sedis Judex, Bartholomeus Goldschmidt Senator Joannes Hendorffer vndt Andreas Creuttzer, führen dem Ali Passa eine grosse silberne Kann, vndt schönen becher, dem Budai Veszern Ismael Passa, dem Tatar Murza vndt Czauz Passa einem jeden ein silbernes geschirr mit einem Deckel. Alss vnter diessem Verlauff dess Fürsten Kemeny Warnungs vndt zur Standhafftigkeit Vermanungsschreiben an etliche Schlosser alss Fogarasch, Szamos Ujvar vndt Kövar kommen, vndt insonderheit Fogaras vermercket, dass die Sächsische Nation zur Huldigung geneigt ist, schreiben sie allenthalben wie auch auss dem Kövar vntter die Sachsen, dass der Fürst Kemeny sampt 50000 ./. fünfzigtausendt Keysserligen Völckern ihm Szilagy ankommen wer, vndt biss nun nicht weit von Clausenburg sein würde, mit welchen Völckern nicht nur der Ali Bassa sondern gar der Türckische Keysser könnte geschlagen werden; alss solches ankompt, gab ess vntter dem gemeinen Pöbel allenthalben ihm landt, welche lange nach der teutschen Hilf sich gesehnt hatten, insonderheit auch das Weibervolck bei uns, vndt nicht die geringsten, grosse Verwirrung vndt Vneinigkeit, doch weill endtlig jederman ihn acht nahme, dass der Fürst Kemeny laut dess im Medwischer Landtag conditrten Artickels seinen Eydt gebrochen, auss dem landt gezogen, vndt schon so vill taussent Seelen ihu der feyndt händt gerahten, liesse sich das Volck stillen, vndt huldigten letztlig einträchtig vndt gutwillig dem Ali Passa Nam frangenti fidem, fides frangatur eidem.

Nachdem nun der Ali Passa ohne iemandes widerstandt sich allein einen Herren dess Landes Sübenbürgen hielt, alss liesse er den Adel allenthalben persequiren, ihre Joszagen plündern vndt verbrennen, dass man auch die Stätt nicht kennete, alda ein Udvarhaz [1]) gewesen war, also dass gleichssam (ausserhalb etliger so ihn die Städt vndt schlösser geflohen waren) nirgend keiner zu finden gewessen, sintemall zwar die meisten ohne die so ihn der Tatarei

---

[1]) Edelhof.

gefangen gewessen mit dem Fürsten Kemeny ihn Vngern terminireten, vndt sampt dem Fürsten mietling dess Landes waren; weren die wenige arme Sachssische Herren Geistliges vndt weltliges standes dazumallen nicht bei dem Ali Passa erschienen, vndt begüttigen hilfen hätten die Türcken dass gantze landt in ihre Gewalt vndt Hende bracht vndt auch vor sich behalten, welches sie selbst offt gesagt.

Vndt hat recht geheissen, wie jener geschrieben:

Occultum odium, privatum commodum, discordia Magnatum, longum consilium, occium diuturnum, perdidit Regnum Hungarorum et. e contra:

Amor mutuus, Publicum commodum, concordia Procerum, breve consilium, occium minimum, amplificavit Regnum Mahometicum.

Alss nun, wie gehört, die Sachssische Herrn der gantzen Universitaet, weltliges vndt geistliges standenss, ihre Legatos auff begehren vndt Assecuration schreiben dess Ali Pascha erschienen, vndt

Der Universitaet Legationes weltliges vndt Geistliges standens sihen zum Ali Passa. sich alle officiales zurückgehalten, musten diejenigen, wie schwach sie sich auch befunden, auff ein anderes scharffes schreiben zu ihm reissen, wie sich denn auch der Clar. Dom. Superintendens Lucas Hermannus, ein betagter alter Herr, nach welchem sonderlige Türckische Legaten geschickt worden, bei ihm einstellen muste, die Herrn Coronenses sampt ihren Capitularen zwar hielten sich etwas zurück, zu sehen, wo ess hinauss wollte, den Adel betreffendt, obschon der Ali Passa ihn alle Statt vndt Schlösser, dahin die Adelleüt geflohen waren, sehr scharfe bedreiungsschreiben schickte, zu ihm inss lager zu kommen, doch wolten sie nicht erscheinen, flohen for seinem angesicht, wie der teuffel vor dem Weyrauch. Letzlich liesse sich der Herr Bassa Tamas, so ein alter Herr vndt Fürstliger raht war, vndt sich zu Cronen Stadt aufhielte, bewegen vndt zoge hin, Ittem der

Die Edelleut ihn den Stätten huldigen dem Ali Bassa, wollen aber nicht bei ihm sichen, er gebietet sie gebunden zu schichen, einer aber entrinnet besser alss der andere. Herr Kassai Ferenz zugleich, welcher seines schweren leibes, vndt der Herr Bassa seiner bössen Füsse wegen, vom Fürsten waren zurückgelassen worden. Es erschienen auch etlige sehr wenige schlechte vndt geringe Adelleüt, die vhrigen aber, so sich sicherheit wegen, ihn den Stätten auffhielten, huldigten zwar auss furcht, sie mögten aussgegeben werden, schicketen auch schreiben der huldigung zum Ali Pascha, wollten aber selber nicht hinziehen, welches dem Bassa grossen Zorn macht, schrieb einen brieff vber den andern, dass sie gebunden vndt gefangen inss lager solten geschickt werden, welcher Zeitung wegen grosses schracknüss vnter sie bracht, vndt voraus vntter den weibern, vndt verloren sich ihrer vill heimlig auss den Stätten, liessen ihre weiber hinter sich, vndt begaben sich inss schloss Foguras, so noch Kemenyisch war, ess mögte ihren weibern gehen wie ess künte.

Alss der Ali Passa demnach dess Adelss Vngehorsamb vermerckete, vndt zugleich sahe, dass die Primarii Officiales der Sachsischen Städt sich zurückgehalten, vndt nur ihre Legaten geschickt, liess er ihn praesentia der Legaten Divan halten, damit vom neyem vom bleiben dess Vatterlandts vndt erweblung eines andern Fürsten tractiret möge werden, vndt liess nach geschlossenem Raht ihn alle Städt Assecurationsschreiben schicken, vndt zwar ihm Namen des Ali Passa, Budai Veszeren, Ismael Passa, Tattar Aga, Janczar Aga, Ispui Aga vndt der andern Passa ihn gemein, welche mit einem theuren Eydt assecuration theten, dass alle Officiales der Stätt sich ihn eigenen perschonen einstellen sollten, vndt sich der geringsten gefahr nicht besorgen dorften, sie solten widerumb mit sicherem geleit zu hauss gelassen werden, auff welche schreiben denn sich ein jeder Officialis sistirte, dahin von vnsserer Stadt Herr Joannes Boht Consul, Andreas Keisser Reg. Jud., Steph. Schindler vndt Paulus Aurlig Senators expediret wurden, welches tages vmb 5 Vhr zum Abendt sich ein erschröckliges himmelsszeichen sehen liess, ihndem der Himmell gantz feürig erschien, eine gantze stundt leüchtet an den Thürmen vndt Statt, alss stünde Alles ihm feuer, welches ich mit wahrheit schreibe darüber denn viell Judicia gehalten wurden, Deus misereatur nobis.

Der Ali Passa begehret die Officiales inss leger, welche auch hinsiehen.

Den 10 Septemr ein himmelszeichen.

Nachdem aber, wie gemält, die Herrn Officiales sich bei dem Ali Passa eingestellet hatten, wurde nach gehaltenem raht einer der vornembsten Passa, ein Aga, vndt Cziauz sampt andern gemeinen Türcken, neben dem Cziszar Janos Neymarcker Richter zum Herrn Petki Istvan, ihn den Csik geschickt ihn mit hinterlassung 2 der Vornembsten Türcken, zur pfändung ihn dass leger zu ruffen, weill er aber wegen misstrawen nicht erscheinen wolte, wurde der Ali Paschu sehr erzürnet, sagendt, dass, ob er schon willens gewessen wäre ihn zum Fürsten zu erklären, vndt wollte auch weiter

Der Ali Passa lesset per Legaten dem Petki Istvan dass Fürstenthumb vortragen, vndt so ihm zu kommen, vndt recusirte.

nicht vntterlassen haben, ihn auch weiter zu sollicitiren, weill er aber mittlerweill vernohmen, dass er Papstischer religion were, solte er, wenn er auch nun kommen wolte, zu solchen digniteten nicht gelangen, denn er vor derselben religion selbst einen grauss hette, seinen Vngehorsamb aber wüste er mit der zeit woll zu straffen. Auss solchem gefasten zorn vndt grimm, schickete er eine Türckische reüterey mit einer grossen menge Tattern ihn den Maros vndt Udvarhelyszek, lisse alles, was ihnen vorkame, durch feür ihn die Aschen legen, wass Alte leüt waren, niderhawen vndt die Jugendt gefangen wegführen No. 15000 Seelen.

Maros- vndt Udvarhelyszek wirdt iha die Aschen geleget vndt 15000 selles gefangen.

Vntter Verrichtung diesses brandts vndt straffen, liesse er die Sachssische stende, wie auch die wenige Vngrische Edelleut zu sich begehren, vndt befraget sie mündtlig, ob sie Niemauden vom Adel ihn den Stätten oder Schlösseren wüssten, so dess Fürstenthumbs düchtig were, ihm pfall einer sein würde, den wollte er zum Fürsten einsetzen; alss sie aber nach villem besinnen ihm berichteten, wie einer von vhraltem, adeligen geschlecht, Michael Apafi genannt, ihn einem Schloss Ebesfalva were, so nicht lengst auss seiner Crimischer Tatrischen gefengnüss, durch schwere vndt grosse schatzung, zu hauss kommen vndt ausszurasten vom Fürsten zu hauss gelassen worden, vndt were neben seiner vhralten Adelschaft, ein frommer, stiller vndt Gottesfürchtiger Herr, Jung von Jahren vndt solte auch sein Herr Vatter seliger, Apafi Geörgyi so wegen seiner villen Legationen an die Port gethan, von den Türcken treyheit wegen ihn ihres Teffter buch eingeschrieben worden seie, vndt were ihm darzu vor zeiten auch das Fürstenthumb angetragen worden, aber nicht annehmen wollen.

Der Ali Passa begehrtt eines Edelmanss bericht so dess Fürstenthumbs würdig sei, vndt wirdt ihm H. Apafi Mihaly vorgetragen.

Auff diessen der Sachssischen Herren Bericht wardt der Ali Passa sehr fro, schicket von stundt an etlige vornehme Türcken neben dem Reissmarcker Richter vndt Vasarhely Biro, wie auch etligen Edelleüten, selben Herrn Apafi Mihaly abzuhollen; alss ihm aber solche bohtschaft ungekündiget worden, hatte er gleichssam, auss solchem schräcknüss, weill er sein lebetag nach dem Fürstenthumb nicht getrachtet, nicht gewust, ob er vnter himmel vndt Erden schwebet vndt wass er hierauf antworten solte, sein eheliges weib Anna Bornemisza

ApafiMihaly ietzt regierender gnädiger Herr wirdt zum Fürstenthumb abgeholet den 20 tag Sep-

zugleich, alss sie solches innen worden, hat nicht weniger schräcknüss entpfangen, alss aber bei den Legaten keine Entschuldigung gelten wollen, vndt sich auff sein Schloss, so nicht sehr vest war, wenig zu verlassen hatte vndt sich nur Gott vndt dem zwingenden Ali Passa ergeben muste, machete er sich endtlig gefast, dem gebot dess Ali Passa zu gehorssamen vndt mit den Legaten sich auff den weg zu machen, beurlaubete sich derowegen von seinem weib, so gleich schweres leibes war vndt gleichssam keine stunde der geburt sicher sein kunte, nicht mit geringem weheklagen, welche denn ihr kein anderes Fürstenthumb, alss den gewissen thodt ihres, nunmehr von Tattarischer rabsagh erkaufften Herren, einbildete, vndt nach abreissung desselben sich von Niemanden wollen trösten lassen, wie sie denn, ehe ihr Herr sampt den Legaten von dess Schlosses territorio auff fremden Boden gelanget, ihn solchem hertzeleid niederkommen, vndt eines sohnes, alss einer ersten geburt genessen; ob nun solche geburt die rechte von Gott verordnete Zeit, oder ihr hertzeleid vndt angst gefordert, ist Gott heimzustellen; alss solche post gleichssam ihn der stunden an ihren betrübten Herren und die Legaten durch einen schnellen bohten gelanget, den Herren betreffendt, ist derjenige eines theils erfreiet vndt eines theilss nicht wenig betrübet worden, ist aber gleichwoll von den Legaten nicht wenig getröstet worden, vndt die geburt seines erstgebohrnen sohnes auch von den kegenwertigen Törcken vor ein glückseliges zeichen seines Fürstenthumbs gehalten worden, welches sie, ehe sie ankommen, von stundt an dem Ali Passa ankündigen lassen, welcher nicht weniger, alss ein glückzeichen, darauss gevrtheilet hat.

Alss nun gedachter Herr Apafi Mihaly zu dess Ali Passa feldtleger sich nahete, wardt er von Ali Passa mit Heerpaucken vndt Trommeten fürstlig eingeholet, vndt ihn ein herrliches Gezelt eingeführet, vndt von einer anzahl Janczaren entweder zu ehren, oder zur wacht umbgeben worden, mittlerzeit wurden de novo alle Edelleüt peremtorie vom Ali Passa auss den Stätten vndt Schlüssern inss läger zur erwählung des neuen Fürsten beruffen, ess erschienen aber ihr sehr wenig, oder ja gar keiner, zu vorauss, alss sie von des Fürsten Kemeny ankunft mit dess teütschen Succurs einen Vorschmack bekommen, wie mir baldt hören werden. Vndt ist demnach zu wissen, dass vnter diessem Verlauff dess Ali Passa, der Fürst Kemeny mit dem Adell neben dem General Montecuculi vndt keysserligen Armada, so ihn 30000 ‖ dreyssigtaussendt wohlgerüster mann bestanden, bei Sombor vier meill ober Clausenburg angelanget, dannenher der Fürst an alle Stände dess Landes schreiben aussgehen lassen, zur standhafftigkeit vndt von stundt an eine grosse menge proviant seinen erhungerten und halb thodten Völckern ihm zu zu schicken vermanendt, welche schreiben er der Stadt Nössen zu promoviren geschicket hatte, derweill aber selbe Stadt neylig vndt auch zum ersten dem Ali Passa gehuldiget hatte, haben sie selbe schreiben der Universität, so sich im läger befunden, zugeschickt, zu berahten, ob sie dem Ali Passa vbergeben solten werden, oder ob erstlich mit dem Fürsten Kemeny ein Accord solte getroffen werden; alss die schreiben ankommen, hat die Löbige Universitaet communicatis consiliis, damit ihrer aller leben periclitiren, oder uber, dass gantze landt nicht funditus verwüstet möge werden, selbe schreiben dem Ali Passa vbergeben lassen.

Alss demnach der Ali Passa dess F. Kemeny mit dem keysserligen Succurs, so schon ihm landt ankommen wer, vernohmen, ist er gleichwoll nicht wenig sampt allen Passaken bestürtzt worden, aber doch nichts von ihm merken lassen, vndt hat nach gehaltenem Divan vndt raht seiner Türckischen räht den sächsischen abgesandten befehl gethan, Herrn Apafi Mihaly zum Fürsten zu erwählen, welchen er aus zulassung der Port mit allen gebührenden requisitis confirmiren wollte, auff welches befehl denn beide Universitäten, weltliges vndt Geistliges standenss, gedachten Herrn Apafi zum Fürsten erkläret, vndt ihm auss zulassung dess Ali Passa Unanimi voto dass Fürstenthumb vorgetragen, vber welches ihm gantzen Türckischen lager grosse freydt sich erhoben vndt ihm alles Volck, wie auch der Ali Passa selbst, Fürstliche ehr erwissen; allhie ist zur denkwürdigen nachricht zu mercken, dass damit ess bei dem landt nicht ein ansehn mögte haben, dass der Ali Passa den landesständen die freie wahl nicht benehmen möge, hat er befehl gethan, den Fürsten zu erwehlen, welches aus dem zu schlissen, derweill er zur Fürstenwahl nicht gedrungen, biss die Keysserlige Armada nicht ihm lande ankommen, darauss denn zu muthmassen, dass wenn solche starke hilf nicht ankommen were, sie schwerlig mehr, obschon der Herr Apafi ihn solcher meinung abgeholet worden, einen Fürsten erwehlet hetten, welches sich der Ali Passa oft verlauten lassen, sondern vieleicht einen Passa zu residirung im lande gelassen hette. Gott aber machet ess nach seinem wohlgefallen allezeit und wenn auss Verzweiffelung jedermann vermeinet, seine hilff sei ferne, so ist sie oft ihm nechsten und heist: Ubi deficit auxilium humanum, ibi incipit divinum.

Die 14 September wirdt der Herr Apafi Mihaly vom Ali Passa zum Fürsten erwehlet vndt den 17ten tag confirmiret vndt ist zu mercken, dass eben den tag nemllig den 14 alss dess Apafi erwehlung geschehen, dess Kemeny patent schreiben datiret vndt den 17ten als die Confirmation geschehn, angebracht sein worden.

Nachdem nun Herr Apafi Mihaly zum Fürsten erwehlet worden, vndt der Ali Passa Fürst Kemeny ankunfft gewisse kuntschaft hatte, alss rückete er mit seinem leger wegen des grossen gestancks, vndt auch anderer Vrsachen wegen vom Neyenmarck Radnothen zu, legert sich dahin, vndt schicket von stundt an fünftaussendt Türcken 5000 vndt 16000 Tattern den Fürsten Kemeny auffzusuchen; welche auf solches befehl sich Clausenburg zu macheten, alss sie aber etlige Kemenyische Katner auffingen, vndt desselben Fürsten Beschaffenheit vernahmen, kehreten die Türcken abermall zum Ali Passa sampt den auffgefangenen, demselben Bericht zu thun, die Tattern aber streifeten weit auss, vndt verderbeten mit wegführung viller Christenen selen alless, wass ihnen vorkame; alss aber etlige teütsche Reütter, Proviant vndt futter aufzusuchen, aussgeritten wahren, vndt vngefehr auff etlige Tattarn troffen, haben sie vier derselben niedergemacht, den fünften mit sich inss leger genomen, vndt nachdem der Fürst Kemeny dess Ali Passa auffbruch vom Tattar vernohmen, hat er sich mit seinem leger von Sombor auch auffgemacht, vndt sich bei dem dorf Korod, eine Meill von Clausenburg, nidergelassen, von dannen schicket er von stundt an einen Capitan Ver Geörgy, mit einem tropfen Katner, gewisse kuntschaft der Türcken zu erforschen, welche aber nur erst dess Vierten tages fünf Tatarn auffingen, vndt zum Fürsten brachten, von welchen er vernahme, wo der Ali Passa lag, wie starck er wer, vndt dass der Apafi vor wenigen tagen zum Fürsten erwehlet were worden, welcher bohtschafft er sich zumallen wenig erfreiet.

Alhie ist per disgressionem weiter zu vermelden, dass nachdem der Fürst Kemeny den grossen mangel der Speiss ihm teütschen leger gesehn, vndt wie vill hundert Soldaten hunger wegen gestorben, hat er zum andernmall an alle stende, umb Proviant zugeschrieben, vndt dass zugleich jedermann, so eine wehr tragen künte wider die Türcken auff sein sollte, wie denn nur vnsserer Stadt Schesspurg 15000 brodt, wein, butter, Bier, Speck, Kaas vndt andere vnzehlige Proviant begehret wurde, alss demnach dergleichen schreiben auch dem Petki Istvan und andern Zeckeln ankommen vndt zumallen durch ihre Kuntschaft des Ali Passa auffbruch, Radnothen zu, vernohmen, nicht anders vermeinendt, alss dass der Ali Passa wegen ankunft der Keysserligen Armee fliehe, vndt willenss wäre, auss dem landt zu ziehen, alss macheten sie sich, alss Sommer Vögel, auss ihren Nestern hervor, der meinung, sich mit dem Fürsten Kemeny zu conjungiren; alss aber seine vortropfen bei Kis Kend anlangen, vndt dess Ali Passa beschaffenheit vernehmen, werffen sie abermall dass Haassen Panier auff, vndt machen sich bei zeit auss dem rauch bekommen vatter wegens einen unsser Stadtdiener, Bennek genandt, so brieff inss läger führen sollen, vndt nehmen ihn gefangen mit sich ihn den Csik, kleiden ihn aller ab, mit bedreiung ihn einen spiess zu ziehen, wirdt aber endtlig, nachdem dass blatt mit dem Fürsten Kemeny vmbgeschlagen, auss dem Mikovar freigelassen.

Alhie ist weiter zu wissen, dass die Herrn Coronenses Geistliges vndt Weltliges standens, den aussgang der sachen zu sehen, wie oben gemelt, sich zur gewöhnlichen zeit ihm Türckischen leger nicht erschienen; alss sie aber dess Ali Passa Vrtheill vndt gefasten Vnmuht vernohmen, hat sich der Herr Richter David Czak selb 8 rahtherrn vndt hundertmennern, wie auch auss jedem Dorf Burtzenlandts selb dritt sampt den Herrn Capitularibus, auffgemacht, den Vnmuht des Ali Passa zu stillen, herrlige praesent mit sich führendt; alss sie bei dem Dorff Nussbrig anlangen, 400 Püchssenknecht bei sich habendt, stossen der Mikes Kelemen vndt Apor Lazar mit den drey stüller Zeckeln, so dem Fürsten Kemeny zu ziehen sollen, auff jetzt ernante Croner Herren, halten eine weill ein starckes gespräch, des landes Vneinigkeit wegen mit einander, alss aber die Zeckel etlige vnziemlige wort von sich hören lassen, scien die Herrn Coronenses resolut feür auf sie zu geben vndt etwas an ihnen zu wagen, alss die Zeckel solches vermercken, bietten sie, ohne Vorwissen ihrer Obersten, den Herren Coronensibus den frieden an, mit erklärung, bei dem zu halten, wass dass landt beschliessen würde, vndt krochen dergestalt widerumb in ihre winter nester, die Herrn Coronenses aber continuirten ihre vorgenohmene reiss, kommen ihn schönem Comitat biss auff Zickmantel, alss aber dess Petki Völcker wie oben gesagt, eben damalss ihn der gegendt stark herumb streifeten, vndt derjenigen, so es nicht mit dem F. Kemeny hielten, nicht schoneten, kehreten sie abermall vnverrichter sachen nach hausse, liessen aber gleichwoll der Universität ihm leger solches alles wissen, mit einstimmung alle dass, wass beschlossen würde werden, zu halten. Vnter diesem Verlauf alss der Ugron Janos vndt Kendi Janos, beide Adelleut, dess F. Kemeny Ankunft sampt andern Adelleuten vernehmen, ob sie schon dem Ali Passa schrifftlig gehuldiget hatten, machen sie sich doch von Segesvar heimlig vndt stillschweigendt darvon, hangen den Mantel nach dem Windt vndt ziehen ihn dass Schloss Fogras, wie denn diesergestallt die Haller Palin, auff ein schreiben ihres Herren, so bei dem F. Kemeny ihm leger war, bei der Nacht in mannskleider verkleidet, auss der burg entwichen und von ihres Herren darzu verordneten Dienern, so ausserhalb der Statt ihrer gewartet, zu ross ihn dass Schloss Görgeny geführt wurde.

 Alss derowegen der Fürst Kemeny vndt General Monte Cuculi dess Ali Passa beständige lägerung bei Radnothen, ittem dess Herrn Apafi Fürstenerweblung, wie auch dass der Türcken viermall mehr waren, alss dess Kemeny beide Armeen, vernahmen, tröstete sich doch der Fürst Kemeny mit so starckem keysserligem Volck an den Ali Passa zu setzen vndt sein Glück zu wagen; der General Montecuculi aber hatte derweill mit seinen Officieren auch raht gehalten, damit Keysserliger Majestät Armee (auff welcher wollstaudt, gleichssam der gantzen Christenheit wollfahrt beruhete) nicht so liederliger weiss ihn gefahr geriehte, vndt zwar ihn einem vnbekannten fremden landt, auff dass eheste vmb-

zukehren, der Fürst Kemeny mögte bleiben wo er wolle. Hat derowegen den Fürsten Kemeny zu sich ihn sein Zelt fodern lassen mit erzehlung, dass weill seine Generals perschonen vndt Officier, wie er wüste, dass meiste theill am Fieber krank legen, dass krigsvolck dergleichen vor Hunger ohnmachtig were vndt biss dato ihn die 600 gestorben, künte er bei solchen Zuständen dess Keyssers Armee, auf welcher Wolstandt gleichssam der Christenheit wollfahrt vndt heill bestunde, nicht ihn die gefahr setzen, sondern willenss were, seinen Zurückweg zu nehmen vndt ist dabei zu wissen, dass weillen dass landtvolck allenthalben aussgewichen waren vndt dass
In des Montecuculi lager ist grosser hunger vndt sterb. Fussvolck auss mangel dess brodts, gleichssam ein Monatlang sich mit früchten, alss mit pflaumen, Apfelen vndt schweinkürbissen speissen müssen, ist die rohte ruhr vndt schadlige Fieber vntter dass Volck kommen vndt häufig weggestorben mit weib vndt kindt vndt neben den strassen vnhegraben bleiben liegen, dass mancher ein stück Schweinskürbiss ihm mundt gehabt vndt thodt gelegen, welche die, so ess gesehen, mit jamer erzehlet.

Alss nun der Fürst Kemeny dess Generalen Monte Cuculi vndt seiner Officiere rahtschluss vmbzukehren vernohmen, ist er dermassen bestürtzt worden, dass er sich dess weinen nicht enthalten künnen, insonderheit alss er betrachtet, dass er ihn so grosser Hofnung sampt den Seinen abermalss auf das äusserste gefallen vndt seines Fürstenthumbs nunmehr keine hofnung mehr zu gewarten hette, vndt demnach des Generalen Monte Cuculi abscheiden müsse geschehen lassen; alss er derowegen sahe, dass dess Generalen widerkehren schwerlig endern würde, liess er endtlig durch den Haller Gabor, einen Magnificum, bei dem Generalen eine starcke Besatzung ihn Claussenburg ein zu legen, anhalten, wie er denn auch letzlig, alss gleich der Auffbruch geschehen solte, bittlig bei ihm anhielte, damit er doch nur die eintzige grentz Statt auff hofnung möge erhalten können; damit der General demnach den leidttragenden Fürsten nicht gantz ihn Verzweiffelung möge gerahten lassen, vndt nicht dass an-
Auss bewilligung dess Generals Montecuculi leget der Kemeny Janos 300 teutsche Völcker ihn Claussenburg. sehen hette, alss wolte er ihm gar nichts placiren, gab er ihm vntter dem Commandanten Albertho Tast 300 Mann Fussvölcker, welche der Fürst noch denselben tag kegen der Sohnen Vnttergang selbst ihn perschon ihn die Stadt führet vndt den Herrn Ebeni Istvan neben einer Vngrischen

reüterey, neben denselben, ihn der Stadt zum praesidio liesse; alss die Fussvölcker auff ein Monat ihn der Statt gelegen vndt etwa eine furcht einer rebellerey vntter sie kommen, hat der Commandant solches dem General Monte Cuculi, so dazumalen sich vmb die Vngrische Neystatt befunden, wissen lassen, welcher alssobaldt den Commandanten Wolff Rhedan mit 6 Compagnien fussvölckern vndt reutterei zu beystandt geschickt vndt den Commandanten Albertum Thast ablössen lassen, der Wolff Rhedan ist nach dess Thast abzuch, auch baldt gestorben, welches leichnamb auff Wien vndt von danen, weill er ein Venediger war, gar biss auf Venedig geführet worden, an welches stat Cornelius von Remliugh zum Commandanten gesetzet worden, ist aber auch nicht beständig blieben, vndt endtlig vom Hector de Brazza abgelösset worden. Diesser ist hernacher ihn einer rebellion von den Völckern ellendigkliger weiss, sampt andern vornehmen Officiren, Adeligen perschonen aus der Stadt geschlagen vndt vertrüben worden, wie mir im Verlauf des 1664 Jahr hören werden. *Es kommen 6 Compagnien Fussvölcker vndt reutter abermall ihn Clausenburg.*

Demnach, wie gehört, der Fürst Kemeny Janos die besatzung ihn Clausenburg gelassen, hat er sich dess andern tages mit sehr bekümmerten gemüht, mit dem General Monte Cuculi bevrlaubet, welcher nachdem er 500 Soldaten so vor Hunger gestorben, vndt auff 200 so vntterwegens ellendigkligen gestorben im Stich gelassen, hat er seinen weg auff die Vngrische Neystatt zu genohmen vndt sich ihn den Satmar begeben, vmb welches der Ali Passa gar nichts wuste. Der Fürst Kemeny aber, ist ebenermassen ihn seinen Hertzeleidt, alss gleichssam ein geschlagener Fürst durch den Szilagy dem schloss Hust zu gezogen vndt die Sübenbürgische Adelschaft von sich nach Hauss ziehen lassen vndt sie gebeten, neben ihm zu halten, so *Der Fürst Kemeny lässet den Sübenbürgischen Adel von sich vndt siehet Verzweiflendt zu.* lang sie könnten, sintemall er mit der Zeit noch sein Heill neben ihnen wagen wolte, welches sie ihm auch versprochen. Schicket auch den Tonna Janos mit schreiben, ihn den Czik, zum Petki Istvan, entdeckete ihm den vnverbofften Zurückgang, sampt der Keisserligen Armee, vermanete ihn darbei, dass er mit seinen Zeckeln beständig auff seiner seiten bleiben solte vndt ihm pfall ihm gleichwoll vnverhoft eine gefahr von den Türcken anstossen mögte, solten sie eine Zeit huldigen vndt vorsehn, biss ihn Gott widerumb auff frischen Fuss stellen mögt, auff welche Post der Petki Istvan

1661.

sich sehr bestürtzt, abermall durch Udvarhelyer Stull, ihn den Csik zurückmachete, vndt verschantzete sich mit Starcken Wallen auff das beste er künte. Den einen schantz liess er mitten ihn den Waldt, ihn die strassen, dahin man ihn den Czik reisset werffen, den andern ihn die Strassen, dahin man auss dem Csik ihn den Gyergö reiset, von den seiten liess er alle wälder so von Dannenbeüm bestehen, verhawen.

Der Herr Petki verschantzet sich ihm Csik.

Alss derowegen der Fürst Kemeny dem Sübenbürgischen Adell wie oben gemeldt, ihn seinem Zurückreisen, zu Hauss zu ziehen vergönnet, hat er ihnen zwei Compagnien Dragoner ihn den Szamos Ujvar pr. psidio zu convoiren befohlen, vndt sie abermall zur beständigkeit vermannt vndt sich ihn den Hust begeben, der General Monte Guculi zugleich auf Szathmar, vndt von dannen weiter ihn Vngern gegangen.

Die halbe Tax der 500.000 Taller nemlig 250.000 wirdt den Sachsen vnd Vniversität zu erlegen imponiret.

Da nun letzlig der Ali Passa dess Fürsten Kemeny vndt der teutschen Völcker, abzuch vernohmen, hat er sich nicht wenig glückselig, vndt grosser bürden befreiet befunden vndt eo momento ihn beysein dess Neyen Fürsten vndt der Sachsischen stände, Politischer vndt Geistlige Diener, die halbe Tax der fünfmallhunderttausend Taller 500000 den Sächsischen Städten zu erlegen imponiret, alss sich aber die Herrn Legate der Vnmöglichkeit wegen beklagten gab er zur Antwort, sie hätten aller Adelleut Haab vndt gut so sie zu ihnen gefliebet ihn Händen, solten sich daraus bezahlt nehmen, ess galt keine entschuldigung, liess auch die Legate so gleichssam bei ihm ihm Arrest waren, nicht ehe von sich, biss die Summa der 2½,0000 Taller nicht bei einem Heller administriret würde. Alss wurde demnach bemelte Summa auff alle Städt limitiret vndt wurde auff vnssere Stadt Schesspurg 40000 Taller geschlagen, vndt zu exigirung einen Adelmann Szamariai Peter Deak, pro Commissario verordnet, mit welchem vnsser Herr Bonsul Joannes Boht vndt andere W. H. den 25. September zu hauss geschickt wurden, die Schatzung vor die Handt zu nehmen, vndt der Herr Sedis Jud. Georgius Thelman vndt Paulus Aurlig Sen. ihm Arest verblieben. Dess andern Tages ihrer ankunft, so der 26 Sept. war, wurden ihm Rahthauss vom Raht ungemein auff dass Kerb, Silber 3 M. oder 24 Taller = fl 48 geschlagen vndt gebühret auff dass Zahlhauss fl. 4800, zu welcher exigirung auch alssbaldt ein anfang

Der Schesspurger imponirte Tax alss 40000 Taller werden

gemacht worden, damit aber die ihn der Stadt lebende Nobiles, laut dess Ali Passa vndt Fürst Apafi gebot. gebührender weiss contribuiren mögen seien p. Commissarium Peter Deak vndt bei ihn verordneten zween W. H. Senatores, alss Herrn Michaelem Göldner, itzigen wollbestelten Herrn Consulem vndt Bartholomeum Goldtschmidt, alle derjenigen bona auffgesuchet worden, welche sich zwar heftig gewehret, vndt Voluntarie pro subsidio sich mit 500 Tallern erboten, weill ess aber nicht hilffen wollen, vndt solches wegen täglich scharfe Mandata kommen, sein sie endtlig nolenter, volenter vnter dass Joch kriechen müssen, vndt dass was sie nicht davon bracht, herfuhr gehen müssen, sintemall ihnen von F. G. geschrieben worden, dass sie alles willigkligen geben solten, weill sie nicht uns, sondern nur sie, weib vndt kinder, lossen hilffeten, ob ess schon bei solcher gestalt, ihn einnehmung der Tax vnter dem Stadt Volck schwer hergegangen, so ist es mit den Edelleuten vill schwerer worden, ihndem einer besser als der andere entronnen vndt entlaufen, dass vor ihnen endtlich die Burg gesperret müssen werden, zu welcher Zeit des Spect. vndt Magnif. D. Pauli Hallers weib, zum abendt ihm finstern ihn mannsskleidern verkleidet davon kommen, auf welche etlige ihrer Diener ausserhalb der Stadt auff sie wartendt zu ross ihn dass schloss Görgeny, welches noch Kemenyisch war geführet, wie sich denn zugleich ein anderer Edelmann Semeny Pal de Sard, mit seinem weib sehr listiger weiss auss der burg gestohlen, ihn der vnttern Stadt aber auffgehalten vndt zurück gebracht worden, wass sonsten mit denselben vor Praktiken mit eingelaufen, were vill zu melden, wegen Kürze aber muss es zurückbleiben; alss derowegen ihre contribution schwer fiell, vndt dem Ali Passa zu ohren kam, gebot er alle Edelleut absque respectu gebunden inss leger zu schicken, wie auch der entlauffenen weiber vndt kinder, vndt solte die Stadt auch zu dem alle ihre bona leviren; ess erhube sich ein grosses wehklagen vndt Zettergeschrei auff solches gebot vnter den Edelleuten, dass sie nicht wüsten, wohin sie fliehen sollten, endtlig, ehe sie hingezogen oder ihre weiber dahin geschicket hetten, hette mancher alle dass, was er gehabt, contribuiret, etlige aber auch nicht vill nach ihren weibern fragten, machten sich auss dem rauch, ess mögt ihren weibern geben wie ess künte, vnter welchen denn dazu-

1661.

mallen der Ugron Janos vndt Kendi Janos nicht der geringster Edelleut, alss ihnen eine gutte lufft vom Kemeny Janos ex Castris ad Oermeszeö positis, ihn einem schreiben zu kommen, gebracht wardt, sich auch, nachdem sie dem Ali Passa gehuldiget hatten, auss der burg macheten vndt ihn dass schloss Fogras so Kemenyisch war, flohen. Alss demnach der Commissarius, sampt beiden Senatoren von den Nobilibus nichts weiter auspressen künten, wurden sie auch *Der Edelleutboss* auf die Keysserburg geschickt, alda sie auch was goldt *werden auff der* vndt Silber zu finden wahr, aus der Nobilium bonis, *Keysserburg auf-* *geschickt.* levirten. Dass sie also per actis exagendis zu vnsserer heisteuer auss ihren bonis contribuiret haben ihn Silber M. 135 ihn Tallern No. 870, In geldt fl. 3200. Ess ist zwar auch hüpscher Ross Zeuch Sabell vndt Hegyesser bei manchen bonis von Silber funden worden, welche aber F. G. Apafi Mihaly zu sich genohmen, vor welche künfftig den schadhafften vom Landt ex bonis fiscalibus, Joszagen gegeben worden. Wass aber die vbrige angeschlagene Summa der Stadt nun belanget, mit derselben ging ess ebenermassen kläglich zu, weill die Tax auff manches hauss hart fiel, muste mancher arme mann vndt witib alle dass wass sie von silber hatten, von sich geben, ess wurde zugleich auch der Stull dem Zahlhauss nach, nach gebühr taxiret, vndt durch gewisse Herrn Senatores exigiret, alwo es auch nur mit ach vndt web gescheben muste. Damit aber zu besserer nachricht der günstige lesser was jede gemein zu contribuiren schuldig gewesen wäre, wissen möge, alss ist jedes Ort folgender weiss limitiret worden:

	Kecszd	hat gebühret Taller No.	2100	Silber M.	67½	
	Buda	„	„	„	„	750	„	„	93	p. 38
Dess Stalss Contribution wirdt beschrieben.	Rados	„	„	„	„	600	„	„	75	
	Benno	„	„	„	„	450	„	„	56	p. 12
	Erkedt	„	„	„	„	450	„	„	56	p. 12
	Segesd	„	„	„	„	1200	„	„	150	
	Poldt	„	„	„	„	1200	„	„	150	
	Dalia	„	„	„	„	900	„	„	112½	
	Hegen	„	„	„	„	750	„	„	93	p. 38
	Nitthus	„	„	„	„	300	„	„	37	p. 24
	Danos	„	„	„	„	150	„	„	18	p. 38
	S. Laszlo	„	„	„	„	600	„	„	75	
	Holdvilagh	„	„	„	„	375	„	„	46	p. 42
	Prod	„	„	„	„	150	„	„	18	p. 38
	Szőlős	„	„	„	„	600	„	„	75	
				7725.		

Laut alhie erzehlten Taxen, hat zwar der Stull vndt etlige Dörfer in heßtlen, gürtel vndt etwass wenigem geldt contribniret, die meisten aber armut wegen, wenig geben kennen, vndt auch biss dato daran rest sein, alhie müssen wir die Exigirung der Tax beruhen lassen, vndt zur continuation geschichten schreiten.

Alss ist demnach weiter zu wissen, dass derweill die Zeckel ihn gemein auff dess Ali Passa Creditiv vndt Assecuration schreiben nicht huldigen wolten, vndt auss des Fürsten Kemeny schreiben einem, so er sub dato 22 September auss Vngern ex Costris ad Oermeszö positis ihnen geschickt hatte, zwischen Furcht vndt Hofnung schwebeten vndt zum theill die Csiker vndt Gyergöer sich auff ihr mit grossen vngeheurer waldungen vndt gebürgen vmbfangenes Landtlein, verliessen, vndt die drei stüller, alss Schepser, Orbaier vndt Kizder Zeckel auf ihr abgelegenes ohrt, wie auch dess herbeinaheten Herbstwetter, vertrösteten, ergrimet der Ali Passa vber die massen vndt gebot dem Budai Veszeren, Ismael Passa, dass er, mit beystandt 12000 Janczaren 20000 Tattaren vndt seinem Volck gantz Zeckellandt Funditus verdorben solte, welcher sich auch von stundt an aufmachete vndt vors erste gantz Marosszek mit schwert vndt feur ihn den grundt verberbete.

Die Csiker Zechel vertrösten sich auf ihre vngeheure wälder.

Nach auffbruch dess Budai Veszeren machte sich der Ali Passa von Radnothen den 26. Sept. auch auf vndt liess sich den tag bei Bonyha nieder nachdem er bei Radnothen etlige wochen gelegen war, den Fürsten Apafi mit sich führend verbrenneten alles, vorauss der Aedelleut höff vndt raubeten gantzer dörfer Junge leüt hinweg, die Alten murden nidergehawen; dannenher streiffeten ein hauf Tattaren gar biss ihn vnsseren Stull, raubeten zu Prod, Szöllös, Holdvilagh, Lasslen vndt Dunnesdorf vill Volck vom feldt, etlige langeten biss ihn die Rohrawe, treiben von der Bauergässer herden etliges Vieh weg vndt einem Stadtmann Hanss Dietrig, raubeten sie sein Tögterlein vom pluch, alss solche zeitung ihn die Stadt langete, wurde zur warnung 5 stück lussgebrennet, vndt gab grosse flucht allenthalben. Die Tattaren legerten sich dazumallen ihn die Wench. Diessen tag schreibet der Fürst Apafi auff die Haller Palin, (welche schon aus der burg entwichen war) fleissig zu wachen, damit sie nicht entkommen möge, alss er aber von selbigem bohten, so das schreiben bracht, ihre

Der Ali Passa bricht mit seiner liger bei Radnothen auf.

entkommung vernohmen, schicket er einen Adelmann Sarkoszi Gergely, dem Herrn Consulo Joanni Boht ernstliger zu gebieten, damit er die flüchtige Haller Palin schaffen möge, wollte er nicht alle sein gut verlieren, welcher Sarkoszi dem F. W. Herrn auch inss gesicht gedreüet et quidem in mea praesentia ihm wegen seiner vernachläs-

Herrn Consuli wirdt bart gedreiet der entstehenen Haller Palin wegen.

sigen sorge seinen bart zu stümellen, alss ihm aber anbefohlen gewessen, kann ich schwer glauben, genuch ists, dass der arme W. H. grosses schracknüss vndt furcht eingejaget wurde, auch wurden damallen durch diesen Sarkoszi Gergdy die ihn der Stadt sich auffhaltende Adelleut abermall ihn den Tabor zu kommen peremptorie gewarnet, aber ess wardt nichts drauss, ein Jeder flohe dafür, wieder teuffell vor dem Weyrauch.

Vmb diesse Zeit grassiret die Pest noch starck ihm landt, wie sie denn auch endtlig ihn dass Türckische leger langete, vndt vill Türcken hohen vndt nidrigen standenss hinweg nahm, vndt waren der gestalt die Sachssische Herrn Legati sampt dem Fürsten ihn grosser gefahr, wie denn auch der Primarius Judex Bistriciensis Herr Georgius Schletz vndt Herr Petrus Brasch Regius Judex

Die Pest grassiret ihn dem Ali Passa lager.

Mediensis alda ihm leger an der Pest sterben, welcher beider Herren thode Leichnahm gleichwoll vom Ali Pussa auf bis nach Hause zu führen zugelassen wurde.

Die 29 September, welcher der tag Michaelis war, alss

Dass weinleses wirdt turbiret.

man gleich die Weingarten zu lessen angefangen, werden etlige Türcken, so Viehe zu verkauffen ihn die Stadt bringen sollen, vor Reissken Berg gesehen, welche grosse flucht causirten, ess wurden 3 schuss aus Stücken gethan, vndt von allen seiten grosses flichen geschahe.

Eben den tag Michaelis kompt dem Ali Passa zeitung, dass eine

Eine Türckische Legation kompt an.

Türckische Legation ankeme, welcher No. 4000 Türcken entkegen geschickt wurde, vndt prächtig ihn das leger eingeführet wurde, welches Verrichtung mir baldt hören wollen.

Moldaer Waida stirbt an der Pest.

Eben der tag Michaelis Stirbt dess Lupulss sohn, Stephan Waida, ihn der Moldaw an der Pesth, davon oben vill geschrieben worden, vndt wirdt an seine stat ein Vornehmer Boer, Dabisa genandt, zum Waida eingesetzet.

Weiter ist zu wissen, dass weill dem Ali Passa von dem Herrn Petki vndt den Zeckeln post kommen war, alss weren sie incliniret

zur Huldigung, wie ess denn auch ihn der warheit nicht anders ge- *Städtei Kapitan*
wesen sein soll, aber vom Meszei Kapitan Szurtei *enthindert der*
Geörgy, so ihnen mit etlig hundert katnern ihm zum *Zeckell huldi-*
beystandt ihm Csik gelegen, alleweill widerrahten wor- *gung.*
den, dass sie endtlich gar verstocket sein worden, alss ist derselbe
sampt dem lager eine Zeit bei Deschfalva, dahin er von Bonyba
gerücket war, still gelegen, wie gesagt, dess Herrn Petki Huldigung
erwartendt, der meinung von allem brandt abzulassen, vndt sich
nicht weiter inss landt zu begeben, alss er aber gesehen, dass er
sich betrogen befunden, ist er auch von dannen auffgebrochen vndt
mit lauter breunen sich bei Kis Kend neben die kleine kockel niedergelassen, alss den 1. October diessem tag schreiben mir an den Fürsten Apafi bei dem Ali Passa vnsserer gefangenenen Stullss leut
erlassung wegen zu suppliciren, welches er auch von ihm erlanget,
dass nemlig alle diejenige Sächsische Rabben, so nach *Der Ali Passa*
seinem Fürstenthumb geraubet weren worden, solte *legert sich bei*
aufzusuchen frei stehen, vndt ohne schatzung aussge- *Kis Kend mit*
geben werden, welcher denn vill aufgefunden, vudt mit *rauben vndt bren-*
der Tatter grossem Vnmuht vndt murren aussgegeben *vnssero Stulss*
worden, wie denn der Tatrische Mursza Zalaga eine *rabben ohne lös-*
13 jährige Schesspurgische Jungfraw Margaretha Joan- *lassen.*
nis Holtzapfels togter, so bei Danos ihm hanff plicken geraubet
worden, ebenermassen herausgeben müssen, welche er weill sie
zimliges angesichts war, allezeit zwischen seinen Kepsweibern,
doch ohne Verletzung ihrer ehren, wie er selber bekennet gehabt,
mit sich geführet.

Damit mir nun weiter vermelden mögen wie ess ihn aufhebung
der Tax bei vnsserer Stadt zugegangen, ist zu wissen, dass weillen
gleichsamm täglich wegen administrirung derselben, scharfe erma-
nung vndt dreiungs schreiben ankommen vndt die Summa dessjenigen, so kerbweiss auff jedes bürgerhauss geschlagen worden, weit-
hin nicht langen wollen, alss hat raht vndt gemein alle mittel vndt
weg aufgesucht, wie die grosse vnerträglige Summa zu suppliciren
wer, die Stadt hette auch gern anderswo entlehnet, aber *Die Stadt wird*
nirgendt keinen Heller bekommen kennen, sintemall eine *bearbeitet.*
jede Stadt vndt revier vor sich selbst zu sorgen gehabt, endlig
wurde jedermann nach seinem Vermögen zum ander vndt drittenmal
taxiret, vndt beschätzet, da mancher gute bürger ad restituendum,

vndt auff gebührende Interesse, zimlig vill contribuiren müste, wie denn nur Ein Ehrs. Raht allein, doch ein Jeder W. H. 2^{dem} posse fl. 9889 contribuirten, dass dergestalt dieselben schulden ihn die fl. 31000 erstrecketen, neben denselben, weill auch mit denen die Summa nicht erfüllet künte werden, wurden auch fremder Herrn Deposita vndt Weussen bona leuiret so zwar eines theiles bezahlet worden, vndt auch ein theill zu zahlen stehen, dadurch denn vnssern arme Stadt ihn so grosse schulden gerahten dass zu zweiffelen, ob vnssere kindes kinder von allem bezahlet möge werden. Zu den oben bestimmten fl. 31000 seien successa temporis auch die fl. 10000 geschlagen worden, so die Stadt wegen aussgebung Herrn Betthlen Janos bonorum per compositionem et pacificationem zahlen müssen, vndt lauffen derowegen ietziger Zeit Schulden auff fl. 41000. — Gott helfe vns solche last mit der Zeit ablegen! — Der Jammer, so ihn einnehmung der Tax ihn der Stadt zu sehen war, ist nicht zu beschreiben, auff einer seiten war die Furcht der Turcken, auff der andern die grassirende Pest, vndt dass armut, doch triebe die furcht der Türcken die Pest bei seiten, nur dass geldt oder Silber gegeben wurde, die Pest achtet man klein, vndt wurde doch die Obrigkeit, welche Gott sonderlig pfleget zu schützen, vor derjenigen bewahret, ob sie schon täglich mitten vnter den pestischen sein müssen; weill demnach die Summa vnsserer Portion beisammen zu bringen, schlecht mit grossem Verzuch vorging, hatte der Ali Passa vnssere Legatos Herrn Sedis Georgium Thelman vndt Paulum Auslig Senatoren sehr beängstigen vndt die Spies vor sie legen lassen, ja dem Fürsten Apafi vndt seinem Adel, so bei ihm war, mit dem Meerwasser dreien lassen, ihm pfall mit der Summa der 250000 Taller nicht maturiret würde, welches alles uns der Fürst vndt vnssere Legati zugeschrieben, auff welches schreiben Raht vndt gemein vmb 3 Vhr vor tag confluiren, vndt jedermann von neyem Taxirte vndt mit denselben einen grossen ernst zu brauchen einen Ehrs. Raht pleni plenipotentionirten, wie denn auch grosser ernst gebraucht wurde, dass denselben tag dass silber goldt vndt geldt mit Ach vndt wehe zusammengetragen müsse werden, vor dass geldt so einkam, müssten Taller vndt Duckaten gekauft werden, vndt damit solches geldt jederman desto williger herfür geben möge, wurden die

Duckaten pro fl. 4 | 40, vndt ein Taller halb so theuer angenommen, mitlerweil brach des Ali Passa leger bei Kis Kend auch auff vndt lägerte sich bei Weisskirch vndt Bunn, vndt weill vnssere Stadt Schesspurg gehuldiget hatte, wurde die Stadt sampt den Mairhöfen mit Frieden gelassen, vndt wurden zum Veberfluss vom Ali Pascha 14 Janczaren die Maurhöf zu beschützen geschickt, ess wurden auch dazumallen ihn alle Dörffer vnssers Stuls brenne Zettel geschickt, die brennende Tatter damit abzuweisen, letzlig schicket der Ali Passa ihn jedes Dorf vnssers Stuls etlige Türcken zur wacht, vor den Tattern, welcher Obrister der Türckischen wacht der Alizpai war. Dess andern tages so der 12 October war, kam der Fürst Apafi mit 200 Janczaren vndt 200 reittender Türcken sampt dem Cziausz Passa begleitet, ihn die Stadt, ihn grossem Pomp vndt wardt mit starckem Geschoss entpfangen. Der Cziausz Passa liess den gantzen Raht besameln, ermanet denselben, auss des Ali Passa gebot, dassjenige so beisammen gebracht wäre, alssbaldt aufzuladen, damit die Stadt dem Ali Passa nicht ihn anholdt fallen möge, er aber wollte ihn allem pfall sein bestes thun. Der Fürst aber seumete sich auch nicht lang, vndt zoge noch denselben tag mit bemeltem geleit widerumb inss leger, alss wurden denn des andern tages alss den 13 October durch den F. W. Herrn Joannem Pauli vndt Stephanum Hennegh Senatores Nr. 21000 Taller mit grosser furcht ihn dass leger geführt, eben desselbigen tages werden uns von den Herrn Cibinienses Schreiben geschickt, damit mir mit der Administrirung nicht eilen mögen, oder nur das halbe theill schicken mögen, auff dass wegen frühe zeitliger Veberschickung eine grössere Summa auff die Stadt geschlagen möge werden, mitlerweill wollten sie auch ihre halbe Portion fertig machen, vndt administriren, auff welches den Herrn Cibiniensis schreiben mir zurückschreiben vndt vnssere Zustände, wie auch dess Cziausz Passa gethaene warnung vndt wie vill mir administriret, den W. H. zu wissen thun, alss aber der Herrmansteder Diener mit vnsserem schreiben nach hausse zu kehren, sich gefast gemacht, ist er wegen etliger reden so er von sich hatte hören lassen, von etligen Türcken sampt dem Schreiben, ihn dass leger geführet worden; alss er sich aber, alss ein Vnschuldiger entschuldiget, ist er, so lang mir dass schreiben, so er unss bracht, auff Fürstl. Apafi begehren, nicht hin geschickt, ihm

Ein Herrnwostel-der Diener wirdt mit schreiben aufgefangen. Arest gehalten, vndt nach den tag frei gelassen worden, alss der Ali Passa erfahren dass mir vnssere Portion nicht aller geschickt, hat er von Stundt an vnssere Legatos mit Janczaren verwachen, vndt hart bedreien lassen, alss vnss die Post kommen, schicken mir noch denselben tag zehntausseudt fünffhundert Taller Nr. 10500, alss aber auch mit dem der Ali Passa nicht content gewesen, vndt die Legaten sehr beängstiget, haben mir noch auff zwo Administrationes auch das Vbrige, biss die 40000 Taller supleiret worden, ihn Tallern, Duckaten, Silber vndt Polturacken, welche nur pro den. 2 zu grossem schaden angenohmen worden, administriren lassen, vndt auch darüber, Gott gedanckt quitiret worden.

Alss nun auch die vbrige Städt ihre gebührende Portiones administriren lassen, vndt dem Ali Passa von seinen Goldschmieden vntterschiedliger Nationen gerahten worden, dass gemeine geldt vndt anderes geringes Silber abtreiben zu lassen, alss ist allen der Stadt Goldtschmiden ihn das Lager zu kommen gebotten worden, eine *Der Ali Passa ist willens mit vnsseren Goldtschmieden silber abtreiben zu lassen.* fuhr Ziegeln vndt schmidtkohlen, zum abtreiben mit sich zu bringen, alss sie hinkommen vndt eine Prob gethan, ist von dess Ali Passa Rahten, Divan dass ist raht darüber gehalten, vndt dass abtreiben eingestellet vndt vntterlassen worden.

Die 16 October werden vnss von Monte Cuculi Sacrae Caesar Majestatis intimo Consiliario, Camerario, Campi Marchallo, constituto Collonello et confiniorum Inaurientium Gubernatore Generali schreiben, wie auch vom Fürsten Kemeny sub dato 1 October *Von Monte Cuculi werden vns schreiben geschickt.* ex Castris ad Possessionem Kelenczi positis, abfall von der Port zu thun, vndt am Röm. Keysser zu halten, so weren sie auch noch resolut, dass landt von dem Türckischen Joch zu befreien, welche schreiben mir ungeöffnet von stundt an, dem Fürsten Apafi bei Bunn inss leger schicken, vber welche der Ali Passa alssbaldt Divan halten lassen, wass weiter selbiger schreiben inhalt gewesen, hat man eigentlich nicht erfahren *Der Ali Passa lesset den Türckischen Legaten von sich.* können, genuch isst dass der Türckische von der Port ankommende Legat, dessen oben gedacht, dess andern tages mit beleit dess Eztergomi Beck vndt 1000 Türcken wiederumb auff die Port gereiset, seine Verrichtung aber soll ihn 4 Punkten bestanden sein, erstlich den Zustand dess Landes vndt dess Ali Passa zu erfahren, 2. einen Neyen Fürsten einzusetzen, wer keiner zu finden, einen Passa ihn landt zu lassen; 3. die angeschlagene Summam zu solicitiren; 4. damit dass landt Sübenbürgen ihn guttem Wollstandt vndt ruhe gesetzet möge werden.

Nach abzuch dess Türckischen Legaten, schicket der Ali Passa den Benczer Gergely vndt Enyedi Istvan zum Herrn Petki, ihn vndt seine Zeckel peremptorie zur Huldigung zu vermanen. Die Cziker Zealss die ellende leut aber, auff dess Kapitan Szurzei Geörgy, wie oben gedacht, Vertröstungen nicht folgen wolten, fiellen ihrer auff 15000 Seelen, wie mir baldt hören wollen, ihn der Türcken vndt Tattern Hende. Nach der Cziker expedition, schicket der Ali Passa, auch das Schloss Fogaras zur Huldigung zu vermanen, den Judicem von Braas, Paulum Auslig von Segesvar vndt Joannem Enyedi Aulicum Concionatorem, welches sich zwar zur Huldigung den Legatis auff gewisse conditiones erkläret, hernacher aber alles widersprochen, sintemall der Fürst Kemeny sub dato 1. October darzu verursachet.

Albie ist zu wissen, dass vor den Fürsten Apafi ihm lager bei Bunn eine klag gelanget, wie ein Hauffen Tatter wider des Ali Passa gebot, aussgemacht, vndt hin vndt wieder vill menschen raubeten, alss solches dem Ali Passa vom Fürsten angezeiget worden, schicket er No. 600 Türcken auss die Tattern aufzusuchen, vndt ohne gnadt niderzuhawen, welche aber von andern Tattern gewarnet werden, vndt machen sich aus dem Staub; ihn abwessen diesser Tatter werden vnssere versprochene Stulssrabben, sonach dess F. Apafi Fürstenthumb gefangen worden, auffgesucht, No. 48 werden gefunden, vndt gratis vom Ali Passa aussgegeben. Diessen tag wirdt des Fürsten Kemeny Meszei Kapitan einer, Nagy Janos, so vntter Fogaras geschossen worden, vndt zu vnsserer Balbirer einem zu heillen gelegen, vom Ali Passa inss leger begehrt, welchen mir hinschicken müssen, welcher gleichwoll widerumb frei gelassen worden, ist von einem Heiden nicht eine geringe tugendt.

Ess werden abermall vorige Legaten oben bestimpt, in dass Schloss Fogaras geschickt, auff ihre Versprechung der Huldigung einen revers von sich zu geben, alss die praesidiarii aber, auff des Fürsten Kemeny anders sinnes worden, hielten sie die abgesannten im Schloss, wolten sie auch nicht von sich lassen, biss zum aussgang der sachen, ess wurde oft ihrentwegen in dass Schloss geschriben, sie sungen aber alleweill einen gesang, endtlig alss in vnsserer burg etlige derjeniger Adelleut weiber, so sich auss furcht auff Fogras gestollen hatten, waren, vndt ihren Herren inss schloss geschrieben wurde, ihm pfall die Abgesandten nicht frei gelassen wurden, sollten alle ihre Weiber dem Ali Passa geschickt werden, welche denn nicht der geringsten waren, auf diesse bedreiung wurden sie frei gelassen.

Es werden ledigen Fogras zur Huldigung communes *ausge-* *schickt.*

Oben ist gesagt, wie die Csiker Zeckel zur Huldigung peremptorie ermanet worden, derweill sie sich aber in ihrem verstockten Sinn, sich auf ihre wälder, gebürg vndt geworfene schantzen, verlassen, vndt nicht huldigen wollen, schicket der Ali Passa den Budai Veszeren, Ismael Passa, mit seinen bestellten Tatern, das eusserste an ihm zu üben, mittlerweill hatte der Herr Petki seiner vornembsten Diener einen, dess Ali Passa Zustand zu forschen ausgeschickt, derselbe wirdt vngefehr verspiert vndt vor den Ali Passa bracht, welcher ihm von stundt an den Kopf abhawen liess, dass der leib 3 tag vnbegraben, nacket vor seinem Zelt gelegen. Alss nun der Ismael Passa, den Csik zu bestürmen verordnet vndt auch aussgeschickt war, brach der Ali Passa den 18. October bei Bunn auch auf, war gesinnet dass Schloss Weisskirch, Herrn Bethleniorum Banner Schloss vndt Hoff stürmen vndt ihn brandt stecken zu lassen, auf Vorbit aber dess Fürsten Apafi wardt derselben geschonet, vndt legert sich demnach oberhalb Vngrischen Creuz vndt dess andern tages oberhalb Udvarhely liess vntterwegenss alles mit schwert vndt feur verderhen vndt verwüsten, dass Udvarhelyer schloss vndt beide Kirchen liess er auff einmall in den brandt stecken, vndt sampt dem Marckt in den grundt verbrennen.

Dess Petki Diener gefangen vndt enthauptet.

NB. Der Ali Passa bricht bei Bunn auff, legert sich oberhalb Creutz, vnssere Stadtleut machen sich nach dem auffbruch inss lager, welche etlige Tatter, so sich ihn Weisskirch verstecket, antreffen, vndt etlige niederhawen vndt berauben.

Schicket auss demselben leger durch zween Udvarhelyer Zeckel die drei Stuller Zeckel noch einmall peremptorie zur Huldigung zu ermahnen, welche alss sie dess Ali Passa ernst vndt den rauch vndt Dampf ihrer benachbarten Dörfer sahen, schicketen sie gewisse Legaten (sampt 2 schönen rossen geschenk) zur Huldigung, der Ali Passa aber bliebe bis zum ausgang der Csiker expetion, dahin der Ismael Pascha schon gezogen war, alda bei Udvahely still liegen.

Damit mir auch widerumb dess Fürsten Kemeny vndt dess Generalen Monte Cuculi abreissen von Clasenburg etligermassen berühren mögen, haben mir gehört, wie der Fürst Kemeny auff der Szilagy zu sehr demütig vndt bekümmert, der General Monte Cuculi auff Nagy Banya zu gezogen, welcher alss denn von dannen sich auff Szakmar vndt weiter ihn Vngern begeben, welchem neben den armen Soldaten, so vntter weges vor Hunger starben, auch hin vndt wider, vill seines Volcks erschlagen wurde, wie denn die Wardeiner Türcken sampt denen so ihm Schloss Sz. Job lagen, eines tages nicht fern von Sz. Job auss Sübenbürgen teutsche vndt Vngrische, von grossem Hunger ermattete Völcker antrafen vndt niederhieben dass 10 Führen Häupter ihn Wardein geführet worden; dass aber der General Monte Cuculi von Clausenburg sich aufgemacht, vndt nicht weiter inss landt gezogen, wurde gesagt, dass er gleich den Tag alss er bei Sombor ankommen, Keysserlige schreiben entpfangen, darinene Seine Majestät dem Generalen geschrieben, dass weillen er vom Fürsten Kemeny falsch bericht worden, alss dass der Ali Passa auss befehl der Port einen Passa inss Fürstenthumb einsetzen zu lassen, vndt selber ihm landt einen sitz zu machen, willenss sei, alss hette er ihm hilffleistung gethan. Weill er aber vernommen, dass ein Christen Fürst eingesetzet worden, wollte er eines mannes wegen sich mit der Port nicht verungünsten, drumb er, ihm pfall ess also sein würde, von stundt an seinen zurückweg nehmen solte; betreffendt den Fürsten Kemeny, derselbe zoge auss dem Szilagy vntter dass Schloss Eczed, sich mit dem Rakoczi Ferenz zu begegnen, alss der Rakoczi auff des Kemeny begehren vor dass Schloss kommen, soll er mit diesen worten gefragt haben: Mint jart Kyd, Kemeny Janos Uram, az Fejdelemsegel, soll er gesagt haben, az Poganysagh mia nem mehetunkbe, megh kellet ternunk, alss soll der Rakoczi Ferenz gesagt haben, Kurva volt hat az ilyen Fejdelemseghuek, sich vmbwendendt ihn dass Schloss gekehrt vndt den Fürsten Kemeny ausserhalb dem Schloss gelassen haben, welcher mit seinen Soldvölkern vndt Hofgesindt sich nicht weit von den Sübenbürgischen gräntzen, den

Ali Passa zu vernehmen, inss Qvartier begabe, alda er, durch seine kuntschafter der Zeckler eusserste noht, vndt gefahr vernehmen kunte, alss er betrachte, dass ihnen seinetwegen solche gewalt, oder ja ihr endliges Verderben, geschehen wurde, hielt er vor ein Verzachtes stück, vndt auch ein Vnchristliges wessen,

Der Fürst Kemeny leget sich inss Winterquartier vndt bekompt von den Zeckeln ellende Post.

wofern er ihnen seine hilff nicht thun würde, resolvirte sich derowegen mit etligen Compagnien Reutter vndt Dragoner, so er auss Szamos Ujvar vndt Clausenburg zu sich nehmen wolte, sich selbst ihn Sübenbürgen zu machen vndt den Csikern auff Görgeny zu, weill selbiges schloss noch in seiner Devotion were, hilff zu thun, alss er aber ihn solchen gedanken war, vndt sich auf die Strass begeben wolte, fiel ihm sein Jüngster Sohn, Graf Kemeny Ferenz, ihn eine thödtlige Krankheit, davon er am vierten tag seinen geist plötzlig aufgab vndt stürbe, welches wegen vorgenomener Zuch zurückbleiben müste, ess hette aber auch alhie geheissen, Subsidia tarda, sed inania, sintemall wie ess die erfahrung gegeben, dass eben den tag, dass sich Fürst Kemeny hilf zu thun sich aufmachen wollen, soll eben den tag der

Subsidia tarda sed inania.

Csik eingenohmenn, vndt ihn brandt gestecket sein worden mit wegführung 15000 Seelen, wie mir bald hören werden.

Derweill mir aber gehört, wie der Budai Veszer Ismael Passa mit einer grossen anzahl Türcken vndt Tattern, dass Csiker laudtlein zu bestürmen vndt wegen ihres Vngehorsamb vndt widerspenstigkeit ihn den grundt zu verderben, alss zoge er mit etligen bei ihm habenden Zeckelln, so die strass vndt gelegenheit wusten mit seinem Volck vndt Janczaren, die rechte landtstrassen,

Der Budai Veszer ziehet auf die Csiker Zeckell.

die Türckische Reutterey schicket er zur rechten, die Tatter zur linken Handt, damit sie die Schantzen vndt Graben, so der Petki machen lassen, vmbfangen, vndt seitlich von hinden zu angreifen mogten, so wolte er vor zu seiner manheit auch nicht sparen, die Zeckel aber, welche nur eine wehr tragen kunten, vndt von der ankunft der Türcken keine wissenschaft hatten, verwacheten nur die landstrassen vndt etlig fussteig, so sie verhawen lassen, der Herr Petki sampt dem Szurtei György Kappitan vndt seinen 500 Katnern lagen ihm landtlein drinnen, ihn aller sicherheit, genüsseten ihres lebens, assen vndt truncken, waren gutter Ding, vermeinten nicht, dass weill ihre schautzen

fleissig verwachet wären, dass ihre Alpige rawe Wälder vndt
gebürg, anderswo mit Möglichkeit kůnten überstiegen werden,
denn dass wüsten sie nicht, alss der Ali Passa gehört, dass das
landlein eine natürliche Wehr hatte seiner stärcke, vndt schwer,
oder gleichssam vnmöglich sein würde, einzunehmen, weill nie kein
feindt zu ihnen kommen ware, dass er gefragt soll haben, ob ein
Hirsch oder wildt, wie auch ein lastbahrer Essel hinein kommen
künte, alss ihm mit ia geantwortet worden, soll er abermall gesagt
haben, ist solches möglich, so soll ihm ländtlein niemand sicher
bleiben, ich will die bahnen vndt strassen schon aufsuchen lassen.
Alss demnach der Ismael Passa ihn der landtstrassen zum ersten
vndt andern Schantzen, so sie auffgericht langeten, vndt die in aller
Sicherheit, ihn aller Vnordtnung funden, griefen die Türcken, vndt
Janczaren den Schantz starck an, die Zeckel sie aber, Der Badai Vesser
alss sie sich in eill ihn Ordtnung gestellet, männlig stürmet die Cai-
empfingen, sich tapfer wehreten vndt zurückschlugen; ker Sebastien.
Vnterdessen, alss diese miteinander stritten, fiellen die Tattern,
deren ihn die 20000 wahren, zur lincken Handt durch einen abweg,
dahin kein mensch jemallen gewandert war, inss landtlein hinein,
funden alless haussgesindt der Zeckel ihn aller sicherheit ihn ihren
Heussern, vber ihrer arbeit, welcher sie gantze Dörfer Csib wirdt ein-
zusammen trieben vndt fingen, alsso dass sie ihn kleiner genohmen vndt
Zeit auff 15000 Seelen zusammen trieben, vndt nach- gefangen.
dem die Dörfer ihn den brant stecketen vndt einäscherten. Alss
nun die Zeckel ihn den Schantzen sich männiglich wehreten, dass
der Ismael Passa an ihnen nichts schaffen kunte, mitlerweill waren
die Türckische Reitereien zur rechten Hand auch hineingedrungen,
alwohin zugleich vor Zeiten niemandt gereisset war, welche auf
derselben seiten, weiber vndt kinder auch in ihrer gewöhnlichen
arbeit sicher funden, vndt nur wie die schlachtschafe zusammen
binden vndt davon führten. Die Mönch ihm Kloster hatten sich auch
auff des Herrn Petki Vertröstungen, ihn aller Sicherheit beisammen gehalten, vndt von ihren Kirchen bonis nirgendts hin nichts
versorget gehabt, vndt der feindt nicht eher gewahr worden, biss
sie nicht der benachbarten Dörffer feur vndt flammen gesehen,
vndt alssdann erstlig ihre flucht vor die Handt zu nehmen bewilliget,
alss sie aber, ihn solchen Gedancken seien, sehen sie eine grosse
schaar Tattern auff das Kloster zukommen, lassen Kirch vndt Kloster

ihm stich vndt lauffen dem gebürge zu, so nicht weit von dannen.
Diejenigen aber, so sich etwass versäumet, alss der Prior dess
Klosters vndt andern, so sich zu ross begeben hatten, wurden ihm
Klosterthor von den Tattern antroffen vndt mit ihnen eine weill gestritten, biss ettige erhawen vndt gefangen worden. Zween arme
schlucker, alss sie anders nicht entkommen können, vntter welchen

Csiker Kloster wirdt eingenommen vndt geplündert. der Aelteren einer Pater (?) sein sie ihn solchen ängsten auff den boden der Kirchen sich zu salviren, gestiegen, welche nachdem das Kloster vndt Kirchen in den brant
von den Tattaren gestecket, mit verbrennet sein, vndt von ihren
beinen nichts anders funden worden, alss von dem einen ein gantzer
Fuss, was demnach die ellende Mench von Kirchen Ornat vndt
andern Vorraht hinter sich gelassen, weill sie gar nichts davon bringen kennen, ist alles von den Tattaren weggeraubet worden, von
welchen München 3 biss ihn dess Ali Passa leger sehr verwundt
gebracht worden, wass sie aber vor Sengen alss geistlige beicht
Vatter ihrem Kirchen Patron Herrn Petki, so sie vndt den gantzen
Csik inss verderben hilfen bringen, nachgesagt haben, habe ich
Schreiber dieser Geschichten oft von ihnen gehöret, in summa sie
haben seiner gedacht, wie dess Pilati ihm credo.

Alss nun wie oben gehört, die ihm Schantz sich auffhaltende
Csiker Zeckel, alss sie die flammen vndt rauch ihrer brenenden
Dörfer gesehen, sich ihn den vngeheyren Wäldern mit der flucht
salvirten, vndt ein jeder wohin sie das Glück führete, verlieffen
dass zwar ihrer wenig vmbkamen, wurden mittlerweill ihre weiber
vndt kinder weggeraubet, ihrer vill niedergehawen vndt vnmenschliche schande mit ihnen getrieben vndt geübet, dass es zu erbarmen
gewesen, wie zwischen dem erschrecklichen brennen die erschlagene thoden vndt leuchen gelegen vntter welchen zugleich ein vornehmer Edelmann Farkas Ferenz auss Udvarhelyer stull so dahin
geflohen war, nidergehawen wurde, dass der Petki Istvan kaum
selbst mit dem Szurtei György Kapitan, der 500 Meszei sich ihn

Farkas Ferenz wirdt nidergehawen der Petki entkompt sampt dem Lazar Istvan vndt seinem weib zu ross ihn des Görgeny. den Gyergiu, so eine sonderlige Landtschaft von neue Dörfern ist, salviren künte, so sich nach seiner flucht, alssbaldt von neyem verschantzete, vndt sich hintenzu auf dass Schloss Görgeny zu fliehen machete, dess willens, sich mit dem Fürsten Kemeny, so mitlerweil den Csikern zu Hilf, vntter das Schloss Szamos Ujvar gelegert hatte, zu vereinigen, alss er aber derselben erbärmlige niderlag vndt ellender Zustandt vernohmen, wurde er sehr bestürtzt, sich beförchtendt, dass der Ali Passa das Schloss Fogarasch, so nach vntter seiner Gewalt wäre, einzunehmen nicht vntterlassen mögte, alss schickete er seiner schwester sohn Betthlen Gergely mit 200 teutschen reuttern, vndt so vill Vngern zur besatzung nach Fograsch. welche auch glücklich, doch nicht ohne scharmutziren der Vordersten mit etligen Türcken, so schon bei dem schloss ankommen waren, dahin aukamen, an welcher aukunft sich die ihm Schloss, sampt dem Baurenvolck, so dahin geflohen, nicht wenig erfreieten, die Stadt Fogaras alssbaldt ihn den brandt setzeten vndt sich wider die belegerung gefast macheten.

Vntter dieser Zeit regiret die Pest ihn gantz Sübenbürgen, vndt wurden die Weingärten, so wegen der Türcken nicht kunten gelesen werden, nur ihm November gelesen, vndt gab wegen dess langen wartens, köstlige starcke vndt süsse weine. Pest grassiret ihn Sübenbürgen.

Alhie ist weiter zu wissen, dass nachdem mir von vnsserer Stadt nach grosser beängstigung vnssere Portion der Tax erleget hatten, die Herrn Medienses aber ihre Portion nicht erlegen künten, liess sie der Ali Passa mit den Halssen an die Ketten legen derweill aber die Herrn Cibinienses vndt Coronenses mit ihren Taxen gantz zurück waren, fasset der Ali Passa grossen Zorn auff sie, schicket den Cibinienses scharfe schreiben, auff Cronen aber schicket er den Cziausz Passa mit villem Volck die Tax zu exigiren. Die Herrn Medienses werden der Tax wegen an Ketten gebunden.

Ess ist droben gesagt, wie der Fürst Kemeny vntter dem Schloss Szamos Ujvar ihm leger, alss er der Zeckel Verderben vndt niederlag gehört, gantz bestürtzet worden, vndt sich, wider solchen starcken feindt zu setzen, zu schwach befunden, ist er von dannen aufgebrochen, vndt ihn dass Schloss Betthlen, so mit teutscher besatzung verwahret war, begeben, vndt seinen Völckern etwas zu rauben erlaub gegeben, welches ein theill biss auf Neyenmarck ankomen, alda sie den Szilagi Janos, Kapitan der Meszej, sampt 30 Katnern, gefangen mit sich geführet, wie auch den Sarkoszi Gergdy. Derweill demnach der Fürst Kemeny ihm Schloss Betthlen still lage, hat sich der Teleky Mihaly auss dess Fürsten Kemeny Erlaubniss, mit teutschem vndt vngrischem Volck zur Stadt Nösen begeben, zu probiren, ob er sie wegen seiner kuntschaft zur Huldigung möchte kennen bewegen, welches vnversehene ankunft, sowoll ihn der Stadt, alss ihm gantzen revier, grosses schräcknüss erwecket, vndt die Lesser auss den Weinbergen fort lauffen müssen. Alss er aber zur Statt kommen, vndt sein meisterstück der Huldigung wegen brauchen wollen, hat er von dem raht Kurta valazt, dass ist schlechtes bescheidt, erlanget, dass weillen mir dem Fürsten Kemeny *Teleki Mihaly* zu gefallen, vns einmall wider die Ottomanische Port *beginet Nössen* gesetzt haben, vndt darüber, sampt vnssern Dörfern, *vadt wirdt zu-* schier gantz zu grundt gegangen, vndt ihn die asche *rückgetrieben.* gelegt worden, vndt erst mit grossem schaden vom Ali Passa gnadt erlanget, sein mir nicht willenss von der Port mehr abzufallen, ess sei denn der Fürst Kemeny schlüge den Ali Passa auss dem landt, alssdann wollen mir ihm alss einem Vberwinder, gern gehorsamen, alss nun der Teleki Mihaly sein respons bekommen, vndt sein Volck ihn den Mairhöfen gewalt zu thun angefangen, sein mit Stücken vndt Hacken auff sie feur gegeben worden vndt 2 teutsche Reutter vmbkommen, vndt der Teleki Mihaly vnverrichter sachen zum Fürsten Kemeny begeben müssen, welcher auch des andern Tages sich ihn Vngern zu ziehen aufgemacht, die teutsche Reutter ihn die Szathmar ziehen lassen, die besoldigte Völcker ihn Debretz inss Winterqvartier, vndt sich, sampt seinem hoffgesindt ihm Marmorosch vndt dem gebürg liegendes sehr schlechtes Dorff Bikszada, auff Keissers boden geleget.

Nachdem nun wie gemeldt, die Csiker vom feur Schwert vndt viller 1000 Seellen gefängnüss vom Budai Veszeren gedemütiget waren, vndt vmb fernere gnadt anhielten, ward dem Ali Passa Post gethan, vndt zugleich kunt gethan, wie der Fürst Kemeny abermall inss landt kommen, vndt eine besatzung teütsche Völcker ihn dass schloss Fogarasch geschickt hette, ward er, eines theilss der Zeckel wegen erfreiet, vndt eines theilss wegen des Kemeny ankunft, bekümmert, vndt sich dergestalt den Csikern gnade zu erzeigen, *Der Ali Passa* desto leichter bewegen liess; ess ist aber zu wissen, *bekompt wegen* dass der Kassai Ferenz kurtz zuvor, ehe der Betthlen *der Csiker nider-* Gergely ihn Fograsch ankommen, vom Fürsten Apafi ihn *lag eine freidi-* das schloss geschickt war worden, anzukündigen, dass *Fürsten Kemeny* ihm pfall sie nicht huldigen würden, were zu fürchten, *sakunft sehr-* wo der Ali Passa das schloss belegern würde, vndt zu

Henden bekeme, wie er sich denn hören lassen, mögte ers vor sich
behalten, weill aber die ihm schloss von dess Kemeny ankunft schon
einen praegustum hatten, achten sie dess Kassai Ferenz botschaft
vor nichts; alss nun der Ali Passa den einfallenden winter betrachten thet, brach er zu herbstlicher Zeit, alss von tag zu tag
kühler ward, auff vndt begaben sich sampt dem Fürsten Apafi kegen
Fogarasch vndt schluge sein lager eine halbe meill vom Schloss,
vntter solchem seinem abbruch streifeten etliche Tatter vmb Erkedt
vndt Meheburg, treiben 65 ross davon; die Derscher vndt Meh-
burger Jäger machen sich nach, treiben 14 ross ab, *Ali Passa legert*
vndt treiben 51 davon, die Tatter wenden sich vmb, *sich vor Fogras.*
beginnen auss rach das Dorf Mehburg ihn brandt zu stecken,
welche arme leut sich widersetzen, mit ihnen starck scharmutziren,
da denn der gelassene Hann Joannes Krafft, ein gutter
frommer mann mit einem pfeill erschossen vndt *Dess F. Hofpre-*
andern mehr mit pfeillen verletzt werden, alss aber *diger schicket*
endtlich von den Tattern drei erschossen, einer gefan- *Fograsch.*
gen vndt enthauptet wurde, müsten die Vbrigen abweichen. Alss
sich der Ali Passa wie gesagt, nicht weit von Fograsch nidergc-
lassen hatte, schicket er dess Fürsten Hofprediger Joannem Enyedi,
die Festung aufzufordern; derweill aber die teutsche besatzung nicht
lengst ankommen war, vndt sich auff dess F. Kemeny weitere entsetzung vertrösteten, bekame er abschlägige antwort, alss dass sie
dem Ali Passa, anstat der Huldigung, bley vndt Kugellen schicken
wollten, auff welche resolution er mit seinen Bassaken, was mit dem
Schloss vorzunehmen wer, vill zu raht ginge, vndt schlossen, dass
weill der winter mit einfiele; vndt so eine starcke Vestung, ohne
grosses blut vergiessen, nicht leicht kunte eingenohmen werden,
alss were eine General belagerung nicht vorzunehmen, vndt hette
auch solches ihm landt zu vben kein befehl, doch damit er denen im
Schloss gleichwoll eine Angst einjagen vndt vielleicht die Paurschaft,
so vmb dass Schloss geflohen waren, welche eine grosse menge war,
zu henden bekommen möge, liess er mit seinen Janczaren, vndt alle
seinen Fussvölckern einen Anlauf den 1 November thun, welche zwar
biss an den Wassergraben mit Heldenmuht vndt kühn hinandrungen,
aber mit Verlust 300 Janczaren, ihm ersten anlauff abweichen müssen, alss der Ali Passa solchen ernst sahe, thet er befehl einem
Jedweden Türcken einen Puschen stroh mit sich zum schloss zu

bringen, alss sie aber mit statigen schissen abgetrieben wurden, endtlich liess er auss dem Wildtgarten dass Schloss mit Zehntaussendt Janczaren auss Handtrohren beschissen tag vndt nacht ohne aufhören, vnttcr welchem schissen taussent Türcken, den Wassergraben zu benehmen, graben müsten; ess wurden auch die schissende Janczaren offt abgewechselt, nur damit die ihm schloss keine ruhe haben mögen, sie kunten aber nichts schaffen; endtlig wurde auss befehl dess Ali Passa ein Fürstl. schreiben durch vnsseren Stadt Trometer Michaelem Reichendt, so der Fürst bei sich hatte, vndt einen Edelmann inss Schloss zu führen geschickt, welchen auss dem Schloss die Trometen vom munde vndt dem Edelmann dass ross vntter dem leib abgeschossen wurde, vndt zum schloss nicht kommen kunten. Alss endtlig der Ali Passa sahe, dass er nichts schaffen kunte, liesse er die scheüren vndt etlige neben dem schloss ligende

Fograscher bruch vom Ali Passa ihn brandt gesteckt vndt kommen des Ali Passa Legaten von der Port.

Kornhauffen, sampt der schönen mit schindelln gedeckten veber den schiffreichen Altfluss geschlagenen brucken, ihn den brandt stecken vndt mit feür verbrennen; dess andern tages bruche er auff vndt zoge vntter die Hermanstadt, vndt liess gantz fograscher landtsgemeinen ihn den brandt stecken. Alhie ist zu wissen, dass den Tag vor dess Ali Passa auffbruch, welcher der 6 November war, der Czelebi Passa ein gutter Vnger, so mit dem Capuczi Passa, alss das lager bei Deschfalva gelegen, an die Port geschickt war, ankommen dem Fürsten Apafi einen schönen Sametenen, mit Silber beschlagenen Stull zur ehrung bringendt, so biss dato keinem Fürsten widerfahren, neben Vebergebung eines schreiben, dass er der Port getrei sein sollte, vndt seines Fürstenthumbs recht wahrnehmen, vndt solte künfftig der Ali Passa von ihm hören, vndt nicht er vom Ali Passa, welches gebot angesehen der Ali Passa auch von Fograsch abzuziehen, soll beweget sein worden.

Ess ist zu wissen, dass vom 12 tag October die Fürstin Apafi *Die Fürstin leget bei vns.* bei vnss zur Schesspurg, ihn frantz Ohrendts Hauss mit ihrem Hofgesindt gelegen, alss aber den 30. tag selbigen Monats die Zeitung kommen, dass der F. Kemeny inss landt keme, ist sie ihn grosse angst gerahten, vndt sich ihn die burg der Stadt lossiret.

Derweill nun der Ali Passa vntter der Hermanstadt lag vndt der Fürst Apafi vermercket, dass der Ali Passa aus dem landt zu ziehen

willens wer, redet er ihm, wegen gegebener gewalt
der Port starck zu, dass weill er ihn acht nehme,
dass er auss dem landt ziehen wollte, vndt dem landt
noch keinen friden geschaffet hette, wolte er auch ihm
landt nicht bleiben vndt mit ihm auff die Port ziehen,
sintemall er von dem Kemeny, so dess teutschen Keissers Hilff an
der Handt hette, nicht bestehen künte, auff welche dess Fürsten
rede der Ali Passa mit seinen rathen Divan halten liess,
vndt wurde geschlossen, durch den Budai Petter auss
der Walachei 5000 Kurtaner zu holen, welche neben
Zehntausend Veghbeli Türcken, zum schutz dess Fürsten
ihm lande solten gelassen werden, Ittem sollten etlige
Passa mit 300 Türcken, den Pass des Eisernen Thores zu bewachen
verordnet werden, der vbrige Rest Türcken vndt Tattarn sollten
sampt dem Ali Passa vndt dem Budai Vesseren Ismael Passa nachjagen vndt aufsuchen, bei welcher ordtnung ess der Fürst Apafi
beruhen liess.

Sogras wirdt von 20,000 Janesaren mit Handröhren aerrieth be- schoren, 300 bleiben im Stich.

Der Ali Passa begünt auss dem landt zu siehen, vndt wirdt vom Fürsten Apafi hart angeredet. 3000 Kurtaner.

Vnter diesser Zeit lesset der Türckische Keysser auff dess
Ali Passa bericht, dass der teutsche Keysser dem Fürsten Kemeny
starcke hilff gegeben, desselben Legaten oder Kapitany
ihn Arrest nehmen, welcher sich mit dem eydt entschuldigt, ess sei dem nicht alsso, sondern dass teutsche
Volck, so bei dem Kemeny Janos were, hette er mit den 43000 Tallern, so er von der Sübenbürgischen landes Tax genohmen, geworben; der Türkische Keysser schicket zugleich nach diesem Legation
weiss zum teutschen Keysser, ihm zu sagen, weill er dem Kemeny
Janos, wider seinen bundt vndt sein landt Sübenbörgen Hilff gethan,
dieselbe Hilf aber gleichwoll vnverrichter sachen auss dem landt
gezogen, alss solte solches bei ihm ihn ein Vergess gestellet werden.
er solte ihm aber dess Fürsten Kemeny Haupt alssobaldt
zuschicken; würde ess nicht geschehen, solte er dessen
gewiss sein, dass den folgenden Sommer gantz Vngerlandt mit Tattaren vndt Türcken solte überschwemmet
sein, auff welche Legation der teutsche Keysser von
stundt an mit abbrechung aller Mairhoff vndt Vorstedt ausserhalb
Wien, starcke Schantzen werfen liess, vndt war gesinnet den Fürsten Kemeny mit list zu fangen, vndt den Türcken zu vberantworten, auss Vrsach, weill er ihn mit lügen berichtet hette, alss

Dess Römischen Keissers Legat wirdt auf der Port remonstirt.

Dess F. Kemeny Janos Haupt wirdt auf die Port zu schicken begeh- ret vndt gibt zu Wien forcht.

wenn der Ali Passa gesinnet were gewessen, einen Türckischen Passa inss landt zu setzen, derweill aber ein Christenfürst were erwehlet worden, wolte er sich eines menschen wegen, mit dem Türckischen Keysser nicht verwirren.

Fürst Kemeny trachtet sich an Säbenbürgen zu thun. Alss aber der Fürst Kemeny, so täglich seine leut an dess Keyssers hoff hatte, der beider Keysser Verlauff innen wardt, nahme er sich fleissig ihn acht, vndt wolte nicht weiter vmb Hilff sollicitiren, sondern trachtet nur, wie er mit seinen besoldigten Völckern auss rach der Sübenbürger abfall einen vnversehligen einfall inss landt thun möge, wie denn auch künftig geschahe, darüber er sein leben einbissete, vndt die geschinte haut seines hauptes, dem Türckischen Keysser zugeschickt wurde, wie mir baldt hören werden.

2 Senatores Coronenses werden auf dess Ali Passa befehl in Eisern geschlagen. Belangendt vnter andern der Croner restirende Portion der Tax, ist zu wissen, dass nachdem 2 rahtherren alss Schneweiss vndt Lucas Hirscher etwass an ihrem theill bracht vndt 30000 Taller noch gemangelt, hat sie der Ali Passa ihn Handteisen schlagen lassen, vndt vnter der Janczaren wacht gestellet, allwo der Herr Lucas Hirscher auch mit schlegen soll geschlagen sein worden, derweill derowegen noch eine grosse Summam der Tax zu erlegen war, schicket der Ali Passa eine zimlige anzahl Türcken zur Exigirung der Taxen, derweill sich aber die Türcken (einer nach dem andern kommendt), sehr gehäufent vndt eine ziemlige anzahl worden, haben die Croner, auss solchem ihrem Vbersehn ein grosses schräcknüss entpfangen, vndt diesse list erdacht, dass sie eine gutte anzahl bürger ihn eissen gekleidet vndt die thorer bewachen lassen, vndt sich sehr muhtig gestellt, alss solches die Türcken gesehen, sein sie mit frieden auss der stadt gezogen, ess hatten ihnen aber die bürger grossen schaden gethan, ihndem selbige Türcken, alle ihre Pracht gesehen, welches die bürger nicht ihn acht nehmen können, dass auff der Türcken information der Ali Passa an ihrer gebührenden Portion der 80000 Taller nichts nachlassen wollen, sondern alles ihn eill erlegen müssen.

Wallachische vndt Moldavische Legaten. Vmb diese Zeit schicken beide Waida Moldner vndt der Wallachische, Legaten zum Fürsten, mit bit anhaltendt, dass weill sie vernehmen, dass nachdem sie begehrte Summam der Kurtaner würden geschickt haben, mögten die Tatter abgelösset werden, vndt durch ihre länder ziehen, alss solte derowegen Sr. Fürstl. Gnaden geflissen vndt verhilflich sein, damit sie anderswohin, abgewissen mögten werden.

Ad die 20 November wirdt auss Zulassung dess Ali Passa, so vatter der Hermannstadt lag, ein landtag auff Klein- schelken beruffen, den Fürsten Apafi zu confirmiren vndt damit er dem landt den Eidt ablegen möge, dahin von vnsserer Stadt Herr Andreas Keisser Regius Judex, Martinus Scheser, Joannes Paulini vndt Georgius Hirlingh geschicket wurden, dahin den 22. desselben Monats der Cziauz Passa vndt Czasar Passa mit 1200 Türcken vom Ali Passa geschickt, ankamen vndt zur Confirmirung des Fürsten die Insignia, alss Fahn, Buzgahn, Szabel, Hut vndt köstlichen Federpusch, sampt angerüsten ross, vndt anderm zugehör, anbrachten, alda der Fürst die Confirmation entpfinge.

Zu Kleinschelken wirdt Landtag gehalten.

Vnter wehrendem landtag schicket der Fürst Apafi den Nemes Janos mit 1200 Zeckellen vndt 9 Fahn Türcken, die Fürstin Bornemisza Anna von Schesspurg Cibinium abzuhollen, vndt schreibet zugleich dess Haller Palss Magnifici togterlein, so nach seiner haussfrawen flucht ihn der Stadt blieben war, fleissig zu verwachen, vndt nicht auss der stadt zu lassen, sintemall er die Stadt zu verbrennen, rach wegen gedreiet hatte, welches zwar dem auch alsso war, vndt man auss dem Spötischen schreiben, so er nach abziehen seiner frawen an die Stadt gelangen liess, schlissen künte, ihn welchen er der Stadt sehr heftig dreiete, sed vana sine viribus ira, er kunte wenig schaffen, vndt müste doch den Zorn in sich verbeissen.

Die Fürstin Bornemisza Anna liebet Cibinium.

Auff diessem Kleinschelker Landtag wurde vnter andern auch diesses beschlossen, dass alle Adelleut ihn gemein, so sich bei dem Fürsten Kemeny auffhielten, bei Verlierung aller Hab vndt Güter, sich inss landt verfügen solten, dahin denn alssbaldt schreiben geschicket wurden, welche aber alle aufgefangen, vndt vom Fürsten Kemeny verpartiret worden, jedoch, wie gesagt, sollen doch endtlig nach zinlig verflossener Zeit, selbe schreiben einem Jedem abgegeben sein worden; auss solchen schreiben hatte der Fürst Kemeny gleichwoll sich ettigermassen erklaubet, vndt alss er gleichssam an seinem Fürstenthum algemach angefangen zu zweifeln, hat er ex Castris ad Kövar positis, folgendes inhaits in wehrendem Landtag geschickt, dass er sich seines

Was ihm Kleinschelker Landtag geschlossen.

Fürstenthumbs, so gross nicht achten wolte, ihm pfall ihm seine Bona Transilvanica intacte wurden gelassen, vndt ihm auch ellige Postulata Versicherung geschehen mögte werden, er hatte aber neben dem Schreiben einen Vngerlandischen Adelmann inss lande geschicket, alle Handel des Landes ausszuforschen, alss derselbe sich eine Zeit vmb die Fürstin ihn der Hermanstadt vnbekant aufgehalten, diesser kompt endtlig auch ihm landtag an, vndt wird erkannt, dass er ihm landt, vntter webrenden disturbiis, vill Vebels gethan, vndt vill Adelleut Hoff auffschlagen vndt berauben helffen, welcher gefangen vndt am Galgen zu hencken condemniret wardt, alss er nun vntter dem galgen angebracht, vndt die Türcken seines Verbrechens inne werden, können sie seines auffhenkers nicht erwarten, lauffen hin vndt hawen ihn vntter dem galgen zu stücken.

Alss nun die Verrichtungen dess Kleinschelker Landtags vorüber waren, vndt der Ali Passa dess Winters wegen, so mit einfiell, seinen auffbruch von Hermannstadt nehmen solte, begehrten die Status Regni vndt der Fürst vom Cziausz vndt Czattar Passa 6000 Janczaren vndt 4000 Reuttende Türcken, zum schutz ihm landt zu lassen, welche aber nicht mehr als 500 Janczaren, vndt auss beiden benachbahrten ländern, so vill man Volk haben wolt, versprachen, alss aber dass landt solches nicht billigen wolt, schreiben die Passa an den Ali Passa, welcher demnach den Ibraim Passa mit 4000 Türcken vndt 2000 Kurtanern, ihm landt zu bleiben bestellete. vndt wurden auch noch den tag auff die beyde gemeinen Heldt vndt Michelssberg einqvartiret; der Ali Passa aber brach mit seinem Volck auf vndt legerte sich bei das Wallachische Dorff Zilist. auf solche ernante Türcken vndt Kurtaner wurden ihm landtag auff jedes Kappu zur Speisung selbiger Völcker ein Cub. Korn vndt so vill *Nach abzoch dess* Haber, auffgeschlagen; vndt nam der Landtag den *Ali Passa bleibt* 25 November auch seine endtschaft, vndt musten alle *eine Summa Türckes ihm landt.* 3 Status vndt diejenige, denen die Regalia geschickt waren, mit den Türkischen Völckern zum Ali Passa, bei den Zilist ziehen, von dannen wurde der Sarosi Andras Deak, ein Adelman, zum Keisser Leopoldo Ignatio nach Wien geschickt, welchem die Status Regni, wie auch der Ali Passa geschriben, sich vom Fürsten Kemeny zu befreunden, vndt wider dass landt nicht hilf zu geben. sonst muste er den künftigen Sommer vom Türcken Krieg haben, welches denn auch geschehen, wie mir hören wollen.

Nachdem nun vnter diessem Verlauff dass praesidium ihn Fograsch, teutsche vndt Vnger, sich auss nobt auss dem Schloss begeben, vndt den benachbarten Dörfern grossen schaden zu fügeten, wurden die bei Hermanstadt liegenden 2000 Kurtaner zur wacht dahin geschickt, welche vnversehens etliche teütsche Reutter, so vmb füterung aussgeritten, antreffen, mit ihnen den 9. December scharmutziret, da denn etlige teutsche reutter erhawen vndt von den Kurtanern nur ein eintziger gefangen ihn dass Schloss, mit einem schuss geletzet, geführet worden. Zween Adelleut, alss der Ugron Andras vndt Bencze Gergely, so eben vmb selbe Zeit zu Jagen aussgeritten waren, künten auch schwerlig ihn dass Schloss ankommen.

2000 Kurtaner werden wegen der teutschen Völcker in Fograsserlandt geschickt.

Die 10 December kommen schreiben vom Waida aus der Walachei an den Fürsten Apafi, vndt an die Status, dass man alssbaldt Legaten an die Port schicken solte, vndt mit erzehlung dess grossen schaden, so ihm landt geschehen, vmb linderung der Tax anhalten, er were gewiss, dass die helfft würde relaxiret werden, auch wurde eben dazumahlen von demselben Waida geschrieben, dass den 17. November der F. W. Herr Joannes Lutsch Regius Cibin. auff der Port an der Pest gestorben sei, auf welches absterben ohne langen aufschub an seine stat, der N. F. W. Herr Andreas Fleischerus, Schneider, den 12 December Pro Regio erwehlet vndt confirmiret wurde, welchem Gott das leben fristen vndt mit reichlichem segen begnaden wolle.

Vom Waida ihn der Walachei vndt Herrn Joannem Lutsch von der Port kommen schreiben ins landt.

Alss nun der Ali Passa, dess einfallenden Winters wegen nicht lenger ihm landt bleiben kunte, vndt die angeschlagene Summam der zweihundert fünfzigtaussendt Taller beisammen hatte, begehrte er eine grosse Summam wägen vndt Zuch gütter auf die Strasse, alss aber etwass Verzuch geschahe, vndt nicht eillendt anlangeten, liesse er alle bei ihm sich aufhaltende Sachssische Herren in Halsseissen vndt ketten legen, nämlich nominauter folgende: Herrn Melchiorem Stukkard Senat. Cicin. Joannem Paulinum et Georgium Hirlingh Senat. Segesv. Bartholomaeum N. Sedis Jud. Mercur Andream N. Sedis Jud. Leschkirch Alexandrum Bohemum Sen. Szász Sebessiensis Joannem Walldorfium Judicem Bistr. Michaelem Kirschner

Der Ali Passa lesset etliche Herrn der Universität gefänglich nehmen.

Sedis Jud. Rupp. Diesse bestimpte W. Herrn sein auff dem Szilister feldt an einer Ketten geschlossen gewesen, Ittem Herr Michael Schneeweiss, Senat. Coron. ist allein in Eyssen gegangen.

Nach abziehen dess Ali Passa zoge F. G. ihn die Hermannstadt,
Ein treffen zwi- bei der Fürstin eine weill zu bleiben, mitlerweill kame
schen Apafischen ihm Post, das des Fürsten Kemeny Völcker von Claus-
vndt Kemeny-
schen. senburg sehr aussstreiffetenn, alss schickete er, vntter dem Orban Sigmund vndt Szilagyi Janos der bester drei Stüller vndt Marosfzeker Zeckel, dergleichen Kemenysche Völcker auffzusuchen, welche bei Ludos vndt Bogat auf einander stossen, vndt von Kemenyschen geschlagen vndt getrennet werden, ess wurden auch dazumahl der kendeffi Miklos, Punkesdi György vndt Stephanus Tattarlaki
Ein rest der Tax Notar Med. mit einer gewissen hinterstelligen Summa
wirdt dem Ali der Tax, dem Ali Passa nachgeschickt, welcher sie mit
Passa nachge-
schickt. derselben an die Port zu ziehen dirigiret hat.

Die 16 December wirdt der Fürst Apafi, wegen dess F. Kemeny streiffenden Völckern bewogen, mit seinen 4000 Türcken vndt vmb Fograsch ligenden 2000 Kurtanern, sampt dem wenigen landtvolck, auf Medwisch zu zihen, alwo die Völker hin vndt wider ihn die Qvartier geleget wurden, dahin den 19. selbigen Monats von der Port ein vornehmer Legat auss der Walachei, dess Waida Poharnik bei sich habendt ankommt, zu erforschen, ihn wass Zustanden der Ali Passa den Fürsten Apafi, vndt dass landt gelassen
Dess Ali Passa hette, mit bericht, dass der Ali Passa befohlen, sein
Verhaltung zu
forschen kompt Winter Qvartier zu Temesvar zu halten, vndt dass ihm
ein Legat ss. Lugos vndt Keransches 15000 vndt zu Wardein 20000 Türcken. Sübenbürgen zum Schutz, verordtnet weren, vndt ihm pfall ess noht haben würde, sollten sie stündtlig, dem landt zu gutt, zu kommen schuldig sein.

Pest vndt Viehe Vmb diesse Zeit, vngeacht dess Winters kälten,
sterb ihm Landt. grassiret die Pest noch vort ihn landt vndt schier durch die gantze welt, vndt stirbt auch dass Viehe häuffiger weiss.

Droben ist gesagt, wie der Sarkozi Istvan sampt dem Szilagyi zu Feldorf von den Kemenyschen Völckern gefangen geführet worden, der Szilagyi ihn dass Schloss Betthlen, der Sarkozi ihn den Szilagysagh ihn den Hadat, welche der Kemeny Janos endtlig ihm Zorn gesinnet ist gewesen lebendig bratten zu lassen, auf Vorbitt aber etliger Edelleut vmb 2000 Taller frei gelassen worden, wie denn auch künftig der Szilagyi auss dem Betthlen frei kommen.

Alss nun, wie gehört, die vmb Fagrasch liegende 2000 Kurtaner mit F. G. auff Medwisch gereisset, ziehet der Betthlen Gergely, mit seinen teutschen Völckern auss Fograsch vndt weiter zum Kemeny Janos, vngehindert ibn Vngerlandt, vndt werden dergestalt auch die Croner Herren so ihm zurückreisen vom Ali Passa mit gewalt ihn dass schloss geführet worden, ihres gefangnuss frei gelassen. *Alhie ist wegen des Betthlen Gergely aussnach gefehlet wie hänfig gefunden wirdt werden.*

Die 23 December kommen vns vom Fürsten Kemeny schreiben, dass mir die Ihm Kleinschelker Landtag angeschlagene Proviant von Korn vndt Haber, ihn den Szamos Ujvar vndt Görgeny führen sollten, vndt kein schwert wider ihn führen, sintemall er der Legitimus Princeps Transilvaniae wer, vndt künftig genaue Rechenschaft von allen Officialibus fodern wolte, wir nehmen den bohten gefangen, vndt schicken ihn sampt den briefen zum Fürsten, welches auch neben vnss alle Stätt gethan, wie auch die Cziker Zeckell ebenermassen, welche, weill ihnen ihre Weiber vndt Kinder ihn der Türcken Hende kommen, wider den F. Kemeny, den Petki Istvan vndt Lazar Istvan zu streiten befftig gesinnet waren. *Vom Fürsten Kemeny kommen schreiben ins land.*

Die 26 December. Stephani kommen dem Fürsten Apafi schreiben, dass der Fürst Kemeny, mit seiner Armada, vill Keysserische teutsche Völcker bei sich habendt, auff Siebenbürgen keme. Alss schickete er dess andern tages 27 December 3000 Völcker, Türcken, Kurtaner vndt Zeckell auf Nössen zu. Alss sie aber bei dem Neyenmarck auf die Kemenyschen stossen, vndt sich zu opponiren zu schwach befinden, sintemall, sie schon am Neyenmarck sich gesetzet, vndt etlige Dörfer aufgeschlagen hatten, kehren selbige 3000 Strosen abermall zum Fürsten, die Kemenysche Völcker aber streiffen den 30 December gar biss auff die Edele gemein Roht, welche von den einwohnern zum drittenmall abgetrieben worden, endlich hintterkommen sie die Kemenysche, erschiessen ihnen 6 menner vndt nehmen ihnen auff die 100 ross, wie auch den Malldorffern damals 2 Menner vmbkamen, vndt den Hohendorffern vill ross genommen worden. *Kemenysche Völcker fallen ein vndt thun schaden.*

Nachdem nun der Fürst Kemeny den Fürsten Apafi ihn der Stadt Medwisch zu seyn verkuntschaftet hatte, brach er ihn *Anno 1662.*

anfang des 1662ger Jahres den 3. Januarii auss dem Vngerlendischen Dorf Bikszada auff, vndt nam mit seinen bei sich habenden Herren vndt rähten, alss Herr Haller Gabor, Petki Istvan, welcher nach der Csiker niderlag durch Görgény entsprungen vndt zu ihm auff Vngern geflohen war, Herr Betthlen Janos, Betthlen Farkas, Haller Janos, Banffy Dienes, Szent Pali Janos vndt andern mehr, seinen weg Sübenbürgen zu, thet dergleichen alss hette er biss dato nichts gewisses bei sich beschlossen, da er doch den gantzen Handel albereit angestellet, vndt wie gehört, schon ihn die 2000 Klaubauff voranziehen lassen, alss er demnach solches sein Vornehmen selber seinen Herren andeutete vndt seine noht, so ihn inss landt zu ziehen nöthigte, erzehlen thet, wurden sie vber eine so gefährliche sachen,

<small>Kemeny Janos hat einen heimligen anschlag auf Sübenbürgen verwendt seinen Landherren.</small> vnttereinander gleichsam bestürtzt, vndt begünten ihm sein Vorhaben zu widerrahten, vber welches der Fürst Kemeny chenermassen bestürtzet, vndt ihn grossem eiffer vndt Zorn beweget wurde, sagendt: ich habe, ihr meine Herren, nicht mit geringen schmertzen vndt betrübtem gemüht, derselben abmanung vndt widersprechen diesser meiner reiss anhören kennen, vber welches ich mich nicht wenig verwundern muss, oder haben vielleicht der Sübenbürgischen Stände schreiben, so ich denselben nicht lengst vberlieffern lassen, deroselben gemüht so ganz verwandelt, vndt zweiffelln nun gantz nicht, dass dem nicht alsso sei, vntterdessen aber warnen mir einen Jeden vatter ihnen, damit von niemanden etwa brieff oder bohten ihn Sübenbürgen geschicket mögen werden, anders mege derjenige, so solches thete, gantz zu grundt gehen müssen; denn solten mir von Sübenbürgen, vnsserem Vatterlandt, gantz vndt gar ausgeschlossen sein, so wollen mir lieber verschaffen, dass auch andere dasselbe nicht besitzen mögen, vndt hat weiter darauf ge-

<small>Kemeny Janos entdecket seinen anschlach.</small> sagt, er wollte ess darauff wagen, vndt inss landt ziehen, ess mögte ihm schädlich oder nützlich sein, vndt ihm geben wie ess immer wolle, auff welches ihm keiner vntter ihnen eine eintzige antwort geben dörffen, vndt demnach ihre reiss mit ihm fortgesetzet. Aber alssbaldt er sich auf den weg begab, fiel starckes Regenwetter ein, vndt verwandelte sich die grimmige kelte ihn regenwetter, dass alle gewesser anliefen, vndt ihnen das reissen, vorans den teutschen Völckern, sehr schwer liel.

Alss der Fürst Kemeny sich derowegen mit der Fürstin, so ihn biss ihn dass Dorff Dobravicza begleitet hatte, beurlaubet, schicket er den Szent Pali Janos, mit 2000 Kartnern, sich mit dem Ebeni Istvan, vndt Claussenburger Völckern, zu conjungiren, voran zu ziehen, mit befehl den Fürsten Apafi ihn der Stadt Medwisch gradt zu vberfallen, vndt den weg zu verhalten, damit er nicht in eine stärckere Stadt sich begeben möge, welche denn auch sich dahin accomodireten vndt gerade derselben Stadt zu zogen, schicketen aber 200 Reutter bevor, den Zustand des Fürsten zu erkundigen, alss aber diejenigen von dess Apafi Völckern, so ihn dem qvartire lagen, vermercket worden, vndt dem Fürsten zu kunt gethan, fertigte er mit raht seiner Herren 2 Adellent vndt einen ehrligen Stadtmann, alss den Birkessi Geörgy Deak, Jakob Deak vndt Antonium Kirschner Civem Medien sem zum Fürsten Kemeny ab, durch welche er, sowoll ihn seinem, alss der Landtstände nahmen, ihm aller seiner Sübenbürgischen honorum freien besitz versprechen, vndt darneben bitten liess, damit er sich doch dess ellenden vndt nunmehr verwüsteten Sübenbürgen seines Vatterlandts, erbarmen, vndt mit seinem waffenführen die mächtige Nation der Türcken, welchen er auch vill zu schwach were, nicht weiter reitzen möge, dass vbrige wenige Sübenbürgen inss Verderben zu bringen; kunte er aber mittlerzeit die Port begüttigen vndt zum freundt machen, wolte ihm dass gantze landt gern gehorsamen, vndt vor dess landes Fürsten erkennen. Alss aber diesse Legaten zum Fürsten Kemeny, auff dem Halo Meszeö, oberhalb Deesch bei dem Szamosfluss ankamen, behielt er sie, nach ihrer anhörung bei sich, vndt reissete immer vor sich vndt ob sie schon eine gewisse resolution offt solicitirten, wolte er sie doch keinen weg von sich lassen.

Vnter diessem Verlauff, alss der Fürst Apafi dess F. Kemeny ankunfft vndt March gewiss vernohmen, getrawete der Fürst Apafi sich nicht lenger zu Medwisch, alss an einem so schwachen ohrt, auff zu halten, sondern schicket sich des andern tages, sich nach Schessspurg zu begeben vndt war denselben tag alda zu Medwisch grosser lerm, ihndem die Türcken die Vnger vor Verrather scholten, welche alle heimligkeit dem F. Kemeny zuschriebeten, vndt wolten sie umbringen, dass der Fürst ihn grossen Aengsten war, ess wurde doch gleichwoll *erhebet sich ein Lerm zu Medwisch.* ohne gefahr gestellet; denselben tag flohen vill Zeckel von Medwich, welche bei vnsserer Stadt vorüberzogen mit gebrochenen Kopgyen ihn den Heuden, so sie selbst vntterwegens zerbrochen (auss furcht sie mögten auffgehalten werden) vorgebendt, sie wären von dess Fürsten Kemeny Straszen bei Neyenmarck geschlagen, vndt ihrer vill vmbkommen, ist neben *2000 Kurtaner vndt vill Zeckel entrinnen dem Fürsten Apafi.* grosser lügen ein feiner praetext, ihn diesser nacht, vor dess Fürsten Aufbruch von Medwisch, entrinnen die 2000 Kurtaner, so zu Meschen, ihm Marck einquartiret waren, auss Furcht dess Fürsten Kemeny vndt zogen bei dem rohten Thurm inss landt der Walachei etlige vndt zwar die meisten bei Cronen, vndt hat sie zu solcher flucht ihr vornembste Hadnagy, Gombos Janos genannt, bewogen, welcher dem Fürsten Kemeny vor einen Koch ihn die 15 Jahr soll gedient haben, vndt ihm hiemit einen Danck vndt lob zu erlangen, nicht geringe freundschaft erlangen, nicht geringe freundschaft erwissen. Der Fürst Apafi bekamme aber nicht geringes schrecken davon.

Den tag vor dess F. Apafi auffbruch von Medwisch, kamen dem Fürsten vntterschiedlige schreiben an, alss vom Ali Passa, welcher Versicherung thet, der Fürst solte getrost sein, an Hilff solte ihm nicht mangeln, sintemall der Cziauz Passa bei beide Waiden gereis- *Es kommen vom Ali Passa schreiben.* set, vndt neben der Walachischen hilf, mit 6000 Türcken bei Cronstatt inss landt kommen würde. Ittem kommen auss Polen von dess Fürsten bruder schreiben mit bericht, dass weillen die Polen vernohmen, dass seine F. G. alss sein leibliger bruder, zum Regiment gelanget, wenn er, sampt seiner *Fürst Apafi bruder vndt seiner schwester sohn wirdt ihn Polen auss den Eissen geschlagen.* Schwestersohn Gyeroffi von den Eissen so Pfund 36 gewogen, geschlagen worden, vndt nun sub honesta custodia etwass linder gehalten werden.

Die 12 Januarii brache der Fürst Apafi sampt dem Ibraim Bassa zu Medwisch auff vndt langeten den tag, vnss vnwissent zu Epeschdorf an, denselben tag, lauffen die hundert menner nach solcher Post, zusammen, etlige gutt bezecht vndt betrunken, erzeigen sich rebellisch, mit Vorgebung, den Fürsten Apafi sampt den Türcken nicht ihn die Statt zu lassen, vndt vermeineten mit vollen Köpffen die Mauren einzulauffen, vndt die Stadt Thörer zu sperren, dass eine Obrigkeit grosse mühe hatte, biss sie gestillet wurden, vndt langete demnach der Fürst Apafi sampt dem Ibraim Bassa, selb 3888 Türcken Janczaren vndt etwas wenigen Zeckelen den 13 Januar allhie zu Schesspurg an, vndt leget sich ihn die vntterste Stadt sampt den Türcken.

Wegen ankunfft dess F. Apafi erhebt sich zu Segesvar ein Tumult.

Da nun, wie oben gesagt, der Fürst Kemeny den Szent Pali Janos sich mit 2000 Katnern, mit dem Ebeni Istvan zu conjungiren, bevorangeschickt, welche in ihrem Vornehmen auch fast geeilet: alss sie aber vernohmen, dass der Fürst Apafi von Medwisch auff Schesspurg, so eine Starcke Stadt ist, gereisset, setzen sie ihm auff dem Fuss nach, vndt legerten sich ihn dass Dorf Scheess, so eine halbe Meill von der Stadt lieget, vndt vmbhielten dess andern tages die Statt, damit ihnen selbiger Fürst nicht entkommen möge, berichteten auch ihren Fürsten Kemeny alssbaldt, damit er auf dass eheste

Die Kemenysche Völker setzen dem Apafi nach vndt lassen sich zum Segesd nieder.

ankommen möge, welcher sich dazumalen vmb Szamas Ujvar vndt Bethlen mit seiner Armee befunden, vndt auff solche bottschaft von stundt an 2500 seines Fussvolcks vndt Szabat legeny vorschicket, so allenthalben alles verheereten vndt verderbeten. Mittlerweill eillete der Fürst Kemeny auch fort vndt schicket den Neumarckern schreiben, ihm zu huldigen, vndt seinem Volck Speise zu schicken, wo nicht, wolte er den Marck ihn den brandt stecken lassen, der Richter Kovats Ferenz, ziehet selbander selbst zu ihm, vndt wirdt von ihm begüttiget, müssen aber vill Proviant inss leger schicken, mittlerweill bedencken sich die Neymarcker, ihn ab- wessen ihres Richters, eines andern, begeben sich ihn die burg mit allem wass sie haben, lassen den Marck

Die Neymarcker wollen dem Fürsten Kemeny nicht huldigen.

wüst, entpietten dem Fürsten mit etligen seiner Völcker, so vmb Proviant kommen waren, dass sie zwar etwas dergleichen praestiren wolten, dass sie aber von der Port, vndt dem Fürsten Apafi abstehen mögten, wolten sie nicht thun, er mögte mit dem Marck machen, wass ihm gelüstet; alss solche bottschaft an den Fürsten Kemeny gelanget, waren der Richter sampt seinen mit herren schon von ihm verreisset, vndt auch ohne gefahr zu den ihren kommen, ob der Fürst zwar sehr darüber erzürnet, ist er doch mit friden, neben dem Marck vorbei verreisset.

Da nun der Fürst Apafi sich zu Schesspurg niedergelassen, vndt die Türcken sich neben dess Fürsten Kemeny ankunfft, einer belagerung besorget, wie denn auch geschahe, fielen sie auf der

Stadt Mairhoff, führeten alles wass sie von vngedroschenen früchten, Stro, Hey, Holtz vndt anderen funden, ihn die Stadt, auch waren denselben Tag, so der 14 Januarii war, etlige Türcken Proviant wegen auff Peschendorf vndt Kreisch, welche beide Dörffer den Herrn Bethleniis zugehörig, gereisset, alss aber eben denselben tag der Varadi Janos, mit 2000 Kemenyschem Volck, ihn vnssern Stul zu Holdvilagh ankommen, vndt selbiges Volcks ebenermassen nach Peschendorf vndt Kreisch verreisset, die Türcken allda antreffcndt, haben sie beide Dörffer vberfallen, Nr. 8 Türcken gefangen, vntter welchen sie den Vornembsten enthauptet, die andern sampt beider gemeinen tiszten, oder Verwaltern zum Fürsten Kemeny geführet.

Nota. Allhie ist zu wissen, dass nachdem die Pest allenthalben ihm landt hefftig grassiret, doch an einem ohrt härter, alss am andern, alss hat dieselbe Gott Lob vndt Dank, ihn diessem Monat Januario nachgelasset vndt sich gestellet, vndt sein bei vnsserer Stadt gestorben Nr. 620 Seellen darunter 113 Junge Manschafft, vndt zwar der besten, gefallen, ihn der Hermanstadt sein gestorben Nr. 2320, wie vill anderswo ihn den Stätten vndt Märcken darnider gelegen, soll mit gelegenheit auch, wo möglich, erforschet werden.

Die 25 Januarii kommen 200 dess Varadi Janos Katner gar biss auff vnssere Steinley, lassen sich auff der Schliff vndt bei dem Steinen bildt sehen, berauben etlige auffvndt abreissende Pouren, welches ihn der Stadt grossen lerm macht, vndt wirdt ihn den Pasteyen alles zum schissen angeordtnet, Nr. 300 Türcken, sampt dem Szilagy Janos, mit 50 Maros szeki, rennen hinauss, Jagen den Kemenyschen biss bei Alesch dass Dorff nach, alss sie aber auff 3000 Kemenysche Völcker ihn selbem grundt ersehen, kehren sie zurück. Alss der Fürst Apafi, sampt den Ibraim Passa, solche Post vernehmen, lassen sie den Herrn Consulem sampt dem gantzen raht, noch selbigen abendt zu sich begehren, welches dem gemeinen Pöbel vill gedancken machet, argwohnten, ess mögte der Burg wegen sein, vndt der Raht ihn den Arrest genohmen werden, welches wegen, insonderheit bei den Weibern, vill weinens vndt Haar aussrauffens macht. Alss wurde derowegen geschlossen, nur den halben raht, sampt dem Herrn Consule zum Fürsten zu schicken, damit nicht alle ihn gefahr kommen mögen, ess wurde aber ihn selbem rahtschluss nichts anders gehandelt, alss dass die Wachten fleissig ungeordnet mögen werden, vndt bei der Port vndt dem Fürsten Apafi treylich zu halten, wolte anders die Statt nicht ihn dass eusserste Verderben gerahten, sie aber herkegen wolten ihr leben vndt blut neben der Statt auffsetzen, alss wurden sel- bige nacht von den Türcken, vndt Vngern ausserhalb der Statt fleissige wachten gehalten, vill aber vntter den Zeckeln, so auff der Wacht waren, rissen auss vndt entflohen, eines theills legeten auff ihren lohamentern die Zeun vndt geschetzer nider, entkamen vndt befahlen ihren Fürsten den Türcken. *Der Rabt wirdt zum Fürsten Apafi vndt dem Kocsak Pasa gefodert, vndt gibt bei dem Volschrecken.*

Alhie ist weiter zu wissen, dass des andern tages, so der 16 Januar war, vnverhofft ein Tatrischer Legat, selb drit, auss schickung Gottes, wunderbarliger weiss von den Kemenyschen Vngesehn vndt vnangefochtet zum Fürsten Apafi ankommt, welcher berichtet, dass, dem landt zu beystandt, 20000 zwantzigtaussent Taller auff dem weg weren, vndt bei Cron Statt zu Rosenaw 600 Zimaner, bei dem Rothen thurn 17 Fahn Kurtaner ankommen weren, vndt werde zugleich auch von Temesvar herauff ein Passa mit einer grossen anzahl Türckischen Völckern geschickt werden, welches denn vntter den Türcken vndt auch den Fürsten, grossen trost macht.

Die 16 Januarii fiell der Sz. Pali Janos mit 3000 Kemeny-schen Völckern ihn dass Dorff Halvelegen ein, schicket 2 Alischer Pauren bei vns, liess unss mit Worten sagen, er were willens, vor die Stadt sich zu legern, ihm pfall man sich nicht opponiren, vndt auff ihn schiessen mögte, würde der Stadt kein Vngemach geschehen, vndt geschickt vor dess Fürsten Kemeny ankunft placidis mediis, mit der Stadt zu conveniren; ihm pfall man sich aber widersetzen würde, solte die Stadt innerhalb wenigen tagen erfahren, wass dess Römi-schen Keyssers macht thun kunte, alss ihnen aber hierauff keine antwort folgete, führet er das Volck durch Peschendorff auff Schess vndt schickete desselbige nacht mit 2 Schesser Pauren dess F. Kemeny schreiben, sub dato 10. Januarii 1662 darinnen der gantze Verlauff seines Fürstenthumbs, der Statuum abfall, neben Keysser-ligen Majestät ankommenden Succurs vndt alle sein Vornehmen begriffen. Solches schreiben schicken mir dieselbige nacht 12 hora zum Fürsten Apafi, derselbe lasset eo momento dem Ibraim Passa den inhalt andeuten, welcher mit seinen Buken vndt beampten biss tag, wass zu thun sein solte, Divan, dass ist raht halten liess, eben dieselbe nacht kompt ein Fussboht vom Redei Ferenz, so nach absetzung dess Rakoczi auch zum Fürsten erwehlet were worden, welcher des Fürsten Kemeny bössen sinn, vndt dass er dass Schlos Hust vom landt abzufallen begehret, dem F. Apafi zu wissen thete.

Nach der Türcken gehaltenem raht, liess der Fürst neben seinen bey ihm habenden Landtherrn den Stattraht zu sich fodern, mit Vorgebung dreier Puncte: 1. Ob die Statt an der Port verharlig verbleiben, oder dem F. Kemeny zufallen wolte. 2. Ob der Statt Raht dess Kemeny ankommendes schreiben, beantworten solte vndt volte, 3. Ob tempore extremi necessitatis, der Fürst sampt den Türcken, auff die Burg wurde eingenohmen werden, auff welches hegehren denselben tag 2da post meridiem, ein Ersamer Raht vndt hundert manschaft ihm Rahthauss confluirten, vndt vorgegebene Puncta folgenderweiss beantworten, Ad Primum: dass die Statt laut ihres gethanen Juraments mit gut vndt blut an der Port halten, vndt sich dem F. Kemeny opponiren wolte, Ad 2^{dum} wo F. Gnaden darzu annuiren mögte, were die Statt gesinnet, dass schreiben zu beantworten, vndt vor dess schreiben Verpetschierung seiner F. G. dass schreiben zu lessen zu geben, Ad 3^{tium} den Fürsten sampt einer gewissen zahl seiner Herrn vndt hoffgesint, wie auch die vornembste Türcken, sampt ihren Dinern zur Zeit der noht einzunehmen, solten seine F. G. gesichert sein, dass aber dass gantze Krigsvolck Vnger vndt Türcken, alss so ihn ein enges ohrt, vndt zwar vor der Zeit, kunte eingenohmen werden, were unmöglich; bey diesser der Statt resolution liesse ess, sowoll der Fürst sampt seinem Adell, vndt Türcken beruhen, darüber denn allhie specificirte Assecuration schreiben auffgerichtet wurde. Alss aber der raht vndt hundert manschaft noch im Rahthauss versammelt sein, kompt bohtschafft, dass der feyndt mit 10 Fahn vor dass Höllgesser thor ankommen, vndt ihn der vnttersten Statt grosser lärm vndt flucht der Bürger were, vndt dass ein Jeder seine wacht ihm stich gelassen, vndt dass seine versorgete, welches der Statt nicht geringes schracknüss gab. Die Türcken aber säumeten sich nicht lang, ruuten hinauss, vndt trieben den feyndt scharmützirendt biss zum Stockbrunnen neben dem hohen rein, vom Obersten Sehantz wurde auff den feyndt mit stücken geschossen, vndt wurden zerstreuet, ess wurden damals ein Hadnagy sampt 2 ördeghlelkü Katnern erschossen, ess brachten die Türcken auch ein Haupt mit sich ihn die Statt, vndt bliebe herkegen auch ein Türck auf dem Platz, vndt einer durchstochen, aber nicht thödlig, vndt wurde die folgende Nacht allenthalben fleissige wacht gehalten.

Die Kemenyschen kommen biss vor dass Höllgesser thor, vndt wirdt auf sie geschossen.

Auff dieses erste schrecknüss der Türcken, vndt alss sie eine belagerung der Statt vermerckten, liess der Ibraim Passa Oberster der Türcken 2 Rahtherrn zu sich fordern vndt andeuten, dass, obschon die Statt ihnen sicherung gethan, sie zur Zeit der noht ihn die Burg zu nehmen, welches sie doch niemalen ernstlig begehret, sondern von den Vngern dahin gewiesen weren worden, alss begehreten sie auch nachmahlen, sich nicht einzuthun, sintemall der grossmechtige Keysser sie nicht drumb ihns landt geschickt, sich irgendt einzuthun, oder zu verbergen, sondern ihm feldt zu streiten, doch begehrten sie nur zur noht ihre bona einzunehmen, vndt ihnen treyheit vndt lieb zu erweisen.

Ibraim Passa begehret der Türcken bona ihn die Stadt einzunehmen.

Alhie ist weiter zu wissen, dass, weillen vnss dess Fürsten Kemeny schreiben, so vnss auss Zulassung F. G. noch zu beantworten gestanden, ist dasselbe beantwortet vndt ihm zugeschickt worden, welches tages derselbe Fürst Kemeny mittlerweill ihn allem mit 9000 Mann alss den 18. Januar zum Nados, so eine meill von vnsserer Stadt ligt angelanget, dannenher er vnss ein warnungs vndt auch Dreischreiben mit eigener Handt geschrieben vndt seine Süret Sigill verpetschiret bevorgeschickt, wie mir denn auch den vorigen tag, seiner schreiben einss, sub dato 17. Januarii entpfangen, welche beide schreiben, neben seiner perschönligen ankunft ihn der Stadt nicht wenige Vnruhe vndt schrecknüss erwecket, zu vor auss ihndem der Stadt Verderben vndt Vntergang hefftig dreiete, vndt seine macht sehr gross macht, ja viel grösser als sie an ihm selbst war; vndt auff seine Victoriam sich gleichsam kecklig verliess; Jener sagt aber Stultum est fiduciam victoriae in numero reponere. Diesser Zeit erwartet man täglich der Türckischen vndt Valachischen versicherten hilff, vndt weill

Kemeny Janos schicht schreiben ihn die Stadt.

Der Fürst Kemeny will gleichsam ante victoriam triumphiren dreit der Stadt den Vntergang Ubi tamen res belli habet eventus incertos.

Verzuch geschahe, vndt der Fürst Kemeny starck angezogen kame, wurde der Barczai Mihaly ihn die Walachei vndt Georgius Lutsch Cibin.

P. t. Aulae Familiaris auff Temesvar vnb Hilff geschickt, der Verzuch aber war derentwegen geschehen, derweill der Balo Laszlo sampt seinem Dolmetschen dem Judae, so ein Jud war, von Temeswar gar an die Port zum Fö Veszeren war geschickt worden. Zwar waren die 600 Zimener deren oben gedacht, zu Rosenaw ihn Burtzenland ankommen, weill sie aber wegen ankunfft der Kemenyschen nicht fortkommen können, haben sie ihren March zurückgenommen.

Alss derentwegen der Fürst Kemeny mit seiner Armada wie gehört, zum Nados ankommen vndt die Beschaffenheit der Stadt Schesspurg vernohmen, ist den 19 Januar von dannen auffgebrochen vndt den Sz. Pali Janos vndt Ebeni Istvan mit den Reissigen zum Schess gelassen, dass teutsche Keisserische Volck nach Wolkendorf ziehen lassen, vndt sich mit dem vbrigen Rest vom Leib Regiment *Des Kemesyschen* durch das Reissel ziehendt zu Weisskirch kaum eine *werden die Qvar-* Viertell meill von der Stadt nidergelassen, dass alsso *tier ausgetheil-* diesse drei Qvartir so nahe bei einander waren, dass sie in einer Stunden gefüglich kunten durchritten werden. Alss nun, wie gehört, der Fürst Kemeny zu Weisskirch sich niedergelassen, kompt ihm Post wie die 2000 Kurtaner, so von Meschen dem Fürsten Apafi entronnen waren, nicht weit von Cronstadt ihm gebürg vndt dessen grentzen sich befunden, alss schicket er den Szent Pali Janos mit etligem gewähltem Volck mit, bey dess Betthlen *Fürst Kemeny* Gergely, so ihn dem schloss Fogaras lag, ihnen nach- *lasset den ent-* zueillen, welches denn auch geschahe, vndt sie vnver- *ronnenen 2000* *Kortanern nach-* sehens vberfiellen, vndt auss dem Feldt schlugen, vndt *jagen.* 2 Fahn triumphirendt ihn Fogaras, vndt dem Kemeny führt, ess war ein geschrei, alss wenn sie den Türckischen Keisser oder Hannibalen, erleget hetten.

Droben ist gemeldt, wie dem Fürsten vndt Türcken Assecuration geschehen war, zur Zeit der noht ihn die Burg einzunehmen, diesses alles wie auch andere Secreta mehr, hatten etlige heimliche Verräther von Hoff dem Fürsten Kemeny zugeschrieben. Dess andern tages schicket derselbe mit dem tag ein schreiben an den raht, vndt zwar etwas gelinder alss daher geschehen, billig anhaltendt, dass *Kemeny Janos* die Statt die Burg vor sich behalten, vndt weder Ynger *schickt einschar-* *fes schreiben an* noch Türcken hinein lassen sollten, geschiehe dass, *der Stadt vndt* solte die Stadt ihn seiner gnade verbleiben, vndt solte

ihr geschont werden, ihm pfall ess aber geschehen entstehtzwischen
möglte, solten mirs beweinen, alss solches schreiben der Vagern vndt Türcken grosse Vnrahe.
aufnehmung nach dem Fürsten geschickt vndt gelesen
worden, ist der Adell vndt dass hoffgesindt, ganz unruhig darüber
worden, vndt heftig darauf gedrungen, den Fürsten damit beweget,
auff dass die einnehmung noch denselben Tag geschehen möge, ebe
der Angriff vom Kemeny geschehen möge, welches ihnen denn auch
vom Kemenyschen Hof zugeschrieben war. Alss demnach der Fürst
Apafi, dass praesidium, vndt schutz der Burg hefftiger, alss daher
geschehen, solicitiret, vndt die Türcken solches innen worden, wolten
sie ess nicht zulassen, jemanden vor der Zeit vndt ohne noht ihn die
Burg zu lassen, sie begehrten auch selbst nicht ihn die Burg zu
fliehen, sondern, nur damit ihre wenige bona mögten eingenohmen
werden, sintemall wie oben gemeldt, sie von ihrem Keysser ihm
feldt zu schlagen, vndt nicht zwischen die Mauren zu fliehen, inss
landt geschickt worden. Derweill aber die ihn den gassen losirende
Türcken etwas sicherer sein mögten, solte die Stadt ihnen den
Marck nur vergönnen, den wolten sie fleissig verwachen, vndt sich
auch ihn der äussersten noht darauss wehren, vndt die Burg bewahren hilfen; alss aber der gemeine Pöbel den Handel vermerken, vndt
dess Fürsten begehren vernohmen, werden sie sehr vnruhig, lauffen
häufig zusammen, vorauss die weiber mit ihren vnzeitigen Bakkes
mäuchrlein, vnvernünftigem tichten vndt trachten, welche ihre menner
zu villen büssen anreitzeten, vndt ess dahin brachten, dass die
Menner der vntersten Stadt, so daher in hüpscher Ordnung sampt
den Türcken, fleissig ihrer wachten gepfleget, gesinnet waren, auff
gewisse Stundt auff die Burg zu fliehen, vndt die Türcken den feynden ihm rachen zu lassen, ess möge dem Fürsten, Adell vndt Türcken gehen, wie ess immer wolte; Ob ess aber klüglich geschehen
were, gebe ich jedem zu erkennen, In Summa ess kame endtlig so
weit, dass, nachdem der Fürst vndt Adell dess F. Kemeny grossen
ernst gesehn, vndt auch der bürger Vneinigkeit ihn acht genohmen,
schicket der Fürst seinen Generalen Kun Istvan, Nemes Der Fürst Apaffi schicket dess
Janos, vndt den F. W. Herrn Bartholomaum Ruffinum praesidii wegen
Regium Judicem Leschkirchens, so nomine Almae Uni- Legaten auf die burg vndt entstehet grosse Vnrahe.
versitatis sich zu Hoff aufhielte vmb nachtglocken Zeit,
auff die Burg, von einem Ehrs W. raht auch weiter
dem contract nach, nicht nur eine Assecurationem zu solicitiren,

sondern damit seine F. G. sampt dem Adell dess andern tages eingenohmen mögen werden, zu begehren, auff welches ihn dess Herrn Cousulis Hauss Herrn Joannis Boht, alssbaldt der raht, vndt der Altster hundert menner beruffen, vndt dass begehren vorgegeben würde. Alss aber erstlig die meinungen etwass widerwertig lieffen, vndt die herrn Legati etwas fremdes schliessen künten, vorauss der hundert menner vndt gemeinen Pöbels wanckelhaftige gemühter erfuhren, Protestirten sie endtlig, dass, ihm pfall hiedurch der Statt, vndt den viellen vnschuldigen Seelen, so ihn die Stadt geflohen, etwas widerwertiges vndt Vngemach widerfahren mögte, solten sie ess vor Gott verbeten vndt ihnen selber klagen, sintemall sie ihnen hiedurch grosse Vrsach gebetten, wider ihren gethanen Eydt, von der Port abzufallen vndt sich zum Kemeny Janos zu halten, wass aber endtlig darauss werden mögte, vndt wie sie der Türcken ledig mögten werden, mögte dass ende beweissen; alss der Raht vndt hundert menner, so zukegen waren, nach gethaner Protestation, der sachen nachsinenten, liessen sie die Herrn Legatos ihn dess Herrn Consulis hinterstes Stüblein einen abtrit thun, vndt wurde nach villen vndt mannigfaltigem Discurs geschlossen, dass Ein Ehrs. W. raht sampt der Stadt ihn begehrte 4 Puncta folgender weiss einzugehen Assecuration zu thun bewilliget hette. Auff das erste an der Port bestendig zu verbleiben, vndt ihn den andern zweien Puncken vnss laut beigelegten Assecurations schreibens zu accomodiren. Alss demnach solche Assecuration geschehen, vndt die Herren Legati dabei beruheten, darneben abermall vnter die Burg zu ihrem Fürsten zu gehen vernahmen, vndt zur gassenthur kamen, funden sie, weill ess nun spöt vndt finster worden, gleichssam die gantze burg menner biss zur vordersten Port auff beiden seiten mit vollem gewehr vndt brennenden lunten stehen, fallen ihn grosse furcht mit einbildung, ess mögte dergleichen spill

<small>Wass vatter der Legaten Verrichtung auff der burg ergangen.</small> darauss werden, wie mit den vorigen erschlagenen Adelleuten, Toldolaghi Mihaly, Simon Mihaly vndt seinem Bruder Nagy Sigmundt geschehen, wollen ohne sicheres geleit nicht auss dem Hauss gehen, protestirten darüber, alss ein Ehrsamer Raht, so vmb solches alles nichts gewost, ihnen solches ausreden wollen, haben sie doch nicht getrawet, sein doch endtlig, mit begleitung etliger Rahtherren, ihn grossen Angsten, ihren weg zum Fürsten gegangen, die Vrsach aber solches Handelss

ist von niemandt anders, alss von den weibern hergerühret, welcher etlige (so auch ihm vorigen aufflauff vndt tumult, anreitzerinnen alles Vbels waren vndt mit nahmen bestimpt kunten werden) ihre menner thorichter weiss, bewegeten alle wachten von Thoren vndt Thürmen dahin zu stellen, welche alle leute zu kleinen stücken schnitten, nur damit dadurch denjenigen Abgesanten desto mehr furcht eingejaget möge werden; wass aber bei solcher gefahr, sowoll der aussweltzigen feyndt, wie auch der ihn der stadt ligenden Türcken wegen, vor ein Spill darauss entstanden wer, hette die Zeit auszgewissen, ob ess zwar damalss, Gottlob ohne gefahr, vndt iemandes schaden vorbei ginge, doch halt eine Obrigkeit nachmallen, alss die Stadt von F. G. drumb evociret worden, vill mühe vndt Vnkosten anwenden müssen, biss die sach so weit geleget worden, wie mir an seinem ohrt hören werden. Drum heisst es recht, Taceat mulier in Ecclesia.

Weiber Practichen so auss der burg ergangen.

Die weiber gehören bei den Essigkrug vndt auff den Herdt, sollen zum Regiment, zu vorauss zu kriegenszeiten, nichts rahten, denn ihr raht gerathet selten. Marcus Aurelius sagt Aetnae incendia Seciliae Regionibus, non tantum damni dant, quantum uncia foemina improba et dolosa Regionibus urbis affert. Ess hatten auch eben denselben Abendt die vbrige Adelleut mit dem Gyulai Olai-Bek vndt andern Türcken, ihn Herrn Thomae Bolkes Hauss auch weitere raht gehalten, vndt die Türcken bewegen wollen, dass, wofern sie dess andern tagess ihn die burg wurden gelassen werden, solten die niderste Menner alle niedergehawen werden,

Tager vndt Türcken halten einen conveat voller der burg.

welches aber die Türcken hart widersprachen vndt nicht zulassen wollen, ja solches alles nach dem ihren Wirten erzellet, vndt auffenbahret, bei welchem rahtschluss der Kassai Ferenz, damals Fürstl, Hopmeister, selber soll gewesen sein.

Dess folgenden tages so der 20 Januar war, an einem Freitag schickete der Fürst Kemeny dem Herrn Cassai Ferenz, so dess Apafi obrister hoffmeister war, ein schreiben, darinnen er vorgab, wie er mit dem F. Apafi zu componiren geschickt were, drumb solte er, ad amicabilem discursum biss auff die Hattertbrücken, oder sogar biss auff Weisskirch kommen, diesser schreibet, ex annuentia Principis, zu erscheinen, vndt wurde der Lugosi Ferenz vndt Herr Joannes Pauli Jurat. Civis mit zuziehen verordnet, vndt

Fürst Kemeny schicket dem Herrn Kassai Ferens schreiben ihn sampt andern mehr ihn einem strichen zu fangen.

auch fortgeschickt, alss sie zur hattertbrükken gelangen, finden sie niemanden, sie schicken inss schloss sich anzumelden, alss wird ihnen entpoten, sie solten inss Schloss kommen, der Fürst Kemeny were auf Wolkendorf die teutschen anzuordnen geritten, vndt were die sach dem Haller Gabor, Betthlen Janos vndt Banffi Diencs zu tractiren befohlen, alss aber gemelte Legaten den betrug vermercken, vndt den Kemeny ihm schloss zu sein gewiss vernohmen, kehren sie re infecta zurück ihn die Stadt, zu ihrem grossen glück, sintemall wie ess gewiss an den tag kommen, dass Jentzet der brucken, nicht weit vom dorff bestellt gewessen, doch ohne Wissen des Herrn Kemeny Janos, die Legaten niderzuhawen, ist ein feines stück gutter Christen; baldt nach diesser ankunft stossen vor dem höllgesser thor etliche Kemenysche auf eine Türckische wacht, fangen an zu scharmütziren vndt werden die Kemenyschen ihn die flucht getrieben, baldt kommt ein gantzer Hauffen der feindt, vom Schäss herzu, vndt halten mit den Türcken harte Czatta, endtlig wurde vom Obristen Schantz mit Stücken geschossen, vndt wurden die feyndt getrennet, 4 Kemenysche werden geschossen, vndt 2 kopf ihn die Stadt bracht, dieselbe Stund werden auff 300 teutsche Reutter ihm grundt gesehen, gibt ihn der

Die kemenyi-schen stadt grosse angst, befürchtendt der angriff der stadt wollen die Statt mögte denselben tag geschehen, denn man nur dannen-oberressen, vndt bauren ein. her die gefahr befürchtete, denselben tag, vmb eine Vhr nachmitag, schickete der Fürst Kemeny einen brieff an den Schesspurger Rabt vndt gemein, sie zum Veberfluss auch noch einmall, alss semel pro semper zum vorigen gehorsam vndt Huldigung zu vermanen, welche ihm aber dermassen mit geschraubten worten antworten (ihm weder zu, noch absagendt) dass er ihren gehorsam mit Vnmuht vernehmen müsste. Dasselbe resolutions schreiben war folgenden inhalts:

Alazatos szolgalatunk utan Isten eő Felseghe Nagysagadot minden üdvesseges aldassival aldgyon megh.

Noha Kegyelmes Urunk 10 praesentis irot levelere valazt irvan, 's ez elmult ezakan azon levelünket Segesden quartelyozo Nagysagod vitezek kezekhöz küldven, gondolvan is, hogy eddigh Nagysagod kezeihöz devenialt legyen, mely altal, minek eleötte azon Nagysagod kegyelmes levelenek tenora szerint valazt tennenk Megyesreöl

Nagysagodhoz három Statussoktol boczatatot követ attyankfiait miczoda valaszal boczatya Nagysagod, akarvan elseöben ertenünk, veven penigh az uton is ket rendbeli Nagysagod levelet szegeny hazanknak boldoghtalan alapotyarol, az Fejedelemseghnek valtoztatasarol es Nagysagodnak ennek eleötte praestalt kötteles hüsegünkreöl, mit iryon Nagysagod ertettük, tagadas kegyelmes Urunk ninczen benne mar megh tapaztalvan, hogy miolta Nagysagod az Fejedelemseghre jutot, mind minket, mind szegeny pusztult hazankat közenségessen minden ertekűuknek exhauríaltatasaval miczoda kimondhatatlan nyomorusagh es veszedelem erte legyen; kinek mind az altal nem egjeb okka az mi mindennapi büneinknel es közetünk valo egyetlensegünknel, kik az mai napigh is ne hogy szünenek, annal tovab aradvan is inkap annak felete kegyelmes Urunk miczoda okokbol ieöt legyen ez az hatalmas Teörek nemzek ez elmult szerenczetlen esztendeöben orszagunkba anyi ereövel, (kiknek nem hogy mi, de Nagysagod is egesz orszagostol ellenek nem allhatvan) nem szükségh Nagysagodnak declaralnunk. Nagysagodat azert mind Kegyelmes Urunkat alazatossan követyük, Kegyelmessen megh boczasson, sok bü szoval nem is akarvan Nagysagodat terhelnünk, mivel Nagysagodnak leteött hütteles köttelessegünkreöl kegyelmesen emlekeztet Nagysagod, akarvan ezerant mü is Nagysagodat alazatossan emlekeztetni, hogy mivel Nagysagod az elmult esztendeöben orszagunkban valo bejöveskor Vasarhelyen keölt 's kezünknel leveö kegyelmes levelenek tenora szerent Nagysagod maga keze irassaval in Postscripto urra biztatot vala bennünket, hogy Nagysagod az maga meltosagos szemelyröl is az portatol nem szakadvan minket sem szakoztatni igyekezik, mire nezve mi is azon Nagysagod kegyelmes declaratiojara fundalvan az orszagh ez az teöb status mellet az Nagysagod Meltosagos Fejedelemseghnek annal batorsagosban annualvan 's Nagysagodnak leteöt hütteles köttelesegünket is voluntarie praestalvan, mely köttelesegünk ellen Nagysagod meleöl is suha el sem alattunk volna, ha Nagysagod hekünk 's egesz Orszagunknak tartozo Fejedelmi hütteles köttelesegereöl emlekezven Megyessen concludaltatot Articulussok ellen, az orszaghbol ki nem megyen vala, 's az ellensegh ellen defendaltatot volna; menyiben penigh Nagysagod az Romai Czaszaral valo szüvetsegereöl is emlekeztet, ugy vagyon

15 *

emlekeszünk ugyon rea, hogy az Nemes Orszagh az Romai Czaszart
eö Felseget az Beszterczei gyűleskor ilyen modon alazatoson
requiraltatot volt, hogy eö Felseghe szegeny remült orszaguukat
ideni koran megh segitcze, de eö Felseghe segitsege mint leőt
legyen, 's mind lehetet sok ezer leleknek rabsaghban valo essesevel,
ertekünknek kiadassaval es szegeny hazanknak elpusztulasaval erzűk
megh, ambar cziak Negysagod, mikoron az eö felseghe hadaival
Colosvar tajaigh erkezven, segiti vala az orszagot, latvan veghsö
romlasokot nem lesz vala keseö, de hogy Nagysagod anyi ereönek
nem alhatvan 's ilyen veszedelmes szükseghben ide hagyvan, my is
Beszterczei attyankfiai nyomorusagos peldajokat szemünk eleöt
viselven, igy kellet hajolnunk 's azokat is, kik hatalmasab leven
nalunknal engednünk; de az dologh mar valtozhatatlan leven 's
hogy penigh jeövendeöben eörekes rabsaghban teöbbe ne essünk
avagy varossunk is teöbeöl ki ne rontassek valamint iarunk, teübbe
az hatalmas Portatol es azon hatalmas nemzeteöl Czaszari eszközek-
kel bottal, kard, zazloval 's egyeb requisitumokkal confirmallatot
Fejedelem meleöl reghi eleink diczeretes peldaiok szerent el nem
alunk; hogy ha penigk mind az altal Nagysagod üdeövel az Portat
placidis mediis megh engezteltethetven az Fejedelemseget megh
nejerheti Nagysagodhoz elebi kötteles hüségünket eürmest megh
mutatyuk; Nagysagodat azert mind kegyelmes Urunkat
az eleö Istenert alazatossan kerjük, Nagysagod kerez-
teny 's igaz hazalia leven szalyon magaba, tekintezen
az Istent es szanya megh szegeny romlot hazankat,
kivalkepen münket is egesz varossul 's benne szorult sok eszer
leleket is; mit nyerhet Nagysagod vele, ha ez egyszer tryumphalhat
is raitunk, kit Nagysagod azert megh Istenteöl es az biszontalan
szerenczeteöl kel varni, 's feleö kegyelmes Urunk inkap mind maga
meltosagos szemelyet, mind egesz hazankat uijab 's nagjab veszedelmere es veghseö pusztulasara fogja jutatni, mert ha az hatalmas
nemzet teöbször Erdelybe be jü, teöbbe kereszteny nem foghia lakni;
melynek eltavoztatassara Isten eö Felseghe veszerelye Nagysagodat;
kivanvan Nagysagodnak szerenczes egesseges eletet, hekeseget.
Datum Segesvar Die 21 Jan. 1662.
Superscriptio.
Az Tekintetes es Meltosagos Kemeny Janosnak elebeni Fejede-
lemnek, minekünk kegyelmes Urunknak adassek.

Übersetzung.

Nach Entbietung unserer gehorsamen Dienste. Der allmächtige Gott wolle Euer Gnaden mit allem heilbringenden Segen beschenken!

Wir haben, Gnädiger Herr, zwar auf das vom 10. dieses datirte gnädige Schreiben die Antwort geschrieben und in der vergangenen Nacht diesen unsern Brief den in Segesd im Quartier liegenden Soldaten Ew. Gnaden zu Händen gesendet, und hoffen, dass er bisher Ew. Gnaden zu Händen gekommen sein wird. Darnach wollten wir, bevor wir auf den Inhalt jenes Schreibens Ew. Gnaden antworteten, zuerst die Erwiederung erfahren, welche Ew. Gnaden den aus Mediasch von den drei Ständen zu Ew. Gnaden abgefertigten Brüdern Deputirten ertheilen werde. Wir haben indess seither noch zu zweimalen Schreiben von Ew. Gnaden empfangen; Was über den unglückseligen Zustand unsers armen Vaterlandes, dem Wechsel des Fürstenthums und der vor dem Ew. Gnaden gelobten pflichtmässigen Treue von Ew. Gnaden darin geschrieben wird, haben wir ersehen. Es lässt sich nicht in Abrede stellen, gnädiger Herr, da die Erfahrung es weiset, welches unaussprechliche Elend, und welche Gefahr sowohl uns, als das arme verwüstete Vaterland überhaupt, mit Erschöpfung aller unserer Kräfte betroffen hat, seitdem Ew. Gnaden zum Fürstenthume gelangten; woran bei alledem nichts anderes schuld ist, als unsere täglichen Sünden und die zwischen uns bestehende Uneinigkeit, welche bis heutigen Tages nicht nur nicht aufhört, sondern vielmehr im Wachsen begriffen ist. Aus was für Ursachen weiters, gnädiger Herr, in dem vergangenen unglücklichen Jahre jene mächtige Nation der Türken in unser Land mit solcher Macht, dass nicht nur wir, sondern auch Ew. Gnaden mit dem ganzen Lande nicht widerstehen konnten, gekommen, brauchen wir nicht Ew. Gnaden auseinander zu setzen. Wir bitten daher Ew. Gnaden, als unsern gnädigen Herrn, wenn wir ohne Ew. Gnaden mit vielen weitläufigen Worten belästigen zu wollen, weil uns Ew. Gnaden an die gelobte pflichtschuldige Treue zu erinnern geruhen, auch unsererseits Ew. Gnaden, ergebenst erinnern, dass Ew. Gnaden, als Sie im vorigen Jahre in's Land kamen, laut Inhalt des von Vasarhely datirten in unseren Händen befindlichen Schreibens mit der eigenen Handschrift Ew. Gnaden in Postscripto dahin versicherten, es werde Ew. Gnaden weder in ihrer eigenen hochgebornen Person von der Pforte abfallen, noch aber uns zum Abfall von derselben zu bringen streben. Mit Rücksicht hierauf gestützt auf jene gnädige Erklärung Ew. Gnaden haben auch wir mit dem Lande und den übrigen Ständen in das Fürstenthum Ew. Gnaden um so vertrauender eingewilligt und unsere Ew. Gnaden gelobte treue Pflichterfüllung gerne geleistet. — Gegen diese unsere Pflicht würden wir auch niemals von der Seite Ew. Gnaden gewichen sein, wenn Ew. Gnaden der uns und dem ganzen Lande schuldigen getreuen Regentenpflicht eingedenk gegen die in Mediasch beschlossenen Artikel aus dem Lande sich nicht entfernt und dasselbe gegen den Feind vertheidigt hätten. — Ew. Gnaden erinnern uns auch an das mit dem Römischen Kaiser abgeschlossene Bündniss. Es hat dies seine Richtigkeit. Wir erinnern uns auch daran, dass das Land Seine Majestät den Römischen Kaiser zur Zeit des Bistritzer Landtags in der Weise unterthänigst angegangen, es wolle Seine Majestät unser armes geängstigtes Land mit rechtzeitiger Hilfe erretten; wie es aber mit der Hilfe Seiner Majestät ausgesehen, und wie es gekommen, dass dabei viele tausend Seelen in Sclaverei gestürzt, unser Hab und Gut uns entrissen und unser armes Vaterland zu Grunde gerichtet wurde, empfinden wir noch. Es wäre wohl selbst dann, als Ew. Gnaden mit den Truppen Seiner Majestät in der Gegend von Klausenburg anlangten, nicht zu spät gewesen, dem Lande angesichts seiner gänzlichen Verheerung Hilfe zu bringen. Da aber Ew. Gnaden so vieler Macht nicht Widerstand leisten konnten und in solcher gefahrvollen Nothlage uns preisgaben, mussten wir das traurige Beispiel unserer Bistritzer Brüder vor Augen, so uns wenden und denen, die mächtiger sind als wir, gehorsamen. Da die Sache nun nicht mehr zu ändern ist, und damit wir in Hinkunft nicht wieder in die ewige Sclaverei stürzen oder unsere Stadt nicht noch weiter zu Grunde gerichtet werde, als dies schon geschehen, so fallen wir von dem durch die mächtige Pforte und jener mächtigen Nation mit den vom Kaiser gegebenen Insignien des Scepters, des Säbels der Fahne und der übrigen Erfordernisse confirmirten Fürsten nach dem preiswürdigen Beispiele unserer Altvordern nicht mehr ab. Sollten indess bei alledem Ew. Gnaden mit der Zeit die Pforte durch sänftigende Mittel beschwichtigen und das Fürstenthum erlangen können, so wollen wir Ew. Gnaden unsere frühere pflichtmässige Treue mit Freuden beweisen.

Wir bitten daher Ew. Gnaden als unsern gnädigen Herrn bei dem lebendigen Gotte in aller Unterthänigkeit, es wollen Ew. Gnaden, der Sie ein Christ und treuer Sohn des Vaterlandes sind, in sich gehen, an Gott gedenken, mit unserem armen zerstörten Vaterlande und namentlich mit uns, der ganzen Stadt und den darin zusammengedrängten viel tausend Seelen Mitleiden haben. Was kann Ew. Gnaden damit gewinnen, wenn Sie einmal über uns triumphiren, was Ew. Gnaden überdies noch von Gott und dem ungewissen Geschick erwarten müssen, während es vielmehr zu fürchten ist, gnädiger Herr, dass Sie sowohl die eigene hochgeborne Person, als das ganze Vaterland in neue und grössere Gefahr und gänzliches Verderben stürzen dürften. Denn wenn jene mächtige Nation mehrmals nach Siebenbürgen herein kommt, wird es bald kein Christ mehr bewohnen. Zur Abwendung von alle dem möge Gott der Allmächtige Ew. Gnaden lenken.

Wir wünschen Ew. Gnaden glückliches Leben mit Gesundheit und Frieden.
Datum Schässburg, 21. Januar 1662.
Aufschrift.
Dem Hochlöblichen und Hochgebornen Johann Kemeny vormaligen Fürsten, unserm gnädigen Herrn zu überreichen.

Nachdem nun angehörtes schreiben F. G. vndt seinen Landtherren vorgelesen, vndt rechtmessig vndt gut erkennet worden, hat Ein Ehrsamer raht dasselbe dem Herrn Kemeny alssbaldt fortgeschickt, welcher, alss erss gelesen, stillschweigendt ihn den bussem hart seufftzendt soll geschiebet haben, wie diejenige Herrn, so ess mit augen gesehen, bericht thun. Auss solchem seinem gefasten Vnmuht ist der Fürst Kemeny mit etligen seiner Officiren von stundt an, noch denselben abendt, vmb die Stadt geritten, zu schawen, an welchem ort er dieselbe, weill sie ihn grosser Höhe ligt, angreiffen solte, welches sein Vornehmen er, ausserhalb ernannten Officiren, vndt dem Teleki Mihaly vndt Eheni Istvan keinem seiner Herren auffenbahret hatte.

Kemeny Jenoss nebst zur Statt, zu sehen, allwo sie anzugreiffen sei.

Alss der Fürst Kemeny denselben Abendt etwass Spat widerumb auff Weisskirch gelanget, brachten ihm zwei seiner Katner Zeitung, wie sie umb Futter weg geritten, vndt vmerhalb Medwisch von glaubwürdigen leuten gehört, dass denselben tag eine grosse Armee, vndt menge stalliger geharnischter Türcken, vill Cameelen bei sich habendt, ihn die Stadt geritten, welcher aussage er zwar wenig glauben gabe, doch gleichwoll auch etwass davon hielten, schicket aber noch dieselbige nacht solche etlige denen er getrauen kunt, die warheit besser zu erforschen, durch welche ihm dess andern tages, alss Sonnabendt, dass dem alsso sei gewisse bottschaft einbrachten; Nemlig den 21 Januar liess er bei so gestalten sachen, wass zu thun sei, Kriegsraht halten, vndt wirdt ihn gemein geschlossen, die folgende nacht auff zu sein, vndt dem Kuczuk Mehemed Passa, so von Medwisch sich auffmachen würde, eine schlacht lieffern, vndt seine macht, ehe er sich mit dem Apafi conjungirte, dempfen, welchem raht Fürst Kemeny allein widersprache, mit Vorwendung, dass es ihm zu grossem Spott vndt schanden gereichen, vndt ihm eine flucht wurde zugeschrieben werden, doch aber gleichwoll solte ein Jeder General vndt Officier ihn sein Qvartier Marchiren vndt von ihm ordnung erwarten, wolt mitlerweill der sachen besser nachsinnen.

Dem Kemeny kompt post, dass Türckischer Succurs ankommen sey vndt wirdt raht hierüber gehalten.

Vatter alhie erzehltem Kemenischen Verlauff, war von den oben erzehlten geschichten, so sich den vorigen Abendt mit dess Fürsten Apafi Legaten auff der Burg ergangen, zwischen den Bürgern vndt raht grosse Vnruhe entstanden, ihndem, wie gesagt, die Burgleut ihn dass begehren dess F. Apafi nicht billigen, vndt auss Frawen raht, keine schriftliche Assecuration von sich zu geben, wie denn auch der Consul Herr Joannes Boht dieselbe nacht, (ob er schon den vorigen abendt ihn beysein der Legaten, mit eingestimmet,

vndt die Assecurationem gebilliget) anderes sinnes worden vndt sich
von etligen vom vorigen schluss ableiten vndt bewegen lassen, dass
er vor tag etlige der Altister F. W. Herrn zu sich bewegen liess, vndt
nach villem Discurs nicht nur ihn die Assecurationem nicht eingehen
wolte, sondern neben dem auch von seinem Burgermeisterampt
abzustehen gesinnet war, welche des F. W. Herrn anbringen, die
beruffnen W. Herrn nicht wenig bestürtzt machet, derweill aber der F. W. Herr keines weges von seinem
Vorsatz nicht abstehen wollte, liess er dess andern
tages so der 22 Januar war, den Raht vndt hundert
manschaft inss Rahthauss beruffen, den vorigen abendt
gehaltenen schluss der schriftlichen Assecuration wegen
besser zu Ventiliren, alss aber die sach auss villen zufälligen discur-
sen etwass schwer fallen wolt, wardt der Clar. Dominus Pastor, Paulus
Graffius, auch ihn den Raht erfodert, vndt Pro et Contra vill discuriret,
dass die ihn der Burg nemlig, so woll die einnehmung dess Fürsten,
wie auch die Assecurationem starck contradicirten, der vnttersten
Stadtbürger aber, dass ander Contrarium darzu sagten, vndt damit
die Stadt, weill sowoll ausserhalb, wie auch innerhalb derselben,
fremde Völcker weren, sampt ihnen nicht inss Verderben kommen
mögen, gesinnet waren, zur Zeit der noht, wie dem Fürsten auch
resolution geschehen, denselben ihn die burg zu nehmen, vndt
zwischen beyder seits gefahren, vndt Vnglücken, dass geringste
solte erwehlet werden, alss man demnach ihn solchem streit vndt
widerwillen lag, schicket der Fürst Apafi seiner Alter Diener einen,
Lukats Deak vndt Czepregi Mihaly alss raht vndt gemein noch beisammen waren, anzukündigen, die wachten fleissig zu bestellen,
sintemall ein Kemenyscher Szekely Istvan seiner Schwä-
ger einen, an seinen Hoff ihn die Stadt geschriben, sich
ihn acht zu nehmen, denn der angriff der Stadt gewisslig, nach Verlauf eines Paar Stunden, desselbigen tages, geschehen
würde, vndt zwar auff fünff theillen, alss demnach raht vndt gemein
ihn neyen sörgen sassen, von bestellung der wachten vndt wass
weiter zu thun sein solte, abzureden, kommen vngefehr Cibinio von
der Fürstin schreiben, dass eine zimlige Armada Türken Die
7 Januarii zu Temesvar dem landt zu hilff aussgezogen, vndt den
10. schon bei dem schloss Deva angelanget, hette die
Hoffnung sie mögten biss nun einen gutten weg gereis-

set sein, hetten ihnen auch gewisse bohten entkegen geschickt, drumb sollte sich die Stadt derweill starck halten, welches schreiben denn vom Fürsten eo momento inss rahthauss geschickt wurde, so jedermann, vorauss den Türcken ihn der Stadt grosse freyd erwecketen, wass thet aber Gott ihn so grosser gefahr weiter, so gleichsam vor ein grosses Miraculum zu halten, ihndem eben dazumallen von ankommenden briffen gehandelt wurde, traten zwei Fussbohten, so Hermansteder Diener waren mit nahmen Kis Marton vndt Laurentius Rosenawer ein Stattmann ihn Kotzen, werbes, auff die Walachische manier an den füssen bekleidet, mit pflegelln ihn Henden vor Raht vndt gemein, mit bericht, dass sie die Herrn Cibinienses geschickt, anzukündigen, damit die Stadt standthaftig verbleiben, vndt zu Gott trost haben möge, denn die Hilf, davon die Fürstin geschrieben, schon mit Gottes beystandt, alss eine Armada Türcken neben 2000 Kurtanern, zu Kleinschelken ankommen, vndt folgende nacht zu Medwisch abstehen würden, welche bothschaft denn, neben dem schreiben, der gantzen Statt, vndt alle Türcken zumall grosse freidt bracht, sintemall stündtlig der angriff, wie oben gemelt, geschehen solte, nach anhörung solcher fröliger bohtschaft, hat sich raht vndt gemein von einander gescheiden, vndt der Herr Consul neben etligen W. H. sich bei Hoff zum Fürsten Apafi praesentiret; damit nun auch des Fürsten Kemeny beschaffenheit kuntbahr gemacht möge werden, hat sich derselbe folgenderweiss erlaufen.

die Hilf der Türcken anzukündigen vndt erwecket bei den Stattleuten vndt der Türcken grosse freyd.

Alss sich nemlig, wie oben gemeldt, nach gehaltenen Kemenyschen Kriegsraht, jederman ihn sein Qvartier begeben, ist von stundt an, ehe sich ein jeder recht einquartiret, vom Fürsten Kemeny ein gebot aussgangen, dass die teutsche Völcker von Wolkendorf wie auch der Herr Ebeni Istvan, mit dem Ungrischen Volck von Schess, auffmachen, vndt folgenden tages alss den 22 Januar ihn aller frühe zu Weisskirch, vor seinem Qwartier erscheinen solten, sich mit sack vndt Pack mit ihm zu conjungiren, welcher denn auch solchen befehl nach, vmb 9 Uhr alda sich einstelleten, nicht anders hoffendt, alss entweder der angriff oder aber eine schlacht mit den Türcken geschehen sollte, welche denn ihn aller gewissheit von Medwisch aufgebrochen waren; ihm auffbruch aber mit denen zum Schess ist vngefehr, oder auch wie gesagt,

Fürst Kemeny lässet alle ihn quartiren liegende Völker auf Weisskirchbeh betagen.

mit der feyndt willen, alda zum Scheess ein feur ausskommen vndt 3 Heusser abgebrennet, welches weill man die Vrsach nicht wissen kunte, ihn der Statt, alss man feur vndt rauch gesehen, zumal grosses schräcknüss gegeben. Alss man aber, sowoll ihn der Stadt, wie auch dess Fürsten Kemeny Völcker selbst, dess Fürsten Vornehmen, vndt Willen gewust, hat derselbe praetextu quodam 200 Reuter vor die Statt, auf Weisskircher awe zu Scharmutziren geschickt, alss man von der burg solches gesehen, zuvorauss dass auch alles Volck vor dem Schloss ihn aller Kriegsordtnung gehalten,

Fürst Kemeny bricht mit seiner Armee auf, lesset sab praetext den aufbruch nicht ihn sebi zu nehmen scharmutziren.
vndt nichts anders geschlossen, ess mögte der angriff der Statt geschehen sollen, alss haben sich auch eine Zahl Türcken, den Ungern entkegen inss feldt gemacht. vndt zugleich 200 Janczaren, so Fussvölcker sein, ihn Ezelsloch, Weisskirch zu geleget zum hinterhalt, wartend die Kemenyschen mögten naher der Statt zu gelocket werden, alss wie gessagt, selbe Czalta vndt scharmutzrien, nur zum schein vom Fürsten Kemeny angestellet war, damit derweill, sein heimliges abziehen, von der Statt nicht gemercket vndt ihn acht genohmen möge werden, vntter wehrendem scharmutziren vndt anordnung dess auffbruchs, kompt bei dem Kemeny ein Reuter nach dem andern an, mit bericht, sie gesehen, wie die Türckische Armada zu Medwisch, zu morgen aussgezogen, vndt ihn voller Krigsordnung, alss wenn sie gleich schlagen solten, auff Schesspurg zu zieheten, welchen Bericht der Fürst Kemeny auch gar gewiss glaubte, jedoch kunte ihn die gantze Generalschaft vndt Fürsten raht nicht darzubringen, dass er seine Armada aoff die ankommende Türcken führen sollte, welche doch eine herzliche begierde zu fechten hatten, sondern allezeit vorgab vndt entschuldigt, ess mögte ihm sein abziehen vor eine schändtlige flucht auffgemessen werden, darauss denn die meisten seiner Herren vndt generals perschonen abnehmen kennen,

Fürst Kemeny wirdt von seinen Generalen vor sachhaft gehalten.
dass er, Fürst Kemeny, von Natur ein zachhaffter, vndt sein glück nicht verstehender Herr gewessen, vndt dadurch aller seiner sachen einen vnglückseligen Ausgang geweissaget haben, alss der Fürst Kemeny derowegen seinen auffbruch zu nehmen fertig gewesen, hat er, erst denselben tag dess Fürsten Apafi vndt der Stände abgesannten, so von Medwisch aussgezogen waren, ihn die Stadt Schesspurg zu ziehen vergönnet, welche denn den tag ihn die Statt gelanget, ehe er sich

aber auffgemacht, ist er zu pferdt gesessen, vndt vor dem Schloss Weisskirch, der Statt zu, ihn seiner Melancholei auff vndt ab spaziret, da ihm einer vber den andern Post bracht, dass der feindt gleich vorhanden vndt ihn der nähe sei, darauss zumahlen ihrer vill geschlossen, dass sich selbiger Fürst nur zu dem ende so lang ihn seinen gedancken aufgehalten, nur damit der feyndt vorüberziehen, vndt mit ihm zu schlagen nicht Vrsach haben möge. Fürst Kemeny vndt bei ihm gedacht: quod melior sit certa Pax, quam ist in schweren gedanken. sperata victoria.

Nachdem sich nun Fürst Kemeny zu seinem auffbruch gefasst gemacht, war er vmb 3 Vhr nach mitag auf vndt zoge dem Dorff Merenburg, alias Hetur zu, aber sehr schlefrig, traurig vndt langsam, alss er zum Dorf kam, brachte ihm ein Katner bohtschaft, wie der feindt ihn hüpschen krigsordnung keme, vndt nur eine halbe meil davon were, welche Zeitung er aber, (ob er schon auch damalss den feindt anzugreiffen gelegenheit gehabt) vor ohren hingehen liess, den Krigsraht beruffen liess, vndt die vbrige Zeit selbigen tages, mit seinen Generalen, mit gesprech zubracht, Fürst Kemeny kampt post von dem Kuczuk sobiss endtlig der feindt vorüberrauschet, ihn aller sicherhaaft vndt verheit, gegen den abendt aber, vmb die Sonnen Vntter- sehtn. gang ritte der F. Kemeny, mit dreihundert Katnern, gegen Gross Alesch, so der Stadt Schesspurg zugehörig, hiess derweill die Armee alda bei Meremburg still sein, vndt von ihm weitere ordtnung warten, welche aber Vhel zufrieden waren, denn sie zu fechten vndt an die ermüde Türcken zu setzen grosse lust hatten, doch müsten sie gehorsam leisten vndt still sein, er aber ritte von Gross Alesch der Kockel Fluss zu auff dass flache feldt, vber welches der Kuczuk Passa ein Babilonier, vndt versuchter Krigsmann, mit seiner Armee vngefehr vor einer halben Stundt gezogen war, vndt gleich ihn seiner Dahinkunft, dass geschoss der Stück, so zu Schesspurg dem Passa zu seinem einzuch vndt ehren geschahe, hören müsste, auss welchem er zugleich die gewisse ankunft der Türcken abnehmen kunte, ihn aber gleichwoll sehr bereuet, dass er den feindt so vnachtsamlich vorüber hatte passiren lassen, sed tarde jam fabulare, nachreden vndt bereynüss giltet nichts mehr ihn der wellt. Principiis obstandum, post haec occasio calva, vndt hette der Fürst Kemeny seiner Generalen raht gefolget, vndt sein glück frisch gewaget, were er vielleicht des andern tages eben ihn gleicher

Kucsuck Passa kommen zu Schesspurg vndt wirdt freydt geschossen.

sicherheit, nicht so schändtlig vmbs leben kommen, vndt sein leib von seinem eigenen Krigsvolck zertreten worden, nachdem er nun dem Schesspurger geschoss eine weill zugehört, muste er bei finsterer nacht, sehr spät nach Gross Alesch zurückkehren vndt die gantze Armee ihn grosser Vnordtnung dahin legen.

Droben ist gesagt, wie Ein Ehrsamer W. Raht, sampt der hundert mennern in praesentia Cl. D. Pastoris versamlet gewesen, vndt wegen beantwortung etliger schwerer puncten, sehr voeinig vntlereinander worden, vndt auch wegen des Fürsten Kemeny angriff der Statt, so der Fürst Apafi ankündigen lassen, ihn grosse schracknüss gerahten, vndt zugleich wie wunderbarlig der Allmächtige Gott wider aller menschen verhoffen eben denselben tag vndt stundt, alss die Statt gestürmet solle werden, seine hilf gesendet, dass es recht geheissen, dum deficit auxilium humanum incipit Divinum, ob es schon durch Heiden geschehen, doch sein ess Gottes mitel gewessen, durch welche vnssere Stadt, ja dass gantze landt, dergestalt auss der Päpsten greyl vndt grausamkeit erlöset wurde, denn ess

Wass sich bei dem Kuczuk ankunft erlauffen.

gewiss anss licht kommen, dass der Fürst Kemeny alle Ewangelische Kirche zu reformiren, den Pabstischen zugesagt hatte, sie auch selber dem Archiepiscopo Strigomen. soll conditirt haben, fiel aber selber ihn die grube, so er einem andern gegraben hatte, wie mir baldt hören werden. Derweill demnach der F. Apafi die Türcken sampt der gantzen Stadt sich ihn dess Kemeny sachen vndt Vorscblech gantz nicht richten kunten, vndt nur dess angriffs erwarteten, neben dem auch die Türckische hilf stündtlig anzukommen hoffnung batten, sintemall schon post kommen war, dass sie den Morgen zu Megyes aussgezogen waren, doch zweiffelndt, sie mögten wegen der Kemenyschen deutschen Völcker ihres ankommen gehindert werden, Gott verschuf aber, dass des Fürsten Kemeny hertz vndt muht wider aller General anhalten, dermassen gebunden wardt, dass ernante Türkische Hilf vndt seine Feyndt, vor seinem Krigsvolck, so nicht vber eine balbe meill von einander waren, vngehindert vmb 4 Vhr nachmitag, bei vnss ankamen, welche der Fürst Apafi, sampt dem Ibraim Mattsch Passa, mit grossem Pomp entkegen zogen vndt mit grossem geschoss vndt freyden schüssen ihn die Statt beneventirten.

Albie ist weiter zu wissen, dass weillen der Fürst Kemeny
vnter dem schein, alss wolte er einen angrif an die Stadt thun, sich
mit seiner gantzen Armada, vmb den Mittag ihn gewöhnliger Krigsordnung vor dem Schloss Weisskirch sehen lassen, sich erzeigendt,
alss wurde dass Volck auff Wolkendorf zu ziehen, vndt der angriff
durch den grundt geschehen, welches auss vnsserer obern burg
gefüglich gesehen kunte werden, mittlerweill aber alles Volck, wie
oben gesagt, sehr stillschweigendt ohne der Studt Vor- *Fürst Kemeny*
wissen durch vnsser Reissell auf Merenburg zugezogen, *bricht vonWeiss-*
kirch auf, wel-
kommen dess andern tages, alss den 23 Januarii, ihn *chem der huczuk*
der frühe stundt 2 Schesser pauren, so auff Post mit- *Passa nacheilet.*
geritten waren, vndt sich vor tag von den Kemenyschen verstolen,
kumen zum Herrn Consuli mit bericht wie der Fürst Kemeny sampt
allem seinem Volck, zu Gross Alesch sich befinde, vndt eine
gestalt hette, alss würde er seinen Zuch auff Vngern zu nehmen,
hetten auch vernohmen, dass seine speiss vndt andern wägen,
wie auch die stück wegen dess glatten eissigen weg, alss ihn so
grosser kälten, ihn der Nadoscher Strassen stehen blieben vndt
nicht fort gebracht kunten werden, auff welcher Pauren bottschaft denn, mit Consens eines Ehrsamen Rahts, selbe Pauren zum
Fürsten geführet worden, so solches seiner F. G. wie auch dem
Kuczuk Mehemet Passa, erzeblen vndt sagen müssen. Alss nun vom
Fürsten Kemeny vndt den Türcken solcher Kemenische Verlauf
geglaubet wurde, hielte der Fürst vndt seine Landtherrn hierüber
raht, vndt die Türcken Divan, wass nun bei solcher gestalt zu thun
sein würde, vndt wurde geschlossen, stundt an auf zu sein, vndt dem
Kemeny nachzujagen. Alss hat sich der Kuczuk Mehemet Passa selbst
freiwillig, mit seinen ermüdeten Völckern, wie auch mit beystandt
des Ibraim Passa Janczaren, solches inss werck zu setzen, angegeben,
welcher denn, vmb 4 Vhr Vormitag, sich mit seinen Türcken vndt
den Kurtanern vngefehr 5000 starck auffmacht, vndt seinen weg
auf weisskirch zu nehmen vorgenohmen hatte, zweiffelendt ess
mögte etwan ein betruch vndt hinderlist ihn der sachen sein, alss
ihm aber bottschaft kommen, dass die brücken auff Weisskircher
Awe zerworffen sei, vndt nicht hinüber kunte, zoge er durch dass
Reussel auff Merenburg, mit anweisen etliger wegzeiger, weill er
aber das Dorf leer fandt, vndt ihn dess Kemeny Spur weit erführet
zoge er demselben nach vndt leget sich eine kleine meill, sich zum

angriff zu schicken auf die liucke Handt ihn ein kleines grundtlein, nicht weit vom Dorff.

Damit aber nun auch dess Fürsten Kemeny beschaffenheit vndt wessen er sich bei solchen Zustenden mit seinem Krigsraht berahten, erzehlet möge werden, soll der günstige Lesser wissen, dass ihndem dess andern tages nachdem der Kemeny von Weisskirch abgezogen, dass licht angebrochen, hatt derselbe teutsche vndt Vngrische Generals perschonen beruffen lassen, zu erkennen, wass nun mehr zu thun sein mögte, vndt haben gerathen, dass weill F. G. auff ihre vorige wollmeinung, dass glück so er gleichsam ihn Henden gehabt, vndt den feindt vngehindert sich mit dem Fürsten Apafi conjungiren lassen, wusten sie keinen besseren Vorschlag, alss weillen nun alles säumniss gefehrlich wer, dass man ihn aller eill zurück auff Vngern weichen, vndt sich besser mit Volck vndt Munition stärcken sollte, welche der Herr Generalmeinung aber der

Fürst Kemeny hält Kriegsrecht was weiter vorzunehmen sei. Fürst Kemeny alssbaldt wiedersprach, abermall den schändtligen nahmen seiner flucht vorwendent, darauf sagendt, dass, ob er schon selbst bekennen müste, dass er die Stadt Schesspurg zu gewinnen zwar keine Hoffnung hette, sintemall vom Ali Passa vndt beiden Walachischen ländern der Statt allezeit frische Völcker kunten zugeschickt werden, doch, damit gleichwoll sein Zuch mit dess Römischen Keyssers Völckern, nicht vergebens ihn Sübenbürgen geschehen sein möge, vndt ihnen, wie auch andern Kriegsvölckern, ihrer Mühe eine belohnung zu geschehen, hette er solchen Vorschlach bei ihm entschlossen, dass man daselbst den tag aussruhen, vndt dess andern tages, dess Fürsten Apafi Castell Eppeschdorf vndt anhangendes Dorf auffschlagen, sich

Wunderlicher Vorschlag dess Fürsten Kemeny. zween tag allda aufhalten, darnach durch Birthelmen reisen, auch alda wass anzutreffen, nehmen, vndt nachdem die Stadt Medwisch aussplündern, vndt mit gutter beut zurück auff Vngern weichen, sintemall er der Hofnung were, dass der ermüdete vndt so weiter Strassen abgemattete Türckische Succurs, sich sobaldt keines aussfall annehmen, vndt ihm mit dem, dass er fridtlig ihn die Stadt gelanget, begnügen lassen, bei welchem dess Kemeny raht ess alle Generals perschonen, mit stillschweigen beruhen liessen.

Alss disser dess F. Kemeny Vorschlag vntter seine Landtherren gelanget, küntten auch diejenigen keinen Widerspruch thun, wie

sie denn auch furcht wegen nicht dorfften, endtlig ist der Herr
Huszar Petter so nicht leugst, vmb grosse ranzion auss der Tatrischer gefangnüss zu Hauss kommen war, her aussgebrochen vndt
ihn praesens dess Fürsten gesagt, er befürchte sich eines andern
vndt zwar grosse Vnglück, denn der Kuczuk Passa, mit beystandt
der ersten gerasten Türcken, eben mit der Tollen Kühnheit, mit
welcher er gestern ihn Schesspurg gereisset, auch den tag, nachdem
er ihren abzuch vernohmen, mögte, einen aussfall wagen dorffte,
vndt sie sambentlich ihn ihrer sicherheit vberfallen, Fürst Kemeny
welches Adelen Herren meinung der Fürst Kemeny mit verachtet gollen
vnachtsamem stillschweigen vorbeiginge, vndt denselben rabt mit still-
tag still zu liegen, vndt die Soldaten auff füterung vndt zu seinem Va-
Speise zu suchen, befehl thete, welche auch sobaldt ihn glück.
gutter anzahl aussritten.

Nach alhie erzehlten Verlauf, weill ess gleich Mitag essens
Zeit war, vndt jederman gleich ihn den augenblick zu tisch gesessen,
vndt auch noch etlige zu sitzen herbeikamen, brachten etlige vmb
fütterung aussreuttende Katner bohtschafft, wie gewisslich nicht
weit vom Dorff etlige Vortruppen woll gerüster Türcken gesehen,
alss wurde derowegen alsso baldt zu feldt geblassen, der Fürst aber
gleichwoll auch solches nicht glauben kunte, sagendt vnmöglich
were, dass so weit gereissete Türcken mühdigkeit wegen sobaldt
aussfall thun solten, sintemall ihn der Türcken beschaffenheit, wie
auch ihrer ross zärtligkeit, zimligermassen bekannt Fürst Kemeny
were, jedoch alss er dass grosse getümell vndt jeder- hompt von der
mann von sich lauffen sahe, setzte er sich auch zu Post, wills nicht
pferdt, vndt befahl seinen Regimentern nach zu folgen, glauben, ist si-
wie denn etlige nachfolgeten, etlige vmb fütterung auss- cher.
geritten waren, auch etlige solches geschrei wenig achteten, vndt
ihre geschäfte ihm Dorf zu verrichten, wie auch die arme pauren
auff trincken vndt anders zu plagen gingen, Kuczuk Mehemet Passa
aber, welcher wie oben gemeldt, sich ihn ein kleines gründtlein
sein Vortheill besser zu sehen, geleget, kame letzlig auch herfür,
der meinung, den Fürsten Kemeny ihm Dorff zu vberfallen, alss er
aber etwass zum Dorff sich genähert, vndt der Widerpart Krigsvolck
vermercket, ist er von der Sonne auffgang gegen nidergang, auff die
Kemenyschen, so von nidergang kegen aufgang sich praesentiret
getrost vndt behertzt gezogen.

Damit demnach die anordtnung dess Kemenyschen Krigsvolck etligermassen berühret möge werden, ist zu wissen, dass weillen der tball, alda man schlagen sollen, etwass enge wer, dass sich die Armee schwer behalten kunt, vndt auch dass Dorff so nicht weit war, ihm wege lag, stellet der Fürst Kemeny 600 Fussknecht, so dass meiste Freyleiter oder Szabad Legeny waren, zur rechten seiten eines waldes, zur lincken seiten aber, die Croatische vndt deutsche Reutterey. Der Fürst Kemeny aber mit seiner vndt dess Ebeni Istvan Reutterei, sampt etwass teutschem Fussvolck, hielten ihn der Mitten, Fürst Kemeny ihn dem sie sich aber der Türcken Hinterhalt, derer schlachtordnung, doch keiner war, wie auch derjenigen Drehlistigkeit befürchteten, stelleten sie auff die andern seitten dess Dorf dem Kockelflusse zu 300 dreihundert teutsche, vndt 300 vngrische Völcker zum hinderhalt, wie nun dess Fürsten Kemeny Völcker so weit angeordtnet stunden, dess feindt erwartendt, kompt ein schlechter Katner, ihn schlechten weissen Kleidern zum Fürsten gerenet, ihn bei Zeit warnendt, alss damit er auff sich sorgen mögte, vndt den Sübenbürgischen Landtherren nicht trawen, denn er gehört, dass sie ihn auff diessmall verrahten, vndt ihn der Türcken Hende geben würden, welcher ansage er geschwindt glaubete, vndt nicht vorerst fraget, ob dem alsso sei, schicket darauf den Teleki Mihaly ihnen zu sagen, dass sie sich nur bei Zeit an einen sichern obrt begeben sollen, er wolte auch baldt zu ihnen kommen, wenn er dass Volck werde angeordtnet haben, welche denn seinem befehl nach, sich dergestalt salvireten, vndt ihr leben erhielten, er aber sein leben darbei enden müste, dass also vatter den Herren keiner beim Fürsten blieb, alss sein leiblicher sohn Kemeny Simon vndt Ebeni Istvan.

Alss nun der Fürst Kemeny die Türcken vor Augen hatte, vndt starck auf ihn kommen sahe, setzet er sich zu seinem Vuttergang auf ein ander ross, so dess Barcsai Gaspar, welcher nicht lengst zum Oermenyes vnschuldig vmbringen lassen, gewessen war, mittlerweill waren die Türcken zum angriff schon vorhanden vndt hatte der Kuczuk Passa seine stärckeste veghbeli Türcken voran, geradt auff die Vnger darunter der Fürst war, gleicherweiss auff seine beste Völcker gestellet, vntter welchen er auch selber hielt, vndt hatte dabei zween andere starcke Heuffe bei seit, vndt den vierten zum hinterhalt geordtnet, vndt griffe dennach den Fürsten

sehr behertzt an, ohne eintziges scharmütziren, in Fürst Kemeny
rechter schlachtform, auff der andern seiten griff der wirdt von den
rechte Türckische Flügel, den lincken Kemenyschen an, Türken geschla-
so ihn Croaten vndt teutschen bestunde, welchen die Tür- gantze Armee
cken, alss sie ihre stärckt vermerckten, erstlich bei seit zertrennet. Die
weichen müssen, alss aber der Kuczuk Passa sich derweill mit seinem 23 Januarii.
ersten angriff ritterlig gehalten, vndt mit erlegung viller Kemenyscher Völcker, sich tieff inss leger gehawen, dass die vbrigen,
nemlig die, so ihn dess Kemeny truppen waren, aussreisen, vndt die
vbrigen ihm stich lassen müssen, ihn welchem getümmel denn der
Fürst Kemeny von seinem pferdt, so er zum Örmenyes vom erschlagenen Barcsai Gaspar bekommen, durch einen fall kommen, vndt von
seinen eigenen Volck zertreten worden, welches sein treyer Diener,
Gyulai Istvan gesehen, vndt sein eigenes pferdt vnttergeben wollen,
ist er endtlig vor seine treie Dienste ebenermassen, mit einbüssung
seines Lebens zertretten worden.

Alss nun endtlig der Radak Imre so 600 Fussknecht vnter ihm
hatte, sampt den teütschen Völckern noch Fuss hielten, vndt dess
Fürsten niderlag vernehmen, nam der Radak vnangegriffen seine
Zuflucht dem nächsten waldt zu, vndt musten die arme teutsche
Völcker die letzte Öllung bezahlen, vndt werden ausserhalb wenigen
so die flucht gaben, der meiste theill niedergehawen vndt 56 sampt
dess Obersten weib ihn einer Kallesen gefangen ihn die Stadt
bracht, diejenigen aber, so gleich ihn der flucht davon kamen,
wurden hin vndt wider von der paurschaft erschlagen, welche von
ihnen gutte beute krigeten vndt betten der gestalt den Türcken
denen flüchtigen nachgesetzet, weren wenige davon kommen, sie
aber kehreten inss Dorff gross Alesch, inss Kemeny Hauptqvartir,
bekamen alle Pagaschi wagen mit reichen beutten, vndt 2 stück,
mit welchen sie triumphirendt zum F. Apafi nach Schesspurg kamen
468 teutsche Heupter ihn Kopien mit sich bringendt; diese Heupter
wurden dess andern tagess sampt 28 Fahn 3 Paar Kessell vndt
andern paucken, mit tryumpf vndt trometten schall auff den Marck
gebracht da der Kuczuk Passa, vor seinem Hauss sitzend, vor ein
Jedes Haupt wie auch fahn vndt trummel einen Taller erloget ihn
beysein 4 Capitanen vndt 9 Officireren, welche 468 Häupter, eben
ihn derselben beisein vndt praesens, von 30 gefangenen Soldaten,
alss ihren mitbrudern, sein geschunden worden, vndt die heute ein-

gesaltzen, nach Verrichtung solches klagligen schaw Spilss, sein
jetzt ernannte Herren Kapitän vndt officier entheupt vorden,
welcher nackete leiber biss auff den 3 tag, zu grossem abschew,
auff dem Marck gelegen. Die gefangene Soldaten wie auch etliche
vngrische Hadnagy vndt Katner aber sein nach dem sampt den ein-
gesalzenen Heutten der Soldaten Heupter durch vnssere arme
Stulssleut mit 25 Wagen neben einer anzahl Türcken bis auff
Temesvar, dem Türckischen Keysser zu schicken, geführet worden.
Alhie ist zu wissen, dass des Fürsten Kemeny Haupt ebenermassen mit geschunden worden, vndt auff Temesvar geführet,
welches von den damalligen Sübenbürger Legaten, alss die heute
die Haufen bey der Haupter mit baumwollen angefüllet gewessen ist,
Gross Alesch lie- erkennet worden, vndt folget hierauss, dass sein leib
gen 575 Keme-
nysche leiber wie mit den andern gemeinen erschlagene leibern bei Gross
noch sein eigener. Alesch ihn den Hauffen alda auffgericht, vergraben
worden. Et fuit poena peccati. Bella enim injusta plerumque
tristes, flebiles et funestos eventus solent habere. Dermassen
strafft Gott aller Potentaten Hochmuth vndt vnnöhtige Krig, wie
alhie geschehen, ihn dem zu verwundern, dass so ein kleiner
hauffen, nemlig 3000 Türcken, eine gantze Armadam von 9000 Mann
geschlagen vndt zertrennet, da der Türcken nicht mehr als 11 perschonen vmbkommen vndt 3 verwundet worden.

Alhie ist zu wissen, dass der Sz. Pali Janos, den tag ehe die
Schlacht angegangen, auff Fograsch mehre teutsche Völcker zu
bringen geschickt worden, welcher auch, sampt dem Betthlen Gergely mit 600 teutschen vndt 600 Katnern auff der Strassen gewessen,
alss sie dess Fürsten Kemeny niderlag vndt flucht vernohmen, schweren
sie, denselben mit ihrer ankunft vmbzukehren vndt die Stadt anzugreifen, welcher rumor vnter dem Stadt Volck grosse vndt neye furcht
erweckete, die Türcken aber waren freydig vndt begebreten ihrer
ankunft, alss die behertzete Kemenyschen aber dess F. Kemeny todt
vndt entleibung ihn grundt vernahmen, liessen sie das Vmbkehren
wohl bleiben, vndt eilleten mit nicht geringer Furcht Vngerlandt zu,
welche Post vnssere bürgern, welche allezeit gut Rakoczis vndt
Römisch Keyssers waren, grosse freyde macht, wolten nicht mehr
von den teutschen wissen, sondern hieltens mit den Türcken.

Dass vnss aber, vndt der Statt, dess F. Kemeny niderlag vndt
Verderben nicht zum Glück vndt heill geschehen were ist vnläug-

babr, sintemall wann er triumphiret hätte, nur Gott weiss, wass er mit vnss vndt vnssern Kirchen vorgenohmen hette, weill wie auffenbahr worden, alle Sachssische Kirchen den Papisten vom Kemeny versprochen worden.

Dass vnssere Statt aber, wegen der Türcken erhaltenen Victorie, nicht grossen vndt schier vnerträglichen Ueberlast gehabt, darffe nicht fragens, sintemall die Statt ohne dess Passa Zehrung wie auch anderer Türcken Proviant, nur seinen hoffdienern, eine ziemlige Zeit her vor reiss, butter vndt honig, täglich 30 Imper. erlegen muste Ittem 500 brodt vndt den rossen, anstatt der Haber, Korn.

Die Evangelische Kirchen sein vom Kemeny zu reformiren zugelassen.

Alss nach villem suchen, dess Fürsten Kemeny leib vnter den erschlagenen nicht funden worden, vndt jedermann an seinem thodt gezweifelt, findet sich endtlig bei einem Janczaren dess Kemeny mit seinem nahmen bezeichnetter Szabel, seine Schlaffhauben vndt brieftasch, sampt 70 Aureis, welcher bezeiget dass er vbers angesicht vndt dem hertzen gehawen gewesen, so auch der riemen seines Szabelss so zerhawen gewessen, weil er den Szabel nur vber sich gehangen, erwissen.

Dess F. Kemeny Szabel vndt anderes findet sich dadurch sein thodt erkennet worden.

Weitter ist zu wissen, dass nachdem der Ali Passa wie oben gemeldt nach abzuch dess Kemeny Janos, von Temesvar dem Türckischen Keysser bericht gethan, wie derselbe Kemeny nun auss dem landt geschlagen sei, hatte dasselbe ihn gutter besatzung vndt frieden gelassen, vndt were sich dess Fürsten Kemeny wegen gar nichts zu besorgen, baldt darauff aber schreibt der Waida der Walachei, dess Fürsten Kemeny Neye ankunfft inss landt, der Keysser lasset beide schreiben gegen einander halten, ist bestürtzt, schreibet demnach dem Ali Passa den Neyen Handell des Kemenyes, welcher nicht wenig darüber erschreckt, vndt schicket von stundt an einen Kapuczi Passa mit schreiben an die Stände dess Landes, ihm von allem bericht zu thun, alss aber eben unter derselben Zeit die Victorie wider den Kemeny erhalten worden, wirdt durch ernunnten Kappuczi Passa, sowoll dem Ali Passa wie auch dem Keysser selbst, der gantze Verlauff eröffnet.

Ali Passa kundiget durch schreiben dem Keysser des Kemeny Zustandt, wie auch der Waida auss der Walachei vndt sein sein allem contrar.

Conversionis Pauli so der 25 Januar war, liess der Kuczuk Passa, ihn beisein dess Fürsten Apafi vndt seiner Herrn Divan vndt

Raht halten, ob den fliehenden Kemenyschen weiter nachzujagen sei, auf welches die Türcken hefftig drengen, die Unger aber, damit ihre brüder, freundt vndt Herren nicht gleichsam fundito aussgerohtet mögen werden, starck widerrihten, ob sie schon einander feynde waren, sintemall, nach dem gemeinen Sprichwort Ein starcker winter sein muss, wenn ein Wolff den andern frist, welches *Wegen persequi-* sie nur drumb gethan, damit die flüchtigen sich vntter *rung der Kemenischen, wirdt* der Zeit nur salviren mögten, vndt wenn die nachsetzung *Divas gehalten.* geschehen were, weiss Gott wie ess manchem vornehmen Herren ergangen. Alss die Römer nach erhaltener Victorie dem Hunnibale nicht nachjagen wollen, hat Catilina gesagt; Quanto accuratius jam ea agitis, tanto infirmior erit eorum animus. Si vero vos langvere viderint tanto accuratiores aderunt, welches sich auch künfftig ihn villen pfallen erweissen.

Damit wir derowegen nun weiter der flüchtigen beschaffenheit continuiren mögen, vorauss derjenigen, so allezeit auf der teutschen seiten starck gewessen, zerstreieten sich dieselben in ihren ängsten hie vndt wieder wunderbarlig, der Banfi Dienes vudt Betthlen Farkas flohen in dass schloss Betthlen, Gabriel vndt Paulus Haller, Betthlen Janos, Huszar Peter vndt andere mehr, in die Vestung Görgeny. *Der Kemenyschen* Kemeny Simon dess Fürsten sohn neben dem Ebeni *Edelleut flucht.* Istvan flohen mit dem vberbliebenen theill der Armee eines wegen ihn Vngerlandt führete seines ihm treffen gebliebenen Herrn Vatters ross, davon er gestürtzet war, seiner Stieff Mutter vndt hintelassener Wittib zu, mit Vermeldung vndt Tröstung, er mögte ihm pfall noch beim leben sein, vndt auch nachkommen, wiewoll ers zu voll wüste, welcher trost aber nicht lange wehret, denn die Fürstin alles Verlauffs gewissen bericht bekam, vndt selbiges ross alssobaldt durchschissen liess.

Nachdem nun, wie gehört die voruembste vndt flüchtige Adelleut dess landess sich hin vndt wider ihn die Schlosser vertheillet vndt salviret hatten, wolte ihnen die Zeit ihn solchen widerwertigen Zuständen zu lang werden, alss schicketen der Herr Banfi Dienes vndt Betthlen Farkas auss dem Schloss Betthlen denen ihm Schloss *Die Kemenyschen* Görgeny flüchtigen Adelleuten schreiben zu erforschen, *vndt flüchtige Adelleut schreiben ihn des erklüssern zu erissern.* wass ihnen in so widerwertigen Zuständen, insonderheit dess Fürsten Kemeny thodt angesehen nun weiter vorzunehmen sei, wie auch dergleichen schreiben der

Lazar Istvan ihm Gyergo vndt die Csiker eben dahin abgehen liessen, mit bericht, wass diejenigen ihm Görgeny, guttes schlissen würden, sie auch solches sinnes sein wolten, welchen allen solcher weiss geantwortet wurde, dass weill ja klarlig zu sehen were, dass das glück von ihnen gantz gewichen vndt der mächtigen Port schwer zu widerstehen were, hielten sie vor rachtsam sich sobaldt ess sein künnte, dem Fürsten Apafi zu ergeben vndt an der Port zu halten, damit wegen stetter Vneinigkeit nicht mit der Zeit das gantze landt inss eusserste Verderben gerahten möge, welches die Csiker vndt Gyorgeör ihnen gefallen liessen, der Banffi Dienes aber, so dess Fürsten Apafi rechter schwager war sampt dem Betthlen Farkas waren eines andern sinnes; fertigten mit bewiligung dess Ebeni Istvan so ihm Szamos Ujvar war, Ittem der beider Torma Janos vndt Istvan den Mackkasi Boldisar zum Kemeny Simon vndt dess Fürsten Kemeny hinterlassenen witib auff Aranyos Megyes dass er demnach mit bewilligung derselben, ihm Namen der Sübenbürgischen Stände, abermall bei dem Römischen Keysser vmb fernere Hilff anzuhalten, welches sie auch billigten, derselbe Maczkasi reisset auf Wienen, welcher sich sampt dem Cziker Pater Kassuni, welchen der Fürst Kemeny schon lengst abgefertiget hatte, hefftig bemüheten, vndt täglich zu Hoff lagen, wie denn nach kurtzer Zeit der Betthlen

Maczkasi Boldisar wirdt von den bemenyschen Adellenten zum Römischen keysser geschickt.

Farkas ebenermassen ihm nahmen der stände, so doch ihm geringsten nichts drumb wüsten, auff Wien solcher gestalt von oben bestimpten etligen Herren abgefertiget wurden, kunten aber gar nichts erhalten, vndt müsten vnverrichter sachen zu Hauss kehren, so vill zwar hatten sie durch endtliche bitt erhalten, dass die teusche besatzungen von Claussenburg vndt andern Schlössern nicht mögen abgeführt werden, biss vielleicht das blinde glück sich mit der Zeit widerumb auff ihre seiten schlagen möge, welches begehren aber künfftig, wie mir hören werden, dem gantzen landt, wie auch ihm selbst grosses Verderben brachte.

Vntter wehrenden Wienischen Verrichtungen schickete der Fürst Apafi ihm nahmen dess Kuczuk Passa Huldigung schreiben denen Edelen Herren ihn dem Geörgeny liess sie auff Schesspurg beruffen, vom bleiben dess ellenden Vatterlandes etwas weiteres zu schliessen, ehe aber solches der Adelen Herren schreiben beantwortet wurde, ist zu wissen, dass der Sarosi Gergely schon lengst

Kemenysche Adelleut werden vom Fürsten Apaß zur baldigen berufen. wegen abführung der praesidiariorum auss den Schlössern zum Römischen Keysser abgefertiget worden war, weillen er aber lang aussblieben vndt keine antwort kam, wardt der Daniel Istvan eben dahin zum R. Keysser geschickt, demselben vor dero vor dass nun mehr ruinirten, vndt vhel geplagten Sübenbürgen tragende vätterliche Fürsorge vndt schutz schuldigen Dank abzulegen vor dass erste, vor dass andere den jetzigen ellenden Zuständen dess landes, wie auch ihn kurtzer Zeit bei hunderttaussent Seellen armen Christen auss dem landt weg geraubet worden demütigkligen anzumelden, zum 3. sehr flehlig bei seiner Majestät anzuhalten, die teutsche Völcker von Claussenburg vndt den andern schlössern abführen zu lassen, sintemall selbige *Daniel Istvan wirdt vom Fürsten Apaß zum Römischen Keys- ser geschickt.* Ohrter zu belegern vndt zu erobern von der Ottomanischen Port erstligen gebotten were, vndt ihm pfall solches nicht geschehen mögte, were der Ali Passa gesinnet selbst inss landt zu kommen vndt selbe Oerter zuerobern, welche er alssdenn vor seinen Keysser behalten würde, in Summa er sollte anzeigen, dass das ellende Sübenbürgen ihn solchen müheseligen standt were, dass selbiges dem Türken befehl vndt gebott, weder etwass abschlagen noch vorschreiben könen, vndt damit vor dass 4. dass landt Sübenbürgen nicht etwan solches thun mögte, dass seiner Majestät zuwider vndt der Cron Vngern schädlich sein möge, hette dass landt seiner Majestät solches in aller Vntterthenigter Pflicht vndt Demut wollen wissen lassen. Auff albie erzehlte Puncta kunten vorbestimpte abgesante neben dem Pater Kassani, so fleissig daran war, nichts schaffen, lagen etlige Monat auf der Beerenhaut, vndt müssen vnverrichter sachen zu Hauss kehren.

Damit nun auch weiter vom demjenigen, so nach erhaltener Schlucht bei Alesch bei vus erlauffen, gesagt möge werden, haben mir gehört, wie die Kemenysche Adelleut sich hin vndt wieder zer- *Ugron Andras wirdt gefangen auf Schesspurg bracht.* streiet haben, vntter welchen der Ugron Andras seinen weg auf Fogras zu gesinnet gewessen zu nehmen, alss derselbe auf Katzendorf langet, nehmen ihn die Bawerssleut gefangen, vndt dem Fürsten Apaß zubracht, welcher ihn aber, weill ihm zur Tatrischen Ranzion etwas geldes geliehen bei der Statt Schesspurg hin, ohne wissen des Kuczuk Passa, ihn sein Schloss Eppeschdorf führen lassen, damit seines lebenss geschonet möge werden, welche Gnadt er ihm auch endtlig bei dem Kuczuk Passa erlangte. Doch wurde er von Eppeschdorf gefangen auss dess Passa befehl kegen Schesspurg gebracht vndt auss den handen gelassen. Dess andern tages kamen vnterschiedlige Kemenyschen Part Adelleut vnter andern der Sebesi Ferenz, Also Janos vndt Török Pal zur Huldigung. Diesser Török Pal aber wurde auss angebung dess landes, weill er gleichssam alle Fürsten verrahten helfen, von einem zum andern sich begeben, von Kemenysche Edelneyem gefangen, vndt von den Türcken verwachtet, lest kommen zur Huldigung. bekame doch endtlich gratiam, vndt freygelassen. Auch schicketen desselbigen tages so der 29 Febr. war, der Gabriel vndt Paulus Haller, Betthlen Janos, Rhedei Ferenz vndt Balogh Matthe auss dem Görgeny Huldigungsschreiben vmb gnadt bei dem Passa bittendt vndt bekamen gnadt.

Vntter diesser Zeit war allhie bei vnss grosser Jammer, vndt ellendt, vndt war dess begehrens bei den Türcken kein Ende musten alle den Vorraht an korn vndt haber von Stadt Jammer vndt elvndt Stull herfür geben, endtlig wurden gleichssam lendt zu Segesalle Korn gruben auff dem marck geöffnet, wie auch der Edelleut korn nicht geschonet wardt, vndt dass Korn der Türcken gegeben, anstat vndt mangel der Haber, wurde den rossen Korn gegeben, alss aber nachmallen von tag zu tag an haber grösserer mangel wardt, wurden die Stulss Pastores auch auf Haber limitiret.

Ess ist droben gesagt, wie der Sz. Pali Janos, so dess Fürsten Apafi leibliger Schwager doch aber sein gröster feindt war, ihme seine digniteten missgönnendt, mit dennen teutschen vndt andern auss Fogaras bringenden Völckern sich auff Vngern zu begeben sinnes gewesen, alss er aber dess Fürsten Kemeny Vuttergang besser vernimmt, kehret er Burtzelandt zu den Kurtanern, so er vernohmen iuss landt zu kommen, auff den Dienst zu warten, welchen er auch mit ihrer ankunft hart zu gesetzet Nr. 40 erhawen vndt Nr. 7 sampt 2 Fahn mit sich ihn Fograsch bracht, alwo sich wegen solches seines Vorbringens auss furcht nicht lang auffgehalten vndt sich ihn aller Stille fortgemacht, die ankommende 300 Kurtaner aber, welchen der Barcsai Mihaly entkegen geschickt 27 Fahn kurtaner worden, kommen ihm Januario bei vns an, alss aber werden des Sz. der Fürst Apafi solches innen wirdt, werden auss Pali zu persequiren nach gebefehl des Kuczuk Passa 27 Fahn Kurtaner, der Kalaus schickt.

Szekely Sigismund war, den Szent Pali zu persequiren nachgeschickt, kehreten aber vnverrichter sachen, weill sie weit bei seit abgereist, widerumb auff Schesspurg, denselben tag bringet Georgius Lutsch Cibiniensis damalss ein hoffdiener dess Apafi vom Ali Passa schreiben, ihn welchem er sich nahmahlen verspricht dem landt alle dass zu prestiren, wass er zugesagt, hilff ihn aller noht zu schicken, wie vill nöthig sein wurden darneben, vmh erlassung der vbrigen Tax bei dem grossmächtigen Keysser bitten anzuhalten.

Ess ist droben gesagt, wie der Szent Pali Janos bei Türzburg den inss Landt kommenden Kurtanern auffgewart den einzuch zu verhindern, wie er denn auch hart an sie gesetzet hatte, alss aber post kommen dass er nach seiner ankunfft von denen in Fogarasch nicht eingelassen vndt auss gesperst sei worden, wird der Barcsai Mihaly 15000 Kurtanern vndt etwass wenigen Türcken vorgestellet, welchen der Judex Nagy Schenkensis zum Kalausen selbige zu führen ebenermassen gegeben wardt, den Sz. Pali sampt seinem anhang auffs neue zu persequiren, alss sie demnach derselben ankunfft vernehmen, kehren sie den rücken vndt entkommen, Nr. 9

Sz. Pali entkompt mit seinem Volck vndt werden 9 Soldaten gefangen. Soldaten aber, so sich etwass verseumet hatten, werden ausserhalb dem Schloss Fagarasch von den Kurtanern nidergehawen, vndt kommen dieselben zu Schesspurg widerumb an.

Ess werden noch täglich von den Türcken der Edelleut korn kaullen auffgesucht vndt geleeret, vndt langet doch nirgendts zu, sintemall sie dasselbe anstat der Haber den rossen gegeben vndt wardt endtlig sehr theuren kauffs, kam ein Cub. biss auf fl.

Zum ende dess Januarii kommen drei Neymarcker zum Kuczuk *Haller Pal vndt Betthlen Janos sein gesinnet zu huldigen, schicken dem Passa geschenck.* Passa bringen ihm einen becher von 4 Marck, so der Haller Pal vndt Betthlen Janos auss dem Görgeny geschickt, mit bit, damit sie gnadt erlangen mögen, vndt bekommen gratiam, selbige ankunfft aber gedachter Neymarcker gereichet der Stadt zum grossen schaden, sintemall der Fürst Apafi der Stadt endtliges Verderben gesehen, den Kuczuk Passa beweget hatte, abzuziehen, derweill aber wegen annehmung gedachter Edeler Herrn bei den vbrigen Fornembsten Türcken vill bedenkens geschahe, vndt die abtrünnige Edelleut in gemein nicht anzunehmen gesinnet waren, vndt blieben demnach die Türcken widerumb still vndt gebieten von neyem, sie nach nohtdurft mit Proviant zu versehen, vndt erhübe sich ein neyer Jammer ihn der Statt.

Derweill nun wie gesagt der Türcken wie auch dess Fürsten aufbruch sich gar nichts zeigen wolt, da doch das arme Stadtvolck wegen villen Vertröstungen so vom Fürsten geschehen taglich gutte Hoffnung hatten, herkegen der jammer, grosse noht, vndt der Statt Verderben je lenger je grösser wardt, zuvorauss derweill zugleich damalss schier voerträgliche kalten wär, vndt wegen mangel dess Holtzes gleichssam aller garten der vnttern Statt Friden vndt geschützer, wurden abgebrochen vndt verbrennet zudem auch aller Vorraht der Statt an korn aufgesucht vndt wass die menschen nicht verzehreten, den rossen gegeben wurde, alss confluireten die Principales dess landes, in welchem conventum von Einem Ehrsamen Raht, alss 2 Febr. der Herrn Regius Andreas Keisser vndt Herrn Petrus Nussbaumerus geschicket worden, vom Heill vndt bleiben dess Landes vndt insonderheit vnsserer Statt weiter zu consultiren vndt wardt entlig geschlossen, dass F. G. sampt seinem gantzen raht den Passa ihm nahmen dess Landes solte ersuchen mit Vergebung, dass weillen nun auss zulassung Gottes vndt dess grossmächtigen Keissers der Fürst Kemeny gedempfet vndt vmbkommen were, vndt sich auch der Zeit keines andern, so sich an seine stat aufwerfen würde, zu fürchten were, vndt solte bono modo vndt flehliger bitt dem Passa persvadiret werden, dess Landes wie auch der Statt weiteres Verderben zu verhietten, auss dem landt zu ziehen, vndt ihm solches bit vndt anbringen nichts hilfen mögte, solte F. G. endtlig dreien vndt sich hart erzeigen, den grossmechtigen Keisser drumb zu ersuchen, biss zur aufgebung der Schlösser were auch nicht noht zu warten, sintemall sich dieselben nach abzuch der Türcken gutwillig ergeben würden.

2 Febr. wirdt ein Conventus zu Schesspurg vom landt gehalten wegen abschaffung der Türcken.

Alss nun solches anbringen an den Kuczuk Mehemet Passa gelanget, hat er sich hart darüber entrüstet vndt alle Passaken vndt andere beampten ihn dess Fürsten herbrig beruffen lassen, dem Fürsten vorgebendt, dass weillen dass Landt ihren abzuch begehreten weren sie gesinnet abzuziehen ess solten aber vor die erhaltenen Victoriam dem Kriegsvolck vndt beampten 30000 Taller vorher erleget werden, welche Summa F. G. von den abtrünnigen

Wegen des Landes anbringen gereht der Passa ihn tort, vndt begehret vor seine Victoriam eine grosse Summam geldt.

Adelleuten nehmen solte, vndt wolte ihm zugleich zulassen, welche
er annehmen wolte, solte ihm frei stehen, vndt diejenigen, so er
straffen würde straffen, ihm fall er aber sie straffen würde, mögten
sie ess herter empfinden, auf welche dess Passa resolution der
Fürst sampt seinen Herren sehr bestürtzet worden, zu vorauss
weillen sich sehr vill vom Adel schon zur Huldigung eingelassen,
vndt auch dess andern tages alss 3 Februar auss zulassung dess
Passa der Haller Pal vndt Betthlen Janos ankommen sollen, welche
denn auch selben tag angelanget, nachdem aber vom Fürsten solcher

3. Febr. tsoget dess Passa Zorn vndt Vorhaben betrachtet worden,
der Haller Pall
vndt Bethlen Ja- hat er mit raht beider Herren dahin gerahten, derweill
nos an. die Statt vorauss gern erlöset wolte sein, solte die Statt
vor sich einer Summa geldes sich erbietten, so wolte er sich vor
seine perschon nur, sich mit ihm, wie gut er kenne vernehmen.
Der Raht vndt 100 manschafft wurden ihn eill besammlet, hetten
sich auch gerne etwass kosten lassen, aber armut wegen nichts
Ess werden von thun kennen, alss gleichwoll endtlig wurden sie zu raht
der Statt dem
Passa geschenck dem Passa ein Silbernes geschier zu schicken, wie ihm
geschikket will denn eine silberne Kann von 3½ M. offeriret würde,
sie nicht anneh- wolte sie aber nicht annehmen, vndt erzeiget sich sehr
men. grimmig; endtlich wurden ihm auch zu der Kanen
Nr. 180 Imper. geschickt, wolte doch nichts hilfen, sondern begehrte durch den Alai Bek Imperial 1000 vndt keinen weniger, auff
welches begehren mir zum Fürsten neben vns bei dem Passa anzuhalten schicken, welcher seinen praefectum Vizaknay Peter Deak,
Sarosi Andras Deak, vndt Sebessi Ferenz zu ihm schicket mit bit,
sich mit dem, so die arme Statt sich erbeten, zu genügen, sintemall
dass vbrige der Ali Passa mit sich genohmen hette, sie richten
aber nichts aus, endtlig rahtet der Tolmatsch Alai Bek dess Passa
sohn, vndt dem Tihaia alss Hofmeister eine statlige ehrung zu thun,
selbige würde vill hilffen richten, vndt würde dem sohn ein geschirr von 2 M. vndt dem Tihaia No. 50 Imper. geschenckt, welche
es endtlig bei dem Passa mit 500 Imper. richteten, vndt sie erlegen
müssen. Derweill aber der Fürst vndt dass landt mit gebungen gar
nichts erzeigen wolten, bliebe der Passa doch in seinem toben vndt
wütten beharlig, vndt wurden, vnangesehn vnsseres praesent, eben
alsso geplaget wie vorhin, vndt müssen doch täglich die 30 Imper.,
wie oben gesagt, vor reiss butter, vndt honig dem Hoffgesindt dess

Passa aussgeben. Der Edellerleut Korn kauffen, wie auch dass korn ihn den Kasten auff der Burg wurde von neyem aufgesucht, vndt von den Türcken genohmen. Zudem wurde auch dem armen Stull vill Eles vndt Proviant vom Fürsten aufgeschlagen, welche neben den Türcken auch auff den Adell vnd Hoffgsindt aufgetheilt worden. Zum Vberfluss müssen wir 150 Stulsswägen wöchentlich ihn der Stadt halten, welche neben den Stattwägen der Türcken, sowoll auch dem Fürsten Holtz, Heu vndt anderes zuführen müssen. *Dass Korn ihn des Kauffen ver- den von den Tür- cken aufgesucht vndt vill Proviant begehrt.*

Die 6 Febr. alss Purificationis Mariae verreisset der Fürst Apafi auss Zulassung dess Kuczuk Passa, sampt seinem Hoffgesindt, den Herrn Haller Pall vndt Janos, Betthlen Janos, Cassai Ferenz Hopmester, vndt Barcsai Mihaly bei sich habendt, wie auch den Hamszan Bek vndt Gyulai Ali Bek mit etwass wenigen Türcken ihn sein gut Eppeschdorf, tali tamen conditione eben denselben tag widerumb nach Schessppurg zu kommen, weill sie aber vber nacht aussbleiben, wirdt der Passa hart ergrimmet, schilt sie alle Verrahter: alss der Fürst dess andern tages ankommet, zürnet der Passa mit ihm, die begehrte Summam der Taller von ihm ernst begehrendt, ehe wolte er auss dem landt nicht ziehen. Vber welches begehren der Fürst erschrecket, vndt werden auss raht der bei ihm habenden Landtherrn der Vizaknai Peter Deak praefectus sampt dem Sebessi Ferenz zur Contentation dess Passa der Nobilium bona von neuem aufgesucht, cum Assecur., selbige bona cum tempore zu restituiren, ess wurde aber gleichssam nichts aufffunden. *Fürst Apafi reis- set auf Eppesch- dorf, der Passa begehret ge- schenk vndt wer- den der Nobilium bona aufgesucht.*

Eodem Die der Szava Mihaly so mit dem Ali Passa auss dem landt auff die Port verreisset war, vndt von dannen nach Wien zum Römischen Keysser, ihm die wahl des Fürsten Apafi anzukündigen, welche denn bride content gewesen, endtlig aber von Wien auss befehl der Port widerumb zum Türckischen Keysser verreissen müssen, mit erzehlung, dass sich der Römische Keysser, nachdem er mit der wahl dess Fürsten Apafi zufriden gewesen, sich entschuldiget, dass weill der F. Kemeny ihn allem falschen bericht gethan, er ihm zwar ettige Hilf gegeben, wolte aber mit gelegenheit dieselbe von ihm nehmen. auff welche resolution, der Türckische Keysser durch gedachten Szava Mihaly schreiben schicket, solches inhalts: dass weill er sein *Szava Mihaly kompt von bei- den Keisseren mit schreiben zu.*

Czigatya, das ist sein auffgenohmener sohn were, wolte er ihn, ihm pfall er an der Port trey vndt bestendig sein würde, wider alle feynde schützen, vndt auch den Kemeny Janos (weill er noch von seinem Vuttergung nichts gewust) zu verfolgen genuchsames Volck zu schicken, welches inhalts der Fö Veszer dem Fürsten ebenmässig geschrieben, hoc addito, dass weillen auffenbar were, dass einer seines hoffs, alss der Budai Peter Deak, bei allen Fürsten ein Practicus gewessen vndt noch jetzunder ohne Vntterlass schreiben an die Port hin vndt wider schicket, fürchtete er sich, er mögte ihn alss seinen sohn verrahten, drumb solte er ihn Kapput vndt kleiner machen. Alss gedachter Petter Deak solche dess Veszers schreiben vorgelesen werden, bekennet er dass dem Paniotto, alss der aller Nationen Tolmetsch were, zwar dess Kemeny falschheit vndt gantzen Handel geschrieben hette, sintemall er von geburt ein Anglus were, vndt dem Römischen Keysser sehr woll gewogen vndt dess Kemeny Janos gutter Freundt, drumb sollte er sich vor ihm Kemeny Janos woll fürsehen, sintemall er ihn bei dem Feö Veszeren verunglimppfet vndt verhasst gemacht hette, vndt ihm pfall ess anderss befunden wurde, oder Jemanden Anders geschrieben hette, solte man ihm sein recht thun, welche entschuldigung sich auch künftig recht erfunden.

Derweill nun dass ellendt der Statt von tag zu tag sich heuffent vndt gleichssam vnerträglich wardt, liess ein Ehrsamer raht abermall, eine Supplication an den Fürsten vndt Landtherren gelangen vmb beystandt der Proviant, oder vmb abschaffung der Völcker, vndt bekamen zur antwort, dass wegen Vnbequemigkeit, anderer öhrter unmöglig scheine, die Türcken anderes wohin zu legen, doch aber wolten sie dahin gesinnet sein, ihndem die Legation, so auff Temesvar solte geschickt werden, volbracht were, vndt die angenohmene Adelleit auss dem Görgeny ankommen würden, wolten sie auf mittel dess abzuchs gedencken.

Die 12 Febr. kommen von etligen Adelleuten schreiben, mit bericht, wie dass die in Clausenburg ligende teutsche Völcker, noch zur Zeit sich sehr starck verschantzeten, vndt keines willens weren abzuziehen, sondern von etligen der Vornembsten Adelleuten dess landes heimlig gestercket vndt getröstet, welches künftig den Türcken grosse Vnruhe machen mögte, alss solche Post an den Passa gelanget, wird er abermal ergrimmet, schicket den Gyulai Ali Bek zum

Fürsten, mit befehl, selbige Adelleut, so ihm verdechtig weren, auffzusuchen, vndt ihm zur Straff ihn seine Hende zu stellen, anders mögte er wunderbahrlig procediren, vndt so ess nicht baldt geschehen, oder die praesidia nicht auss den Schlössern abgeschafft wurden, solte der Fürst selber erfahren, wass ihm mögte begegenen. Alss der Ali Bek vatter andern den Herrn Betthlen Janos, ihm Vorhauss dess Fürsten vngefehr antrifft, heisst er ihn einen öffentligen Verrähter, welcher beide Fürsten Rakoczi vndt Barcsai hette hinterbringen hilfen, vndt würde mit der Zeit, nach der Türcken abzuch, auch den frommen Apafi verrahten vndt inss Verderben bringen, dieses anhangendt: nimm nun mit diessem frühestück verliebt, ich will dir baldt auch das abendtmall darreichen, aber vielleicht sehr trübselig vndt ellendt.

Der ihm Claussenberg liegende Voleher fortificiren die Statt.

Der Ali Beck zancket sich mit dem Herrn Betthlen Janos.

Alss sich nun der abzuch der Türcken je länger je mehr verzog, vndt den beampten der Stadt grosse gefahr vndt Vnruhe entstunde, liess der F. W. Herr Joannes Boht Consul den Raht vndt ettlige aus der Gemein beruffen vndt ware gesinnet vndt entschlossen, dass Officium zu resigniren, vill andern incommodittes vndt Vngehorsam der burger vorwendendt, welches sein anbringen aber der Raht hart widersprachen, vndt auch dabei ernst eingeredt, er solte seinen beruf ihn acht nehmen, vndt sich nicht von weibern lassen regieren, denn ess auss dergleichen anstiffnungen geschehe; vndt seien re infecta von einander gescheiden.

H. Joannes Boht Consul will das Officium resigniren.

Derweill demnach der Fürst Apafi sampt seinem landtherren dess Passa Vnmuth vndt gefasten Zorn je mehr vndt mehr ihn acht nahmen, darneben auch der Verderben selber sahen, liessen sie den 14 Februar dass landt wie auch die Altisten W. Herren dess rahts besammeln, etwass von dess Landes bleiben vndt wollfahrt, vndt wie zugleich dem Passa seines begehrens vndt Vnmuhts begegnet solte werden, zu schliessen vndt wurden demnach, nach villem discurs, dem Passa 7 Puncta vorzugeben, geschlossen. Alss

In einem Convent zu Schesspurg werden 7 Puncta geschlossen.

Primo: Derweill der Feyndt nun so weit mit der hilf Gottes, geschlagen vndt erleget sei, solte man bei dem Passa mit bit anhalten, damit er, sobaldt ess sein künte, auss dem lande ziehen möge.

Secundo: Damit er sich mit denen Dörffern so ihm zu seiner Vnterhaltung depatiret werden, lasse begnügen, vndt ausser denen nichts mehr begehre.

Tertio: Damit der andern Türcken eingebrachte Eles vndt Speiss, sowoll von den Türcken, alss von den Vngern gewaldtsamer weiss genohmen werde, wie daher geschehen.

Quarto: Damit die Statt vom Kuczuk Passa nicht von Neyem beschätzet werde, weill diejenige dem Ali Passa die grosse schatzung gegeben, welche sich damit auch begnügen lassen.

Quinto: Dass die von der Kemenyschen Part ankommende Adelleut bei vorigen digniteten erhalten vndt sowoll von den Türcken, wie auch von dem Hoffgesindt dess Fürsten nicht geschmehet müge werden, wie daher geschehen, insonderheit wie dem H. Betthlen Janos vom Ali Bek geschehen.

Sexto: Dass wenn der Gottesdienst gehalten wurde, die Türcken denselben nicht verhindern vndt zugleich lästern mögen.

Septimo: Damit der Edelleut Jobbagyen so Rabben waren, vndt bei den Türcken vorhanden, frei gelassen mögen werden.

Alhie ist zu wissen, dass alss gleich alhie erzelte Puncta dem Passa vorgetragen worden, kompt post, dass der Herr Petki Istvan vndt Lazar Istvan, die Szekelysegh zur Huldigung nicht lassen wollen, vndt sie von neyem an sich zu bringen gesinnet sein; alss der Passa solches innen wirdt, vill die Puncta nicht beantworten, vndt wirdt gantz ergrimmet, lässet sich hören, dass biss ihm landt nicht alle Vnruhe nicht gestillet wurde, wolte er nicht abziehen. Vber welches die Stadt abermall hefftig betrübet wirdt, vndt schicket schreiben an die Herrn Cibiniensis, damit doch Nomine Almae Universitatis vmb erlösung vndt linderung bei dem Passa angehalten mögte werden, welches auch geschehen, will aber nichts hilfen, sondern werden vill erger; vnter welchen auch die Vnger nicht die letzten seien.

Alss derowegen vnssere arme Stadt Schesspurg nun nirgendt her einigen trost vndt hilf haben kunte, liessen doch bei dem Passa supplicando nicht ab, vndt hielten endtlig doch den Gyulai Ali Bek bei dem Passa nur vmb das an, damit doch nur die tägliche Proviant, so seinen Hofgesindt gegeben wurde, alss die Nr. 30 Taller vor Reiss, butter vndt honig, Ittem 500 brodt vndt dass korn so anstatt der

Haber gegeben worden, mogten gelindert, oder vom landt gegeben werden, vndt damit er zugleich den Türcken ihre gewaldt, so sie von den Vngern nunmehr gelernet, steuern möge: ess wolte aber ebenermassen nichts hilfen, vndt hiess wie Cassiodorus gesagt: Jejunus Exercitus disciplinam servare non potest, vndt mûsten dergestalt, weill alle mittel nicht helfen wolten nur alles mit geduldt leiden vndt ertragen. Eben zu diesser Zeit, alss den 16 Februar kamen erstlig Nr. 63 Adelleut, sich dem Apafi ergebendt zur Huldigung vndt kam den tag ein schreiben auss dem Schloss Görgeny, welches sich, sampt dessjenigen praesidio zumahlen ergab, nach welches ergebung der Szurtey Geörgy Capitan so mit 200 Meszei Katnern eine Zeit ihm Csik gelegen vndt dem landt vill mühe gemacht, auch ankommet vndt erlangen Gratiam, wie auch baldt nach dem Hasomszek sampt 700 Marosszekern so ihn specie ankamen, vndt alle zu gnaden angenohmen wurden, nach ergebung dess schlosses Görgeny vndt ernanter Zekkel, wurde alssbaldt auch das Schloss Fogras zur Huldigung ermunet, weill die darinnen liegende praesidiarii, sampt dem Adell dess Fürsten Kemeny thodt nicht glaubeten, wolten sie sich mit nichten ergeben, welches dem F. Apafi vill gedancken macht, vndt den Türcken lenger zu bleiben grosse Vrsach gab.

Nr. 63 Adelleut kommen zur Huldigung wie auch Marosszek vndt harumszek

Droben ist gesagt, wie offt Ein Ehrs. W. Raht an den Fürsten Apafi suppliciren lassen, wegen abschaffung der Türcken, vndt niemalen nichts erlangen kennen, alss aber endtlig anff ersuchen die Herrn Cibinienses nomine Universitatis eben vmb abschaffung der fremden gest an F. G. schreiben gelangen lassen, wardt das landt so vorhanden abermall versammlet, supplicireten wegen dess abzuchs bei dem Passa mit Vorwendung, dass bei so gutten wetter auf der gefrost die reisse gefügliger geschehen künte, alss wenn der Eiss auffbreche vndt die wasser flüchtig wurden, zudem solte er zugleich die Beschaffenheit dess landes, wie auch den Mangel der Proviant ansehn, vndt sich dess armuts erbarmen, der Passa sange aber stets nur seinen alten gesang vndt wolte mit nichten abziehen, ess weren denn die teutsche Völcker auss Claussenburg vndt den schlössern abgezogen, welches gutdencken denn etlige Landtherrn annuirten, etliche aber widerrichten, vorgebendt weill Wardein nicht weit von Clausenburg were mögten, sie den Waradj Passa zu Hilf ruffen,

Dem Passa wirdt supplicirct, vadt auch gerabten, aus dem landt zu ziehen.

welcher stück mit sich bringen mögte, die Statt niebekommen vndt vor sich behalten, ihn dem sie demnach nicht vbereinkommen künten wurde endtlig geschloseen, ihm Schinker Stull vndt Burtzelandt zu ziehen. Der Kassai Ferenz Hopmester, welcher von den Scheukern mit geldt vndt etligen Führen Haber bestochen war, streit wider dass landt, der schluss aber verblieb in seinem esse.

Das Schloss Görgeny ergibt sich dem F. Apafi. Die 16 Febr. ergibt sich dass Schloss Görgeny, welches bei dem Passa freydt erwecket, liesse dass landt besammeln zu rahtschlagen, wie auch die andern besetzete schlösser mögten einbekommen werden. Der Ugron Andras wardt auf Fogras, vndt andere Edelleut ihn die Deva, Huszt, Szamos Ujvar vndt Kövar geschickt, wegen auffgebung der schlösser, wardt aber nichts drauss.

Die 18 Febr. werden durch den Sarosi Görgy dem Römischen Keisser bitschreiben geschickt, die teutsche Völcker auss dem landt zu schaffen.

Der Kassai Ferenz Hopmester vndt Barcsai Mihaly werden mit 200 Katnern zu besetzung Görgenys geschickt vndt zugleich von den Nössnern die 10000 Imper. so sie dem Ali Passa Rest verblieben waren abzuhollen.

Alhie ist zu wissen dass dem Kuczuk Passa 3 seiner Huren vndt ein Vngrischer Jung entronnen waren, welche er von der Statt auffsuchen begehret, oder eine Summam geldt zu erlegen, welches wegen H. Georgius Hirlingh Senator vngefähr auf der gassen ge-
H. Georgius Hirling wirdt gefangen. hendt gefangen wirdt, der Fürst suppliciret neben vns, weill mir keine Schuldt hetten, vndt den gefangenen Senatoren, kennen nichts erhalten.

Alss nach villem rahtschlagen der abzuch von Schesspurg bewilliget worden, zoge der Kuczuk Passa den 20 Februar sampt dem F. Apafi nach Gross Schenk, alss aber der gefangene Senator wie gespüret würde, mitgeführet solte werden, Schicket ein Ehrsamer Raht Georgium Krauss Notarium vndt Paulum Aurlig Senatorem, zum Fürsten Apafi neben vns vmb erledigung Herrn Hirlinghs anzuhalten, welcher auch seinen neyen Hopmester Nalaczi Istvan *Der Fürst Apafi sampt dem Kuczuk Passa ziehet auf gross Schenck Notar.* sampt den bestimpten Legatis zum Kuczuk Passa mitschicket alss er gleich in praecinctu gewessen, wirdt derselbe noch mehr ergrimmet, vndt lesset offt gedachte Legatos, als mich, beschreibern diesses Georgium Krauss vndt Paulum Aurlig Senat. fangen vndt ihn eissen schlagen, wurden doch denselben tag (nachdem mir ein revers, die entlauffenenen auffzusuchen von vns geben müssen) vnsseres gefangnüss befreyet. Alss aber nach des Passa abzuch die entkommene Rabben fleissig gesucht vndt nicht funden worden, schreibet der Kuczuk Passa von Schenk, den Regium Jud. H. Andream Keisser zu sich begehrendt, welcher aber nicht ziehen wollte, baldt darauf begehret der Kuczuk vor die entlauffene Rabben 1000 Imper., welches bey vnss grossen Vnwillen gab, vndt müssen auss grosser furcht, weill er sich hören liesse, widerumb auf Schesspurg zu kehren, ihm doch durch 2 Senatores H. Paulum Aurlig vndt Thomam Bolkes Nr. Imper. auf Schenk schihken.

Vmb diesse Zeit kompt dem F. Apafi post, dass die G. Fürstin Cibinio zu Agnethlen angelanget sei, dahin der Fürrt mit einem Zuch Türcken ziehet, vndt begrüssendt mit sich auff gross Schenk nimmt.

Derweill der Bethlen Gergely vndt Sz. Pali Janos, so dess F. Apafi Schwager war, vnlängst mit einer Compagnia Keysserischen teutschen Völckern ihn dass Schloss Fogaras eingezogen, vndt nicht ergeben wollten, alss wurde der Ugron Andras vndt Sarpataki Istvan 2 dario inss schloss, so nur eine meill von Schenck ligt, geschickt, ferner anhaltendt, dass schloss aufzugeben, richteten aber nichts auss; alss aber dem Fürsten wie auch dem Passa an selben schloss vill gelegen war, vndt der Passa auss befehl dess Ali Passa vor ergebung selben Schlosses nicht dorffete auss dem landt ziehen, wardt der Földvari Ferenz, Boer Istvan vndt der Herr Pastor Schenkensis Laurentius Gregorii von neyem zur auffforderung dess Schlosses geschickt, vndt nicht mehr mit bit anhielten, sondern dennen Ädelen Herren, so ihm Schloss waren, nomine Regni das eusserste Verderben dreueten, welche endtlich sich etwass anders besonnen, vndt vor auffgebung dess schlosses gewisse Conditiones begehreten, welcher sie versichert werden, wie denn Gregorius Betthlen vndt Joannes Sz. Pali nehen der Fograscher teutschen Capitan Francisco Biade Genuensi Italo, so die auffgebung gleichssam zum ersten urgiret, dass Jurament eo momento abgeleget vndt dass Schloss 23 Febr. dem landt vbergeben.

Nachdem nun der F. Apafi dess Schlosses Fogras Vbergebung Versicherung gehabt, werden beide Adelleut Racz Istvan vndt der

Balpataki, zur beleitung der keysserischen teutschen Völkern biss auff das Schloss Betthlen geschickt, dahin der Betthlen Gergely auch mit verreisset, vndt von dannen auf Munkacz, seine bona abzuhollen.

Alss die Praesidiarii ihm Schloss Deva von auffgebung dess Schlosses Fogras vndt Görgeny gewisse Post bekommen, schreiben sie dem F. Apafi Huldigungsschreiben, vndt ergeben sich auch, nach welcher auffgebung der Miko Miklos zur aufforderung dess Schlosses Betthlen geschickt wirdt; weill aber keysserlige teutsche Völcker drinnen waren, richtet er nichts auss, ziehet von dannen auf Szamos Ujvar, mit dess Schlosses Capitan Herrn Eboni Istvan, gleicherweiss zu tractiren, welcher endtlig, alss er sampt den Keysserligen Völckern von auffgebung Fogras, Deva vndt Görgeny vernehmen, sich mit den keysserischen berahten, zum Römischen Keysser zu schicken, dahin denn des andern tages der Lieutenamb sampt 30 Soldaten geschickt wurden; alss derjenige bei Kövar ankompt, wirdt er bei der Nacht vnversehens von den vmbliegenden Walachen vberfallen, der Leuttennamb selb drit kompt darvon, die andern werden erschlagen.

Dera das Schloss ergibt sich dem F. Apafi.

Ein Keysserischer Leutenamb sampt 30 Soldaten werden bei Kovar vberfallen.

Eben vmb diesse Zeit ihm Febr. ziehet der Szereny Peter mit zimligem Volck auss, verbrennet vmb Canischa etliche Dörffer. Alss die Türcken ihn der Bozna solches innen werden, kompt ein grosses Volck auff den Szereny, welcher ihn einem sehr engen Pass von den Türcken vmbgeben wirdt, vndt geschlagen, dass auff 6000 der Szerenyschen ihm stich bleiben, welcher heupter auff Temesvar geschicket worden.

Szereny Peter wirdt von den Türcken geschlagen.

Die 23 Febr. Ist Cibinii der bey der nacht gantz feurig erschienuen zwei Heerer miteinander streitendt. Ultima Febr. kompt der Szolyoni Miklos zur Huldigung gegen gross Schenck, dahin des Andern tages alss Prima Martii, auch der Kereztessi Ferenz, so ihn dem Schloss Deva Capitan gewesen, ebenermassen ankompt.

Szoloni Miklos kompt zur Huldigung.

Vnter diesser Zeit kompt dem Fürsten Apafi Zeitung, dass die Keysserischen Völker ihn Clausenburg mit auffallen den vmbligenden armen pauren grossen schaden zufügeten, drumb er an Ihren Obersten Daniel A Reidan ein schreiben schickete mit einer höfligen errinnerung, bittendt, dass weill sie alss keysserlige Volck nicht auf befehl ihres Keyssers, sondern nur vom Fürsten Kemeny Janos dahin geleget worden, solte er doch, weill derselbe Fürst nun mehr nicht bei leben, dem landt so grossen schaden thun, ja vill mehr auss erbarmung dess landes seinen abzuch thun, vndt ihn seines Keyssers devotion vill mehr begeben, vndt wenn er alsso gesinnet were, solte er mit sicherem geleit auss dem landt begleitet werden. Alss aber ernanten Obristen dass schreiben ankompt, hat er selbiges schreiben mit sehr Spotischen vndt vnhöflichen worten dem Fürsten vndt lande beantwortet, welchergleichen gleichssam einmallen so spötlig dem landt Sübenbürgen zugeschicket worden, darauss denn das landt bewogen worden, einen Landttag zu berruffen. Alhie aber ist zu wissen, dass weill der Fürst Apafi nicht lengst die beyden Wayden der Moldaw vndt Walachei zu seines Neygeborenen sohnes kindttauf zu Gevattern beruffen lassen, alss wurde vom Lande geschlossen, dass weill Cron Statt zunächst an beyden ländern gelegen wäre, solte der Landttag dahin geleget werden, alda auch beyde Waiden dem landt Sübenbürgen ihre Juramenta gefüglich kunten ablegen; alss aber die Herrn Coronenses, von etligen vom Adell solches schlusses innen werden, wenden sie durch wunderbahrlige Pracktiken vndt villen geschencken solche last von sich, vndt wurde der Landtag ad 10 Martii nach Sz. Imre vntter dem Schloss Görgeny ligendt, geordnet, dahin denn der Fürst Apafi sampt dem Kuczuk Passa vndt seinen Törcken vom grossen Sebenck seinen auffbruch nimpt, vndt kommen eben zur Zeit selbigen auffbruchs der Herr Barffy Dienes, dess Fürsten leibliger Schwager, so ihn sein Fürstenthumb lang nicht billigen wollen, sampt dem Mikes Kelemen zur Huldigung an.

 Alss gleich der Fürst Apafi sampt dem landt nun willenss, ihren auffbruch ihn die Comitias zu nehmen, kompt den 29 Februar ein Kappuczi Passa Legations weiss von der Port an, bringt dem Fürsten vmb erhaltene Victorie wider den Fürsten Kemeny Janos eine statlige Fahn, Buszgan, Szabgyen vndt Kleider, wie auch dem Kuczuk Mehemet Passa zugleich, welches ihm landt grosses ansehn vndt freyde macht, vndt bekame der Kuczuk Passa zugleich befehl, dass er dess landes Sübenbürgen schonen, vndt nicht verderben solte, 2do solten auch die termini vndt Metae dess landes ihn ihrem alten esse verbleihen, 3tie solten dem landt an der angeschlagenen Tax Nr. 400 beutel, dass ist zweimallhundert taussent Taller, relaxirt werden 4te solte der Kuczuk Passa ehe nicht abziehen, biss sich nicht alle schlösser dem lande ergebeten, der Adell sich vereinigte, vndt die teutschen Völcker nicht abgeschafft würden, vndt ihm pfall es von nohten sein würde, wolte er beyde Wayden ihm zum beystandt inss landt schicken.

Eben zu diesser Zeit wurde vom Römischen Keysser seinen Völckern auff Clausenburg Kleider vndt wehren bracht, welches denselben grosse freyde erwecket, alss ihnen aber die geldes besolduug aussbleibt, gerahten sie ihn sehr grossen Vnwillen, wunderbahrlige reden von sich hören lassendt, welches sie denn auch, wie mir hören werden, im werck erfülleten.

Des Præsidii-rii in Clausen-burg werden vom Römischen Keys-ser Kleider vndt Wehren ge-schickt.

Diesse teutsche Völcker, so mit den kleidern ankommen waren, reisseten ihm zurückwege auff Kövar zu, vndt bezahleten die alda vmbliegende Walachen, welche die 30 teutsche keysserlige Völcker sampt dem Lieutenamb, wie oben gemeldt, vberfullen vndt ermordet hatten, mit gleicher müntz, hieben vill Walachen nider vndt trieben ihnen vill taussent stück Viehe auff Szakmar.

Die Keysserischen vergelten bei Kövar gleiches mit gleichem.

Alss demnach wie gemeldt, der Landtag ad 10 Martii auff Görgeny Sz. Imre beruffen worden, werden von vnsserer Statt dahin delegiret der F. W. H. Michael Göldtner, Sedis Judex, Stephanus Schindler vndt Georgius Hierlingh, als uber die Comitiae angehen, schreibet dass landt dess andern tages, magna cum indignatione an alle Statt vndt Stull, dahin von Neyem alle officiales sampt denen Altisten Senatoribus beruffen werden, ob certum respectum, vom bleiben dess landes desto bequemer abzureden, dahin mir zu den andern F. W. Herrn Andream Keisser Reg. Jud. vndt Joannem Schweischer schicken.

Ad 10 Martii wirdt auff Görgeny ein landttag berroffen.

Nachdem nun das landt sich beisammen funden, ist erstlig dass Spotische schreiben dess Obristen Davidis A Reidan zu beantworten, vndt seine Völcker abzuführen vor gut angesehen worden, wie denn auch eo momento doss schreiben fortgeschicket worden, welches der Obrist ebenermassen nichts geachtet, sondern sie mit genuchsamer Proviant zu verschen ermannt, ihm pfall das landt ihre excursiones verhütten wollte, anders wolten sie noch vill mehres thun vndt wagen, welche post dem landt vill rahtschlagens machet.

Derweill vntter wehrendem Landtag vill vnzeitige posten vndt zeitungen ihm gesprech ginge, alss brechten die teutschen einen neuen Fürsten, so nicht nahmkündig were, schicket dass landt 2000 Kurtaner bei Clausenburg wacht zu halten, welche dess Kemeny Simon schreiben, so er ahn die vornembste Proceres regni geschriben vndt auff Aranyos Megyes in einen conventum beruffen liess, intercipirten, vndt ihn den Landtag schicketen, welche öffentlig verlesen wurden, solches inhalts, dass des R. Keyssers Legatus Franciscus Sz. Geörgy, Episcopus Vaciensis ac Praepositus Posoniensis, unkommen solte, welches anbringen dess Patris Martini Kaszoni schreiben, so er von wien vorher geschickt, anzeigete, dess Copey er zu mehrem glauben mitgeschickt hette, vndt wurde, wie gemeldt, zugleich auch selbiges schreiben, sampt dess Simons Kemeny schreiben, von dem landt gelesen, nach welchem ablesen gedachter Kemeny Simon höhnig aussgelacht vndt gespöttet worden, vndt sampt Nr. 20 perschonen Landesherrn alss H. Betthlen Farkas, Ebeni Istvan, Sz. Pali Janos, die Tormaische Familie Teleki Mihaly, vndt Mikes Kelemen, so einmall gehuldiget hatte, vom landt proscribiret.

Alhie ist weiter zu wissen, dass weill der Claussenburger keysserischen Völcker aussfall wegen 2000 Kurtaner auff Claussenburg geschicket waren, wie mir gehört, hat der Oberst David A Reidan etwass fremde gedancken einer belagerung gewonnen, vndt seine Legaten zum Fürsten geschickt, dass wofern die Türcken ihren abzuch auss dem landt nehmen würden, wolten sie die Stadt Claussenburg einraumen vndt abziehen, wo nicht, so weren sie geschickt, dass eusserste zu wagen, alss der Kuczuk Passa solches inne worden, hat er von stundt an die belagerung vorzunehmen getrieben vndt auch geboten.

Ess ist droben gesagt, wie der Kemeny Simon, durch dess Patris Kaszoni schreiben, verursachet worden, die Proceres regni zu convociren, vom bleiben dess Landes abzureden vndt zugleich in praesentia Röm. Keysserligen Legaten, dess Episcopi Vaciensis von der wahl eines neyen Fürsten abzuhandelln, dahin der Alte Herr Petki Istvan, so sich damals ihm Schlosse Hust beruffen worden, welcher aber, sein hohes Alter bedenckendt,

gehet hinter sich sich ihn so ein Kinder Spill, davor ers gehalten, vndt
vndt will nie-
mandt compari- allss einen Alt Vatter zwischen solche Jugent nicht
ren. mischen wollen vndt directe ihn Sübenbürgen gereisset,
vndt nachdem er vernohmen, wie dess Herrn Kemeny Simon convocatoriae sampt den paribus Patris Martini Kaszoni intercipiret,
vndt ihn den Comitiis publice verlessen worden, vndt wass vor
Judicia hiervon ergangen, hat er sich in die Devotion dess Fürsten
Apafi eingelassen vndt deposito Juramento zur Huldigung kommen.

Alss derowegen weiter, wie oben gemeldt, der terminus dess
vngewöhnlichen vndt vnnöthigen Landtages auff Aranyas Megyes
durch den Kemeny Simon beruffen, herbeikommen, ist zwar der
Episcopus Vaciensis Herr Franciscus Sz. György, alss Röm. Keysser-
Franciscus Sz.
György kompt liger Legatus, alda zu Aranyos Megyes ankommen,
ihn AranyosMeg- welchen die hinterlassene wittib dess Fürsten Kemeny.
yes so. sampt ihrem Stiefsohne Simone Kemeny, honorifice entpfangen, weill aber von den Sübenbürgischen beruffenen Proceribus,
niemandt erschienen, vndt der Herr Kemeny so grosse Hoffnung zum
Fürstenthumb getragen, ausserhalb drey Junger Adelleut niemanden
vmb sich gehabt, ist ihm seine gantze Hoffnung zu wasser worden,
vndt nichts anders, alss der vnnöthigen expensen wegen, grossen
schaden, wie auch hohn vndt Spot; alss aber der Legatus gesehn,
dass er ihn den April geführet worden, ist er endtlig gleichwoll
ihn den Hust verreisset, vndt den alten Herrn Redei Ferenz vndt
seinen Sohn Ladislao, dass Fürstenthumb vorgetragen, welche aber
beide sich solches geeussert, vndt gutter ruhe, sich nicht in Vnruhe
machen wollen, dass also der Bischoff enttlig vnverrichter sachen
doch von Redei gut begabt seinen weg auf Sakmar genommen, diejenige Adelleut aber, so auff Aranyos Megyes beruffen worden, sampt
dem Herrn Kemeny Simon selbst, sich dem Fürsten Apafi vndt dem
landt ergeben.

Jakaplender Passa
kompt mit 1000 Die 14 Martii vnter dem Görgenyer landttag
Türken inss landt. kompt der Jakaplender Passa mit nahmen, mit Taussent Türcken inss landt, vereiniget sich mit dem
Kuczuk Passa zum Neyenmark vndt nach derselben ankunfft, urgiret
der Kuczuk noch harter der Claussenburger belagerung.

Damit mir aber den Lauff vndt Processum jetzt ernannten
Landtages etwas berühren mögen, ist alda von der Adelschaft, mehr
von ihrem Privato alss vom Publico bono gehandelt worden, vndt

wie ein jeder seine Herrschaft vndt Joszagen möge erweitern, discuriret, da denn zugleich die Universität mit auflegung mehrer Tax, von dem landt nicht wenig infestiret worden, wider welches sie mascule gestritten, vndt ihn nichts einlassen wollen (ihre dem Ali Passa grosse Taxen vorwendend) ess sei denn, die andern Status wurden ihnen gleich gemacht, dass alsso ihn erwehntem Landtag, alles nur ein confusum chaos gewesen, derweill aber vntter wehrendem Landtag der Kuczuk Passa seine gewisse, der Vngrischen Sprach kundige Türcken allezeit zukegen gehabt vndt vernohmen, dass das Landt, vorauss der Adell, mit hintansetzung dess Landes heill, wie oben gemeldt, nur ihr Privatum gesucht, hat er einen Passa Legations weiss dahin geschickt, vndt ihn grossem Vnmuht sagen lassen, dass weill er sehe, dass der Adell gesinnet were, villmehr dass ihre, alss dess Landess bleiben, zu fördern, vndt mit Vntterdrückung der armen Saxen, dass Laudt doch endtlig iuss Verderben bringen werden, were er entschlossen, allen Processum gehaltenen Landtages seinen Grossmächtigen Keysser vorher zu schreiben, vndt nachdem, sampt seinen Kriegsvölckern auff Temesvar zu ziehen, alss dass landt solches angehöret, ist jedermann ihn grosse furcht gerahten, vndt alssbaldt den Balogh Matthae vndt Herrn Michaelem Rukesch Senatorem Mediensem, den Passa zu begüttigen Legation weiss geschickt; alss sie ankommen vndt der Balogh Matthae seine Oration vorzubringen, einen anfang macht, felt ihm der Kuczuk Passa ihn grossem eifer ihn die rede, sagendt, du Verrahter, der du nun etlige deiner Fürsten verrahten hast, wie darffest dich anmassen, vntter meine augen zu kommen, oder wilt du deinen jetzigen Herren vndt frommen mann den andern auch gleich machen, wendet sich mit dem zum Herrn Rukesch seine Handt ihm auff die Achssel schlagendt, vndt saget, diesse sein fromme leut, die erhalten euch Verrähtern dass landt, vndt werden auch bei meinem Keysser hochgeachtet, denen habt ihr zu dancken, auff welche reden der Balogh Matthae ihn grosse furcht gerähtet vndt mit schracken vom Passa abscheidet, alss dass landt solche Verrichtung vernimmt, trachten sie von stundt an, wie sie die belagerung Claussenburg vornehmen mögten.

Die 26 Martii kompt dess Walachischen Waida sohn selb 25 Legation weiss zum F. Apafi, was die Verrichtung gewesen, hat man eigentlich nicht vernehmen können. Vntter andern aber hat er angezeiget, wie der Giga Waida, dess Luppul Waida sohn, an der Pest gestorben, vndt were der Dabisa Istrati an seine stelle kommen.

Die 28 Martii kompt ein Kapuczi Passa sampt Nr. 70 Türcken Legation weiss zum Kuczuk Passa, welches anbringen ebenermassen, niemandt innen kennen werden, nach abzuch desselben Legaten schicket der Kuczuk nach vollendeten Landtag 2 Fahn Türcken auff Temesvar zum Ali Passa, welche aber dass meiste theill von den Walachen ihm gebürg erschlagen worden.

Nach verrichtetem Landtag Bricht der Kuczuk Passa vom Neyenmark auff, vndt ziehet sampt dem Fürsten Apafi auff Szamos Ujvar zu, vndt legen sich bei dem Dorf Mikola, welcher die 2000 Kurtaner, so vntter Claussenburg gelegen, entkegen kommen; alss sie aber bei dem Schloss Betthlen anlangen, darin Keysserische teutsche Völcker lagen, steckelen bei der nacht dass vmb dass Schloss eingesammelte Hey an, bei welchem der praesidiariorum ross vndt diener gelegen waren, vndt die Kurtaner nicht eher gewahr worden, biss sie nicht durch geschrei gehöret, alss aber die ihm schloss dass Spill geschen, haben sie alssbaldt auff die Kurtaner fewer gegeben, vndt damit ihre Diener vndt ross ohne Verlust inss schloss bekommen, sein aber dess andern tages, nach abzuch der Kurtaner, mit sack vndt pack ihn dass Schloss Szamos Ujvar marschiret.

Alhie ist zu wissen, dass weill der Daniel Istvan noch ihm Februar, wegen abschaffung der teutschen Völcker, zum Römischen Keysser geschicket worden, welches man taglich erwartet, derentwegen der Fürst Apafi sampt dem Kuczuk seinen Zuch auff Szamos Ujvar fein langsam genohmen, vndt 12 meillen erst ihn 20 tagen verrichtet, noch alda ihm leger bei Mikola, eine gutte Zeit still gelegen, biss mitlerzeit gedachter Daniel Istvan an mögte kommen, der Fürst Apafi schicket aber offt, seine Legationes wegen ergebung Claussenburg vndt Szamos Ujvar mit bedreyung, stück auf sie zu bringen, richteten aber nichts aus, sondern fiellen die teutschen offt auss Szamos Ujvar, scharmützireten mit den Türcken, dass manche Part mit blutigen köpffen davon kam, endtlig, am Karenfreitag ihn der Marterwochen, scharmüt-

zireten sie zwei Stunden lang, biss endtlig 7 teutsche <small>ausfall rodt werden 7 personen gefangen.</small>
reuter gefangen, ettlige ihm stich blieben, vndt die
vbrigen biss inss dess Schlosses thor gehawen worden.
Die 17 April Würde der Sarpataki Marton, Szombathfalvi
Istvan vndt Stephanus Tattarlaki durch den Herrn Betthlen Janos
auff die Port expediret, führeten auss Eppeschdorf <small>Es werden 9000</small>
9000 Imper. dahin, welche von Nössen dahin gebracht <small>Imp. auf die Port geschicket.</small>
worden, eines theilss dess Kemeny Janos vndt Barcsai
geldt, so bei der alten Bichtern ihm Deposito gelegen, eines theill
16 Adelleut geldt so ihn Betthlen dem Schloss gelegen, vndt zu
Nössen genohmen worden.

Nössen sampt ihrem revier wird vmb diesse Zeit von den
Türcken auff èlès gedrungen vndt werden auf einmall 200 wagen
beladen ihn den Tabor geführt.

Die 28 April ist zu nacht, bei klarem wetter von Donner,
Hagel vndt Blitz ein erschreckliges wetter,jaget den Kriegern grosse
Furcht ein. Dess folgenden tages kompt post ihm leger <small>Es kompt vom</small>
an, der Kemeny Simon keine mit 10000 teutschen vndt <small>Kemeny Simon</small>
einer anzahl Vngerländer Katnern, Claussenburg zu <small>falsche post an.</small>
entsetzen, oder villmehr zum Fürsten sich einzudringen, vndt gibt
grosse furcht ihm landt. Der Kuczuk Passa schickt von Stundt an,
hilff aus der Moldaw zu schicken, da sich der Waida ihn perschon
einzustellen verspricht, mitlerweill langet der Sarosi György, so
Legation weiss zum teutschen Keysser geschickt war, <small>Sarosi György</small>
so aber auch zu keiner audiens gelangen können, an, <small>kompt von rö-</small>
sagendt: dass an dess Kemeny Simon ankunfft gar nichts <small>mischen Keysser.</small>
sei, vndt wofern er keine, würde er zur Huldigung kommen, sinte-
mall ihm sein muht aller entfallen were, zu dem würde der Herr
Daniel Istvan, tanquam primarius Legatus innerhalb wenigen tagen
auch anlangen, so weitern bericht vom Römischen Keysser bringen
mögte, alss schickete der F. Apafi alssbaldt ihn die Moldawe den
Sziuda Thamas, den Moldner Waida mit seiner Hilf vmbzukehren,
welches auch geschehen.

Die 21 Apr. kam der Daniel Istvan von teutschen <small>Daniel Istvan</small>
Keysser an, mit bericht, dass der Keysser zwar dem <small>kompt vom Röm.</small>
eusserligen schein nach ein grosses mitleiden mit dem <small>Keysser ab.</small>
landt hette, vndt wolte dasselbe nach möglichkeit gern in den
vorigen stand bringen helfen, dass er aber sein Volk auss den

Schlössern nicht ausführete, geschehete zu erhaltung dess landes, Sübenbürgen, sobaldt aber das landt zur einigkeit gebracht vndt der feindt abziehen würde, wolte er die Völcker abführen lassen das Datum dess schreibens war der 15 April 1662.

Alss demnach Keysser M. resolution auff Schrauben sthunde, vndt alles Conditionaliter geschehen, wurde der Kuczuk Passa gantz vnrichtig vndt nam den 23 April die belagerung Claussenburg für, *Die belagerung Claussenburg wirdt fortgenohmen.* vndt wurden, auff befehl dess Passa von Fograsch durch den Capitan Franciscum Italianum 3 stück sampt einem Mörschel Ittem auss dem Görgeny 3 stück dahin gebracht, vndt wurde die Stadt täglich stark beschossen.

Alss der Kuczuk Passa gehöret, dass der Convent ihm Aranyos Megyes hinter sich gegangen, vndt die berufene Herren inss landt kommen weren, schickete er denselben, alss den Petki Istvan, Betthlen Farkas vndt Gergely Lazar Istvan, Beldi Pall, Mikes Kelemen vndt andern mehr sehr scharfe schreiben zum Apaffi rufendt, welche sich auch der gestalt erklären zu kommen, machen sich auch auf den weg, terminiren aber eine lange Zeit vnter den ellenden Saxen, fressen sie schier biss auff Mark vndt Bein auss, auss mangel der Haber, müssen die arme leut den rossen das schönste Korn geben, alss sie demnach ihm zuch sein sampt der Székelysegh, schicket der Fürst schreiben, den Daczo Janos vndt Mikes Kellemen *Der Kuczuk Passa* gefencklig zu nehmen, welches der Nemes Janos ver- *beruffet die Adel-* hindert, doch den Mikes Kelemen ihn der sachen warnte, *leut schriftlich.* welcher alssbaldt mit 30 Zeckeln zum Fürsten zoge, der Hoffnung, ess werde ihm nichts widerfahren, wurde aber doch gefangen genohmen, vndt nach Fograsch geschickt.

Ihn wehrender Belagerung kommen schreiben vom Ali Passa, dass der Fürst Apafi nicht nur mit ernst die Stadt Clausenburg belegern solte, sondern zugleich auch einnehmen, wo nicht, so wolte er kommen einnehmen, vndt vor sich behalten, welche einmalen kein Vnger mehr besitzen sollte, auff dieses gebot liess der Fürst der Stück 3, den 28 April oberhalb Sz. Petter, auff *Claussenburg be-* einen kleinen Hügel stellen, thet fünf schuss ihn die *schossen.* Statt, alss der Kuczuk Passa ihn acht nahme, dass die stück auff die Heusser, vndt nicht auff mauren gerichtet waren, zürnet er hefftig mit dem Fürsten, will die Püchssen meister niderhawen, ihm pfall sie die Mauren nicht ein schissen würden, dieselben schissen auss furcht, thun 56 schuss, vndt legen ein stück der mauren nider, alss die keysserischen den ernst sehen, thun sie zum Abendt spät einen aussfall, bringen Viche mit sich, die Stück zu vberfallen, werden aber von den Türcken mit Verlust dreyer Soldaten zurückgeschlagen, dess andern Tages wird Fürstl. Gnaden Hoffprediger Herrn Enyedi sampt einem Trometter ihn die Statt geschickt, sie zur aufgebung zu ermanen, welche sie biss auff den 3. Tag auffhielten vndt doch entbotschaften, sich biss auf einen mann zu wehren. *Dess Fürsten Hoffprediger in Clausenburg geschickt.*

Nach ankunfft Herrn Enyedi schicket die Statt etlige vornehme Herrn inss leger, anhaltendt, der Statt auss erbarmung zu schonen, welche der Fürst erstlig fragte: warumb sie die teutsche Völcker zum Verderben dess landess eingenohmen hetten, geben sie zur antwort, Fürst Kemeny hette sie durch den Mikes Kelemen mit gewalt dahin gegeben; darauff der Fürst saget, hette ess ihnen also gefallen, so solte es ihnen auch jetzunder gefallen, vndt sein vnverrichter sachen, mit betrübtem muht, ihn die Statt zihen müssen, selbe Nacht Schantzeten die Türcken auff den Fridthoff kegen dem Thorlein der Heygassen, selbe nacht thun die auss der Stadt vber 300 Schuss dem Schantzmachen zu wehren, dass Schantzen ging aber doch fort, endtlig wurde ein Türck, ein Edelmann, ein Katner, ein ross vndt ein Alescher Stulssmann, durch einen Arm geschossen, sonst thetten mit den 300 schüssen nicht sonderligen schaden. *Die Türcken werffen eine neye Schantz auff, die Keysserischen schiessen starck auss der Statt, die burger schicken legaten zum Fürsten.*

Die 30 April. Schicken die Türcken einen posten 10,000 Türcken von Temesvar zu hollen, baldt darauf wirdt ihm leger eine mehre spargiret, ess kemen 6000 Türcken von Warad mit 6 Stücken, geschahe aber den belegerten nur zum schrecknüss, welches denn die ihn der stadt auch verstunden, vndt auch zugleich ihn furcht gerichten vndt zum schein riesse sich eine anzahl Türcken auss, nahmen eine grosse anzahl Paurschaften bei sich, zogen bei der nacht ihn einen Vmbweg oberhalb Monostor, kamen der Statt zu, alss wenn sie von Warad kämen, vndt legerten sich oberhalb der Statt, welches denn auch ihn der Statt ruchtbar wardt, ess wolte aber doch nichts hilfen, vndt achteten die belagerten solcher Zeitung gar nichts. *Falsche Zeitung wirdt spargiret.*

Die 1. Maii kommen etlige Edelleut auss Clausenburg, welche sich von Obristen mit geldt abgekaufft, vndt ergeben sich dem Fürsten, welchen tag von Warad 900 vndt von Temesvar 700 Janczaren anlangen, vndt gibt ihm leger freydt. Ihn diessem Monat fangt die Pest abermall hin vndt wieder ihm landt stark zu grassiren, dass alsso drei Jahr aneinander die Pest angewehret, vndt vill Junge manschaft weg genohmen.

Die Pest fangt von neyem ihm landt an grassires.

Nachdem nun auss dem Schantz dess Fridthofs die Statt vier tag ernstlig beschossen ward, doch ohne sonderligen schaden der belagerten, liess der Kuczuk Passa, gleichsam auss Vnmuht einen Schantz oberhalb dem Schneiderthurm, allwo die Statt auch im stärkesten ist, auffrichten, vndt liess mit seinem Püchssenmeister die Mauern beschiessen, welche, alss vnerfahrene, die stück nicht recht zu laden wüsten, vndt ihn kurzer Zeit etlige zersprengten, vndt gleichwoll nichts aussrichten kűnten. Der Oberst aber ihn der Statt David A Reidan, alss er den grossen ernst dess vnaufhörligen schissens sahe, liess er umbherhalb der Mauren etlige kleine heusser der Statt einreissen, liess doppelte graben auffrichten, vndt fortificiret die Statt innerlig sehr woll, dass wenn gleich die Mauern gefallen weren, die innerlige Schantz abermall Mauren gegolten hetten.

Von Warad vndt Temesvar bombra Türken ihm leger zu.

Claussenburg wirdt starck beschossen vndt zerspringen etlige Stück.

David A Reidan fortificiret die Statt mit einraissung viller Heusser.

Alss der Kuczuk Passa sahe, dass alle sein thun vergebens war, vndt mit schissen nichts aussrichten kunte, fienge er mit dem Fürsten oft Zorn vndt Zanck an, beschuldiget den Fürsten, alss wenn ess ihm kein rechter ernst were, endtlig liesse er in seinem toben vndt wütten eine Fahn auffstecken vndt aussruffen, dass welche Christen den Türckischen glauben würden willigkligen annehmen, vnter seine fahn kommen, vndt dem grossmechtigen Keysser dienen, denen wolte er monatligen fünf Imper. zur besoldung geben, wass geschahe, ess funden sich innerhalb weniger Zeit, ihn die 38 Landtlauffer, vndt verzweiffelte Mamelucken, so bestimpte Soldt empfingen, den Türckischen glauben annahmen, vndt mit grosser Türckischer Sollenität, mit Paucken vndt Trometten beschnitten wurden, die leget der Passa, vnter einem gewissen Capitän, so der vngrischen Sprach kundig war, vnter den Schantz, ihn einen Neyen gemachten graben, dass wenn ess noht hette, heimligen aussfall zu thun, alss derowegen die belagerten nach zweien tagen, auff selbigen Schantz

Der Kuczuk Passa losset 5 Imper. Monat soll aussrufen Nr. 38 Christen louffen hin, lassen sich beschneiden, dess belagerten

zu, einen aussfall theten, vndt neben dem graben, alwo die Naye Mameluckische auss Christen gemachte Türcken lagen, vorüber ziehen müssen, doch vnwissendt derselben, alss sie aber vngefehr auff sie kommen vndt ansichtig werden, sein sie, ehe ihnen Hilff kommen kennen, von den anfallenden teutschen vberfallen, vndt der meyneidigen Nr. 27 sampt dem Capitän, erschlagen worden, deren fahn sie ihn die Stadt bracht, vndt triumphiret, alsso pfleget Gott allen, so dergleichen thun, ablohnen.

andern tages werden ihn einem aussfall 27 erschwemmpt dem Capitän.

Derweill ess den praesidiariis etwass geglücket wagen sie dess andern tagess etwas grösseres, vndt fallen auff 400 Reutter auss, den Schantz bei dem Schneiderthurm zu vberfallen, ess hette sich der Passa besser massen ihn acht genohmen, vndt mit grosser anzahl sich praeparirel, die ross gesattelt, stetiges ihn zäumen gehalten, er aber hatte sich mit seinen Vornembsten Cave zu trincken gesetzet, alss aber, der aussfallender wegen, dem Passa Zeitung kommen, ist er selbst zu ross gesessen vndt sehr starck ihn die Keysserischen gesetzet, ihren Obristen sampt etligen, alssbaldt erleget, vndt die vbrigen alle zerstreiet, vndt dermassen vntereinander vermischet, dass sie sich mit den schwertern defendiren müssen, vndt endtlig der Statt zu geflohen, welchen die Türcken starck nachgesetzet, derweill aber die teutschen zum hinterhalt, eine anzahl Soldaten vndt Muschquetirer, neben dass kleine thorlein gestellet, aber mit schissen, weill sie ihn der flucht vermischet geritten, ihnen gantz nicht bilffen kennen, haben diejenigen ebener massen die flucht nehmen müssen, dass der meiste theill gleichwoll ihn die Statt kommen, vndt wenn doch ernannten Musquetierer nicht gewessen weren, were kein Fuss davon kommen, derweill auch etlige Kutner den teutschen vntermischt gewessen, wirdt der Racz Gabor von einem vornehmen Türcken 2 Mall ihn der flucht ihn den rücken gehawen, alss er zum dritten mall begönnet zu hawen, felt dass ross mit dem Türcken, welcher von den teutschen gefangen wirdt, alss aber die Türcken ihnen auff den füssen sein, wirdt derjenige vornehme Türck von den teutschen nidergehawen, vndt bringen dass ross mit schöner Rüstung ihn die Statt.

Ess wirdt ein aussfall gethan vndt starck Scharmützirel. Racz Gabor kompt ihn gefahr vndt ein vornehmer Türck erhawen, ess biessen die belagerten 70 mos ein, sampt einem Obristen vornehmen geschlecht.

Dess andern tages schicket der Obriste David a Reidan, den Fürsten bitlig anhaltendt, damit doch die erschlagene Körper, deren ihn die 70 waren, ehrlig begraben mögen werden, der leib aber dess Obristen, so sehr vornehmes geschlecht gewessen, solte, wo möglich, ihn die Statt zu führen vergönnet werden, in welchem pfall ihm grosse freundtschaft widerfahren würde, welches zwar der Fürst gerne gethan, solches aber mit nichten erhalten kennen, sondern die erschlagene sampt dess Obristen leib, sein alle vor den Schantz geschlepfet, vndt zum Spectakel biss auf den 3. tag alda

Der erschlagene Oberste vndt 70 Soldaten werden nach dreyen tagen von den Vngern begraben.
ligendt gehalten worden, endtlig doch, alss sie nun gleichssam stinkendt worden, sein sie auss zulassung dess Passa von den Vngern begraben worden, die 12 Leiber aber der Türcken, sein gleicher weiss, nach der Türcken weiss, ihn ein absonderliges Ohrt vergra-

Item 12 Türcken vndt sein statlige beute bei ihnen funden worden.
ben worden, ess hatten aber die Türcken bey den teutschen, vorauss den Vornembsten, gute beutten funden, alss bei manchem 50, 60 vndt 70 Duckaten, hei dem Obristen aber auf 200. Nach diessem Scharmützel liess der Obriste von neyem die Statt, vorauss die Alte burg vndt Marck verschantzen.

Die 14 May kompt der Kettzelj Andras, vndt Filstig Petter, bei dem Fürsten Apafi inss leger, abermall bittend der Statt zu schonen, alss sie aber nichts erlangen, erklären sie sich ihn allem pfall Römisch Keysserl. vorgebendt, dass sie die belagerung noch woll ausshalten kunten, vndt hetten noch an pulwer zwei Gewölber voll.

Der Commandant schisset einen Tattrischen pfeill inss Türcken leger.
Dess andern tages nach ankunfft diesser 2 Herren Schisset der Commandant einen Tattrischen pfeill mit einem angebundenen Papier, so auf der einer seiten schlecht weiss, auff der andern seiten mit blut roht angestrichen gewessen, so den friden vndt auch krieg gedeutet hat.

Vmb diesse Zeit, derweill die meiste Parteysche Adelleut, sich
Die praesidiarii in Betthlen thun bei Nossern grossen schaden.
ihm Schloss Betthlen auffgehalten, thun sie den Nössnern vndt ihrem revier mit aussfall vndt rauben, grossen schaden, alss der Fürst solches innen wirdt, schicket er 300 Katner dahin.

Nothwendig ist allhie zu wissen, welches oben vntterlassen worden, dass als sich der Fürst, sampt dem Kuczuk Passa vor Szamosujwár bei dem Dorfe Mikola, niedergelassen hatte, war der Banffi Dienes, sampt dem Torma Istvan auff glauben vndt zulassung dess Bassa, auss dem Schloss Betthlen zum Fürsten kommen, da sie mancherlei miteinander geredet, der Fürst vntter andern den Banffi seiner Schwagerschafft, so der Fürstin schwester zur ehe gehabt, erinnert vndt gebeten, sich, sampt den seinen nicht inss Verderben zu bringen; alss er aber vill anderes sinnes gewessen, vndt selber dass Fürstenthumb, wie gesaget wurde, gehoffet, hat er auff dess Fürsten persvasiones nicht hören wollen, vndt widerumb ihn dass Schloss marschiret; alss sie aber gleich in procinictu sein, kompt der Kuczuk Passa ihn grossen Vnmuht, helt sie mit worten, alss er seinen wanckelmuht gesehen, lästerlig, ihnen beiden den thodt dreyendt, welche ihn grosse Furcht gerahten, derweill sie aber auff glauben, vndt dess Passa zulassung kommen waren, kommen sie ohne gefahr davon. Nachdem aber, vntter wehrender belegerung, der Banffi Dienes an seinem Glück zweiffelndt, vill schwere Gedancken führet, schicket er endtlig neben dem Fürsten sich auffhaltenden seinen gutten Freunden schreiben, dass, ihm pfall der Fürst ihn güttigkligen würde anhören, dess Kuczuk Vngnadt wegen sichern, vndt zum 3. diejenige bona, so ihm Herr Kemeny Janos conferiret, sicherlig zu besitzen zulassen, wollte sich bei demselben einstellen vndt ihm huldigen. Der Fürst, so allezeit ein Liebhaber des Fridens war, liess solches alles, was er begehret, zu, schicket ihm auch selber Versicherungsschreiben mit, baldt nach dem kam er zum Fürsten inss lager, wündtschet ihm seines Fürstenthumbs allerlei reichligen segen, glück vndt heill, mit erklärung vndt offerirung seiner treyen Diensten, in Summa er striche, seiner beredsamkeit nach, seine woll meinende trey weitläufflg herauss. Alss er aber vber des Fürsten taffel vom wein erhittzet wurde, fienge er alle diejenigen, so von ihrer seiten aufgefangene schreiben, auffenbahret, vndt nicht promoviret, sehr zu lästern vndt zu fluchen, hoc addito, dass, ob er sich schon dem Fürsten alss seinem Schwager gehuldiget vndt ergeben, begehrete er doch mit etligen Landesherrn, so vmb den Fürsten weren, nicht in einem lande zu leben, damit er an tag gab, dass er keinen Oberherrn neben ihm zu dulden begehrte, o vana et inanis ambitio, da er doch weder an Alter, reichtumb, geschlecht noch sonderlichen Heldenthaten, den andern etligen sich vergleichen kunte,

der Fürst aber, alss ein geduldiger frommer Herr, liesse solches
alles vor ohren hin gehen, fassets ihn geduldt, vndt liess
ihn abermall ihn dass Schloss Betthlen vngehindert
zurückreissen, welcher alssbaldt wieder sein, dem Fürsten gethanes
Schwagerliges Versprechen, mit dem Kemeny Simon schreiben
wechselten, vndt alss ess ihm nicht nach wunsch vndt begehren, wie
er gerne gewollt, gehen wolt, zuge er auch nach demselben auff
Aranyos Megyes zum Kemeny Simon.

<small>Fürst Apaſi ſamftmuht.</small>

Nach abzuch dess Herrn Bauffi Dienes, erhub sich vnter-
schiedliches Gesprech im leger; doch durffte niemandt öffentlig
nichts reden, baldt nach dem kompt dem Fürsten post, wie die
Keysserischen ihn grosser menge auss Szakmar biss auf Kővar
kommen, hetten vill Volck nidergemacht, vndt eine grosse anzahl
Viehe mit sich auff Nagy Banya zu getrieben, auff
welche post, der Kuczuk Passa einen Beck mit 400 Türcken aussschicket, Ziehen gar biss auff Kővar; alss sie
aber niemanden antreffen, kumen sie fridtlig widerumb
ihm Leger an. Vnter der Zeit aber, dess Becken auss-
bleibens, sein die Türcken vnter Claussenburg ihn
grossen furchten, vndt hielten ihre ross statig vnter
den Satteln.

<small>Es kompt Zei-
tung, dass bei
Kővar frische
teutsche Völcker
ankommen, da-
hin 400 Turcken
zu erkundigen
gesebickt wer-
den.</small>

Die 26 May. Alss die Ihm leger vernehmen, dass aus der
Statt ein aussfall geschehe, davon nun auss des Statt heimlig
geschriben, Namen der Haller Gabor, Betthlen Janos vndt Barcsai
Mihaly 2000 Kurtaner vndt 12 ausserlesene Katner bei sich, zogen
vndt legten sich bei Szamos Falva ihn die Weyden, stelten ein
theill auff die Lesch bei Seit, vndt ihndem der aussfall geschach,
vndt die Keysserischen von der Statt kommen, liessen sie durch
die Zäckel Alarma, das ist Lerm machen, damit die ihn der hinterhalt den aussfallenden dass thor verrennen mögten, alss aber
die Zeckell zaghafft wurden, vndt nicht Fuss hielten,
musten die ihm hintterhalt, nolens volens auss nott
ansetzen, verrennen ihnen gleichwoll dass mittelthor,
dass die Horvathen vndt Reutter, somit 9 Corneten herausskommen waren, bei dem Fridthoff hiebei ziehen
müsten, dem Mononostor thor zu, vndt brachten doch
7 Häupter vndt 9 gefangene teutsche mit sich ihn
den luger.

<small>Die Belagerten
thun mit 9 Cor-
neten aussfall,
welches von den
Tagern der Pass
verrennet wirdt,
9 teutsche wer-
den gefangen 7
Häupter ins
leger gebracht.</small>

Vnter wehrender belagerung kommen dem Fürsten vndt dem landt vom Ali Passa schreiben, vndt beschuldiget ihm grosser trägheit vndt faulheit, dass so ein starckes Volck so ein schlechtes ohrt, in so langer Zeit nicht hetten einnehmen kennen, vermeldet dabei, dass ihm pfall sie ihn kurtzer Zeit selbiges ohrt, ess sei durch was mittel ess wolle, nicht einbekommen würden, so wolle er selbst kommen, einnehmen vndt vor sich behalten, auff welches schreiben vndt gebot der Fürst von stundt an, dahin inss läger einen landttag beruffen liess, insonderheit neben der Universität alle Sachssische Richter die Herrn Cibinienses zu erhaltung der grossen Expensen, erhaltens vom Fürsten nur die Herrn Bistricienses vndt Ruppenses zu schicken, welchen auch dahin zu ziehen gebotten wirdt. Die Ruppenses ziehen hin, die Bistricienses wollen nicht, replicirten, sie gehörten nicht vnter die 7 Judices, vndt wollen nicht ziehen, die Cibinienses repliciren abermall, protestando, ihm pfall straf erfolgen mögte, solten sie dafür antworten, ess wurde aber alda nicht anders tractiret, alss dass der Fekete Peter mit schreiben zum Römischen Keysser geschickt wurde, da ihm alle gewisse Vmbstände der belagerung vndt wass darauss erfolgen mögte, zugeschrieben vndt erkläret wurde, vndt sich auss den Zeitungen, so täglich spargiret wurden, zu befürchten were, der grossmechtige Keysser mögte seinen Fuss vndt Krieg ihn weniger Zeit Vngerlandt zu setzen, wie denn künftig auch geschahe, sintemall dem Kuczuk Passa zugeschrieben war, dass sich der Türckische Keysser auff drei Jahr auss zu sein rüstete, vndt hette von Adrianopel fort biss auf Temesvar alle Kornheusser auff seine ration versiegeln lassen, vndt ihm pfall der Römische Keysser nicht Fride mit ihm schliessen würde, vndt die teutsche Völcker auss Sübenbürgen führen wolte, er ihn eigener perschon auff sein, vndt weren schon 80000 Tatter ihm zuch durch den Maramoros Vngerlandt zu zuziehen, welche Zeitungen ihm lager vndt landt gleiches falss grosse furcht gab.

Wegen der Statt Claussenburg belagerung kommen vom Ali Passa scharfe schreiben vndt wirdt ins Leger ein Landttag beruffen.

Fekete Peter wirdt Legation weiss zum Römischen Keysser geschicket.

Dess Türk. Keyssers starke Krieges Praeparation Vngerlandt zu wirdt dem Kuczuk Passa von der Port geschrieben.

Den 17 May. Fallen auff 400 teutsche Völcker auss der Statt Claussenburg, den Schantz bei dem Schneiderthurm zu bemechtigen, bringen Hawen vndt andere Instrumenta, zu entwerfung dess schantzes, sintemall 3 tag zuvor der Passa die Stück darauss

1662.

Die belagerten bissen etlige Reutter vndt 40 ross ein, 9 Kartauer werden auch erschossen. nehmen vndt ihn dass leger führen lassen, derweill der Passa sein Volck stündtlig ihn aller bereitschaft gehalten, setzen sie, vnverhofft ihn die teutschen, vndt büssen etlige Soldaten vndt 40 ross ein, von den Kurtanern werden auch 6 erschossen. Eben denselben tag *Tatrische Legaten kommen ihm leger an.* kommen Tatrische Legaten F. G. zu besuchen nur Freundschaft wegen. Eine part vom Tattar Cham selb 20, die andern vom Amurathim Sultan selb 19 bringen schöne Tatrische ross vndt werden widerumb begabet.

Vatter wehrender belegerung war Ihn Satthmar Franciscus Sz. György Bischof von Weitzen ein geborner Zeckel ankommen, diesser schickete zum Fürsten Apafi damit er vom Kuczuk Passa eines sichern geleits ihm einen pass zu schicken wollte, sintemall er als ein Siebenbürger seinem Vatterland zu dienen zu ihm kommen wollte, welcher Pass ihm auss Zulassung des Passa geschickt wurde, vndt wurde zugleich der Vngrische Capitan Szurtei Georgj mit einer reuterei ihn von Kövar dahin er gelanget war abzuhollen geschickt, alss derselbe bei Szamos Ujvar ankam, liess er sich bei dem Capitan Eheni Istvan anmelden, welcher zu ihm kame, vndt lange Vntter- *Franciscus Sz. György Bischof v. Waes kompt ins leedt.* redungen mit einander theten, so ihm auch frische ross biss inss leger verordnete, alss der Bischof kame wurde er mit statligem comitat inss fürstl. Leger ihn ein besonderes Zelt einlossiret vndt herlig entpfangen, nemlig 6 Juni. dess andern tages schicket Ihre F. G. den Bischof zu fragen, wass seine Legation in sich habe. Der Bischof entpottschaftet, dass ihm 4 Landtherrn alss Raht dess Fürsten solten vberschicket werden, so wolte er sein anbringen erklären, auf welches begehren also baldt Herr Graf Ladislaus Redei, Joannes Betthlen, Sigismundus Banfli vndt Franciscus Kerestessi expediret werden, welche erklärung diesse gewesen, erstlich dass er an der Verwüstung seines Vater- *Der Bischof von Vacz erklärt seine absacht.* landes ein grosses mitleiden hette, 2do were kommen die Keysserlige Völcker auss dem landt zu führen, damit durch abzuch selbiger wie auch der Türckischen Völcker den armen Siebenbürgern fride möge geschafft werden, 3^{tio} were sein begehren ihn zum Commandanten ihn die Statt zu lassen, damit er ihn auss seiner Majestät gebot desto eher zur auffgebung der Statt bewegen möge, ob solches begehren zwar dem Fürsten vndt Landtherrn wie auch dem Kuczuk nicht kleinen arch-

wohn gab, doch wurde ihm, sich mit dem Commendanten ausserhalb
der Statt zu begegnen, wort mit ihm zu halten gestattet, welcher
auch alsshaldt in einer Karetten hinter einem Trometter vor die
Statt gefuhren, vndt Archlistiger weiss ohne Vorwissen dess Fürsten
vndt Passa ihn die Statt zum Comandanten gegangen, sich auf etlige
Stunden bei ihm gewessen, wass sie miteinander gehandelt, haben
diesse Zeichen erwissen, dass nachdem der Bischof auss der Stadt
inss leger ankommen, wurde vnaufhörlig auss der Statt geschossen,
alss iemalen geschehen, welches dem Bischof seiner *Der Bischof ge-*
Vntrey nicht kleinen Verdacht machet, ist aber zu *het zu Fuss in*
wissen dass der Bischof alss zum Commandanten ihn die *Clausenburg vndt*
Statt gegangen mit seinem Diener ihn jederer Handt *dächtig.*
eine grosse zinnerne flaschen hinter ihm her alss wenn er wein
trüge, tragen lassen, welche flaschen denn vermuhtet worden voller
Duckaten sollen gewessen sein.

Folgendes tages so der 8 Juny war schicket der Kuczuk Passa
den Gynlai Olai Bek, einen gutten Vnger, liess den Bischof vmb Ver-
zeihung bitten, dass er ihm, alss einem Keysserligen Legaten ihn
seiner ankunft nicht nach gebühr hette entpfangen lassen, die Vrsach
were dass seine ankunft Spet wäre inne worden, wolte ihm aber
nachmittag ein ross vberschicken, bittendt auff ein kleines Gesprech
zu ihm zu kommen, auf welches anbringen der Bischof sich verantwortet, er hette keine plenipotens von niemanden die besatzungen
ausszuführen, sondern were von etligen Adelleuten ge- *Der Bischof wi-*
schickt, die Sübenbürgischen Zustände zu erkundigen, *derspricht sein*
vndt nachdem alss eine Sübenbürgische wurtzel dem *darüber sich der*
armen landt friden mit der Zeit Hilfen zu suchen; alss *Passa ersürnet.*
der Olai Bek solchen seinen Handel vndt reden angehört ist er
gleichssam darüber bestürtzet worden, vndt zum Bischof gesagt,
wie denn dem were, hette er doch dess vorigen tages dess Fürsten
vier abgesannte Herrn die praesidiariis ihm nahmen K. M. abzuführen
versprochen, drumb solte er sein wort nicht zurücknehmen der Bischof
aber, dass Jenige alles geläugnet, ess dem nicht alsso, die Legaten
hetten nicht recht vernohmen, er hette ess anders gemeint; mit dess
Bischofs resolution kehret der Olai Bek erstlig zum F. Apafi ein mit
erzehlung dess Bischofs erklärung, darüber der Fürst sampt dem
Landtherrn höchlich erschrocken, alss nachdem der Kuczuk vom Olai
Beken auch den falschen Bericht bekommen, wirdt er ganz ergrim-

met, schicket von stundt an 50 Janitscharen vndt lesset sein Zelt vmbhalten vndt den Bischof bewachen, ehe aber die Janczaren ankommen waren, hatte der Bischof denjenigen wagen vndt Karretten mit 6 rossen befohlen, von Stundt an, sampt dem Diener, dem schon verlassen wer, wass er aussführen solt, dem Ebeni Istvan auff Szamos Ujvar zu schicken, wass nun das befehl gewesen sei, mögen sie beide in besten wissen, alss sie aber zur schiltwacht langen, wirdt

Der Bischof wirdt zwar die Karetten vngehindert frei gelassen, dess
ihn Arrest genohmen vndt mit Janicaren bewacht. Bischofs Diener aber aufgehalten vndt zum Fürsten gebracht. Alss der Bischof aber der Janczaren wacht erfahren, ist er ihn grosse furcht gerahten, vndt von stundt an bei dem Fürsten vndt den Landtständen Ihr K. M. respect wegen bei dem Passa vmb freien repass, welcher ihm ja schriftlich versprochen were, anzuhalten, obschon der Fürst sampt denen Landtständen dess Bischofs archlistigkeit lengst vermercket hatten; vndt der Bischof, wenn er ja dato ein keysserliger Legatus gewesen, ihn villen stücken, wider seinen versprochenen Eidt vndt schriftlichen revers gehandelt hatte, ihndem er ohne Zulassung vndt Vorwissen dess Fürsten ihn Szamos Ujvar ein gekehret, da es doch seine richtige strassen gewesen, Ittem dass er ohne Vorwissen gar in Clausenburg eingekehret, Ittem dass er seinen eigenen Diener heimliger weiss zum Ebeni Istvan schicken sollen, vndt dass er zugleich, dass alle

Dess Bischofs seine wort, so er für Fürstl. Rahtsherrn gethan, zurück-
facta werden erschlet; die Landstende supplici- genohmen, vndt alles geläugnet, solches alles nicht
ren dochbeidem angesehn, hat der Fürst sampt den Landtstenden bei
Passa vor ihn. dem Passa vmb erlassung dess Bischofs anhalten vndt
bitten lassen; alss der Kuczuk solches vernohmen, ist er ihn diesse wort herausgebrochen, nun sehe er erst, dass dess Landes freundtschaft mit seinem grossmächtigen Keysser nur schein sey, vndt der Fürst ihn allem mit den keysserischen gutte correspondens hetten, vndt warumb sie vor einen öffentligen Spion vndt Kuntschafter bitten theten, sie sollten gewisslig glauben, er wolte dem Alli Passa allen Handel zu schreiben, vndt wass er ihm nachdem schaffen würde, dass wolt er thun, vndt solte er von stundt an sterben, wolte derowegen ein solches Exempel anstellen, dass mennigkligen daran gedencken mögte, sie aber sampt dem landt sollten zuschawen, was vor ein Spill daraus werden würde. Alss dess Fürsten botten dem Bischoff dess Kuczuk lection angekündiget, hat

wenig gefehlet, dass er nicht von sinnen kommen, vndt von stundt an mit fallenden Thränen keysserliger Majestät seiner erlösung ein klägliches Schreiben geschickt neben demüthiger anhaltung, dass doch seine Majestät die besatzungen auss Sübenbürgen wollte abführen lassen, anders würde Vngerlandt grosses Vngemach entstehen, zudem schreibe er auch an General Schneidaw von Szathmar so mit etlig taussent mann bei der Neystat lag, allda still bleiben zu liegen, vndt nicht weiter zu rücken, biss sein schreiben, so er alssbaldt auf der Post fortschicken solt, nicht K. M. eingehändiget vndt auch antwort bekeme, welches schreiben ehe es fortgeschicket wurde, erst dem Passa vorgelesen vndt verdolmetschet müste werden. *Der Bischof schreibet K. M. seinen Arrest vndt ellendt.*

 Vorhergehenden alhie erzehlten geschichten hatte der Kuczuk Mehemet Passa auff die armen Sachssen eine vnausssprechlige Summam proviant wie Pulver vndt kugelln inss leger zu bringen ernstlig gebotten gehabt welcher ein grosser Vberfluss auch schon albereit ankommen war, welcher die Türcken doch wie mir hören werden, nicht genössen kunten, derweill aber in bringung der Proviant bei der gemein Berges 2 Türcken, so grosse gewalt vben wollen, erschossen worden, ist der Passa sehr vnruhig worden, derweill aber dess General Schneidaw ankunfft darzwischen kommen, ist solches in Vergess gestellet. *Ess wirdt vom Passa vill Eies vndt Munition begehret.*

 Droben haben mir gehört, dass nachdem der Vaczi Bischoff mit dem Commandanten wort gehalten, die Keysserische Völcker starcker auss der Statt geschossen, alss sie jemallen gethan, solcher gestalt hat der Kuczuk Passa sich ihm leger auch embsiger geübet, der Statt beizukommen, da er denn auss angebung dess Czepregi Mihaly, so ein Claussenburger war, vndt alle gelegenheit gut wüste, wie woll er weib vndt kindt, vndt sein eigenhauss ihn der Statt hatte, dass Wasser zur Mühle zum dritenmall nehmen vndt abschlagen liess, vndt die bürger an mehl mangel hatten. Der Commandant ihn der Statt gerieht derentwegen, wie auch alss er dess Bischofs arest innen worden, ihn grosse furcht, liess die Statt von neyem starck fortificiren vndt tröste seine Völcker auff das beste, so er kunt, den Vngrischen Capitauen vndt denjenigen, so sich ritterlig hielten, alss den Ver- *Ess wirdt aus Claussenburg starck geschossen der Passa feueret auch nicht mit schiessen lesset daran dass Wasser der Mühlen benehmen, die in der Statt leiden nobt an mehl.*

Geörgy, Török Istvan, Harangi Istvan vndt Racz Gabor, versprach er auch ihrer standhafftigkeit wegen bei dem Römischen Keysser zu recommendiren vndt einem Jeden Officia zu erlangen.

K. M. resolution auf des Bischofs schreiben vndt so was sieb die praesidiarie gehalten solten. Droben ist gemeldet worden, wie der vntter Claussenburg ankommende Bischof Franciscus Sz. György vntter seinem Arrest auss grosser Furcht K. M. vmb erlössung seiner, vndt aussführung der teutschen Völcker ein schreiben geschickt, so durch den General Schneidaw auff geschwinder Post fortgeschickt, auff welches denn seine Majestät, gedachten Bischof von Stundt an folgendes inhalts ein resolutions schreiben zu geschickt, dass er zwar gesinnet were, alle praesidiarios abzuführen, tali conditione, dass erstlig der Fürst Apafi von den Türcken versichert werde, dass die Türckische Armada auss dem landt ziehen, vndt Sübenbürgen sammt allen Vestungen ihn vorigen Stand möge gesetzt werden, vndt dass die Türcken durch gewisse Tractaten ihn allem Versicherung dess gemeinen Fridens thun solten, zum andern sollte er diesses Alles sehr geheim bei sich halten, dass ihm pfall von den Türcken schwere Canditiones auffgesetzet würden, vndt ein Zweiffel eines beständigen Fridens ihm geringsten gespüret mögte werden, solten die besatzungen standhaftig verbleiben, vndt sich so gut sie kunten defendiren vndt nicht abziehen ess sei denn dass sie sich nicht lenger aufhalten vndt durch eisserlige Militiam nicht entsetzet kunte werden, drittens dass er durch gewisse Kuntschaffter, aller ohrter sich erkundigen vndt auff schneller Pest klaren bericht thun, welches auch dem Generalen Francisco Schneidaw durch schreiben anbefohlen were.

Alss demnach K. M. schreiben sampt des General Schneidaw **Keysserlige schreiben werden dem Kuczuk auffgebabr.** schreiben, so dem Fürsten Apafi zu Henden kommen, dem Bischof vntter Claussenburg vberschicket worden, vndt dem Kuczuk Passa durch die wacht der Janczaren angemeldet worden, sein sie dem Passa vberschickt vndt verdolmetscht müssen werden, darauss denn klarlig erschienen, dass doch der Bischof ordtnung gehalt, die Völcker abzuführen ihn der General Schneidaw aber expresse gestanden, dass der Commandant ihn Clausenburg starck halten vndt nicht abziehen solt, welche letzte Post denn dem F. Apafi all gute Hoffnung benahm. Vndt wurde derentwegen der Daczo Janos vndt Czepregi Mihaly vmb ferneren bericht zum Ali Passa auff Temesvar geschickt, vatter wehrende sachen kommen abermall Tatrische vndt Moldawische Legaten ihm Leger an, mittlerweill kompt Post, dass von den Katnern, so Nössen zu bewachen geschickt, weill sie sich vbersoffen gehabt, 300 von teutschen praesidiariis, so ihm Schloss Betthlen gelegen, ihm schlaff vberfallen, vndt nidergehawen worden. *Tatrische vndt Moldawische Legaten kommen. 300 Katner bei Nösen erhawen.*

Alss nun, wie gehört durch den Daczo Janos vndt dess Kuczuk Passa schreiben der Ali Passa dess Bischoff ankunfft, vndt wass sich mit demselben erlauffen, vernohmen, hat er alssbaldt befehl gethan, den Bischof auff Temesvar zu schicken, vndt sollte dabei Claussenburg starck bestritten werden, alss solche reiss dem Bischoff angekündiget worden, ist er nicht wenig darüber erschrecket; alss aber seine Diener, so ihm feldt bei den rossen ihn der weide gelegen, solches vermerckt, haben sie dass Hassen Panier auffgeworfen vndt davon gelauffen, welche nachdem Meldung gethan, dass sie nicht seine, sondern Herrn Kemeny Simon Diener gewesen, vndt ihm nur zum beleit weren vergönnet worden. *Daczo Janos wirdt zum Ali Passa geschickt.*

Nach vorgehaltenem villem Discurs der Landtstende vndt einstimmung des Passa, ist der Bischof des andern tages mit begleitung 300 Türcken auff Tumesvar geschickt worden, welcher vom Ali Passa mit 500 Türcken gebührenderweiss eingeholet, aber doch mit starcker schiltwacht der Janczaren verwachet worden. *Der Bischof wirdt dem Ali Passa geführet.*

Die 12 Juny kompt alhie zu Schessprug dess Kuczuk Passa Cancell. Ibraim Aga, mit F. G. schreiben an, vndt begehret von der Statt, Haber 8000 Viertel, Mehl Cub. 500, Butter 300 achtel, Honig eben so vill, Arbis, Linsen, Geuss, Hiner, Ayr eine vnausssprechlige Summam Schlachtviche Nr. 220 stück, Schaaf vndt Lemmer Nr. 600, welches begehren wegen, der Raht vndt hundert menner confluiren, D. Georgius Wachssmann Sen. vndt Petrus Wollbahrt, hundertmann werden vmb etwass relaxation anzuhalten zum Aga geschickt, welcher beide Herren ihn arrest nimpt; wollte die Stadt frieden haben, wirdt per compositionem 1000 Virtel Korn vndt so vill Haber 100 Achtel Butter vndt so vill Honig versprochen vndt auch fortgeschickt, mit grossem weheklagen des armuts. *Der Kuczuk Passa begehret unerhöhlige ville Eles.*

1662.

Derweill vnter wehrender Belagerung Claussenburgs der Kemeny Simon seines Herrn Vaters Krigesvölcker hin vndt wieder auf den Dörfern im Qvartier hatte, so dem armut grossen schaden zufügeten. Schickete dass Berek vndt Sarps Varmegye zu ihm mit Vermeldung, dass er mit dem Landt Sübenbürgen friden machen solte, vndt seine Völcker abschaffen, sonst wollten sie dieselben vor die Hundt niderhawen.

Berek vndt Saros Varmegye botschaft zum Kemeny Simon.

Die 15 Juny. Fallet die teutsche besatzung auss den Schloss Betthlen, treiben vmbheralb Nösen viel Viehe davon.

Ihn diessem Monat Juniö, Alss der General Montecuculi, nachdem er aus Sübenbürgen ihn die Liptosagh gelanget vndt ihm Qvartier gelegen, kompt vngefehr fewer aus vndt verbrennet ihm alle seine bona, vill theure ross, er selber wirdt zum Fenster herausgezogen, vndt bei dem leben erhalten.

Montecuculi leidet schaden.

Die 21 Juny Streiffet der Czerei Geörgy Velvari Hadnagy mit etligen Völckern auff Szamos Ujvar, treibet 500 Stück Viehe vndt 3 ross davon vndt bringt 7 keysserische Soldaten mit inss leger. Dess andern tages ziehen Türcken vndt Kurtaner eben auff Szamos Ujvar gleicher meinung eine gute beut zu bekommen, derweill aber die teutschen etwas wachtbarer gewesen, als zuvor, vndt ihrer eine zimlige anzahl gewesen; alss solche auf die Kurtaner stossen, werden dieselben erschrocket vndt wollen vmbkehren, die Türcken aber frischen sie an, thun angriff vndt werden 9 teutsche reutter erhawen vndt 3 gefangen inss lager gebracht.

Dess Fürsten Apafi Völcker treiben von Szamosujvár 500 Stück Viehe inss läger.

Den 23 Juny thun die Keysserischen einen starken aussfall, verbrennen den einen schantz vndt ein stück an den Vorstätten, so noch gestanden, vndt jagen den Vnssrigen grosse furcht ein.

Den 24 Juny wagens die teutschen abermall, thun aber einen vnglückseligen aussfall, sintemall der Türcken ross ihn Satteln vndt bereitschaft gestanden, welche 7 teutsche gefangene vndt 9 Häupter dem Passa gebracht, vndt vor jedes einen Imper. erleget.

Unterschiedliche Unglück bestrit am aussfall der Claussenburger.

Den 26 Juny werden abermall von den teutschen ihn einem aussfall 20 gefangen vndt 3 Heupter inss leger gebracht.

Den 30 Juny werden abermall 21 teutsche gefangen vndt 20 Kopff dem Passa geführt, vor welche er vor ein jedes einen Taller gegeben, der Türken bleiben in diesem scharmützel auch

20 sampt einem Aga im stich, welchen der Passa sehr gedauert, ja gleichssam beweinet, diessen tag kommen von neyem 900 Janczaren ihm lager an vndt werden des driten tages 2000 auf Temesvar geschickt. *(900 Janczaren kommen an.)* Derweill nun des Bischofs Arrest vndt abführung ihn Claussenburg ruchbar worden, welches wegen sie auch nicht mit geringem Verlust gutter frischer Soldaten auch vntterschiedtlig aussfall gethan, trachteten sie ohne Vntterlass wie sie den General Schneidaw bewegen mögen, sie zu entsetzen, welcher denn in solchem ihrem Dichten vndt trachten, sich von Szakmar schon inss feldt begeben hatte mit 40 Cornetten, da denn der Kemeny Simon auch mit 3000 Kalnern mit einstimmung des General Schneidaw auch biss ihn den Szilagy ankommen war, *(Der General von Szakmar zihet mit 40 Cornet za feldt.)* welche Zeitung der Schneidaw durch einen pauren (so er mit grosser zahlung darzu gebracht) ein schreiben auff Clausenburg geschickt, welcher denn von den Strassen ergriffen vndt inss lager gebracht worden, welche schreiben dem Passa von stundt an verdolmetschet müssen werden; alss der Fürst Apafi sampt den Türcken solche Post vernehmen, wurde vill berathschlaget, was ihn der sachen weiter vorgenohmen solte werden. Die Türkische Officire rithen dem Passa, dass er alle kriges sachen vndt vnnützes gesindel wie auch den Fürsten zugleich besser inss landt Neyenmarck zu schicken solte, vndt zwar bei der nacht, damit ess die ihn der Statt nicht ihn acht nehmen mögen, vndt solte mit dem Kriegsvolck den keysserischen Völckern entkegen ziehen, sie künten sie ihm schlaf vberfallen vndt geschlagen werden, solcher raht aber dem Passa nicht gefallen, sondern gesagt, er wolle von der Statt nicht weichen, sondern wolte der General Schneidaw mit ihm fechten, wolte er seiner erwarten. Solcher dess Passa raht gerichte aber vbel, wie mir baldt heren wollen. *(Der Passa lässet Kriegsraht halten, thut aber nach eigenem sinn.)*

Vnter wehrendem der Türcken rahtschluss wusten die ihn der Statt von diessem allem gar nichts, feireten vnnterdessen gar nicht, vndt theten dess andern tages einen sehr starcken aussfall, weill aber von der stundt dass Schreiben interciperet worden, der Türcken ross stetz ihn bereitschaft gestanden, sein sie abermall nicht mit wenigen Verlust zurückgetrieben worden, ess war aber ihn dem Jagen der Commandant, weill er sich *(Den Claussenburger gerichts der aussfall sehr vbel.)*

etwas versenmet gehabt, gar auss geschlossen worden, dass er sich auss noth in die Mühlen, so mit einem schantz (nicht weit vom thor liegendt) vmbfangen, retiriren müssen, dass er bei der Nacht müsssen eingelassen werden, hetten die Türcken solches ihn acht nehmen können, were er ihnen leicht zu Henden kommen, welches ihnen eine gewündtschte abendmallzeit gewesen wäre.

Der Claussen-burger Commen-dant muss sich in die mühlen retiriren.

Alss demnach des andern tages, so 3 July war, von dess Schneidaw vndt seiner Völcker starcken anzuchs gewisse Zeitung inss leger ankam, gab ess grosses schräcknüss ihm leger, alss denn erkannte der Kuczuk Passa erst, dass er nun mit schaden seiner Officier guttem Raht nicht gefolgt hette, vndt muste zwo meilen wegs zurückweichen, vndt auf dess Kereztes Meszeö legern, vndt auss mangel der wagen vnzehlige Proviant vndt speiss, so von den Armen Sachssen sehr vnbarmherziger weiss abgeschunden, ihm stich lassen, dass er aber damals nicht weiter gerückt, war die Vrsach, dass er einen neuen Succurs von Temesvar gewartens war, so dess 3. tages nemlig 500 Janczaren auch anlangeten, Zeitungen der neyen ankommenden Janczaren alssbaldt auch in Claussenburg erschallet war, vndt dem General Schneidaw zu kunt gethan wardt, welcher sich auch nicht wenig darüber erschreckete, sintemall er zimlig tieff inss landt kommen war, weill ess aber nun nicht anders sein kunte, vndt sich volenter nolenter vnter die Statt Claussenburg lagern müste, ob er schon von der Türcken hinterlassenem Proviant sich eine gutte Zeit lang hette auffhalten kennen, doch seumet er sich, auss furcht der Türcken nicht lang alda, verneyert er die besatzung der Stadt, vndt zog den 4 July mit seinem Volck auff Deesch, von dannen rückete er auf Sibo vndt lagert sich endtlig bei Szilagsagh auff den Fluss Szamos, ihn solchem seinem Zuch trieb er eine grosse Summam Viehes mit sich.

Wegen dess Ge-neral von Szek-mer ankunfft muss der Passa voller Claussenburg weichen legert sich ietterhalb Torenburg.

Die teutsche Völcker brechen von Claussenburg auf und ziehen auf Deesch zu.

Alhie ist weiter zu wissen, dass die Claussenburger 3 Tag vor der keysserligen abzuch, nemlig 20 July, den Fürsten inss lager bei Torenburg von der teutschen auffbruch bottschaft gethan vndt warnen lassen, sich ihn acht zu nehmen, denn sie sich eines betruchs fürchteten, sie mögten das lager bei nacht vberfallen, vndt im pfall ess ihnen glücken möget, so mögten sie weiter inss landt

setzen oder aber mögten die ihn der Stadt die Stadt berauben, die
Pasteyen auffsprengen, verbrennen vndt davon ziehen, *Die Claussenburg-*
gleichwie aber wegen der Neyankommender Türcken *ger ihm dem*
Fürsten wegen
wegen, ihm teutschen leger grosses schracknüs vndt *der teutschen*
furcht gab, dergestalt gab ess auch in der Türcken, *auffbruch war-*
sang,
vndt Fürsten Apafi läger wegen der Claussenburger
hottschafft, nicht wenige Furcht, vndt blieben demnach beide läger
ihn frieden, vndt dass teutsche leger, wie oben gesagt zoge
fort, dass Türckische aber verharrete noch eine weil bei Torenburg, mittlerweill langet der Daczo Janos, vndt Boros Janos,
von der Port ihm leger an, mit bericht, dass mit dem an der
Port anlangenden Keysserligen Legaten, der fride zwischen beiden
Keyssern geschlossen sei, vndt wurde dem Kuczuk Passa zugleich
vom Fö Veszeren geschriben, dass er den geschlossenen friden
angesehen, sich hiefüro keiner hostilitaeten mehr gebrauchen solte,
welches ihm leger allenthalben grosse freide erwecket; selbe weret
aber nicht lang, sintemall der geschlossene fridt vom Fö Veszer auff
den Ali Passa, welchem alles heimgelassen were, ge- *Der Ali Passa*
schreibet dem
wissen wurde, vndt sich gar nichts anliess, dass friden *Kuczuk Passa*
zu hoffen were, sintemall der Ali Passa mit sehr gros- *wegen seinem*
sem Volck, vmbherhalb Griechesch Weissenburg, *rbells Verhalten*
scharf zu.
Temesvar vndt andern Schlösser lage, vndt das Krigsvolck ins Winterquartir einlossirete, alss demnach der Kuczuk Passa
vermerckete, dass er sich baldt auss dem lande würde machen, liess
er den Fürsten beruffen, vndt begehret von dem landt vor seine
mühe vndt wacht 12000 Imper., von unserer Stadt *Der Passa will*
die Sachsen ran-
Schesspurg allein wegen des Kemeny Janos Schlacht *sioniren, begeh-*
1500 Imper. vndt unaussprechlige ville Eles vndt Pro- *ret daron vill*
Proviant.
viant zur Strassen.

Die 29 July wurden zwei Deescher, so auss Szamos Ujvar auff
Nösen gehen sollen, von den Strassen inss läger bracht, welche
nach viller erforschung, eben dassjenige, davon die Claussenburger
dem Fürsten Apafi der teutscher Völcker Vornehmen erzehlt haben
mit weiterem bericht, sagendt dass die Völcker ihn Szamos Ujvar
vndt dem Schloss Betthlen, ebenermassen kein guttes *2 Deescher wer-*
ihm sinn hetten, vndt hetten ihm schloss gehört, dass *den gefangen inss*
lager bracht.
sie alles geschoss, sampt 6000 Granaten, mit sich
nehmen würden, die pasteien mit Pulver auffsprengen vndt auff

Szakmar ziehen würden, auff welcher beider gefangenen ausssage, der Fürst alssbaldt dem Capitan Ebeni Istvan scharff zuschrieb vndt hart bedreite.

Fekete Peter langet vom Römi. K. im leger an. — Den 31 July Langet der Fekete Peter vom Römischen Keysser ihm lager an, bringet eben die post, das zwischen beiden Keysser der friden geschlossen sei, vndt weren alle tractaten dem Ali Passa zu Disponiren heim befohlen, ess wundre sich aber jedermann, warumb der Ali Passa nicht auss dem feldt ziehete, vndt seine Völcker ihn die Qvartier verordnete, welches angesehn der Römische Keysser, vntter wehrenden tractaten seine Krigsvölcker ebenermassen hin vndt wider ihn die Schlüsser, inss winterquartier legete.

Allhie ist zu wissen, dass vmb diese Zeit der Muscoviter mit den Koszaken, Polen vndt Tatern, zu feldt lag, ob ich *Digressio Continuationis vndt werden Moscovitische vndt Koszakische geschichten beschrieben.* zwar meinem Vornehmen nach von derselben thaten etwas zu schreiben nicht Vrsach hatte, doch weill zu dieser Zeit etwas denckwürdiges mit ihnen erlauffen, muss, per disgressionem, dem günstigen Lesser zu gut der Muscoviter Heldenthaten melden, denn nachdem die Polen, Koszaken vndt Tater eine weill zu feldt gelegen vndt 3000 Völcker der Muscoviter leger vndt beschaffenheit zu erkundigen aussgeschickt, vndt ihn dreien tagen niemanden antreffen können, sein sie sicher; ihn solcher ihrer sicherheit rücken sie zu ihrem Vnglück an den Fluss Nepper, legern sich alda wie gemeldt, ihn aller sicherheit, mitlerweill werden sie von den Moscovitern vberfallen, vndt wirdt das gantze Lager geschlagen, dass vber 500 fünfhundert, so sich wunderbarlig durch dass wasser gewaget hatten, nicht davon kommen, Tatter sein ihn die Siebenzig taussent 70000 *70000 Tatter vndt 60000 Koszaken vndt Polen von den Moscovitern erschlagen.* vndt Koszaken mit Polen vermischt Sechzig taussent 60000 vmbkommen sein, welches nicht ein kleines blutbadt möge gewesen sein; dess dritten tages kompt der General Czernitzki mit 10000 Zehntaussent mann, will von weitem der Muscoviter vndt Kossaken aussgang sehen, ist ebenermassen, vnwissendt der Tatter Koszaken vndt Pollen niderlag, ihn sicherheit, wirdt endtlig von den Muscovitern verkuntschaffet, vmbhalten, vndt werden 6000 sechstaussendt polen alle erschlagen, der teutschen so 4000 viertaussent gewesen, wirdt geschonet, werden gefangen vndt dess andern tages werden sie nach abgelegten Eidt,

1662.

den Muscovitern vntermischet. Der General Cernitzki, so eine weill sich vntter den Thoden verborgen gehalten, kompt bei der Nacht durch hilff 5 Polacken, so sich ebenermassen verberget gehabt, davon, welche 5 menschen ihn durch ein wasser tra- *General Czer-* gendt, davonbringen, alss der Tatern vndt Koszaken *sitzky niderlag.* niderlag vntter die andern Tattern, der Taterlandts saums wohnendt, gelanget, sein sie hauffenweis, fliehendt ihn die Moldaw kommen.

Droben ist gesagt, wie sich der Kuczuk Passa sampt dem Fürsten Apafi vntterhalb Torenburg inss freie feldt gelegert, alda er auff ein Monat gelegen, vndt den 2. August biss kegen *Kuczuk Passa* Egerbegy, Radnoten zu, gerücket, welchen der Fürst *rücket vom To-* Apafi alda liegen lassen vndt auff Eppeschdorf in sein *renburger feldt auf Egerbegy die* schloss kommen, von dannen schreibet der Fürst, ihn *7 August.* dess Passa nahmen vmb eine vuertrügliche Summam Eles, vndt Proviant, inss leger zu schicken, vber welches Statt und Stull nicht wenig erschrecket worden.

Nachdem die Tatter von den Muskowitern gantz vndt gar geschlagen worden, haben sie von der Port hilff vndt *Den Tattern* beystandt begehret, dannenher 16 Passa vntter jedem *kompt Türckische Hilff an.* 5000 Türcken, thut Summatim 53000 zu hilff kommen, welche sich endtlich an die Tatrische Grenzen zur wacht geleget.

Wir haben gehört, wie der Daczo Janos von der Port vndt der Fekete Peter vom Röm. Keysser eines geschlossenen Fridenszeitung bracht, worüber sich jederman höchlich gefreiet, endtlig hat der Herr Haller Gabor, so eine Zeit sich bei dem Ali Passa *Haller Gabor* auffgehalten, bericht gethan, dass weniger friden zu *schreibet dem Fürsten die fri-* hoffen, sintemal der vermeinte Friden zu einem still- *dens puncta bey-* standt gerahten were, vndt bestunde der stillstandt *der Keysser in.* ihn etligen gewissen conditionibus auff beiden Parten, dass der türckische Kaiser nemlig 6 Conditiones begehrte.

1. Dass durch Seiner Majestät gebot Graf Szereny ihn Horvaten, die Neye Vestung Szerényvar funditus zerstören sollte.

2. Dass drey meill weges lang vndt breit vmerhalb Canischa seine R. K. Majestät keine Vestung nimmermehr solte *6. Fridens Puncta.* bawen lassen.

3. Dass diejenige schlosser, so er wider die alte Conföderation seiner Vorfahren bawen lassen, solte zerstören lassen.

4. Dass das Schloss Szakmar sampt seinem revier biss an den Tissa fluss an Sibenbürgen huldigen solte.

5. Dass die Haydusagh den Türcken Tribut zu geben schuldig sein sollten.

6. Dass die teutsche praesidia auss Siebenbürgen abgeführt solten werden.

Herkegen hat der Imperator Romanus Leopoldus I., nur zwei Conditiones aufsetzen und begehren lassen.

Primo Nr. 85 Schlösser, so die Türcken ebenermassen, post primam conföderationem hin vndt wieder ihn Vngern bawen lassen, 2 Fridens puncta. solten gleicher gestalt zerstöret und zerscharret werden.

Secundo: Solte dass Fürstenthumb ihn Sübenbürgen variiret vndt anstat dess Apafi, ein anderer Fürst von den Landtständen vndt nicht von der Port, gesetzet vndt erwehlet werden.

Nach alhie erzehlten Conditionibus schriebe der Ali Passa sampt dem Herrn Haller Gabor fleissige wacht allenthalben ihm Landt zu halten, vndt wass ihm Lande vorfallen würde, ihm zuzuschreiben.

Die 15 August fangt die pest abermall hin vndt wider im landt, Die pest grassi- voraus allhier in Schesspurg, stark an zu grassiren, ret heftig in Sä- vndt stirbet eine zimlige anzahl junger menner, frawen benbürgen. vndt kinder davon. Ittem zu Szaz Kezd vndt Trappoldt sturben zugleich vill gutte leut vorauss zur Poldt nur Menner Nr. 103 Seelen, aber Summatim Nr. 557.

Die 18 August. Schicket der Commandant auss Claussenburg dem Fürsten Apafi kegenwertiges Prognosticon inss leger:

Derweill dass türckische Leger von Claussenburg zimlig abgelegen war, haben sich die praesidiarii ihn Claussenburg mit allerlei Proviant woll versehn, geben täglig einem Mader 30 vndt lassen vill Hey machen vndt einführen. *Wolkenbruch vndt Erdbeben ihn Vngern.*

Ihn diessem Monat Augusto ergiessen sich vill Wolkenbruch ihn Vngern vndt Polen, dass die Wasserfluthen vill Dörffer wegnehmen, vndt wirdt ihn Vngern dass Küssmarcker geburg durch ein Erdbeben zerrissen vndt zertheillet.

Die 26 August wirdt abermall inss Lager ein Landtag beruffen vndt wirdt durch den gantzem Septembrem ein stillstandt zwischen dem Fürsten vndt den keysserischen geschlossen; vndt reisseten die Legaten beider Parteien auff vndt ab, richten aber nichts auss.

Die 16 September kompt der Waradi Istvan vndt Szilvasi Balint, so neben dem F. W. Herrn Joanne Lutsch, Regio Jud. Cibin. gantzer 4 Jahr an der Port gewesen, ihm Lager an.

Die 21 September kommen zugleich der Sarpataki Marton, Szombathfalvi Istvan vndt Herr Matthias Bernhardi, Pellio et Jur. Civis Mediensis, so auff die Port vndt von dannen zum Ali Passa auff Temesvar geschickt worden, ebenermassen ihm Leger an, darauff wurde auff den 12 October kegen Megyes ein Landtag beruffen dahin der Fürst Apafi, sampt dem gantzen Tabor ziehet, von den Türcken wurden 3 Fahn kegen Segesd inss Qvartier geleget.

Die 15 October kommen 1200 Kurtaner auss der Wallachei vndt ziehen so vill widerumb zurück inss landt.

Die 23 October Stirbt der Claussenburger Commandant eines Plötzligen thodes, Franciscus Reutten, ein Italiener hohen Standes, welches Körper pompöse auff Wien vndt von dannen nach Venedig gefühet worden, an *Der Commandant ihn Claussenburg stirbt.* desselben stat ist von Szakmar ein ander Commandant Correllius Rembling, durch Herrn Banffi Dienes vndt Torma Istvan eingeführet worden.

Ihn wehrendem Landtag zu Medtwisch kompt Post, dass die Keysserische Völker auss Claussenburg gar biss auf den Maros fluss streiffeten, mit wegtreibung viller Elés vndt Viehs, welches dem Landt grosse furcht bracht, vorauss weill Neye teutsche Völcker mit dem neyen Commandanten ankommen waren, welcher anzahl nie-

1662.

Die Törcken ihn Medtwisch gerahten in furcht. mandt wissen kunte, mittlerweill schicket der Ali Passa schreiben, dass sich der Kuczuk Passa nicht weit von Claussenburg legen sollte vndt fleissige wacht zu halten; auff welches gebot der Passa die Maierhof reinigen liess, damit der ankommende Cziauss dem Ali Passa mögte sagen können, dass der Kuczuk nicht ihn der Statt lege.

Die 28 October. Kompt Zeitung, dass ihn Claussenburg, Szamos Ujvar vndt inss schloss Betthlen in Jedes ohrt, abermall **900 Kriegsvölker kommen inss landt.** 300 frische Völcker ankommen weren, so abermall neye furcht erwecket. Den dritten tag fallen die Neykommenden auss dem Schloss Betthlen, vndt treiben den Nössnern vill Vieh weg.

Pest Zeiten. Die pest grassiret starck ihm landt; in vnsserer Statt Schesspurg aber wehrete die pest drei Jahr an einander, mit absterbung einer schöner Jugent.

Ultima October wird der berümpte rauber Cziurulai Pap, **Cziurulai Pap thodt vndt Marter.** sampt seinem bruder gefangen in dass Schloss Fogaras bracht vndt nachdem beide zwo vnterschiedlige Marter erlitten, sein sie ihn Spiess gezogen worden.

Die 12 November kommet vom Varadi Hussain Passa ein Czauz mit schreiben an, welcher den Hattert vndt grentzen gar biss auff **Csepregi Mihaly vndt Kalnoki Istvan werden auff die Port geschickt.** Claussenburg zulegen begehret, welcher Post wegen den Csepregi Mihaly, ihm nahmen des Fürsten Apafi, vndt der Kalnoki Mihaly ihm nahmen dess landes auff die Port, vndt von dannen zum Ali Pasa auff Temesvar geschickt worden.

Droben ist gesagt worden, wie der Haller Gabor auss zwei Ursachen zum Ali Passa geschickt worden, anzuhalten, damit doch die Waradiner grentzen laut dess Contracts, an ihr gewöhnliches Ohrt mögten gelegt werden, vndt damit der alte Tribut alss zu Zeiten dess Betthlen Gabors bei der vorigen Summa verbleiben möge, derweill der Edle Herr, sampt andern bei ihm habenden Edelleuten, eine lange Zeit nur mit gutem Verheiss, vndt hüpschen Worten auffgehalten wurde, mit aller Vertröstung, dass den Süben- bürgischen grentzen gewisslich nichts benohmen solte werden laut **Ali Passa listige Practiken des Waradiner Hattert wegen.** des Wardeinischen Accords, mitlerweill aber erdachte der Schalkhaftige und listige alte Vogel, der Ali Passa diesen betruch: Er liess den Pirri Passa heimliger weiss ein neyes Register so sie Teffter nennen, schreiben, vndt zu den Bihar Varmegye, darinnen das Schloss Varad ligt, der beider Szolnok Krazna, Kolos vndt Doboka Spannschaften vndt Varmegye, einsetzen, welches falsche Register dermassen gestellt war, alss wenn allhie ernannte Varmegye alle in Wardein gehörig weren, selbige schicket er eben mit bemelten Piri Passa zu vnterschreiben vndt vom Keysser zu verpetschiren, nach Constantinopel, doch mit befehl, damit vom grossmächtigen Keysser nicht ihn acht genohmen werde, dass etwas wider die Waradiner Accords punct gehandelt were, sintemall dem Ali Passa schon befehl kommen war, wider den Waradiner Accord nichts zu handeln, derweill aber der Herr abgesandte Haller Gabor, des Ali Passa heimlige Practiken algemach vermerckete, wurden ihm durch grosse geschenck, von dess Ali Passa geheimen Rahten, alle seine listige vndt heimlige angebungen auffenbahret.

Alss demnach dem Fürsten Apafi dess Ali Passa falschheiten, durch den Herrn Haller zugeschrieben wurden, fertigte er alssbaldt einen Legaten mit schreiben zu dem Wardeiner Huszaim Passa, liess ihm vorhalten, warumb er wider der Port befehl vndt Waradiner Accord handelte, vndt die an Sübenbürgen gehörende arme pauren durch stetiges streiffen belästigte vndt verderbette, auff der andern seiten wurden auch an die Port vntterschiedtlige schreiben geschickt, zwar dergestalt, dess Ali passa mit keinem wort zu gedencken, damit ess nicht das ansehen hätte, alss werde der Ali Passa verklaget, sondern nur anzuhalten, damit dem Waradiner Hussaim Passa vndt dem Piri Passa befehl gethan würde, damit nach des Keyssers gethanem befehl, von den Sübenbürgischen Grentzen nichts entwendet möge werden, welches, nachdem es der Ali Passa erfahren ihn sehr verunruhiget hat, vndt ihn auss furcht der Port etwas gestillet.

Vmb diesse Zeit starbe der Bischof von Vaizen Franciscus Sz. György, welchen der Kuczuk Passa sub Arresto, auff Temesvar, dem Ali Passa geschicket hatte, eines natürlichen thodes, doch aber hatte ihn das tägliche betrübniss vndt grosse furcht (ob er schon des Arrestes frei gelassen worden) dermassen eingenohmen, sich stätiges befürchtendt, es mögte noch seiner Verrichtungen vbler Ausgang erfolgen, dass er desto eher zum todt befördert worden. Der Haller Gabor aber, wurde noch zur Zeit ehrlig gehalten, mit Versprechung, dass er baldt frei gesprochen würde werden. Ess ist oben gemeldet wie durch den Daczo Janos von der Port befehl kommen, dass sich der Kuczuk Mehemet Passa auff vntterschiedligo klagen, seiner villen excess vndt normitaten bei lebensstraff enthalten, vndt dem landt Sübenbürgen nicht beschwerlig vndt schädlig sein solte, welches ihm denn statigest ihn der nassen, alss ein hundsdrecke reverenter steckete, vndt kunte ess nicht verbeissen, dass er sich am Fürsten Apafi nicht rechen solte, wie er denn dem Fürsten zu Medvisch eines tages Vorwurff vndt beschuldigte

Der Passa helt dem Fürsten für, warumb er ihm bey der Post verklaget hette, vndt wass sich zwischen ihme ertroffen. warumb er ihn bei der Port verklaget, vndt ihn des Keyssers Vngunst bracht hette, welches der Fürst zwar erstlig verläugnet, endtlich aber heraus gebrochen, sagendt, er hets darum gethan, dass er ihn nicht für einen Fürsten, darzu ihn der grossmechtige Keyser gewürdiget, gehalten, sondern gleichssam wie einen Hundt oder einen andern gemeinen menschen, vndt ist demnach der Fürst dergestalt ohne Vrlaub vom Passa geschieden, alss er aber des Fürsten Zorn vndt Vnmuth vermerket, hat seiner Aga einen dem Fürsten nachgeschickt, vndt zu ihm zu kommen bitten lassen, er ihm aber entbothschafftet, er mögte wünschen nimmer mehr zu ihm zu kommen, vndt biss er nicht den gantzen Handel nicht an die Port zu wissen thete, vndt antwort bekommete, wollte er sich von ihm enthalten, wie er kunte, der grossmechtige Keyser mögte dass Fürstenthumb geben, wem er wolte, er begehrte es nicht lenger zu halten; alss der Kuczuk dess Fürsten ernst vernohmen, hat er getrachtet, wie seine F. G. begüttigen möge, welche beide denn auch, mit beystandt fornehmer Herrn vndt Türcken,

Der Kuczuk Passa vbet falsche rath vndt verklaget dass landt vndt Fürsten bei der Port. endlig vertragen, vndt begüttiget worden; recht aber heissts, glaub keinen Juden auf seinen Eidt vndt keinem Türcken auf grüner Heidt, so geschahe ouch mit dem Kuczuk Passa, ob er sich schon alss ein freundt kegen den Fürsten erzeigete, liess doch keine Gelegenheit vorüber gehn, dass er das landt Sübenbürgen vndt den Fürsten Apafi durch seinen Schwiegerherrn den Rez Effendi, dess K. Cancellarium, auss rach nicht verläumden thet, welches vill vornehme Türcken, dess Fürsten gutte Freundt vom Hoff, den Fürsten wissen liessen.

Derweill nun der Kuczuk Passa seine heimlige gefaste rach je lenger je mehr spüren liess, ihndem er seine Völcker wieder allen gewöhnlichen brauch aussreiten liesse, vndt allen Muthwillen gestattet, welche letzlig so mächtig worden, dass sie offt unter dem Schein ihrer harter Disciplin, die strassen leut, so ihnen nicht widerstehen künten, angriffen vndt beraubeten, wie sie denn auch an etlichen öhrtern die Ehebetter zu beflecken sich anmassen dörffen, welche Exempel auch im Zeckellandt in der gemein Gatgy, vndt anderswo geschehen, insonderheit auch zu Cron ihn der Vorstatt dergleichen aussreitende Türcken an eines bürgers Eheweib gewaldt brauchen wollen, alss der Ehemann aber solches wehren vndt nicht zulassen wollen, durchsticht der Türck den mann mit dem Dolch, wie sie pflegen zu tragen. Alss aber die bürger solche getümmel vndt büse that ihn acht genohmen, wirdt ein grosser Zulauff der Türcken ergriffen, welche die Obrigkeit secundum delicti qualitatem, nach aussgang dess rechten, mit dem schwert hinrichten lassen. *Ein Türck erschicht zu Cron Statt einen bürger vndt wirdt auch enthaupfet.*

Alhie ist weiter zu wissen, dass, nachdem sich die Keysserlige besatzungen ihn Clausenburg, Szomos Ujvar, Szekelyhidt, vndt Betthlen, noch starck hielten, vndt noch immer frische Völcker ankamen, darzu der Winter allgemach mit einfiel, wurden die Türcken auss dess landes schluss, auff Neyenmarck inss winter qvartier zu legen geordtnet, dass selbiges revier vor die ross dass futher, die vbrige Proviant aber, dass Landt geben sollte vndt wurde dergestalt auf ein jedes Haupt ihm landt, dass ist Capitatim, ein Cub. Korn vndt Haber geschlagen, denjenigen aber, so nur 2 Ochssen haben, würden ½ Kubel Korn vndt so viell Haber, vndt wurde zugleich auch eine Generàl Tax vom geldt angeschlagen, nemlig Capitatim einen Taller, denjenigen so nur zwei Ochssen haben geben einen ½ Taller, denen aber, so keine Zuch gütter hetten, auff vier menschen einen Taller. *Die Türcken wergen Neyenmarck inss Winter qvatier geordtnet vndt werden grosse Taxen ausgeschlagen.*

Alss der Kuczuk Passa dess oben gedachten Türcken That vndt sein Hinrichten vernohmen, hat er sich zwar solchen öffentligen Mörder zu vertheidigen anfänglich gescheiet, aber wegen alter rach sich höchlich erzürnet, warumb der Croner raht, alss des grossmechtigen Keyssers Vntterthanen, sich anmassen dorffen, vber seine Völcker vndt Krigsleut recht zu halten, vndt auch justificiren zu

Der Passa ver-
klagt den Für-
sten Apafi bei
dem Ali Passa.
lassen, so doch solche justification ihm zustände, hat demnach diejenigen, so seine Soldaten hinrichten lassen, vndt ihm inss Ambd gegriffen, stricte aussbegehren lassen, vndt mittlerweill dess enthaupteten befreundt zum Ali Passa geschickt, vndt die sach sehr anders, alss sie erlauffen, vndt fälschlig vortragen lassen, vndt seine meinung zugleich von ihm erwartet. Zudem liesse er zugleich den Fürsten Apafi fälschlig anklagen, wie dass er mit den keysserischen Commandanten eine correspondens hette, vndt offt, durch ihre Trometter brief miteinander verwechselten, vndt brachte dadurch den Fürsten Apafi ihn solchen Verdacht vndt Vnhuldt, dass des Fürsten schreiben vor lügen, vndt dess Passa schreiben vor lauter wahrbeit gehalten wurde. Diesser gestalt vndt list triebe der Passa den Fürsten Apafi nicht geringe furcht ein, vndt erlangete damit, dass sein winter qwartier zu Neyenmarck zu halten hinter sich ging, vndt nach seinem willen vndt wündtsch den Winter zu Medwisch zubrachte; da er denn durch solche seine archlistigkeit, seine gewalt dermassen missbraucht, dass er den armen leutten einen grossen Vberfluss Proviant ausspressete, dass man dreimall so vill Volck damit hette speissen können, legete darzu seine Völcker auff die Dörffer, welche den armen leuten das wenige, so noch übrig war, auffressen; zudem drang er einer Jeden gemein einen schutzbrief auff, vndt nahm vor einen jeden 5 Taller, die andern Türcken damit abzuweissen.

Weiter liess er das ville zugetriebene Viehe schlachten, richtete eine gemeine fleischbanck auff, liess darzu brodt feill backen, vndt triebe solche kramerey damit, dass er sich wohl damit bereicherte. Von dannen begab er sich endtlig alhier bei vnss auff Schesspurg, in Hoffnung seine kramerey bessermassen auszuführen, alwo er ebenermassen seinen beutel ahfüllete, wie mir baldt hören werden.

Derweill nun der Fürst Apafi woll wuste, dass der Kuczuk Passa ihn bey dem Ali Passa angegeben vndt verhaast gemacht hatte, muste er dem Kuczuk Passa seinen willen lassen, vndt darffete ihn nichts einreden, zuvorauss derweill der Fürst den
Fürst Apafi muss
dem Kuczuk allen
muhtwillen ge-
statten.
Szolyomi Miklos, einen Magnificum, nicht lengst wegen Verdachtes der Verreterey gefangen nehmen lassen, sich befürchtendt, weill er wuste, dass der Szolyomi wegen viller geschenck, bei den Türcken angenehm war, solcher Arrest mögte nicht woll gerahten sein, insonder-

heit weillen der Kuczuk Mehemet Passa allezeit ein mitleiden mit ihm gehabt.

Ess ist eben gemeldet worden, wie der Vaczi Puspök Franziscus Sz. György, welcher auss dem Claussenburger Leger zum Ali Passa geschicket worden, zu Temesvar eines natürlichen thodes gestorben war, derweill aber an dess Römischen Keyssers Hoff gezweiffelt wardt, ess müste ihm mit gifft vergeben oder vmbracht sein worden, alss derowegen vngefehr ein Cziausz oder Türckischer Post, vom Ali Passa auff Wien geschickt worden, ist er vom Keysser auffgehalten vndt verarrestiret worden, alss aber künftig seines thodes Zeuchnüss ankommen, ist er alss denn ledig gelassen worden. *Ein Cziausz wirdt zu Wien verarrestiret.*

Vmber dieser Zeit alss 5 November grassiret die pest noch hefftig ihm landt, wie auch ihn Vngern vndt Zips. *Pest grassire noch hefftig.*

Die 20 November. Schreibet der Ali Passa dem Kuczuk fleissige sorg auff lande zu haben, vndt auch dasselbe nicht vber die maass zu vberlästigen, mit welcher post der Haller Gabor dem Fürsten Apafi schreibet, wie der Türckische Keysser dem Ali Passa mit einer zimliger anzahl Völcker eine Zobelline Schauben, ein füchssenes kleidt, ein ross mit schöner rüstung, Zabel vndt buzgahn geschicket hette, mit befehl, dass er die Kriegsvölcker inss Winterquartier legen solte, vndt in den April ihn Horvathen ziehen solten, dess Szereny Neygebautes schloss zu zerstören, welcher Zerstörung wegen dem R. Keysser offt geschrieben worden, er sich aber mit dem entschuldigt, er hets nicht hawen lassen, vndt hette solches nicht in seiner gewalt, sintemall ess dem Herrn Szereny zugehörig wäre. *Dem Ali Passa werden von der Port stattlige geschenck gebracht vndt wirdt ihm gebetten dass Szerenyvar zu zerstören.*

Dess Szereny ney gebawten Schlosses Vrsprung vndt beschaffenheit soll diesser gewessen sein, dass weillen desselben Graffen Viehe offt auf des Pascha von Canischa boden zu weiden gegangen vndt herkegen, dess Pascha von Kanischa Viehe auff des Szereny boden vngehindert geweidet worden, alss hat derselbige Graf dem Canischai Pascha, mit welchem er es gut gehalten, supplicirt, ihme alda auff seinem eigenen boden dem Viehe zu Gut ein Mayerhauss zu bawen, zu vergennen, welches vom Passa auch vergönnet worden, alss hat der Graf Szereny ihm ein gefügliches ohrt zwischen dem fluss Rabba vndt Rakintz wie auch eines andern Flusses Viszafolyo Patak genandt, aussersehen, vndt mit hilf der beiden Landtschaften Styria vndt Carinthia in geschwinder eill, sehr stillschweigendt ein Schloss von lauter erdenen wallen auff hawen lassen, so er insonderheit mit dem Fluss Visza Folyo Patak sehr fortificiren lassen, denn weil derselbe Fluss nach seinem nahmen, ihn diesser gestalt ∿∿∿∿∿ einen widerlauff soll gehabt haben, hat er das schloss dass meiste dazwischen bawen lassen, mit sehr starcken von Erden gemachten wallen befestiget vndt fortificiret, nachdem nun ernantes schloss so weit vndt zwar ohne Vorwissen des Pascha von Canischa auffgerichtet worden, hat der Graf Szereny mit sehr grossen listen 30 Stück, 200 Horvaten vndt 600 Soldaten ihn die Vestung verschaffet, alss aber selbigen Schlosses beschaffenheit an der Port ruchbar worden, haben die Türcken stetiges getrachtet, wie dassjenige zerstöret möge werden, derjenige Canischai Bassa aber, so dem Szereny oben gedachtes Mairhauss auffzurichten vergönnet, ist von stundt an stranguliret worden.

Ess ist droben gesagt, wie zu Medtwisch ihm Landtag der Kuczuk Passa, sampt dem Volck nach Neyenmarck inss winterqrartier zu legen geschlossen worden, alss aber der ohrt dem Passa nicht gefallen, vndt der Statt Medwisch zum Verderben auff dem Halse blieben, hat eine Löbliche Universität eine sehr ansehnliche Legationem Cibinio von Catharinae zu F. G. geschickt, damit doch die Türcken laut dess Landesschluss, auff Neyenmarck mögten gelegt werden, anders müsten die 2 Stull verderben. Die Herrn Legati sein gewesen Herrn Melchior Herrmann Jur. Civis Cibin. Fodor Istvan Judex Szaszvaros. Michael Güldner Sedis Judex Segesvar. Ittem Jur. Civis Corenens. vndt Bartholomäus Ruffinus, Judex Szeredahelyensis. Diese Herrn Legati haben erstlig nichts erhalten kennen, sintemall der Passa auff Neienmarck nicht ziehen wollen, vndt wurde gesagt, dass sich die Neymarcker mit 200 Imper. abgekauft hetten, dass alsso die Herrn Legati abziehen müssen, nach Anhörung solcher Expeditionem, hat eine Löblige Universität von Stundt an 2^{dario} Herrn Jadicem Ruppensem neben andern 2 weisen Herrn solcher Vrsachen wegen zu ihrer F. G. abgefertiget, welche gleichwoll so viell erlanget, dass ihnen Verheiss geschehen, den

Passa abzuschaffen, aber wohin, war nichts denominiret worden. Auff diesses F. G. Verheiss wantte er, sampt seinen Rahten, allen Fleiss an, damit die Türcken auff Neyenmarck mögten zu ziehen bewegt werden. Der Passa aber, weill er grosse geschenck entpfangen, wolte sich mit nichts bereden lassen.

Alss demnach der Fürst bei dem Passa nichts erhalten kunte, blieben die Türcken zu Medwisch still, alss aber solche beschaffenheit alhie bei vns ankame, war ein Ehrs. W. ruht ihn furchten, dass blat mögte vmbschlagen, vndt mögten die Türcken per malam fortunam, wie denn auch geschahe, bei vns kommen. Alss schickete demnach ein Ehrsam. W. Raht ein demütiges schreiben F. G., damit doch vnssere Statt mit den Türcken nicht möge belästiget werden, angesehn, dass Statt vndt Stull ihre last getragen, vndt zur Zeit dess Fürsten Barcsai, wie auch alss der Fürst Kemeny geschlagen worden, ein grosses auss gestanden vndt grossen schaden erlitten hette, auff welches vnsseres schreiben F. G. durch gnädige resolution, vns vnsseres begehren 22 December versichert. Derweill aber 30 December der Kalnoki Mihaly vndt Czeprege Mihaly, von der Port bei dem Fürsten ankommen, werden die Türcken gantz vnruhig und begehren bei vns auff Schesspurg zu kommen, welches wegen vnss der Fürst Die 2 Januarii schreibet vndt warnung thut, welches tages die Hundert menner sampt dem Raht confluiren vndt schreiben dem Fürsten abermall zurück, flehelig bittendt, vnssere Statt zu schonen, richtete aber nichts auss, denn ehe vnsseres schreiben anlanget, kompt mitlerzeit der Jenei Ali Bek, mit 300 Türcken Szalas zu ordtnen, welches in der Statt grosses schrücknüss vndt auch eine nicht geringe flucht erwecken thet, nach welcher Ankunft mir F. G. abermall elendigklig klagen zuschreiben aber ess hiesse, tarde fabulare, ess war alles vmbsonst. *Kalnoki Mihaly vndt Czepregi Mihaly langen von der Port bei dem Fürsten an. Die Türcken seien gesinnet, auff Schässburg zu kommen, wie denn der Jenei Ali Bech mit 300 türkischen Szalas.*

Anno 1663 die 11 Januarii kompt demnach F. G. sampt villen Landtherrn, dem Kuczuk Mehemet Passa, vndt allen Türcken bei vns an, obschon etliges Volck auf etlige vmbligende Dörfer, alss die Janczaren gegen Pold vndt Scheess auffgetheilt wurden, doch blieben die Meisten ihn der Statt mit sehr grossem schaden, dahin der Passa von villem ausgepresten Viehe vndt Korn eine Fleischbanck vndt brodtmarck aufrichtet, vndt vill geldes einsam-

Der Koczak richtet an Schessporg eine Fleischbank vndt brodimarck etc, in welchem seinem Handel er verschiedge Proviantbegehrt. mellet, alss er aber ihn kurtzer Zeit grossen nutzen spüret, leget er der Armut vnertägliche Proviant auff, welche arme leut vnvermöglichkeit wegen seinem gebot nicht ein genügen thun künten, liess er mit prügelln hart schlagen, ess wurden auch von Neyenmarck der angeschlagener Fürchten, wie auch aus dem Maramoros auff 3000 Stück rindtviehe angebracht, welches vntter das Krigsvolck auffgetheillet wurde, wass aber vom Passa behalten ware worden, dass Jenige liesse er in seinem nutzen schlachten vndt verkauffen, genuch war es nicht mit der Last der Türcken, so auf vns vndt dem Stull lag, leget seine F. G. noch zum Überfluss alle sein Hoffgesindt, auff Buda, Rados, Benne vndt Eckedt, welche 9 Wochen vber dem armut

Der Gyulai Ali Beck ligt mit 300 Türcken ihn 4 Dörffern dess Stules, mit grossem schaden. lagen, vndt alles auffzehretten, alss diejenigen auff villes Suppliciren fortziehen, vndt ihn Repser Stull geleget wurden, fällt der Gyulai Ali Beck mit 300 Türcken ihn ernante 4 Dörffer, vndt wass dem armut noch vbrig verblieben war, zehreten diese auff.

Vntter diesser Zeit entführen dess Kuczuk Mehemet Passa drei *Dess Kuczuk 3 Diener reissen aus.* Türckische Diener sampt 3 schönen rossen mit aller rüstung, ess wird ihnen auff allen seiten nachgejaget, aber wie die Italiäner sagen Indarno, das ist vergebens; kehren widerum leer zurück.

Item 2 Huren vndt ein Jung. Dess andern tages zu nacht entkommen dem Passa 2 seiner Huren, sampt einem Jungen so er zur Sodomie gehalten, welche er künfftig von der Statt zu schaffen begehret, vndt die Stadt sehr streng darumb infestiret.

Alhie ist weiter zu wissen, dass vor alten Zeiten dass landt Söbenbürgen dem Türckischen Keysser nicht mehr denn fünfzehntaussend Nr. 15000 Duckaten pro tributo gegeben, Jährlig derweill aber von demselben zur Zeit des Rakoczi Vuttergangs, dem landt Achtzigtaussendt Imper. Jahrlig zu erlegen imponiret waren, schreibet er selbige Summam desselbigen Jahres vnfehlbarlig abzulegen, *Auf Keisd wirdt ein Landtag beruffen.* welches scharffen gebots wegen, Auff Keisd 22 Februar ein Landtag beruffen wirdt, alda wegen hochdringender nohl, nicht nur dem gemeinen Volck allein, wie daher geschehen, sondern auch den Adell, seinem Vermögen nach, schatzung auffgeleget wurde vndt ihm auff einen jeden Jobbagyen ein Taller so expropriis geben solten, geschlagen worden.

Derweill die Siebenbürgische Adel Herrn, alss die Herrn Betthlenii, Wolfgangus, Franciscus vndt Achatius sampt der Mutter, Ittem Ebeni Istvan, Banffy Dienes, Torma Istvan, Teleki Mihaly, Sz. Pali Janos vndt andern mehr, welche nach dem vnglücklichen Fall des Fürsten Kemeny Janos, allezeit auff hesseres glück der keysserischen gehofft hatten, endtlig gesehen, dass alle ihre Hoffnung zu wasser worden, haben sie sich eines andern berahten, vndt, wie oben gemeldt dem Fürsten Apaffi vnlter seinen gehorsam zu kommen geschriben gehabt, derweill aber seine F. G. ohne Vorwissen der Port solches nicht thun dorffen, sich aber gleichwoll ihrentwegen bei der Port bemühet, vndt auch ihnen gratiam erlanget, welche Edelherrn denn ihn kegenwertigem Landtag, dem Landt von neyem incorporiret worden, vndt sein dazumalen alle Artikel, so wider sie geschlossen waren, cassiret worden. *Etliges abtrinnsigen Edelleuten wirdt vom Landt gondt gethan, vndt werden angenohmen.*

Weiter ist alhie zu wissen, dass durch viller armen bedreugten Thränen vndt gebeht die Gottlige rach wider den Kuczuk Passa, dess Ali Passa Zorn vndt Vngunst erwecket, ihndem die Passaken, Aga vndt andern seine Officier, ernannten Ali Passa alss ihrem Szeredar vndt Generalissimo alle seine Thaten vndt malefacta zugeschriben, vndt dess ellenden landes Verderben auffenbahret, welcher Alli *Dess Kuczuk Officier vndt beampten schreiben dem Ali Passa dess Kuczuk Malefacta zu.* Passa dem Kuczuk, auss sonderligem grim vndt grossem eiffer, weill er dess gross machtigen Keyssers Lande aussplündert vndt verderbete, öffentlig den thodt dreyete, schreiben ihm dabei, dass der F. Apafi nicht von ihm sollte regieret werden, sondern er sollte vom Fürsten hören vndt gehorsamen, welches ihm eine harte nuss war aufzubeissen.

Ihn wehrenden Keissder Landtag kame ein Walachischer Bischof sampt einem Boeren, Legation weiss zum Fürsten Apafi auss der Walachei, wie auch des andern tages eine Tatrische Legation, zum Kuczuk Passa vndt wardt gesagt, dass der Kuczuk Passa zum künfftigen Vngerländer krieg den Tartarn zum Obristen angeordtnet worden, welche bottschaft diese Tatrische Legation bracht hette. *Walachische vndt Tatrische Legationen kommen ins Landt.*

Ess wurde auch vom Landt geschlossen, den vnausssprechligen schaden Schesspurger Stadt vndt Stull angesehn, sollen die Türcken ihn Burtzenland kegen Tartlen gelegt werden. Der Kuczuk Passa

Dess Fürsten Hopmester Balogh Matthe vndt Czepregi Mihaly werden an die Port geschickt. widersprichts, dass landt will nicht anders vndt beschlissets wiederumb, der Passa aber will doch nicht, welche dess Kuczuk Vngehorsam vndt Tyranei angesehn, wirdt der Czepregi Mihaly mit einem credentional an die Port geschickt, wie denn dess driten tages der Balagh Mathae F. G. Hopmester gleichesfals dahin geschickt worden, vmb abschaffung der Türcken anzuhalten.

Derweill der Tribut der 80000 Taller von der Port sehr starck sollicitiret wardt, vndt auch etwass daran mangelt, zogen der Fürst von Keisd inss Schloss Fogaras durch den Fabian Istvan 7000 Taller Cibinium zu schicken.

Die 8 Martii kommen 300 Türcken, mit Nr. 135 Cameelen, von Temesvar bey vnss zu Schesspurg an, welcher ankunfft wegen *Es kommen zu Schesspurg Nr. 135 Cameele ea.* villerlei Judicia vndt Vrtheill gerichten, vndt gaben auch nicht kleines schrecknüss, dieselben wurden auff die Mairhöff in die Scheuren einlossiret, dadurch die Mairhöff alle verwüstet vndt verderbet wurden.

Alhie ist weiter zu wissen, dass weillen der Kuczuk Passa, auss grossem geitz, mit aller Proviant nicht kunte gesätiget werden, ihndem wegen seiner fleischbank vndt brodt Marck, dem Volck am Speis mangelte, welche eines tages auss Vngedult dem Passa auffs *Die Janczaren vndt andern Türcken lauffen dem Kuczuk Passa auf das Hauss.* Hauss lieffen, da ihm die Janczaren wegen seiner fleisch vndt brodt kramerei, öffentlig den thodt dräueten, drumb solte er ihnen Speiss schaffen, alss hat der Passa wegen furcht seines Vnttergangs gebotten, von stundt an von Stadt vndt Stull 500 Kübel Mehl vndt so vill Haber neben 50 Rindviehe zu schaffen, sonst wolte er F. G. Hoffmeister Nalanczi Istvan vndt den Praefectum Viszaknai Petter Deak, so der Fürst ihn der Statt zu wachen gelassen hatte, sampt der vnttersten Stadt Menner nider hawen lassen, welche beide edle Herrn solche Mala nova alssbaldt dem Fürsten auff Fogaras geschrieben. Der Fürst solches hörendt, hat er von stundt an ein Mandat geschickt, Stadt vndt Stull solte alssbaldt die begehrte Summam der Proviant auffbringen, vndt nur zu leihen geben, anders mögte ein grosses Vnglück entstehen; mir schreiben alss baldt vnssere impossibilitäten dem Fürsten zurück, flehelig suppliciernd, vnsser zu schonen, mit errinnerung, dass er ja wüste, dass ihn der Statt, wie auch ihm Stull von seinen Hoffdienern vndt fremden Völckern, alles auffgezehrt sei, erhalten aber nichts,

die hundert menner confluiren vndt wirdt ad capita ein <small>Es wird von</small>
⅛ Cub. Mehl vndt so vill Haber, auffgeschlagen, vndt <small>Schessparg eine vorträgliche</small>
bringen ihn aller eill 300 Cub. Mehl sampt 350 Cub. <small>Summen Eles be-</small>
Haber vndt etliges schlacht Vieh beisammen, weill <small>gehrot.</small>
aber die Summa nicht konnte erfüllet werden, fallen die Türcken
auss anweissung der Vnger vndt Hoffdiener auff die <small>Die Korn Kaul-</small>
Korn Kaullen, eröffnen solche mit gewalt vndt nehmen <small>len werden von den Türken in</small>
vber ihre begehrte Summam was sie wollen, da denn <small>Schessparg ge-</small>
viller Edelleut Korn mitgenohmen worden, welches <small>öffnet.</small>
etliges die Statt zu ihren vorigen schaden, nachdem die Türcken auss
dem landt gezogen, auch bezahlen müssen, mitlerweil alss mir F. G.
auch von solcher gewaldt bericht gethan, kompt derselbe die
15 May von Fogras auff Keizdt vndt von dannen bei vns, alss der
schadt nun geschehen war.

Auff dess Kutya Passa tagliches vndt vnendtliges begehren, toben
vndt wütten, angesehn, dass mir von F. G. nichts erlangen künten,
liess ein Ehrsamer Raht die F. W. Herrn Cibinienses schrieftlich
ersuchen bittendt, uns zu hilffen, damit die Türcken, wo nicht auss
dem landt, doch aus Statt vndt Stull abgeführet mögen werden; auff
welches ersuchen. Die 19 Martii die F. W. Herrn etlige F. W. H. alss
Herrn Valentinum Rörig, Lucam Wottsch, Jur. Cives vndt Megyeschino
Herrn Martinum Wellman, sampt einem andern W. H. nomine Universitatis zu F. G. schicken, neben vns vmb errettung zu <small>Cibinio werden</small>
bitten, kunnten aber auch auff die weiss anders nichts <small>vnsrret wegen Legaten vom</small>
erhalten, alss dass die 500 Janczaren, so zum Scheess <small>Fürsten ge-</small>
vndt Poldt lagen, kegen Katzendorf ihm Repser Stull <small>schickt.</small>
geleget worden, so gantzer 11 Wochen allda ihn vnsserem Stull zu
bracht, vndt dass armut aussfressen hatten.

Derweill demnach die H. Cibinienses auff vnsseres anhulten
oben gedachte Herrn Legatos abgefertiget hatten, welche zwar
wenig erlanget hatten, vndt damit die F. W. H. ihrer auch nicht
mögten vergessen, haben sie nach Verlauff etliger tage 23 Martii von
vnsserer Statt wegen belagerung der Herrmanstadt <small>Die Herrn Cibi-</small>
fl. 1590 pro subsidio begehren lassen, auff welches <small>nienses begehren ein Subsidium von</small>
wir vns schlecht Cäthegorice resolviret, dass es zwar <small>vnserer Statt.</small>
ein Christliges begehren sei, aber von vns dergestalt etwass zu
contribuiren vnmöglich sei, darneben vermeldend, dass vns selber
dergleichen subsidia sehr nötig weren, welches denn auch zu

wündtschen were, dass mit der Zeit ein jedes revier vndt Statt ihres schadens mögte erhollet werden.

12000 Imper. werden vor den Passa begehret. Auff diesse vnssere resolution kommen abermall die 29 Martii Cibinio schreiben, dass die Türcken zum Ali Passa zu kommen begehret würden, ihndem durch den Fürsten vom Kuczuk Passa vor seine Vitezsegh vndt erlegung dess Kemeny Janos 12000 Taller der Universität zu erlegen sein würden, mir suppliciren: ess stünde solches löss geldt dem Landt vndt dem Fürsten zu, mir kunten nichts geben.

Vntter dieser Zeit, alss den 30 Martii, Schicket der Herr Haller Gabor von Temesvar schreiben, mit bericht, dass den 3. Martii der Cziausz Passa vndt Iluszain Aga, so auffgeschickt sampt den Teutschen Legaten, welcher vornembster Liber Baro a Goes were, hetten dem Ali Passa zu ehrung zwei Silberne Waschbecken sampt den Kannen, 6 silberne Schüsseln, 2 silberne Flaschen, einen silbernen *Dem Ali Passa werden vom Römischen Keysser geschenck bracht.* Kruch, Püchssen, Citronen vndt villerlei confect bracht, wären gesinnet einen bestandigen Friden zu schlissen, vntter andern Puncten were auch diesses eines, dass der Römische Kaysser dass schloss Szekelyhid, von Sübenbürgen abzureissen vndt ihm zu geben, vndt scheinete dass solches begehren den Türcken nicht zuwider sein würde, wie sich denn vill Vornehme ihn dess Ali Passa Hoffs kegen ihn hören lassen, sagendt: Nem teszen sokat, mikor egy mellosagos Cziaszar, mas Cziaszar baratyanak oly keves földet es egy Kis va raczkat ád, neben alhie erzehlten Legaten, hatte auch an dess Keyssers stat Venceslaus Dux Saganensis dem Ali Passa geschrieben. Auch hat der Herr Haller gemeldet, dass den 9. Martii in Szakmar keysserlige Commissarii vndt Legaten, sampt elligen Türcken ankommen weren, welche den aus Süben- *Es kommen ihr Szakmar vntterschiedlige Legaten ec.* bürgen entwichene Edellent sehr pompöse entkegen geritten weren, diejenigen Commissarii aber weren zwar zum Fürsten Apafi zu reissen geordnet worden, alss aber der Ali Passa solches vernohmen, hette er geschrieben, dass die keysserlige Legaten von Szakmar ehe zu ihm auff Temesvar sollten kommen, vndt nach zum Fürsten Apafi, welches auch geschehen müssen, dass alsso dass Landt Sübenbürgen den gantzen *Ein neier Commendant kompt zu Clausenburg ec.* Winter vber auff gedachte Legaten vergebens gewartet hat. Ittem Ist doch diese Commissarios den 8. April von Szakmar ein Neyer Commandant Hector de Brazza, so auch eine Zeit in Tokay residiret, anstat dass Cornelii Remblingh zu Claussenburg eingeführet worden, auss Vrsach eines Verdachts, alss hielt erss mit der Statt vndt Occulte wider die keysserischen practicirte, welcher Vrsachen wegen von der Statt Claussenburg zwei vornehme Bürger Herr Tamas Deak, Banyai Istvan sampt 2 jungen teutschen Grawen zum R. Keysser geschickt werden, bei S. K. M. vmb gnadt zu werben, damit ihre Statt von den besatzungen befreiet möge werden, sintemall sich zu befürchten, weill der Kuczuk Passa nichts verrichten kennen, ess mögte der Ali Passa seibst ansetzen, vndt die Statt inss Verderben bringen.

Am grinnen Donnerstag ziehet der F. Apafi ihn sein Schloss Eppeschdorf, Ostern alda zu halten, vndt kommet Mittwoch nach Ostern wider ihn die Stadt. Dess andern tages dess G. Fürsten widerkunft werden mir widerumb der entronnenen zwei Huren vndt Jungen wegen vom Kuczuk infestiret, welcher starck 3000 Imper. von der Statt begehret. Ein Ehrs. W. Rahi suchete Hilff bei dem Fürsten mit Verehrung eines Pocals von 2½ Marck, der Fürstin einen von 2 Marck vndt 18 p. dem Söhnlein 4 Duckaten; der Fürst thet zwar eine Vorbitt vor vns, der Passa aber wolt auch seiner wenig achten, vndt bliebe nur auf seiner meinung. *Dem Fürsten Apafi vndt Passa werden von der Statt geschenck ergeben.*

Vnter diesser Zeit kame Post, dass die Waradiner Türcken vmb Sibo herumb hiss auff Deesch alle die leut holdalten vndt vnter sich brachten, welche Zeitung bei vns eine neye Furcht verursachen thet.

Die 15 April entkommen 2 Fahn Türcken dem Passa der besoldung vndt mangel der Speiss wegen.

Die 17 April kommet des Fürsten Schwager Sz. Pali Janos kegen Eppeschdorf, will auss Furcht der Türcken nicht auf Schesspurg kommen, dahin die Gnädige Fürstin ziehet, sich mit ihm zu begegnen, vndt sein aubringen anzuhören, welcher vorgegeben, dass wellen ihrer etlige zwar sich bis dato ihm Szakmar enthalten, alss sie aber dess landes schluss vndt gutte Gewogenheit vernehmen kennen, weren sie entschlossen sich auff dass ebeste ihn seiner F. G. Devotion zu ergeben, welches wegen er denn vnter den andern den anfang machen wollen, welcher dess Landes vndt Fürsten Assecuration, ihn die Fürstin vertröstendt, er mit ihr zum Fürsten auff Schesspurg kommen. *Etliche Sibenbürgische Edelleut sein gesinnet sich ihn der F. Apafi Devotion zu ergeben.*

Die 23 April kame ein geschrei vntter die weiber, alss wenn die Türcken gesinnet weren, auff die Burg zu kommen, welche ihre Menner so weit anreitzeten, dass sie wachten, ohne alle Vorwissen der Obrigkeit, allenthalben doppelten, vndt alle schisslecher der Mauren mit Hacken vndt püchssen, belegten. Alss die Türcken solches inne wurden, gab ess bei ihnen vndt dem Passa zugleich grossen Verdruss vndt Zorn, schicket zum Fürsten, die Vrsach zu erforschen, welcher solches vom Rath erfragen liess, alss aber auch der raht keinen wissen davon gehabt, welches sie mit dem eydt bezeuget, vndt dem Fürsten entpotschaftet, ess were nur ein weiber geschrei, vndt eine kleine furcht vntter die leut kommen, alss hat sich auch der Passa damit stillen lassen.

Die Burgleut gerahten ihn eine furcht vndt halten fleissig wacht.

Ihn diessem Monat April kompt Zeitung, dass weillen Rakoczi Ferenz Papstisch worden war, vbergibet er die Patacker Calvinische Kirchen den Jesuviten, lass die Schull vndt Bibliothecham mit feur verbrennen seines Herrn gross Vatters dess Alten Fürsten Rakoczi theure Bibel, nachdem er das silber der Pappeln abgenohmen, lesset er absonderlig an einen Spies stachen, vndt bei dem feur bratten, o factum horrendum.

Die Calvinische Kirch ihm Patak wirdt vom Rakoczi Ferenz dem Papisten vbergeben.

Droben ist gesagt worden, dass auss dess Herrn Haller Gabors bericht offt vntter beiden Keyssern beständiger friden zu hoffen gewesen, welches sich Jedermann gefreuet. Alss aber gedachter Herr Haller endtlig auss etligen Vrsachen spürete, dass die Türcken vntter dem schein einer Fridens tractation sich allgemach auff allen seiten zum Krig praeparirten, indem er gewisse kuntschaft bekame, dass den Tataren geschrieben war, sich dem Ali Passa wenn er zu feldt ziehen würde, einstellen solten, wie auch dass des Keyssers General Armee von Constantinopel auf Adrianopel vndt von dannen auff Griechisch Weyssenburg marschiren solte, zudem der Ali Passa dess R. Keyssers Legaten alss Plenipotentiariis zum andermall abzuziehen erlaubet hatte, schlosse er nichts anders, als dass gewisslich auf den Sommer dem R. K. Krieg entstehen mögte, welches Alles er dem Fürsten Apafi zuschriebe.

Ess kommt vom Haller Gabor schreiben dass der Fö Vezer zu feldt gezogen sei.

Mittlerweill kunte der Kuczuk Passa seine falsche Tück nicht lassen, suchte Vrsach, sich an etligen Edelherrn dess landes, so ihm zu Zeiten zuwider redeten, zu rechnen vndt ihn etwas bei dem Ali Passa verdächtig zu machen. Vntter andern gab er eines tages seinem Passaken Aga vndt andern den Herrn Petki Istvan vndt Betthlen Janos an, mit bericht, dass dieselben mit den keysserischen Commandanten ihn den Schlössern hin vndt wider Correspondens hielten, vndt wider den grossmächtigen Keysser practicirten, zu dem, dass der Fürst Apafi seinem fürstligen Beruf nicht allerdings vorstünde vndt seinem Adel allen muhtwillen, wie auch oben bestimpten beiden Edelen Herrn ihre Verrätherei gestattete, welches er alles pfligt seines Amtes seinem Keysser zu zu schreiben gesinnet were, welches des Passa klag seine Türckische Herrn, weill sie ihm selbst spinnen feindt waren, mehr verlacheten alss verwunderten, ja ihm gleichssam nichts darauff antworten wollten, insonderheit weill sie seiner bösen art vndt archlistigkeit gutte wissenschaft hatten, einer aber vntter ihnen der Olai Bek von Gyulla, so dem Fürst ein geheimer freundt war, liess dem Fürsten alles was vorgelauffen vndt wie der Kuczuk gesinnet war, wissen, mit bericht vndt warnung, dass der Fürst von stundt an, ehe der Kuczuk seine falsche beschuldigungen anbrachte, dem Ali Passa schreiben vndt des Kuczuk Renke entdecken vndt von ihm abwenden sollte, welches der Fürst denn auch thete, vndt durch den Herrn Haller Gabor bei dem Ali Passa anbringen liesse.

 Derweill sich aber mittlerweill der terminus dess Tributs allgemach herbei nahete, befürchtete sich der Fürst sampt dem landt derweill die gemühter dess Ali vndt Kuczuk Passa, wie auch dess Fürsten etlig ermassen ziemlich erhitzet waren, wie oben gemeldt, vndt weillen auch zudem der Tribut nicht aller parat war, ess mögte wegen eines geringen Verzuchs dass Landt einer widerspenstigkeit causiret werden, alss würde der Czepreghi Mihaly auff die Port geschickt anzuhalten, damit eines wenigen Verzuchs wegen nicht etwan ein Vnmuht auff dass geschöpfet möge werden, welcher abgesandte den grossmechtigen Keysser vntterwegens, so einen tag zuvor von Constantianopel mit einer grossen Armee auff Adrianopel zu ziehen auffgebrochen war, antraff vndt dess Fürsten schreiben ablegete, so zur Antwort bekame, dass zwar der Verzuch solte nachgeschlagen werden, ess solte aber dem Fürsten ernstlig geboten sein, den Tribut auff dass eheste ohne sonderligen verzuch einzubringen; welcher Czepregi Mihaly den 25 April von der Port ankame, vndt dess Türckischen Keyssers schreiben ablegete, mit bericht dass derselbe den 16 Martii mit einer vnausssprechliger Armee auffgebrochen, vndt auff Griechisch Weyssenburg reisen würde, alwo er zwei brücken yber die Donau schlissen lassen, were willenss ihn Vngern zu ziehen.

Droben ist gesagt wie der Kuczuk Passa wegen vnersättlichen geitzes mit Elés nicht künte ersätiget werden, vndt solches wegen mit den fürnembsten Adelleuten steliges streit vndt widerwertigkeit hatte, vndt welche ihm zu Zeiten einredeten auff dass Höchste verfolgete, wie denn die Vornembsten sich auss furcht auss der Statt in ihre Joszagen beguben, dass ausserhalb dem Herrn Gilany Gergely Viszaknai Peter Praefecto, Arkosi Mihaly vice Hopmester, bei dem Fürsten zu Hof verblieben, vndt weillen sich die Bestia an andern Edelleuten nicht rechnen künte, verklaget er diese drey bei dem Fürsten durch den Olui Beg von Jenneö, dass wofern sie die ange-

Der Passa ist gesinnet des Fürsten Praefectum vndt Hofmeister niderhauen zu lassen. schlagene Elés nicht alssobaldt vndt zwar in völliger Summa würden administriren, so schwöre er bei seinem Gott, er wolte ihnen die Häupter auff dem Schesspurger Marck ihn dess Fürsten praesens abschlagen lassen, vndt schieden mit der ihn seinem Vnmuht vom Fürsten.

Alss der Fürst dess Passa Vornehmen vndt bösen anschlag mit schrecken vernohmen, liess er allerhandt Proviant sowoll der Edelleut, alss auch der Bürgerschafft auffsuchen mit Versprechung, dass *Es wirdt dem Passa vill Elés gegeben.* alle dass, so jemanden genohmen würde, mit der Zeit solte refundiret werden, wie denn solches Unglück zu verhüthen ihn schneller Eill eine grosse Summa Proviant zusammengebracht, vndt der Bestia ihn den rachen gestossen wurde, dass dergestalt die bestimpten 3 Herrn ihn sicherheit geriethen.

Alss nun, wie gehört, der Passa der begehrter Éles etligermassen gestillet war, vndt mitlerzeit aber auch vom Crouer Richter eine Summam Élés hatte begehren lassen, alss ihm botschafft kommen, alss wolte der Richter keine Élés folgen lassen, hat der Passa ihn grossem grim den Herrn Gilany, Arkosi vndt Herrn Praefectum vom Fürsten begehret, welche er mit 3 Fahn Türcken auf Cronen schicken wollte, dem Richter den kopff abschlagen zu lassen, welches wegen der Fürst Apafi abermall in nicht geringes schrecken gerieche, doch letzlich einen Muht fassete, vndt dem Passa solches sein böses Vornehmen widerrihte, dass ihm pfall er alsso Tyrannischer weiss würde fortfahren, wollte er dem Fürstenthumb abdanken, vndt auss dem landt irgendt an ein sicheres ohrt begeben, wass aber endtlig darauff erfolgen würde, mögte die Zeit geben, welche dess Fürsten reden dem Passa nicht wenige Gedanken gabe.

Der Kuczuk ist gesinnet der Crosser Richter lassen zu enthaupten.

Derweill, wie gehört, der Kuczuk Passa sich zu vntterschiedligen mall kegen die vornembste Landtherrn, wie auch kegen den Fürsten selbst sehr unfreundtlich vndt tyrannisch erzeigete, vorauss aber alss er durch den Olai Beg von Jenneö seinen Herrn Praefecto, Herrn Gilany seinen eigenen schwager vndt Hopmester einen den thodt liess dreien, entschlosse der Fürst die schwere gedanken zu entschlagen, sich eine Zeit auff seine güter zu begeben, wie er denn auch eines tages sich sampt der Fürstin vndt seiner hoffgesindt ihn sein schloss Eppeschdorf eine Meill vor der Stadt gelegen begabe.

Der Fürst relaset auf Eperschdorf, welches dem Passa grosses Unmuht vndt forcht machet.

Alss nun der Passa dess Fürsten abzuch, davon er nicht gewusst hatte, vernommen, sahe zu vorauss, dass nach dem abzuch dess Fürsten der Soldaten weiber alle ihre Sachen auf dem rücken tragendt, auch fort Maschireten, fielen ihm mancherlei Gedanken ein, vndt wurde gantz bestürtzet, nicht anders vermeinendt, ess mögte der Fürst ihn seiner Vngeduldt gar auss dem landt begeben vndt sich an den römischen Kaysser schlagen, dadurch denn er sampt seinen Officieren Aga vndt Begen vom grossmächtigen Kaysser gewiss den verdienten lohn würde haben, schicket derowegen auss antrieb seines bössen gewissen, von stundt an den Olai Beg von Jenneö dem Fürsten auf dem Fuss nachzufragen, worinnen er denn so hart wider ihn gesündiget hatte, dass er von ihm gezogen, vndt was er daraus schliessen soll; alss sich der Fürst aber entschuldigte, er hette Vrsach solcher reisse vndt stünde ihm etwass zu verrichten, ess hat sich aber der Olai Beg auf befehl des Passa nicht wollen stillen lassen, biss ihm der Fürst gewisslich versprochen, auff den dritten Tag widerumb auff Schesspurg zu kommen, wie denn auch geschahe. vntter dieser Zeit aber dess Fürsten abziehen kam Zeitung, dass ein

Der Olai Beg wirdt vom Passa zum F. Apafi geschickt zu erforschen wass sein Vnmuht were vndt warumb er von ihm gezogen.

Kapuczi Passa mit schreiben ankame, vndt nun nicht weit von der Stadt were, drumb solte der Fürst auf das eheste zurückkommen, welches Passa ankunft wegen der Fürst zwar erfreyet, der Kuczuk aber sehr bekümmert worden, welches bei demselben nichts anders, alss sein büsses gewissen vervrsachte vndt were die Verrichtung selbiger Legation diesse, dass weillen der Kuczuk Passa den Fürsten Apafi offt bei dem Fö Veszesen vndt Ali Passa angeklaget hatte, alss dass er ihn einsammlung vndt sendung dess Tributs gantz nicht liesse

Ein Kapuczi Passa kommet Legation weise inss landt. gelegen sein, vndt allezeit mit widrigen vndt fremden gedancken vmbgiengen, vndt zu dem sehr verdächtig wurde gehalten, dass er ess mit den Keysserischen praesdiariis hielte. Alss hatte der Fö Veszer solches alles ihn der Wahrheit zu erforschen, diesen seinen angenehmen Diener abgesandt gehabt sein Schreiben dem Fürsten selbst abzugeben, welches inhalt diesser gewesen:

Dess Fö Veszers schreibens's Copey an den Fürsten Apafi. Glorwirdigster aller Fürsten, so den Messiam ehren, Michael Apafi. Ob mir schon in verlauffener Zeit von dir etlige schreiben entpfangen, vndt nicht wenig Wunder getragen, dass du in derselben keinem, deines schuldigen Tributs nicht mit einem Wort gedenkest, derweill aber gleichwoll der Termin allgemach herbei nahet. Alss sollest du doch bei Vermeidung dess grossmechtigen Keyssers Vngnadt den Tribut auff dass eheste vbermachen lassen, ihm pfall du ess thun mögts, wirstu erfahren, dass du ein weisses vndt kein beflecktes angesicht haben vndt dess M. K. Gnadt gewärtig sein, gehabe dich wohl.

Alss derowegen den 22. April dess Fö Veszeren schreiben verlesen worden, wurde vor gut angesehn, den abgesannten Kapuczi *Der Kapuczi Passa wirdt Cibinium den Tribut zu beschawen geführt.* Passa ihn die Hermanstatt lassen zu führen, zu zeigen, dass dass meiste des Tributs beisammen sei, welcher den 26. selbigen Monats dahin verreisset, vnter andern hatte er auch ein mündliches befehl, dass auf gebot des Fö Veszers, von dess Ali Passa ausszuchs fört, alle die Verhaltungen der Türken solten erforscht, vndt per inquisitionem beschrieben vndt dem Fö Veszeren zugeschicket werden.

2 Regenbogen bei klarem wetter gesehen worden. Die 28. Aprilis erzeigen sich in der Frühestundt bei klarem heiterm Wetter vndt sonnenschein, zwei Regenbogen solcher gestalt)(mit den Rücken zusammenstossendt, vndt fallen mancherlei Judicia darauff.

1663.

Diesser Tag kompt abermall ein Türkischer Aga von Wardein an, mit des Ali Passa schreiben, auff den Kuczuk zu inquiriren, ob es wahr sei, dass er das landt hart bebürdet hette; alss der Kuczuk solches vernohmen, hat er allen schaden, so er gethan, zu zahlen versprochen, vndt wenn künftig von seinem Volck etwa muhtwillen gespüret wurde, solte man Hand an sie legen, vndt die man nicht bezwingen küntte erschiessen. Diessen Tag kompt auch der Janczo Janos von der Port mit ebenmässigem schreiben an, auff welche der Kuczuk zumall erschräcket worden. *Ein Aga kompt von der Port an auff des Kuczuk Verhaltungen zu inquiriren.* Alss der Kuczuk derowegen seines vbelln Verhaltens dess Fö Veszers grosse Vngnadt vermärkete, schicket er Die 4 May seiner Aga, einen mit ein pfun Türken auff Temesvar einen ihn bei dem Ali Passa zu entschuldigen, bliebe aber derselbe hundt wie er war.

Vmb diese Zeit a Prima May usque ad 12 hielten die Türcken bei vnss zu Schesspurg ihre Bachinalia vndt Fastnacht Affenspiel durch die ganze Stadt, vorauss auf dem Marck, allwo der Passa mit villen Vnkosten mancherlei freyden Spill anrichten liess, welche zu sehn sehr denkwürdig gewesen, zuvorauss dasjenige, so er ihn auffsetzung 4 sehr hoher Eichener bäumen, den hohen Marck liess er dechern gleich zurichten vndt mit schönen seidenen Tüchern vndt Tapezierern oben einem Himmel gleich verdecken, darunter einen Schöckel von Seillern vndt stricken aufgerichtet war, in welcher *Der Passa lässt die Fastnacht sollenniter halten vndt vill freudenspill anstellen vndt den Türken 6000 Duchaten austheilen.* sich, wass beherzte Türcken waren, von 5 vndt offt 8 starker Türcken hübsche kleinnöhter, so oben auffhingen zu erlangen, werffen liessen, vndt welcher, mit gefahr seines lebens mit den Füssen den Himmel erlangen, die kleiunöhter selbst abzunehmen, dass glück hatte, bekam seiner erwogenheit einen hübschen Iohn vndt wurde mit Trometen vndt Paucken freudt geblasen, solches glöckt aber nicht ihrer willen. Bei der Nacht hielten sie grosse gastereien, gingen vermummt vndt verstalt mit mancherlei Spillen in allen gassen herumb, dergleichen zu Schesspurg von niemanden iemalss war gesehen worden, in Summa, ess war vill zu sehen, so denckwirdig vndt zu verwundern war, vndt nicht möglich alles zu beschreiben, dabei zu wissen, dass der 9. tag May vber ernanntes Fest den Türcken ihngemein 6000 Duckaten aufgetheilet worden, vndt freydt darüber geschossen. Alss derowegen, wie oben gehört, der inss landt geschickte Kapuczi Passa seine Legation vndt befehl so weit geendiget hatte, vndt der

Durch den Daczo Janos wirdt der Tribut Albam Graecum geschickt. gebührende Tribut beisammen gebracht wurde, ward der Daczo Janos mit demjenigen zum Fö Veszer auff Griechesch Weyssenburg geschickt, auff befehl dess Keyssers, wie es damit weiter ergangen, wirdt vntten gemeldet werden.

Nachdem nun ernanter Kuczuk Passa sich mit seinem kriegsvolk mit der Stadt vndt dess Stuhls sehr merkligem schaden ausgewintert hätte, beginten seine Türcken mit aussreiten vntter dem Armuth hin vndt wider ihm Stull vndt Zeckellandt, grossen muhtwillen zu vben, sintemall sie mitlerzeit von vnssern Vugern ihre tückische weisse, vndt andern dergleichen liederlige Verübungen zimligermassen nachgelernet hatten, dass sie endtlich fast ihn allen Heussern vndt Dörfern grosse gewalt theten, vndt sowoll Eheweiber, *Die Türcken thun his vndt wider grossen schaden vndt üben an den weibsbildern gewaldt.* wie auch Jungfrawen zu nothzüchtigen sich nicht schäueten, alss aber auch vnsserer liederliger weiber etlige der Türcken böse begürden vndt hurische vnzüchtige gemühter erfuhren, liefen denselben dergleichen leichtfertige Huren so woll eheweiber wie auch Jungfern, nicht nur ihn der Stadt, sondern auch auss fremden Städten vndt Dörfern ville zu, welche sich verkleidet bei ihnen hielten, vndt alss ihre Kepssweiber Vntterhaltung von ihnen hatten, alss aber endtlich Ihr F. G. sampt seiner Landtherrn, wie auch Ein Ehrsamer W. raht sahe, dass das Vbel zu gross wolte werden, vnd der Weiber zulaufl *Es lauffen den Türcken vill vnzüchtige weiber zu werden ihrer vill mit ruthen auss der Stadt geschlagen.* sich von tag zu tag je lenger je mehr mehrete, ward der Kuczuk Passa drumb ersucht, vndt ihm gedrohet, dass wofern er der Türcken Muhtwillen vndt tägliche Hurerei nicht würde wehren, vndt die zugelauffene vnzüchtige Huren nicht aufsuchen vndt straffen lassen wolte, dass landt alssobaldt dem grossmächtigen Keysser solches alles zuschreiben vndt wissen lassen, welches aber zu verhütten, bewilligte der Passa gedachtem Vbel zu wehren, vndt alle Huren, bei welchem Türcken sie auch gefunden würden aufzusuchen, vndt nach Verdienst zu strafen, welches denn auch geschahe, da denn eine zimlige anzahl auff dem öffentlichen Markt eines theills in Türckischen, wie auch in ihren Kleidern gestellet, vndt mit dem Züchtiger gut abgestrichen vndt an langen Stricken an einander gebunden auss der Stadt gewisen worden, den Türcken nicht zum geringen Spott vndt widerdruss, derer vill aus lieb nachlieffen, versteckten vndt ihn

Mannskleidern vermummt mit sich ihn Türckei führeten, vntter welcher etliche Croner weiber, wie auch eines wohlhabenden Hermansteder Schneiders Eheweib Catharina Matthiae Balbirers Togter. Alss demnach den Türcken ihre Hurerei nicht nach ihren Willen kunte vorgehn, streiffeten sie auf den Dörfern herumb, vndt welches weib sich mit guttem Willen an sie nicht ergeben wollte, brachten sie mit gewaldt dazu. Alss endtlig der Türcken muhtwillges Verüben zu vill wollte werden, wurden der Sühenbürger gemühter dermassen erhitzet, dass sie zwar (weill sie dazu zu schwach waren) nickt gewaltsamer weiss, sondern ein jeder für sich, nachdem es einem jeden begegnet, sich an den Türcken zu rechnen vntterstehen dürften, will ich dem günstigen Leser ein öffentliges vndt ihn der Wahrheit erlauffenes Exempel vndt Beispiel vorstellen.

Vill Sühenbürgische weiber, Sachsische, Vagrische vndt Walachische, wie auch Zigeunerinnen sieben mit den Türcken ause dem landt.

Alss auff eine Zeit etliche Türcken nach gewohnheit aussgeritten, vndt sich ihn Udvarhelyer Stull ligenden zecklischen Dorff Gagy genannt, so der Herr Palfischen Familiae zugehörig, niedergelassen, vndt einlosiret hatten, ist einer nicht der geringste zum Dorffs Richter, Dersi Junos mit nahmen eingekehret, alss derjenige sich ihn vnzüchtiger lieb kegen desselben Junges Eheweib entzündet, aber wegen des Mannes praesens nichts verbringen kunte, suchte er Vrsach, den Mann inss Dorff, umb essen vndt proviant zu schicken, alss aber derjenige sein böses Vornehmen, wie auch eine zimlige inclinirung dess weibes hurische Begierden, vermerkete, vndt auff dess Türcken befehl nicht alssobaldt abtretten wollte, jaget er ihn endtlig mit schlagen vndt Drohen inss Dorf; alss der Paur nun hinging, kehret er in aller eill (ihm nichts guttes ahnend) zurück, mitlerweill hatte der Türck des Richters weib zu seinem willen bracht, vndt mit derselben (so ess auch nicht vnwillig gethan) desjenigen Spill, welches man ihngemein auch Jenset der Donaw pfleget zu spillen, gepflogen. Alss sie aber in ihrem vnzüchtigen werck sein, kompt der Mann, den Türcken ihn frischer that vndt schandt sein vntreyes weib findend, nimmt seinen Paurenspiess, so er bei sich getragen, vndt stosset ihn seinem groben Verstandt vndt Natürligen eiwer, den Türcken sampt seinem weib auf einander ihn einem stoss durch vndt durch, dass heisst die birn schütteln vndt mit kolben laussen, welcher todt künftig, alss ess ruchbar worden,

Ein zecklisch weib wirdt vom ehemann mit einem Türcken ihm ehebruch ertapfet vndt vom ihm alle beide mit einem Spiess durchlauffen.

dermassen vngestraft blieben, dass die Türcken vor grossen schanden auch solcher that niemahlen gedacht haben.

Circa finem Mensis April. Schreibet der Haller Gabor von Temesvar, wie zwar allem ansehn nach, ess sich angelassen, alss wenn zwischen dem Römischen vndt Türckischen Keyssern bestendiger Friede geschlossen, vndt der Krieg ihn Dalmatien vndt auff die Venetianer vorgenohmen sollte werden, derweill aber alle Kriegsrüstungen von Temesvar auff Griechisch Weyssenburg zu genohmen vndt dass Volck vber die brücken, 'so auff den Saufluss geschlossen, *Der Herr Haller Gabor schreibt dem F. Apafi vom Türckischen Kriegszuch.* Marschirete, zu dem der Ali Passa mit 70000 Mann vndt 130 Stücken auff Buda zu ziehen vndt sich Ihm Junio sampt den andern Türckischen Armeen vndt den Fö Veszeren alda zu versammeln willens were, kunte er schliessen, dass der Krieg auff den Römischen K. vndt Vngerlandt angesehn were.

Vnter dieser Zeit zu ende dess Mai langete der Sübenbürgische abgesandte Daczo Janos mit einem theill dess Tributts zu Temesvar an, so sehr prächtig vom Ali Passa eingehollt, dess andern tages zur Audienz gelassen vndt mit einem Seidenen kleidt begabet worden. Alss aber der Ali Passa die Summam des Tributs erforschet, vndt ihm vom Daczo geantwortet worden, das weillen der Wardeiner Passa wider den Accord ein grosses stück landes Sübenbürgen entzogen vndt darzu der römische Keysser auch ein grosses theill dess *Daczo Janoi langet mit 50000 Tallern bei dem Ali Passa zu Temesvar vndt wie ihm damit ergangen.* landes inne hette, waren auff diessmall vom Fürsten nicht mehr alss 50000 Taller kennen geschickt werden, auff welche antwort der Ali Passa sich zimlig holdselig erklaret, vndt den Herrn Daczo ihn sein angeordtnetes Gwartier zu ziehen befohlen, mit Verheiss, ihn dess andern tages von sich zu lassen, den gedachten Tribut dem Gross-Veszur selbst abzulegen, welcher denn mit grossen freiden seinen abschiedt genohmen, welcher gestallt ihn der Herr Haller Gabor so schon 2 Monat lang bei dem Ali Passa vnter dem schein seiner Legation auff der Beeren haut gelegen, grosse Hoffnung gemacht, baldt nach Hauss gelassen zu werden. Alss aber dess andern tages die beiden Herrn Abgesandten zum Ali Passa beruffen wurden, erfuhren sie vill ein anderes, vndt dass derselbe nicht so fröhlig gesinnet war, wie des vorigen tages, vndt der Haller Gabor mit verkehrten gesicht gefraget, warumb der Fürst nicht den gantzen

Tribut geschicket hette, oder aber dem die Türcken vndt Tattern abermall zu seinem Verderben inss landt reittzen wolte, Herr Haller sich entschuldiget, dass weill er um 2 Monat nicht ihm landt gewessen, wüste er nicht, wie ess zugegangen sei. Alss er aber nachdem vom Daczo die Vrsach erforschet, hatte er die oben erzehlte Hinderniss vndt Vrsache vorbracht, auff welches der Passa dermassen ergrimmet, dass er ihn baldt hatte ihn Arrest nehmen vndt ihn eissen (so schon zukegen gewesen) schlagen lassen, doch aber endtlig, so vill mit bitt erlanget, dass ihm zugelassen sein soll, dem Fürsten vor allem botschaft zu thun, vndt damit er das hinterstellige zu schicken eillen solte.

Alss fertigte derowegen der Ali Passa selbst den Czepregi Mihaly neben beider abgesannten brieffen sampt einem Aga ihn Sübenbürgen vndt schriebe dem Fürsten Apafi selbst folgenderweiss:

Aller Christligen Fürsten glorwürdigster Michael Apafi: wass für eine schandt du meinem angesicht, der ich dich für meinen Allermächtigsten Keysser als meinen Sohn mit villen Worten recommendiret hab, zugericht hast, derweill du den gantzen Tribut nicht geschickt hast, kanst du selbst ermessen. Haben denn die Sübenbürger dess jemmerligen Mordens vndt brennens, so sie die verlauffene Jahre her ihnen selbst verursachet, ganz in Vergess gestellet, ja ich möchte nur gern wissen, ob sie der Türcken vndt Tattern Menge abermall gern im lande seben wolten, solches demnach angesehn, wolt ihr in Frieden leben vndt solchem Vnheill vndt Übel bevor kommen, so schicket den hinterstelligen Tribut sobaldt ihr werdet kennen, vndt wenn ietzunder solcher Verzuch nicht geschehen wäre, so hättet ihr auf meine Vorbit, bei dem grossmechtigen Keysser alles nach der Abgesannten begehren, erhalten kennen.

Czepregi Mihaly langet sampt einem Aga vom Ali Passa mit schreiben an.

Alss derowegen nach des Czepregy Mihaly vndt bei ihm habenden Aga ankunfft der F. Apafi dess Ali Passa grosse Vngnadt, vndt dass alle entschuldigungen nichts gegolten, vernohmen, ist er nicht wenig darüber erschrecket, vndt mit raht der Landtherrn alssbaldt getrachtet, wie dem Vnheil würde beizukommen sein, haben endtlig erfunden, dass kein anderes Mittel sein kunte, alss dass auf das schneleste entweder von den Inwohnern dess landes, oder aber von Fremden alss Griechen vndt Türcken, so den Saltzhandel führeten,

Der Fürst Apafi entlehnet von Türken vndt Griechen geldt auf solts den Tribut complet zu machen.

geldt entlehnet möge werden, vndt damit ess desto eher geschehen möge, solte hundert stück saltzes, so vmb 30 Imper. verkaufft worden, nur vmb 25 gegeben werden, auff welches aubietten denn sich von stundt an Türcken funden, so innerhalb 3 Wochen die mangelnde Summam erlegeten, vndt durch gewisse treye leut nach Griechisch weyssenburg geschickt wurde, kunte aber dem Fö Veszer, weill er schon von dannen aufgebrochen war, nicht abgeleget werden, sintemall derjenige schon auff Buda gezogen war.

Nachdem nun der Kuczuk Passa in seinem Winterqvartir genuchsamer weiss bereichert vndt nun ausgewintert hatte, begehret er zu seinem auffbruch von der Stadt Schesspurg eine grosse Summam wagen, vber welche bottschaft die arme Stadtleut nicht wenig erfreyet wurden, wie denn die wagen von stundt an angeordtnet wurden, vndt am H. Pfingstsonnabendt eines theilss erschienen, welche auch am H. Pfingsttag woll beladen mit einer gutten anzahl Türcken verreisseten vndt sich vmb Holdvilagh vndt Eppeschdorf lagerten. Derweill aber auff des Kuczuk Passa ration nicht genuchssam wagen vorhanden waren, müste er bis Montag beharren, welchen tag er sampt aller Türcken schaar auch mit frolockung der Stadtleut auffbrach, vndt sich bei Eppeschdorf zu den andern legerte, vndt kunte recht gesungen werden; das war der Tag, den der Herr macht, lasst vns freyen vndt frolig darinnen sein.

Alss der Kuczuk Passa 3 wochen bei Eppesdorff im feldt zubracht hatte, rücket er mit seinen Völckern bei Kocsard, Datos vndt Gerendt, mitlerweill kommt ein Kappuczi Passa an, der meinung, die Türcken auss dem landt zu führen, weill aber gleich Post kommen, dass der beider Walachischer länder Waiden, sampt einer grossen schaar Tattern, durch das landt ihren anzuch nehmen würden, ist der Kuczuk Passa auch von dannen aufgebrochen, vndt sich ausserhalb Weyssenbung neben den Möresch fluss gelagert, dannenher ihm ein zinliger Hauffen asiatische Türcken, so des langen still liegen ermüdet waren, auff Temesvar zu entronnen, weill aber F. G. gleich dazumahlen dem Kuczuk Passa von Radnothen biss auff Weyssenburg nachkommen, hat der Kuczuk denselben vmb Gotteswillen gebeten, damit er doch zu auffhaltung der entronuenen Türcken alle Pass auf das geschwindeste verhüttet mögen werden, vndt wo möglich, damit die- *er 3 Wochen still* jenigen alle nider gemacht mögen werden, welcher *bleibt.* Hab vndt gut er denjenigen, so sie erlegen würden gern vndt gutwillig vberlassen wolte. Diesse bit wolte ihm der Fürst nicht abschlagen, vndt liess dergestalt die flüchtige Türcken auff zu halten vndt zu erschlagen dem landtvolck auffgebieten, welche sich gleichsam sehr williger, alss begehret worden, einstelleten, ihnen in den engen Pässen woll geschickt auff den Dienst warteten, vndt ob sich die Türcken auch tapfer wehreten, doch das meiste theill erschlagen wurden, dadurch die Landtvölcker stattlige beutten vnttereinander theilleten, welches wegen sich der Kuczuk kegen den Fürsten höchlig bedanckte, solche dess Kuczuk bitten vndt *Dem Kuczuk* anstiflen gerieht ihm aber zu grossem vndt merkligem *Passa entrinnen* schaden, denn weill die Landtvölcker wider die heiflig *200 Türcken,* durchgehende Türcken schon einmall angeführet wor- *fehl dess Fürsten* den, war demnach kein auffhalten bei ihnen, wie woll *geburg erschla-* der Fürst ihnen still zu sein oft gebotten, sondern wenn *gen werden.* ihnen eine Schaar Türcken, ess sei wo ess woll, vorkommen, schlugen sie dieselben der guten beut wegen zu thodt, dadurch der Kuczuk bei dem Fürsten vill Klagens hatte, warumb die keysserlige Völcker so feyndtlig erschlagen würden, dem der Fürst zur antwort gab, er habe dass Landtvolck solches zu thun selbst anführen lassen, vndt nun schwer auffzuhalten sei.

Derweill nun vntter diesser Zeit der Oben bestimpte Kapuczi Passa bei dem Kuczuk Passa angelanget war, liess ers dem Fürsten ankündigen, welcher nach würdigkeit auff Weyssenburg eingeholet wurde, darauff der Fürst alle seine raht ihn eill beruffen liess, so auch, (ausserhalb dem kantzler Herrn Betthlen Janos, Banffi Sigmundt vndt Keresztessi Ferenz, so krankheit wegen *Ein kapuczi Pas-* aussblieben) erschieneten, nach welcher ankunfft dem *sa, Abdi Aga* Kapuczi Passa audienz gegeben wurde, so dem Fürsten *bey dem Fürsten* von seinem Keysser vndt Fö Veszeren 2 zirlige Kafftanen *Apafi mit schrei-* sampt 2 briffen vberantworte, welcher ihnhalt dieser *ben an.* war, dass der Türckische Keysser samt dem Fö Veszeren, gebietten liessen, damit der Fürst von stundt an sampt dem gantzen Adell vndt allen Landtvölckern ihn voller Krigsrüstung auff ein *Der Fö Vezzer* ohrt besamelln sollte, vndt wenn er weiter befehl haben *begehret den* würde, sich bei ihm an seinem ohrt ihm feldt ein- *sampt dem Adell* vndt landtvolck stellen sollte, vndt ihm pfall er solches thun würde, so sich ins läger. solte er künftig glückseliger werden, alss alle seine Vorfahren, so der Ottomanischen Port getrey gewesen weren.

Pro 2do damit der Tribut zur rechter Zeit adminittriret möge werden, Pro 3tio dass auf ferneres begehren, sein auffbruch geschehen wurde, solte der Kuczuk Mehemet Passa sein gefehrde vndt führer sein, vndt biss zu seinem lager begleiten. Da nun die Schreiben vom Fürsten angehöret wurden, vndt zwar nicht mit weniger bestürtzung, hatte er vill schwere gedanken darüber. Erstlig sahe der Fürst solche Vngelegenheit, dass der Gross Veszier ihn allem pfall das widerspill thete, vndt ihm denjenigen zum Gubernator vndt begleiter gesetzet, welchem er offt den thodt gedrohet hett. Zum andern kunte ihm der Fürst nicht einbilden, warumb ihm bei so einheimischer Vnruhe mit allem landtvolck inss Feldt zu ziehen gebotten worden, vndt welches ihm auch im schmerzlichsten sein würde, dass er mit den Türcken wider Christen zu feldt ziehen sollte, auch vermehret vntter andern in seiner furcht weill die beide Herr Haller Gabor vndt Daczo Janos abgesante Herr Haller Gabor vndt Daczo Janos, auffs treyligste dem F. geschrieben vndt gerahten, dass er bey leib des landes macht nicht ausführen solte vndt villmehr trachten, wie er sich mit schreiben von solchem Zuch entschuldigen kenne vndt den Kappuczi Passa darzu mit geldt erkauffen, ihnen in der sachen Hilf zu thun, wofern ess aber nicht anginge, solte er mit etligen wenigen vom Adell vndt mittelmässigem geleit nicht alss zum krieg sondern nur seinen gehorsam zu erweisen, dem gebot nachkommen vnt fortziehen; nachdem sich der Fürst dergestalt mit seinen rahten von der sach berahten liess er dem Grossmechtigen Keysser vndt zugleich dem Grussverzier folgender weiss schreiben, dass weillen der grossmechtige Keysser ihm ernstlig gebotten, sich, wenn nun künftig geschrieben würde, mit allem Adell vndt Landesvolck bei ihm in Feldt einzustellen, vndt den hinterstelligen Tribut zu seiner Zeit einzuliessern, belangendt vors erste denselben, wendete er ihn dessjenigen Der Fürst Apafi entschuldigt sich bei dem Vezierer schriftlich. anbringens allen ernst vndt möglichen fleiss an, hätte aber bis dato sehr wenig beisammen bringen kennen, Ursache wäre seines eigenen schatzes mangel, wie auch die grosse Armut, ihn welches dass Landtvolck wegen dess villen kriges Volck, so ihm lande gelegen, gerahten sei, zu dem hette er

auch den Jährigen Tribut von den fremden Nationen, so ihm lande Söbenbürgen handelten, entlehnen müssen, so auch noch zu bezahlen stände, doch wolte er täglich dran sein, damit er bis zur gewöhnlichen Zeit alles bei dem grossmächtigen Keysser richtig möge machen, was aber vor dass andere seiner Fürstl. perschon, Adelleut, sampt des gantzen landes macht einstellung bei dem grossmachtigen Keysser betreffe, da sei fern davon, dass er des Grossmächtigen Keyssers Gebot solte widerstreben, sintemall er ja wüste, dass er sammt dem gantzen landt ihn seinen Henden, macht vndt gewaldt wäre, sondern wollte alle Stunden fertig vndt geschickt sein, wenn weiteres gebot keme, sich bei dem grossmechtigen K., wenn ess auch nur mit 10 oder 20 Dienern sein solte, einzustellen, dass es aber mit dem gantzen Adel vndt landes macht sein künte, ersehe er grosse Vnmöglichkeit, sintemall dess Teutschen K. besatzung noch ihn dess landes etligen Vestungen, vorauss ihn Claussenburg, so nur eine Tagreiss von ihm were, liegeten, welche ihn dem des landes macht verreisset were, mögten sie mit aussstreifen ihn dess grossmechtigen K. Vntterthanen grossen schaden thun, vndt auch vielleicht Dess Fürsten entdurch mehre Hilf die vnbesetzte Statt vndt Schlösser schuldigung continuation. vntter sich bringen, vndt dergestalt dess M. K. landt
ihn fremde Hände kommen, welche schuldt nachdem mir allein würde zugemessen werden. Diese alhie erzehlte rationes neben andern dess landes beschwernüssen vndt motiven, hat der Fürst zugleich vorgewendet vndt nachdem er den Abdi Aga, vndt Kappuczi Passa, woll begabet, neben Vebergebung dess schreiben, demütigkligen gebetten, bei dem Gr. Veszier neben ihm Vmerlassung begehrten reisse anzuhalten, welches er zugesagt, hat darneben auch dem Herrn Haller Gabor vndt Daczo Janos, ebenermassen ihren beystandt zu thun, geschriben.

Nach abreissung dess Abdi Aga, oder Kappuczi Passa, zweiffelte der Fürst doch, ob er sich mit seiner entschuldigung solches zuchs würde enteussern können, vndt hatte ville schwere gedancken, liess demnach ein allgemeinen Feldtzuch aussgebieten, dass Der Abdi Aga der gantze Adell sampt allen standen fertig halten solte ziehet mit dem schreiben zum Fö dass wenn ess erfordert würde, mit genuchsamer Vesseren. Zugehör parat sein mögen, etligen grossen Landtherrn aber vndt Adelleutten gebote er absonderlig sich fertig zu halten, damit sie innerhalb 10 tagen mit ihm zum gross Veszeren auff Vngern inss

Der F. Apafi gebietet dem Landt Volck inss feldt zu ziehen, dem Adell aber mit ihm zum F$ Veszeren zereissen welche ihm grosses schrecken fallen.

Feldtlager ziehen mögen, dass Landtvolck zwar thete dem Gebot, obschon etwas langsam vndt vnwillig eingiengen, die Adelleut aber den zum Veszer zu ziehen geboten worden, erstürben dermassen, dass sich einer hie der andere dort Kranckheit wegen mit zu ziehen entschuldigten, etlige aber schrieben dem Fürsten frei zu, dass sie ehe lieber sterben wolten vndt Haab vndt gut verliehren, alss aus ihrem Vatterlandt ziehen vndt wider die Christenheit kriegen.

Vnter diesser Zeit schlagen die Türcken den Deescher Jahrmarck vnversehens auff vndt bringen grosse beuten davon, welcher *Derscher werden aufgeschlagen.* die Claussenburger vndt Szamos Ujvarer Keysserische teutsche Völcker auffpassen, erschlagen vndt den raub abjagen.

Alss der Fürst, wie oben gemeldt, wegen seines Feldtzuchs ihn villen schweren gedancken stunde, kompt Ihm Julio post, wie der Walachische Waida Georgius Gika mit 6 taussent reutern vndt 600 Fussknechten ihm anzuch were, vndt durch das landt zu ziehen schon ihn der Busaw angelanget were, von welchem dann dem Fürsten eben ihn der stunde schreiben kommen, solches inhalts, dass ihm vom gross Veszer gebotten sei, er solte nicht warten, biss dess Tatter Chams sohn mit dem Moldawer Fürsten anlangete, sintemall sie ihm auf dem Fuss nachfolgeten auch durch Sübenbürgen zu ziehen, sondern sollte sich ihn aller eill vber dass Sübenbürger gebirge, auff Buda, begeben, vndt sich mit ihm conjungiren, darob er ihm selber vill gedancken machte, was die Vrsach sein möge vndt zu mehrem glauben, schicket er ihm dess gross Veszeren schreibens abschrifft mit; vber dieses schreiben erstürbe der Fürst zumahl, vndt schickete den Herrn Budai Peter Deak dem *Walachischer Georgius Gika Vaida ziehet durch das landt, der Budai Peter wird ihm entkegen geschickt.* Waida entkegen, zu erforschen, wass doch die Türken mit diessem Krieg ihm willen hetten, vndt was sonst mehr vorfallen mögte, welchen der Herr Budai noch Janset dem gebürge antraff, vndt dass, so ihm befohlen war, aussrichte. Nachdem sich nun der Budai Petter mit dem Waida eine gutte weill besprachet hatte, führet er ihn in ein absonderliges Zelt, vndt nahm einen starcken eydt von ihm, dass er dass, wass er ihm auffenbahren würde, ausserhalb dem Fürsten Herrn Bethlen Janos keinem menschen auffenbahren wolle, nach gethanem Eydt liess er erstlig dem Fürsten seinen gruss vermelden, vndt wissen, dass ihm von seinem Herrn Vatter so ihn Constantinopel geissell vor ihn were, heimlig zu wissen gethan were, dass die Türeken zu dem ende, den Fürsten sampt dem Adell vndt Landtvolck, bei ihnen wissen wolten damit sie irgendt an die Spitze gestellet vndt vmbkommen mögen, oder aber damit sie vnversehens vmbringet vndt alle nidergehawen möge werden, vndt das landt Sübenbürgen desto gefüglicher besitzen mögen, wass aber den Türckischen Krieg belange derselbe ging wider den teutschen K. derentwegen liess er ihn vmb Gotteswillen bitten, sich dem Türcken nicht zu vertrawen, vill weniger mit dem Adell vndt dem Landtvolck auss dem Landt zu ziehen, damit dergestalt nicht Moldaw vndt Walachei, alss Christene mit Sübenbürgen inss ewige Verderben gerahten möge, drumb solte er ihm eine Krankheit erdichten oder sich von solcher reisen zu befreien andere listen erdencken, ihm pfall er aber solchen seinem treyen raht vndt warnung nicht bei sich geheim halten würde, wäre ess auch vmb ihn geschehen. Alss nun der Herr Budai zum Fürsten angelanget, vndt dass, was ihm zu vermelden anbefohlen, dem Fürsten erzehlet, kann der günstige leser schliessen, wie dem G. Herrn zu muht gewessen sei.

 Vntter diesem Verlauf kommen 5000 Keysserische teutsche Völcker bei Tokay auff dem Harangdj Meszö vntter dem General Sussa an, zu welchen auss Szakmar 18 Cornet reuter stossen, vndt sich mit ihm conjungiren; mitlerweill kompt der Palatinus Veszely Ferenz, sampt etligen Jesuviten bey Caschau an, will ein teutsches praesidium ihn die Statt legen, richt aber nichts auss; vndt ehe solches solte geschehen, wolten sie lieber dem Türcken huldigen. Dem Szereny aber war der Monte Cuculi vndt Sternberger zugegeben, so längst die Donaw lagen.

 Die 10 July Schreibet der Herr Haller Gabor von Temesvar, dass die Tatter sampt den beiden Waiden durch Sübenbürgen ziehen werden, vndt im pfall vntter der Zeit zwischen den beiden Keyssern der fride geschlossen mögte werden, wie die Hofnung were, so solten sie auch im Zurückziehen durch dass landt ihren zuch haben, drumb solte man sorgen, denn alss denn grosses rabbelen vndt rauben geschehen möge.

1663.

Alss nun der Valachische Waida Georgius Dika durch die Busaw her durch kommen war, schickten die Croner Herrn Schreiben, dass er seinen Völckern nicht schaden zu thun, befehl thun *Die Croner schicken bohles sem Dika Waida.* sollte, im pfall er aber das thun würde, wie auch zuvor von ihm geschehen, wolten sie jedermann aufgebieten, vndt sein Volck vor die Hundt halten lassen, schicketen dem Waida aber gleichwoll viellen Meht, branntwein vndt pfefferkuchen mit.

Vntter so villen Drangsallen vndt ellendt, so dem Fürsten Apafi zu stiess, vergass der Kuczuk Passa doch nicht solches landt zu vermehren, vndt drengete den Fürsten mit stetem schreiben vndt vermahnen, damit er ihn aller eill, die Landtstände sampt dem Adell zum Feldzuch versammeln solte, sintemall dess Tatter Chams sohn allbereit mit fünfzig 1000 mann ausserlesenes Volk vndt 40 stücken Claussenburg einzunehmen ihm anzuch were, welchen die beyde Walachische Fürsten mit vierzig taussent Mann auff das eheste folgen würden, welches doch eine augenscheinlich gemachte Lügen war, denn wer hat je gehört, dass die Tartern, so nur zum rauben vndt brennen daugen, stück führen solten, vndt auch nicht *Kuczuk Passa will mit einer lügen den F. Apafi erschrecken.* wissen, wie mit Statt belegerungen vmb zu gehen sei, sintemall er schon kuntschaft hatte, dass der Tattern sampt beiden Fürsten nicht über 40000 war, auch begehrte der Kuczuk Passa, dass der Fürst an keysserligen Commandanten ihn Clausenburg schreiben solt, ehe er vberfallen mögte werden, ven der Statt abzuziehen, wo er nicht ganz verderben wolte.

Sub dato 5 July. Liessen die Commandanten ihn den keys- *Keysserligen Commandanten Manifest.* serligen besatzungen Szamos Ujvar vndt Betthlen, ein Manifest ausgehen, den Fürsten Apafi vndt das landt Sübenbürgen wider den R. Keysser inss feldt zu ziehen, abzumahnen.

Alss aber mitler Zeit der R. Keysser der Türcken grossen ernst sahe, das er vntter dem schein der friedens Tractaten seine Arglistigkeit zugleich erfuhr, indem er sich mit Kriegs praepara- *R. Keysser lässet Manifesta ergehen.* torien je lenger je mehr Vngerlandt zu nahete, liess demnach alle Christlige König vndt Fürsten wider diessen Christenfeindt zu Hilf vndt beystandt ersuchen, vndt liess neben dem zugleich seine Manifesta aussgehen, vorauss aber war dass Vornembste auff Sübenbürgen gericht, dass landt wider ihn zu kriegen, ebenermassen abzumahnen.

Nachdem nun, wie oben gemeldt, der Gross Veszier wider aller Menschen meinung mit seiner Armee, so ihn zweymallhundert mann waren vber den Fluss Draw auf Essek zu marschirete vndt sich neben denselben Fluss lägerte, schicket er seiner 2 Cziaussen, den Herrn Haller Gabor von Griecbesch Weyssenburg bei ihn zu hollen, alss die Czaussen angelanget, ist er wie er selber bekannt, ihn sehr grosse furcht gerahten, nichts wissendt ob es ihm gut oder zum thodt gereichen sollte, alss er aber bei dem Veszeren ankommen, ist er alssbaldt zur Audienz gelassen worden vndt mit einem Türckischen rock verehret, welchen der Veszer bei sich niedersetzen lassen, vndt auff eine stundt mit ihm gesprech gehalten vndt ihm seine Thür offen zu halten, vndt sein freundt zu sein versprochen, vndt zugleich ihn ein darzu besteltes Gezelt, ihn gutter Hofnung von sich gelassen. Baldt darauf hat er auch Herrn Daczo Janos abhollen lassen vndt selber den Tribut, so noch stehen blieben, von ihm eingenohmen vndt vntter seiner petschaft durch seinen Tefterdar oder Schatzmeister dem G. Keysser vberschicket.

Der Fū Vesser siehet mit 200,000 man ihn Vagerlandt lässet den Haller Gabor auf Essek zu sich holen, vndt zwar mit grossem Pomp vndt gibt villes Vrtheill.

Derweill derowegen die vnverhoffte gunst vndt pompösisches einhollen, so der G. Veszier Herr Haller widerfahren lassen, bei mennigkligen grossen Verdacht macht, alss dass der F. Apafi wegen dess Kuczuk Passa villhaltige falsche angebungen bei dem G. Veszeren in Vngnadt gerahten, der Herr Haller würde an seine stat zum Fürsten eingesetzet werden, davon denn auch dess Vesziers vornembste Hoffbedienten selter geschlossen vndt gevrtheilt, ist aber doch nicht gewisses erfahren kennen werden, ihn welchem pfall ihm der Herr Haller auch selbst nicht anders eingebildet hat; alss aber nach diessem auch der Daczo Janos zum Veszeren erfodert vndt gefragt worden: ob iemandt ihn Sübenbürgen were, so dem Fürsten nach leben vndt ehre strebete oder ihm im andern pfall zu widersteben sich anmassete, darauff der Daczo geantwortet: er wüste ihn der Wahrheit niemanden, bei welchem ess der Veszier vor dassmal bleiben lassen, den Daczo Janos zurück zu seinem Fürsten reissen lassen, vndt Herrn Haller bei ihm behalten; ess ist aber nach des Daczo ankunft wegen des Vesziers gethaner Frage vom Fürsten

Darss Janos wird zuch zum Fő Vezieren geführet, welches er will fragen vergibt. vndt den Landtherrn vill gevrtheilet worden, ess haben aber der vornembster derselben ernannte fragen vill mehr auff sich genohmen, vndt eingebildet, ess mögte ihnen etligen gegolten haben vndt mit der Zeit vom Veszier nur abgehollet, gethöditet oder in ewige gefangniss geworfen werden. Alss aber ihn solchen ihren schweren gedanken dess G. Veszier schreiben gelessen worden, hat sowoll der Fürst, wie auch seine Herren, bessern muht gefasset, selbigen schreibens inhalt aber ist gewessen, wie folget:

Dem Christgläubigen Fürsten Michael Apafi vnssern freundtligen gruss.

Der hinterstellige theill dess Tributs ist vns bei nebenst deinem schreiben, vntter Essek eingebracht worden, derowegen mir denn dich loben vndt sehen, dass du ein weisses angesicht hast vndt hoffen auch du werdest hinfort ihn dieser trey beständig bleiben; deiner Residenten, sonechst zu vns abgefertiget worden, haben mir vnssern getreien Aga mit dem Tribut zum M. K. auff Adrianopel geschickt, welcher, wenn er dahin anlangen wird, so kann der ander so itzt zu Constantinopel ist, ihn Sübenbürgen hinreissen. Wir *Dess Fő Vesseren schreiben an den P. Apaf.* sein jetzt mit der Hilf Gottes, den 29. Juny dieses 1663 Jahres mit vnzehlbaren Volck vndt genüchssamer anzahl der Stück vber den Draufluss, an gewündtschten ohrt angelanget. Mein freundt, gedenk dass du meines Allergnädigsten Herrn Schutz ergebener bist, vndt vber sein Landt Sübenbürgen (so nicht ohne Vrsach vor ein sehr guttes landt zu halten ist), zu einem Fürsten eingesetzet worden, wirst nun trey vndt bestendig bleiben, so stelle dir den Fürsten Betthlen Gabor vor Augen vndt die andern Sübenbürgischen Fürsten, so der Ottomanischen Port trey gewesent sind, denn du vill grössere belohnung deiner trey empfangen solt, alss sie gehabt haben. Du must noch diess Jahr mit deiner Sübenbürgischen Armee zu dess M. K. Völkern stossen, welches denn deine trey zu beweissen sehr nothwendig ist, solst demnach deine Völker bei einander halten, fertig zu thun, wass vnss von dir befohlen wirdt werden; drumb du denn, wofern vnss Gott glück geben wirdt, von meinem grossmechtigen K. vndt mir nach deiner Tugendt Verdienst solt begabet werden, deine bitt ist allerdings billig, wenn mir diesse vnssere reisse werden nach wundsch vollendet haben, solt erfahren, dass dir alles glücklicher ablauffen wirdt, alss du selbst gewündtschet hast.

Droben ist gesagt, wie sich der Budai Peter, mit dem Dika Walachischen Waida, ihn seinem anzuch noch ausserhalb des Landes begegnet, vndt sich von ihm geschieden, derselbe nun begab sich durch Burzelandt, Fogarascher gebiet, Hermanstadt zu, dahin sich der Fürst Apafi von Weyssenburg (den Kuzuk Passa neben Müllenbach vndt Wintz ihm feldt liegendt gelassen) begehen, auss Vrsach, dass er sich mit dess Tatter Chams sohn, vndt Moldner Waida, so auch ihm anzuch waren, nicht zu begegnen, welche auch allgemach herbei naheten, vndt ob sie zwar keinen menschen nicht raubeten, doch liessen sie mit rauben vndt plündern nichts vbrig, welches zwar der Walachische Dika Waida nicht thet, vndt weit eine andere Disciplinam vntter seinem Volck hielte vndt niemanden nichts mit gewalt nahm, vndt zu dem wider verhoffen auch der saat auff dem feldt schonnte, wie er sich denn vor dem Herrn Budai offt hören lassen, dass er zwar, wider seinen willen, wider die Christenheit zihen muste, wolte er doch mit seinen Völckern niemanden schaden thun lassen, vndt wolte darzu wündschen, dass der höchste Gott den armen Christen wolte den Sieg verleihen, wenn er gleich seinen eigenen Kopf darbei lassen solt. Alss demnach sich gedachter Dika Waida eine Meill von der Hermanstadt gelagert hatte, liesse er den F. Apafi begrüssen, vndt zwei Herrn auss seinem geheimen Raht zu sich begehren, dahin Herr Petki Istvan vndt Kapi Görgy geschickt wurden, mit welchen er, nach weitläufigem Discurs, dem F. Apafi seinen Gruss vermeldend entpotschaftet hat, dass, weill er sehe, dass die Türcken so blutdürstiger weisse die gantze Christenheit zu verderben vndt vutter sich zu bringen gesinnet were, sehe er auch dess landes Sübenburgen, Walachei vndt Moldaw endtliger Vuttergang, vorauss aber auff diessmall dess F. Apafi selbsteigenes Verderben; drumb er solte von ihm ermannet vndt gebetten sein, der Hermanstadt mit nichten zu trawen, sintemall er sich befürchte, weill selbige Stadt so fest am Türcken anhinge, sie mögen ihn auf eine Zeit auff derjenigen gebot vndt begehren, ihn die Hende geben, wolte ihm demnach auch weiter rahten, damit er sich bei Zeiten vor dess Tatter Chams vndt Kuczuk Passa nachstellungen vorsehen, vndt ehe Tatter Chams sohn ankeme, vndt sich mit dem Kuczuk Passa besamlete, auss der Hermanstadt entfliehen, auff Görgeny vndt von dannen

Des 13. Juli kompt der Dika Waida ihn Burzeland bei Tortica vndt des 20. bei Fograsch zs. den 22. bei der Hermanstadt.

Der Dika Moldaner Waida begehret 2 Fürsten Raht zu ihm zu schicken, dahin Herr Petki Istvan vndt Kapi Georgy geschickt werden.

<small>Der Dika Waida gibt dem Fürsten Apafi zum Verderben wenderligen raht.</small> auff Clausenburg zu des R. K. besatzungen begeben wollen, bittendt zugleich ihm, durch diesser Raht einem seines rahts meinung zu entpotschaften. Nachdem nun der F. Apafi dess Dika Waida raht vndt entpieten von beiden Herrn Commissariis nach der lenge vernohmen, hat er nach darüber gehaltenem raht, dem Dika Waida, durch Herrn Kapi Görgy folgende resolutionen entpotschaftet, dass er sich zwar seines rahts heehlich bedankete, derweill ihm aber bewust, dass er mit wissen der Ottomanischen Port nicht im geringsten gesündiget, vndt alleweill derselben gebot, nach möglichkeit vndt gebühr gehorsamet, hette er sich nichts zu fürchten, warumb ihm aber der Waida zu solchen richte, so ihn, wenn ers thete ihn grösseres Vnglück stürzen kunte, muste er sich vber die massen verwundern, vndt zweiffeln dabei, dass er solches alles villmehr zu seinem Verderben vndt Vuttergang, alss zu seinem bleiben, gerahten hette, drumb were er vor diessmall nicht gesinnet, seines rahts zu pflegen, biss er ihm et was besseres <small>Der Dika Waida erzeuget sich der Christen freundt ist aber ihm der That ihr feindt.</small> rahten möge, alss der gestalt der Dika Waida gesehn, dass ihm sein raht vndt anschlag gefehlet, ist er doch der Hermanstadt fridlig vorbeigezogen, vndt sich vnter Müllenbach mit dem Kuczuk Passa begegnet vndt versammelt, wass sie nun weiter vor eine klocken vber den F. Apafi gegossen, mögen sie wissen, zu muthmassen ist aber gewesen, dass der Dika Waida villmehr der Christenfeindt alss freundt gewessen.

Dess driten tages, nach dess Dika Waida abzuch, kame dess Tatter Chams sohn mit zehntausendt Tattern, sampt dem Moldner Waida, so sechstausendt fussknecht vndt dreitaussendt reutter bei <small>Der Moldawer Waida hat sich schwer aus dem Landt zu ziehen bewegen lassen, weill er gefürchtet der Constandia mögte ihm ims nest sitzen.</small> ihm hatte, bei der Hermanstadt auch an, zu welchem gewisse Herrn Commissarii geschicket wurden, alda sich der Cham hören lassen, warumb ihn der Fürst Apafi alss sein Vntterthan, nicht in eigener perschon eingehollt vndt besucht hette, welcher die Commissarii entschuldiget, dass er wegen einer sehr plötzlichen Krankheit vndt leibes schwachheit vberfallen, nicht hette in eigener perschon erscheinen kennen, bei welchem ess der Cham, nachdem ihm die Herrn Commissarii die Hände mit stattlichen praesenten <small>Der Junge Tatter Cham langet bei der Hermanstadt an</small> goldt vndt silber geschmieret, bleiben lassen, vndt mit zimliger Befriedigung auf Mühlbach zu verreisset, welchem der Kuczuk Passa pompöse entkegen gezogen, vndt eingeholtet, allwo sie zwei tag lang vom Fürsten Apafi vndt dem landt tractiret, wie folgende Vmbstende aussweisen werden.

Nota. Derweill die Tatter villgeraubtes Volck vndt Viehe ihn fograscher landt bringen, stehlen die walachen bei der Nacht vill Viehe vndt treibens vbers gebürg in die walachei.

Denn am dritten tag schickten sie den Olai Beg von Gyula, so ein gutter Vnger war, ihn die Hermanstadt zum F. Apafi, welcher nach dem befehl dess Tatter Chams vndt Kuczuk den Fürsten mit sehr vngestümmem wort, so hart anredet, dass mans auch auf der gassen vndt dritten Zimmer hette hören kennen, welches inhalt diesser war:

Dess grossmächtigen Tatar Chams sohn, sampt dem Kuczuk Mehemet Passa, lassen von dir durch mich erforschen, was die Vrsach sei, dass du auff dess M. K. ernstes gebot, sampt dem Adell vndt Landtvolck, nicht zum Fö Veszeren ziehest, vndt warumb du zugleich dich ihn diesse feste vndt starcke Statt eingethan hettest, lassen dir derohalber durch mich gebieten, dass du mit mir ohne alles widersprechen mit allem Volck dich aufmachen sollest vndt ihm auff dem fuss nach ziehen, drumb gedenke, was des M. K. dess Tattar Chams sohn, vndt dess Kuczuk Passa gebots Verachtung auff sich habe, vndt daraus erfolgen möge, auff welches dess Olai Beg aussage, der erstlig nicht wenig erschrocket, aber doch, nachdem er die furcht etwas ausgeschlagen, sich folgenderweis verantwortet.

<small>Der Olai Gyalaj Beg wird vom Tatter Joogen Cham vndt dem Kuczuk Passa zum Fürsten Apafi Cibinium geschikt.</small>

Erstlig nach vermeldetem seinem Fürsten gruss solte er dem Cham anzeigen, dass, weill er ihn krankheit wegen nicht selber ihn perschon begrüssen kennen, wie ess sich gebühret hette, solte er ihm zu gut halten, belangendt aber zum andern, dass er nicht lengst mit seinen Landtvölekern auff dess M. K. gebot auffgewesen, sei die Vrsach, dass ihndem der Adell sampt dem Landtvolck, der Tattern ankunfft vernohmen, zuvoraus dass sie ihn dess M. K. landt, ohne befehl desselben raubeten vndt plünderten, hetten sie sich dass ihrichte an sichere öhrter zu verschaffen, alle zerstreiet, vndt were vnmöglich, derweill die Tatern im Landt weren, sie beysammen zu bringen, er aber solte versichert sein, ihndem sie auss dem landt ziehen würden, wollte er sich mit allen ständen mit dem Kuczuk Passa conjungiren, vndt mit ablegung der schuldigkeit ihm nachfolgen. Doch aber, ehe sein aufbruch

<small>Dem F. Apafi wird ihm Fö Veszer lager zu ziehen gebotten.</small>

21*

geschehe, wolte er dess Gross Veszer ferneres befehl, wie ihm derselbe geschrieben, erwarten. Darauff besanftmutigte der Fürst den Olai Beg mit geschenck, gab ihm seinen eigenen Currier mit, den Kuczuk Passa sowohl schriftlich, als auch mündtlig zu requiriren vndt zu bitten, ihn bei des Chams sohn hilfen entschuldigen vndt allen gefasseten verrähterischen Verdacht auss zu reden, welches Kuczuk Passa denn ihm Hofnung grosses geschenckes, wie auch zugleich der Olai Beg in praesentia dess Fürsten abgesanntens, den Fürstensohn weitläufig entschuldigte, dabei ess auch des Chams sohn bewenden liess, seine Strass auff Clausenburg vndt weiter in Vngern nahm.

Der Gyulai Olai Beg wirdt begabet.

Alss dergestalt dess Chams sohn verreisset, schicket der Kuczuk Passa dess Fürsten abgesannte wieder zurück, schrieb ihm vnter theurem Eydt, dass er des Chams sohn woll begütiget vndt gestillet hette, herkegen aber der Walachische Bika W. den Fürsten Apafi einiger Verrätherei bei dem Cham angeklagt hätte, vndt was künftig vor ein Spill daraus erfolgen mögte, würde die Zeit geben, wie er aber gleichwoll vermercket sei dess Chams Zorn nicht so sehr auf den Fürsten, wie auf den Judicem Coronensem vndt auff die Bürgerschaft der Stadt Cronen (wegen des Schimpfes so seinem Legaten widerfahren) gerichtet gewesen, vndt weill er auff Buda eillen müste, wolte er solche rach bis auf bequemere zeit aufsparen.

Kuczuk Passa schreibet dem Fürsten Apafi des Tatter Chams wegen.

Damit der günstige lesser aber auch diejenige geschichten, so mit dess Chams sohn abgesanten eingelauffen, wissen möge, sein folgender gestalt geschehen, dass, als des Chams sohn an die sübenbürgische grentzen gelanget, hat er dem Commissario Petro Budai, so ihm der Fürst mit Proviant zu versehen entkegen geschicket hatte, zween Tattern zugegeben, dess Fürsten befehl nach, die Proviant fleissig zu bestellen vndt abgefertiget, wie denn auch des Budai Peters schreiben allenthalber ihn die Stull abgelauffen, dass, nachdem Jederman dass Seine bei seit geschafft, fliehen solte, damit aber den Tattern an Speiss, dess Fürstenbefehl nach nicht mangeln möchte, vndt auss Zorn der Tattern brennen verhüttet möge werden, solte genüchsame Proviant an gewisse Leger stellen, vndt wie er jedem Stull Ordnung thun wolte, bestellet werden, derer Leger stellen biss auf den Kenyer Meszö 9 sein würden. Vnseres theils Proviant aber wurden vom Schessspurger Stull biss auff den 25. Juli

fünfftausend brodt 5000 vndt No. 5 Rinder nach St. Schenck
zuschaffen, begehret, welche Proviant auf bestimten Terminum auch
un sein Ort verschaffet wurde. Nachdem nun die angeordnete Proviant bestellt werden, hatte der Commissarius Herr Budai v. Cham,
etwas absonderliges zu verrichten, auff Cronstadt zu reissen, vndt
gemelte Statt zu begrüssen, befehl gehabt, zu welcher Verrichtung
auch zum zeichen seiner Freundtschaft, die oben bestimpte 2 Tatter
zugegeben worden. Alss aber Herr Budai, sampt den zwei Tattern
kaum in die Vorstadt gelanget, sein sie von etligen toller vndt voller
bürgern angefallen vndt einen Tatter, ehe ers versehe, von stundt
an auff stücker zerhawen, welches der Budai Peter vndt andere
Tattar geschn, sein sie alssbaldt flügtig worden; alss *Dess Tatter
aber endtlig Herr Budai vhereillet, vndt gefangen wor-* *Chams Legata
vndt Budai Peters*
den, ist derselbe andere Tatter woll verwundet davon *geschichten zu*
kommen vndt aussgerissen, welcher auch alssobaldt, dass *Cronen ergangen.*
so sich erlauffen, dem Cham angezeiget, Herr Budai ist von den
bürgern, ehe er vor den Herrn Judicem einmall gelanget, etlige
Tage ihn Arrest gehalten worden, nachdem nun der Cham was sich
mit seinen Legaten erlauffen, vom ausgerissenen Tatter verständiget,
hat er bei theurem Eydt geschworen, solches niemermehr zu vergessen, welches die Kronstädter mit seiner widerkunft erfahren
sollten, sintemall er eine Zeit sein Qvartier, biss er seine rach
abgeleget würde haben, ihm Croner gebiet halten wollte, alss denn
solte man erfahren, wass die Tarter, wenn sie rach vben, verrichten kunten.

Circa finem Julii. Ihm abzuch der Tatter, vndt beider Waida,
schreibet der Haller Gabor v. Temesvar, dass dem Fö Veszer Zeitung
kommen, dass die Churfürsten dem R. Keysser starcke Hilf geschicket
vndt were ihm solche furcht gefallen, dass er alle seine mit sich
geführte beste sachen zurück auf Griechisch Weyssenburg geschicket
hette, vndt ziehe doch mit dem Volck vor sich. Der *Haller Gabor
schreibet dem F.*
Fridens tractat der beyden Keysser aber bestünde in *Apaß der Türken*
dem, dass der R. K. den Türcken erstlig dass Szerenyvar *austende.*
zu zerstören, nachdem die Vestung Szekelyhid ihm zu geben, vndt
zudem 200000 zweihunderttaussent Reichstaller zu erlegen, versprochen, ihn welches der Türckische Keysser auch etligermassen
eingebilliget hette, weill er aber nur Jährlig die Summa der 200000
Taller d. R. K. zu erlegen vom Türckischen Keysser begehret wurde,

were aller fridensschluss auffgehoben, vndt were derowegen dass Szerenyrar, dass zerstöret sollte werden, mit 25 stücken vndt 5000 Soldaten gestärckt werden.

Nachdem nun der Dika Waida muss der Walachei, wie mir oben gehört, seinen Durchzuch auf Vngern zu genohmen, dem dess Tatter Chams sohn Slam Aga mit 10000 Tattern, sampt dem Moldawer Waida gefolget, vndt an Viehe vorauss grossen schaden vndt raub gethan, liess die Fürstin Anna Bornemisza, so damalss in ihren Schloss fograsch war, an dem Cham schreiben abgehen vndt suppliciren, damit er doch, alss ihn dess M. K. landt, den grossen raub wehren, vndt auch das geraubte Viehe vndt ross wider geben wolt, *Anna Bornemisza* schicket ihm dabei zur ehrung einen Hinta mit 6 rossen, *Fürstin schicket des Tatter Chams* zwei Reitpferd vndt ein silbernes geschier, seinen Capi-*soba geschenk.* tani Zalaga vndt Sultan einen Jeden zwei schöne pferdt vndt becher, den 2 Türckischen Czaussen, so ihre Kalaussen gewesen vndt sie geführt, einem Jeden einen becher. Neben diessen praesenten schicket die G. Fürstin zugleich schöne brod vndt Kolaczen, Ittem vill Hiner, genss vndt andere Victualien mit.

Alss nun der Tattar Junge Cham Slam Aga sich vom Hermansteder feldt aufgemacht, ist der Kuczuk Passa mit seinem Volck biss vntterhalb Broos gerücket sich mit den Tattern nicht zu begegnen, hat sich aber endtlig bedacht vndt dem Cham biss auf *Der Kuczuk Passa* Müllenbach entgegen gerritten vndt dessen rosses Ste-*liebet den Tat-* greiff geküsset vndt sich mit ihm begegnet. Dess andern *tern entkegen.* tages hat sich der Cham aufgemacht vndt Kockelburg zu gezogen, dahin vill Volck geflohen, welche die Tatter beraubet vndt vill erhawen lassen, welches sie auch auff der Meszösegh vmb Sz. Peter geübet, vndt vill Volck erhawen, von dannen sein sie der Meszes vndt Szilagysagh zu gezogen, sich mit dem Fö Veszeren zu Debrincz zu begegnen, alss aber der Tattern raub vndt Vmbringen ihn Sübenbürgen etwas kundbar worden, hat es *Die Tatter haus-* grosse furcht hie vndt wider gegeben, baldt darauf *sen rebell auf den* kompt Zeitung, dass ein Tatrischer Mursza, so den raub, *Meszösegh.* so ihn der Walachei vndt Moldaw geschehen, ihn Tater landt zu führen verordnet, ankeme, ist abermall grosse furcht vndt nicht geringe flucht entstanden.

Allhie ist zu wissen, dass die Tatter ihren Zuch auf Szakmar zu nehmen sollen, derweill aber 14000 teutsches Volck ihm anzuch gewesen, schicket der Varadi Simon Passa 2 Cziaussen entkegen sich weder auf Szadmar noch Debrincz zu begeben, lässet ihnen einen andern weg zeigen.

Droben ist gesagt wie wegen eines Tatrischen Mursza, welche Fürsten sein grosse vndt neye flucht ihn Sübenbürgen entstanden, ist darumb geschehen, dass weillen die Polen mit den Tattern ihm bundt gewesen, hatten sie durch eine Practicam der Tattaren Hilf begehret, vndt bei Camenitz einem festen Schloss sich zu finden befehl gethan. Der nemlig dass, weill sie mittlerweill sich abermall an den teutschen Keysser geschlagen, die Tatter mit List vnversehens zu vberfallen, vndt vor die Hundt zu hawen, hierauf erscheinet den Papsten einiger glauben, ihudem es heisst: Haereticis non adhibenda Fides. Alss die Tatter aber durch einen Kosacken, nicht der geringsten der Polen anschlag den Tattern eröffnet worden, sein sie vmbgekehret, welches wie gesagt, die neye flucht verursachet hat. *Der Pollen Practica erwecket grosse flucht ihn Sübenbürgen.*

Vntter dieser Zeit haltens vill Edelleut heimlich mit den teutschen ihn Clausenburg, Szamos Ujvr vndt Betthlen ligenden Völekern, vndt schicken ihnen vill Proviant zu, welches die beiden Waida ihn ihren anzuch vernehmendt, schreiben sie dem Fürsten Apafi, dem landt den Vnttergang dreiendt. *Vill vom Adell halltens mit den praesidiariis vndt teutschen Keysser.*

Nachdem nun die Tatter vndt beide Waiden aus Sübenbürgen verreiset, welcher ettige, so auf heuten aussgeritten, hie vndt wieder ihm landt, voraus vmbherhalb Clausenburg vndt Meszösegh, vom landtvolck erschlagen werden, alss solches dem Kuczuk Passa zu ohren kommen, schickete er dem Fürsten Apafi einen abgesannten ihn die Hermanstadt, liesse ihm sagen, derweill er vernohmen, dass das landtvolck nur heimliger weiss die vmb Proviant vndt anderer noht aussreitenden Türcken angriffen, vndt erschlageten, sei er entschlossen, sich auf das Hermanusteder feldt zu lägern, damit dasjenige, was ihm von nöhten ihn der Stadt mögte gekauft werden, drumb sollte sich der Fürst nicht zu sehr erschrecken. Alss aber der Fürst solche Mala nova der Obrigkeit auffenbahret hatte, sein sie von der ganzen Statt nicht nur erschrocken, sondern (nachdem sie dem Fürsten ihn Verhinderung solches dess Kuczuks Vornehmen flehelig gebeten) sich wirdt hören lassen, dass sie zwar dem *Kuczuk Passa schicket legaten zum F. Apafi mit erklärung sich auf des Hermansteder feldt zu legen, giebt furcht ihn der Stadt.*

Kuczuk inss feldt zu kommen nicht wehren kunten, aber nur einen Türcken ihn die Statt zu lassen, wolten sie nicht thun, vndt solten sie ihr leben daran wagen, vndt were zu befürchten, dass ihm pfall einer oder der andere Türcke ihn die Statt solte kommen, leichtlig vom Pöbel ein Auflauf geschehen, vndt er, nemlig der Fürst, selber ihn gefahr gerahten möge. Alss nun der Fürst Apafi der Statt intent vernohmen, hat er von stundt an dem Kuczuk Passa durch schreiben zwar widerrahten, aber doch öffentlich nicht widersprechen derffen, hat aber mitlerzeit damit er nicht der Statt zugleich in Vngnadt gerahten möge, Einen Ehrsamen W. raht mit schönen worten vndt andern persvasionibus getröstet, er wolte dem Kuczuk selber entkegen ziehen, vndt nicht nabe zur Stadt kommen lassen, ess sei denn, er thete es mit aller gewalt vndt wider seinen willen, welches Einem Ehrsamen raht auch vill bedenkens macht, sich befürchtendt, dass ihm pfall der Kuczuk ihre abschlägliche resolutionem vernehmen würde, mögte er gewaldtsamer weiss sich der Stadt zu nahen, die nunmehr reiffen früchte ganz vndt gar verderben, vndt nach benehmung solches ihres Verrahts die Statt belagern.

Alss Ein Ehrsamer Raht mit F. G. ihn solcher ihren Rahtschlägen sein, kompt Post, dass die Türcken albereit von Müllenbach aufgebrochen, vndt sich bei Reissmark gelegert, so etwa 2 meillen von Hermanstatt lieget, von welcher Post die Statt sampt dem Fürsten Apafi ihn grösseren schrecken gerichten, vndt mancherlei rahtschlagens geriehte, wusten nicht wo aus oder ein. Derweill aber Gott der seinen ihn der höchsten Noth oft Hilf schicket, kamen mittlerweill bei Reissmark ihn des Kuczuk lager ein Kapuczi Passa an, so das Fö Veszer Kammerherr war, mit bericht vndt schreiben, dess der Kuczuk mit seinen Völckern, von stundt an sich aufmachen, vndt bei Wardein sich wegen der teutschen Völcker vndt R. K. confoederirten Armeen fleissige wacht alda zu halten, legen solte, so der Kuczuk dem F. Apafi alssbaldt zugeschrieben, alss die bürgerschaft der Stadt vndt die vmbliegende pauren solche fröhliche Botschaft vernohmen, brachte sie auf F. Gebot alssbaldt eine zimlige anzahl wagen auff dess Kuczuk Sachen fortzuführen, Mit dem zog der Fürst zu ihm sie sich mit ihm zu beurlauben, welchen er auch mit aller gebührender reverenz entpfinge, vndt nach abdanckung aller entpfangenen Wohlthaten sich von ihm

Den Cibinirasse kompt frölige post, dass der Kuczuk auss dem Landt zu ziehen gebotten durch einen Kuczuk Passa.

scheidendt seinen Weg auff Wardein nahme, der Fürst aber sich zurück ihn die Hermannstadt begabe, ehe aber beider aufbruch geschahe, beurlaubet sich der Olai Beg von Gyula ihn praesens Herrn Joannis Toldalagi vndt Francisci Fekete absonderlig mit bedankung aller wollthatcu, mit angehencktem ruht, dass der Fürst zum ersten trachten sollte, wie das landt auf das eheste vereiniget vndt die vielfaltige Zwiespaltungen bei Seit geleget mögen werden. Zum andern solte das landt Sübenbürgen die Türckische hilff immermehr wo möglich inss landt zu kommen begehren, denn wofern sie abermall genöhtiget würden werden, dem landt ferner hilf zu geben, mögten sie nimmer auss dem landt ziehen, sondern vor sich behalten. *Dess Olai Gyulai Beg raht Sübenbürgen wegen.*

Nachdem sich nun der F. Apafi vndt Kuczuk von einander gescheiden, reisete oben gedachter Kapuczi Passa mit dem Fürsten ihn die Hermanstadt, alda er ihm dess Gross Veszier schreiben auch ableget, welches inhalt dieser war:

Dess Gross-Veszir schreiben.

Du aller Graffen vndt Herren Herr, so ihm gantzen Königreich Vngarn sein, du vortrefflichster vndt sanftmüthigster vntter den Christen, derselben wirckligster Herr, der du aus einwilligung dess Grossmechtigen Keyssers vber das gantze Königreich Vngern gesetzet bist, vndt vill andere lender regierest Fürst Michael Apafi, Gott segne dein Thun, deinen Eingang vndt aussgang, ich grüsse dich aus Hertzensgrundt, vndt weill ich ein absonderliges Vertrawen zu dir hab, so hab ich dir als ein freundt dem andern zu wissen thun wullen, wie dass ich den 24 verlauffenen Monats mit Gottes hilf vndt dess M. Keyssers Vnzehlbaren Völckern von Ofen aufgebrochen, vndt vber die Donaw Neye geschlagene Brücken vntter Estergomb oder Gran auf Neybeusel alias Ersek Ujvar gerücket vndt belagert hab, der Kuczuk Passa aber soll mit seinen Völckern auss deinem landt auf Vardein auff die Wacht ziehen, bei welchen mir dess M. K. Grentz Völcker geordnet haben. Du aber vatter dessen sey mit deiner macht ihn Sübenbürgen fertig, vndt habe deine augen vber die vier ecken der welt offen, schone keiner mühe nach erforderung deiner trey, schicke deine botten vnaufhörlig zu mir, vndt thue mir auch die geringste wichtige sachen zu wissen. *Dem Fürsten Apafi kommts vom Fö Vezier schreiben ihm landt zu bleiben.*

Gott erhalte dich frisch vndt gesund. Gegeben in vnserm Feldlager vntter Veresvar, zwischen Ofen vndt Gran.

Alss nun der F. Apafi diesses schreiben gelessen, wass er sampt seinem gantzen Hoff für freude bekommen, kann jedermann schliessen. Erstlig zwar freiet er sich, dass er mit seinem Volck wider die Christenheit zu ziehen nicht genöthiget wurde, zum andern fürchte er sich, ess möge die Starcke Vestung Neyheussel, wo ess nicht genuchssame besatzung haben würde, ihn der Türaken Hende, wie Vardein gerahten, welche belagerung er doch nie verhoffet hette, doch stehe Alles in Gottess handt, der mögte ess doch zum guten ende wenden. Endlich verehrte der Fürst Apafi den Kapuczi Passa mit kostbahren geschencken, gab ihm seine abgesannten zu, vndt bedankete sich gegen den Gross Veszeren aller geleisteten Freundtschaft schriftlich, mit Vermeldung, dass der Kuczuk Passa auf sein Gebot aufgebrochen, vndt auf Wardein marschiret were.

Derweill in vorhergehenden blat der Belagerung Neyheussel gedacht, davon der Gross Veszier dem Fürsten Apafi bericht gethan, vndt ehe wir derselben Vestung belegerung etwas melden mögen, hat mir beliebt, von dem auffbruch vndt Zuch der Türkischen Armee etwas zu schreiben, wie aus glaubwirdigen schriften zu sehen gewessen.

Erstlig ist zu wissen, dass nachdem der Türckische Keysser des Fürsten Rakoczi todt vndt Vuttergang wie auch des landes Sübenbürgen Zwispaltigkeit vndt Vneinigkeit erfahren, hat er getrachtet, wie er die Haupt Vestung Wardein, alss den schlissel des landes zu Henden bekommen möge, welche er denn auch, wie mir gehört, vntter sich bracht vndt bald darnach durch den Ali Passa mit beschätzung dess gantzen landes, vndt wegführung viller 1000 sceelen nicht nur Sübenbürgen, sondern ein theill dess Vngerlandt inss äusserste Verderben bracht hat, derowegen auch weiter getrachtet, wie er die Haupt Vestung Neyheussel ihn Vngern auch bemächtigen möge. Zudem er zugleich der Vestung vndt vor dreyen Jahren aufgeworfenen Schantzes, so der Nicolaus Serini, nicht weit vom Schloss Legrat, bei den flüssen Mur vndt Drau zwischen zweien Morasten bawen vndt aufrichten lassen, errinnern wollen, welche Vestung so starck erachtet worden, dass man eine gantze Türckische Armada nicht zu befürchten gebabt, wie denn auch auss derselben den Türcken zu Canischa offt grosser schaden vndt abbruch geschehen, derweill derowegen ernannte Vestung den Türcken hart in Weg gelegen, hat der M. K. an den R. K. begehren lassen, nicht nur die Vestung zu demoliren, sondern auch des Serini Haupt ihm zu lieffern, auf welches begehren der Römische Keysser sich resolviret, er hette dess Serini Vestung, wie auch seine perschon nicht ihn seiner gewaldt, vndt were der Serini sein selbst eigen Herr seines landes, drumb kente er ihm kein genügen thun, nachdem nun der T. K. solche antwort entpfangen, ist er ihm Monat Junio mit 40000 zu fuss vndt 20000 zu pferd von Constantinopel inss freie feldt gezogen vndt dass Türckische Fest Bairan oder Baisan genant celebriret, dahin denn auch seine Asiatische Völcker anlangeten. Alss demnach die gantze Armada nun fertig war, schickete der Fö Veszer den Ali Passa eine brücken bey Griechisch Weyssenburg vber die Sav vndt eine andere Essek vber die Donaw vndt den Morast zu schlagen, die *Beschreibung der* Stücke sampt der Armada hinvber zu setzen, welches *Brücken bei Essek vndt dess Saw-* denn auch geschahe, vndt zwar nicht mit geringer *fluss.* mühe, sintemall diejenige bei Essek 8565 Schrit lang gewesen.

    Nachdem nun dess Türckischen K. Armada wie *Chiopilo Mehe-* auch ernante brücken ihn bereitschaft stunden, brach *met Passa Fö Ve-* der Gross Veszier Chiopilo Mehemet Passa auss befehl *szers nehmen.* seines Keyssers auf, er aber der K. reissete auff Adrianopel vndt langete dergestalt der Fö Veszer mit seiner Armada den 18. Juny zu Griechesch Weyssenburg an.

    Damit mir nun dess R. Keyssers beschaffenheit etwas erwöhnen mögen, fertiget derselbe, alss er dess Fö Veszer auffbruch vernohmen, Herrn Baron de Geis demjenigen Legationis weiss entkegen, ob etwan ein fridens Tractation vnter ihnen kunte geschlossen werden, welcher neben dem Herrn Secretario Perez alss seiner *Baron de Geis* Majestät Internuntio, den 21 Juny bei dem Fö Veszeren *wirdt vom R. K.* auch anlangete, welche denn des andern tages inss lager *geschickt.* zur Audienz gefordert worden, aber mit schlechter reputation, vndt keinen pferden, wie sonsten geschehen, welches die Herrn Legaten alssbaldt vor ein böses omen erkennet, welches böses Zeichen angesehn, der Herr Baron dem Fö Veszer auch keine praesente, deren er doch vill vndt grosses wehrts bei ihm hatte, ihm offeriren lassen. Alss er aber vorgelassen worden, hat ihn der Fö Veszer

zwar willkommen geheissen, aber alssbaldt mit sehr ernsten worten
vndt verkehrtem gesicht gefraget, was er wolle, welcher geantwortet: Er sei kommen friden zu tractiren, darauf der Fö Veszer geantwortet, es sei nun zu späte vndt wolte schon tractiren, wenn besser
ihn Vngerlandt kommen würde, herwider der Herr Baron widerumb
repliciret, warumb er denn were beruffen worden, vndt
warum man die mit dem Ali Passa geschlossene Fridens
tractate nicht ratificiren wollte, vndt wurden zugleich,
wenn beide Armeen kegen einander stehen würden,
schlechte Tractaten gefallen kennen, drumb solte man
bedencken, wie vill vnschuldiges blut bei Fortgang des Krieges
würde vergossen werden, welches doch mit einem gutten Friedens-
schluss zu verhütten sein würde. Hierauf denn der Fö Veszer abermall geantwortet: Ess were, wie oben gemeldt, zu spät vndt
hette man sich solches, wie er noch an der Pforten gewesen, erbot-
ten, wollte er keinen Fuss von dannen gesetzt haben, doch thete der
Fö Veszer dieses hiezu, der Baron solte noch einen
Curier zum R. Keysser absenden, Ihm pfall er eine gewisse Summam geldes als 200000 gulden, neben abschaffung der teutschen Völcker ihn Sübenbürgen, wie auch ihn Zer-
schleifung der Vestung Serin Var, bewilligen wolte, mögte der
Friden noch kennen erhalten werden, ess waren aber bei solchen
tractaten zukegen der Muffti, so ihr bischoff ist, zur rechten, vndt der
Tehaia, alss der Hoffmeister zur lincken, wie auch seine beide brüder
der eine von 27 vndt der andere von 25 Jahren, welche solchen
schluss auch billigen theten.

Den folgenden 27 Juny finge die Armee an auffzubrechen vndt
hat ein anseben gehabt, alss obs ein Heer von 200000 man were,
dass Gethön der Camele, dass klingen der Saumross, dass brummen
der Vnzehligen Paucken vndt Trometen schall wehrte tag vndt
nacht, biss endtlich den 28 der Fö Veszer auch ihn folgender Ordtnung auffgebrochen, Erstlich sind tausent zu Fuss Marchiret einer
hinter dem andern, ein jeder 2 oder 3 Pfert an der handt führendt,
nach diessen ist der Saphi Aglarsi, alss der General der Ritterschaft
gefolget, welchen der Saphi Tuc eine lange stangen mit köstligem
peltzwerck vberzogen geführet, nach welchem gefolget 600 Saphi
vndt Derli, so der besten reutter sind, mit rohten vndt gelben fahn-
lein, nach diesen ist wiederumb ein Tuc mit einer stangen drithalb

klafftern lang, ein Rossschwanz daran hangendt, geritten, welchen dess Fö Veszers 2 brüder mit villen vornehmen Türcken sammt 700 Hasnadars, so auffwarten, sein alle bepanzert gefolget; hierauf sein 3 Passa vndt 3 Tuc woll gekleidt gefolgt, welche 3 grosse fahn vor ihnen herführen lassen, Nach welchen 16 dess Fö Veszers Leitross auff das köstligst auss stafliret gefolget, welcher Sattel einen Daumen breit hoch mit erhoben, vndt die Zeum mit Edelgestein besetzet gewesen, die Diener, so diejenige ross geführet, sein alle ihn gulden stück, vndt rothen sammetene hossen bekleidet gewesen, nach diessen sein 8 Lackeien ihn sehr köstligem schmuck geritten, zwischen welchen der Fö Veszer ihn köstligem habit auf jeder Seitten einen Janitscharen mit langen rohren neben ihm habendt aufgezogen, so einen Bund oder Seleier einer ellen hoch auffgehabt, hintter welchen Resevendi der Reichskanzler, der Teffderdar, Kriegszahlmeister, der Janczar Aga sammt dem Tihaia, dass ist der Hoffmeister vndt die vornembste Passaken geritten, diesen sein widerumb 600 Hasnadars oder auffwarter sampt des Fö Veszers Kammerherrn alle ihn glänzenden Pantzern angethan schöne junge Leut nicht vber 20jährig gefolget. Zuletzt sein 40 Trompeter vndt so vill Paucker nachgezogen vndt gar zuletzt 60 Cameele, so dess Fö Veszers Zelten oder Schaltert getragen, mit begleittung 200 reuttern gefolget.

<small>Beschreibung des Fö Veszers Feldtzuch.</small>

Alss nun der Fö Veszer seines Krieges zuch continuiret, ist ihn den letzten Juny bei Bukovar nicht weit von Essek ein Aga so dem Tatter Cham entkegen geschickt, begegnet mit bericht, wie er die Tatter zu Elisch vntterhalb Griechisch Weissenburg antroffen, welche nicht mehr als 10000 waren, denn dess Tarters Chams sohn sich entschuldiget hatte, dass wiellen die Moscoviter vndt weisse Tattern ihm wider verhoffen inss landt gefallen weren, hatt sein Herr Vatter die begehrte 80000 Völcker nicht leisten können, vndt schickete zum Zeichen der Weissen Tartaren einen pfeill, so sie zu schiessen pflegen, mit.

<small>Dess Tatter Chams ankunft wirdt dem Fö Veszere angekündigt.</small>

Die 1. July, an welchen tag der Fö Veszer bei Essek angelanget, ist dess R. Keyssers abgesandte auch von Griechisch Weissenburg aufgebrochen, vndt nach 3 tagen zu Essek bei dem Fö Veszeren angelanget; ihn welches ankunft dem Fö Veszeren drei Vngarische Haydücken sampt einen Walachischen Hauptmann gefangen gebracht worden, welcher Hauptmann vermeldet,

<small>Monte Cuculo wirdt auffgeprun</small>

zur Verhüttung des pass zu ziehe commandiret. dass er vom Feldmarschall Monte Cuculi mit 200 Muschquetierern auf Vesprim, geschickt worden, vndt weill ihn die Vngern daselbst nicht einlassen wollen, were er bei der nacht ihn der Vorstatt, alss er die Wachter visitiren sollen, von den Türcken vberfallen vndt gefangen worden.

Nachdem der Fö Veszer seine Armee merklich verstärcket hatte, vndt noch 1000 Janczaren zu den andern machen lassen, ist er der 5. July auffgebrochen, vndt vber die Brücken passiret, vndt den tag einem Proviantmeister, so die pauren vber die Billigkeit beschetzet, den kopf abschlagen lassen, Vndt ihn dem Castel Sarda, so zur Verhüttung der Brücken dahin gebawet, vbernachtet, welcher *Der Fö Veszer lasset einem Proviantmeister den Kopfabschlagen.* nachdem den 15. July ihn Buda angelanget, alwo er Herr Baron keysserliger Legatte, etliche mall zur Audienz gelassen, aber ohne frucht, mittlerweill ist auch die keysserlige teutsche Armee bei Vngrisch Altenburg zur Defension *Keysserlige Völcker kommen bei Altenburg beisammen.* zusammengeführt worden, vndt gemustert, wie denn auch 16 Schiffe mit Proviant vndt Munition nach Raab geschicket worden. Den 16. July war zu Wien zum behilf des Krieges auss Hispania ein Wechssel von 200000 Kronen angekommen.

Die 11. July kam eine starcke Partei Türcken zu Landt vndt zu Schiff zwo meillen vntterhalb Comoren an, wurden aber von den Hayducken mit grossem Verlust zurückgetrieben, vndt wenn sich der Aga, so sie commandiret, nicht sampt den vbrigen zu schiff auff die Donaw begeben hette, weren sie alle daran müssen, dergleichen waren 400 Soldaten, so von Raab auff Vesprim zu ziehen geschickt *Keysserische Völcker erlegen 300 Türcken 12 werden gefangen.* worden, ihm anzuch, dieselben treffen auch eine Partei Türcken, so vber 1000 waren, diejenigen müssen Nolle volle mit den keysserischen fechten, vndt müssen mit einbüssung 300 Türcken vndt 12 gefangenen die flucht geben.

Diesser zeit hatte sich die Armee, wie oben gesagt, bei Vngrisch Altenburg dermassen gestarcket, dass fünfzehntaussendt mann beisammen waren, wie denn auch Grentzvestungen alss Comorn, Raab vndt Neyheissel jede mit 3500 Mann vndt genüchssamer Munition *Graf Serini schlaget mit 4000 mann 20000 Türcken auss dem feldt.* vndt Proviant versehen waren, so sein auch Herr Grefens Serini Völcker Vngern vndt Croaten so neben den Sawfluss gelegen, auff 20000 geschätzet worden, mit welchen er mit 4000 Mann 20000 Türcken auss dem feldt geschlagen, vndt mit Verlust nur 400 Völckern 3000 Türcken erleget, vndt inss Mahometische Paradeis abgefertiget.

Derweill nun dergestallt zu Wien der Türcken wegen grosse furcht war, ward der 14. July publiciret vndt aussgeruffen, dass sich alle einwohner vndt bürger auff ein Jahr, mit genuchssammer Speiss vndt Proviant versehen solten, welche ess aber nicht vermögten, sich an andere öhrter begaben solten, gleichergestalt wurde auch an alle Klöster der Stattbefehl geschehen, sich mit Proviant zu versehen, vber dass begehrte K. M., dass die Stattbürger ihn Wien 120000 gulden beisammen schaffen, wie auch 6000 Mann zur Besatzung an vndt einnehmen, vndt ihn allem frei zu halten schuldig sein, neben dem solten sie zugleich 2000 Cub. Haber vndt 3000 Cub. Korn dem Proviantmeister administriren, wie auch ihm Vbrigen alles herrenloses gesindell auss der Statt schaffen. *Es entsteht zu Wien der Türcken wegen grosse furcht.*

Nachdem nun die Moldawische, Walachische vndt Tartrische Armee sich mit der Türckischen conjungirt hatten, liess der Fö Veszier zur belagerung der Vestung Neyheissel zum drittenmall Schiffbrücken bei Gran vber die Donaw schlagen, so aber wegen des stetten Regenwetter vndt Vbergiessen zerrissen wurden, dass die Stück ihm Morast stecken blieben. *Schiffbrücken bei Gran auf die Donaw gemacht.*

Alss derowegen der keysserische Generalissimus der Türcken endtliges Vornehmen vermerckte, Nam er die besatzung des Kastels Szogin 300 Mann daraus, vertheillet sie ihn Palanka Navegrad vndt Leva, das Castel Szogin aber ihn brandt stecken. vndt verbrennen. *Dass Castel Szogin in Brandt gesteckt.*

Endtlig nun, alss die wasser gefallen, vndt die Schiffbrücken fertig worden, beginnte der Vortrab der Türcken bei Barkan vber die Schiffbrücken zu Marschiren, welche kuntschafft alssbaldt zu Neyheissell falschliger weiss ankommen, dass nemlig der Vortrab der Türcken von 3000 mann, hinüber kommen vndt weillen dass wasser die brücken vntterdessen zerrissen, waren die 3000 von der General Armee abgeschnitten vndt leichtlig kunten geschlagen werden, durch welche falsche Post der General Graf Forgats Adam beweget worden, eins an die Türcken zu wagen; hat demnach den 28. July 2000 Vngrische Reuttereien, vntter welcher 1200 *Durch falsche Zeitong wirdt der Forgats Adam bewogen auf Neyheissel wider die Türcken zu ziehen, vndt bekomptihm übell.*

vom Adell, auss der Presspurgischen vndt Nitrischen Spanschaften gewessen, dem Graff Palfi Miklos wie 600 Waltherische Kürassier, 500 Musquetier von Morches Pio vndt Lacrärischen Regiment, alss Summatim 5000 mann vbergeben, welches biss auff Kobelkud zwo meillen von Neyheissell marchiret, alss sie aber erfahren, dass die Türcken je mehr vndt mehr stark vber die brücken gesetzet, hat der General Forgats vor gut angesehen, der Türcken Vberzuch bei Zeiten zu wehren, vndt ihn aller eill wie er gekunt, seine Völcker ihn eine Bataglia oder schlachtordnung gestellet, vndt gleichssam bei dunckeler nacht, damit sie nicht ihn acht mögten genohmen werden, an ein sehr beqwemes ohrt gestellet, alss aber der helle tag angebrochen, hat Graff Forgats anstatt der 3000, so ihm gesagt worden, auch auf 20000 Türcken zukegen gesehn, vndt zwar in voller Schlachtordnung, ohne die, welche sich ihn wälldern, Hügell, vndt thällern zum Hinterhalt verstecket hatten.

Derweill demnach Graff Forgats sich mit seinen Völckern etwass zu weit inss feldt gewaget hatten, griffe er den feyndt gleichssam ex desperatione kecklig an; da denn insonderheit Herr Graff Palfi, so den lincken Flügel führet, sich ritterlig erzeiget, vndt dem Türckischen General des Vortraps ihn eigener perschon vnter augen ritt, vndt ihm mit einer pistollen eines versetzet, alss er aber von dem schuss nicht fallen wollen, hat er ihn mit dem pallas durchstochen vndt gefellet, Graff Forgats hat dergleichen gethan vndt mit seinem rechten Flügel den feyndt eine gutte weill aufgehalten, vndt hintter sich getrieben vndt vill vornehme Türcken erleget, haben gleichssam gutte Hofnung wissen sieges gehabt, betrachtendt, dass Gott oft durch wenige ein grosses Heer geschlagen, alss aber 3 Kompagnien Vnger, so ihn der reserva vndt hinterhalt gestanden (die Fuss Völcker bis sie wieder geladen zu beschützen) aussgerissen, sein die teutschen Kürassirer sampt dem Fussvolck vndt den Hayducken, von den vbrigen Türcken vmbringet vndt ruiniret worden, dass meiste theill nidergemacht vndt sehr vill gefangen weg geführt worden.

Graff Forgats greift die Türcken an vndt wirdt geschlagen kompt flüchtig ihn Neyheissel.

Dass also gewisse nachricht kommen, dass 4000 Mann der Forgatschischen blieben, der Rittmeister Müller, Rittmeister Tauber, 2 Lieutenanten vndt 2 gantze regimenter von den Waltherischen, von den Lacronischen der Hauptmann Frittsch, Rittmeister Leonhardt, von Rüblandt, Ittem von March Pio Regiment wurde ein statliger alter Soldat neben einem Freiherrn Maximilian Ernst von Weltz gefangen, von den Huszaren sein auf Nr. 70, darunter 3 fornehme vom Adel gewesen, gefangen worden, alss Herr Kerner, Dutzetthaler, vndt Ohitzi, welcher 14 Türcken nidergemacht, ehe er zu Stücken zerhackt worden. Graf Forgatsch aber müste sich mit den andern flüchtigen gegen Tokai vndt Ottvar zu ihn Neyheissell retiriren, ihn welcher flucht ebenermassen vill flüchtige erhawen worden. Den Türcken zwar soll ess zimliger bluttiger sieg gewesen sein, ihndem sie vber 3000 eingebüsset sollen haben, vndt vill vornehme Passa verloren, wie denn 17 arabische ross mit goldt vndt silbernen ross zeuch in Neyheissell eingebracht worden, vndt ware diesser Verlust kegen der teutschen vndt Vngern vor nichts zu achten gewesen, Insonderheit weill die erste impression offt zu Zeiten vill wircket, vndt durch selbe niederlag die Neyheissler verzacht, vndt die Türcken muthig worden.

Nr. 4000 Forgaesische Völcker kommen bei Darkan vmb, vndt etlige vornehme Herren vndt Officieren.

Der gefangenen soll auff 1000 dem Fö Veszeren zugeschickt worden sein, alss er sie angesehn, soll er gesagt haben, er hette kein brod vor so vill Hunde, hette doch endtlig etlige Junge leut bei Seit wehlen lassen, vndt bei 700 vor seinen augen eines theilss nidersabelln, vndt eines theilss mit Messern wie die Kälber vndt schwein abmetzigen lassen, welcher kopff sampt der andern erschlagenen, so 408 gewesen, dem T. Keysser. gegen Konstantinopel zum praesent geschickt worden, ein erbärmliges schaw Spill vndt Spectakell, die vbrige 342 Junge leut, so aussgewehlet worden, hat der Fö Veszer nach Buda vndt von dannen nach drei Monaten alss den 14 October nach Constantinopel zur ewigen Dienstbarkeit führen vndt vbel traciren lassen, von welchen Nr. 60 vnterwegens gestorben, vndt hetten vielleicht auch die vbrigen alle zu Buda erschmachten müssen, wenn sie nicht von Keysser legaten daselbst weren gespeisset vndt gekleidet worden.

Die Forgaesische gefangen werden jämerlig hingerichtet.

Nachdem nun den 8 August wegen erhaltener Victori alle Stücke gelösset worden, vndt ein Czausz die post an die Port zu führen abgefertiget worden, hat sich der Fö Veszer mit Siebenzig taussent mann vndt villem geschoss vor Neuhäusell nidergelassen, vndt die belagerung angefangen,

Neyheussel vom Fö Veszeren belagert.

vndt die andern vnzehlige Völcker nicht weit von sich geleget. Derjenigen beschreibung aber, so vntter Neuheissell gelegen, ist die Folgende. Alss

der Gross Veszir hat vor sich geführet . . . . . . Nr.	4000
der Gross Janczar Aga der Janczaren . . . . „	8000
der Saphi Agalarsi der Saphi Ali Passa von Bosna hat geführt pferdt . . . . „	2000
Ittem Fussknecht . . . . „	1000

Diesser Ali Passa ist derjenige, so Anno 1662 Sübenbürgen verheeret, vndt nach Ausstreibung des Fürsten Kemeny Janos die Schatzung der drithalbmall *Der Türkischen Völker Zahl, wie auch der Bassa Aga vndt andern berambten beschreibung.* hundert tausent Taller auss dem landt geführet, ein mann von 70 Jahren, ein listiger vndt vernünftiger Kopf vndt zugleich ein alter wohlgeübter Soldat, so auch unter Neyheissell die beste Bresche geschossen.

Der Kibeli Pascha von Damasco, dess Fö Veszeren Schwester Mann, hat geführet . . . . „	2500
Der Mehemet Passa von Aleppo . . . . „	2000
Der Hussain Passa von Buda . . . . „	1500
Der Tschan Passa von Sylistria . . . . „	1500
Der Kaplan Passa von Tiramanisa . . . . „	1000

Diesser soll ein verleugneter Christ gewessen sein, teutscher Nation, so nachmalss Novigrad belagert hat.

Der Jusuf Passa v. Anatolia, zu pferd . . . . „	1000
vndt zu Fuss . . . . „	500

Dieser Jusuf Passa ist auch ihm Sturm vor Neyheissel blieben, vndt an seine Statt der Sarosch Passa Ibraim, so zuvor Comandant zu Canischa gewesen, genohmen worden.

Der Becco Passa v. Sophia führet . . . . „	700
zu Fuss vndt zu pferd . . . . „	300

Diesser ist auch vor Neyheussel ein verläugneter Christ thodt blieben, so zuvor einmall zu den Venetianern gefallen, vndt seiner tapfern Ritterschaft wegen pardoniret worden, an seine Statt ist Mahumet Passa, der zuvor Kanaktsi Bassa, Generalquartiermeister gewessen, genohmen worden.

1663.

Der Ibraim Bassa von Gallipoli ist vor Neyheissell
Stranguliret worden vndt hat geführet . . . . . . Nr. 300
Der Bassa v. Saida hat geführet . . . . „ 200
Der Kurt Bassa hat geführet . . . . „ 200
welcher nachmalss sampt beigebung . . . . „ 1500
Janczaren Commandant zu Neuheissel worden vndt
der Hussain Bassa von Buda zum Vice Der Türkischen
Commandanten, an welches stat der Ali Völker beschrei-
Bassa nach Buda verordtnet worden, vndt bung.
ist demnach die besatzung ihn Neyheissell ihn 5000
mann bestanden.
Fünff Begen alss von Caramania, Anatolia, Morea, Gran
vndt Dalmatia führeten . . . . „ 500
Fünff Ali Begen alss von Buda, Silistria, Bosnia, Morea
vndt Alepo führeten. . . . . „ 200
Granitzer Türcken so Huszain Bassa führt . . . . . „ 1200
Der Junge Tartar Cham ein Jüngling von 18 Jahren
führet . . . . „ 10,000
Der Moldawer Fürst ein 60jähriger Greis führet . . . „ 4000
Der Fürst aus der Walachei ein 40 Jähriger führet. . „ 6000
Summa Summarum dessjenigen Volcks, so stetigst vor
Neyhoussell gelegen. . . . . „ 71,677.

Betreffendt nun die Stück, so vor Neyheissell gebrauchet
worden, sein gewesen Nr. 130 derer 20 sehr gross ge- Summa 130 Tür-
wesen, dass 60 Büffel daran ziehen müssen, die Vbrigen ckische Stück.
wass kleiner zu 20 30 und 40 büffelln, zu welchen 800 Puchssen-
meister gehörig gewesen.

Droben ist gesagt, dass vber die Donaw bei Gran oder Estergomb eine Schiffbrücken geschlagen worden, zu welcher Verwahrung ein Bassa Cziausz Ogli mit 1000 pferden hinteerlassen worden,
wie auch bei der brücken bei Buda Cassan Bassa von 3500 Türcken
Temesvar mit 1000 pferden, vndt bei der zu Essek werden zum
Ibraim Passa mit 1500 pferden, Summatim 3500 Mann, ckeu gelassen.
welche ihn oben bestimmten Sammam nicht einkommen.

Alhie ist weiter zu wissen, dass die Tausendt Türken, so bei
der Graner brücken, wie gesagt, gelegen, auf Novigrad zu etwass zu
rauben aussgezogen sich keines Feindes versehendt, insonderheit,
weill die bei Barkany geschlagene Christen Armee gantz zerstreict

22 *

worden, wie mir oben gehört, welche 1000 Türcken denn 6 Dörffer in brandt gesetzet, vill Menschen vndt Viehe weggetrieben, alss aber vngefähr etlige 100 Heyducken auss Comorn aussgezogen, vndt die Graner brücken mit wenigem Volck besetzt finden, haben sie sich in einen Püsch, nicht weit von der brücken geleget, vndt mit Feuerkugelln vndt Brandtkränzen auff die Brücken zu werfen angefangen, davon 2 Türckische Munition schiff verbrennet worden. Alss nun die abgezogenen Türcken widerumb auff ihren Dienst zurückkommen,

Tausent Türcken verbrennen 6 Dörffer, auf welche Comorische Völcker stossen vndt 400 erlegen.

haben sich die ihm Pusch versteckten Hayducken ihm feldt praesentiret, alss aber auch die vbrige Türcken, so nicht aussgezogen gewesen, zu diessen gestossen, haben sich die Heyducken bis nahe zum Püsch jagen lassen, aus welchem die Türcken dermassen entpfangen, dass 400 sampt allem raub ihm Stich bleiben müssen, vndt flüchtig worden.

Vnter dieser Zeit hatte Graf Serini inzwischen aus seiner neuen Vestung den Türcken mächtigen Abbruch gethan, wie er denn am Sawfluss 12000 Türcken mit 4000 der seinen angegriffen vndt mit Verlust derselben alss 4000 vber 3000 Türken erleget, die vbrigen ihn die flucht gejaget, alss nun der Türcken niderlag den 13 Augusti

Graf Serini schlaget mit 4000 mann 12000 Türcken auss dem feldt, 3000 werden erleget.

zu Canischa ausskommen, sein von stundt an auff 10000 starck an Serinvar gerücket vndt biss zur eussersten Port alss grimmige wolff ihn denjenigen Schaffstall der Christen Schafflein einzubrechen gerennet, sein aber ihn drei stürmen mit derjenigen grossen schaden abgetrichen worden, alss aber der Graf Serini endtlig einen aussfall gethan, hat er die Türcken gar bis an Canischa verfolget, vndt sein der thoden 900 gezehlet worden, ausser denen, so etlige tag zuvor

Durch einen aussfall hat Serinivar werden 900 Türcken erleget, 30 Serinische bleiben auch.

bei dem Schantz vor der Graner brücken von den Heiducken erleget worden. Daher kegen der Serinischen nicht vber 30 blieben. Der Türcken Haupter sein mit einem wagen eingebracht worden, vndt auf pfählen ihn dem schloss vmbher mit grossem Tryumpf aufgestecket worden.

Nach erlangtem herligem sieg Graf Serini hat er dess vierten tages kundschaft bekommen, wie die Türcken zu Canischa ihren besten Schatz auss furcht besser ihn die Türckei hinein zu führen gesinnet seyen, welchen er mit 2000 pferden aufgewartet, die Con-

1663.

voi von 300 Mann niedergehawen vndt die wagen sampt dem schatz ihn sein schloss geführet! O ein guttes bratlein von erhungerten soldaten. <small>Graf Serini von des Turcken eines herrliches schatz.</small>

Damit nun auch von der Vestung Neyheissell vndt deren belegerung etwass gemeldet möge werden, ist zu wissen, dass diejennige Anno 1551 von ihrem alten ohrt etwas neher an die Neutra gerücket, von welchem Fluss ihr der graben durch einen arm mit lebendigem wasser angefüllt wirdt, ligt ihn Ober Vngern zwischen der Donaw, Neutra und Wagflüssen an einem sumpfigen orth, ihn die runde gleich einem stern gelegen, vndt ist diese Hauptvestung von diessem zweimall erobert worden, <small>Der Vestung Neuheussels beschaffenheit vndt beschreibung.</small> alss Anno 1605 von dem Botskai den 17. October nachdem sie vom 19 Juny belagert worden, ist aber zum selbigen mall nicht vom feyndt durch sturm, sondern hungerss wegen, nachdem innerhalb 9 wochen die besatzung der Vestung 200 rosse schlachten vndt aufzehren müssen, vndt obschon damals auch eine grosse anzahl Türken darunter gelegen, ist doch den Christenen vbergeben worden.

Zum andernmall ist alhie ernante Vestung Neyheissell Anno 1619 den 27 September von Betthlen Gabor Fürsten aus Sübenbürgen eingenohmen, welche hernacher Anno 1630 von Keyser Ferdinando II. durch den General Graff von Bugvoy abermall belegert vndt nach 2 Monaten erobert worden, darunter <small>Neyheussell 2 mall eingenohmen.</small> denn der tapfere heldt Buqvoi durch 16 entpfangene wunden sein leben beschlissen müssen, aber leider In DIeseM VngLVChafften Iahr ist die Haupt vndt Grentz Vestung Neyheussell abermall, von dem erbfeindt, den Türcken belagert, vndt folgenderweiss vndt gestalt bestritten worden.

Alss demnach der in der Vestung ligende Graff Forgats vndt General den 15. August dess Feindes anzuch, vndt dabei dieses vernohmen, wie der Fö <small>Graf Forgats lässt 510 Türcken den Kopf abschlagen.</small> Veszer die gefangene Christen so erbärmlig niedermetzigen lassen, alss liesse er ebenermassen auf 150 Türcken, so ihn der ersten Schlacht bei Barkany gefangen worden, vor dass Schloss führen vndt nider sabelln, vndt nachdem er die Vorstadt ihn brandt stecken lassen, hat er sich aber ihn die Vestung begeben vndt zum widerstandt der belagerung, so er vor augen gesehen, sich präparriret vndt sein von teutschen vndt Hungerischen Völckern Nr. 5000 mann ihn der Vestung gelegen, so vom Graf <small>3000 Kriegsvolk ihn Neyheussel.</small>

Palfi, Marches Pio, Marches Gean, Obr. Walthern, vndt andern Cavalliren commandiret worden.

Alss derowegen der Fö Veszer seine Völcker zur belegerung angeordnet, hat er sich den 17 August vor Neyheissell ihm Feldt nidergelassen, vntter welcher Zeit der niderlassung von den aussfallenden Krigsvölkern unzehliges Viehe, neben erthödung viller menschen weggenommen worden, alss sich aber dass aussfallen etwass gestillet, hat der Fö Veszer die Vestung noch denselben Abendt zur Vbergebung auffordern lassen, alss ihm aber mit Nein geantwortet worden, hat er sich eben denselben Abendt mit Stück schissen durch die gantze nacht eingrüssen lassen, da ihm zu gleich auss der Vestung mit starckem schissen rauch vndt dampf abzudanken nicht vntterlassen worden.

<small>Der Fö Veszer lasset Neyheussell auffordern vndt noch selbigen tag beschiessen.</small>

Damit zur bessern nachricht auch des Fürsten Apafi beschaffenheit vndt wie derselbe auf begehren dess Fö Veszern, vntter Neyheussell gezogen gemeldet möge werden, wollen mir die belagerung Neyheussell etwass ein kleines beruhen lassen, vndt ist zu wissen, dass Die 3 August auff offtes begehren abermall ein Czausz bei dem Fürsten mit schreiben ankommen, in welchem derselben zum Fö Veszeren zu reissen ernst gebohten worden mit Vermeldung, dass die Vestung Neyheussell schon albereit von ihm belagert sei, vndt vom Wiener feldt schon etlige haupter eingebracht weren worden; Nach Verlessung diesses schreiben, lesset der Fürst Apafi eine General Musterung bei Weyssenburg 10 August zu halten aufschreiben, dahin denn auch der Universität Fussvölker begehret wurden, wie mir denn auch unss gebührende Trabanten mit aller bereitschafft dahin abfertigen müssen.

<small>Ein Czausz kompt bei dem F. Apafi an, zum Fö Veszeren inss lager es kommen.</small>

<small>Comitier Albenses 10 August.</small>

Die 5 August Schlaget dass Wetter inss Alte Rahthauss in eine Thonne Salniter, dass die Marmor Stein der starcken Thüre heraussspringen vndt sich die Thür von ihm selber öffnet, wurde aber der Dampf vndt anzündung des Salniters ohne sonderligen schaden alssbaldt gelöschet.

<small>Dass Wetter schlechtinss Alte Rahthauss.</small>

Nachdem wie gehört den 5 August eine General Musterung bei Weyssenburg gehalten worden, kompt aber denselben tag ein Türckischer Legat Amúhuran Aga mit nahmen bei dem Fürsten Apafi an, mit bericht, dass der Fö Veszer ihm von stundt an auf zu

sein, vndt vntter Neyheussel zu kommen, ihme durch ihn gebieten liesse, auff welches gebot den landtherren alssbaldt auff Radnothen zu kommen geschrieben worden, alwo dem Fürsten dem Fö Veszeren zu gehorsamen beschlossen ward, welchem der F. Apafi auch alssbaldt nachzukommen einwilliget, vndt zur reiss zugleich fertig machet, vndt wurden von Jedem Stull 5 wagen mit Proviant abzufertigen angeordtnet, derweill aber dem Fürsten auff villfaltiges anhalten nur mit seinem *Bei Weissenburg wirdt general Musterung gehalten dahin der Amuberae Aga legation weiss anlanget.*
hoffgesindt zu compariren vom Fö Veszeren vergönnet worden, wurden von landt seiner Fürstlich Gnaden Franciscus Belyenessi einer vom Adell zu geordtnet vndt wurde weiter zu dess Fürsten Apafi reiss den Statibus capitatim einen Imper. zu erlegen beschlossen, welche auch alssbaldt zu colligiren gebotten wurde, derweill aber der Locumtenentium residenz derweill ihn vnsserer Statt Schesspurg zu halten vndt den Tabor ihn vnssern Rohrawer zu legen geordtnet worden, hat eine Löblige Universität hart contradiciret, vorgebendt, dass solches den bonis Fiscalibus zu erhalten vndt zu prästiren zu stünde, was das Läger anbelanget, ist zwar auf Neymarck zu legen geordtnet worden, die Herrn Locumtenentes aber Alss Stephanus Petki, Paulus Beldi vndt Andreas Fleischerus J. Regius Ciberniensis ac Comes Saxonum ihn vnsserer Statt Schesspurg residiret, vndt ist weiter geschlossen, dass einem jeden Herrn Locumtenentem seine Nation vndt Status mit Speiss versehen solte.

Die 8 September wirdt durch gantzes Sübenburgen vmb 3 Uhr nach mitag ein himelss krachen, vndt knall gehöret, alss schisse man mit stücken, welches wie kuntschaft kommen durch Moldaw, Walachei vndt gantz Vngerlandt soll gehöret sein worden.

Vntter diesser Zeit ist zu Lembrig ihn Pollen ein Landtag gehalten, vndt der Fekete Peter zu erlösung dess Herrn Apafi Istvans vndt seiner schwester sohns Gyerőffi, so im polnischen Schloss Landtshut wegen dess Fürsten Ranzionirung, der 200000 Duckaten ihm Arest gelegen, *Fekete Peter wird in Pollen vndt Lemburgischen Landtag geschickt.*
dahin geschickt, welcher denn die Ranzion biss auff 200000 Polnisch gulden bracht.

Alss nun der Fürst Apafi sich ihn Augusto zur reiss fertig gemacht, ist er im Anfang des September ihn Gottesnahmen verreisset, alss er bei dem Schloss *Fürst Apafi zieht zum Fö Veszeren vntter Neyheussell.*
Illye anlanget, wehlet er aus seinem Hofvolck 8 Bejaro, 10 Etegh-

fogo vndt 100 Hayducken, so die beste ross gehabt, mit sich zu nehmen ausschicket, die vbrigen zu Hauss zu bleiben zurück.

Die 13 September. Nicht lang nach dess Fürsten abzuch schrieb der Commandant auss dem Szakmar an das landt eine falsche Zeitung, nur damit der Fürst Vrsach nehmen möge, ihn Landt zu bleiben, vndt der Port ihn Vnhult zu fallen, doch mit Versicherung, dass ihm pfall der Fürst nicht wider den R. Keysser ziehen mögte, würde dass Landt Sübenbürgen vor demselben beschützet werden, die zugeschickte Zeitung ist aber diese gewesen, dass auf dem Mohaczer feldt 30000 dreissigtaussent Türcken von den teutschen erschlagen weren, vndt Ersek Ujvar im Stich lassen müssen, zu dem der Churfürst von Brandenburg zum Generalissimo erwehlet worden, welcher sampt dem Graf Sereni vndt seinen Crabaten 25000 starck zu Verfolgung der Türcken ihm anzuch weren, vndt hette zugleich der Serini 15000 seiner Johbagyen mit kleidern vndt wehren, so er von Venedig bringen lassen, aussgerüstet, vndt dem teutschen Keysser zugeschickt, endlich setzet er im schreiben auch zu, dass zwar die Türcken von Neyheissell abgewichen, hetten doch ihr Volk beisammen vndt erwarteten anstatt der erschlagenen 25000 andere Völcker, wie sie denn auch dem Tattar Cham vmh mehr Volck vndt ihn eigener perschon zu erscheinen geschrieben hatten, alss demnach die Herrn Locumtenentes dem F. Apafi erzehlte Zeitungen zu geschrieben vndt wissen lassen, hat sich befunden, dass es eine gemachte Jesuvitische Lügen vndt practik gewessen.

Szakmarischer Commandant schreibet falsche Zeitungen ins landt, welche die Locumtenentes dem Fürsten zuschreiben.

Die 19 Sept. kompt ein Türckischer Legat von der Port an zu sehen, ob der F. Apafi fortgereisset sei, oder nicht, dannenher der Kapitihany vndt Szalogh ein Sübenbürgischer Adelmann dem Landt ankündigen lasset, dass nachdem der M. Keysser vernohmen, dass der F. zum Fö Veszeren zu ziehen gewilliget, er von der Zeit ihn grössern ehren vndt würden gehalten worden, vndt were gleichssam versichert, der Tribut sollte widerumb auff das alte gebracht werden, sed fuerant verba.

Des Kapitihany schreiben von der Port.

Damit mir abermall zur Continuation der Neyheisselischen belegerung mögen schreiten ist zu wissen, dass die der Fö Veszer den 18 August mit den grössten stücken dass Wiener Thor starck beschiessen liess, vndt das was noch von der verbrannten Vorstadt stehen bleiben mit grossem geschrei eintrümmern liess, seine schantzen desto gefüglicher zu werfen vndt wiewoll man mit stücken dapfer vntter sie spillete, liessen sie doch heran zu schantzen nicht ab, vndt warffen also kegen der Pastey die Forgatsin genandt den ersten Schantz auf, wie sie denn innerhalb wenigen tagen noch andere fünff Schantze werfen liessen, von den ersten fingen sie vier gantzer tag die Vestung so continuirlig zu beschissen, dass kein Tag verginge, dass nicht vndt zwar mit 65, 48, 35 und 22pfündigen Kugelln vber 350 schuss geschossen worden, herkegen theten mitler Zeit den 21 August einen aussfall, macheten vill Türcken nieder vndt eroberten ein Fähnlein. Dess folgenden tages aber wardt vnversehens von den Türcken ein kleines schantzlein vor dem Wienerthor eingenohmen, dass beiderseits villes Volck vmbkam, den 23 August wardt von den Türcken vndt denen ihn der Vestung sehr starck kegen einander mit Stücken geschossen, dass zimlig Christen denselben tag erschossen vndt gequetschet worden, da zweiffels ohne herkegen ess auch türckische Köpffe nicht wenig gekost wirdt haben, selbige nacht entstandt ein grosser Tumult ihm Türckischen lager mit grossem geschrei, welches den belagerten grosse furcht gab, vndt sie zu wehr machte lauffen; den 24 vndt 25 August ist auff das Wienerthor sehr starck geschossen worden, dass auff der Pastey Ernestina genandt etlige vornehme Vnger thod blieben.

Den 27 August waren auss Canischa 40 wegen mit allerhandt waaren, geldt vndt proviant beladen inss Türckische lager zu bringen aussgeführet worden, welche etlige Hayducken, so aus Comorn beuten aussgezogen, ihn 800 zwischen Gran vndt Buda antroffen, 36 derselben aufgeschlagen vndt geplündert, der kostliger vndt besten wahren, so vill sie in eill mit sich nehmen konnen, auf die Rosse gebunden, vndt mit sich geführt, die vbrige Waaren alles auf Stücken gehawen, darneben 14 gefangene sampt 15 Türckischen Köpfen mit sich geführt, die vbrige 4 wagen sein sich zu salviren ihn dass alda an der Handt ligende Castel Zeret eingezogen.

Derweill demnach der Fö Veszer ietzt gedachten ankommend 40 wagen kuntschafft gehabt, hat er No. 1000 Türcken mit etligen Cameelen zur Convoi selbiger wagen aussgeschickt, welche die belagerten von den Pasteien aussziehen gesehen, aber nicht schliessen kennen, was die Vrsach gewessen, alss sie aber zum Jahrmarkt zu spät kamen, vndt der kauff schon geschlossen war, welches sie auss der erschlagenen Körper beschaffenheit in acht nehmen können, sein sie abermall dem Fö Veszern die traurige post anzuzeigen, widerumb inss läger marchiret.

(Marginalie: 1000 Türcken ziehen auss dem Leger zur Conroi der 40 wagens vnd werde fabulare.)

Ihn diessem Spill ist bei einem erschlagenen Czausz, so ein Curier gewesen, ihn rohtem Atlass eingemachte brieff gefunden, ihn welchem der Bassa von Bosina dem Fö Veszeren bericht gethan, wie dasselbige Provinz Völker, so Christene sein, rebelliret, vndt den Tribut nicht erlegen wollen, wiewol er sie zu Gehorsam gezwungen vndt auff 300 nicht mit geringem schaden der seinigen niedergemacht hette, aber nichts aussgericht, sintemall sich auf Zehntausend zusammen rottiret, 3 Statt auf ihre Seiten bracht, vndt zu den weren ihnen von den Venetianern 6 Galleren vndt etliche Fregatten zu hilf kommen, vndt nicht wissen kunte, was aus dem Spill werde wolltе, drumb begehrte er eillfertige Hilff, anders würde er ganz aus der Provinz zu ziehen genöthiget werden.

(Marginalie: Ein Türckisches schreiben bei den erschlagenen funden so vill auf sich gehabt.)

Die 29 Augusti ist ein Türckischer Constabel oder Püchssenmeister, so ein Christ vormalss gewesen, zur Vestung heimliger weiss gegangen, welchen die belegerten alssbaldt bei der nacht an einem Seill eingezogen, welcher bericht gethan, dass eine grosse anzahl Türcken ihm läger vber einem Hauffen, alss dass vnvernünftige Viehe liege, hetten zwar an getreidt keinen mangel, aber an mehl vndt brot, weill die mühlen allenthalben verderbet vndt verbrennet weren, grosse noht litten, vndt dass getreidt also gantz kochen vndt essen müssen, wes wegen sie häufig wegstürbeten, wie denn auch die Moldawer Walachen vndt Tartaren gesinnet weren auss zu reissen. Auch hatte benannter Constabel ihn etlige schuss zu thun gebeten, sintemall er woll wüste, allwo die Vornembste Türcken liegen theten, welches denn ihm zugelassen worden, vndt sich auch alssbaldt sehen lassen, dass sein schuss nicht leer abgegangen, sintemall der feindt die Zelten auf 700 Schritt zurückziehen müssen.

(Marginalie: Ein Püchsenmeister so ein Christ gewesen entkommet ihn Neyheisseill.)

Die 30 August wurde bei nacht ein teutscher Curier ihn die Vestung gelassen, so bericht bracht, dass sich die belagerten eines starcken Succurs gewisslich vertrösten solten, vndt were von den gefangenen Türcken so hart gepeiniget worden, bericht geschehen, dass ihm Türckischen lager schon albereit 6000 Mann vmbkommen vndt verlohren worden. *(Ein teutscher Courirkompt ihn Neyheussell an.)*

Die 31 August machten die Türcken sich an die Palisaden ihn den graben, haben bei 80 wagen mit Reussern, vnzehlig Ballen Baumwollen, Sack mit Erden, vndt dergleichen Materi den graben auszufüllen bracht, doch aber ist das wasser vber die Säcke gegangen, vndt nichts damit schaffen kennen, letzlig haben die belagerten eine Invention erdacht, Schnellgalgen mit bäumen gemacht, vndt Wollballen auss dem Wasser in die Vestung gezogen. Diessen tag ist der Leutenamb Joannes Matthias von Lemberg, ein wollgeübter Soldat, durch einen schuss vmbkommen. *(Vill baumwoll, reisser, vndt erden wirdt vntter Neyheussell an erfüllung der graben bracht.)*

Droben ist gesagt, wie der F. Apafi mit seinem hoff Volck zum Fö Veszeren vntter Neuheussel verreisset, ist zu wissen, dass baldt nach seinem abreissen ein schreiben vom M. K. ankommen, weill aber damals kein Törek Deak ihm landt zu finden gewessen, so das schreiben verdolmetschen können, müssen die Herren Locumtenentes dass schreiben gar biss ihn die Lippa zu verdolmetschen schicken, vndt soll ein guttes trostschreiben gewessen sein, dass weill der F. Apafi zum Fö Veszeren zu ziehen gehorsamet, solte dass landt solches geniessen. *(Den Locumtenetibus kompt ein Türkisches schreiben an.)*

Die 9 September ziehen 2 Fahn deutsche Völcker von den praesidiariis auss Claussenburg, alss der Waradi Passa solches vernimmt vermeinendt, sie mögten alle verreisset sein, derselbe schicket von stundt an 1800 Türckische Völcker an der teutschen Stat ihn Claussenburg zu ziehen, alss sie aber vntter wegens vernohmen, dass noch vill teutsche Völcker ihn der Statt gewesen, kehren sie auss dem Fekete To widerumb ihn Wardein. *(Der Waradi Bassa soll in Claussenburg 2 Fahn Türcken schicken ziehen aber widerumb zurück.)*

Nachdem nun der Fürst Apafi seine reiss glücklich continuiret ist er noch ihm September ihm Lager vntter Neuheussell bei dem Fö Veszeren angelanget, welcher derselben einen Bassa sampt den beiden Walachischen Fürsten vndt ein Theill der Tartaren entkegen geschickt, mit Verehrung eines schönen pferdes sammt aller rüstung vndt ihn köstliges Zelt einlossiren lassen, vndt müssen ihn auss befehl dess Fö Veszeren mit alle dem, was ihm von nöhten war, versehen, vndt Proviant zuführen lassen. *(Fürst Apafi kompt ihm September vntter Neuheussel an.)*

Alss derowegen die belagerten ihn, der Vestung Neuheissell den grossen ernst der belagerung erfahren, vndt wegen statigem vndt vnaufhörligem schissen weder tag noch nacht keine rast noch ruhe gehabt, vndt zugleich keiner gewisser entsetzung gewartens gewesen, haben sie den 15 September Kriegsraht halten lassen, vndt nachdem sie sich mit allerhandt proviant vndt Munition wol versehen sahen, haben sie nach verrichtetem Gottesdienst auff öffentligem Marcktplatz bei einem hierzu aufgerichteten Altar, worauff das Venerabile gestanden, mit auffgerichten 2 Fingern, sich zusammen geschworen, die Vestung bis auf den letzten blutstropfen zu defendiren, vndt welcher von der aufgebung reden würde, solte vber die Vestung hinaus gehängt werden. Dess andern tages, so der 16 September war, entkamen zwei gefangene auss dem Türckischen Lager ihn die Vestung, welche berichteten, wie nun etliche tag her die Türcken den Fö Veszeren ihn grosser menge überlaufen, man solte

2 gefangene kom- ihnenBrod schaffen, oder sie wolten nicht mehr fechten,
men ihn Neuheus- sondern davon lauffen, welches denn dem Veszeren
sel as.
nicht wenige grillen in Kopf machte, liess also noch selbigen tages die Vestung vill herter, als je geschehen, beschissen, dass der gestalt sich die belagerten eines sturms versahen.

Derweill derowegen die Hungers noth im Türckischen Lager von tag zu tag je lenger je grösser wardt vndt der Fö Veszer des Überlaufens keinen friden hatte, schicket er den 17 September bei 20000 man auss, vber den Wagfluss ihn teutschlandt einzufallen, Proviant vndt beuten einzuhollen, wodurch er zugleich das läger, einer grossen anzahl fressender meuller entledigte. Alsso zoge dieser Hauffen teutschlandt zu zwischen Trentschin vndt Schintaw, an vntterschiedlichen Örtern einen sichern pass zu suchen; ess hatten sich aber die Keysserligen Völker zur wacht daherumb gelegert. Der Oberst Graf Tchiaki lage mit seinen Dragonern bei
20,000 Türcken. Galgocz oder Freystättel, auff welche die Türken starck
Tattern vndt wa-
lachische Volcker setzeten, vndt ob er sich schon dapfer wehrete, müste
brennen, rauben er doch endtlig der grossen menge weichen, vndt rücket
vndt morden ihn
Lagern vndt Mäh- mit stetem Scharmutziren (alda er selber thödlig ver-
ren.
wundet worden, vndt fast sein gantzes Regiment dabei verloren) die Wage hinunter nach Schintaw, alwo die Heisterische, Schneitaische, Spurkische, vndt Zeissnische Reuter, wie auch die Götzische Dragoner gleiches falls die Pass defendiret haben; Item

2 Regimenter Crabaten neben den Keigischen vndt Alten *Zu Verhütung der*
Picolomischen, wie auch zwei Regimenter Reuter, waren *pass ligen Key-*
ihm Holtz blieben, der Vutterste hatte sich letzlig nach *serische Völcker*
Lauschutz (alwo der General Feldtmarschall mit dem *aber ausweichen.*
Hauptleger befunden) retiriret. No. 400 aber der Heisterischen vndt
Zeissnischen Musquetirern besetzeten die Schantze bei Schintaw.

Alss demnach der gantze Türckische Hauffen, wie gesagt
20000 starck sich beisammen finden vndt starck fortsetzeten, haben
die teutschen Völcker das lager angezündet vndt 4500 *4500 keysserische*
starck Presspurg zu (alda sie ihre Pagagwägen erstlich *werden von den Türken biss Pre-*
hinübergesetzet) gezogen, wenn aber damalss die *spurg verfolget.*
Holsteinischen, vndt ein Regiment Kürasier, so dapfer gefochten
hetten, weill der feindt diesse 4500 Keysserischen biss auff Presspurg starck verfolget, weren sie alle darauf gegangen.

Dess folgenden tages ist die gantze Armee auch hinvber
marchiret, nachdem sie die Statt Presspurg sampt dem Schloss mit
1500 mann besetzet haben, vndt die brücken mit 2000 Musquetirern
bewachen lassen. Vndt hat dergestalt solcher Türckische einfall
allenthalben grossen schräcken vndt flucht verursachet vndt aller
ohrten her nach Wienen geflohen, vndt dazu vor selbe Statt von den
vbrigen einwohnern geräumet worden, ist sie wiederumb mit Hunge-
ren vndt anderm Landvolck besetzet worden vndt angefüllet, vndt
haben doch vber dass 1400 wagen vor der brücken auff der Donaw
Insell vutter dem freien Himmel ihre herbrig suchen müssen, andere
haben sich aufs gebirge vndt ihn die wälder verkriechen müssen,
ihrer ville haben bei der Nacht ihn so eillender flucht *Der Vogerländer*
ihre liebe Kinder von den wagen verloren, welche vom *grosse Flucht*
feindt zerreten vndt zerquetschet worden, wie woll auch *Wien zu.*
der feyndt vber 600 bei vbersetzen der wage fluss erschossen vndt
ihn das wasser begraben worden.

Derweill derowegen der Feyndt von niemanden keinen widerstandt spürete, brennten vndt sengeten allenthalben, wohin sie
kamen, dass dass gantze landt von feur erleuchtete, alss wenns am
tage were, vndt wass sie ihn der ersten furi antraffen, ward nidergehawen, die Kinder haben sie mit einem bein ihn die lüfte geworfen vndt sie zu todt auff die erden fallen lassen, die sie nicht
erbawen, haben sie wider die wende geschlagen, vndt verzappeln
lassen, oder mit den rossen zertreten lassen, nachdem uber der

feyndt die Pässe an dem wagefluss wohl besetzet gelassen, sein 6000 Tarter ihn Mähren gezogen vndt vmb Ravenssburg, Nicklasburg, Güdingen, Strassnütz, Brunn, Ostrov, Holleschaw vndt andern öhrtern gebrennet vndt geraubet, vndt mit wegtreibung vill 1000 menschen vndt viehe, dreimall von Olmütz wider gekehret, wass vber 40 Jahre gewesen Alte Leut sein erhawen, Junge perschonen aber weibsperschonen vndt die schöne knabellein haben sie gefangen genohmen, welche sie in Säcken kreutzweiss vber die pferdt geworfen, löcher ihn die säcke geschnitten, die Häupter der Kinder herausgestochen luft zu haben, dieser Säcke sollen sie vber 1000 angefüllet haben, vndt vber 12000 Christen jamerliger weiss gefangen geführet haben vndt soll dieser feyndt ein bösswicht, ein Tyrnawer vndt Gräntz Hussar, so zu einem Türken worden, Nitzai Jakop mit nahmen, ihn mähren geführet, vndt alle pass wege vndt Stege gezeiget haben, ausserhalb diesen Tartaren sein auch andere mit Moldawern vndt Walachen vnttermischet, ihn die Wälder bin vndt wider, allwo sich vill menschen verstecket, gezogen, welchen mit böhmischen, vngrischen vudt teutschen nahmen ruffen kennen, vndt dergestalt vill arme leut herfür gelocket vndt gefangen, ja haben auch derjenigen Vnger vndt teutschen, so der enthaltenen soldt wegen vntter ihren Fahn entlauffen, vmb gewisse Zahlung vndt lohn bei sich gehabt, so ihnen alle gelegenheit gezeiget, welcher auch etliche selbigen Verrahter ihn Comorn gefanglich einbracht vndt sehr Jamerlig gethödet worden, etlige sein in eiserne Hacken gehängt, etlige lebendig gebraten vndt einess theils ihn eine frisch abgezogene ross haut, biss an den Kopf eingenähet, vndt mit schräckliger marter ermordet worden; etlige sein auch auff solche weiss hingerichtet worden, davon vor Zeiten auch niemandt mehr gehöret hatte.

Nachdem die feindt alsso in Mähren gehausset vndt durchstreifet, dass ihnen kein mensch entrinnen können vndt die arme gefangenen, wie das Vieh vor ihnen getrieben, sein sie den 26 September mit sehr reicher bente widerumb zurück kommen, vndt vngehindert frei passiret, vndt wie menigkligen gesaget, war kein Zweiffel gewesen, wenn auch nur etwa 2000 bewerter soldaten bei wegen gewesen, weren die armen vndt ellende Christen leichtlig kennen erlöset werden, aber da hat sich niemandt funden, so Israel erlössen wollen, sondern hielten sich vill lieber ihn den stuben den armen pauren auff den halssen, welche sie kegen das Haar scheereten, vndt dass was sie hatten auffrassen.

Derweill nun die Tatern sahen, dass nirgendt kein widerstandt wäre, nahmen sie, nachdem sie 6 tage aussgeruhet ihren streiff zum andernmall für, vndt kamen den 3 August gar biss auf Pressburg, alss dass sie mit pfeilen ihn die Vorstadt schossen, alss aber mit Stücken vndt Musqueten geschossen worden, sein sie durch die Weingärten gegen dass gebürg dem Marchfluss zu gewichen, vndt von Menschen vndt Vieh vill raubeten. Derweill aber ihnen der Pass vber den weissen berg von der Paurschaft verhawen vndt verschantzet worden, zogen sie auf Theben zu am Fluss einen Pass zu suchen, sie sein aber bei Dresing von einer grossen rott Pauren ihn einen sehr engen Ohrt dermassen gewillkoment worden, dass sie mit Verlust 120 mann zurückweichen müssen, ess haben ihnen auch die pauern zu Landshut, welche sich in einen Kirchhof retiriret vndt eingeschantzet gehabt, vill gefangene vndt auch Vieh abgejagt, diese Paurschaft hatte die noht fechten lehren beuten zu suchen, Vnterdessen aber funden sie ihm Zurückkommen ihre schöne Marck vndt Dörffer, als S. Georgen, Strompf Modor, Püsing, Töben, Flammeraw, Grimma Weyeraw, Kaltenburg vndt ander ohrter mehr in der Aschen ligen.

Damit mir vns abermall zur Neyheusselischen belagerung kehren mögen, ist droben gesagt, wie der Sübenbürger Fürst Apafi ihm September zum Fö Veszeren ihm lager ankommen, vndt sehr hoch respectiret worden, alss er sich aber auff eine Zeit etwass vbell geschickt befunden, hat ihn der Fö Veszer auff Buda ihns warme bad zu ziehen beweget, vndt ihn mit sicherem geleit, vndt mit aller noht versehen dahin führen lassen; alss er aber im Zurückkommen nicht besser befunden, hat der Fö Veszer leidt vmb ihn getragen, vndt ihm seinen leib Medicum einen Italum zugeschickt, mit Vermeldung, dass weillen er vill faynde hette, mögte ihm gifft beigebracht sein worden, drumb solte der Doctor fleiss zu ihm haben, welcher aber nichts anders befunden, alss dass ihm wegen Veränderung der lufft etwass vbell worden, vndt ihm nichts anders als Spiritum Vitrioli zu gebrauchen gerahten, vmb welchen zu holen er ihn Sübenbürgen geschickt, vndt von Schesspurg vom Andrae Bertramo abhollen lassen.

Allhie ist zu wissen, dass nachdem der F. Apafi dass brennen, rauben vndt morden der Tatern vernohmen, hat er aus Christenen Hertzen vndt grosser erbarmung bei dem Fö Veszeren vmb gnadt vndt linderung der straffen demühtig anhalten lassen, welches er auch erlanget hat, da denn das brennen, rabbeln, rauben vndt morden, sich also baldt gestillet, doch mit solchem Vorbehalt vndt ernsten gebot, dass der Fürst Apafi allenthalben ihn Vngerlandt an Stadt vndt Schlösser Patent schreiben solte ausgehen lassen, dass welche ihm dem Fürsten Apafi holdollen vndt vntterthenig machen würden, solten gnadt bekommen vndt ihrer geschonet werden, welche aber solches nicht thäten, die würden die Türkische Völker im Winterquartir dulden müssen, vndt sollten den folgenden Sommer allzumall ihn den brandt vndt aschen gelegt werden, alss aber der Fürst Apafi sich auch ihn solchem pfall nicht nur höflig vndt gutter Manier entschuldiget, sondern dem Fö Veszer auf ein gewisses ansehen begütiget vndt von solchem abzustehen beredet, ist dergestallt dasjenige hinterfellig blieben.

Der Fö Vesser gebiettet dem F. Apafi Patentschreiben allenthalben aussuschicken.

Derweill mir demnach wie gesagt abermall zur belagerung Neyheussell geschritten, ist weiter zu wissen, dass den 1. September ein weib auss dem Türckischen Lager ihn die Vestung bei der nacht entkommen vndt berichtet, dass die gantze Reuterey auf den raub aussgezogen were, vndt auch vnzehlige gefangene Christen einbracht worden, an welchen grosser Jammer zu sehen gewesen, denselben tag zu nacht kam den belagerten mit grossen listen ein Succurs von 400 Heyducken ihn die Vestung, welcher Capitan ihm einzuch am Granerthor, alda sie eingezogen, durch eine Kugel, vnwissendt als aus dem Lager, oder aus der Vestung geschehen, erschossen worden, wie denn auch der Colonell Hagen eben damalss von einer 2pfündigen Kugell hart geletzet vndt gequetschet worden.

Ein gefangenes weib entkompt ihn Neyheissell.

Die 3 September haben die Türcken ihren laufgraben gar biss an der Vestung graben gemacht, sein aber des andern tages, wegen stettigem regen wetters alles Vornehmen enthindert worden. Denselben tag aber sein ihn der

Neyheissel stark beschossen vndt kommen vornehme Herrn vndt

Vestung No. 31 Soldaten, welche von Stücken vndt andern Kugellu untter etligen tagen geschossen worden, gestorben vndt ihn eine gruben gelegt worden. *officier wie auch gemeine soldaten rmb.*

Die 4 September derweill abermall Regenwetter gewesen vndt die Türcken nichts sonderliges vornehmen kennen, haben die in der Vestung einen grossen Haufen Türcken kegen Gran zu mit villen Cameelen marschiren geschn so doch dess andern tages wieder gekehret.

Die 5 September Ist die Vestung jedoch ohne sonderlingen effect hart beschossen worden, vndt ihn der folgenden Nacht ein grosser Tumult ihm läger gehört worden, aber niemandt, was es gewesen, wissen können.

Die 15 September. Ist den Neyheusslern ein stück zerschossen worden, dabei ein Soldat auch thodt blieben, denselben tag nach Mitag sein 5 Türcken vber den Graben kommen, welcher wegen den belägerten grosser alarme geschehen, ihn solchem auflauff vom Walterischen Regiment ein Capitan Lieutenampt erschossen worden, dieselbe nacht sein 8 Hayducken auss der Vestung gelassen worden, ob sie einen Türcken, kuntschafft einzunehmen, bekommen möchten, sein aber ledig vmbkehren müssen, sintemall ausserhalb einem, alle pass vndt zugeng abgeschnitten waren, vndt wer sich durch denselben wagte, *Den belegerten wirdt ein stück sampt einem Leutenambt zerschossen.*

etwa brieff, pulver oder blei ihn die Vestung zubringen, dem war 8 gulden monat soldt sampt einem adelsbrieff versprochen, aber endtlig wurde auch selbiger pass eingenohmen, dass niemand mehr wagen dörfte.

Die 16 Ist einem Constabel die Zündtstrick durch den Stück schuss auss der Handt geschlagen worden, so ein Hauss auf der Sierotinerin pastey angezündet, welches wegen grosser lärmen worden, vndt ist ihn selbigen auflauff ein Lieutenambt von einem Stein, so gleichesfalss vom Stückschuss aus der mauer geschlagen worden, dermassen getroffen, dass er folgenden tages gestorben. *Durch einen Zündtstück geht ein Hauss in brandt.*

Die 17 Ist der Capitan Gross vndt H. Marches De Gran, mit einer Kugel, der eine am Haupt der andere am Knie geletzet worden. Nachmittag desselbigen tages haben die Türcken wider die beide Pasteyen Forgatsin vndt Friedrichin den ersten Sturm gelauffen, von der einen leichtlig, von der andern aber mit grosser mühe abgetrieben worden, vndt hat das gefechte mit beiderseits nicht geringem schaden biss vmb 2 Vhr gewehret, ihn derselben nacht, alss die belagerten ihm graben der Friedrichin pastey am fuss noch Türcken zu sein vermercket, haben sie Pechpallen hinabgeworfen, davon sie abgetrieben worden, haben gleichwoll 2 Fähnlein davon bracht.

(Marginalie: Iha Neyheisell wirdt zum erstenmall sturm gelauffen.)

Die 18 haben sie versucht die Maur zu vnttergraben, sein aber abgetrieben worden, vndt der Minirmeister auf dem platz blieben, hatten aber die Maur alsso vnttergraben, dass sie kaum einen schritt von einander gehabt, vndt wenn sie nicht abgetrieben worden, leichtlich hinaufsteigen kennen, ess seien zwar auch damalss pechpallen hinvnttergeworfen worden, dem feindt aber wenig geschadet. Den 19. ist ein Soldat nach Comorn zu gehen mit schreiben aussgeschickt worden, welcher aber, alss er nun alle aussgenge abgeschnitten funden, vmbkehren müssen.

(Marginalie: Der feindt vnttersteht sich die Mauren zu vnttergraben, vndt bleibt der Minirmeister auff dem Platz.)

Die 20 Alss die Türcken frühe vor tags der palisaden an der Pastei Forgatsin mächtig worden, haben sie die mauer zu vnttergraben angefangen, vndt mit dem tag vill fuss Volck auss dem lager ihn den graben gefallen, vndt die Pastey Friedrichin hart gestürmet, wie sie denn auch eine fahn auf die pasteyen gestecket, sein aber mit strichschüssen wiederumb abgetrieben worden. Von dannen haben sie die Forgatsin angelauffen, aber ebenermassen abweichen müssen, vndt doch sich die Friedrichin abermall zu stürmen vntterfangen, aber vergeblich vndt vmbsonst.

(Marginalie: Auf Neyheisell wirdt hart gestürmet.)

Die 21 hat der feindt vmb 9 Uhr zu nacht wider die Forgatschin Sturm zu lauffen sich angemasset, vndt sich vber eine stünde vergeblich abgemattet, welches mall er vill Volck verloren, vnter andern 2 vornehme Bassa, bei welchen ein brieff ihn blawen Damaschket genehet gefunden, so vom Herrn Palatino an Graff General Monte Cuculi gelautet, die belagerten ihn der Vestung haben auch zimliger massen eingebüsset, vndt neben 2 Capitänen, statlige Soldaten verloren.

Die 22. Haben die in der Vestung gesehen, dass bei 20000 Türcken auss dem Lager Comorn zu gezogen, vndt auff ½ meill sich nieder gelassen, dass niemandt wissen kennen, wass sie damit gemeint, genuch aber ist, dass vmb denselben Mittag sich ein vnauf-

hörliges schissen erhoben, dass die Mauern, so vnttergraben worden,
gantz zerfallen, dass die Friedrichin pastei vmb 3 Vhr den driten
sturm aussstehen müssen, vndt dermassen mit solchem Verlust abgetrieben worden, dass menigkligen gehoffet, sie würden
nicht mehr dahin ansetzen, aber durch Vnvorsichtigkeit
eines Soldaten feur ihn die pulfer thonnen kommen,
durch welche brunst der feindt aber sturm zu lauffen
anlass genohmen, ist aber widerumb abgetrieben worden, ob er schon oben auff die pasteien kommen, die brunst hatte
40 Soldaten ergriffen, wie auch zwei oberste Leutenambt vom Spar-
kischen vndt Hagischen Regimentern, welche halber verbrennet,
welche den 26 gestorben, die Soldaten aber eines theilss den tag,
die andern nachdem baldt gestorben, denselben tag ist auch Marches
Pio mit einem pfeill ihn den Halss, vndt Marches de Gran mit einer
kugell am Kopf verletzet worden, aber doch ohne gefahr.

Die 23 Ist abermall auf die Friedrichin sehr starck geschossen
worden, vndt die Mauer zerfallet, dass man hinauf hette reiten können. Dieselbe nacht hatten die feindt kegen die Pastei Sierotinerin
dem graben gleich einen hohen berg mit erden aufgeworfen, von
welchem sie die belagerten von allen pasteien abschiessen kennen.
Vnter solchem Verlauff Ist der Graf Nicolaus Serini Hungrischer
Generalissimus erkläret, dem gantzen Adell aufgebotten, vndt zu entsetzung der Vestung ein Corpus von 50000 Mann kegen dess feindes läger inss feldt zu stellen getrachtet worden, derweil ess aber
mit der Reichshilff langsam hergegangen, vndt zugleich die Hungern,
alss die der Religion wegen hart disgustiret waren,
wenig oder gar nichts pariren wollten, vndt ihre ross in
den ställen stehen liessen, müste das gute Vorhaben in
der geburt ersterben; ex nihilo nihil fiebat.

Alss aber dergestalt der Fö Veszer den anzuch vernohmen, vndt
vermercken, vndt ihm im Kopf geschwebet, dass wofern er seinem
M. Keysser die Vestung nicht zu Henden stellen würde, müste er
sein leben drumb enden, hat derentwegen alssbaldt befehl gethan,
vndt mit 3 gantzen vndt 6 halben Carthaunen, neben 9 falkaunen,
vndt andern 100 stücken sehr grausam auf die Vestung donnern
lassen, dass den Janczaren ihrer gewohnheit vndt freiheit nach gleichssam eine bahn vndt wege zum Sturm
gebauet worden, wodurch denn die pasteien dess

wiener thores gantz ruiniret, vndt die graben ausgefüllet worden. Alss solches geschehen, hat er drei formular Sturm anlauffen lassen, deren der eine von den Moldawern Walachen, Tartaren vndt gehuldigten pauren, der andere aber von den Janczaren vndt besten Grentz Türcken geschehen, welche mit solcher Forza vndt gewaldt ergangen, dass 14 türckische fahn auff die pasteien gebracht worden, welche doch durch Gottes hilf mit Cartatschen Schrot Morgenstern, schlachtschwertern, sensen, pechkräutzen, Steinen vndt anderen sturmzeuch, widerumb ab vndt ihn den graben getrieben worden, wie denn auch der dritte sturm keinen effect gehabt. Diese drei sturm haben beiderseits vill Volck wegfressen, worunter auff Türckischer part der Saphi Agalarsi General vber die Reuterei, 2 Tschor Bassa vndt zwei Kapuczi Bassa sampt einem vortrefflligen Aga vmbkommen, welcher letzte vom Fö Veszeren sehr betrauret worden. Von denen in der Vestung sein ebenermassen vill geblieben, vndt mehr alss das halbe theill beschädiget worden, vndt vnter den Hauptleuten nicht mehr als 3 verletzet; — Derweill derowegen bei diesen Vmbständen endtlig die belagerten einerseits keinen Succurs von freunden zu hoffen, anderseits von den feinden gewissen Vntergang zu fürchten hetten, alss begunnetten sie sich beide Hunger, Inwohner vndt Soldaten von der Vbergabe sich heimlig zu bereden, wie sie denn durch ihre weiber derentwegen bei dem Herrn General Forgats anhalten liessen, vndt sich auch von der Zeit auf den pasteien vnsichtbar machten. Letzlig wolten die teutschen Soldaten gleichssam nicht mehr fechten, kamen demnach den 24. gesamten Hauffens zu ihrem General Marches Pio bittend, dass er die Vestung, so ja nicht länger zu Manutuniren were, aufgeben vndt ihrer aller leben schonen wolte, welches sie solchergestalt, doch ohne nutzen, wie er auch dass Seine verlieren würde. Alss sie der General Marches nicht anhören wolte, sondern sie ihres Eydts errinnerte, dreieten sie öffentlich, die wehren niederzulegen, mit wiederholung man solte den Veszer vmb die Accords puncten beschicken lassen, alss der General replicirte, diesser feindt pflegte keinen glauben zu halten, haben sie alle geschrieen: ja ja er wirdt solches wegen Verlierung mehres Volck schon eingehen. Derweill dergestallt beide General solches alles in consideration nahmen, wie dass der Vestung aller pass vndt aussgang abgeschnitten, kein Succurs zu hoffen, vndt weder Hunger noch Teutscher mehr fechten wolte, zu dem das pulver meistentheils in die lüfften geflogen, were auch kein ander loht mehr, alss fensternblei vndt etwass wenig schisseln Zinn vorhanden, zudem noch ihn der Vestung bei 7000 Seelen sich befindeten, welche da man des feindes letzten ernst erwartete, alle miteinander entweder jämmerlig nieder gesabelt, oder ihn ellende Dienstbarkeit mögten getrieben werden, vndt zugleich sie sowoll ausser der Vestung, wie auch ihn der Vestung ihre eigene Soldaten zu feinden hetten, so sie nun gantz nicht respectirten, alss würden sie zu accordiren gezwungen werden. Alss liessen beide General endtlig zu, dess folgenden tages an den Fö Veszeren ehrlige auffgab Conditiones zu begehren. *Dem Gross Vesseres wird die aufgebung der Vestung vorgetragen.*

Alss demnach die beide General sampt der besatzung solches ihr begehren an den Fö Veszeren gelangen lassen, welcher auch nichts mehr, alss solches lengst gewündtschet hatte, vndt eine stimme hörete, so ihn seine pfeiffen klingete, alss liesse er derhalben den belagerten ohne Verzuch zurück entpietten, sie sollten nur getrost ihre Accordspuncten ihres gefallens Articuliren, er wolte solche nicht allein ratificiren, sondern auch bei seinem glauben treilich halten, welche begehrte puncta er auch alle gehalten, ausserhalb dass er die Stück abzuführen recusiret hat, wie er denn seinen Credit zu bestätigen, an den Commandanten zu Comorn mit den Accordspuncten 2 vornehme Passa alss Geissell zu behalten, schickete. Alss aber der Commandant eingewandt, dass er ohne seines Keyssers Vorwissen solches nicht thun dörffte, alss sollten die zwei Passa nur der weill bei ihm still bleiben, die Accords Puncta aber hatte er auf schneller Post fortgeschickt, so den 27 auch schon angelanget, vndt wolte ihm auf das eheste resolutionem thun. Es ist aber im Keysserligen geheimen raht von 7 Vhr biss vmb 12 vill darüber *Der Gross Vessir geht die Accords puncte ein, vndt schicket Geissel auf Comorn.* deliberiret worden, aber leider allzu spät, denn weill der Fö Veszer auss besorgung eines entsatzes, auch weill ihm an der Vestung vill gelegen gewesen, hat er den belägerten zur resolution keine Zeit lassen wollen, indem aber die belagerten den feindt auff dem Nacken hatten, auch ihren thodt vndt Vntergang vor Augen sahen, Alss wurde dess folgenden tages, alss den 25. September, die auffgabe

<small>Keyserliger
robt wirdt wegen
Vbergebung der
Vestung gehalten.</small> der Vestung Neyheussell bewilliget; vndt dem Törcken mit anbrechender nacht die Pastey bei dem Graner thor einzuräumen, vnerwartendt dess Keyssers befehlich, welcher dahin gelautet, dass man mit capituliren noch etwass Zeit daran wagen solte, oder noch einen sturm aussstehen, sintemall gegen den 1. October Herr Graff von Serin sie gewisslich entsetzen würde.

Demnach keysserlige Rahtschluss wegen auffgebung der Vestung Neyheussell sich etlige tage verzogen, vndt die Türcken, wie gemeldt, keinen lengern aufschub dulden wollen, vndt nachdem die belagerten sich zum ausszug aller fertig gemacht, ist die guntze besatzung den 26 September in aller ordtnung biss vmb 12 Vhr auff dem mark vndt in den gassen gehalten, inzwischen ist das verbollwerckte thor zum abzuch geöffnet worden, dadurch sie ausgezogen, da herkegen die Türcken von allen ohrten der zerfallenen mauren vndt pasteien ihn die Vestung gestigen vndt alssbaldt an die Heusser vndt auff der gassen stehende wägen, so nun <small>Neyheusserll wirdt den 26 September den Türcken vbergeben vndt sieben 2472 Völcker daraus.</small> fort solten, Handt geleget zur plauderung, sein aber durch zwei Bassa mit prügelln abgetrieben worden. Alhie ist zu wissen, dass der ausszug der belagerten biss vmb 2 Vhr Nachmittag gewehret, vndt sein gesunde teutsche Völcker gewesen 2472 perschonen, so mit Sack vndt Pack, klingenden Trummeln, fliegenden Fahnen, brennenden lunten, kugelln im mundt, wie auch ihre ober vndt Vutter wehren sampt villen Verwundeten, vndt Kranken, wie auch mit 4 Stücken vndt nothwendigen pagage wägen, ausgezogen, zu welcher abführung der Fö Veszer seinem Versprechen nach wagen vndt ross gegeben, vndt hat sie wegen der Asiatischen Türcken, so von keiner ehrbarkeit wissen, vndt vor der Tatern frewell vndt raub auff eine ⅛ meill begleitet worden, vndt ihr nachtlager rutter dem schutz eines Janczar Aga ihm feldt gehalten.

Folgendts den 27 September sindt sie frühe auff gewesen vndt ohne Verletzung zu Comorn angelanget, dahin sie ebenermassen <small>Die Belagerten kommen zu Comorn an.</small> vornen mit einer Türckischen Reiterei vndt hinden mit 1000 Janczaren begleitet werden, ihn der Vestung haben sie neben den villen schönen stücken bei 3000 Musqueten Kugelln, 700 Vasse mehl, 300 Vasse wein, 100 ballen gewandt zur kleidung vndt 70 Centner pulver verlassen. Die

Hungern, so ihn der Vestung gewesen, sein dess meisten theills
alda verblieben, vndt sich ihn dess Veszier Dienst *Neben den stücken*
begeben, welchen er manchem zu 10, 20 vndt 30 *verbleibet vill Munition vndt proviant*
Duckaten auff die Handt gegeben, vndt nach aller *ihn Neyheusseell.*
anderer Verrichtung ist der Kurt Bassa sampt 7000 mann zum
Commandanten ihn Neyheussel verordtnet worden.

Diesses ist nun die wahre beschreibung der belagerung Neyheussell leidiger ausszuch, wie vnss derselbe von glaubwirdigen
vndt dabei gewesenen beschreibern zu Händen geschickt worden,
vndt hat alsso der Ertzfeindt der Christenheit abermalss nach Eroberung der Hauptvestung gross Wardein, ein herliges Kleinod vom
Halss gerissen, vndt vntter sich bracht, vndt damit gleichssam eine
feuermauer dess Römischen reichs zum Türckischen raubnest gemacht, vndt ob sich zwar die Türcken rühmen, ess hette sie diesse
eroberung nicht vher 3000 mann gekostet, da sie doch wie mir
gewissen bericht haben, nicht weniger alss 12000 davor verloren,
vndt also sehr blutig ihn die Vestung eingezogen. Herr Graff Adolph
von Buchheim hat ihnen auch Zeit wehrender belege- *Commandant in*
rung vill schadenss zugefügt, indem er 21 aussfälle auff *Comoren Graf Adolph von Buchheim.*
das lager thun lassen, welche das meiste theill glück-
lich abgegangen, indem seine Soldaten gutte beutten, vndt vill gefangene einbracht. So haben sich auch die belagerten in die 7 wochen
auch dapfer genuch gewehret.

Damit nun auch dasjenige, so vntter der belagerung Neyheussell
mit vntterlauffen vndt etwass denckwürdiges auff sich hat, zu melden
nicht vntterlassen möge werden, ist weiter zu wissen, dass der Fö
Veszer den Resevendi seinen Reichss Cantzler Puoli, sampt seinem
Eidam Ibraim Bassa von Gallipoli, davon auch oben in der beschreibung der Türckische Völcker gedacht, vntter der bela- *Zwei vorachme*
gerung stranguliren lassen, welcher Körper 3 tage vndt *Bassa werden stranguliret.*
nächte auff dem Mist gelegen, die Köpfe geschunden,
aussgefüllet vndt nach Constantinopel geschicket worden. Die wahr-
haftige Vrsach aber solcher beider hinrichtung soll gewesen sein,
dass der Resevendi der Kantzler zu diessem krieg niemalss rahten
wollen, vndt auch dem Fö Veszer starck verwiessen, warumb er vom
Römischen Keysser so vill geldes alss dreyhunderttaussent Duckaten
ohne Vorwissen dess Türckischen Keyssers begehren lassen, da doch
der Römische K. ohne dass nicht mit kleinem schaden, ehe so vill

taussent Völcker dem grossmechtigen Keysser vmbkommen, friden begehret zu machen, drumb sollte er woll zusehen, damit ihn Gott derentwegen straffen möge. Zu dem were ein Krieg baldt angefangen, aber schwerlig hinaussgeführet, sonderlich mit den teutschen, alss mit welchen der Krieg nicht nur 3 oder 4 Jahr, sondern wie ihre selbst eigene Cronicken ausweissrten, offt 15, 20 vndt 30 Jahre zu wehren pflegten, vndt waren reden, so dem Veszeren, alss er nun schon die Waffen ihn den Händen hatte, nicht wohlschmecken wolten. Damit der Fö Veszer diesen rathgeber desto gefüglicher hinzurichten bessere Vrsach haben möge, hat er auffgetichtet, alss hette er mit den belagerten correspondens gehalten, vndt zu vntterschiedlichen malen brieff an die pfeill gebunden vndt ihn die Vestung geschossen. Ibraim Bassa aber sein Eidam wardt beschuldiget, er habe eine wacht versäumet vndt verhindert, dass ein grosser Succurs were ihn die Vestung gebracht worden, ess ist aber gesaget worden, dass dieser nur zum trutz seines Schwiegerherrn dem Reserendi sei hingerichtet worden. Also pfleget der Satan auch die getreyen offt abzulohnen, wie auch dieser Tyrannische Fö Veszer offt gethan, vndt seine Bassa Aga vndt andere bedienten endtlig mit einem Säbel oder Stang regaliret vndt abgedancket. Sonst ist zwar keine klag, dass der Fö Veszer den Neyheissellen versprochene Accord Puncta nicht gehalten hette, sintemall auffenbahr ist, dass die Tattern wider alles Verbot die ausszieheude Christen angefallen, vndt vill Kinder von den wagen genohmen, ihn welchem pfall der gross Veszer, alss ers vernohmen, solche Kinder nehmen, vndt mit einer neyen Türckischen Convoi den ausszieheuden widerumb zustellen lassen. Nach diesser aller Verrichtung hat der Gross

<small>Wegen der Vestung Neyheussell vndt dass dem gross Türcken ein Sohn geboren wirdt freudt geschossen.</small> Veszer Allenthalben ihn den Schlössern mit Schissen ein 3 tägliges Freudenfest anstellen lassen, vndt seinen eigenen bruder der Vestung übergebung wegen zum grossmechtigen Keysser geschickt, dannenher ihn denselbigen Tag ein Czausz bei dem Gross Veszeren post weiss ankommen, vndt verkündiget, dass dem Türckischen Keysser ein Sohn vndt Junger Sultan were geboren worden, welches wegen ein Neyes freuden fest mit schissen continuiret worden.

Albie ist weiter zu wissen, dass weill man den ihn Neybeussell verbleibenden Vngern nicht woll getrawet worden, sein sie von dannen nach Gran vndt Offen Statt vertheillet vndt geschicket worden, ist aber zu vermuhten, dass sie entweder Türcken müssen werden, oder mit der Zeit ihren verdienten lohn, so allen Verräthern gebührt, zu entpfangen haben. Inzwischen sein auch die demolirte werk vndt zerfallene Mauren ihn Neyheussell embsig repariret worden, woran täglich 1500 menschen gearbeitet haben. Derweill aber der Gross Veszer der besten Völcker aus den Grentzvestungen genommen hatte, hat er anstat den vmbkommenden dieselben halb mit Tatern besetzen müssen, vndt die Asiatische Reute- *Neyheussell wirdt* rey ihn die Winterquartier geleget; welche hernach *widerumb repa-riret.* das meiste bey Assek von Serini vndt Graffen Hobenloh caputiret vndt inss Türckische paradeiss geschicket worden.

Die vbrige Tartern, alss sie nun nach Haus zu reisen beurlaubet werden, haben sie noch eine wegzehrung von den armen Christen zu hollen vorgenohmen, welche zum drittenmal sich vber den Waag-fluss begeben, weill man sich aber solcher gäste versehn vndt die pass am Weyssenberg vndt an dem Marchfluss, woll besetzet vndt verschantzet hatte, alss wurden vill 100, so pass zu suchen ausritten, von den pauren erschlagen, dennoch wollten sie nicht leer zurück-kehren, sondern fielen bei Trentschin ihn die Schlessig, daunenher sie auf 2000 menschen, wie das Vich vor sich treibendt, widerumb inss lager vngehindert zogen, vndt sollen ihn den drei streiffen, so geschehen, auf 40000 vierzigtausendt Christenen (wass *Die Tatter fallen* nicht vntterwegens gestorben, welcher thode vor son- *zum Stenmall ihn Vngern vndt* derlige gnaden geachtet worden). Ihn jämmerliche *Schlesien.* Dienstbahrkeit gerathen sein, welcher Gott sich aus Gnaden erbar-men wolle.

Vnter diesser Zeit feyrete der Gross Veszir, doch nicht liesse ihn Ober Vngern die Vestung Leva belagern, welche auch den 3. October von den Moldawern vndt Walachen eingenohmen worden, ehe der Fö Veszer ankommen, sein aber nicht lange darnach von den teutschen Völckern widerumb aussgeschlagen worden, dergleichen auch Nitra, Novigrad, Galgocz oder Freystättl, Szeczin, Gimes vndt andere geringe Castel sein ebenermassen von den fein- *Die Vestung Leva* den eingenohmen, vndt hernacher widerumb nach abzuch *wirdt von dem feindt erobert* der Türcken erobert worden. *sampt etliger*

Nach diesem ist auch Schintaw blocquiret vndt *Castello vndt* befestiget worden, alwo noch von dem Bettblenischen *Marken.* Krieg her eine schöne anzahl Stück gestanden, daselbsten aber hatten sie einen tapfern Commandanten, alss die oben erzehlte, so ihre Vestungen alssbald man auffordert, vbergeben, nemlig den Bayrischen Obristen Lieutenamb nahmens Nicola, welcher alss ihm der Gross Veszer durch schreiben nicht nur freien abzuch, sondern auch statlige geschenck anbieten lassen, hat er ihm zur antwort entpotten, er künte weder lessen noch schreiben vndt were dahin gesetzet, den Ohrt zu versehen, vndt von dannen nicht weichen, ess ginge ihm darüber, wie es wolle, vndt ist solcher ohrt vnerrobert

Schintaw wirdt vom Gross Vesse- ren aufgefordert, bekompt vom Commendanten kurze antwort.

blieben, nachmalss aber, alss die Türcken abgezogen, sein die Stück von dannen nach Wien geführet worden, welcher oben bestimpte Lieutenamb Nicola künfftig allezeit vor andern bei K. Majestät grosse ehr allezeit gehabt vndt hoch respectiret worden.

Nochmalls versammeln sich die Keysserlige Generals perschonen, alle in der Insel Schütt zu berahtschlagen, wie dem feindt ein abbruch zu thun were, alss solche Zusammenkunft die Türckern vndt Tartern inne wurden, machten sie den 17 October auch einen anschlag, ihn die Insell hinvber zu setzen, welches Graff Serini heimlig erkuntschaffet, vndt dem feindt aufwarten thet. Alss demnach auf 600 hinvber geschwommen waren, brach er mit grosser Furie auf sie los, machte sie meistentheils nieder, vndt nahmen die Vbrigen

Ihn der Insell Schütt erleget der Serini 600 Türcken.

gefangen, vntter welchen 3 Türcken hohen Geschlechts vndt unsehens waren, welche alssbaldt vmb fristung dess lebens grosse ranzion gebotten.

Vier tag nach diessem Spiell gerichten die Türcken noch ihn eine bessere Klopfgassen, denn alss der Ali Bassa Chengy sampt 7000 Türcken auff die Windische Greutzen Carlstadt zu angezogen kam, vndt zwar sehr sicher, traffe ihn Graf Peter von Serini mit 2000 grentzern entgegen, vndt thet eine statlige impressa, dass ihm der feindt alssobaldt den rücken kehret, vndt der Türcken bei 1500 auff dem platz bleibendt, dass grass küsseten. Darunter vill vornehme waren, alss desselben Bassa bruder Bosi Beg 5 vornehme

Graf Peter Serini erleget 1500 Türcken vndt bekommt schöne beuten.

Aga, vndt andere 2 Begen, Nr. 150 wurden gefangen alss der Passa von Bichoch dess Ali Bassa Sohn Peg- zaini, der Ali Beg, der Janczar Aga mit andern 2 Aga ihn dieser Impressa haben die Serinischen 12 Fahnen, vber 1000 schöne pferdt, vndt andern reiche beuten bekommen, vndt sind ihrer nicht mehr als 16 perschonen vmbkommen vndt bei 40 beschädiget worden. Diesse Gefangengabe öffentlich bekennet, dass vor Neyheussell niemal so viell auf einmal geblieben, Nemlig vornehme Türcken wie auch gefangen, dass ihn diesser niderlag, wie sie sich denn auch vom Graff Serini Petter vndt Graffen von Auersberg Generalen von Carlstadt, ob er zwar nicht perschönlig dabei gewessen, sondern seiner Völcker mit grossem geldt ranzioniren müsten, welchem Generalen von Carlstadt denn allein nach Ausspruch dess keysserligen Hoffs 20000 i. e. zwantzig 1000 gulden zu geben erkennet worden.

Alsso haben die Türcken disser gestalt vor die Barkanische niderlag der Vngern vndt teutschen abermals gutten recompens gegeben, bei diessem bliebe ess auch nicht, denn alss Nr. 600 Janezaren vill wagen mit Christenen vndt andern beutten gegen Grau convoyretten, traff Herr Graf Nicolaus Serini mit seinen Völckern auff sie, vndt wiewoll sie sich zwischen der Wagenburg dapfer wehreten, wurden sie doch endtlig, alss seine Völcker von den pferden abstiegen, vndt zu fuss fechten, alle biss auf zwei nieder gemacht, die gefangenen erlediget, vndt der vbrige raub ihnen abermall abgebeutet worden. *Graf Nicolaus Serini erleget 600 Janezaren vndt erlanget reiche beuten.*

Zu ende diesses Monats kamen zwar die Reichss Auxiliar Völcker an, weill aber der gross Veszer nichts mehr tentirte, sondern von Neyheissell auffbrache den 10. November auff Buda, vndt von dannen auff Griechesch Weyssenburg reissete, alss wurden selbige Völcker ihn die Winterquartier geleget. Ess hatte aber der Gross Veszier vor seiner abreisen von Buda 30000 mann mit aller nothdürftigen Munition auff die Serinische Insell vndt Ney gebautes Schloss zu ziehen commandiret, welche den 27 November daselbst angelanget, hatte aber 2000 Tartern mit einer Schiffbrücken vorangeschickt, dieselbe vor die ankommende Armee vber den Fluss Mur genandt zu schlagen, alss sie aber vber den fluss geschwommet, haben sie den Herrn Serini, so schon kuntschaft davon gehabt, ihn aller bereitschaft funden, auf welche sie mit ihren pfeillen alss baldt, alss wennss hagelt, geschossen, aber keinen sonderligen schaden thun kennen, vndt dem ihr erster schuss geschen, sein sie ihn grosse furcht gefallen, vndt alle die flucht ihn die Mur zurückgenohmen, welchen ihm wasser mehr Tartaren zu hilff entkegen kamen, indem aber Jene herüber vndt diesse hienüber gewolt, sind sie an einander

hangendt in solche confusion gerahten, dass sie sich weder wehren,
noch durchschwemmen kennen, da denn der wasser-
strom mit menschen vndt rossen dermassen beseet
erschienen, vndt dass wasser schier nicht ersehen
kennen werden, ihndem hat der Graf Serini dapfer
darauf gehawen, vndt nidergeschossen, dass die kugelln
wie der Hagel auff die Tarter gefallen, auff 1000 pferdt, so hinauss
geschwommen, haben die Serinischen bekommen, die Tater aber
seien sampt den andern pferden ihn der Mur hinvntter geflossen,
vndt vmbkommen.

Der Serini er-
sentt 2000 Tar-
tere ihn der Mur
vndt bekampt
1000 pferd so
loss.

Alss nun der Gross Veszier die oben gemeldte Tatern aussgeschickt, ist er mit seinen Türcken, so ein Corpus von 30000 man
war, nach gerückt, der Hofnung sich mit den Tartern seinem
Vornehmen nach zu conjungiren, alss er aber an dem bestimpten
ohrt ankommen, vndt weder Schiffbrücken noch Tartern funden,
vndt nichts vernehmen kennen, was sich erlauffen, hat er mancherlei
grillen ihm kopff bekommen, alss ihm aber endtlig ein Crabat, so
gefangen zu ihm bracht worden, der Tartern Vnttergang angezeiget, hat er solchen Verlust gar nicht geachtet, vndt sein Vornehmen doch werkstellig machen
wollen, vndt vher das Wasser zu setzen beginent, alss
aber Graff Serini solches ihn acht genohmen, hat er mit
zwei feldtstücken, so er mit sich geführt, sampt seinen Musquetirern
tag vndt nacht gegen den feindt hinvber gespillet, vndt der Türcken
Vberzuch verhindert. Weill nun der Veszier gesehen, dass alda
nichts zu gewinnen gewesen, ist er früher vortag, alss desperat abgezogen, aber vor grossem Zorn schäumendt vndt dem Graf Serini die
rach geschworen, müste also der Veszir Serin Var an seinem
Ohrt stehen lassen. Dieses war bei so grosser menge der feindt
eine herlige Victori, vndt von Gott zur Straf vber die raubgierige
Tartern verhenget, wie denn Herr Graf ihme albereit alles verloren
eingebildet, welches zwar seine tapfere Resolution verhintert, vndt
wie Herr Baron de Goys, so damalss noch zu Buda gelegen, gesagt,
sollen von diessem treffen, so Graff Serini mit seinem schissen verrichtet, bei 800 verwundete Türcken nach Buda gebracht
worden, vndt täglich etlige davon gestorben; Ist ulsso
denen Türcken, wie auch den 2000 Tatern ihn vndt an
der Muhr diessmall eine blutige Lauge aufgegossen worden.

30000 Türcken
sampt dem Gross
Vesserrn ziehen
auffSerinvarvndt
werden beschi-
met vndt müssen
absiehen.

800 verwundte
Türcken werden
nach Buda ge-
bracht.

Der Keysserlige abgesante Herr Baron de Goys, welches alhie oben gedacht, ware zu Buda vor dess gross Veszier abreisse licentirt worden, der ihm bei der letzten Audienz einen brieff von seinem Keysser an Ihr K. Majestät lautendt ihn einem langen rothen sammtennen beutell verpetschiret zu vberbringen eingehändiget, vndt dabei lachendt gesagt: er solle immer hinreissen zu seinem Keysser, vndt wenn ess nicht so spät ihm Jahr were, wolte er ihn mit drei oder 400,000 mann nach Wien begleitet haben, er wolle ihm aber ihn künftigem frühnling gewisslich nachfolgen, ess were zwar mit der teutschen Nation noch woll ausszukommen, aber die Croaten weren etwass vbermühtig, dieselben zu züchtigen, vndt die teutschen zu besuchen, wolle er auff künftiges Jahr wieder kehren.

Keysserliger Legat Baron de Goys wirdt vom gross Veszeren licentirt nach Hauss zu ziehen.

Obwoll nun der Herr Abgesante alsso seine abfertigung bekommen, ist er doch noch 14 tage an angehalten worden, zuvorauss weill sie schon ihren anschlag auff die Scrinische Insell zu vollziehen gedacht; endtlig den 30 October bruch er von Offen auff, vndt kame den 10. November, nachdem er vbers Jahr ausgewesen, zu Wien an. Den Keysserligen Residenten vndt Internuntium Herrn Reiningern, aber hatte der gross Veszier gar mit sich nach Constantinopel genohmen, belangendt die Praesent, so Herr Baron de Gois dem Gross Veszier zu praesenten mit sich genohmen, brachte er alle widerumb zurück, vndt ist ihm vbrigen alles bei den alten vorgeschlagenen puneten verblieben. Alss man aber zu Regensburg dess gross Türcken brieff eröffnet, hat man auff schwarz papier vndt zwar in gestalt eines monds, folgendes inhalts geschrieben funden, vndt von einem Dolmetscher inss latein, vndt auss demselben abermall ihn die teutsche sprach vbersetzet worden.

Herr Baron de Goys kompt nach Wien an, vndt Herr Reininger mit nach Constantinopel genohmen.

Trotziges Trohungsschreiben dess Türkischen Gross Tyrannen an die R. K. M. vndt gesampte Christenheit.

Ex Coelestis et Praepotentis Dei Gratia hac in terra unus Deus et invincibilis Imperator, ac in Universo orbe dominans, ab Oriente usque ad Occasum Solis, Caesar Babilonis, Mediae ac Armeniae, terrarum ex radice Tlesi Dux, Auxiliator maximus duorum Divorum Mahometi ac Lunae, Hierusalem superator et victor Dominus indubitatus, inimicorum ruinator,

Trotziges Trohungsschreiben des Türkischen Keysers.

et confusor totius Christianitatis nec non aliorum quicunque Christianorum nomine censetur.

Nuntio tibi Caesari Hungariae et Bohemiae exili Regi, tibi unquam et tuis Principibus Dominationibus ac Imperii inhabitatoribus, Pontifici, Cardinalibus, Electoribus, Episcopis, et Presbiteriis et a te descendentibus.

Ad nostrae coronae permensionem et regni tui ruinam atque perniciem, atque desolutionem, tibi notum facio, quod nos cum tota Majestatis nostrae virtute, cum aliquot centum millibus Equitum et peditum fortium turcarum, corundemque armis, imo tota nostra potentia, quam nec tu, nec tui fideles unquam viderunt aut audiverunt, sed nec cogitare potuerunt, quantocius movebimus et bas potentibus viribus teipsum in tuis et tui imperii principalibus locis ac Civitate perquiram et visitabo, praesertim vero in tuis palatiis, et tuum imperium, ac tuos asseclas, in dissitis etiam Regionibus nostris armis victoriosis, erro, flamma, depopulatione, internecione et desolatione delebimus, et cum omnibus lamentabiliore et acerbiore, quam excogitare severimus morte omnes te et tuos Principes exterminabimus, et eos ut canes captivos tenebimus, praegnantes cum ipsarum foetibus mactabimus, uti canes in contumeliam et exacerbationem Christianorum, Conclusimus enim, tu Caesar, quod exigua illa Imperii tui gubernacula, a te armis et victrici nostra framea, ac potentibus viribus avellimus, et Romanam sedem, claves et aureum baculum a te extorquebimus conculcabimus et destruemus et volumus videre, an tibi sit auxiliaturus tuus crucifixus Jesus, de quo creditis, quodsit Salvator vester, imo tam incredibilem rem dicunt de eo tui Legatarii, quod sit tibi auxilium laturus, cum tamen diu sit mortuus, et semet ipsum juvare nequeat, siquidem nos ejus regnum, haereditatem et locum Nativitatis suae, terramque ipsam jam ab aliquot seculis in nostram potestatem et dominium subdidimus, et hoc voluimus tibi, exilium Christicolarum Regule ad notitiam dare, ut scias hanc nostram resolutionem, una cum tibi adhaerentibus in horas ac dies haec via praescripta mala tibi imminentia noveris praestolari. Datum in Civitate nostra Constantinopoli, quam nostri antecessores a Vestris antenatis, vi ac potentia occuparunt ex eaque Uxores et liberos nostro jussu et voluntate partim ejecerunt, partim autem contumellio se destruxerunt Datum post nostram nativitatem in Anno vigesimo tertio, Regnorum nostrorum Anno sexto.

1663.

Von dess himlischen vndt fürmächtigen Gottess gnaden, ich auff diesser erden einiger Gott vndt vnvberwindlicher Gross gebieter, herscher der gantzen welt, Keysser vom aufgang der Sonne, biss zu ihrem nidergang. Hertzog zu Babilon, Medien vndt Armenien vndt der Länder an der wurtzel dess Gebfirges Nessi, der gröste Verfechter der beyden heilligen Muhamets vndt dess Monds, *Türckischen K. schreiben.* vberwünder vndt obsieger von Jerusalem, ein Herr vndt vngezweiffelter Vatter drücker meiner feinde, vndt ein Verderber der gantzen Christenheit, auch aller anderer die vntter dem Christligen nahmen gerechnet werden: Ich derselbe entpiete dir Keysseren, gar geringer König zu Hungern vndt Böhmen, dir sage ich vndt deinen Fürsten, Herrschaften vndt Reichsinwohnern, dem Papst, Cardinallen, Churfürsten, Bischoffen vndt Priestern vndt deinen nachkommen.

Zu vnsserer Kron bestätigung aber deines Reichs Vnttergang vndt Verwüstung thu ich Dir zu wissen, dass mir mit vnsserer Majestät gantzer macht mit etligen hunderttaussenden, dapfrer Türken zu ross, fuss vndt mit ihren waffen, ja mit vusserer volligen macht, dergleichen weder du, noch deine getrewe jemalss gesehen, noch von dergleichen gehört, noch auch ihnen einbilden kennen, auff eiligste fortrücken, vndt mit diessem Mächtigen Kriegsheer dich selbst ihn deinen vndt deines reichs vornemsten ohrten, vndt Stadt, absonderlich ihn deinen palesten suchen vndt besuchen, vndt dein reich vndt deine anhänger auch ihn den entlegensten ländern, durch vnssere sieghafte waffen, mit schwert, feur, verheerung, niderhawung vndt Verwüstung zu grundt richten vndt vertillgen wollen, vndt auff alle diesse weissen wollen mir mit dem Jammerligsten vndt bittersten thodt, den mir erdencken kennen, dich vndt deine Fürsten ausrotten, die gefangene Christen alle nidermetzeln, oder in gefangnuss, wie die Hunde halten, ihre Kinder wie die Frösche an die Zäune spiessen, die schwangern weiber, sampt ihrer frucht wie die Hunde zerfleischen, ze bitterem Hohn vndt spott der Christen, denn mir sindt entschlossen du Keysser, dass mir das geringe regiment deines reichs durch vnsseren sieghaften Sabell vndt waffen vndt durch vnsseren mächtigen Zeug von dir abreissen, den Römischen Thron, die schlüssel vndt den goldenen Scepter dir abdringen, zertretten vndt vernichtigen wollen, vndt mir wollen sehen, ob dir dein gekreuzigter Herr Jesus helffen werde, von welchem ihr glaubet, dass er euer heylandt sei, ja deine gesamten sagen eine vnglaubliche sache von ihme, wie dass er dir werde hilffe leisten, da er doch lengst gestorben ist, vndt ihme selber nicht helffen kann, sintemall mir sein Reich erben, vndt den ohrt seiner geburt, ja dass landt selber schon vor vill hundert Jahren vnsserer gewallt vndt Herrschung vnterworffen haben, vndt dass haben mir dir du, dess kleinen Christen häuffleinss Königlein zur nachricht hinterbringen lassen wollen, damit du diess vnsseres Vorhaben wissest sampt deinen anhengern vndt täglich ja stündtlig alles disses vorbeschriebene dir vorstehenden Vbels, erwärtig seyest. Gegeben in vnsserer Stadt Constantinopel, welche vnssere Vorfahren unsren Alt Vättern mit macht vndt gewalt abgenohmen, vndt auss derselben weib vndt kinder, wie ess auch vnsser wille vndt befehl ist, theilss verjagt, theilss darinnen nidergemacht. Gegeben nach vnsserer geburt ihm drey vndt zwantzigsten, vnsserer Reich ihm sechsten Jahr.

Wiewoll die Türckischen Tyrannen vom Ottamanischen Haus offtmalss trotzige, vndt bedrohlige schreiben an die Häupter der Christenheit abgehen lassen, so haben sie doch niemalss dermassen den Sohn Gottes Christum Jesum gelästert, wie dieser Stoltze frewell Wüttrig ihn verlessenem schreiben gethan hat.

Auss vorhergehendem schreiben hatte demnach Ihr K. Majestät dess Türckischen Tyrannen vndt bluthundt rechten ernst künfftigen Krieges recht vermercket, alss hat er derowegen ihm anfang des Christmonats etlige Graffen vndt Herrn an ausslendische Potentaten, alss Herrn Graffen Strozi nach Frankreich, Herrn Graffen von Zinssendorff nach Dennemarck, Engellandt vndt Hollandt, Herrn Graffen von Windischgrätz nach Schweden, Herrn Baron von Schönkirchen nach Polen vmb Assistenz, Ingleichen Herrn Bischof Manistrario nach Persien, selbigen König wider den Gross Türcken auffzuwiegeln abgeordnet, er selber der Keysser begabe sich auf Regenspurg mit Churfürsten vndt ständen dess reichss, daselbst von einem allgemeinen defensionswerck auch von andern Reichsangelegenheiten deliberiren. Vnterdessen wardt durch Herrn Seresini Keysserligen General Ingenieur die Fortification der Stadt Wien vndt Presspurg vorgenohmen, insonderheit zu Wien, neben villen andern geschützen, ein sehr grosser Mörser inventiret vndt vill Granaten darzu gegossen.

Droben ist gesagt, wie die Tatern zur Zeit der belagerung Neyheussell ihn Mähren vndt anderswo geraubet vndt gebrennet.

1663.

alss ist demnach ihm December ein Spion, so die Tattern ihn selbige provinz geführet, vndt auch sich selbst mit rauben bereichert, brennen vndt morden hilffen, gefangen worden zu Brunn ihn mähren, die beide Brüste mit glüenden Zangen aussgebrant, folgendts an der rechten Handt die eussersten glieder von allen fingern abgezwickt, auss dem rücken zwei riemen geschnitten, vndt endtlig lebendig gevierthcilt worden. *Zu Brünn ihn Mähren wirdt ein Spion gefangen vndt gerichtt.*

Ittem ein Preuss von etwa 27 Jahren soll ebenermassen auff die weiss, wie der Schächer ihn der Passion, gerichtet vndt willigkligen vndt Christlig gestorben sein.

Damit nun auch von den Sübenbergischen Landesgeschichten etwass mege berührt werden, ist zu wissen, dass nachdem die Vestung Neyheussell vom Fö Veszeren Chiopile Mehemet Passa eingenohmen worden, Ist der Sübenbürger Fürst Apafi, so zum Fö Veszern dahin gezogen war, auch widerumb inss landt zu ziehen befreyet worden; alss aber die beide Waiwoden Moldaw vndt Walachei ihre posten nachzuschicken vervrsachet worden, hat der F. Apafi den 4 November der Fürstin vndt dem landt solche bona nova seiner ankunfft auch ankündigen wollen, vndt durch der Waida bohten schreiben mit *Fürst Apafi schreibet seine ankunfft aus Vagera.*

inss landt geschickt. Der Hamszambek, so vor dem mit dem Kutsuk Passa ihm landt gewesen, vndt der Fürstin wol gewogen, hat er bei derselben gratiam wollen capiren, solche freydt ihr am ersten anzukündigen, vndt hat ihr durch zwei Türcken, so postweiss ankommen den andern bevor post gethan, vndt einen Jeden Türcken von der Fürstin ein ross vndt Nr. 20 Taller praesentiret worden, nachdem baldt schreibet der Fürst Apafi auss dem Hernath Nemeti durch seinen eigenen posten seine ankunfft, darauff sich die Herrn Locumtenentes Cibinium versammelln, vndt von dannen mit etlichen Landtherrn seiner F. G. 2. December entkegen ziehen vndt inss landt einhollen. *Die Herrn Locumtenentes ziehen dem F. Apafi hin in die Gyolγ oder waren baldt entkegen alda er 3 December ankompt.*

Nachdem die beiden Waiwoden auch abzuziehen befreiet worden, ziehet der Walachische sampt den Tattern neben der Donaw ihn sein Landt, der Moldawer Waida aber kompt mit 6000 Mann durch Sübenbürgen, kommet endtlig durch vnsseres Reissell, hat das Nachtlager Ihm Marck Keisd, alda er geringer Vrsachen wegen die Kirchen vndt Marck, so sich solches nicht versehen, plündern lassen, vndt führet grossen raub davon, dergleichen

Kuczuk Passa wirdt auf Wardein zum Passa eingeführet. er den dess folgenden tages auch zum teutschen Creutz vndt Bodendorff vervben lassen, danenher nun vorauss Keisdt nicht recht auff die Füsse gelangen kann.

Alss nun wie gehört der Fürst Apafi inss landt gelanget, ziehet er ihn dass Schloss Görgeny, dahin die Fürstin auch vor des Fürsten einziehen ankommen war. Alda haben die Herrn Locumtenentes ihre Landes Verwaltungen dem Fürsten Apafi aufgegeben, dannenher alss dem Fürsten bohtschafft kommen, dass der Kuczuk Passa auff Wardein zum Passa eingeführet worden, schicket ihm der Fürst, alss einen neyen Nachbar nebem Gratulations schreiben statlige praesente. Vmb diesse Zeit, vorauss auff der Meszeszög, erhebet sich der Tatter wegen eine flucht, wirdt aber baldt gestillet.

Nachdem offt gemeldt worden, wie der Fürst Kemeny Janos von den teutschen Völckern ihn Clausenburg, Szamos Ujvar, Szekelybidt, Bettblen vndt Sebesvar, so alle starke Vestungen seien, praesidia legen lassen, alss ist zu wissen, dass ihn der Vestung Szekelbidt, so an Stercke Wardein ist verglichen worden, vnter dem Commandanten Diepental 500 soldaten gelangen. Alss derselbe denjenigen auff 14 Monat besoldung enthalten, sich bereichert vndt erhungern lassen, da sie denn zugleich täglich vernohmen, der Türck wollte Szekelybidt nicht dulden, vndt deren Zerstörung begehrt, ist ihnen solches zu ihrer noht vndt mangel dess geldts vndt brods so lang ihm Kopff geschwebet, biss sie sich endtlig zu rebelliren bewilliget, so sie auch ihn kurtzem inss werck gesetzet, an ihrem Commandanten Diepental gesetzet, ihm auff 2000 Taller parschaft neben *Die teutschen Völker dess K. ihn Szekelhydt rebelliren.* andern schönen kleinodien genuhmen, geben ihm ihn einem säckel ein Viertell mehl auff den rücken, 20 Imper. zum Valet geldt vndt stossen ihn zur Vestung hinauss. Vndt anstat desselben haben sie einen gemeinen Furier zum Commandanten erwehlet, welcher ex inconstantia vulgi nicht lange regieren können, vndt baldt einen Feldtwebell darzu gewürdiget, vndt dem Commandanten Signor Furier aber seien vorige stell vbergeben vnd mit vngleichem wechssell begabet.

Nach diessem Verlauff haben sie sich ihn dess Fürsten Apafi devotion ergeben, welcher der Vngrischen Trabanten Hauptmana Cikei Geörgy ihn Szekelyhydt geschicket, vndt die Soldaten ihm schwören lassen.

Diessem bössen Exempell hat nachmalss das praesidium zu Clausenburg, Betthlen vndt Sebesvar auch baldt nachfolge gethan, wie mir baldt an seinem Ohrt dess folgenden Jahres hören werden.

Ess ist zwar eine vnerleidliche sache zugleich mit dem feynd vndt mit Hunger, Durst vndt blösse fechten sollen, vndt wass soll ein Soldat vor einen muht haben vntter dem Commando eines Obristen, (vntter welcher Zahl zwar diesser Furier vndt Felweibel nicht wird gewest sein) zu fech- Vrsach der rebellion ihn Steckelphydt. ten, den er von gemeinen solde prassen vndt prachten sichet, sich aber darben, vndt wie kann bei solchen Völckern eine Kriegszucht Statt haben, denen das rauben vndt stellen sich dess Hungers zu wehren eine nothwendigkeit ist, damit derowegen auch künftig ihn solchen begebenheiten nicht dergleichen Exempel vntterlaufen mögen, ist von nöhten, getreue Zahlmeister zu halten, auff dass dem Kriegsvolck ihre gelder zur rechten Zeit möge aussgegeben werden.

Mit eintritt des 1664ger Jahres den 2. Januarii ist ihn Teutschlandt, Steuermarhk, vndt Cärnten, wie auch den 17 Januarii Ihn Mähren vndt Schlessien ein erschröckliger Comet ihn gestalt eines gehörnten Monds, welcher einen langen dreygespitzten schweiff kegen Mitternacht vndt Anno 1664. Ein erschröcklicher Comet gesehen. 2 kleine gegen Mitag von sich gestralet, welche zweiffelss ohne, desselbigen Jahres Vngerländischen Krieg vndt grosse schlachten vervrsachet haben.

Die 5 Januarii. Ist auch alhie ihn Sübenbürgen ein grosses Himmelsszeichen, eines hell brennenden feurs tischbreit gesehen worden, vorauss auff dem alten laudt vndt auch anders- Himmelszeichen in Sübenbürgen. wo, welches endtlig strallen gantz feurig von sich geworffen, vndt mit grossem krachen vndt knallen verschwunden, ist sowoll am tag alss auch bei der nacht gesehen worden, welcher effect die Zeit mit sich bringen mögt.

Derweill zu anfang dess Januar dess landes hattert wegen vom Wardeiner Passa vill schreiben kommen, welcher biss auff Clausenburg begehret worden, wirdt der Belenyessi Ferenz auff die Port geschicket, welcher nach Verrichten sachen mit einem langen Register, ihn welchem etliche Spanschafften vndt der hatter gar biss auff Claussenburg begehret worden, abermall ankommen, vndt neben

Die 17 Januarii kompt der Belgrensel Ferens von der Port an. dem ihn einem Türkischen schreiben der Tribut starck begehret worden, welches wegen ad ultimum Januarii ein Landttag auff gross Schenck beruffen worden.

Eben vmb diesse Zeit zu anfang dess Januar erhebt sich ein neyer Tumult vndt Metziger der Boeren, vndt auss diessen Vrsachen Erstlig ist zu wissen, dass wie vndt ehe der Dika Waida inss regiment kommen soll vom landt, dass Waidenthumb erstlich dem Costandin Postelnik, einem alten greisen vndt sehr verständigen Herren, so vor dess Constantini Keyssers Familii, welcher Constantinopel gebawet, gewesen, vorgetragen worden, aber nicht acceptiren wollen, vorgebendt, er were nun sehr betaget vndt dass Regiment zu führen vntügtig, hette darzu 6 söhne, welche sich nach seinem *Dika Waida lesst den Costandin Postelnik sampt etligen söhnen hinrichten vndt stämmeln.* thodt nur auffreiben würden, drumb wolte er nur ihn seinem stande verbleiben, alss er aber gefraget worden, auff welchen er denn stimmen wolte, hat er auf jetzt bestimmten Dika gezeiget, alss er abermalss gefraget worden, ob er auch vor denselben einstehen vndt bürge sein wolte, hat er sich dess Regiments zu eussern, ja darzu gesagt, doch damit 3 der Vornembster Boeren neben ihm bürge sein wolten, welche es aber nicht thun wollen, ess sei denn ernenten Dika Vatter ein Alter Herr, alss ein pfandt auff die port ziehen möge, welches denn auch geschehen, dass der Vatter (nur den sohn zu ehren zu bringen) sich verpfändet hat.

Nachdem nun der Dika dass Regiment erlanget, hat er alssbaldt ihm anfang vill vnordentlige sachen angefangen, dass landt mit vnerträglichen Taxen belästiget vndt neben dess Türcken ordinari Tribut der anderthalbhundert Toussendt Taller Imper. 150,000 noch so vill angeschlagen, dass ordinarium dem Türcken, dass andere halbe theill seinem auff der Port lebenden Vater geschicket, vndt das übrige vor sich behalten, alss aber ernanter Dika Waida hernacher, wie mir oben gehört, auff befehl der Port vatter Neyheissell verreissen müssen, vndt dass landt ihn seinem abwesen dermassen geplaget worden, dass sich vill Volck, wie auch vill Boeren verlöffen vndt Vnerträglichkeit wegen auss dem landt gezogen. Alss sein etlige Boeren zu raht gegangen, vorauss der Constantinus Kantakussenust, Postelnik sampt seinen anhangenden bürgen, welche auf die Port geschrieben vndt ihre bürgschafft nidergeleget, alss aber per malam fortunam selbiges schreiben dess Dika Waida

Vatter zu Henden kommen, hat erss seinem sohn gar biss vatter Neyheissell auff Vngern zugeschickt, alss aber künftig der Dika Waida nach Hause langet, ziehet offt ernanter Costandin Kantakussenust Postelnik vndt Locumtenens ihm entkegen, welchem vom Waida enthottschaftet wirdt, vmbzukehren, vndt nicht vor ihn zu kommen, diesser aber will nicht, ziehet getrost, alss er ankompt, setzet er sich bei ihn seiner gewohnheit nach ihn den wagen, der Waida aber sagt fluchs zu ihm: O Batrin de Kine, das ist, du alter Hundt, was hast wider mich ange- Dika Waide vndt Costandin Postelnik geschiehtes. fangen, vndt haiten biss nach Hof villfaltiges gesprech, alss sie anlanget, lesset er ihn auss dem hof jagen, schicket zum abendt alss er zum Bett gehen sollen, 200 Armaschen auff seinen Hof, welche ihn inss Kloster Synagoga genandt führen, vndt inaudita causa erwürgen, seinem Altern sohn (Servanus Kantakussenus genandt) dess Waida Secretario lesset er ohren vndt Nassen abschneiden, der andere sohn Dragiczan, entkommet an die Port, der dritte Constantinus ihn die Moldaw zu seines Vatters brüdern Jordaki vndt Thoma Vornik, welche künftig dem Vaida Dicka hefftig zusetzen vndt bedreyen lassen, die vbrige 3 söhn, weill sie noch Jung, werden heimlig durch hilf etliger Boeren verberget, nach solchen verbrachten Dingen schicket dass landt 200 der Altisten dess landes zu supliciren an die port, vndt lassen mittlerweill starck Volck wider den Vaida werben, schicken auch zugleich, weill sie vernohmen, dass der Fö Veszer beyde Waida ihn vnseres Fürsten gewalt befohlen, fünf Boeren sampt 2 der Jüngsten söhnen vor dass landt, bei der Port hilffe zu supliciren.

Droben ist gesagt, auss was Vrsachen dass teutsche praesidium ihn Szekelyhidt rebelliret, gleichergestallt vndt Vrsachen haben auch die Clausenburger vndt ihn Sebesvar ligende Keysserlige Völcker gethan, vndt den 24 Januarii rebelliret, vndt ihn dess Fürsten Apafi devotion ergehen, welche Tragaediam, so Joan Philip Charpignest, Musterschreiber der teutschen Völcker, selbst beschrieben, ich Gilany Gergely wird pro Comissario von den rebellisten dess Jurament einnehmern geschickt. alhier beibringen wollen, vndt nach der lenge zu lesen ist. Diejenige Officier aber sampt dem Kommandanten, so aussgejagt worden, sein bei Szamos Ujvar vorbei gezogen, vndt dem Herrn Ebeni Istvan, dess Schlosses Capitan, die ross ausserhalb dem schloss gehendt nehmen sollen, wirdt ihnen aber gewehret, vndt werden auch inss schloss nicht eingelassen vndt reissen von dannen sehr Ellendigklig in Szakmar.

Alss nun der Landtag ultima Januarii zum grossen Schenck angegangen, vndt von des Landes bleiben, wie auch exigirung dess Tributts vill tractiret worden, kompt eine Türckische Legation an, so vnter andern wichtigen sachen 3000000 Stückel Scheiller schnierlein begehret machen zu lassen, welche auch alsso baldt auff die Statt getheillet vndt gemacht worden, auss diessem landtag wirdt der Edel Herr Nalanczi Istvan, Fürst Apafi Hoffmeister, an die Port geschickt, derweillen aber mitler Zeit der Sereni Miklos dem Türcken etlige schlösser Alss Babocza, Berszencze vndt Szekeress Var erobert, Pets vndt brücken der Donau verbrennet, dass der Fö Veszer sich selbst widerumb zurück begeben müssen, dahin ihn der Nalanczi Istvan nachziehen müssen. Die Verrichtung desselben ist nicht kennen erforschet werden.

<small>Nagy Szeker Landtag dahin Türckische Legaten kommen.</small>

Nach verrichtem Landtag reisset der Fürst Apafi sampt seinem raht auff Clausenburg der Keysserligen teutschen Völckern zustanden zu beschawen, welche sich denn demselben von neyem in seine Devotion ergeben; so 3 Martii geschehen, 5 Martii kompt Post, dass 300 Janczaren dass Schloss Sebesvar belagert hetten, dahin auss raht der Herren Banfi Dienes mit 1000 Mann geschicket wurden, dass Schloss zu entsetzen. Vor dem auffbruch aber hat er protestiret ihm pfall, dass er die Türcken schlüge vndt nicht wollgeriete, solte er entschuldiget sein. Alss aber die Janczaren dess Banfi anzuch vernehmen, ziehen sie ab, thun sich aus furcht in eine verwüste vngrische Kirche ein, welches 7 Martii der Banfi dem Fürsten zuschreibet, dem wirdt wiederumb geschrieben, die Türcken ohne Vrsach nicht anzugreiffen, sondern weill sie wenige Zehrung, vorauss den rossen nichts zu geben hätten, solten sie aussgehungert werden, vndt ihm pfall sie sich etwan gleichwoll an ihn setzen würden, solte er sich doch nur defensive vndt nicht offensive schützen, doch endtlig sein sie von beiden parten fridlig von einander geschieden, vnter welcher Zeit vnter dem Stadt Volck zu Clausenburg grosse furcht entstanden, dass ihn dem der Fürst sampt den Völckern abziehen würde, mögten die Türcken mit belagerung an die Statt setzen vndt sie verderben.

<small>Der Fürst Apafi reisset Claudiopolim, die teutsche Völker zu sehen.</small>

<small>300 Janczaren kommen Clausenborg zu dahin der Herr Banfi Dienes mit 1000 mann geschickt wirdt.</small>

Nach dess Herrn Bauffi Dienes ankunfft von Sebesvar, werden die teutsche Völcker auss Clausenburg geführet vndt ihm landt aufgetheillet wie folget: Erstlig werden den Varmegyen Nr. 248 gegeben, Alss dem Feirvarmegye Nr. 59 dem Kukullo Varmegye 62 dem Hunyad Varmegye Nr. 64 dem Thorda Varmegye Nr. 42, Nach Maros Vasarhely Nr. 20 der Universität sein 258 Soldaten vndt 181 Reutter imponiret worden, welche Herr Thomae Balkesch Jur. Civis einzuführen, vndt auff zu theillen, vntter Händen gegeben worden, da denn darnach dass Dorff gewessen, zu 4, 5, 6, 7, 8, 10 vndt auch 15 auff ein Dorff gelegt worden, welche sich künftig ihn den Stätten, Märcken vndt Dörfern, ein vndt nidergelassen, so eines theilss, wass redlig gewesen, beständig verblieben, dass meiste theill aber ihr voriges leben mit fleiss gesucht, vndt sich wiederumb vntterlassendt, vntter dass Fahn begeben, nachdem nun die Reutterei der Keysserligen ihm Szamos Ujvar, Kövar vndt Betthlen der vbrigen teutschen abfall vndt abzuch vernohmen, sein sie auch aus beiden Schlössern aussgezogen, vndt auff Szakmar begeben.

Die 21 Martii führet Herr Thomas Balkesch die teutsche Völcker auss Clausenburg.

Herr Ebeni letrae wirdt laut albie verzeichneten Panet Claud zum Kapitan gesetzet.

Die 29 Martii. Nach abzuch dess F. Apafi erhebet sich zwischen den in Clausenburg gelassenen Soldaten ein Neyer auffruhr, der Fürst muss wiederumb hinziehen vndt stillen, lässet ein praesidium von 150 Kutnern ihn der Statt, vndt nimpt den 15 April den Major sampt 114 Soldaten mit sich nach Balasfalva, dahin ein Fürstliger Raht auch beruffen wirdt, zu schlissen, was weiter mit den teutschen Völckern zu thun sei, vndt wird beschlossen, 500 Soldaten vndt 300 Reuterey zu behalten, vndt solt den vbrigen abgedanket werden, welches doch heimlig zu gehen müste, damit sie nicht vnruhig werden mögen.

Zu Clausenburg erhebet sich ein neyer Beudell vntter dem teutschen Volck.

Derweill nun etwass von Sübenbürgischen geschichten angehöret worden, ist nunmehr auch von vngerländischen Begebenheiten zu melden.

Alss ist zu wissen, dass den 14 Januarii bei scharfer kalten 28 Hayducken von Comorn gegen Neyheissel zu gestreiffet, so 17 Proviant, Rüst vndt andere wagen antraffen, 5 derselben vber die gefroren Donaw in Comoren treiben lassen, alss aber von solcher last duss Eiss gebrochen, sein die vbrigen Hayducken, so bei den andern wägen,

Die Hayducken auss Comoren schlagen 17 Türckische wagen ss.

so schon auffgeschlagen waren, verblieben, sein sie von den Neyheissler Türcken alle niedergehawen vndt die 12 Wagen in Vestung getrieben worden, die andern Hayducken hatten inzwischen Schiff vndt Succurs geholet, kamen aber zu spät, finden anders nichts, alss ihre Mitgesellen, thode vndt nackete leiber; alhie heissts, wie es einer sucht, alsso findet ers.

Alhie sei zu kunt, dass auff der 5 wagen einem, so ihn Comoren eingetrieben worden, dess Ali Passa von Buda tochter, so dem Bassa vndt Commandanten ihn Neyheissell zur braut geführet sollen werden, welche schön geputzt vndt ihre nagel gantz vberguldet gewesen, welche zu erledigen der Commandant vndt Passa nicht nur die Finger, sondern beide Hende woll vergulden müssen, zudem die gemeinen soldaten ihren herrligen schmuck vntter einander getheillet vndt von ein theill davon, dass leidt ob dem Verlust ihrer erhawenen Cameraden damit abzuwaschen an nasse waare gewendet.

5 Türckische wegen werden auffgeschlagen vndt dess Ali Passa von Buda togter gefangen.

Herr Nicolaus von Serini gleich wie er jeder Zeit dem Erbfeindt abbruch zu thun sich vnverdrossen erwiesen, alss ist er auch den Winter hintter der Mauren beim Kohlfeur nicht still sitzen wollen, sondern gegen den Türcken sich im weissen feldt praesentiren vndt sein tapfer helden gemüht denen ihn Nider Hungrischen Türkey einquartirten Völckern zeigen, Alarm geben vndt die brücken bei Essek, wo möglich zu ruiniren, inss werck setzen wollen. Dieses demnach zu vollenden, nam er an sich den Herrn General Leutenant Grafen von Hohenloh mit den Reichs Völckern, welcher den 18 Januar zu Pettau ihn der Steuermarck auffgebrochen, vndt Legrad vorbei durch Grossen Sontag ist ein Marck vndt Tschakaturn dabei ein starckes schloss dem Serini zugehörig marchiret, vndt den 23 Januar bei der Neyen Vestung Novigrad oder Serinvar angelanget, vndt mit Herrn Generalissimo sich daselbst conjungiret. Dess andern tages hat sich eben alda der General Rendevous funden, alwo der Chur Bayer General wachtmeister Herr Graff Függer mit 1400 mann

Graf Serini sampt etlichen Generals personen ziehen auf den Türckischen Boden vndt ihre Verrichtungen.

neben noch 6 Fahn Piccolomischen zu pferdt vndt etlig 100 zu Fuss vom Spickischen Regiment, vntterm Commando dess Herrn Obristen Lieutenants Greff Lesle zu ihnen gestossen, vndt ist selbige nacht daselbst im waldt auf Türckischem boden ihn trefliger grosser kalten Campiret worden. Die gantze Armee hat sich ihn 18700 Mann starck befunden, wie woll etliche 30000 geschrieben, welches ein statliges vndt frisches Volck anzusehen gewesen, zuvorauss derweill ess mit Pagage wagen nicht sonders beschwert gewesen.

Verzeichnung der Reuterey.

Keysserlige Völcker	Nr.	500
Der Aliiirten	„	900
Der Chur Beyrischen	„	200
Graf Serin's Hussaren	„	500
Graf Budiani Hussaren	„	500

Fussvolck.

Keysserlige	Nr.	800
Der Aliiirten	„	6000
Der Chur Beyrischen	„	1200
Graf Serins Heyducken	„	1200
Graf Esterhas vndt Nadast Heyducken	„	1200

Die 26 Januar ist die gantze Armee auffgebrochen mit dem tag sehr frühe, vndt sein kommen bis nach Bresnitz einem Stätlein mit anfangendem Castell, alda Herr Graf Budiani mit seinen Völckern zu ihnen gestossen. Die Avantgarde hat vor der Stadt die Ariegard zurück, bei einem Dorf campiret, sintemall sie wegen eines engen Passes nicht folgen kennen. Folgenden Tages ist alles zum Sturm praepariret vndt etliche Schantz auffgeworfen worden, Herr Obrister Leyhe ist von 1500 Reichssvölckern zum Sturm Commendiret worden, der feyndt hat sich zwar anfangs auss Stücken tapfer hören lassen.

Feldtisch des Graf Serini vndt des teutschen Völker.

Alss sie aber den 28 gegen tag sich gantz bloquiret, vndt Sturm bereitschaft gesehen, massen die Keysserliche vndt Serinische durch schnee vndt frost biss an den graben avanciret vndt eine Batterie verfertiget, weillen aber die nacht vber dass wasser ihm graben starck gefroren, vndt nur der Morgenstunde zum anlauf erwartet, hat der Türckische Commandant vmb zwei Vhr nach mitternacht sich zu accordiren eingelassen, da denn auss gewissen Vrsachen bewilliget worden 400 Türcken vndt 100 Tartern vnter einer Convoi nacher Sigeth mit fligenden fahn marchiren zu lassen, darunter 11 Aga vndt bei 837 erwachssene Manssperschonen abgereist. Hierbei ist aber vngefehr wieder der Herr Generallen befehl eine Vnordnung geschehen, ihndem etlige frei Hayduken vndt Huszaren der hintersten Tartaren etlige nidergehawen, vngeacht dass ess bei lebensstraf verbohten gewesen, wie denn ein Huszar, alss ihn Graf Serini solcher that wegen straffen wollen, sich erkühnet, vndt seinen Sabel auff den Grafen gezogen, welchen aber seiner. bedienten einer alssbaldt erschossen, nachdem ist die eroberte Stadt Brosnitz mit 400 Mann besetzet gelassen.

Brosnitz oder Berzeucze von den Christen erobert.

Nach eroberurg diesser Stadt ist der Vice General der Hungar Saki mit 3000 pferden vndt 2000 Heyducken die mitten im Morast gelegene Vestung Babocza zu verbrennen bevor geschickt worden, welchem die gantze Armee nach gefolget, vndt den 30. vmb den Mitag sich völlig an den ohrt praesentiret. Die Türcken haben zwar an den Ecken der Stadt rohte fahn aussgesteckt, vndt etlige schuss mit Stücken herauss gethan, alss sie aber, weill klar vndt schön wetter gewesen, vndt die völlige Armee ihn voller Schlacht ordtnung angezogen gesehen, haben sie noch vor abendts durch accord sich ergeben vndt ohne gewehr vndt Pagäge mit einem stecken ihn der Handt abziehen müssen. Die Tataren aber seien auf ferneres bedencken ihn der Stadt bleiben müssen, die aber mehres theilss ihn der Nacht vorher sich vber die Maur durch den Morast salviret, auss etligen, so man bekommen, vndt ihn eissen schlagen lassen, vndt sein demnach folgenden tages vmb 10 vndt 11 Vhr vntter 12 Agen 1072 perschonen auss Babocza gezogen, vndt sich zu den Brosnitzern begeben.

Babocza ergibt sich dem Grafen Serini.

Folgendes tages ist Graff Serini mit der Hungrischer Reuterey, nachdem auch der Ohrt wohl besetzet worden, auffgebrochen, vndt eine Meill gegen den Draw fluss zu Bartsch vorbei fort marchiret, welches Schloss die Türcken 8 Stücke, alss 4 halbe Schlangen, eine Keysserlige Falionet vndt 3 Schrot Stück verlassen, vndt auss gewichen, welchen ohrt er auch woll besetzen lassen, vndt dann bey dem pass eine Viertheill meill von Sigeth campiret vndt niedergelassen. Alss aber die vbrige Armee folgendes tages vorvber marchiret, hat der feindt auss der Vestung mit Stücken starck feur gegeben, die kugelln aber weit nicht zum Volck gerichtet. Alss aber etlige Officir, so mit 1000 pferden etwass zu recognosciren aussgeritten, sein die Türcken

Die Türcken verlassen das Castell Bartsch vndt sein flüchtig.

häufig herausgefallen vndt mit den keysserlichen Völckern scharmutziret, aber baldt flüchtig ihn die Stadt gewichen, die darin liegende Tatter aber, alss sie den ernst gesehen vndt zachhaft werden, sein sie auch herauss gefallen, alss wenn sie etwass probiren wollten, haben aber die flucht Essek zu genohmen, welchen die Reuterey auf eine Meill nachgesetzet, 40 nidergemacht vndt 2 Fahn mit sich bracht. Alss nun die Segither etwass zachhaft worden, *Die teutsche Armee sichet Szigeth vorbei, die Türcken thuen einen ausfall, müssen aber weichen.* haben sie die Stadt vndt Vorstadt verlassen, vndt sich ihn beide Schlösser retiriret, da denn man woll etwass hette tentiren vndt erhalten können, weill man aber mit Artelerie vndt anderer noht nicht versehen gewesen, ist der Graf Serini Fünffkirchen zu gezogen, welchem die gantze Armee gefolget, welche aber wegen eines dicken Nebels durch sehr ville Irrwege weit vmbziehen müssen, derweill sie aber vntterwegenss vngefehr die Palanken Turbok, allwo vor dessen der Keysser Solimanus ihn der belagerung vor Sigeth gestorben, antroffen, haben sie dieselben gantz ihn die Aschen geleget vndt alles niedergemacht.

Die 3 Februar ist die Armee noch den Abendt bei Pest oder Fünffkirchen angelanget, vndt sich sehr spät ihn die Vorstädt logiret vndt niedergelassen, den Stadtgraben einbekommen, vndt bei der nacht alles zum anlauff disponiret; weillen aber die Stadt gross vndt weit von 7000 Heussern, vndt auf der einen seiten ein starckes Castel hat, vndt zu vermuhten gewessen, es müste vill Volcks darinnen sein, vndt zu dem auss Sigeth, wie oben gehört, etligo 100 Tartaren darin geflohen, alss ward von denen Generalen beschlossen, die Stadt an 7 Ohrten zugleich anzufallen vndt zu bestürmen, alsso geschahe der Sturm vndt angriff den 4. Februar mit anbrechenden Tag mit lösung 3 Canonen schüssen, weill aber auch vill Christen in der Stadt gewohnet, ist befehl gethan worden, derselben zu verschonen, vndt nicht eher zu plündern, biss der feindt gantz geschlagen vndt verjaget were, weill demnach der Graben trücken vndt die Mauer vnbesetzet war, ist sie desto leichter zu besteigen gewesen. Die Chur Mainzischen hatten an der Stadt Mauer mit Holtz vndt leim ein zugemachtes loch funden, welches sie auffhawen lassen, vndt zum ersten ihn die Stadt gebrochen, welche alssbaldt Völcker, die Porten aufzubawen, geschickt, der Armee den eingang zu eröffnen. Der Chur *Pest oder Fünfkirchen wirdt von Serini belegert vndt eingenommen.*

Meintzische Obriste aber verfolgete vndt jagete den gegen das Castel retirirenden feindt biss an die Mauren, mittlerweill war die porten auch eröffnet worden, vndt die Stadt mit Volck vberschwemmet, ja gar dass Castel anfingen anzurennen, weill aber der feindt starck gegenwehr gethan hat, ist dass etwass ihn die Heusser weichen müssen. Inzwischen aber hatten sich etlige vndt ziemlige rott Vnger vndt Croaten auffs plündern begeben, vndt grosse Confusion vervrsachet, dass wenn die feindt davon gewust die Christlige Armee grossen schaden davon getragen hette, wurden also eine ziinlige anzahl der Stadtleut sampt weibern vndt Kindern, so sich ihn die Vestung zu begeben versäumet, nidergehawen, wiewol man schon der Christligen bürger zu schonen befohlen worden, doch sein vill mit auffgegangen, dass meiste theill aber hatte sich mit ihren meisten schatz ihns Castel begeben, vndt auch eine ziemlige anzahl ihn ein grosses hauss mit weib vndt Kindern sampt zwei bei sich habenden P. P. Jesuiteren gewichen gewesen, so auch erhalten worden, welche sich nachdem mit der Armee auff Christligen boden begeben, dass also derselbe erste tag meist mit plündern vndt brennen, wider alles Verbot zugebracht worden, da denn nur Krämer vndt Handelss gewölber auff 400 auffgeschlagen vndt geplündert
_{Die teutschen heus-} worden an Victualien, alss mehl, früchten, fleisch vndt
_{sen thei ihn Fünff-} wein ist alles woll auff zu finden gewessen, dass wenn
_{kirchen oder Pets.}
der Vorrath an Victualien ordentlich (wie gesagt) were auffgetheilet sollen werden, dass die gantze Armee ein Viertheill Jahr damit ein genügen sollte gehabt haben, aber da haben die Vngern vndt Croaten hin vndt wider feur eingeleget, dass vill verbrennet ist, den Fässern die Boden eingeschlagen, das meel verstreuet, vndt dermassen gehausst, dass man schon den 4 tag alleweit mangel gespüret, dass wer sich nicht versehen, noht leiden müssen, so fein pflegt Herr Omnis ihm Krieg zu handelln vndt haussen, welches von Heyden, geschweige von Christen eine schande zu sagen, vndt wass glück hat man von solchen Völckern zu hoffen.

Wie nun alsso die Stadt erobert vndt aussgeplündert worden, hatten sich die Türcken ihm Castel auch recolligiret vndt tapfer feur gegeben, sonderlig auff die Vnvorsichtige volle gesellen, so sich ihn den vortrefflichen wein tag vndt nacht voll gesoffen, dass mancher durch seinen schaden klug worden vndt sich besser ihn acht genohmen, ess wurden aber noch desselbigen tages 2000 Mann, dass Castell mit Sturm anzulauffen commendiret, weil *Die Türcken ihm* man aber verspüret, dass der feindt zimlig starck vndt *Castel zu Pein* sich zu wehren resolviret gewessen, weillen aber zu *schiessenritterlig.* dem die Christen Völcker, nur etlige geringe feldt Stücke vndt einen kleinen Mörschel bei sich gehabt, welche an solchen Steinwallen nicht vill operiren kennen, alss ist geschlossen, Vom Stürmen zu lassen, vndt villmehr eine erschreckende Composition vorzunehmen. Alsso haben demnach die Völcker biss an den Graben etlige Batterien gesetzet vndt tapfer von denselben geschossen, vndt zugleich endtlig die Mauren zu vntergraben angefangen, um den feindt damit zu erschräcken; derselbe aber sich gar zu keinem Accord einlassen wollen, sondern mit kugelln tapfer vmb sich geworffen vndt starck gewehret, dass zimlig Volck eingebüsset worden, da denn vnter anderm Volck vndt gemeinen soldaten wackere Generals perschonen vndt Officiers vmbkommen, Alss Herr General Wachtmeister Baron von Hemmenlig, so auss einem Doppelhacken mit fünf kugelln vndt der Chur Bayrische Herr Obristen Lieutenant Graff Frantz von Herberstein oder Herrmanstein, wie andere wollen, mit *Etlige Generals-* einem pfeill thodt geschossen. Ittem der Chur Mänzische *perschonen vndt* Herr Obrist Lieutenant von Schickingen thödlig ver- *dem Castel er-* letzet, dass er am 13 tag hernacher gestorben; Ittem *schossen.* Herr General Lieutenant Graf von Hohenloh mit einer kugell gestreift worden, Ittem Herr Obrister Graf von Waldeck mit einem pfeill hart geletzet, dass also selbiger sturm (so sie auf Hofnung einen Accord zu treffen theten) vill vornehmes bluts gekostet.

Alss derowegen Herr General Lieutenant gesehen, dass sie nichts zu schaffen, vndt kein Accord zu hoffen gewessen, hat er mit Graf Serini parol gehalten, die Stadt gantz ihn brandt zu stecken vndt abzuziehen, wie denn Herr Graf Serini mit seinen *Graf Serini sie-* Heyducken vndt 500 teutschen Reuttern vntter dem *het die Brücken* Commando dess Braunschweig Lünnburgischen Herrn *verbrennen.* Obristen von Rauchhaupt, die brücken bei Essek zu verbrennen, vmb Mitag Zeit auffgebrochen.

Dess andern tages, alss den 5 Februar gegen Morgen, ist ein bewehrter Christ aus dem Schloss kommen, massen alda allerhandt Nationen vndt Religionen gewohnt, welcher bericht gethan, dass an wasser vndt brodt ihm Schloss grosser mangell sei, vndt dess vorigen tages vill leut von den Granaten thodt blieben vndt beschädiget

worden, welches menschen ausssage Herrn Generalen bewogen,
noch einen Sturm zu versuchen, worzu sie selbigen tag mit wollene
säcken, Fatschinen, dass sein Reusserpuschen, Leitern, vndt andern
nothwendigkeiten fertig gemacht, welcher Sturm doch gleichwoll
auss raht der Herrn Officiere hinterstellig bliehen.

Die 6 Februar Sein vill Türcken, so sich auss furcht auss dem
schloss gemacht, vndt versteckct aufgefunden vndt nidergemacht,
denselben abendt haben die Türcken feurige pfeill zum anzünden
auss dem schloss geschossen, wie auch etlige daran gebundene
Zettel gewessen, darauff (wie ein der Türckischen Sprach kundiger
Jesuit gedolmetschet) folgender inhalt gestanden: Propter meritum
unius Sancti moveas te de hinc, si non movebis, habebis ad caput.

Inzwischen hatte der Herr Graf Serini seinen March fortgesetzet,
vndt vntterwegenss vmb Essek herum vill Türckische Palanken
oder Blockheusser, alss Mohacz, Nadast, Setsch, Barok vndt andere

Graf Serini ver- öhrter, so von den Türcken verlassen waren, abgebren-
brennet vill Tür-
kische Öhrter. net, alss der Graf Serini ihn seinem Zuch gewesen,
waren etlige 100 Tartaren, so sich von Babocza an andere örtter
gemacht, ihn zwei Dörfern abgestanden, welche von Pest, oder
Fünffkirchen, durch 2 Stückschuss gewarnet worden, so sich alssobaldt davon gemacht vndt ihn zwei Hauffen getheilet, die eine Helft
durch die Donaw, die andern durch den Drawfluss, vngeacht der
grimmigen kälten vbergeschwimmet, vndt derjenigen 660 ertrunken,
alss nun weiter Herr Graff Serini bey Essek ankommen, hats derselben brücken gegolten, dieselbe ist fast vor 100 Jahren von dem
660 Tatter ihm Türckischen Keysser Solimanno mit grosser mühe vndt
wasser vmbkom-
men. Vuküsten gebawet worden, an welcher täglich 30000
menschen gearbeitet haben, vndt hat vber den Drawfluss
vndt andere 3 flüsse sampt dem daran stossenden Morast gereichet,
hat ihn die lenge 8565 Schrit in sich gehabt vndt die Breit gehabt,
dass 3 wagen neben einander fahren kennen, ihn 3 stunden ist
kaum vberreiten können werden, soll ein Zirlig werck vndt
Beschreibung der gebeu gewesen sein, wie eine Gallerie zu Vberbrin-
brücken bei Essek. gung der Türckischen Armee, die höltzer der brücken
sollen ineinander gefüget sein gewessen, dass kein tropfen wasser
dardurch rinnen kennen.

Alss ist demnach die köstliche vndt theure brücken den
7. Februar angezündet, vndt ihn die Aschen geleget worden, worzu

auss Schickung Gottes die winde selbst geholfen, vndt alss blassbalge dass feur von einer seiten zur andern geführet, vndt alles vmb sich fressen, wiewoll nun die Türcken die brücken zu retten vndt den Vngern solches zu wehren herbei kommen, sein doch abweichen müssen, vndt von fern solches Türckischen Keyssers werck zergehen angesehen. Hiedurch ist den Türcken der pass auss Servia vndt Russica ihn Hungern abgeschnitten worden, vndt ist alsso diesser des Herrn Graf Serini Zuch (so nur eintzig vndt allein, wegen ruinirung diesser brücken geschehen) glucklig ergangen. *Die Brücke bei Essek verbrennet.*

Ihm zurückreissen gegen Pest oder Fünffkirchen zu, liess Herr Serini den Türcken zu grossem schaden vndt abbruch auff 100 Dörfer der Türcken sampt den Mühlen abbrennen, welche Örter zur Zeit der Neyheisselischen Belagerung den Türcken das Meiste zugeführet vndt beförderung gethan. Alss ist denn der Herr Graff Serini wiederumb zu Fünfkirchen ankommen vndt alles zum Sturmlaufen fertig funden, ehe aber der Sturm vorgenommen, hat der Herr General Lieutenant den 9. Februar 2 gefangenen Türcken eine angelegte Minne zeigen lassen, vndt auf Parol vndt Caution inss Schloss geschickt, die belagerten zum Accord zu bereden, welche aber nicht wiederumb zurück kommen, sondern vielmehr Vrsach gegeben, dass desto mehr auss dem Schloss geschossen worden, wie sie denn die meisten Gassen bestreichen kennen, dass man keinen tritt sicher gehen kennen, vndt vill Officier durch schissen beschädiget worden. Dess folgenden tages, alss den 10. Februar ist Kriegsraht gehalten, wiewoll ein Schatz etliger Millionen ihm Schloss zu vermubten gewesen, Jedoch, weill wegen mangel groben Stück nichts zu gewinnen, noch zu hoffen gewesen, vndt sich auch befürchtet, ess mögte sich das wetter weich machen vndt als denn aus dem landt schwerlich zu kommen sein. Alss ist endtlig beschlossen worden, dass man abziehen vndt die Stadt ihn brandt stecken sollte, welches denn auch den 11 Februar vollzogen, vndt nach dem abzuch die Stadt ihn die Aschen gelegt worden. Diesse Stadt Pets oder Fünffkirchen soll zimlig gross, mit hohen Mauren vndt Thürmen vmbfangen sein, ihn welcher 12 Türckische Tempel gewessen, darzu von kauffmanschaft eine trefflige Handels Stadt. *Graf Serini verbrennet auff hundert Türckische Dörfer.* *Pest oder Fünfkirchen verbrant.*

Alss nun die Armee von fünffkirchen abgezogen, ist dieselbe eine starcke meill Sigeth zu gerücket, vndt über nacht campiret, folgendes tages aber etwa zwei meillen marchiret vndt eine halbe stund von Sigeth sich neben einem Dorf sich nidergelassen, alwo sich gegen abendt eine Türckische Partei sich erzeiget, vndt mit der Croatischen wacht nicht weit vom Hauptquartir zu Scharmutziren beginnendt, sich aber baldt wider davon gemacht, dess folgenden tages zoge die Armee Sigeth vorbei, vndt obschon aus der Vestung mit Stücken starck geschossen worden, ist ess doch ohne schaden

Die Armee ziehet Sigeth vorbei. abgangen, alss aber endtlig 100 reuter sampt etligen Janczaren herausskommen, vndt mit den Serinischen zu scharmütziren angefangen, dieselben hatten etlige Reuter nidergemacht; selbigen Abendt ist abermall neben einem Dorf campiret vndt benachtet worden. Folgendes tages, alss die Armee furter gezogen, haben sich die Türcken etlige 1000 starck an einem morastigen pass funden vntter 18 fahn vndt starck ihn die Christen gesetzet vndt mit der Pfaltz Neubergischen vndt Pomirischen Compagnie zu

Die Türcken halten ein hartes treffen mit den teutschen Völkern. pferdt starck Scharmütziret, von welchen sie tapfer recontrirt worden, in welchem scharmützel dem Platz Neuburgischen Ritmeister Herr Baron de Eineten die lincke Handt ab, die nassen entzwei, vndt sonst noch 7 wunden gehawen, wie auch der Lieutenant mit einer Lantzen durchbrennet worden, davon er auch dess andern tages gestorben, vndt zu dem auff 40 gemeine Reuter nidergemacht worden. Disser einfall der Türcken hatte zimligen Lärmen gemacht, vndt auch die beschaffenheit der Christen Zuch, dass der Vortrab nur 500 Mann gewesen, gut ihn acht genohmen, in welchem pfall sich grosses Vnglücks zu befürchten gewessen, vndt wenn der feindt gewust, wie Völcker vertheillet marschiret, weren von den Christen wenig aus dem Land kommen, denn dass Chur Maintzische Regiment hatte den Zuch sampt dem Fussvolck eben durch oben gedachten Pass zu nehmen, alwo die Türcken mit dem Vortrab den scharmütz gehalten, zu dem die andern Regimenter in einem wald zimlig thieff hinein verwirret vndt sich sobaldt nicht hetten recolligiren kennen, derweill aber der feindt an den wenigen Köpfen dess Vortrabs vndt eroberten pferden genügen lassen vndt geflohen, seien die Völcker etwas sicherer Maschiret. Doch gleich am abendt, alss eben eine Partei von 1000 Türcken die Chur Maintzische antroffen, vndt an sie gesetzet, hat ess auch etliges blut auf beiden Seiten gekostet, vndt wenn durch den Braunschweig Lönneburgischen Herrn Obristen Rauchhaupt vndt dem Würtembergischen Herrn Rittmeister von Elben nicht Hilf kommen were, vndt von demselben were secundiret worden, hette von beiden parten eine harte niederlag gegeben, doch hatte man auff des feindt seiten mehren schaden, alss der Christen gespüret, sintemall vnter den erschlagenen nur bei 22 vornehme Officier, darunter' der Commandant von Bressitz gewesen, niedergemacht worden, ohne vndt ausser denen, welche sie thodt vndt verwundet mit sich hinweggeschleppet; hierauff ist die Armee ferner fort marchiret, vndt den abendt neben einem grossen morast Campiret, vndt die nacht sich mit fleissiger wacht versehen. Alss sich aber folgendes tages vnerhalb Babocza abermall eines einfalls der Törcken zu befürchten gewesen, ist Herr Graf Serini mit den Hungarischen vndt Croatischen Hayducken vorangezogen vndt Guarnison gethan.

Alss nun die gantze Armee des folgenden Tages mit dem tage gut frühe fortgezogen, hat sich dieselbe eine meile von Segest nider gelassen vndt Campiret, welchen tag die vormalss in Babocza hinterlassene besatzung von dannen ab vndt nach Bresnitz marchiret; folgendes tages sein die Christen vor Segest ankommen, alss aber die Türckische Guarnison daselbst die Armee ihn voller schlachtordnung ankommen gesehen, haben sie allen muht verlohren, vndt damit sie desto sicherer sein mögen, haben sie per accord 40 gefangene Christen, halb teutsche vndt halb Vngern loss gegeben, weswegen der Commandant selbst, bis die Gefangenen ankommen, sampt 26 Türcken zu pfandt vndt geisseln verblieben, ess hatte aber diesse türckische Guarnison vorher all ihr hab vndt gut auch weiber vndt kinder nach Canischa geflohet gehabt, vndt ist zwar selbe Guarnison, wie Kuntschafft kommen, vnter 3 Agen nur 40 Mann starck gewesen, weill aber derjenige ohrt an einem zimligen berg ligendt vndt woll verwahret gewessen, hette man ihnen doch nicht leichtlig schaden kennen. Dess folgenden tages ist die Armee bei Bresnitz vorbei Marchiret, deren erste Guarnison gleich wie zuvor die Baboczische sich widerumb mit den Christen conjungiret, vndt mit neyen Völckern ausgewechsselt, vndt ist selbigen abendt eine Meill von Serinvar bei dem Dorffe Sarcan Campiret, folgenden tages

Die Türken ihn Szigeth treffen eines Accord mit dem Serini.

passirten sie die Mur vber der Türcken vormalss dahin geschickte
Schiffbrücken vndt logirten ihn der Insell zu Docrobrat.
Folgenden tages aber, nachdem zuvor ein allgemeines
Dankfest gehalten worden vndt das Te Deum laudamus
gesungen. Ist Herr General Lieutenant Graf von Hohenloh widerumb ihn sein voriges Qvartier nach Pettau gezogen, vndt die vbrige zugleich in ihr Qvartier gefolget, vndt wurde nachdem Ihr K. Majestät auff Regensspurg aller Verlauff oben gedachter Expedition zu geschrieben, vndt die eroberten Fahnen sampt andern Türckischen Rar benten zu praesentiren zugeschickt vndt fernere Ortnung vndt befehl einzuhollen befohlen worden.

Die teutsche Armee haltet ein Dankfest wegen vollbrachtem Feldzueh.

Diss ist also der Verlauff oben bestimpten Krieges Expedition Herr Graf Serini, welche weit glücklicher, als man anfangs vermuhtet, abgegangen, vndt ist dabei auch woll zu verwundern vndt eine Göttlige absicht dabei zu spüren gewessen, dass ihn so beschwerliger Winter Expedition, dass Wetter sich so trucken vndt favorable sich erzeiget, ob zwar das Fussvolck, welches continuierlich in schnee Campiren vndt an brodt offt mangeln müssen, sich sehr strapaziret, mühd vndt mat worden, vnmöglich gefallen wäre solchen Zuch auszustehen, zum grossen glück sein die Morast vndt enge pässe, welche zum theill eine Armada in dreien tagen nicht hette passiren können, so hart gefroren, dass Reuter, Fussvolck vndt wagen zugleich neben einander ohne hinderniss marchiren können, vndt hat der harte winter grad so lang gedauret, biss der Völker Vorhaben glücklich vollzogen, vndt wieder nach Hause gelanget.

Nachdem nun Herr General Hohenloh alles ihn seinem Qvartier woll bestellet, ist er auff Regenspurg zum R. Keysser gezogen, dess gantzen Verlaufs richtige Relation zu thun, sowoll einss vndt dass andere zum behilff künftigen feldtzuchs, dess man sich besorget abzureden, ess ist dabei zu wissen, dass

Herr General Hohenloh reiset zum R. Keyser.

zwar nicht wenige Soldaten theils erfroren, theils vom feindt ihm sturm vndt felde blieben, wie ess denn auch zugleich vill vornehme Officier ihr blut vndt leben gekostet, doch ist hinkegen dem Feindt grosser schadt vndt abbruch geschehen, ihndem bei 1000 Dörffer neben einer grossen von den Türcken bewohnten Handelsstadt Fünffkirchen alias Pets genannt abgebrennet worden, drei veste plätze, welche dem Herrn Graffen Serini woll gelegen, Canischa gleichssam

Beschreibung der Verrichtung des Serinischen feldtzuchs.

bloquiret zu halten, erobert vndt besetzet, Vier Schlösser vndt so vill Palanken zerstöret, nehendem bei 50000 Stück Viehe vndt pferde sampt anderer reicher beute, welche aber dass meiste die Hungarn vndt Croatten eingesackt vndt bekommen, als die im besten damit vmzugehen gewust, vndt nicht gern etwass liegen lassen, vndt haben zumahlen den Türcken grosses schrecken eingejagt, vndt soll dergleichen streiff der Christen auff 20 Meill, ihn dass türckische gebiet in hundert Jahren nicht geschehen sein. Ihn den 3 eroberten Vestungen vndt der Stadt Fünffkirchen haben sie Nr. 44 dass meiste den Römischen Keyssern vor dessen eroberte Stück der 8 zu Brosnitz, 8 zu Baboeza, 8 zu Bartsch, vndt 8 zu Fünffkirchen, 12 zu Segesd gestanden, sonst haben sie auch neben ziemligem Vorraht an Munition vndt vherflüss an Proviant, vill gefangene Christen, insonderheit so von den Tartarn vormalss bei Pressburg weggeführte weiber vndt kinder, erlöst, vndt ledig gemacht. Die beide erste Vestungen hat Herr Graf Serini mit 200 teutschen Musquetirern vom Spückischen Regiment vndt ettlige Heyducken, die letzten aber Herr Budiani mit seinen Hayducken besetzet, dass also die starcke Vestung Canischa fast wie bloquiret gehalten. Der Gross Veszer hatte nochmalss mit denjenigen Türcken, so ihn diessem Serinischen Feldtzuch die flucht gegeben, vndt obbenente Vestungen vbergeben, scharffe Execution vorgenohmen, vndt allen die Kopf, hohes vndt niedriges standens, abschlagen lassen, den Commandanten in Segest hat er lebendig schinden, die Haut ausfüllen, dem Grosstürcken praesentiren, vndt den Hauptmann in einen Hacken henken lassen. Vndt soll nunmehr der Türckische Keyser mit 200000 Mann auff künftigen Frühling inss Feldt zu ziehen willenss sein, vndt anstat der bei Essek abgebranten brücken ettige Schiffbrücken auff den fluss Draw vndt Donaw zu verfertigen. Diesses sein demnach, grosse günstige lesser, die geschichten, so von der Neyheisselischen belagerung vndt einnahme fort biss ihn diess 1664 Jahr ergangen, vndt wie ich diejenige (nicht mit geringen Vnkosten) auss Wien her glaubwirdig haben kennen, dergestalt ist von mir beschreibern diss, eingebracht. Gottess L lebe bes Cheneke Vnss M I t selner fr l Denss r Vhe. 1664.

Derweill mir ettigermassen die Vngerlendische geschichten, so sich mit einnehmung Neyheyssel vndt andern öhrtern Vngerlandts begeben, angehöret, ist von Nöthen, die siebenbürgische Acta, so vntter selber Zeit ergangen, auch zu melden. Ist zu wissen, dass nachdem der G. H. vndt Fürst Apafi der teutschen Soldaten neuen Tumult, so sie ihn Clausenburg gehabt, gestillet, sein selbige Völcker inss landt hin vndt wieder auffgetheillet worden, vndt vnss Sachssen in fundum Regium Nr. 439 durch den Weisen Herrn Thomam Bolkesch Senat. Segesvariens, vberschickt worden, welcher Oberst zum Grossen Schenck residiret hat, damit aber selbige Völcker (cum virtus unita fortior sit) etwan zu rebelliren vndt

Die Keyserischen Soldaten werden inss Landt aoff getheillet. Vngemach anzustifften nicht Vrsach haben mögen, sein die Soldaten dermassen zertheillet worden, dass nachdem die Dörfer starck gewesen, ihn manches 3, 4, 5, 6, 7, 8, 9, 10 oder auff das meiste 15 vndt nicht mehr gelegt worden. Ittem inss Feyervarmegye Nr. 59, inss Kuküllö Varmegye Nr. 62, inss Hunyad Varmegye Nr. 64 inss Torda Varmegye Nr. 42, Nach Maros Vasarhely Nr. 20, wie auch oben gemeldet worden.

Ihm Martio kompt ein Kappuczi Bassa die Landt Tax einzumanen inss landt, entbottschaft dem Fürsten, so ihn Clausenburg lag, ihm in eigener perschon entkegen zu kommen, der Fürst aber, seine Fürstliche reputation betrachtendt, recusirts, welches der Passa verschmähet, kompt doch biss auf den Fellek oberhalb Clausenburg, schlaget seine Zelten auf, vndt will nicht ihn die Stadt. Der Fürst schicket dreierlei Legationes, ihn zu begüttigen, richt aber nichts auss, endtlig schicket ihm der Fürst seinen eigenen Hinto vndt *Ein kapuczi Passa kompt an, vndt wae sich mit ihm ergangen.* statligen Comitat entkegen, vndt wirdt ihn Clausenburg geführt vndt von den Mauren vndt thürmen starck geschossen. Diesser hatte dem Fürsten statlige ebrungen, dreierlei Kleider vndt Sabel bracht.

Vntter wehrendem Martio kompt dem Szereny kuntschafft, dass die Tatter, so ihn Bozna gelegen vndt quartiret, sich sehr vbell angelassen, vndt mit den alda wohnenden Christen vbell ghausset, alss ziehet er mit starckem Volck auff sie, 7000 Tattern kommen *Der Szereny erleget vill Tatter, herkegen thut der Kuczuk mit denen Christen desgleichen.* vmb, vndt des Tattar Chams sohn wirdt gefangen, herkegen eben zu der Zeit, alss der ihn Wardein liegende Kuczuk Passa dess Szereny ausszuch vernommen, will er sein Heill auch wagen, ziehet mit seinem Volck biss auff Poczaver brücken, vndt schlaget dass alda auff der

wacht ligende Vngerlendische Volck, bringet grossen raub vndt
vill Christenhäupter ihn Wardein vndt den Magnificum Barkoczi
Sigmund mit sich gefangen.

Nach gehaltener schlagt vndt niderlag der Tatter ihn Bozna,
wie mir gehört, lagert sich der Szereny zur schreckung der
Türcken vor Szigeth, alss der Huszaim Passa ihn Ersek Ujvar solches innen wirdt, ziehet er auff ihn, ihn von Szigeth abzutreiben,
der Szereny widersetzet sich vndt wehret das schlagen von morgen
biss zum abendt, vndt bleibet auf beiden seiten vill *Der Szereny le-
Volck vndt tapfere Helden, vorauss vornehme teutsche gert sich vor
Herren, so sehr betrauret worden.* Szigeth.

Im April kommen abermall Nr. 80 Keysserlige Völcker auss
Szekelhid, vndt werden in Burtzeland geleget, vntter wehrender Zeit
streiffen die Armaschen sehr vmb Clausenburg vndt Deesch vndt rauben
vill Volck weg, 3 derselben werden gefangen vndt zu *Es werden auss
Clausenburg ihn Spiess gezogen. Die benente Armaschen Szekelhid Soldaten ihn Burtze-
sein diejenigen, so sich bei die Türcken begeben, vndt landt geführet.
vmb gewissen lohn auff die Christen führen, vndt zum raub verhilfen.*

Prima May kommen Siben Aga mit 63 Türcken auf Weissenburg den Jährligen Tribut abzuhollen, 2 Aga selb 7 perschonen
behält der Fürst bei sich, die vhrigen ziehen zurück, diejenigen
Türcken werden ihn den Leschkircher Stull geleget, vndt die alda
ligende Soldaten anderswohin, damit sich die Türcken nicht mit
ihnen verwirren mögen. Die Türckische Legaten haben bericht, wie
der Fö Veszer mit 300000 Mann vndt 375 Stücken biss auf Nandor Feirvar ankommen, derweill aber der Krigsvölcker *Der Fö Veszer
ross, so vor einem Jahr vntter Neyheissell grossen kompt mit grossem Volk bey
Hunger gelitten, sehr grindig vndt Madt worden, müste Griechesch Weis-
er eine Zeit alda stille liegen vndt haben zugleich senburg an, das-
neuber eine statt-
berichtet, dass vor dassmal keine fremde Völcker durch lige Legation inss
vnseres Landt ziehen würden, sintemall die Tatter vndt Landt anhempt.*
beide walachische Völcker neben der Donaw hinauf ziehen solten,
vndt ist zu wissen, dass derselbe zuch dess Türcken auff Pollandt zu
angesehn gewesen, derentwegen die Polacken dem Moldner Waida
geschrieben, still zu sein, andres wolten sie den Kostandin Waida
inss Landt einsetzen.

Droben ist gesagt, wie die Rebellische teutsche Völker in
Claussenburg ihre Obersten vndt Officirer, so hohe perschonen vndt

vom Adell gewesen, abgesetzet, verjaget vndt andere gemeine soldaten zu Obristen erwehlet, vnter welchen Franciscus Teiss Oberster worden, welches die Völcker endtlig, weill er ihr Dutzbruder vndt mitgesell gewesen, nichts achteten, vndt offt seltzame Hendel stiffteten, dass sich zu fürchten war, sie mögten eine neye Rebellion anrichten, vndt an einander auffreiben, solchem zu wehren,

Es kompt Vneinigkeit vnter die teutschen Völcker vndt geraten zu Müllenbach einen Convent zu halten. liess gedachter ihr Obrister Franciscus Theiss auff Müllenbach einen Convent aller Officire beruffen, mit einander zu handeln, wie dem vorstehenden Vbell zu rahten sein würde. Alss aber der Fürst Apafi solches inne worden, lesset er von stundt an seine Landtherrn auf Balasfalva beruffen, vndt geschlossen, die angezündete funcken bei Zeit zu läschen, ehe ein grosses feur darauss entstünde, da denn alle Officier sampt dem Obristen vndt etlige gemeine Soldaten, alssbald vorgestellet worden, eine Rincke in die nase vndt gebiss inss maull zu legen, vndt sein dermassen beängstiget worden, dass ihm pfall die geringste Vnruhe vnter ihnen gespürt mögte werden,

Wegen der teutschen neyen Zwispaltigkeit lasset der Fürst Apafi alle auf Balasfalva beruffen vndt wirdt ihnen der Herr Beldi pro General vorgestellt. solte aller paurschaft zugelassen sein, sie nieder zu machen, vndt vor die Hunde zu hawen, sintemall die paurschaft, ohne dass ihrer gerne abkommen wolte, auff welche bedreuungen denn vorgestellte teutsche Völcker nicht geringes schräken entpfangen, vndt ihr leben zu bessern versprochen, ess wurde auch denen Völckern der edle Herr Paulus Beldi zum Generalen vorgestellet, vndt alle teutsche Völcker zu visitiren vndt die vngehorsamen zu strafen befohlen, ess wurde auch dazumallen geschlossen, dass vom gantzen teutschen regiment nicht mehr, alss Nr. 500 Fuss Völcker vndt Nr. 300 Reuterei solten behalten, vndt den vbrigen abgedankt, vndt auss dem landt solten geschafft werden, wie denn auch geschehen, dass die meisten so beweibet, vndt dem Krieg nicht nach zu ziehen mangelhafft gewesen, abgeschafft worden.

Weiter haben mir oben gemeldet, dass der Fö Veszer mit grossem Volck vndt apparat bei Griechisch Weyssenburg angelanget, Canischa, so von teutschem Volck belegert gewesen, zu entsetzen, welcher sich denn endtlich aufgemacht vndt nicht weit von dem teutschen Lager auff 8 meillen circiter nidergelassen, der Tattern vndt wallachischen Völcker alda zu erwarten, schicket endtlig einen Kapuczi Passa zum F. Apafi mit befehl, dass er sich

aufmachen, mit den beiden Waiden vereinigen, vndt die strass auff
Warad zu nehmen solte, welche post dem Landt anzu- Der Fö Veszer
hören, nicht annehmlich gewessen, mitlerzeit schreibet lasset den Fürsten Apafi ihn
der Ballo Laszlo von der Port des Fö Veszeren gantzen Vngerlandt ins
Handell, vndt wie er nur 8 meillen wegs vom teutschen Lager fordern.
lager zu Feldt lege, vndt selber nicht recht wissen kunte, wass sein
thun sei.

Alss nun der Fö Veszer, wie gehört, von Nandor Feirvar auffgebrochen, vndt der Kuczuk Passa von Warad sampt seinem Volck
nach gerücket, wirdt er gewahr, wie 3 Barkoczische Herren mit
1000 mann, Türckische beuten zu hollen aussgezogen, schicket
derowegen auff 1500 Türcken, solches zu kuntschafften, alss aber
zum Vnglück der Vngerländer die Türcken nicht weit von Poczai
auff sie vngefähr stossen, greiffen sie die Barkoczische Völcker an
vndt werden von den Türcken geschlagen vndt zerstreiet, die drei
Barckozische Herren werden flüchtig, selb 100 ge- Barkoczische
Völcker werden
zwungen ihn ein Dorff Teglas genandt, nicht weit von von den Türcken
Bathor vndt Kalo ligendt, sich einzusperren, alss sie geschlagen vndt
aber von etlichen Pribeken aussgespirt worden, werden ein Barkoczi gefangen.
sie von einer Schaar Türcken auffgesucht, alss die
Vnger aber starcke gegenwehr gethan, dass sie die Türcken die
ganze Nacht nicht herauss gewinnen kennen, zünden sie kegen
tag das Hauss an, der Ältere vndt Jüngste Barkoczi kommen bloss
davon, der Mittelste wirdt gefangen, vndt ihn Warad geführt,
nämlich Barckoczi Sigmundt; die vbrigen müssen Haar lassen, die
aller beste Hayducken vndt Vitezen, so ihm Hinterhalt gehalten,
kommen den Barkoczischen zu Hilf, weill sie aber ohne ordnung
sein, werden ihrer vill nidergemacht.

Vnter wehrendem Maio lieget der Fürst zu Weyssenburg,
vndt ist alles still ihm landt, aussgenohmen die teutsche Völcker, so
hin vndt wieder im Landt, insonderheit zwischen den armen Sachssen zertheillet lagen, vndt dass armuth auffrassen, vndt selbst, alss
meineidige Völcker, vntereinander vneinss waren, vndt ob sie zwar,
alss oben gesagt, wegen guter Verhaltung hart bedreiet worden,
nichts destoweniger höret man tägliche Klagen vndt von ihrem
bössen Verhalten, wie denn zum ende dess mey zwischen den zu
Udvarhely liegenden Soldaten sich ein Tumult erreget, vndt sich
gehawen vndt zerstochen, wie denn auch ein einwohner des ohrts,

welcher sie stillen wollen, erschossen vndt ihrer etlige verwundet
worden, dahin denn der Oberste vom grossen schenck zu reissen,
vndt sie stillen müssen, mittlerweill erhebet sich eine andere
Vnruhe vndt Tumult, dass die in vnsserem Schesspurger Stull liegende Völker ehenermassen zusammenlauffen, setzen ihren Maior
Blasium Weigell, so zur Poldt lage, ab, vndt erwehlen einen zu
Nitthus liegenden vndt quartirten Soldaten, Natione Gallum, zum
Maioren, welches eine anstifftung etliger zum Grossen Schenck
ligender gemeiner Soldaten gewessen, einer derselben wirdt kundt.
<small>Maior Blasius wirdt abgesetzt.</small> wie auch zween andere zu Keisdt, hierüber wirdt zum
Schenck raht gehalten, vndt werden alle drei justificiret
vndt erschossen.

Ess ist droben gemeldet worden, wie der Kutsuk Passa von Warad
auffgebrochen, vndt wie er vnverhofft die Barkoczische besieget,
welcher nachdem zum Fö Veszeren inss lager triumpfirend gezogen, die vbrige Barkoczische aber solches ihn acht nehmendt,
bringen den Rakoczi Laszlo vndt dess Obersten Kopf Generalen zu
<small>Wardein wirdt von Vngern vndt teutschen vber- fallen vndt der Rakoczi Lasslo erschossen.</small> Sazkmar an sich, ziehen zu rach der Türcken mit beherz-
tem vndt ausserlesenem Volck Wardein zu, langen den
26 May vor tag vnvermerckt an, legen der Vorstadt
Palanken nieder, hawen ville Türken, insonderheit
Buliaken, so sie in den Bettern funden, nider, zünden
den Marck an, vndt berennen das thor; werden aber von den Türcken mit starckem widerstandt, mit erlegung viller Christen, abgetrieben. Der Rakoczi Laszlo will die gefallene Fahn aufnehmen, vndt
davon bringen, vndt ihn solchem Spill auff der brücken erschossen,
dessen leib die Türcken inss schloss bekommen, die vbrige Christen,
ob sie schon sehr eingebüsset, vndt vill vmbkommen, haben sie
doch statlige beutten vndt reichthumb davon gebracht.

Nachdem, wie gehört, der Fö Veszer mit grossem Volck, dass
Schloss Canischa zu entsetzen in Vngern gerückt, wirdt der Cze-
preghi Mihaly etwass gewisses auszukuntschafften, dahin geschicket,
welcher dess Türcken lager bei dem Dorff Udvar, eine meill von
Neyheissell, antroffen, welcher dem Fürsten neben anderm zuge-
<small>Dass Schloss Nitra wirdt von den Tür- ken durch die teut- schen erlöst.</small> schrieben, dass die Teutschen, nach ankunfft des Fö
Veszer, die belagerung Canischa verlassen, vndt ihm
Marchiren dass Schloss Nittra, so die Türcken vor
einem Jahr eingenohmen, widerumb erobert, vndt von dannen

auch das Schloss Leva zu gewinnen gezogen, welches sie ebenermassen von den Türcken eliberiret vndt bekommen. Alss aber der Fü Veszer der Teutschen ankunft bei Leva vernohmen, *Dass Schloss Nitra* schicket er den Kuczuk Varadi ittem den Temesvari *wirdt von den Türcken durch die* vndt Egri Passa mit den Tattern, so gleich dess andern *teutschen erlöst.* tages bei ihm ankommen, sampt villen Türcken, dass Schloss Leva zu entsetzen, weill aber die Teutschen das schloss mitlerweill einbekommen, lassen sie eine starcke besatzung darinnen, vndt ziehen auss furcht vndt schrecknüss der Türcken vndt Tatter flichtig ab, die Passa aber, so beide Schlösser Nitra vndt Leva vbergeben, werden Kapput gemacht.

Vnter dieser Zeit lasset der Fürst Apafi den 3. Juny inss läger bei Töwisch oberhalb Weyssenburg einen Landtag beruffen, dahin der W. H. Sedis Judex Joannes Pauli vndt Joannes Schweischer Jur. Civis geschicket worden, alda beschlossen *Töwiser Landtag.* wirdt, dass die Löblige Universität anstat ihrer gebührenden Trabanten die deutsche Völcker auf 3 Monate besoldigt vndt vor Kleider vndt gewehr ihnen geldt solte gegeben werden, die Universität will sich nicht einlassen, vndt wirdt nichts daraus, mittlerzeit bekommen die Teutsche Völcker, ihrer gewartenden besoldung wegen, hin vndt wider in den quartiren grossen muht, lassen sich vbel an, vndt begehren allenthalben vom armut, wein, Hey vndt Haber, geld, können aber nichts erhalten, sondern anstat solches geldes wirdt ihnen von der paurschaft der todtschlag gedreiet, alss aber der Fürst solches inne worden, werden mit dess Landes schluss aus allen Stellen den 12 Juny Nr. 250 teutsche Soldaten, welche weiber vndt kinder gehabt, oder sonst dem Krieg nachzuziehen nicht düchtig erfunden, ohne Obersten vndt andere Officier in Burzenlandt geschickt, zu wass ende, wirdt die Zeit geben.

Alss wie gehört, dass Lager bei Töwisch gelegen, kompt, zum ende dess beruffenen Landtages, abermall ein Aga bei dem Fürsten an, welcher von neyem mit seinem Volck zum Veszeren zu kommen begehret worden, sich neben beiden Waiden alda einzustellen, alss wirdt der Fürst bewogen, mit dem Lager bei Varadgya zu rücken, dahin abermall ein Landtag beruffen, vndt der F. W. H. Regius Judex Michael Geoldner vndt Joannes Schweischer *Bei Varadgya* Jur. Civ. geschickt worden, alda beschlossen worden, *wirdt abermall ein Landtag beruffen, dahin ein* dass, ihm pfall dess Fürsten zuch denn necesse sein

<small>Terekischer Le-</small> müsse, solte dass landt von ehe mit den Szakmarischen
<small>gat ankompt.</small> Völkern confoederirt werden, dahin zu ziehen der Herr
Teleki Mihaly, sampt dem auffgerichteten Confoederationsschreiben
geschicket worden, welche neben andern ständen, nur von oben
bestimpten F. W. H. Michaelem Göldtner vndt Herrn Sedis Medicusse,
weill die vbrigen W. H. der Universität noch nicht angelanget, verpetschiret worden.

<small>Ein Tumult in</small> Derweill neben dem Sübenbürger Fürsten auch bei-
<small>der Moldaw ent-</small> den Waiwoden auff zu sein gebotten worden, vndt der
<small>standen.</small> Moldner Waida, Dabissa, den Koszaken seines hoffs die
besoldigung etwas verziehet, lauffen sie mit grossem Tumult zusammen, vndt wenn sie mit geldt nicht alss baldt gestillet weren worden, sie den Waida hingeschafft hetten.

Eben diessergestallt ist ess auch mit dess Walachischen Waida
ausszuch ergangen, weill derselbe, wie oben gemeldet worden, nicht
lange vor dem, den Coztandin Postelnig vmbringen, vndt vill andere
hohe Boeren beschatzen lassen, besorget er sich auch eines Tumult,
lasset demnach auf ein gewisses ansehn, vor seinem auffbruch alle
<small>Der Walachische</small> seine teutsche, Koszakische vndt Vngrische Völcker,
<small>Waida fliehet mit</small>
<small>Weib vndt kindt</small> nach seines landes art vndt habit Kleiden, vndt nimpt,
<small>ausz dem landt.</small> auss furcht sein weib vndt Kinder mit sich, Vmb diesse
Zeit kompt Post, dass, weill die Moscoviter vndt Koszaken die
Tatter geschlagen, weren nicht mehr denn 2000 zum Fö Veszeren
gezogen, nur damit es doch eine Tatter Zeitung sein möge, welches
wegen denn dess Fürsten vndt beider Waida ankunfft so starck
sollicitiret würde.

Alhie ist zu wissen, dass die beide Valachische Waida neben
der Donaw zum Fö Veszeren gereisset, vndt wegen langes Verzuchs
schicket der Veszer auss Zorn demselben entkegen, vndt weill der
Walachische Waida zum ersten angetroffen, wirdt er, mit hinterlassung seines Volcks, gefangen weggeführt, welches den Moldnern
vndt allen Völckern nicht weniges schrecken gibt. Vnter wehrendem landtag aber bei Varadgya kompt ein Aga sampt 30 Türcken,
den Fürsten auch abzuhollen, an, reden den Fürsten mit folgenden
Worten zornig an, sagendt: Tü ebbek czak azt vartattok, megh az
Nemet tryumpfalyon raitunk, de meg lattot, te Feidelem, te bánod
megh, auff welche wort der Fürst Apafi sehr erschrecket worden,
zuvornuss weill er darzu vernohmen, dass der Valachische Waida

gefangen, vndt weill er zu spät kommen, ihm der Kopf sammt 9 Boeren abgeschlagen worden, beschencket derowegen den bei sich habenden Kapuczi Bassa mit grossen geschencken, vndt beredet denselben, bei dem Fö Veszeren die beschaffenheit Sübenbürgen vndt der in Vngerlaudt liegenden teutschen Völckern zu sagen, vndt den Fürsten bei ihm zu entschuldigen, schicket demnach 2 Edelleut mit dem Passa, welcher sich versprach, sein bestes zu thun, welches denn auch geschehen, indem der Fö Veszer einen Czuuz Aga, sampt den 2 Edelleuten zum Fürsten zurück schickt, vndt sein zu Hauss bleiben lobet, mit befehl, der teutscher Völcker wegen fleissig zu wachen. *Ein Türckischer Aga kompt zum F. Apafi vndt redet dem Fürsten hart zu.*

Die 3 July kompt der Teleki Mihaly von Szakmar vndt Legation zurück, mit bericht, dass weill der Oberst Susa mit teutschen Völckern bei Bihar ankommen, were nichts zum ende geführet kennen werden, vndt hat sich dergestalt derjenigen Landtag geschieden. *Teleki Mihaly kompt von seiner Legation.*

Die 13 July stirbt der Deutscher Soldaten Obrister ihn Traszku, vndt wirdt an seine stat der Lieutenant von Keisd zum Obersten dahin geführt, vndt auff Keisd zum Lieutenant Albrich Hoffrichter Fendrig vom Neyenmarck gesetzet.

Die 25 July Fallet Kökenyesdi Georgy mit 20 Fahn vndt Joannes Baptista mit 4 Corneten, so auss Szekely hid relegiret worden, in Sübenbürgen, rauben vmb Clausenburg, Thurda, Ayta, vndt Kollos, villes Vihe, vnd alless, wass sie finden, hinweg, welches auff der Meszeösegh vndt Neymarck grosse fluchten vervrsachen, welches wegen vom Landt 1000 Man den Zustand der raubvögel zu erkundigen, ausschicken, eben zu diesser Zeit schicket der Fürst Apafi 150 Meszei auss Clausenburg nach Szekelyhid, dieselben schlagen sich bei die Vngerländer vndt lassen den Fürsten im stich. *Keisserische Völcker teutsche vndt Vnger fallen ihn Sübenbürgen, rauben viel Vieh davon.*

Der bei Bihar ligende Obrist Susa kompt hiss auff Sibo, zu erforschen, ob der Fürst im landt sei, Insonderheit weill er gewust dass er zum Fö Veszeren geruffen worden, vndt ihm pfall der Fürst nicht im landt gewessen were, hette er dass landt vntter sich bracht. *Obrister Susa ist willens in Sübenbürgen zu fallen.*

Die 23 July Stirbt der teutsche Obriste in Szamos Ujvar, auss Hertzeleidt vndt Trauern, wie ge- *Der Oberste in Szamos Ujvar stirbt.*

sagt worden, weill der Teutschen sachen keinen gutten Fortgang nehmen wollen, vndt auch keine Hofnung gehabt, etwas zu erlangen.

Ihm Julio wirdt zu Radnothen ein Landtag beruffen, dahin D. Sedis Joannes Paulinus vndt Stephanus Hennegh geschickt worden, alwo nicht sonderliges gehandelt, alss dass ein defectus der Otthomannischen Tax, auff dass Kappu 3 Taller auffgeschlagen worden, vndt dass continue gewisse Nobiles bei dem Fürsten sein solten, welche in drei Classes abgetheillet worden, vndt sich Monatlig, eine Class vmb die andere abwechsselln sollte.

Radnother Landtag.

Die 26 July Fallen die Wardeiner Türcken inss landt, rauben vmerhalb Claussenburg vill Volck vndt Viehe, insonderheit auss dem Dorfe Kaianto führen sie alle einwohner mit weib vndt kindt davon, ausgenohmen eine alte Fraw, so sich in einem gereusch verborgen gehabt.

Wardeiner Türcken rauben vmb Claussenburg.

Eben ihm Julio ziehet der Fö Veszer mit seiner Armada in Horvathen, lagert sich neben den Fluss die Mur genandt, darffe wegen wenigkeit der Tatter in dem er, wie oben gesagt, nur 2000 bei sich gehabt, nicht sonderliges wagen, insonderheit weil damals das wasser sehr gross vndt flüchtig gewessen. Der heldt Serini lägert sich mit dess Keyssers Volck eben an den Fluss der Türcken Lager gegenvber. Derweill aber der General Sussa mit dem vbrigen keysserligen Volck nicht weit von Lewa lag, vndt den Budai Veszeren, so vom Fö Veszeren sampt den zwei Waiden zur wacht gelassen worden, verkuntschaftet hatte, wirdt von den Teutschen vberfallen, vndt mit Verlust viller Türcken geschlagen, vndt mit Hinterlassung aller Stück vndt Munition zerstrewet, alss der Fö Veszer solches vernimpt, schicket er zum Teutschen Keysser, zu fragen, ob er dem Serini Succurs geben wolte, vndt zugleich die gefangene Türcken frey lassen, welcher sich entschuldiget, dass aller Verlauf des Szereny vndt seines Generals Sussa, ohne sein wissen geschehen, vndt wolte keinen Succurs geben, hetten sie ess angefangen, so sollten sie ess ausführen, vndt damit er seine Vnschuld mögte erkennen, wolte er alle gefangene Türcken frei vndt ledig lassen.

Der Fö Veszer lägert sich ihn Horvathen.

Der Budai Veszer wirdt von den Teutschen geschlagen.

Alss der Budai Veszer, wie gehört, geschlagen vndt flüchtig bei dem Gross Veszeren anlanget, wirdt er bewogen, etwass zu probiren, vndt weill das angelauffene wasser der Mur etwass gefallen, rücket er dess Szereni lager zu, biettet ihm folgenden Sontag mit ihm eine schlacht zu halten an, welches ihm der Szereni lässet gefallen, der Türck brauchet list, will der Zeit nicht erwarten, lägert sich Mitwoch dem Szerenischen lager zu, lasset sich nichts mercken, ehe der Zeit etwass zu wagen, der Szereni will nicht trawen, vndt machet sich parat, doch alles vnvermerket, endtlig dess andern tages, alss Donnerstag, brennet der Türck seine Stück auff das Szerenische Lager loss, vermeinet sie ohne Ordtnung zu sein, weill sie aber parat sein, brennen die Szerenischen dreymall ihre Stück auch los, greifen die Türcken mit Heldenmuht starck an, erhalten den sieg, vndt schlagen die Türcken ihn die flucht, mit Hinterlassung aller Stück vndt Zelten, sampt aller Munition, welche schlagt den 20 August geschehen. *Die Türcken werden von dem Szereny ihn die flucht geschlagen.*

Droben ist gesagt, dass sich die in fundo Regio ligende teutsche Völcker sehr vbell angelassen, da denn mancherlei mittel sie zu trennen erdacht wurden, alss ess aber je mehr vndt mehr vbler worden, wurden abermall 200 soldaten auss allen qvartiren beisammen gebracht, vndt ihn Burtzenlandt geschickt, weill sie aber auss solchem villerlei gedancken fasseten, entliefen ihrer vill auss furcht, mittlerweill kompt der zur Polden abgesetzte Maior Blasius Weigel, sampt einem Szakmarer Soldaten mit offentligem Patent, schreiben, so nach seiner degradation zum Generalen Kopff auff Szakmar geflohen war, biss auff Denndorf sehr heimlig, will die teutsche Völcker laut der Patenten mit list an sich bringen, wird aber ergriffen, vndt durch den Lieutenambt von der Polden dem Obersten Francisco Michaele Theiss nach grossen Schenck gefänglich geführt, vndt von *Der Maior Weigell kompt inss Landt die teutsche Völcker auss dem landt zu ruffen, vndt wirdt gefangen.* dannen zum Fürsten geschickt, auss welchem Verlauff dass landt, so bei Torenburg zu feldt lag, bewogen wurde, alle Teutsche vndt Keysserlige Völcker zu bevrlauben, vndt auss dem lande zu schaffen, vndt wurde beschlossen, diejenigen nicht mehr zu speissen, sondern solten ziehen, wohin ihnen gelüsten würde, welche aber im landt bleiben vndt wohnhaft werden wolten, solte zugelassen sein, welches auch geschahe, dass weill sie, alss eidbrüchige Völcker, ihre Häupter fürchteten, ihn landt hin vndt wider in Staden vndt Dörffern sich niderlissen, vndt auch bis dato alhie wohnhaft seien.

1664.

Auss Vrsach aber erzehlter Soldatischen geschichten wirdt den 21 September Albam ein particll Landtag beruffen, vndt der Horvath Kozma auff Szakmar zum Obersten Kopff geschickt, erstlig derweill der fridenss schluss zwischen dem Römischen Keysser vndt der Ottomanischen Port solte vorgenohmen werden, neben Sübenbürgen anzuhalten, damit Siebenbürgen mit ihn die friedenss puncta mögte eingeschlossen werden. Zum andern zu erforschen, ob den meineidigen teutschen Völkern ihn Sübenbürgen gnadt geschehen oder nicht, vndt wass mit ihnen vorzunehmen, auff welches anbringen der Horvath Kozma resolution bringt, dass der Fürst einen absonderligen Legaten zum R. Keysser schicken solte, er wolte schon sein bestes dabei thun. Die Meyneidige Soldaten aber belangendt, were ihnen keine genadt geschehen, sondern begehrte sie zu Henden, Kapput zu machen. Dass landt aber wolte solches nicht thun, sondern ihrem Versprechen nach, sie ihm landt wohnhafftig zu werden, gerne dulden, doch wurde der Herr Beldi Pall verordnet, alle ober vndt Vnter wehren, von allem Volck auffzuheben.

Albam wirdt ein particll Landtag beruffen vndt der Horvath Kozma ihn des Szakmar zum Keysserligen Generalen geschickt.

Betreffendt aber das punctum pacis wurde der Teleki Mihaly zum Römischen Keysser zu schicken eligiret, vndt wurde hier der Universität Sigill begehret, weill ess aber ein ansehn hatte, alss würde ein riss von der Port geschehen, wurde der F. W. H. Matthias Semriger vndt Joannes Armpruster Jur. Cives. Cibin. mit hinterlassung dess sigill inss landt geschickt, weill aber das Landt male content damit ist, wirdt der Herr Consul Regius vndt 2 Altiste Senatoren mit ernst inss landt gefordert, sampt mitbringung dess Sigils, alss sie erscheinen, wollen sie doch nicht billigen, zuvorauss weill etlige dess landes dem R. Keysser, dass Schlos Szekelhidt zu vbergeben, versprochen, vndt daraus ein abfall von der Port zu schliessen were, alss aber nach gehaltenen dess F. W. Herrn Regii Cibin. Andreae Fleischer's discurs, dass landt etwass erlernen kennen, indem der F. W. Herr zwar dess Herrn Teleki Mihaly Legation vndt seine Verrichtung nicht improbiret, sondern der Neutralität sich zu gebrauchen gerahten, welches denn dem Landt wol gefallen, vndt dergestalt der Teleki abgefertiget worden. Alhie wurden Nr. 300 besoldigte Meszei Katner frei gesprochen, welche ihm landt baldt darauff rauben

Etwass ist alhie zu mercken, wass sich ihm Landtag mit der Universität Sigill zugetragen vndt ist dess Herren Comitis redtliger ... wol in acht zu nehmen.

vndt plündern, vndt wirdt allenthalben befehl gethan, sie zu fangen, vndt welche dess Herrn Ebeni Istvan schreiben nicht würden aufzeigen können, nider zu hawen.

<small>300 Messrei werden abgedanckt vndt rauben ihm landt.</small>

Zum ende dess September kommen zwei keysserlige Legaten, sampt einem Commissario Horvath Mihaly zum Fürsten, die ihn Sübenbürgen ligende teutsche Völker abzufordern; derweill aber selbige Völcker nicht lengst von Balasfalva auff Schenck geschicket worden, weisset der Fürst diejenige Legaten, ihre meinung selbst zu erforschen, zu ihnen zu ziehen, welche auch alssbaldt ihnen nachziehen vndt zwischen hundertbüchlen vndt grossen Schenck im feldt antreffen, vndt die Völcker die Legaten ansichtig werden, will keine part der andern trawen, die Soldaten schlagen, mit Nr. 13 wagen alssbaldt eine Wagenburg, vermeinendt die Legaten einen hinterhalt Volk bei sich zu haben, vndt sein furchtsam, alss aber die Legaten, sampt dem Cammissario sie mit theurem Eydt getröstet, sie hetten keine Völcker mit sich vndt darauff des Fürsten Apafi schreiben gezeiget, welcher geschrieben, dass niemandt auss dem Landt zu ziehen solte gezwungen werden, vndt solte alles in ihrem freien Willen stehen, welche bleiben wolten, oder mitziehen. Alss wurde nach Verlesung dess Fürsten schreiben, von den Legaten eine Vmbfrage gethan, dass, welche gutwillig solches thun wollten, solten auff eine, die andern auf jene seiten stehen, vndt wurden auff der Legaten seiten nicht mehr von 200 gefunden, alss Nr. 10 so mitzuziehen billigten, mit welchen die Legaten auff Reps,

<small>Alhie ist zu mercken, dass sich mit den keysserlichen teutschen Völkern vndt dessen Legatis zugetragen.</small>

auch von der Reutterey solches zu forschen, gezogen vndt die vbrigen ihren Zuch auff gross Schenk nahmen. Alss aber von der Reuterei Nr. 12 Oficier vndt jetzt bestimpte Nr. 10 Soldaten mit den Legaten reisseten, der Hofnung, gutte Vntterhalt zu bekommen, welche auch zum Szakmar vom Obersten Kopt quartier erlanget, künftig aber, alss sie endtlig zum Palatino geschickt, alle in Spies gezogen, vndt Jammerlig ermordet worden, welches hernacher den vbrigen in Sübenbürgen solche furcht eingetrieben, dass keiner hin zu ziehen begehret hat.

Von den vbrigen teutschen Soldaten begibt sich eines Presspurgers Kauffmanssohn, so der Vngrischen vndt teutschen, wie auch polnischen Sprag kundig, zu einem Dolmetschen im Fürstligen Hof, welcher alss baldt vom Fürsten gekleidet, vndt besoldet worden.

Eines meyneidi- Diesser entführet mitlerzeit einen Fürstl. Diener vndt
schen soldaten Bojarn 2 ross sampt aller rüstung, kompt auff Szakmar,
verdienter lohn. welchen der General greiffen, vndt von stundt an vier-
theillen lest.

Alhie ist weiter zu wissen, dass, nach Abzuch der keysserligen Legaten Laut des keysserligen gutten Versprechens, die ihn
Siebenbürgen verblibene teutsche Völeker anderes sinnes worden,
vndt endtlich sich besonnen, sambentlich Reutterey vndt Fuss Völcker auss dem landt zum R. Keysser zu ziehen, alss kommen sie
auf,gewissen bestimpten tag auss Burtzelandt vndt gross Schenck
Eine heimliche auff Reps zur Reutterey, welche sich endtlig berahten,
Practik wirdt von denselben Marck auffzuschlagen vndt auss zu reissen,
den teutschen
Völckern ange- weill ihr böses Vornehmen aber durch einen auffrich-
stellet. ligen Evangelischen Soldaten der Obrigkeit daselbst
angemeldet worden, lasset der Herr Richter alle seines revier paurschaft warnen, mit befehl, alle teutsche Völcker niderzumachen, alss
solches das meyneidige Volck ihn acht nimpt, reissen sie ab, kommen auff Keisd vndt Denndorf, sein voller furcht vndt zittern, zu
welchen ein Commissarius Nemet Jakap vom Fürsten geschicket
wurde, so sie abermall begüttiget vndt gestillet hat.

Droben ist gesagt, wie ihm August der Gross Veszer vom
Szereni geschlagen, vndt weichen müssen, dahin vom Fürsten der
Ballo Laszlo die beschaffenheit zu erkundigen vndt dess landes
gunst vndt Vntterthänigkeit zu offeriren, geschicket worden, alss
ist zu wissen, dass nachdem der Gross Veszer vernohmen, dass der
Römische Keysser das Schloss Szekelhid zu vbergeben sollicitiret
hetten, vndt auch etlige Herrn dess Landes solches zu übergeben,
gesinnet weren, alss schicket er 10 October eine Legation, sampt des
Ballo Laszlo Diener zum Fürsten solches begehrens, dass weill der
R. Keysser dass Schloss Szekelhydt vor sich begehrte, alss solte
Der Röm. vndt dassjenige Funditus zerstöret, vndt der erden gleich
Türckische Keys- zerschleiffet oder aber ihme auff der Port ration vber-
ser begehrten
Szekely, hid ein geben werden, ihn welchem pfall er bei seinem Keysser
Jeder vor sich
oder desselben grosse gunst erlangen würde, so solten auch zugleich
Zerstorung. die Tatter sampt beider Waida Völckern die Donaw
hinabzuziehen, gewissen werden, ihm pfall aber nicht, wollte er
alless Volck durch dass Landt ziehen vndt Szekelyhidt belagern

lassen, konte ers vor winter nicht bekommen, wolte alles Volck ihn
Sübenbürgen wintern vndt auch den winter belagern lassen, einnehmen vndt vor sich behalten, auff welche Legation vom gantzen
landt die Zerstörung geschlossen vndt bewilliget wurde, alss wurde
derowegen der Gouda Sandor zum darinnen ligenden Kapitan,
Bodovai Marton, so ein Wardeiner war, ihm die Zerstörung anzukündigen geschickt, welcher denn sehr vbell darwidder gethan,
doch wurde er sich auf dess landess befehl accomodiren müssen,
mitlerzeit aber nach abreisen dess Gouda Sandor wurde ihm auff
der Post nachgeschickt, vmbzukehren, weill er aber schon angelanget, vndt auch bei dem Fürsten widerumb ankommen, ist derselbe
nach dem zum Gross Veszeren, vmb erhaltung dess schlosses zu
bitten, geschickt worden, ist aber nichts erhalten werden kennen.

Die 26 October kompt abermall eine Türckische Legation
an, Szekelhydt wegen, damit ess auf das eheste zerstöret möge
werden, alss wirdt demnach ad 1. Novembris ein Landtag kegen
Segesvar beruffen, vndt abermall ein Bejaro zum gross Veszeren
geschickt, anzuzeigen, dass dass landt ernante Vestung
zu zerstören gehorsamen wolte, welches der Fö Veszer
frölig angehört, nach etligen tagen aber, derweill des
Fürsten Diener noch im lager ist, kompt auff freyde trauren, sintemall der grossmechtige Keysser wegen verlorner schlacht, den Fö
Veszer auss grossem Zorn zu sich auss dem Leger vor Essek fodern
lassen, auss furcht aber dess leders, vndt seines lebens, will er
nicht ziehen, sondern auss grosser list lasset er von stundt an den
Ismael Passa, Budai Veszeren, stranguliren, schreibet
solches dem Türckischen Keysser zu mit bericht, weill
selbigen Veszers Vnbeständigkeit wegen, die schlacht
verloren were, hette im davorgelohnet.

<small>Comitiae ex Sebespurg Szekelybid wegen.</small>

<small>Der Budai Veszer wirdt stranguli- ret.</small>

Alss ist nach dem der Gross Veszer auff Nandor Feirvar inss
winterquartir gezogen vndt beide Tatter vndt Waiden von sich gelassen. Alss des Tatter Chams sohn ihn die Walachei ankommen,
begehret er eine grosse Summann allerhandt Proviant vom Waida,
welchen ihm zu geben vnmöglich war, schicket ihm derowegen ein
Paar köstlige Kleider, sampt einem schönen angerüsteten ross, nur
damit er seinen gefasten Zorn damit stillen mögte, kann aber nichts
erhalten, vndt muss biss ihn den Campelung weichen, schicket sein
Weib, die Waidin, Sübenbürgen zu biss ihn den Zernischt vndt

Der Gross Vezzir sichrt auf Neudorfwar ins Winterquartier.	Rothbaum, suppliciret dem Fürsten, damit sie ihn Cronstadt eingelassen mögte werden, biss aber der Post vom Fürsten ankompt, wirdt der Zorn dess Chams mit

12500 Tallern gestillet, vntter welcher Zeit grosse Flucht ihn der walachei entstehet, vndt dass weinlessen zurück bleiben muss, alss nun der Tattern furcht vorbei war, vndt der Waida auff seine sitze

| Der Gligoraszko Waida entkommet auss der Walachei nach Wien die Waidin bleibet zum Rakos. | kommen, wurde er auff die Port gefordert mit Vermeldung, dass ein anderer Waida inss landt gebracht solte werden, bricht demnach von der sitze auff, ziehet durch Moldaw vndt Pollen zum R. Keysser, dessen weib, die Waidin, so ihn Burtzenlandt, wie oben gehört, ankommen, wird auf |

Rakos dem Budai Peter in Verwahrung gegeben, welche alda eines Kindes genessen, vndt eine Zeit zu bett gelegen, aber stetig mit Soldaten verwachet worden.

Vmb diese Zeit kompt Zeitung, dass von beiden Keyssern vndt Tattar Cham Legaten inss landt zu kommen im anzuch weren, drumb lasset der Fürst ad 5 November Albam einen Landttag beruffen, vndt wirdt, ehe das Landt beisammen kompt, geschlossen, dass, ob certas rationes, alle Proceres regni, damit sie nicht beisammen gefunden mögten werden, abziehen solten, wie denn auch geschehen, welche

| Comitia Albensis vndt was alda vor forcht ergangen. | Zeitung dem Landt grosse furcht vndt auch eine kleine Flucht bracht, sintemall spargiret wurde, alss keme der junge Rakoczi Fereuz mit starckem Volck auff das Landt |

vndt wurde doch nichts draus.

Eben vmb diese Zeit fallen die Wardeiner Türcken vmb Deesch inss Landt, rauben vndt treiben vill Christen sampt villem Viehe davon, vndt gibt grosses schracknüss.

Nachdem mir gehört, dass der Landtag wegen der viller Legaten ankunft auf Schesspurg transferirt worden, dahin zum anfang desselben Post kompt, dass Graff Rottar, so der vngrischen Sprach kundig gewesen, auff Szakmar ankommen, alss aber der Herr Teleki Mihaly, so Legations weiss zum R. Keysser geschickt war worden, solche ankunfft des Rottars vernimpt, kehret er zu ihm auff Szakmar, alss er die Vrsach seiner Verrichtung vernommen, zeiget er ihm an, dass in den Conditionibus pacis der beider Keysser weder dess Fürsten, noch des Landes Sübenbürgen mit einem Wort nicht were gedacht worden. Ihm pfall ess aber bei Zeit geschehen were, hette Sübenbürgen gutte Hofnung dess Fridenss haben kennen, aber doch were es auch noch nicht zu spät, vndt wolte, wenn ess dess Landes begehren sein würde, alssbaldt auff der Post K. Majestät davon schreiben, welches gutten erbietens sich der Teleki Mihaly höchlich bedanckendt, seinen Zurückweg genommen, vndt den 9. November alhie zu Schässpurg ankommen, vndt dem Landt, so noch beisammen gewesen, dess Rottars ansag, dass weder dess Fürstenthumbs, noch dess landes im Fridensschluss gedacht worden, welcher post wegen denn dass Landt sich nicht wenig betrübet, vndt solches alles den Verrähtern des Landes zugeschrieben, dass weill solcher schluss vndt abredung dess Landes albereit zuvor geschehen, were solches bei dem R. Keysser verhindert worden, vber welche denn, so solches dess Landess heill enthindert betten, grosser fluch ergangen.

Teleki Mihaly reisset zum Rottar auf Szakmar.

Eben vmb diesse Zeit kompt von der Port Post, dass der Türck einen neuen Zorn auff Sübenbürgen geworffen, welches wegen denn der Legatus, Szylvasi Balint, in Arest genommen were, darüber dass Landt von neyem abermall erschrocken.

Die 13 November wirdt der Teleki Mihaly vndt Ispan Istvan mit der Statuum schreiben auff Szakmar zum keysserligen Commissario Graff Rottar geschickt, kennen aber nichts schaffen vndt kommen vnverrichter sachen zurück, der Teleki Mihaly wirdt demnach von stundt an zum R. Keysser geschickt, sowoll den Frieden zu sollicitiren, alss auch die praesidiarios auss den Schlössern zu nehmen, ihm pfall ess nicht geschehen mögt vndt keine Assecuration bekeme, solt er öffentlig mit den Frantzosen dreyen, dass wir von ihm hilff begehren wolten.

Teleki Mihaly wirdt zum Röm. Keysser geschickt.

Die Ultima Novembris kompt von Szakmar Post, dass vom Römischen Keysser ein Legate ankommen würde, welchen zu erwarten der Fürst Apafii auf Clausenburg verreisset, mitlerweill stirbet ihm sein Jüngster Sohn Georgius, ihn seinem gut Katona vndt wirdt zu Claussenburg ihn der Calviner Kirchen begraben, weill aber der Legat auff dess Fürsten Verhoffen aussbleibet, kehret er abermall ihn sein Gut Katona.

Fürstl. G. sohn Georgius stirbt, vndt wirdt nach Klausenburg begraben.

Droben ist gesagt, dass wegen dess Türcken Vnmuht vber dass Landt Post kommen, welche demnach zu stillen wirdt geschlossen, die Zerstörung Szekelyhid vorzunehmen, dahin denn am tag Seti Stephani der Banfi Sigmund mit 400 Landtvolck vndt der Univertät Fussvölckern sampt villen Handtwerksleuten geschicket wirdt, welche Vestung denn so an stärke Wardein vergleichen kennen, erstlig mit Pulver auffgesprengt, vndt als denn funditus zerschleiffet worden, die 120 Stück sein von dannen, weill sie damalss nicht fort-

Szekelyhidt wirdt gebracht sein kennen werden, conservandi Gratia in *verumbret radt ge-* den Kalo auff des Röm. Keyssers boden geführet wor-*schleiffet.* den, welche auch bis dato noch allda sein, vndt auch vielleicht nimmermehr ihn Sübenbürgen gebracht werden.

Die 26 December kompt eine Türckische Legation an, dess *Ein Türckischer* Gregorii Waida zum Rakos in dess Budai Petters hoff *Legat kompt an.* verarestirtes weib, so eine Zeit ihm Kindelbeth alda gelegen, dem Türkischen Keysser zu führen, begehreudt, weill sie aber schon albereit nach geschehener Ranzion ihrem flüchtigen Herren nachzuziehen frei gelassen, müssen die Türcken, mit grossem Vnmuth leer abziehen, welches denn abermall bei der Port neyen Zorn erwecket hat.

Anno 1665. Die 23. Januarii kompt der Hassan Bassa von Bosna Legation weiss selb 200 zum Fürsten, dahin denn nämlig Albam ein Partial Landtag beruffen, vndt von vnsserer Stadt Herr Martinus Scheesser, Regius. Joannes Pauli, Sedis, vndt Georgius *Albam wirdt ein* Wachsmann Jur. Civis geschickt wirdt, welche Legaten *Partial Landtag* zwei puncta dem Landt vorbracht, Primum, dass sie *beruffen, vndt kommen 200 Tür-* kommen weren, die teutsche Völcker vndt praesidia *ken legations-* auss dem landt zu führen, 2^{dum} damit der Wardeiner *weiss an.* Hattert reambuliret vndt abgetheillet möge werden, alss demnach auff dass erste, die praesidiarii auss Claussenburg vndt den Schlössern auszuziehen vermannt worden, haben sie geantwortet, dass sie mit nichten solches thun wollten, ess sei denn, der keysserlige Commissarius Graff Rottar thete von Szakmar befehl, dahinn denn ein Fürstlicher Diener Mauritz Istvan sampt einem Türcken geschickt wurde, derweill werden die Türcken einess theillss auff Holdvilagh, 14 Aga vndt 60 Türcken nach Hetzeldorf. vndt Agnethlen dass Vbertheill geleget, vndt weill ess kunt worden, dass sich Nr. 90 Türcken von Varad mit eingemischet vndt inss landt kemen, werden diejenigen fortgeschickt, endtlig werden die vbrige alle auf Agnethlen geleget, alwo sie gantze 6 Wochen ligen müssen.

Nachdem wie oben gemeldet, der Herr Banfi Sigmund Szekelyhidt zu schleiffen geschickt worden, kompt mitlerzeit kurz zuvor der

Pili Bassa ihn der Vestung Szekelyhidt an, zu fragen, auff wass
ration dass gehalten würde, welchem der Bodovai Marton, so Kapitan
ihm Schloss gewesen, geantwortet, er kunte ess selber nicht wissen,
sondern die Zeit würde ess geben.

Die 2 Februar kommen die auff Szakmar geschickte Legaten,
Mauritz Istvan, sampt einem Türcken bei dem Fürsten
Apafi an, bringen vom Graff Rottar schreiben, dass die
praesidia auss dem landt sollten geführet werden,
welche denn auch 16. selbigen Monats ausgezogen. *Die teutsche Völker sieben auss
den Schlössern
fort.*

Die 13 Februar kompt ein Czauz bei dem Fürsten mit schreiben an vom Fö Veszeren, schreibet, dass sein Tihaia, dass ist sein
Hoffmeister, auff Szakmar verreisset sei, den Hattert von
Römischen Keyssers Boden vndt Sübenbürgen abzu-
theillen, drumb sollte er seine Commissarios auch dahin
schicken, auff welches schreiben der Fürst vndt das
landt den 16 Martii den Mikes Kelemen, sampt vill vom
Adell, sampt dem oben bestimpten Hassan Bassa, zu *Ein Casus kompt
von der Port vndt
werden zu ab-
messung der Sü-
benbürger grent-
zen Legaten ge-
schickt, richten
aber nichts auss.*
Verrichtung solcher geschäffte fortschicket, ziehen biss in die Szilla,
dahin sie ein schreiben vom Fö Veszeren erlanget, scheiden sich
von einander, vndt wirdt nichts ausgericht, die Commissarii kommen
unverrichter sachen nach Hauss! darauf wirdt der Herr Banfi Dienes
Legations weiss zum Römischen Keysser geschickt.

Prima May wirdt Albam ein Landtag beruffen vndt nichts
anders, alss die Landes Tax bei Zeit einzubringen, *Comitiae Albenses.*
geschlossen.

Aufsatz.

Der Officieren, so Mihr zu Claussenburg zum Thor hinauss Geschickt haben, Mitt gar schlechter Ehr vndt Reputation den 24. Januar 1664.

Erstlich. Ist der Commissario Johann Ulrich Korphin, so von Szakmar kommen war, vnss zu Reformiren.

2. pahtista Diepenthal obrist Leudtnandt von Coppischen Regiment, welcher Commandant zu Zekelhet gewessen. Der war an bevor geschickt im Nahmen des Obristen Kop, die Völker an zu nehmen, der ist zweimall wohl zu mass kommen.

3. Ein obrist wachtmeister vom General Sussischen regiment, welcher auch ankommen war von den Völckern etwass vnter sein regiment zu bekommen.

4. Hector de Brazza, Commandant von Clausenburg vndt obrist Leudtnandt, vnter dass wallischer regiment.

5. Graff Zauni Haubtmann vnter dess Dommerische regiment.

6. Graf Contrini auch Haubtman vnter dasselbe regiment.

7. Johanness Diederich Hausser, Haubtmann vnter dass Susische regiment.

8. Hanss Fuchs Leutnandt vom Badischen regiment.

9. Leudtnandt Verwalter von dem Schöneckischen regiment.

10. Lieutenant vom Graff Strotzischen regiment.

11. Leudtnandt vom Marches piochen regiment.

12. Hanss Christoffel von Ackelberg ar Judant gewessen zu Claussenburg vndt Leudtnandt vnter dass Wallischen regiment.

13. Mehr ein Leudtnandt vom Obrist Wallischen regiment.

14. Abraham Mathiae Dolne, Fendrich vnter dass graff Zauni Compagnie.

15. Ein Fendrich von Graf Contrini seiner Compagnie.

16. Ein Fendrich von dess Lieudtnandt Verwalter seiner Compagnie.

17. Ein Fendrig, so von Zakmar kommen, vndt hat sollen vntter der Graff Zani Compagnie alss Leudtnandt vorgestellt werden, wer aber Besser gewessen zu Szakmar Fendrich bleiben, alss ihn Claussenburg Lieudtnandt wollen werden.

Officier von der Reyterey.

18. Herr Graff von Thurn rittmeister vntter dass Keinsche regiment.
19. Franciscus rittmeister von demselben regiment.
20. Zinnevitz Rittmeister auch von demselben regiment. Der ist auff dem platz todt geschossen worden, vndt zu Clausenburg ihn der Arrianischen Kirchen begraben.
21. Ein Rittmeister so auch von Zakmar mit dem Commissario kommen, Rittmeister vber die Compagnie zu Szamos Var zu werden.
22. Vigrozke Lieudtnandt vntter dess Zinnewitz Compagnie.
23. Leudtnandt von dess Graff von Thurn Compagnie.
24. Ein Cornet vntter dess Zinnewitz Compagnie.
25. Ein Cornet vntter dess Franciscus Compagnie.
26. Ein Cornet vntter dess Graff von Thurn Compagnie.
27. Der Profiandtmeister zuvor auch Ein Haubtmann Gewessen.

Dass sein alle Officiren, so mir zum Tempel hinaussgejagt ohne Respect, aussgenohmen noch Trompeter, Fahnenmeister, schreiber, feldtscheer vndt andere mehr, so mit fortgangen sein.

Aufsatz.

Warumb mihr Ehrlige Deudsche soldaten sein von Ihr Röm. K. Majestät abgefallen, vnssere Officiere von vns verjagt; vndt vnss In Ihr hoch Fürstl. gnaden in siebenbürgen Devotion begeben.

Ocasion.

Nachdem wihr Dero Röm. Keysserl. Majestät haben Erlich vndt brav gedient, wie ess Erlichen aufrichtigen Soldaten vndt Kriegsleuten zusteht, nicht allein gegen den Türcken, sondern auch kegen den Christen, welche Er zu feindt gehabt: In Manchem Landt herumb gezogen, alss ihn Pollen, Pommern, Holstein, Dennemark vndt wo Er vnss sonst gebraucht hat, Biss Mihr herrein auff Clausenburg sein kommen, Alwo Mihr vnss auch nach vnsserem Vermögen, alss Ehrlige soldaten gegen vnssere gewesenen feindt verhalten, Wie ess Krigs Leuten gebürt vndt zustet, die Ihrem Herrn einmall haben geschworen. Aber vnssere Herrn Officiren haben dassjenige, wass sie schuldig waren vnss zu thun, gar wenig gedacht, sondern haben vnss so vbell gehalten, dass es offt hätt Mögen Einen sein Erbahrmen. Mir haben Müssen dass schwartze Brodt Wie die Liebe Erden von Hirsch vndt gersten Essen vndt wenig geldt bekommen. Denn mihr haben 15 Monat gelder aussstandt gehabt. Welchess mir doch noch alless mit geduld Erwart hätten vndt ihn Hoffnung wollten gelebt haben, dass mir es einmahl würden auf Ein Mahl Bekommen. Aber zum Vberfluss haben sie vnss zur Dankbarkeit für vnssere alzeit treu geleisten Dienste, weill mir von vnderschiedlichen regimenter Commendirte Leidt gewessen. Vntter dass Coppische regiment auff Szakmar Redutziren. Damit Ihnen dass Geldt, So Sie vnss vndt Ihr. Keyss. Majestät abgefallen Möcht ihn dem Beidel verbleiben. Vndt nicht an tag kommen, denn der Cup vndt andere seiner gesellen mehr, haben sich Besorget, wann mir einmahl akgelöst möchten werden, vndt ein Jeder zu seinem Regiment kommen, möchten Befragt werden von vnsseren Obristen vndt Officiren, wass Mihr Bekommen, Da hätten wir anders nichts, alss die Wahrheit können sagen, dass mihr sehr Wenig bekommen. Worauff denjenigen, so dass geldt In den Händen haben, hett Mögen Ein gefahr Entstehn, solcher gefahr aber sich zu befreien, haben Sie Bei Ihro Kaiserl. Majestät so lang angehalten, dass Er Ihm den Copp zu Szakmar alle die in Sübenbürgen liegenden Manschaften vntter sein regiment geben, welches er auch zu seinem vndt anderer Mehr Vnglück Erhalten vndt Erlangt hatt. Dan Nachdem er den Commissario zu vnss auff Claussenburg gesandt, vndt die Commission vbergeben vnss auss Befehls dero Röm. Keysserl. Majestät, vntter dass Koppische regiment auff Szakmar zu Redutziren. Alss er aber zu seinem Vnglück ankommen, Die Reformation vnss vhm geldt vorzutragen, hatt er unss Commendirte von vntterschiedligem regiment Lassen zum Ersten zusammen fordern, weyl er gedacht, dieselben Eh Auff denselben Weg zu bringen, Alss die gantze kompagnie, so Ihr Fänlein vndt Standaren haben, welches auch geschehen Ist, denn alss er vnss hat lassen zusammen kommen, diese Reformation vorzutragen, haben mir vnss drein ergeben, weill mir von vntterschiedlige regimenter gewessen, dass wir einander selbst nicht haben trawen dörffen, Weyl mir der Exempelen schon gar zu viel Erfahren, dass Einer dass maul auffgethan vmb dass Kraut zu Reden, die andern aber auf die er sich verlassen, still geschwiegen vndt einen solchen anfänger ihm stich gelassen, welchen ess dann nicht sehr wohl ergangen ist. Vndt darzu haben mir auch den 3 Compagnien zu Fuss Wie auch den 3 Compagnien zu pferdt, welche alle in Breydtschaft gewessen, nicht trawen dörffen, haben derowegen den Obristen Kop für vnssern obristen Erkandt vndt darauf durch die Musterung gangen. Alss mihr aber geschn, dass man vnss von keinem geldt wolt sagen auch nicht einmal getröstet, dass mir vnss solten gedulden, Ess wirdt geldt kommen, aber im Geringsten nicht, sondern haben dess Gleichen gethan, alss wären sie vnss nichts schuldig, worüber mir Commendirten so wohl die 3 Compagnien zu Fuss vndt die zu Pferdt sein vberdriessig worden, Einander Beredt, Etwass anders An zu fangen, welches auch baldt geschehen. Dan alss sie nach mitag die drei Compagnien haben Lassen zusammen Rücken, Ihnen die Reformation auch anzutragen, dass sie solten den Obristen Kop zu Zakmar auch vor Einen Obristen Erkennen, welches sie auch gethan, aber alss sie haben schreien sollen, Vivat Kop, haben sie vnrecht verstanden vndt gesagt, Vivat geld her, darauff Lerm gemacht, doch den Officiren ihren Respect geben, sondern nur auff den Commissario ergrimet waren, weill er ist ohne geldt kommen vnss zu Reformiren, vndt da mir woll gewust, dass weill mir Reformirt sein worden, von den Restirten 15 monath gelder nichts mehr hätten zu Erwarten gehabt. Der Commandant aber gab vnss gutte Wort, Mihr solten sich Wiederumb zur Ruh geben vndt von einander Ein Jeder in sein Qvartier gehen, Er wolle, so wahr Er ein Ehrliger Cavallir sei, vor das geldt Caffiren, den Commissario nicht eh von dannen lassen, biss mihr bezahlt würden, darauff Ein Jeder widerumb Nach seinem qvartier gangen. Den andern Tag aber, welcher wahr der 24 Januarii, haben sie vnss mit gewalt wollen zwingen, Ein Reissdaller an zu nehmen, wie Ihn auch Etliche angenommen. Diesses Ist vnss in den Kop vmbgangen, hat vnss nicht wohlen gefahlen, dass mir vor 15 Monath, so ma vnss schuldig gewesen, Ein Taller solten annehmen, dass Wahr gar Ein zu grosser abschlag. Worüber wir vnss heimlig Beredt, noch den-

selben Tag Lärmen zu machen, vndt die Landtlügner vort zu
schicken. Vndt dass war die Lossung, Ein stück, so auff dem Schneider thurm steht, dass wann derselbe Loss gebrendt wirdt, solt Ein
Jeder zu seinem gewehr vndt dem schneider Thurm zu Lauffen,
aldort vns zu versamnlen; welchess auch alssbaldt geschehen, denn
Nach 1 Vhr Nachmittag war dass stück gelöst worden, Lärmen
drauff geschlagen, vndt Ein Jeder dem schneider thurm zu gelauffen.
Die gutten Herrn Officiren sein damahls gleich bei der Taffel
gesessen, Ein Panket angestellt, sich mit vnserm abgefallene geldt
zu erlustigen, welche Lustigkeit Ihnen aber gar Baldt Ist Ihn grosse
Trawrigkeit verkert worden. Denn nachdem die gutten Herrn den
auffrauhr vndt den Tumult gehört, sein sie sämmtlich von der Tafel
aufgesprungen, Essen vndt Trinken vergessen, denn sie hatten schon
die farb genossen, wo dass hinauss wolt. Sein alle in der Eill zu
pferdt gesessen, vndt haben die Reiterei Lassen auffsitzen, Ihn
meinung, sich gegen vnss zu setzen vndt vnss zu schrecken, da wahr
aber kein Erschreckens gedacht, sondern mir gaben, alss die Reyterei auff dem Platz vnss entkegen kam, braff Dampff drein, der Rittmeister Zinnewitz, so die Reyterei auff vnss sollte loss führen, der
kam auff vns zugeeilt. Die Reyter hatten aber keine Ohren darzu
Ihm nachzufolgen. Der Rittmeister schreydt vorne: marschirt! hinden
schrie ein anderer: halt An. Indem wardt der Rittmeister Zinnewitz,
samht dass Pferdt, darauff Er gerithen, todt geschossen, dass er
gleich auff dem Platze muste bleiben. Bald die Reiterei sah, dass er,
der Rittmeister, sein Rest bekommen, haben sie sich alle gewendt
vndt mit den Hütten gewinckt vndt geschrien: halt an Ihr Brüder, wir
halten mit Euch, denn da Euch der schuh drückt, da Empfinden Mihr
ess auch, sein gleich nach ihren drei Standaren geritten vndt mir
Fussvölcker nach vnssern Fähnlein gangen, haben dieselben auss
dess Commendanten Seiner Stuben herauss genohmen vndt mit dem
völligen Hauffen auff dass Thor zu gemarschiret, Bey welchem Thor
der Commendant mit Etlichen Officiren gehalten vndt gern wer hinauss
gewessen. Derselbe alss er sah, dass sie mit dem Hauffen herunder
kommen, Gedacht Er, Jetzt wirdt ess dein leben kosten, will Eylens
mit etlichen Hussaren, so er bei sich hat, zum Thor hinauss, aber Alss
er zwischen dem Thor kam, kont er weiter nicht kommen, denn der
Pass war ihm verlegt, das Thor war ihm vor der Nasen zu gespert,
alss er sah, dass Er weiter nicht kommen, sprang er vom Pferdt her-

unter. Er sicht eine Treppen, so zwischen dem Thor auf die Mauer geht. Dieselbe lauft er hinauff, gedacht sich zu verstecken, aber ess war kein Verhergenss mehr gedacht, denn er war gleich ersehen, vndt einer gab feur nach ihm, aber zu seinem dess Commandanten glück, ging die Kugell in Ein Palken, so vor ihm war, hinein, sonst hätte er seinen Rest bekommen, alss er mit grossen Engsten gesehen, dass man feur nach ihm hat geben, Gedacht er, Besser hinvnder vndt sich gedemüthiget, Alss heroben Bleyben vndt sich todt schissen lassen, kam herunter gab sich demühtig in vnser gewalt, da hat es geheissen wie das Sprichwort laut, hastu vill gesündiget, so mustu vill büssen, der Degen wardt ihm von seiner Seiten abgenohmen, aber nach seinem grossen Bitten widerumb gegeben, vndt Mit der gantzen schwatron von dem Thor Biss ihn sein Losament begleitet. Aber wie ihm diese Begleitung gefallen hat, Lass Ich es andern erkennen. Baldt man ihn in sein Qvartier gebracht, hat man den Commissario auch vberall suchen lassen, aber Nimandt konnt ihn finden, auch keiner weder Officiere noch andere wusten von Ihm zu sagen, Biss endtlig, dass man Ihn nach Langem suchen in der Stuben vnder dess Commendanten Beth, darunter er sich versteckt, gefunden. Darnach seindt alle andern Officirer vom Obersten biss auf die Fändrig zusammen geführt worden, da haben mir die Reformation verkehrt vndt haben die Hochgen Reformirt die Niedrigen widerumb conformirt. Mit einer solchen Reformation, dass sich Mancher hatt müssen hinder den ohren Kratzen, da wahr ihnen sambflichen die fröliche Bottschafft vnverhoffter weiss angetragen, sie sollten sich von stundt an alle auss der statt machen. Vndt keiner mehr drein zu verbleiben erlaubt sein. Auch soll keiner mehr, alss Ein Pferdt, darauff Er Reyth, auss der stath bringen. Der Nunmehro in der Eyl Reformirte Commendant Batt den andern, so erst nach ihm gesetzt war zum Commandanten, Er sollte ihm doch die gnadt erzeigen, dass er mögt dasjenige, was er hinein gebracht, auch hinauss widerumb zu bringen, nämlich 3 Pferdt vndt seine Kleider, welches Ihm der Commendant mit bewilligung der gantzen Garnison Erlaubt, wie auch andern Officiren Mehr erlaubt wahr Ihre sachen mitzunehmen, vndt Ihre wagen zu Beladen. Aber alss sie zum Thor kommen, da war kein Erlaubniss mehr gedacht, sondern da ging es bunt vber eck, die Wagen wurden auffgemacht, die Küsten auffgeschlagen, vndt alles davon hinweggenommen. Hat ein Officirer Einen gutten Hut aufgehabt, ist ein gemeiner kommen, hat einen Tausch mit ihm getroffen, dergleichen auch mit den andern Kleydern. Der Rittmeister Franciscus ist biss auff das hemdt aussgezogen worden, weill er ein rechter soldaten schinder ist gewesen, Ist es ihm auch eingetrenkt worden. Er hat noch müssen auff seine Wagenpferde sitzen, vndt vor seiner Ritterschaft einen Fuhrmann abgeben. Hat seinen wagen selbst zum thor hinauss müssen führen. Mit wass vor Lust Er ess aber gethan, lass ich andern darüber vrtheillen. Dem Commissario, welcher ein Vrsacher dieser Commedi gewesen, Ist der Kloppende Passion zweimall halb gesungen worden, dann ist er gehauet vndt gestossen vndt geschlagen worden, dass Er schwerlich würdt sein darvon kommen, wie mir auch vorgewiss vernohmen, dass nachdem sie auff das feldt sein kommen, der Commandant Ihm soll auss Zorn den Degen durch die Rippen gestossen haben: Er hatt Einen schwarzen samelten Peltz an, derselbe war ihm stücker weiss von seinem Leib gerissen; In Summa hatt man ihn also zugericht, dass wo er noch am Leben ist, gewisslich sein Tag an diese Reformation ohne Geldt gedencken wirdt, sie sein sämbtlichen so schön zum Thor hinauss gejagt worden, wie sie ess längst verlangt vndt gesucht haben. Etliche haben Ihre haut gantz hinauss bracht wohl theils auch geflickt; Denn ess war einem Jeden Mit der Mass, da sie vnss gemessen haben, Auch widerumb gemessen worden, vndt mir sein so freigebig gewesen vndt haben ihn noch Ein gut Stück Mass zu geben. Alss sie nun alle fort waren, sein mir ein Jeder, nachdem die wacht woll bestellt, in die qvartire gangen Biss den andern tag. Da sein mihr widerumb zusahmen kommen, Andere Officire zu erwehlen, vndt der Herr Officire mit gewaldt hinterlassene Paarschaften vndt Kleider zusammengetragen, dasselbe vnter der ganzen Garnison aussgepaart, von dem geldt, ohne Kleynodt vndt Kleyder, hat ein Jeder Kop vor Kop 6 reinische gulden bekommen, mit welchem geldt mir den Officiren zu ehren, dass Reliquia bei gutter gesellschaft gesungen haben, weill noch ein Pfennig vorhanden war. Also dass diese vnsere mit den Officiren gespilte Comedie alle andern vbertrifft. Die Engelländischen Comedianten sein weit berümt, aber dass weiss ich vor gewiss, dass Ihre Comedien, so sie spillen, so weit nicht erschallen, Alss diesse, so mir in Clausenburg mit vnsseren gewesenen Officiren gespielt haben. An manchem ohrt weiss ich, dass sie mit freuden belacht wirdt, bei manchem Auch wohl mit grossem leydt betrawert.

Aber sie habenss nicht anderss wohlen haben, wass sie gesucht, dass haben sie gefunden, haetten sie vnss gehalten, wie ess Officiren zusteht, vnss das Vnsrige, wass Ihre Röm. Keysserlige Majestät auff vnss gibt, geben, vndt nicht behalten, so wer ihnen das Ihrige auch geblieben. Aber weill sie das Vbel gewonnen zu dem Ihrigen gethan, hatt Einss dass andern verzert, dass Ihnen alhier nichts geblieben ist.

Den 25 Januario haben mir aus der gantzen Garnison 9 Compagnien gemacht, 3 Compagnien zu pferdt sein geblieben, wie sie gewesen, die 3. Compagnie zu Fuss auch, aber auss den Commendirten hat man auch 3 Compagnien gemacht, auss dem Susschen vndt Wallischen Ist eine Compagnie gemacht worden. Von dem Badischen vndt Strotzischen die andere Compagnie, von dem Piochen vndt Koppischen die dritte Compagnie.

Die Eine Compagnie, Nemblich die vom Schönekischen regiment, die hat der Commendant Frantz Michel Teiss, welcher zuvor Corporal gewesen, Bekommen. Die andere, alss dess Graf Zanni, hatt Stefan Rach bekommen, welcher zuvor Feldwäbel der Compagnie ist gewesen. Die dritt, alss dess Herrn Graff Contrini hat der Valentin Jung Bekommen, welcher zuvor Corporal bei der Compagnie gewesen. Die Vierte, die von dem Badischen vndt Strotzischen ist gemacht worden, hat der Blasius Veygl Bekommen, welcher zu führer bei diesen Commendirten ist gewesen.

Die fünffte, von Susschen vndt Wallischen gemacht, hat der Frantz Malschon Bekommen, welcher zuvor Feldtwebel gewesen. Die sechste von Piochen vndt Copischen gemacht, hat der Hanss Sebastian Pernawer bekommen, welcher zuvor Feldwäbel In Clausenburg, aber Anstatt Wachtmeister Leudtnandt Commendirt hat.

Folgt die 3 Compagnien zu Pferdt.

Die erste, alss dess Zinnewitz Compagnie, hat der Neumann bekommen, welcher zuvor Wachtmeister Bei der Compagnie gewesen.

Die ander, alss dess Franciscus, hatt Halliss bekommen, welcher zuvor Corporal bei der Compagnie gewesen.

Die driette, alss dess Graff von Thurn, hat der Moni Bekommen, welcher zuvor Wachtmeister des Compagnie gewesen.

Diese Benante Herrn sind Biss dato Noch Officirer Bei den Compagnien, Sein auch sämbtlichen vor Tauglich Erkant worden.

Den 19 Febrarius haben mir 6 Compagnien zu Fuss hinden Bey dem schneider Thurm Ihr Hochfürstl. Gnaden Fänlein angeschlagen, dass Handtgeldt nämlich 6 Taller Empfangen, vndt gleich darauff Ihr Hochfürstl. Gnaden in Siebenbürgen zu dienen geschworen, wie ess Ehrlichen auffrichtigen Soldaten zusteht. Da ist der Commandant Frantz Michel Teiss zum Obristen vber den deutschen, so in der gantzen Garnison gelegen, Erwählt worden. Der Herr Haubtman Blasius Veygl zum Major. Die 3 keyserlichen Fänlein sein zur gedächtnüss dieser sachen von den Compagnien in die Katholische Kirchen verehret worden.

Den 20 Febrarius haben die 3 Compagnien zu Pferdt auch an obmelten orth Ihr Hochfürstliche gnaden Standaren angeschlagen, Darauff Ihr Handtgeldt als 6 Taller empfangen, vndt alssbaldt auch zu Ihr Hochfürstl. Gnaden geschworen. Da ist auch der Herr Rittmeister Monny zu Einen Major vber die Reuterei Erwelt worden, vndt haben auch Ihr drei Keysserlichen Standaren in die Katholischen Kirchen verehrt.

Den 22 Februarii sein 4 Compagnien zu Fuss vndt die drei zu Pferdt auss Claussenburg gemarschiret, vndt dess Herrn Maior Compagnie Neben dess Herrn Haubtman Hanss Bastian Pronaurss Compagnie die sein Ihn der Garnison verblieben.

Actum Clausenburg den 13 Martzi 1664.
     Johannes Philippus Charpignest.
     Bestelter Musterschreyber Bey
     dess Herrn Majors Compagnie.

Aufsatz.

Der Nahmen von den 4 Commendanten, so zu Clausenburg Guvernirt von dem Tag an, da die Keyserl. Zum Erstenmahl in Clausenburg sein kommen, Biess auff den letzten Tag, dass man sie widerumb fortgeschickt hatt.

1. Wahr Albertus von Dast, Ein Reformirter obrist Leudtnandt von dem Contischen regiment.

2. Wolff Rethanj Obrister wachtmeister von dem Badischen regiment. Derselbe ist hinter Neustat von der Armadien Mit 4 Compagnien zu Pferdt vndt 150 man zu Fuss zu Rück auff Clausenburg Commendirt worden, den Commendanten abzulösen, vndt an seiner stell Commendant zu verbleiben, weill er hat müssen eine Zeit lang

das Strotzische regiment, alss obrist Lieudtnandt dasselbe führen, Weyl der Obrist graff Strotz von Ihro Majestät in Franckreich geschickt war. Der vorgedachte Rethani Sel. hatt zu Claussenburg Commendirt biss Etliche Wochen Nach der Belagerung. Darnach ist er gestorben, sein Leichnam Auff Wien vndt von dar weitter Biess auff Vinedig geschickt worden. Denn er wahr Ein vornehmer Herr von Vinedig.

3. Nach Ihm ist Commendant worden Cornelius von Rimblich Reformirter Obrist Leudtnandt, welcher zu Samusvár auch Ein Zeyt lang Ist Commendant gewessen. Derselbe ist von dem

4. Hector de Brazza abgelöst worden, weill er hat Vrsachen wegen hinauss müssen, vndt der Hector hat müssen zu Claussenburg dass Baadt ausgiessen.

Escrit par moy Jean Philipp Charpignest Nec den Hanau Escrivein Ben La Compag de Monsieur Le Major. Le 14 Mars 1664.

Worterklärung.

	Seite	Zeile
Datert = Weichbild, Gemarkung, Flur	3	19 oben
Bakesmehren = Bakhausmähren, Weiberklatsch	7	7 unten
Palast = Saal	9	17 oben
Urten Zerbr, Wirthshausrechnung	10	9 „
Blachen = Walachen	12	7 „
Werbes = Bundschuh	12	10 unten
Schaube = Rock	24	8 „
Hinte = Kutsche	26	7 oben
Sellff, jetzt Schleifengraben	29	5 „
Weuch, Flurname bei Schässburg	29	11 „
Ziker = Binsenkorb	29	12 „
Deppen = Topf	29	13 „
Kopgyen = kleiner Zuber	34	1 „
Kalauss = Führer	39	18 „
haritsch = Buchweizen	45	17 unten
Porkulab = Burgvogt	49	1 oben
Dillen = Dielen, Brett, hier als Längenmass	54	6 unten
Flörchen = kleine Pfeife	55	12 oben
geglist = geglättet, glasirt	55	14 „
Mosser = deutsche Soldaten, dann Deutsche überhaupt	57	2 unten
geschatte = aufgeschüttete	69	18 oben
Stennern = steinern	75	5 unten
Furleng = Längenfurche eines Ackers, Jochlänge	85	11 „
zerralten = zerhudelten	106	3 oben
Kurtaner = Hofsoldaten	114	11 „
Sechenawe = Siechenau	117	8 unten
Pharener = Pharaonor, Zigeuner	117	7 „
Koff = Kufe, Fass	131	15 „
caluger = griechischer Mönch	131	14 „
rabbeln = rauben, magyarisch rabolni	138	14 „
herwest = Herbst	138	3 „
Puskassen = Büchsenschützen von puska magy. die Büchse	140	9 oben

G. Kraus sieb. Chronik. Fontes I. IV. Bd.   27

	Seite	Zeile
Klocke = Gluckhenne	145	5 oben
Katner = Soldaten von magy. Katona	146	5 „
herbrig = Herberge	149	17 „
Soldesch = jetzt Suldesch	158	1 unten
Tamaschkel Selkel = Damastrock	160	8 oben
Dannen = Tannen, ein Zeichen seines Amtes	161	7 unten
Deaken = magyar. Studenten	163	4 oben
Korbatschen = Peitschen	165	7 „
capitalmeister = Capellmeister, hier so viel als Aufseher des in der Capelle des Weissenburger Domes und der Abtei Kolos Monostor aufbewahrten Bundesarchives	177	2 „
Geckel = Fratze, Holzfigur etc.	177	9 „
Kaptalar = Kaptalmeister, Aufseher des Archivs	181	9 „
ktampt = Stumpf	184	9 „
straly kepe = Stellvertreter des Königs	189	5 „
poharnik = Mundschenk	189	13 „
Skutaren = Schildträger, neugr. Σκυταλι, τό. — latein. Scutarii (Excubitores) bei Lactantius etc.	194	7 „
Ssabades = Freigelassener, Trabant	194	7 „
Bleschlandrisch = walachisch	201	12 unten
gereusch = Gebüsch	202	18 „
Messel = Feldtruppen (?)	203	16 oben
Komornik = Kämmerer	210	13 unten
herken = hingegen, andererseits	211	12 „
gemächt = männliches Glied	215	1 oben
Schattert = Bude	216	5 „
bejaré = jetzt ein Jungmeister bei den Zünften, hier wohl Kundschafter	224	7 „
Judecula oder Böervar (Dardanellenschloss)	225	13 „

Index.

(Angefertigt von Karl Fabritius.)

A.

Abasan Pascha I, 113—115.
Abaujvar I, 74.
Abdi Aga II, 313, 315.
Ablakos II, 100.
Abrugy Peter II, 106.
Abrozza I, 221.
Aekelberg, Hans Christoph von, II, 106.
Adamus I, 39.
Adrianopel I, 221. II. 7, 51, 59, 273, 302, 303, 320, 331.
Aga Matthae, s. Matthae Vaida.
Agaethlen II, 237. 404.
Agaethler Michael I, 48. 139.
Agris, siehe Erlau.
Alagi Melchior I, 95.
Alai Beg, siehe Olay Beg.
Alba, siehe Weissenburg.
Albert, König, I, 274.
Aleppo II, 338. 339.
Alexander VII. Papst I, 221.
Ali Beg, siehe Olay Beg.
Ali Beg II, 362.
Ali Pascha I, 352. II, 9. 34. 35. 51, 53, 56, 59, 84, 88, 89, 91—93, 95, 96. 98—105. 107—117. 141—143. 146—155. 158—165. 172—185, 187—213, 216, 238. 243, 246, 249, 250, 251, 254, 256, 257, 263, 264, 266, 273, 276, 279, 283—289, 292, 293, 297, 300—303, 306, 307, 310, 311, 330—332, 338, 339, 356, 376.
Ali Pascha Chrugi II, 362.
Alisch, s. Gross-Alisch.
Alispai II, 195.
Almas I, 353.
Almasi Stefan I, 51.

Also Johann II, 247.
Alt I. 33. 60, 78, 85, 138, 179, 265. II, 94. 200.
Altenburg, s. Ungrisch-Altenburg.
Altrieger I, 29. 110.
Amuhorus Aga II, 342. 343.
Amuras Pascha I, 37.
Amurath Sultan I, 173.
Amurathim Sultan I, 294, 296. 307. 309. II, 273.
Anabaptisten, s. Wiedertäufer.
Ananias Popa I, 12.
Anatolien II, 338. 339.
Andras Matthias I, 152.
Andreas, Stuhlrichter von Leschkirch, II, 211.
Annas Henard Sinoër de Cleribo, I, 155.
Apafi Balthasar I, 288. 297.
Apafi Georg II, 180.
Apafi Gregor (Georg) II, 181. 301. 403.
Apafi Michael I, 238. 289. 297. II, 120. 135. 180—183, 185, 189—191. 193—195. 204—207, 209—213, 215—220, 222, 223, 225. 231—234, 236—238, 241, 243. 245—253. 255—259, 261—267, 269—275, 278, 280. 281, 283, 285—290, 292—294, 296, 297. 299—303, 305, 306, 310, 311, 313, 314, 316, 318—325, 327—330, 342—344, 347, 351, 352, 369, 370, 373—375, 388, 390, 391, 393—395, 397—399, 403, 405, 414.
Apafi Stefan I, 283. 306. II, 343.
Aphida II, 3.
Apoldia, s. Trapold.
Apor Lazar I, 379. II, 94, 147, 184.
Arabien (arabisch) II, 337.
Arad I, 344.
Arsnyos I. 40. II, 100. 102. 103.

Aranyos Meggyes I, 273. 299. II. 16. 160. 164. 245. 261. 262. 266. 270.
Ardlisch I, 11. 12. 55. II, 96.
Arianer I, 171. 222. 241. 248. 249. 276. 284. II, 149. 407.
Arkedre II, 190. 205. 298.
Arkosi Michael II, 304.
Armen Raduly I, 203—205. 211.
Armbruster Johann II, 398.
Armenien II, 363.
Arminianer I, 169.
Arnheim I, 82.
Arrai, s. Arad.
Athanaim Mustafa I, 71.
Auersberg, Graf II, 363.
Augsburg I, 61.
Aurlig Paul I, 374. II, 30. 83. 87. 179. 188. 194. 197. 236. 237.
Ausspurg, s. Augsburg.
Austria, s. Österreich.
Ayta II, 395.
Aytay Caspar I, 18.

B.

Babocsa II, 374. 378. 382. 385. 387.
Babolna I, 322.
Babylon II, 233. 363.
Badva II, 406. 413. 414.
Baglioni Joseph I, 56.
Bahalel I, 343.
Bailo Capello I, 221.
Bainits I, 148.
Bako Stefan II, 94. 96. 97.
Bakos Gabriel I, 141. 149.
Bakos Stefan I, 97.
Bakos Valentin I, 26—29. 34. 39.
Baktschiarai I, 212. 315.
Balaora Johann I, 81.
Balasfalva, s. Blasendorf.
Balbirer Catharina II, 309.
Balbirer Matthias II, 309.
Balek Johann I, 31.
Balling Johann I, 90.
Ballo Ladislaus I, 373. II, 114. 222. 391. 400.
Balogh Matthias I, 316. 318. 334. 333. 373. 377. II, 90. 128. 129. 131. 134. 247. 263. 298.
Baloghvar I, 144. 147.
Balpataki II, 238.
Baltova I, 287. 291. 292.
Banffi Christophorus I, 324.
Banffi Dionys I, 302. 325. 330. 333. 336. 339. 341. 370. II, 39. 124. 127. 128. 131. 135. 138. 139. 214. 226. 244. 245. 259. 270—272. 287. 297. 374. 375. 403.

Banffi Georg I, 169. 279. 324. 325. 352. 363. 370.
Banffi Hunyad II, 116. 134.
Banffi Sigmund I, 324. 377. 378. II, 49. 95. 116. 124. 128—129. 274. 315. 403. 404.
Banner I, 110.
Banol Maire I, 231.
Banya, s. Nagy-Banya.
Banyai Stefan II, 301.
Banybazi Stefan II, 149.
Barca II, 378. 387.
Barcsai Achatius I, 160. 167. 169. 254. 258—260. 263. 264. 269. 272. 278. 280. 314. 317. 324. 325. 329—332. 335. 336. 338—341. 345. 352. 354—356. 360—362. 364—381. 384. II, 1—9. 14. 15. 18. 19. 21. 27. 28—31. 33. 35. 38—40. 42—43. 51. 55. 74—76. 79—86. 88—99. 101. 104. 105. 107. 109. 114. 115. 117—121. 123—140. 148—151. 233. 263. 295.
Barcsai Andreas I, 308. 370. 371. II, 6. 30. 43. 121. 136. 137. 142. 143. 152.
Barcsai Caspar I, 265. 307. 371. II, 5. 30. 85. 87. 92—94. 96—98. 106. 108. 117—119. 122. 123. 125. 240. 241.
Barcsai Michael II, 131. 221. 247. 248. 251. 256. 272.
Bardi Stefan I, 172.
Barkan, s. Parkany.
Barkoczi (Fam.) II, 41. 391. 392.
Barkoczi Sigmund II, 389. 391.
Barkoczi Stefan I, 344. II, 2—5. 60. 64. 85.
Barok II, 382.
Baroth II, 98.
Bartfeld I, 149. 159.
Bartha Bartholomäus I, 351. II, 9.
Bartholomäus, Stuhlrichter von Reussmarkt. II, 211.
Bartsch, s. Barca.
Basaa Michael I, 363. II, 109.
Basaa Peter II, 34. 49.
Basaa Thomas I, 193. 234. 259. 260. 324. II. 34. 49. 178.
Bathor I, 43. II, 391.
Bathori Andreas I, 137.
Bathori Gabriel I, 6—8. 11—21. 23—28. 30—39. 41—43. 47. 49. 58. 193. 301. II, 100.
Bathori Sophia I, 322.
Bathori Stefan, König, I, 274.
Batriv Capitan I, 231.
Batschassarai, s. Baktschisarai.
Batthyani I, 103—106. 221. II, 376. 377. 387.
Bayern I, 59. 63. 64. 110. 134. II, 362. 376. 377. 381.
Becco Pascha II, 338.
Bedeobazi Thomas II, 29.
Bege Georg II, 31.

Beken I, 379.
Bekent I, 97.
Beldi Paul I, 288. 297. II. 266. 343. 390. 398.
Belenyes I, 324.
Belenyessi Frans II, 343. 371. 372.
Belesdorff (Belleschdorf) I, 88.
Bellek I, 95. 353.
Benckner Johann I, 34. 37—39. 30. 32.
Beneuer Gregor II, 197. 211.
Bendoea Stefan II, 59.
Benedegh, s. Benuek.
Benne (a. d. Theiss) II, 161.
Benne (bei Schässburg), s. Mehburg.
Benuek II. 184.
Berestay Emrich I, 44.
Berecsk (Berets) I, 202. 203.
Beregh (Berek) I. 74. 224. II, 280.
Bereghsass (Bereksass) I, 273. 278.
Berges, s. Bürgesch.
Berlin I, 77.
Bernhardi Matthias II, 287.
Bersenere, s. Bresnitz.
Bertram Andreas II, 332.
Beschlik Pascha I, 383. 384.
Bethlen (Schloss) II, 137. 164. 166. 203. 212. 213. 217. 244. 238. 264. 265. 270—272. 279. 280. 283. 288. 291. 318. 327. 370. 374. 375.
Bethlen (Fam.) I, 3. 172. 175—181. 370. II. 198. 218.
Bethlen Achatius II, 297.
Bethlen Franz I, 3. 120—122. 128. 164. 174. 176. 190. 325. II. 297.
Bethlen Gabriel I. 32. 38—41. 43. 46—50. 52 —82. 84. 85. 87. 88. 96. 101. 107. 111. 112. 120. 133. 176. 196. 274. 307—309. 333. II. 32. 103. 110. 171. 288. 320. 341. 361.
Bethlen Gregor II, 40. 43. 124. 133. 203. 204. 213. 222. 242. 257. 258. 266.
Bethlen Johann I, 190. 268. 269. 270. 281. 307. 309. 339. 342. 343. 361. 368. II, 4. 5. 8. 28. 29. 39. 40. 43—46. 82. 93. 119—124. 194. 214. 226. 244. 247. 248. 250. 251 253. 254. 265. 272. 274. 303. 313. 316.
Bethlen Michael I, 3.
Bethlen Paul II, 40.
Bethlen Peter I, 56. 81. 96.
Bethlen Stefan I. 82. 84. 86—89. 95. 111. 119—121. 122—127.
Bethlen Stefan, Graf, I. 86. 87. 89. 92. 96. 102. 103. 107. 175.
Bethlen Wolfgang I, 345. II, 120. 121. 137. 148. 214. 244. 245. 261. 266. 297.
Betzkó I, 256.
Binde Frans II, 257. 266.

Bialocserkeß I. 222.
Bieboch II, 362.
Biehtern II, 265.
Bighe Georg II, 90.
Biber I, 278. 280. 324. 371. 351. II, 60. 61. 63. 116. 289. 393.
Bikszada II, 204. 214.
Birk II, 123.
Birkessi Georg II, 215.
Birthelm I, 12. II, 238.
Binterfeld Johann Heinrich I, 133. 194.
Bistritz, s. Nösen.
Blacken I, 12.
Blachey, s. Walachei.
Blasendorf I, 57. 322. 324. 323. 329. II, 8. 9. 27—30. 375. 390. 399.
Bleschland, s. Walachei.
Boczkay II, 314.
Bodendorf I, 121. 126. II, 190. 296. 370.
Bodendorfer Martin, s. Csiaki Martin.
Bodendorfer Stefan I, 122.
Bodrogh II, 161.
Bodroghközi Johann I, 47.
Böhm Georg II, 164—167. 171.
Böhm Hans I, 31.
Böhmen I, 33. 38. 59. 61. 63. 65. 70. 71. 110. 136. 157. 170. 185. 189. 226. II, 350. 366.
Böhner Johann I, 163.
Boer Stefan II, 257.
Bösing II, 351.
Bössermeny Stefan I, 169.
Bogat II, 212.
Bohemia, s. Böhmen.
Bohemus Alexander II, 211.
Bobt Johann I, 4. 175. 370. II, 28. 75. 77. 87. 176. 179. 188. 192. 213. 224. 231. 232. 237. 253.
Bobt Paul II. 77.
Bobt Simon I, 40.
Bobt Stefan I, 364.
Boldovai Martin II, 61. 62. 66. 68. 70. 101. 401. 403.
Bolkesch Thomas II, 223. 257. 375. 388.
Bonchida I, 374—376. 378. II. 86. 90. 133—135.
Bonnesdorf II. 81.
Bonyha II, 9. 191. 193.
Boo Stefan I, 228.
Borberly Albert II, 144.
Bornemisza Anna II, 180. 206. 209. 210. 232. 257. 271. 301. 305. 326. 369. 370.
Bornemisza Franz I, 157.
Bornemisza Johann I, 81. 97. 101. 102. 230.
Boros Jenneö, s. Jenaő.
Boros Johann I, 198. 199. 240. 241. II, 283.
Boros Stefan II. 105.

Bosss I, 20. 73. 242. 351. 384. II, 30. 134. 316. 318.
Bosi Beg II, 362.
Bosnien II, 339. 346.
Bosnd I, 74.
Botyani, s. Batthyani.
Bozza I, 182. 220. 223. II, 236. 338. 388. 389. 404.
Brandenburg I, 77. 84. 89. 248. 230. 271. 282. II, 344.
Brasch Peter II, 192.
Braunschweig I, 71.
Braunschweig-Lüneburg II, 361. 385.
Brauu (Brazen), Graf Hector von, II. 134. 187. 300. 406. 413.
Brelixon I, 148.
Bresnits II, 374. 377. 378. 385. 387.
Bresorits I, 142.
Brin, s. Brünn.
Brisen I, 283. 309.
Brolst Georg I, 23.
Broos I. 38. 122. 123. 173. 241. 324. II, 18. 107. 132. 197. 294. 326.
Brosnitz, s. Bresnits.
Brotfeld I, 121. II, 18. 19. 33. 324.
Brünn I, 131—153. 155. 156. 304. II, 330. 369.
Brussa II, 7.
Buchhauss I, 105.
Buchheim Graf, I, 148. 150—152. 154.
Buchheim, Adolph Graf, II, 359.
Bucsak I, 73. 73. 294. 365. 367. 369. II, 19. 27. 152.
Buda, s. Ofen.
Buda, s. Bodendorf.
Budai Alexander II, 131.
Budai Peter I, 234. 370. II, 123. 136. 207. 252. 316. 317. 321. 324. 323. 402. 404.
Budai Sigmund II, 144. 151.
Budiani, s. Batthyani.
Bugguess I, 133.
Bürgesch II, 277.
Bukovar II, 333.
Bukerest I, 114. 203. II, 19.
Bulgarei (in Kronstadt) I, 348.
Buu II, 193—198.
Buquoi, Bonaventura Conte, I, 59. 63. 64. 71. II. 341.
Burzenland I, 11. 13. 16. 19. 20. 30. 31. 33. 39. 82. 137. 178. 179. 207. 343. 351—353. 384. II, 6. 17. 18. 34. 49. 106. 184. 222. 247. 236. 297. 321. 389. 393. 397. 400. 402.
Busigan Preds I, 231.
Bussaw, s. Bossu.
Buzz II, 119

C.

Cambridge I, 178.
Camenits, s. Kaminiec.
Campolung, s. Kimpolung.
Candia I, 137. 221.
Cantelberg (Canterbury) I, 178.
Cantor Johann II, 170.
Capel, Arthur Lord I, 178.
Capesa I, 79.
Cassan Pascha II, 339.
Catalonien I, 134.
Charpigarest Johann Philipp II, 373. 414. 413.
Chiaus Pascha I, 363.
Chiopilo Mehemet Pascha II, 331. 369.
Christian von Braunschweig I, 71.
Christian von Dänemark I, 71. 74. 86. 247.
Christine von Schweden I, 186.
Christoph, Grieche II, 60.
Cibin, s. Zibin.
Cibinium, s. Hermannstadt.
Cikei Georg II, 370.
Cleribo I, 136.
Clesel, Cardinal I, 49. 50. 61. 63.
Cleve I, 132.
Conti II, 414.
Contrini Graf II, 406. 413.
Copp, s. Kopp.
Cordua Don I, 65. 71.
Corona, s. Kronstadt.
Croabaten, s. Kroatien.
Crau, s. Krain.
Crestela Georg I, 92.
Cristinus Marcus I, 58.
Cronen, s. Kronstadt.
Cuahi Graf II, 348. 378.
Cuahi Ladislaus II, 3.
Cuahi Stefan I, 78. 84—87. 96. 107. 142. 143. 224. 225.
Cunnad I, 322.
Cuassar Peter I, 110.
Cueffei Ladislaus I, 81.
Cuengeri Stefan II, 132. 142.
Cuergöd I, 322.
Caik I, 207. 242. 239. 324. 364—366. 370. II, 31. 68. 69. 93. 94. 97. 98. 107. 117. 123. 125. 174. 179. 184. 185. 187. 188. 191. 193. 197—202. 204. 213. 214. 245. 255.
Cuakany Georg II, 15.
Caako David (Daniel) I, 331. 341. 377. II, 49. 184.
Caassar (Caettar) Pascha II, 209. 210.
Cachi Johann II, 170.
Cachebi Pascha II, 146. 206.

Caellius Dr. I, 77.
Csepreghi Michael II, 69. 232. 277. 278. 258.
  295. 298. 303. 304. 311. 392.
Cserei Georg II, 380.
Cserkes, s. Tscherkessen.
Csernetski I, 230—252. 261. 272. 281. 283.
  284. 286. 291. 307. II, 39. 284. 285.
Csernihovia I, 222.
Csinki, s. Caski.
Csinki Martin I, 272.
Csiassa Pascha II, 147. 148. 177. 193. 203.
  209. 210. 216. 255. 293. 300.
Csiaoss Ogli Pascha, s. Ogli Csiaoss Pascha.
Csiganer, s. Zigeuner.
Csimener I, 124. 205. 206. 219. 220. 223.
  224. 227. 228. 230—233. 235. 236. 240.
  242—244. 258. 264—267. 296. 378. 382.
  385. II, 111. 112. 219. 222.
Csiomokdsi I, 104.
Csips (Csipser), s. Zips.
Csirick II, 54.
Csissar Gregor I, 15.
Csissar Johann II, 179.
Csiogaly I, 195—200.
Csurulai Georg II, 30. 50. 66. 68—70. 288.
Csurulai Pap, s. Csierulai Georg.
Csiorolya (Csörölye?) II, 30.
Csuböresek I, 242.
Csulai Georg I, 345. 374.

D.

Dabissa Istratti Vaida II, 192. 264. 394.
Daceo Johann I, 377. II, 266. 278. 279. 283.
  285. 290. 308. 310. 311. 314. 315. 319.
  320.
Dänemark I, 63. 67. 71. 74. 80. 221. 247. 248.
  250. 252. 271. 282. II, 368. 407.
Daja Loth Ali Beg I, 315.
Daska Stefan II, 1. 2.
Dalia, s. Denndorf.
Dalli Hassan Pascha I, 355.
Dallj Markus I, 39.
Dalmatien I, 221. II, 310. 339.
Damaskus II, 338.
Dampierre, Graf I, 58. 59. 62. 63.
Daniel Franz I, 192. 324. 329. 352. 354. II,
  91. 109.
Daniel Johann I, 189.
Daniel Stefan II, 240. 264. 265.
Danus, s. Dunnsdorf.
Danzig I, 249. 250.
Darotzi I, 69.
Dast, s. Thast.
Datos II, 312.

Deak Daniel I, 48.
Deak Gabriel, s. Gabriel Deak.
Deak Jakob, s. Jakob Deak.
Deak Peter, s. Peter Deak.
Deak Istvan, s. Stefan Deak.
Deak Thomas, s. Thomas Deak.
Debrezzin (Debrita) I, 83. 135. 324. II, 65.
  113. 204. 326. 327.
Debreczeni Johann II, 2.
Deese II, 25. 153.
Deczei Stefan II, 62. 73.
Dees I, 131. 301. 379. II, 20—28. 33. 35. 67.
  105. 164—166. 215. 282. 283. 301. 316.
  389. 402.
Dreefalva II, 193. 206.
Dembo I, 39.
Dengelegi I, 8. 22. 23.
Denndorf I, 118. II, 190. 397. 400.
Ders II, 205.
Derschaw I, 79.
Dersi Johann II, 309.
Deutsch-Kreuz II, 370.
Deutschland (Deutsche, deutsch) I, 32. 34. 35.
  40. 41. 48. 53. 54. 36. 37. 58. 61—63. 67.
  70. 71. 73. 78. 81—84. 87. 91. 107. 142.
  145. 148. 130. 132. 156. 171. 183. 195.
  200. 202. 208. 209. 214. 223. 233. 247.
  250. 252. 252. 283. 299. 307—309. 332.
  352. 363. 374. II, 19. 20. 38. 41. 62. 63.
  69. 89. 97. 102. 127. 129. 130. 134. 135.
  137—140. 147. 153. 175. 177. 181. 183.
  184. 186. 188. 109. 203—205. 207. 211.
  213. 214. 222. 226. 233. 236. 238. 240—
  242. 244—247. 252. 255—258. 260. 261.
  264. 265. 267. 269. 270. 272—274. 278.
  279. 281—284. 286. 287. 300. 301. 313—
  317. 326—328. 332. 334. 336—338. 341.
  344. 346—350. 356—358. 360. 361. 363.
  365. 371. 373—375. 377. 380. 384. 387—
  400. 404. 405. 407.
Deva I, 38. 83. 91. 338. 351. 373. II, 6. 17—
  19. 149. 304. 309. 317. 329. 331. 334.
  335. 339. 341. 349. 369. 374. 375. 382.
  387. 389. 394. 400.
Dirgo Don I, 36.
Diepenthal Baptist II, 370. 406.
Dieterig I, 58.
Dietrig Georg I, 230.
Dietrig Hans II, 191.
Dika Vaida, s. Gyga Gregor Vaida.
Dikul, s. Gyga Dikul.
Dniepr II, 204.
Doiester I, 66. 199—201. 212. 218.
Doboitza I, 336.
Doboka I, 172. 324.
Doboly Stefan II, 143. 151. 152.
Dubun Johann I, 17.

Dobravicza II, 213.
Docrobrot II, 388.
Dorai Andreas I, 49. 50. 60.
Dolne Abraham Matthias II, 406.
Domahida II, 160.
Domitra Comis I, 231.
Dommer II, 406.
Domokos Thomas I, 288. 350.
Domath Stefan II, 97.
Dosaa I, 12. 38. 91. 338. 351. 373. II, 6. 17 —19. 149. 304. 309. 317. 329. 331. 334. 335. 339. 341. 349. 369. 371. 373. 382. 387. 389. 394. 400.
Draskovics, Graf Johann I, 170. 176.
Drea II, 319. 320. 330. 378. 382. 387.
Drei Stühle, s. Haromszek.
Dresing II, 351.
Duderoß, Schytte von, I, 188.
Dunnesdorf I, 17. 172. 178. 181. 353. II, 190. 191. 193.
Durlach I, 65. 71.
Dutzelthaler II, 337.

E.

Ebeni Ladislaus I, 214. 302—304. 323. 370.
Ebeni Stefan I, 302—304. 324. 325. 329. 368. 370. II, 124. 186. 215. 217. 222. 231. 233. 240. 244. 245. 258. 261. 274. 276. 284. 297. 373. 399.
Eberafalva, s. Eperschdorf.
Eesed I, 53. 65. 66. 70. 119. 126. 175. 279. II, 87—91. 100. 199.
Eger, s. Erlau.
Egerbegy II, 154. 283.
Eggesberg Graf I, 157.
Egres I, 355.
Einsten, Freiherr von, II, 354.
Eisenberger Martin I, 38. 67—69. 75. 109. 121. 125. 126. 128.
Eisernes Thor I, 273. 278. II, 19. 20. 23. 25. 34. 53. 55. 57. 151. 207.
Eisgrab I, 133.
Elbe I, 79.
Elben von, II, 363.
Elesbasi I, 144.
Elgius Joachim II, 54.
Elisch II, 333.
Emberfeö II, 28. 135. 136. 159.
England I, 81. 133. 169. 177. 178. 221. II, 232. 368. 412.
Eos I, 61. 71. 247.
Enyed (Nagy-) I, 241. 354. 379. II, 153.
Enyedi Johann II, 197. 203. 267.
Enyedi Stefan II, 197.

Enyetter Georg I, 20.
Eörmenyes, s. Ürmenyes.
Eötves Georg I, 131.
Eperies I, 36. 62. 66. 115. 135. 140—143. 153. II, 149.
Eperschdorf II, 120. 156. 180. 216. 233. 246. 247. 251. 265. 285. 301. 303. 312.
Erger Stefan II, 84.
Erked, s. Arkeden.
Erlau (Erlen) I, 70. 71. 119. 142. 223. 224. 274. 343. II, 44. 393.
Ernst von Lüneburg I, 246.
Ersch Ujvar, s. Neuhäusel.
Erytubolus I, 292.
Esarg II, 319. 320. 331. 333. 339. 361. 376. 379. 381—383. 387. 401.
Esztergom, s. Gran.
Eszterhazi Graf II, 377.
Eszterhazi Nicolaus I, 77. 90. 91. 93. 139. 154. 156. 167. 189.
Eszterhazi Paul I, 103. 105.
Etaed, s. Eesed.
Eyssenburger, s. Eisenburger.

F.

Fabian Stefan II, 298.
Fabians Johann I, 167. 172.
Farensbech I, 71. 72.
Farkas Frans I, 324. 354. 375. II, 49. 202.
Farkas Simon II, 97.
Farnengel, s. Fernengel.
Farnosi Johann I, 63.
Feieregyhas, s. Weisskirch.
Fejer Peter II, 170.
Feiervar, s. Weissenborg.
Feir Caspar I, 132.
Feir Johann I, 149.
Fekete Frans II, 329.
Fehete Körös, s. Körös.
Fekete Peter II, 273. 284. 355. 313.
Fekete Valentin II, 170.
Feketeto II, 72. 347.
Feldorf II, 212.
Felch I, 40. II, 388.
Fenes II, 67. 87.
Feö Brg I, 342.
Ferdinand II., Kaiser, I, 53. 58. 60—63. 65. 66. 68. 70. 71. 74. 78. 79. 101. 126. 130. 304. II, 341.
Ferdinand III., Kaiser. I, 79. 80. 82. 126. 127. 133. 135. 139. 156. 173. 196. 197. 224. 247. 267. 273.
Ferdinand IV., König. I, 156. 170. 159. 226.
Ferencz Deak II, 53. 137.

Ferenczi Gabriel II, 126.
Ferrnagel Johann I, 263. II, 29.
Feuertag Georg I, 49.
Fiatfalva I, 171.
Ficher I, 132.
Filek I, 69. 148—150.
Filkenius Bartholomäus I, 172.
Filkenius Zacharias I, 119. 121.
Filstig Peter II, 270.
Fiotta Stefan I, 184.
Flammeraw II, 351.
Flandern I, 154.
Fleischer Andreas II, 27. 211. 343. 398.
Fodor Johann II, 140.
Fodor Stefan I, 173. 334. 338. II, 18. 91.
   107. 291.
Földvári Franz I, 207. II, 257.
Földvári Michael II, 50.
Folkenius, s. Filkenius.
Fogaras I, 57. 60. 78. 82. 83. 87. 89. 90.
   107. 112. 118. 165. 167. 178. 185. 186.
   194. 208. 307. 309. 322. 330. 331. 353.
   370. 371. 373. 379. II, 17. 20. 24. 26. 31.
   36. 38. 41. 83. 84. 121. 132. 136—139.
   142. 145. 147. 152—154. 173. 177. 179.
   185. 190. 197. 198. 203—207. 211—213.
   222. 242. 247. 248. 255—258. 266. 288.
   298. 299. 321. 323. 326.
Fohschau I, 124. 125. 235. II, 56.
Fonara I, 228.
Fontaniey Johann I, 57.
Forembach I, 57. 78. 83.
Forgacs Adam I, 189. II, 3. 108. 335—337.
   341. 356.
Forgacs Michael I, 116.
Forgacs Paul I, 97.
Forgacs Sigmund I, 13. 16. 19. 32.
Franciscaner I, 363. II, 201. 202.
Franciscus Capitan, s. Biade Franz.
Franciscus, Rittmeister II, 407. 412. 413.
Frank Georg d. Ae. I, 15. 164.
Frank Georg d. J. I, 165.
Frankfurt a. M. I, 333.
Frankreich (Franzosen) I, 81. 82. 111. 133.
   154. 136. 138. 186. 220—222. 299. II, 368.
   392. 403. 413.
Franz Carl, Herzog von Sachsen I, 108.
Franzsdorf II, 31.
Freistadtl I, 67. 68. 70. 79. 140. II, 348. 361.
Fridrich von der Pfalz I, 35. 38. 39. 70. 110.
   184. 185.
Fridrig, s. Gierescher.
Fritsch II, 350.
Fuchs Hans U. 406.
Fugger Graf II, 376.
Fünfkirchen I, 32. 40. II, 374. 379—384. 386. 387.
Fundalu Augustinus I, 57.

G.

Gabriel Deák I, 373.
Gagy II, 291. 309.
Galga Sultan II, 19. 27.
Galgocz, s. Freistadtl.
Gallipoli II, 339. 359.
Galt I, 333.
Gaude (Gaudi) Andreas I, 140. 141. 143. 236.
   240. 244. 253. 308. 309. 322. II, 3. 19.
   20. 38. 41. 47. 58. 63. 65—68. 74. 88. 89.
Gees Marchese II, 342. 358. 355.
Geis, s. Goes.
Geleny, s. Gilany.
Genua II, 257.
Geöbel Stefan I, 58.
Geoldner, s. Göldner.
Georgius frater I, 118.
Gereb, s. Greb.
Geresd II, 2—4. 26. 312.
Geroycst I, 329.
Getzi Andreas I, 31. 32. 41.
Ghimes II, 361.
Gidofalvi I, 172.
Gierescher Michael I, 29.
Giks, s. Gygs.
Gilany Gregor I, 190. 291. II, 108. 113. 117.
   129. 304. 305. 373.
Gimes, s. Ghimes.
Gioss, s. Viztirrol Gioss.
Glessel, s. Clesel.
Gligorasko, s. Gyga Gregorius Vaida.
Gliguri, Gyga's Sohn, I, 365.
Gödling II, 350.
Göldner Michael I, 374. 381. II, 9. 37. 87.
   189. 260. 294. 393. 394.
Görgeny I, 191. 230. 322. 366. 372. II, 24.
   49. 83. 85. 94. 97. 106. 118. 120. 123.
   124. 126. 127. 128. 132—135. 142—144.
   151. 183. 189. 200. 202. 213. 214. 244.
   247. 248. 252. 253. 256. 258—260. 262.
   266. 321. 370.
Görlitz I, 57.
Goes, Freiherr II, 300. 331. 334. 364. 365.
Göts I, 130—132. 134. II, 348.
Goldschmidt Bartholomäus II, 28. 30. 86. 177.
   189.
Gombaszek I, 149.
Gombos Johann II, 218.
Gonda Alexander II, 401.
Gonzaga, Hannibal Fürst, I, 363. II, 18. 33.
Gorbo II, 1. 2.
Gorgyes Andreas I, 92. 93. 106.
Goslar I, 74.
Gotterbarmet Peter I, 27. 28.

Gottsmeister Christopher I, 167.
Gottsmeister Colomann, Comes. I, 7. 20. 43.
49. 54. 77. 62. 66. 112.
Gottsmeister Colomann, Senator. I, 159. 162.
164—167.
Gottsmeister Colomann, des Senators Sohn,
I, 167.
Gottsmeister Valentin I, 207. 234. 297. 318.
Goys, s. Goes.
Gräts I, 61.
Graffius Paul II, 232. 236.
Gran I, 60. 182. II, 108. 198. 236. 329. 330.
333. 339. 340. 345. 353. 360. 363.
Gran, Marchese, s. Gean Marchese.
Greb Andreas I, 52. 68. 116.
Greff Johann II, 84.
Gregoril Laurentius II, 257.
Grell Andreas I, 116.
Grell Georg II, 48. 86. 94. 95.
Griechen I, 74. 75. 131. 238. II, 75. 80. 311.
Griechisch-Weissenburg I, 119. 133. 274. II, 7.
39. 117. 141. 146. 149. 283. 302. 304.
308. 310. 312. 319. 325. 331. 333. 363.
389—391. 401. 402.
Grimma II, 351.
Grüneth Emrich I, 149.
Grodecius Melchior I, 58.
Gróozia I. 186.
Gross, Capitan II, 353.
Gross Daniel I, 173.
Gross-Alisch I, 370. II, 190. 191. 215. 219.
235—237. 241. 242. 246. 267.
Gross-Au (Grosse Awe) I, 59. 109.
Gross-Lasslen I, 172. 178. 151. II, 75. 190.
191.
Gross-Pold I, 172. 333.
Gross-Probstdorf I, 331. 332. II, 27.
Gross-Schenk I, 324. 352—354. 379. 380. II,
20. 54. 105. 248. 236—239. 325. 372. 374.
355. 392. 397. 399. 400.
Gross-Wardein I, 3. 41. 83. 87. 92. 93. 102.
105—107. 123. 169. 181. 183. 184. 194.
214. 230. 278. 324. 344. 352. 353. 356.
373. 375. 378. II, 14. 33. 49. 52. 60—62.
64—66. 68. 71. 72. 67. 88. 90—93. 95.
99—101. 104—110. 112—117. 143. 144.
147. 149. 158. 199. 212. 235. 267. 268.
288. 289. 301. 307. 310. 327—330. 347.
359. 370. 371. 388. 389. 391—393. 396.
401. 402. 404.
Grossen Sonntag II, 376.
Gunesch Johann II, 54.
Gurarou I, 264.
Gurzo Stefan II, 89.
Gustav Adolf I, 82. 110. 221. 247.
Gyala I, 244. 245. 254. 322. 372. II, 61. 67.
71. 87. 106.

Gyarmat I. 70. 133.
Gyeevasar I, 155. 184. 200. 201.
Gyenes, s. Jenes.
Gyergiese I, 114. 124.
Gyergyo I, 324. 363. 366. II, 31. 68. 93—95.
97. 107. 123. 158. 191. 202. 245.
Gyeröffy Stefan I, 283. 306. II, 216. 343.
Gyga Dikul Vaida I, 333. 343. 356. 365. 369.
II, 27. 93.
Gyga Gregor (Georg) Vaida II, 34. 56. 57.
264. 310. 315. 321. 322. 324. 326. 372.
373. 402. 404.
Györgiese Stefan Vaida I, 183. 198—201.
203—206. 212—218. 223. 228—230. 235—
237. 263. 281. 333. 343. 370. II, 17.
18. 57.
Gyogy I, 127. II, 369.
Gyula I, 49. 119. 343. 344. 356. II, 223. 251.
252. 254. 273. 296. 303. 323. 329.
Gyulaffi Ladislaus I, 287. II, 130.
Gyulai Franz I, 140. 141. 230. II, 60. 61. 64
—66. 100. 103.
Gyulai Stefan II, 241.

H.

Hadad II, 144. 212.
Hagen II, 332. 355.
Haiduken (Haidu, Haidossg) I, 7. 24. 25. 33.
39. 42. 62. 70. 97. 111. 131. 264. 266.
275. 307. 325. 344. 372. II, 5. 18. 23. 60.
61. 118. 286. 333. 334. 336. 340. 344.
343. 352. 353. 373. 376. 378. 381. 385.
387. 391.
Halagy Sigmund I, 140. 141.
Haller Gabriel I, 227. 324. 367. 368. 374. II,
5. 29. 43—45. 80. 91—93. 98. 101. 109.
114. 119. 121—124. 137. 186. 214. 226.
244. 247. 272. 283. 236. 258. 269. 293.
300. 302. 303. 310. 311. 314. 315. 317.
319. 375.
Haller Johann I, 324. 363. 372. II, 126. 214.
251.
Haller Paul I, 324. 372. II, 30. 34. 82. 119.
120. 185. 189. 191. 192. 209. 244. 247.
248. 230. 251.
Haller Stefan I, 88. 95.
Halliss II, 413.
Halvelagen II, 190. 191. 218. 219. 312. 404.
Halo Mecs II, 213.
Hamburg I, 108.
Hamilton, Johann Graf, I, 178.
Hamasse Beg II, 251. 369.
Handgleichfresser Hannes I, 30.
Handschuhmacher Georg I, 164.

Hans Thomas I, 1. 171. 187.
Harangodi II, 89.
Harangdj Mesö II, 317.
Harangi Stefan II, 278.
Haromszek I, 324. 351—353. 364. II, 34. 40.
  68. 94. 97. 98. 123. 125. 184. 191. 198.
  212. 253.
Hassagh (Hasthagen) II, 80.
Hassan Pascha I, 187. 188. 344. II, 404. 403.
Hatschi Mustafa Beg I, 362. 364—367. 372.
  375.
Hatzeg I, 113. II, 21. 152.
Hausser Johann Dietrich II, 406.
Haydu Michael II, 84.
Heidelberg I, 55. 77.
Heister Graf II, 160. 348.
Heges, s. Henndorf.
Heldner Georg I. 33.
Heltau (Helt. Heltes) I, 110. 265. 353. II,
  210.
Heltner Georg II, 77.
Helvig Michael II, 37. 81. 86. 127—131.
  134.
Hemmenlig, Freiherr von, II, 381.
Henderne Georg I, 161.
Henndorf I, 353. II, 190.
Henndorfer Johann II, 86. 177.
Henning (Hennegh) Stefan I, 385. II, 84. 87.
  195. 896.
Henriette von der Pfalz I, 184—186.
Henter Johann I, 204.
Herberstein, Franz Graf II. 381.
Hereutseni Stefan I, 69.
Herisa Vaida I, 233—236. 253. 264—267.
Hermann Lucas I, 172. II, 178.
Hermann Melchior II, 294.
Hermann Michael I, 56. 367. 368. II, 34. 93.
Hermannstadt I, 6—8. 10—17. 20. 22—24. 26.
  31. 32. 34—39. 41. 43—50. 53—56. 58.
  64. 67. 70. 73. 76. 78. 82. 84. 86. 109.
  112. 113. 115. 117. 118. 120. 122. 124.
  127. 128. 130. 132. 137. 138. 158. 161.
  163—165. 167. 173. 178. 186. 193. 208.
  219. 241. 254. 259. 263—265. 269. 307.
  324. 329. 339. 342. 352. 353. 369. 377.
  379. 380. II, 4. 9. 20. 26. 29—32. 34—42.
  47. 49. 50. 51. 53—56. 58. 59. 65. 66.
  71. 74. 75. 77. 79. 80. 85. 93. 95. 96.
  106—108. 145. 148. 152. 153. 176. 195.
  196. 203. 208. 209—211. 218. 221. 232.
  233. 248. 254. 255. 257. 258. 287. 294.
  298—300. 306. 309. 321—323. 326—329.
  343. 369. 398.
Hermannstein s. Herberstein.
Hernad Nemethi II, 369.
Herzogh Sigmund I, 113.
Hetur, s. Marienburg (b. Schässburg).

Hetzeldorf I, 369. II, 404.
Heyselius Gregor I, 1. 168. II, 4.
Hieber Israel I, 226. 227.
Hirling Georg II, 88. 94. 95. 209. 211. 236.
  260.
Hirscher Christina I, 125. 167.
Hirscher Lucas II, 208.
Hispanien, s. Spanien.
Höchstel I, 71.
Hoeschberg, s. Honigberg.
Hofkircher, Graf I, 62.
Hofrichter Albrich II, 393.
Hohenlohe Graf II, 361. 376. 381. 386.
Hobadorf II, 213.
Holdrilag (Ort) I, 322.
Holdrilag (bei Schässburg) s. Halvelages.
Holeschau (Holleschaw) II, 350.
Holland (Holländer) I, 81. 132. 154. 176. 221.
  248. 250. 252. 271. II, 368.
Holstein I, 247. II, 340. 407.
Holzapfel Johann II, 193.
Holzapfel Margaretha II, 193.
Holzmengen I, 360. 361.
Homonay Georg I, 49. 50. 135 138. 139. 143.
  148. 152. 262. II, 63. 64.
Honigberg I, 30. 31. II, 94.
Hortobagy II, 61. 64.
Horvath, s. Kroatien.
Horvath Georg I, 47.
Horvath Johann I, 61. 62. 121. II, 147.
Horvath Kosmas II, 109. 398.
Horvath Michael II, 399.
Horvath Stefan I, 244. 256. 257.
Hubess Michael I, 351.
Hunderthücheln II, 399.
Hungarn s. Ungarn.
Hunyad I, 324. II, 22. 378. 388.
Hutter (Huet) Albert I, 53.
Huttin I, 201.
Hussain Aga II, 300.
Hussain Pascha II, 21—23. 25. 26. 65—70.
  162. 163. 288. 289. 338. 339. 369.
Hussar Peter I, 288. 297. II, 239. 244.
Huszt I, 88. 121. 122. 244. 256. II, 149.
  159—163. 167. 173. 187. 185. 220. 256.
  261. 262.
Hyberius Dr. I, 82.

J.

Jägendorf (Jägerndorf?), Fürst von, I, 62.
Jakaplender Pascha II, 262.
Jakob, Barbier I, 208. 210.
Jakob Deak II, 215.
Jancso Johann II, 307.

Janitscharen I, 35. 362. II, 6. 26. 30. 44. 68. 71. 89. 90. 92. 99. 102. 109—111. 113. 176. 179. 181. 191. 195. 196. 200. 201. 205—208. 210. 217. 234. 237. 243. 268. 275. 278. 279. 281. 282. 295. 298. 299. 333. 334. 338. 339. 355. 358. 362. 363. 374. 384.
Janosi Johann II, 140.
Jaatho Stefan I, 278. 280.
Jarmi Franz I, 294.
Jaroslaw I, 279.
Jassxo I, 04.
Jassvasar, s. Gyazvasar.
Ibraim Aga II, 270.
Ibraim Matiseb Pascha II, 210. 216—218. 220. 221. 236. 237.
Ibraim Pascha von Gallipoli II, 339. 359. 360.
Ibraim Saroseb Pascha, s. Saroseb Ibraim Pascha.
Ibraim Selim Sultan I, 132—135.
Ibrany Capitan I, 163.
Ibrany Michael I, 324. II, 100. 195. 105. 111.
Jeancó (Jenoë) I, 227. 336. 357. 342—344. 351. 352. 354. 355. 360. 367. II, 34. 53. 68. 89. 99. 113. 162. 295. 304. 305.
Jerusalem II, 363.
Jesuiten I, 35. 58. 61. 63. 70. 91. 93. 105. 139. 149. 153. 154. 156. 171. 248. 249. 260. II, 63. 302. 317. 344. 380. 381.
Jessenes I, 142. 147.
Ignat Leopold s. Leopold Kaiser.
Ilora I, 144.
Ilve I, 261. 287. 288.
Ilye I, 227. II, 135. 343.
Imreffi Johann I, 8. 14.
Incsedi Andreas II, 90.
Joannesbrig I, 360.
Johann, König, (Zapolya) I, 6.
Johann II., König I, 132. 379.
Johann Baptist II, 395.
Johann, Capitan II, 127. 129. 130. 134. 135.
Johann Kasimir, König, I, 174. 221. 222. 249—252. 257. 262. 262. 308.
Irland I, 178.
Isabella, Königin, I, 118.
Ismael Pascha II, 91. 92. 99. 108. 151. 152. 177. 179. 191. 198—201. 207. 401.
Ispan Stefan II, 403.
Istvan Desk, s. Almasi Stefan.
Italien (Italiener) I, 56. 57. 61. 81. 82. 107. 133. 134. 221. 227. 282. 290. II, 102. 257. 268. 287. 296. 351.
Judas, Dollmetsch II, 222.
Juden I, 36. 82. 226. II, 222. 290.
Jüngling Georg I, 69.
Jung Valentin II, 413.
Jusuf Pascha II, 338.

K.

Kärnthen (Carenten) I, 61. 247. II, 294. 371.
Käsmark II, 287.
Kalan I, 123.
Kajanto II, 398.
Kallai Andreas II, 140.
Kalnoki, Capitan II, 107.
Kalnoki Franz I, 147.
Kalnoki Johann II, 49. 89.
Kalnoki Michael I, 377. II, 97. 141. 142. 147— 149. 159. 162. 258. 295.
Kalo I, 92—94. 102. 107. II, 65. 391. 404.
Kaloger I, 131. 199.
Kamaras I, 260.
Kaminiec I, 66. 200. 201. 287. II, 143. 327.
Kamner Peter I, 34. 37—39.
Kanaktsi Pascha II, 338.
Kaniseba I, 70. 119. 157. II, 35. 103. 147. 258. 283. 293. 294. 331. 338. 340. 343. 355—387. 390. 392.
Kannegiesser Stefan I, 66. 116.
Kantakuzeno Constantin d. Ae. II, 372. 373. 394.
Kantakuzeno Constantin d. J. II, 373.
Kantakuzeno Dragicean II, 373.
Kantakuzeno Jordaki II, 373.
Kantakuzeno Servanu II, 373.
Kantakuzeno Thomas Vornik II, 373.
Kantemir I, 124.
Kapi Andreas I, 74. 06.
Kapi Georg I, 324. II, 53. 321. 322.
Kapitibany II, 344.
Kaplan Pascha II, 338.
Kappos II, 67. 106.
Kapraszai Georg I, 116. 140. 141.
Kapuczi Pascha I, 360—362. 366. 367. 369. 371. 377. II. 90—93. 95. 96 107. 108. 206. 243. 259. 264. 306. 307. 312—315. 328—330. 388. 390. 395.
Karamanien II, 339.
Karanseabes I, 329. 354. 355. 363. II, 58. 113. 217.
Karl Gustav, König, I. 221. 241. 243. 249— 253. 259—261. 267—272. 280—283. 304. 307. 308.
Karl Robert, König, I, 178. 182.
Karl Stuart, König, I. 177. 178.
Karlstadt II, 362. 363.
Karoli Susanna I, 69.
Karos Beg I, 297.
Kaseban I, 34. 35. 58. 60. 62. 66. 69. 74. 77. 78. 82. 91—95. 102. 104. 105. 107. 116. 130. 133. 138. 140. 141. 144. 149. 151. 152. 173. 174. 185. 230. II, 64. 149. 317.

Kasimir, s. Johann Kasimir.
Kassai Franz II, 30. 175. 204. 205. 225. 235. 236.
Kassai Stefan II, 144. 145.
Kassani, s. Kassoni.
Kasul I, 50.
Kasson I, 321. 364.
Kasszoni Martin II, 98. 117. 215. 246. 261. 262.
Katharina von Brandenburg I, 77. 78. 82—89. 91. 96. 107. 108.
Katona II, 403.
Katzendorf II, 97. 246. 299.
Kecse II, 59.
Keffe I, 297. 318.
Keig II, 349.
Kein II, 407.
Keixd I, 129. 369. 372. II, 190. 286. 290—299. 369. 370. 392. 393. 400.
Keiserr Andreas I, 370. 385. II, 48.'87. 94. 95. 107. 108. 113. 117. 148. 176. 179. 209. 249. 257. 260.
Kemeny Balthasar I, 260.
Kemeny Franz I, 305. 325. II, 163. 209.
Kemeny Johann I, 89. 130. 139. 144. 148. 150—152. 158. 164. 167. 169. 187. 190. 192. 193. 195—203. 214. 217. 218. 236. 238. 246. 253. 277. 278. 261. 268. 286—288. 290—298. 300. 301. 305. 306. 334. 342- 349. 350. 356. 358. 360. 371. II, 1—4. 9. 16. 60. 65. 96. 113. 117—130. 132—137. 139—155. 157—162. 164. 171—174. 177—179. 181—194. 196. 197. 199. 200. 202—210. 212—228. 230—247. 249. 251. 252- 254. 253. 259. 262. 265. 267. 271. 283. 295. 297. 300. 338. 370.
Kemeny Simon I, 303. 324. 325. II, 120. 121. 136—138. 142. 161. 240. 244. 245. 261. 262. 263. 272. 279—281.
Kend, s. Kis-Kend.
Kendeffi (Fam.) II, 21.
Kendeffi Gabriel I, 324.
Kendeffi Nicolaus I, 341. II, 143. 212.
Kendi Johann I, 163. II, 108. 143. 183. 189. 190.
Kenyer Mező, s. Brotfeld.
Keölcz II, 21. 22.
Keöspal I, 322.
Keresd II, 100. 102.
Keresztesi Franz I, 324. 340. II, 44. 258. 274. 313.
Keresztes Mező I, 385. II, 4. 9. 117. 282.
Keresztur I, 378.
Keri Johann I, 97.
Kerser II, 337.
Keruyesd II, 21.
Kerschel (Kirschel) Johann I, 177.

Kers I, 39. 164.
Ketekekö II, 153.
Kettzelj Andreas II, 270.
Kendi II, 97. 191.
Kibeli Pascha II, 338.
Kimpulong I, 12. 111. II. 101.
Kirchberg I, 136.
Kirchdorf I, 214.
Kirschner Ambrosius II, 84.
Kirschner Antonius II, 215.
Kirschner-Franz I, 24. 46.
Kirschner Johann II, 77.
Kirschner Michael II, 211.
Kis Andreas II, 170.
Kis Johann I, 317.
Kis Martin II, 233.
Kis Paul II, 147.
Kis Sigmund II, 5.
Kis-Kappus, s. Kleinkopisch.
Kis-Kend II, 184. 193. 195.
Kis-Lona II, 161.
Kis-Moris I, 324.
Kisling Adam I, 361.
Klausenburg I, 6. 7. 26. 39. 40. 48. 51. 70. 73. 87. 112. 119. 131. 140. 147. 184. 229. 233. 324. 329—331. 340. 357. 354. 355. II, 6. 28. 30. 33. 35. 62. 63. 65. 67. 73. 74. 81. 90. 106. 116. 134. 165. 166. 172. 177. 182. 183. 186. 187. 199. 200. 212. 213. 230. 245. 246. 252. 253. 255. 258—261. 263—267. 272. 273. 275. 277—283. 286—288. 291. 293. 300. 301. 313. 316. 318. 322. 324. 327. 347. 370. 371. 373—375. 388. 389. 393. 396. 403. 404. 406—408. 412—413.
Klausenburger Martin I, 17.
Klausenburger Peter I, 17.
Kleinkopisch I, 331.
Kleinschelken II, 31. 209. 210. 213. 233.
Kleinschenk I, 379.
Kleinschewera II, 36.
Klobosoczki I, 142.
Klockner Georg II, 36.
Krackenau I, 170.
Kraft Johann (Schässburg) II, 86.
Kraft Johann (Mehburg) II, 205.
Krain I, 247.
Krakau (Crakaw) I, 232. 253. 262. 267—269. 271. 275. 276. 279.·281. 282. 307. 308.
Krasznai I, 280. 324. 371. II, 61. 68. 116. 144. 289.
Kraus Georg I, 170. II, 83. 86. 108. 115. 117. 236. 257.
Kreisch, s. Körös.
Kreisch (bei Schässburg) II, 218.
Kremnitz I, 137. 144.
Kreuz, Deutsch-, s. Deutsch-Kreuz.

Kreuz, Ungrisch-, s. Szekely-Kereztur.
Kreuzer Andreas II, 177.
Krim I, 225, 313, II, 180,
Kroatien (Kroaten) I, 141, 145, 170, II, 89,
147, 240, 241, 272, 285, 293, 294, 334,
344, 349, 364, 365, 380, 384, 385, 387,
396.
Kronstadt I, 11, 13—15, 25, 26, 30—34, 38,
50, 52, 56, 57, 70, 78, 92, 93, 112, 118,
125, 128, 130, 138, 139, 158, 167, 185,
241, 243, 324, 330, 341, 343, 331, 367,
377, 385, II, 1, 6, 20, 34, 48—50, 53—55,
59, 63, 94, 106, 145, 178, 184, 185, 203,
208, 212, 213, 216, 219, 222, 259, 291,
294, 304, 305, 318, 324, 325, 402,
Kobelhad II, 336,
Koch Andreas I, 360, 381.
Koch Franz I, 50, 53,
Koczard II, 312,
Kodor I, 322,
Köhenyesdi Georg II, 395,
Kölcsér I, 124,
Kölessi Johann II, 31.
Königsberg (in Ungarn) I, 141,
Körös I, 83, 123, 124, 355, 356,
Kövár I, 111, 372, 378, II, 14, 34, 116, 135,
151, 154, 163, 165, 167, 177, 209, 256,
258, 260, 272, 274, 375,
Körmi Kalla (Katharina) I, 111,
Kökel (Kökel) I, 179, II, 193, 235, 240,
Kokelburg I, 324, II, 84, 326, 373, 388,
Kollenberg Johann I, 253, 282.
Kolos (Com.) II, 289,
Kolos (Ort) II, 395,
Kolosmonostor I, 178, 180, 181, II, 67, 267,
Kolosvar, s. Klausenburg.
Kolosvari Matthias II, 84.
Komora I, 185, II, 334, 340, 343, 350, 354,
357—359, 375,
Konrad I, 58.
Konrad, Capitan I, 266, 307.
Konstantin Vaida, s. Kosztandin Vaida.
Konstantinopel I, 80, 173, 186, 219, 221, 225,
226, 287, 314, 351, 356, 360, II, 53, 138,
289, 302, 303, 317, 320, 331, 337, 339,
365, 366, 368, 372,
Kons Michael I, 335, II, 30,
Kopasi Eli Pascha II, 54.
Kopenhagen I, 248,
Kopf (Kopp) II, 392, 397—400, 406, 408,
409, 413.
Kornis Balthasar I, 6,
Kornis Franz I, 288, 297, 298, 342, 349,
Kornis Sigmund I, 47, 49, 93, 176,
Korod II, 183,
Korphin, Johann Ulrich II, 406,
Kortaner, s. Kartaner.

Kosakre I, 12, 13, 66, 145, 153, 154, 187—
190, 196, 197, 200—206, 211—215, 221,
222, 228—232, 239, 241—245, 247, 259—
254, 256, 257, 259—261, 270, 271, 276,
281, 253—285, 268, 293, 299, 300, 324,
II, 8, 52, 53, 55, 56, 84, 107, 135, 284,
285, 327, 394,
Kosztandin Capitan I, 139, 143,
Kosztandin Posteinik, s. Kantakuzene Constantin
d. Ae.
Kosztandin Vaida I, 228—231, 233—237, 244,
243, 244, 255, 265, 265—267, 333, 345,
343, 352, 383, II, 3, 17—20, 27, 34, 56,
57, 93—96, 107, 138, 139, 145, 322, 359,
Kovaczoski Stefan I, 92, 93, 95, 106,
Kovats Franz II, 144, 217,
Kovats Gregor I, 370, II, 68—72, 143,
Kovats Peter I, 141, II, 59,
Kovats Sigmund I, 375,
Kosmann II, 131,
Kuczuk Mehemet Pascha II, 219, 231, 235—
241, 243, 245—251, 254, 236, 237, 259—
266, 268, 270—279, 282, 383, 285, 289—
308, 312—314, 318, 319, 321—324, 325—
330, 369, 370, 388, 391—393,
Kükülő (Com.), s. Kokelburg.
Kuhlofsky Johann I, 72, 78, 92, 102—104,
111, 171,
Kun Gotthard I, 127,
Kun Stefan I, 144—147, II, 223,
Kartaner I, 12—14, 114, 125, 139, 141, 143,
199, 260, 343, 362, 369, II, 105, 106,
119, 207, 208, 210—213, 216, 219, 222,
233, 237, 247, 248, 261, 264, 272, 274,
280, 287,
Kurt Pascha II, 339, 359, 376,
Kurti Johann II, 104,

L.

Lacroni II, 336.
Ladany Gregor I, 42—44,
Ladany Stefan I, 383, II, 1,
Ladislaus, s. Wladislaus König von Polen 1412.
Landi Johann I, 37.
Landshut I, 261, II, 343, 350,
Landskron I, 260—262, 268,
Langen, Jakob von, II, 145,
Langhorne I, 178,
Laschuta II, 349,
Lapos I, 255, 260, 261,
Lashal Johann I, 97,
Laszlen, s. Gross-Lazulen,
Laudt Wilhelm I, 178,
Laser Georg I, 324, 373, 375, 378, 385, II, 5,
93, 119, 120, 122, 123, 125,

Lazar Stefan I. 330. 360. 364–366. 379. II. 94. 97. 106. 107. 153. 174. 202. 213. 245. 254. 266.
Lech I. 110.
Ledaits I. 118. 150. 151. 289.
Legrat II. 330. 376.
Leipzig I. 109.
Lemberg (Lembrig) II. 343.
Lemberg, Johann Matthias von, II. 347.
Leo Martin I. 122.
Leonhardt, Rittmeister II. 336.
Leopold, Erzherzog I. 131. 154.
Leopold, Kaiser, I. 133. 239. 333. 363. II. 210. 280.
Leptes I. 124.
Lorenz Augustinus I. 37.
Leschkirch I. 136. 374. 360. 361. II. 211. 223. 369.
Lesle, Graf II. 376.
Leutschau (Leuisch) I. 36. 62. 66. 152. II. 149.
Leva II. 335. 361. 393. 396.
Lewenau I. 79.
Leyba II. 377.
Libanca II. 26—28. 35. 81. 94.
Liliencron Gustav I. 253.
Liliencron Johann I. 282.
Lins I. 50. 156.
Lion Vaida I. 113. 237. 253.
Lippa I. 49. 342—344. 369. II. 99. 347.
Lipta I. 148.
Lipteang II. 280.
Lispai II. 146.
Litthauen (Littaw) I. 158. 222. 249. 252. 261. 270. 272. 281—283.
Litteratus Thomas I. 192.
Livland (Liefland) II. 145.
Lodaita, s. Ledaita.
Loaa II. 68. 69. 161.
Lonay Sigmund I. 142.
Lonay Wolfgang I. 42.
Londen I. 177. 178.
Loranffy Susanna I. 112. 156. 193. 224. 280. 307. 309. 344. 365. 367. II. 9. 51. 52.
Lubomirski Georg I. 257. 261. 273. 276. 279—281. 284. 285. 298. 299. 307. II. 60.
Ludos II. 212.
.adovici Johann I. 161.
.udwig I., König, I. 5. 178. 180—182. 274.
.udwig XIV. I. 220.
.ugos I. 254. 329. 354. 355. 365. II. 38. 113. 212.
.ugosi Franz II. 225.
.dueburg I. 246.
.itsea I. 110.
.ubats Deak II. 232.
.ungvitius Matthäus I. 247.

Luppul Vaida I. 124–126. 158. 169. 183–185. 196—208. 211—213. 217—220. 223. 225. 230. 239. 253. 267. II. 57. 138. 139. 145. 192. 204.
Lutetia Parisiorum, s. Paris.
Lutsch Gallus I. 20.
Lutsch Georg II. 221. 248.
Lutsch Johann I. 193. 194. 234. 324. 325. 333 339. 340. 342. 352. 354. 343. 369. 381. 382. II. 50. 51. 136. 138. 211. 287.
Lutsch Michael I. 67. 69.

M.

Mann (Mann) Stefan d. Ae. I. 3. 122. 162. 172. 173.
Mann (Mann) Stefan d. J. I. 1. 173. 179. 189. 207.
Maderaz Matthias II. 163.
Madjeuses I. 343.
Madibaye I. 268.
Mähren I. 59. 71. 72. 79. 148—154. 156. 304. II. 348. 350. 368. 369. 371.
Magyar Ogli Pascha I. 38.
Mahalatsch Pascha I. 35.
Mahomet Pascha II. 338.
Main I. 71.
Mainz II. 379—381. 384.
Maiteni Andreas II. 117. 148.
Makai Michael II. 147.
Makfalva II. 94.
Makow I. 276.
Makri Podori I. 197.
Makossi Johann I. 149.
Malldorf II. 213.
Malschon Franz II. 413.
Malteser I. 134. 137.
Mamelukea II. 268. 269. 330.
Manistrario II. 368.
Mansfeld, Graf I. 79. 80.
Mantua I. 57.
March II. 351. 361.
Marci Andreas I. 150.
Marienburg (bei Kronstadt) I. 33. 207. 208.
Marienburg (bei Schässburg) I. 19. II. 147. 235. 237.
Markos I. 142.
Marksfeld I. 294.
Marktschelken I. 192. 193. II. 80.
Marmaros I. 53. 73. 121. 243. 245. 254. 324. 349. II. 53. 95. 149. 138—160. 163. 167. 204. 296.
Maros (Fluss) I. 31. 83. 158. 179. 185. 228. 255. 264. 344. II. 3. 36. 132. 138. 160. 287. 312.

Maros (Stuhl), s. Maros-Vasarhely.
Maros-Ujvar I, 354.
Maros-Vasarhely I, 111. 259. 260. 362. 363. 366. 370. 379. II, 6. 9. 14. 17. 18. 26. 27. 31. 39. 45. 68. 81. 83. 85. 87. 94—96. 108. 120. 121. 123. 151. 152. 164. 171. 174. 176. 179. 180. 182. 191. 203. 212. 213. 216—218. 229. 248. 255. 262. 264. 281. 291. 292. 294—296. 343. 373. 388. 393.
Marothi Georg I, 115.
Martin II, 173.
Matakasi Balthasar II, 245.
Matthae Vaida I, 113. 114. 124—126. 131. 132. 139. 141. 193—197. 200. 201. 203—214. 219. 220. 223. 224. 228. 229. 342. 370. 382.
Matthias, Kaiser, I. 20. 26. 34. 55. 195.
Matthias, König. I, 274.
Matthias (Matyas), Tromp. I, 55.
Maurits Stefan II, 404. 405.
Maylat I, 379.
Mecca I, 134. 157.
Media, s. Medwisch.
Medien II, 363.
Medwisch (Medissch) I, 16. 80. 43. 44. 46. 54. 86. 112. 129. 130. 104. 172. 186. 192. 234. 234. 239. 263. 324. 329—333. 345. 368. II, 1. 27. 75. 80—82. 148. 150. 151. 176. 177. 192. 203. 212. 213. 215—217. 229. 231. 233. 234. 236. 238. 263. 287. 288. 290. 292. 294. 295. 299. 394.
Medwischer Georg I, 137.
Megyes, s. Medwisch.
Megyesi II, 31. 52.
Mekburg II, 190. 203. 296.
Mehemet Gira I, 240. 313. 314. 351.
Mehemet Pascha II, 338.
Mehemet Pascha, Grossvezier I, 351. 353. 371.
Mehemed, Sultan, I, 135. 173. 176. 313.
Meissen I, 110.
Meklenburg I, 82. 218.
Mercurium, s. Reussmarkt.
Merembrig, s. Marienburg.
Meschen I, 368. 369. II, 216. 222.
Mesnes II, 1. 62. 67. 326.
Meszöeg I, 281. II, 3. 6. 17. 28. 131. 326. 327. 370. 395.
Michael (Mihaly), Koch II, 60.
Michael Vaida I, 195.
Michelsberg I, 205. II, 210.
Mihalyi Mihaly, s. Nagy Mihalyi Michael.
Mikes Georg II, 143. 152.
Mikes Johann I, 218. 363—365.
Mikes Klemens I. 212. 241. 244. 302. 330. 343. 364. 365. II, 19. 20. 67. 127. 128. 131. 153. 174. 184. 259. 261. 265. 267. 403.

Mikes Michael I, 174. 190. 212. 289. 301. 304. 330. 335. 340. 343. 362. 372. 374. II, 3. 4. 9. 28. 30. 31. 35. 36. 49. 50. 65. 66. 67. 74. 85. 89. 161.
Miko Franz I. 74. 92. 93. 102. 106.
Miko Nicolaus II, 89. 258.
Mikola II, 264. 270.
Mikola Sigmund I, 297.
Mikolaj Vamos I, 63.
Mikovar I, 370. II, 107. 154.
Miles Matthias I, 27.
Miles Simon I, 28.
Minya Vaida I, 211. 333. 356. 382—384. II, 1. 6. 16—20. 27. 31. 34. 37.
Mitre Pittairol I, 231.
Mittelmeer I. 80.
Mittelszolnok I, 324. 371.
Modern (Modor) II, 351.
Mörcsch, s. Maros (Fluss).
Mohacs II, 344. 382.
Mohren I, 335. II, 63.
Moldau (Moldauer, Moldözer) I, 38—41. 65—67. 73. 75. 83. 124. 135. 138. 183—185. 191. 196—198. 201—203. 205—207. 211—217. 220. 221. 223. 224. 228—230. 232. 233. 237—239. 242. 246. 252. 254. 236. 259. 261. 271—273. 276. 275. 281. 286. 287. 289. 294. 297. 306. 313. 323. 342. 343. 330. 351. 365. 366. 369. 375. 377. II, 17—20. 27. 32. 33. 52. 53. 56. 57. 93. 105. 107. 123. 136. 138. 139. 143. 192. 208. 239. 260. 263. 279. 285. 312. 316—318. 321. 322. 325—327. 335. 339. 343. 346. 347. 350. 356. 361. 369. 373. 389—391. 393. 394. 396. 400—402.
Monor I, 322.
Monostor, s. Kolosmonostor.
Montecuccoli Graf I, 230. II, 151. 173. 182. 183—188. 196. 199. 280. 317. 333. 334. 351.
Mony II, 413. 414.
More Stefan I, 132.
Morea II, 339.
Mortezen Pascha I, 116.
Moskau (Moscoviter) I, 67. 136. 149. 221. 223. 242. 245. 247. 252. 325. II, 26. 27. 84. 107. 139. 254. 283. 383. 394.
Mühlbach (Müllenbach) I, 38. 62. 113. 116. 117. 121. 167. 241. 239. 265. 324. 353. 369. 380. 381. II, 2. 5. 36. 58. 96. 132. 211. 321. 322. 326. 385. 390.
Müller II, 336.
Munkacs I, 63. 89. 90. 95. 101. 153. 260. 273. 277. 278. 281. 307. II, 59. 66. 160. 161. 257.
Mur II, 330. 363. 386. 396. 397.
Murad, Sultan I, 132—134.

Murza I, 144—147. 149.
Mursithim, Sultan, s. Amurathim, Sultan.
Mustafa Aga I, 334. 337. 338.
Mustafa Aglar I, 134.
Mustafa Beg, s. Hatschi Mustafa Beg.

N.

Nadasdy I, 103. II, 149. 377.
Nadast II, 382.
Nadesch (Nados) II, 87. 331. 333. 337.
Nagy Andreas I, 24—26. 30.
Nagy Emrich I, 303. 204.
Nagy Johann II, 197.
Nagy Sigmund II, 76—78. 224.
Nagy Thomas I, 297.
Nagy-Banya I, 66. 74. 378. II, 158. 164. 165. 167. 170. 171. 187. 199. 272. 277. 414.
Nagy-Ekemezö, s. Gross-Probsdorf.
Nagyfalu II, 64. 65.
Nagy Mihalyi Michael I, 35—37.
Nagy-Schenk, s. Gross-Schenk.
Nagy-Szombath I, 70. 71.
Nalaczi Stefan II, 356. 298. 374.
Nona I, 214.
Nonasi II, 118.
Nandor-Fejervar, s. Griechisch-Weissenburg.
Nassau I, 268.
Neapel I, 221.
Negerfalva II, 155.
Neithhausen II, 190. 392.
Nemes Johann I, 345. II, 299. 323. 366.
Nemes Peter II, 89.
Nemet, s. Szent-Pali Stefan.
Nemet Jacob II, 400.
Nemet Marcus I, 214.
Nemethi Gregor I, 31.
Neograd II, 335. 336. 339. 361.
Nepenburg I, 7.
Nependorf I, 15. 39. II, 36. 47.
Nepotal Wode I, 331.
Nepper, s. Dniepr.
Neuter, s. Dniester.
Nester Feirvar I, 369.
Neuhäusel I, 63. 70. 71. 148. II, 109. 329. 330. 334—339. 341—345. 347. 348. 351—355. 358—361. 362. 368. 369. 372. 373. 375. 376. 383. 387. 389. 392.
Neumann II, 413.
Neumarkt, s. Maros-Vasarhely.
Neusohl I, 60. 61. 63. 64.
Neustadt, s. Nagy-Banya.
Neutra I, 64. 136. II, 336. 341. 361. 392. 393.
Neysoll, s. Neusohl.

Nicola II, 362.
Nicolaus Erzbischof I, 183. 185.
Nicolaus Palatin I, 182.
Nicolsburg I, 72. II, 350.
Nicklasburg, s. Nicolsburg.
Nikopel I, 12.
Ninter, s. Dniester.
Nithas, s. Neithausen.
Nitra, s. Neutra.
Nitzai Jacob II, 350.
Nömen I, 39. 49. 50. 53. 56. 91. 103. 104. 179. 180. 191. 195. 228. 324. 345. 375. 377. 378. 385. II, 18. 31. 83. 94. 105. 116. 126. 146. 164—168. 170. 171. 174. 182. 192. 203. 204. 211. 213. 230. 256. 265. 270. 273. 279. 280. 283. 288.
Nobel I, 225.
Novigred (Navegrad), s. Neograd.
Novigrad, s. Szeresyvar.
Nucest, s. Joannesbrig.
Nussbach II, 184.
Nussbaumer Peter I, 122. 167. 179. 234. 263. 370. II, 28. 83. 86. 249.
Nussbrig, s. Nussbach.
Nyslab II, 159—161. 163.
Nyaratod I, 366—368.
Nyeri Stefan I, 96. 133.
Nyrseg I, 264. 266.
Nyx Daniel I, 56. 81.

O.

Oedenburg I, 50. II, 149.
Oerdegh Balthasar I, 25.
Oermenyes I, 322. II, 43. 118. 119. 132. 133. 240. 241.
Oermesd II, 93. 190. 191.
Oesterreich I, 61. 70. 79. 80. 139. 157. 231. 347.
Ofen I, 61. 75. 78. 80. 85. 88. 116. 119—121. 123—126. 134. 138. 196—198. 274. 314. 316. 325. 329. 334. 336—339. 344. 363. 373. 380. II, 14. 18. 19. 21. 23. 25—27. 29—31. 33. 35. 44. 51. 59—63. 65. 67—70. 73—75. 79—82. 85—87. 89—95. 99. 104. 108. 131. 164. 177. 179. 191. 198. 200. 201. 204. 207. 310. 312. 316. 324. 329. 330. 334. 337—339. 345. 351. 360. 363—365. 375. 396. 401.
Ogli Czinus Pascha II, 339.
Obitai II, 337.
Ohrendi Frax II, 206.
Ohrendt Martin I, 30—52.
Olahlapos II, 158.

Olay Beg (Ali Beg, Alai Beg) I, 342. II, 228.
250—254. 273. 295. 296. 303—305. 323.
324. 329.
Olmütz I, 71. 72. 151. II, 330.
Oloshazi I, 103.
Omlasch I, 109.
Onath, s. Onod.
Onod I, 133. 150. 151. 344. II, 23. 65. 68.
70—72.
Oppeln I, 66. 74. 248. 249. 251.
Orbai II, 97. 191.
Orban Sigmund II, 212.
Orlat I, 132. 264.
Orsova I, 157.
Oschara, s. Orsova.
Osman Sultan I, 54. 65—67. 196.
Ostrau (Ostrov) II, 330.
Ottoman Pascha I, 189. 229.
Ottomanische Pforte, s. Türkei.
Ottvar II, 337.

P.

Padani I, 170. 171.
Padua I, 82.
Palanka II, 335.
Palasti Georg I, 283.
Palß (Fam.) II, 309.
Palß II, 83. 342.
Palß Nicolaus II, 336.
Palß Paul I, 180. 185. 189. 224.
Palß Stefan I, 64. 103. 170. II, 149.
Palocs I, 81. 82.
Pals Merten I, 113.
Pamphilius, Johann Baptist I, 157.
Pangratius Stefan I, 58.
Panier, s. Banner.
Paniotto II, 252.
Pap Andreas I, 131.
Pap Ladislaus II, 81.
Papa I, 38.
Papmezid I, 176. II, 143.
Pappenheim Graf I, 110.
Paris I, 158.
Párkány II, 335. 337. 339. 341. 363.
Pasko Christof II, 6. 30.
Patak I, 58. 118. 142. 185—188. 194. 196.
307. 309. 344. II, 52. 302.
Pauli (Paulinus) I, 373. II, 26. 37. 87. 195.
209. 211. 225, 393. 396. 404.
Paulus Sct. I, 11. 12.
Parai David I, 374.
Payr I, 178.
Pásmán Peter I, 84. 127. 130.
Pece II, 103.
Pegusini II, 362.

Perez II, 331.
Perssner, Hans Sebastian II, 413. 414.
Pernica I, 80. 136. II, 368.
Peschendorf II, 218. 219.
Peter Deak II, 189.
Petersberg I, 13. 14. 31.
Pethi Franz I, 115.
Pethi Stefan I, 119. 190. 207. 212. 213. 302.
304. 324. 325. 330. 349. 353. 360. 364—
366. 370. 385. II, 124. 137. 153. 134.
165. 174. 179. 184. 185. 187. 188. 192.
193. 197. 198. 200—202. 213. 214. 284.
261. 266. 303. 321. 343.
Petrasko I, 20. 195. 196. 211.
Petri Franz I, 335. 341. 365. 367. 370.
Petri Stefan II, 170.
Petrinchol I, 343.
Pets, s. Fünfkirchen.
Petsi Simon, I, 40. 59. 60. 131.
Pettau II, 376. 386.
Pfals I, 110. 184. 185.
Pfals-Neuberg II, 384.
Pforte, s. Türkei.
Pharoner I, 117.
Picolomini II, 349. 376.
Pili Pascha II, 405.
Pillinger I, 183.
Pio Marchese II, 336. 337. 342. 355. 356. 406.
413.
Pirri Pascha II, 268. 269.
Piski II, 34.
Pittersberg, s. Petersberg.
Plautscher Schloss I, 142.
Ploest (Plajescht) I, 336.
Plonel I, 178.
Poczai I, 194. II, 61. 62. 65. 388. 391.
Podolzki I, 250—252. 261. 272. 281. 283. 284.
286. 291. 307. II, 53. 59.
Pösing, s. Bösing.
Poiana I, 242.
Polder Johann II, 85.
Poldi, s. Trapold.
Polen (Pollaud, Polaken, polnisch), I, 12. 53.
54. 57. 56. 60. 65—67. 70. 75. 78. 80. 62.
110. 116. 125. 138. 143. 148. 149. 157.
174. 184. 187—190. 196. 200. 208. 209.
212—218. 221—223. 228—232. 239. 241.
242. 244. 245. 247—263. 268. 270—277.
279—292. 294. 298—302. 304. 306—309.
313. 328. 345. 349. 350. II, 53. 59. 139.
145. 149. 162. 216. 284. 285. 287. 327.
343. 368. 389. 399. 402. 407.
Pomiri II. 39.
Pommern I. 82. II, 407.
Portugal I, 154.
Postelnik Konstandin, s. Kantakuzeno Constantin d. Ae.

Postelnik Gide I, 231.
Potuak, s. Putnak.
Prag I, 59. 67. 156. 157.
Premorski Albert I, 239.
Prasmoffsky Albert I, 253.
Prepositrari Sigmund I, 92. 95.
Pressburg I, 36. 55. 58. 62. 65. 67. 68. 71—74. 130. 157. 239. II, 18. 336. 349. 351. 368. 387. 399.
Pressinger Johann I, 56.
Pressern I, 239. 230. 251. 281. 282. II, 369.
Primisla (Praemisl?) I, 260. 269.
Privits I, 144.
Probsdorf, s. Gross-Probsdorf.
Pruden (Prod) II, 190. 191.
Pruth (Prudt) I, 201.
Prybek Frans I, 18. 46. II, 31. 40. 46. 47.
Pryboi Capitan I, 243. 244.
Pünkösti Georg I, 365. 377. II, 105. 115. 212.
Pünkösti Stefan I, 335.
Pultava I, 301.
Puoli II, 350.
Puritaner I, 169.
Putnak I, 151. 152.

R.

Raab I, 195. 321. II, 334.
Rabba II, 294.
Rach Stefan II, 413.
Racz Gabriel II, 269. 275.
Racz Johann II, 90.
Racz Stefan II, 357.
Raczovit, s. Radzivil.
Radak Emerich II, 241.
Radlen I, 304. II, 190. 296.
Radns, s. Radus.
Radnoth I, 224. 284. 339. 322. 343. II, 24. 26. 95. 132. 136. 137. 140. 141. 182. 184. 185. 191. 285. 312. 343. 396.
Rados, s. Radien.
Raduly, Lions Soba, I, 237. 253.
Raduly Scherban Vaida I, 11—16. 19. 20. 38. 195. 196. 211. 329. 382.
Radzivil Fürst I, 158. 223. 248. 252.
Raffai Thomas II, 140.
Rakamos I, 93. 106. 111. 115. II, 109. 114—116. 149.
Rakan I, 245.
Rakinta II, 294.
Rakoczi Frans I, 155. 183. 186—190. 239. 253. 254. 257—260. 263. 264. 269. 272. 276. 319. 322. 327. II, 57. 199. 302. 402.
Rakoczi Georg I. I, 58. 62. 82. 83. 87—94. 102. 104. 107. 111—127. 130. 131. 133.
130—144. 147—156. 158. 159. 162. 168. 169. 171. 173. 174. 176. 177. 187. 196. 246. 247. 274. 304. 364. II, 61. 302.
Rakoczi Georg II., I, 113. 136. 137. 158. 169. 170. 177. 183. 184. 186. 187. 190. 196—198. 204. 207. 208—210. 212. 214—218. 220. 223—225. 227. 229—246. 252—264. 266—277. 279—291. 297—304. 306. 307. 309. 313. 316—319. 322. 324—343. 352. 360—365. 367—378. 380—384. II, 1—10. 14—51. 53—59. 61—63. 65—75. 81. 83—85. 87—94. 96. 99—101. 104. 107. 112. 114. 115. 117. 118. 139. 143. 151. 161. 220. 242. 253. 296. 330.
Rakoczi Ladislaus I, 262. II, 392.
Rakoczi Paul I, 126.
Rakoczi Sigmund I, 113. 142. 152. 177. 184—188. 196.
Rakos II, 402. 404.
Ramagyris I, 144.
Ransfeld I, 135.
Ratibor I, 66. 74.
Ratzen I, 32. 195. 219. 329. 355. 376. 377.
Raschhaupt v., II, 381. 385.
Ravensburg II, 350.
Redel Frans I, 69.
Redei Frans, Fürst I, 258. 305. 324—326. 329. 352. 334. 337. 338. II, 62. 149. 162. 163. 220. 247. 262.
Redei Ladislaus II, 162. 163. 262. 274.
Regen I, 190. 191. II, 125—129. 135. 136.
Regensberg I, 61. 189. II, 365. 365. 386.
Regets I, 150. 155.
Rehn, s. Regen.
Rehner Johann I, 47—50. 53. 54.
Reichendt Michael II, 206.
Reidan, Daniel s II, 187. 258. 260. 261. 265. 269. 287. 414. 415.
Reisinger II, 365.
Reissdörfchen, s. Reussdörfel.
Reissel I, 361. II, 222. 337. 369.
Remlingh, Cornelius von, II, 187. 287. 301. 415.
Remnik (Remnig), s. Rimnik.
Renner Georg I, 49.
Renner Johann II, 85.
Reps II, 151.
Reps I, 14. 50. 52. 74. 115. 172. 254. 353. II, 97. 112. 273. 294. 296. 299. 399. 400.
Reverendi, s. Res Effendi.
Ressendes II, 104.
Rethanj Wolff, s. Reidan, Daniel s.
Retek I, 11.
Reteki Johann I, 10. 11.
Rettog II, 166.
Reussdörfel II, 36.
Reussen I, 29.

28 *

Reussmarkt I, 324. 353. II, 33. 180. 211. 294. 318.
Reussner Johann I, 158. 160. 161. 190. 191. 193.
Reutten Franz, s. Reiden, Daniel s.
Rez Effendi II, 290. 359.
Rhedus Wolf, s. Reidan Daniel s.
Rhedei, s. Redel.
Rheims I, 220.
Rhein (Reinstrom) I, 134. 185.
Rhodus I, 133. 134. 175.
Ribeline Peter I, 159—161.
Rimblieb, s. Remliagh.
Rimnik I, 12. 113. 114.
Riuezuski Graf I, 251.
Rochlitz I, 147.
Rod II, 213.
Rodio, s. Rhedus.
Rodna II, 105. 106.
Rörig Valentin II, 299.
Roht, s. Rod.
Rom I, 56. 81. 137.
Romany Nicolaus I, 200.
Romasyrasar I, 203.
Romos Johann II, 143.
Roseaus (Rosseasw) I, 30. 31. 138. II, 20. 93. 219. 222.
Rosenauer Laurentius II, 233.
Roth Paul I, 25. 80.
Roth Peter I, 254.
Rothbaum II, 402.
Rothberg I, 109.
Rother Thurm I, 132. 377. 378. II, 29. 36. 73. 98. 216. 219.
Rottar, Graf II, 402—405.
Ruffious Bartholomäus II, 223, 294.
Rüblandt v., II, 337.
Rokesch Michael II, 263.
Ruhor I, 13. II, 17. 30.
Russen I, 206. 219. 230. 251. 236. 283.

S.

Sabbatharier I, 131.
Sabesus, s. Mühlbach.
Sabgyatia, Fürst I, 287.
Sachsen I, 6. 12. 26. 27. 35—37. 39. 43. 50. 55. 57. 72. 76. 77. 117. 120. 139. 156. 159. 163. 173. 187. 195. 283. 316. 324. 325. 333. 353. 360. 368. 370. 377. 379. 381. 383. II, 3. 6. 9. 10. 15. 26. 27. 29. 31. 34. 37. 47. 45. 58. 66. 72. 79. 94. 95. 129. 130. 135. 143. 148. 150. 153. 155. 159. 164. 166. 167. 174. 176—180. 182. 183. 188. 192. 193. 211. 223. 243. 234. 235. 263. 266. 273. 277. 282. 294. 299. 300. 342. 343. 373. 388. 391. 393. 394. 397. 398. 403.
Sachsen (in Deutschland) I, 108. 109. 264.
Sadler Thomas II, 86.
Sächsisch-Regen, s. Regen.
Saffira I, 134. 157.
Sagua II, 300.
Saida II, 339.
Saki, s. Csaki, Graf.
Salzberg II, 30. 79. 80.
Sambor I, 260.
Sanct Georgen II, 351.
Sapia (Sapistes), s. Sapicha.
Sapicha, Fürst I, 288. 291—294.
Sarcan II, 385.
Sard II, 75—77. 189.
Sarda II, 334.
Sarkossi Gregor II, 192. 293.
Sarkossi Stefan II, 212.
Sarmesaghi I, 47.
Saros (Schloss) I, 141—143.
Saros (Com.) I, 224. II, 280.
Saros, s. Schorsch.
Saroseh Ibraim Pascha II, 338.
Sarosi Andreas I, 172. II, 210. 250.
Sarosi Georg II, 256. 265.
Sarosi Gregor II, 245.
Sarosi Johann I, 164.
Sarpataki Martin II, 263. 287.
Sarpataki Stefan II, 287.
Sarvar I, 140.
Saaver II, 160.
Sau II, 310. 331. 334. 340.
Saxen, s. Sachsen.
Sebess, I, 389. II, 147. 190. 217. 219. 222. 226. 229. 253. 234. 237. 287. 295. 299.
Schässburg I, 1. 6. 17—19. 24—26. 29. 30. 31. 58. 66. 67. 78. 75. 87. 88. 111. 116— 120. 122. 123. 125. 127. 139. 157. 162. 167. 168. 171. 175. 176. 178. 179. 185. 187. 189. 193. 204. 219. 230. 234. 233. 237. 241. 254. 239. 263. 272. 283. 297. 315. 324. 339. 353. 360—363. 369. 371— 374. 377. 381. 383. II, 4. 6. 8. 9. 17. 18. 20. 25. 30. 31. 37—40. 45—48. 50. 74—77. 79—82. 84—87. 93. 95. 96. 107. 108. 115. 117. 118. 127. 128. 134. 137. 138. 141. 145. 147. 148. 175. 176. 184. 185. 188. 189. 193—197. 206. 209. 211. 213. 217. 218. 221. 222. 226—228. 230. 234—236. 238. 239. 241. 243. 245—249. 231. 253. 254. 256. 257. 260. 279. 283. 285. 286. 288. 292. 394—399. 301. 304. 305. 307. 308. 313. 324. 342. 345. 352. 375. 387. 392. 393. 396. 401—404.
Schässer (Scheser) Franz I, 78. 117.
Schässer (Scheser) Martin II, 209. 404.

Sebero, s. Schass.
Sebelker Georg I, 234, 256, 307, II, 95.
Sebelker Peter I, 20.
Schellenberg I, 15. 269. II, 38—41. 43. 48. 49, 54. 63.
Schenk, s. Gross-Schenk.
Scherban, s. Radaly Scherban Vaida.
Scherlingh Johann II, 116.
Schespurg, s. Schässburg.
Schewendiss I, 115.
Schickingen, s. Sickingen.
Schiffbaumer Epise. I, 13.
Schindler Stefan II, 37. 179. 260.
Schinker Johann II, 86.
Schimm, s. Simm.
Schintan II, 348. 361. 362.
Schirmagyia Tatar Cham I, 58.
Schlesien I, 59. 61. 66. 71. 74. 157. 243. 249. 251. 271. 282. II, 261. 371.
Schlesig, s. Schlesien.
Schleth Georg II, 192.
Schlosser Stefan II, 84.
Schmedt Stefan I, 165.
Schneeweiss Michael II, 208. 212.
Schneidan Franz II, 277. 278. 281. 282. 248.
Schneider Johann II, 77. 78.
Schneider Leonhard II, 164.
Schneita, s. Schneidan.
Schöneck II, 406. 413.
Schönkirchen, Freiherr v. II, 368.
Schorsch (bei Medwisch) I, 26.
Schorsch (bei Gross-Schenk) II, 84.
Schre Johann I, 165.
Schäller Johann II, 84.
Schuller Johann I, 25.
Schusterchen Martin I, 165.
Sebülti, Insel II, 362.
Schwarz Johann I, 14. 66. 78.
Schwarze Kreisch, s. Körös.
Schweden I, 63. 67. 83. 109—111. 129. 149—156. 158. 170. 171. 174, 188. 213. 214. 216. 218. 221. 222. 239. 241. 243. 244. 245. 247—254. 257. 259—261. 268. 269. 271. 275—277. 279. 282. 299—301. 304. 305. 307. 308. 345. II, 366.
Schweischer Johann II, 9. 86. 87. 260. 393.
Schytte Benedict I, 185.
Scultetus Dr. I, 77. 78. 84—86.
Sebessi Franz I, 270. 315. 316. 318. 335. II, 247. 250. 251.
Sebessi Nicolaus I, 184. 350.
Sebesvar I, 352. II, 116. 370. 371. 373—375.
Segesd, s. Schass.
Segesd (in Ungarn) II, 383. 387.
Segesvar, s. Schässburg.
Seidi Achmet Pascha II, 14. 16. 19. 21—30. 33—36. 51. 55. 59—63. 68. 73. 79. 81.
82. 83. 86. 88—91. 99—101. 104. 105. 112. 113. 116. 127. 131.
Seidner Andreas II, 27. 28.
Seiller Lucas I, 17. 18.
Selyei Stefan I, 334.
Semeny Paul II, 159.
Semleny II, 161. 173.
Semriger Matthias II, 392.
Senyei Stefan I, 79.
Sepsi II, 97. 191.
Seraphinus Lazar I, 164.
Seraphinus Valentin I, 19. 47. 164. 167.
Serben, s. Ratzen.
Serbia (Stadt) I, 222.
Serbien II, 383.
Seredi Benedict I, 334.
Seredi Paul I, 152.
Seredi Stefan I, 142. 189. 193.
Seresini II, 368.
Serial Nicolaus, s. Zrini Nicolaus.
Serini Peter, s. Zrini Peter.
Serinvar II, 285. 293. 325. 326. 333. 340. 363. 364. 376. 385.
Serkes, s. Tscherkessen.
Serwen, s. Ratzen.
Setsch II, 332.
Sibo II, 252. 301. 395.
Sicilien I, 61.
Sickingen v. II, 381.
Sicali, s. Sachler.
Siebenbürgen (siebenbürgisch) I, 1. 6. 13. 19. 27. 33—36. 41. 46. 48—50. 53—55. 57. 59—62. 65—67. 70—74. 77—80. 82—84. 90—94. 101—103. 105. 106. 113—114. 116—130. 124—126. 128. 130. 133. 135. 136. 138. 139. 141. 142. 147. 148. 151—137. 167. 163. 171. 175. 177. 179. 180. 184—189. 196. 197. 201. 203. 204—206. 209—214. 216—218. 220—222. 225—238. 238—240. 242. 243. 246. 247. 253. 254. 256. 260. 261. 267. 269—274. 276—287. 289. 291. 295—297. 300. 304. 307. 309. 313. 314. 316. 318. 321. 322. 332. 335. 343. 345. 351. 352. 355. 356. 358. 360. 363. 372. 375. 380—382. 384. II, 6. 15—16. 20. 27. 33. 35. 51—52. 58. 59. 61. 65. 69. 71. 85—93. 96. 98. 100. 104. 109. 110. 112—115. 117. 118. 121. 141. 143. 144. 149—151. 154. 155—162. 164. 172—174. 187. 188. 197—200. 203. 207. 208. 210. 212—215. 230. 238. 240. 242. 245. 246. 255. 259. 262. 266. 273—275. 277. 280. 285. 288—290. 296. 297. 300. 301. 309. 310—312. 316—321. 324. 326. 327. 329. 330. 332. 338. 341. 343. 344. 351. 369. 371. 373. 388. 394. 395. 398—405. 407. 408. 414.

Siebenlinden I, 142.
Siechhof I, 171.
Sigl Tobias I, 173
Sigmund, König I, 262. 274.
Sigmund III., König von Polen, I, 53. 65. 82.
   110.
Sigmundi Michael, s. Helvig Michael.
Silistria I, 223. 225. 228. 231—233. 235—237.
   351. 356. 367. 377. II, 17—19. 34. 89. 93.
   338. 339.
Silla, s. Zilah.
Simeon, der Serbe I, 230.
Simeoner, s. Caimener.
Simon Michael II, 75—78. 224.
Simon Pascha II, 327.
Simonius Johann II, 145.
Sinan I. 164.
Sind Achmet Pascha, s. Seidi Achmet Pascha.
Skrader Pascha I, 32. 33. 38. 40. 54.
Slam Aga II, 326.
Smilnitzki I, 198. 201. 203. 212. 223. 244.
   253. 256.
Socininner I. 169.
Solimen, Sultan I. 313. II, 157. 379. 382
Soljomkö I, 322. 343. II, 18. 57. 143.
Sombor II, 62. 182. 183. 199.
Sombori Johann II, 159.
Sombori Peter I, 51.
Somherch II, 168.
Somhui I. 322.
Somlyo I, 73. 330. II, 62. 65.
Sophia II, 338.
Sorban Stefan II, 89.
Sorostely I, 322.
Spanien I, 56. 61. 63. 81. 90. 154. 221.
   II, 334.
Spattar I, 198—200.
Spiek II, 376. 387.
Spohan Kecsi Aga I. 294.
Sporb II, 348. 353.
Springer Thomas II, 140.
Spöck, s. Spick.
Spurck, Oberst, I. 282. 307.
Stamp Gregor II, 95.
Stampfen II, 351.
Staremire I. 113—115.
Stefan Desk I, 187.
Stefan Franz II, 90.
Stefan, Loppul's Sohn, II, 138. 139. 145. 192.
Stefan Vaida d. Ae. I, 85.
Stefan Vaida d. J., s. Györgicse Stefan Vaida.
Steiermark (Stenermark) I, 61. 247. II, 294.
   371. 376.
Stein Katharina I, 159.
Stein Lucas I, 159.
Steisley I, 18. 28. II, 218.
Stelle I, 383.

Sternberger II, 317.
Stockholm I, 251.
Stoica Simon II, 49. 55.
Stolzenburg I, 43. II, 36—38.
Straford Graf I, 178.
Stralsund I, 82.
Strassburg I, 220.
Strassnitz (Strassnitz) II, 350.
Streitforder Martin II, 81.
Strell II, 24.
Strigonium, s. Gran.
Stroinl Kolozier I, 231.
Strompf, s. Stampfen.
Strozzi Graf II, 368. 406. 413. 414.
Struts Franz I, 63.
Stry I, 236. 237. 260. 258.
Stuart Karl, s. Karl Stuart.
Stuchard Melchior II, 29. 211.
Stuhlweissenburg I, 362. 369. 372. 378.
Suk II, 3.
Sussa Graf I, 230. II, 109. 114. 116. 149. 317.
   395. 396. 406. 413.
Synagoga II, 373.
Syrien I. 355.
Szabanczki Aga I, 295.
Szabcin, s. Zibin.
Szabo Gettzi I, 298.
Szabo Peter I, 332.
Szaboles I, 74.
Szabadoczki Nicolaus I, 289. 290.
Szakmar, s. Szathmar.
Szalanczi Elisabeth I, 172. II, 51.
Szalanczi Stefan I, 110. 127.
Szalanta I, 123. 124. 135.
Szamaria Peter II, 188.
Szambor, s. Sombor.
Szamos I, 87. 376. II, 68. 69. 73. 118. 215.
   282.
Szamosfalva I, 278. II, 62. 63. 67. 272.
Szamos-Ujvar I, 49. 83. 118. 176. 194. 214.
   244. 254. 259. 260. 278. 286. 301. 302.
   308. 313. 317. 318. 343. 372. 373. 374.
   376. 377. II, 67. 105—108. 143. 153—155.
   177. 188. 200. 202. 203. 213. 217. 243.
   255. 258. 264. 270. 274. 276. 280. 283.
   288. 291. 316. 318. 327. 370. 373. 375.
   395. 407. 413.
Szanem Mirza I, 38. 39.
Szaporiski I, 201. 213.
Szarbegy II, 107.
Szarnse II, 60. 64.
Szasz-Kiusd, s. Keisd.
Szasz-Sebes, s. Mühlbach.
Szasz-Varos, s. Broos.
Szathmar I, 74. 165. 273. 277—280. II, 54.
   56. 57. 147. 154. 158. 160. 187. 188. 199.
   204. 260. 262. 272. 274. 277. 281. 332.

284. 286. 287. 300. 301. 317. 326. 327.
344. 374. 375. 392. 394. 395. 397. 399.
400. 402—409.
Szava I, 231.
Szava Michael I, 282. 233. 240. II, 231.
Szavar I, 133.
Szeben, s. Hermannstadt.
Szecsel I, 164.
Szecsin I, 79. 147. 148. II, 361.
Szebely, s. Szekler.
Szekely Franz II, 106.
Szekely Moses I, 115. 116.
Szekely Samuel II, 97. 98. (106?).
Szekely Sigmund II, 248.
Szekely Stefan II, 123. 134. 136. 232.
Szekelyhid I, 97. 111. 194. 322. 325. 344. II,
 133. 144. 291. 300. 325. 370. 371. 373.
 389. 395. 398. 400. 401. 403—406.
Szekelykeresztur II, 198.
Szekercevar II, 374.
Szekes-Fejervar, s. Stuhlweissenburg.
Szekler (Szeklerland) I, 19. 26. 31. 33. 75. 16.
 119. 131. 140. 156. 178. 179. 181. 203.
 204. 207. 213. 219. 234. 255. 294. 298.
 324. 330. 332. 342. 345. 352. 353. 364.
 365. 370. 374. 375. 377. 379. 380. 384.
 385. II, 2. 10. 11. 13. 31. 34. 37. 54. 58.
 66—69. 83. 89. 93—98. 106. 107. 115.
 117. 118. 123. 125. 142. 143. 151—154.
 174. 184. 185. 187. 191—193. 197. 198.
 200—204. 209. 212. 213. 216. 219. 254.
 255. 266. 272. 274. 308. 309.
Szelystie II, 210. 212.
Szemenyer, s. Csimaner.
Szemplin, s. Zemplin.
Szemzei Stefan I, 255.
Szenavicska I, 260.
Szenderes I, 150—152.
Szent Demeter I, 287. II, 129.
Szent György Franz II, 261. 262. 274. 278.
 289. 293.
Szent Imre II, 259. 260.
Szent Job II, 143. 144. 199.
Szent Pali Johann II, 8. 39. 43. 88. 119. 137.
 155. 214. 215. 217. 219. 222. 242. 247.
 248. 257. 261. 297. 301.
Szent Pali Stefan I, 170—172. 180.
Szent Peter II, 132. 133. 336.
Szentreö, s. Szenderes.
Ser6 . . . s. Sas . . .
Szerbi Capitan I, 281.
Szeredahely, s. Reussmarkt.
Szerencs I, 140. 151.
Szerenin, s. Szerencs.
Szereny I, 324.
Szereny Nicolaus, s. Zrini Nicolaus.
Szereny Peter, s. Zrini Peter.

Szerenyvar, s. Zrinivar.
Szerka I, 345.
Szeverdi Johann II, 151.
Szigeth II, 159. 163. 377—379 384. 385. 389.
Szigethi Peter I, 334. 336. II, 141.
Sziko I, 36.
Szilagy, s. Szilagysag.
Szilagy Johann I, 229. II, 62. 65. 73. 203.
 212. 213. 218.
Szilagy Samuel II, 106.
Szilagysag I, 41. 73. 373. II, 62. 177. 187.
 199. 212. 251. 282. 336.
Szilistria, s. Silistria.
Szilfa s. Zilah.
Szillassi I, 42—44.
Szilvassi Valentin I, 355. II, 31. 156. 158.
 287. 403.
Szina I, 189.
Szinan Pascha II, 144.
Szinda Thomas II, 265.
Szobotin II, 64. 65.
Szöcsi Georg I, 69.
Szöcsi Maria I, 144—147.
Szöfda, s. Gross-Alisch.
Szölös (bei Gross-Wardein) II, 91.
Szöldni Johann I, 172.
Szogin II, 335.
Szobely I, 305.
Szolnok I, 119. 324. 334. II, 61. 68. 116.
 144. 289.
Szolyomi David I, 80. 87. 89. 92—96. 102—
 105. 107. 111.
Szolyomi Nicolaus II, 49. 143. 162. 163. 253.
 293.
Szombathfalvi Stefan I, 163. II, 86. 285. 287.
Szombatossen, s. Sabbatharier.
Szonok I, 224. 343.
Szucsawa I, 184. 212—214. 218. 280.
Suak, s. Sak.
Suliman, s. Soliman.
Szurtei Georg II, 59. 193. 197. 200. 202. 253.
 274.

T.

Talya I, 93. 94.
Taplocza I, 149. 151.
Tarcsta I, 292. 293.
Tartlan I, 31. II, 297. 321.
Tartlein, s. Tartlan.
Tarna I, 141.
Tasnad I, 239. 322. 325. 330. 344. 345.
Tatarei (Tataren) I, 38—40. 73. 75. 124—126.
 138. 157. 158. 179. 184. 189. 190. 211.
 212. 219—225. 228—230. 232. 239. 240.

242—246. 259. 261. 263. 267. 270. 272.
273. 278. 281. 283—288. 290—302. 304.
306. 309. 311. 314—316. 318. 319. 321.
323. 333. 334. 336. 343. 349—352. 354.
356. 360. 365. 367. 369. 370. 373. 380.
382. II, 1. 16. 19. 26. 27. 29—31. 53.
52—55. 57. 84. 88. 93. 98. 96. 105—107.
123. 138. 141. 143. 145. 146. 152. 153.
155. 158—161. 163. 164. 176. 177. 179—
181. 183. 191. 193. 196. 197. 198. 200—
202. 205. 207. 209. 219. 239. 246. 270.
273. 274. 279. 284. 285. 297. 302. 311.
312. 316—318. 321—327. 353. 355. 359.
344. 346. 347. 350—352. 356. 358. 360—
364. 368—370. 377—379. 382. 387—390.
393. 394. 396. 400—402.
Tataros I, 201—203.
Tattar Aga I, 342.
Tattar Kanyas I, 256.
Tattar Michael II, 74.
Tattariahi Stefan II, 212. 265.
Tatters, s. Tatarei.
Tauber II, 356.
Tchiaki, s. Czaki Graf.
Tzottö II, 159. 163.
Teglas II, 391.
Telebe I, 236.
Teleki Michael II, 173. 203. 204. 251. 240.
261. 297. 394. 395. 396. 402. 403.
Temesburg I, 117.
Temesvar I, 31. 33. 38. 40. 54. 70. 115. 116.
119. 235. 336. 339. 343. 352. 359. II, 5.
6. 9. 16. 18. 29. 30. 33. 35. 55. 58. 59.
64. 65. 68. 84. 89. 91. 139. 161. 212.
219. 227. 232. 242. 253. 256. 263. 264.
267. 268. 273. 279. 281—283. 287—289.
293. 298. 300. 307. 310. 312. 317. 325.
339. 393.
Tergovist I, 114. 208. 267. 356. 383.
Tergul Fromes I, 343.
Teutschland (Teutsche, teutsch) s. Deutschland.
Thasi, Albert von, II, 156. 157. 414.
Theben II, 351.
Theiss (Teiss) I, 92—94. 101—105. 140. 151.
254—256. 344. II, 64. 65. 109. 114. 160.
161. 256. 337.
Theiss Pranz Michael II, 390. 397. 413. 414.
Thelmann (Thelmen) Georg, I. 263. 385. II,
30. 81. 86. 107. 177. 188. 194.
Thiresburg, s. Törsburg.
Tholnaeus Johann I, 169.
Thomas Deak II, 301.
Thorda I, 39—41. 126. 354. 370. II, 21. 26.
33. 34. 36. 37. 65. 257. 255. 365. 375.
358. 393. 397.
Thordai Pranz I, 270. 377.

Thotterlius Johann I. 56.
Thames Johann II, 86.
Thamis I, 196. 197. 201. 203. 206. 211—217.
Thern Graf d. Ae. I, 62.
Thern Graf d. J. II, 407. 413.
Tibany I, 197.
Tilly Graf I, 63. 71. 109. 110.
Tiramanius II, 358.
Tirschfest, s. Törsburg.
Tischler Johann II, 81. 82.
Tissebatsch II, 160.
Tissa (Tissa), s. Theiss.
Tóbea, s. Theben.
Török Deak I, 334. II, 347.
Török I, 269. II, 24.
Török Paul II, 347.
Török Stefan d. Ae. I, 33.
Török Stefan d. J. II, 278.
Törsburg I, 30. 38. II, 17. 29. 49. 50. 39.
248.
Tövis II, 393.
Tokey I, 89. 107. 108. 138. 155. II, 173. 301.
317.
Toldalagi Johann II, 329.
Toldolaghi Michael I, 116. 341. II, 3. 21. 32.
29. 30. 74—75. 80—82. 84. 224.
Tomósch II, 75.
Tompa Stefan II, 97.
Toans II, 187.
Tosaas, s. Dosan.
Torenburg, s. Thorda.
Torma (Fam.) I, 303. 362. II, 261.
Torma Johann I, 370. II, 245.
Torma Stefan I, 335. 370. II, 245. 270. 271.
287. 397.
Torutensen I, 139. 140. 149. 151—153. 155.
156. 247. 304.
Transsylvania, s. Siebenbürgen.
Trapold I, 369. II, 147. 190. 286. 295. 299.
292. 397.
Trassska II, 393.
Trentschin II, 348. 361.
Triebswetter Wolfgang I, 48.
Trösterus Martin I, 161.
Trometter Caspar I, 29.
Tschakatura II, 376.
Tchus Pascha II, 358.
Tscherkessen I, 135. 213. II, 54.
Türkei (Türken, türkisch) I, 12. 16. 26. 32.
34. 35. 37—43. 49. 54. 65—68. 70. 72—
75. 78—80. 83. 113—117. 123—134. 137.
132—136. 138. 142. 143. 145—152. 154—
157. 174. 175. 179. 183. 186. 188. 189.
196. 214. 219. 221. 223. 225. 227. 228.
230. 232—234. 254. 255. 259. 263. 267—
270. 273. 274. 278. 288—290. 295. 299.
301—303. 309. 313. 315. 316. 319. 322.

323. 325. 326, 328—330, 333, 334. 336—
338, 341—345. 349—352, 354, 355. 360—
363, 365—369, 371. 372, 374. 377. 378,
380. 382. 383, II, 1, 6, 7, 9, 10, 15. 16,
19—31. 33, 35, 38, 41—45, 47, 49, 51—
53, 55—58. 60, 61, 63—72. 74, 75, 77.
79, 80, 83—90, 93, 94, 96, 100, 103, 104,
106, 108, 110, 111, 113, 115, 117, 123,
125—127, 132, 133, 130, 138—151, 154—
156, 162—164, 166, 171, 177—180, 182—
185, 187, 192, 194—197, 199—201, 203—
210, 212, 213, 215—220, 229, 231—249,
251—255, 257—259, 261—264, 266, 268,
269, 272—274, 277—283, 285—288, 290—
296, 298—304, 307—314, 316—322, 323—
331, 333—337, 339—342, 344—347, 349.
352—354, 356, 358—366, 368, 370, 372,
374—379, 381—386, 389, 391—394, 396,
397, 401—405, 407.
Torbok II, 379,
Torzo Stanislo I, 36, 37, 77.
Tylly, s. Tilly.
Tyrnau II, 32.
Tyrnau (Tyrnawe) I, 71. 73. 127. 154, II, 350.

108, 109, 113, 115—118, 120, 122, 127,
135, 136, 139, 140, 143, 146, 149, 151,
153, 155, 159—162, 175, 180, 185—188,
191, 199, 203, 204, 206, 207, 210, 211,
213—215, 219—223, 233, 234, 237, 238,
240, 242, 244, 246, 247, 254—256, 263,
265, 266, 268, 270, 272—275, 277, 286,
287, 293, 297, 299, 304, 308, 310, 313,
318, 323, 324, 326, 329, 330, 332—337,
341, 343, 345, 348, 350, 352, 355—357,
359—361, 363, 366, 369, 371, 373—375,
378, 380, 383, 385, 387, 389, 391, 392,
394, 395, 399, 402.
Ungrisch Katharina I, 139, 160,
Ungrisch-Altenburg II, 334.
Ungrisch-Neustadt, s. Nagy Baoys.
Ungrisch-Kreuz, s. Sachely Kercestur.
Universität, s. Sachsen.
Urban VIII, Papst I, 56, 81.
Urbejger Andreas I, 139, 158.
Urescher Georg I, 377, II, 126, 164.

U.

Udre Slagier I, 231.
Udvar II, 392.
Udvarhely I, 131, 324, II, 9, 34, 68, 73, 83,
94, 123, 147, 180, 188, 198, 199, 202, 309,
391.
Ugocsa I, 74.
Ugron Andreas I, 369, 381, II, 29, 30, 86, 108,
148, 211, 246, 236, 257.
Ugron Johann II, 106, 185, 189, 190,
Ugron Paul I, 118.
Ugron Stefan II, 40, 46, 47, 49.
Uladislaus, s. Wladislaus VII.
Umlös, s. Olmöts.
Ungarn (Unger, Ungerland, Ugerländer) I, 24,
30, 36, 38, 40, 49, 53, 37, 38, 61—65, 67,
69, 70, 72, 79, 84, 87, 90—92, 101, 109,
111, 116—118, 120, 123, 126, 130, 133—
135—139, 143, 146—148, 130—132, 154—
157, 167—170, 173, 176, 180, 183, 188,
189, 197, 198, 201, 214, 220, 221, 223—
226, 229, 231, 234, 239—245, 246, 249,
254, 258, 261, 266, 273—277, 279, 280,
282, 283, 299—301, 307, 321, 322, 325,
329—331, 333, 334, 343, 345, 358, 362,
365—367, 370, 372, 376, 380, 383, II, 3,
5, 7—9, 16, 20, 21, 25—28, 33, 38,
37—41, 44—47, 49—54, 56—59, 62, 63,
65—67, 70, 71, 75, 79, 93—95, 100, 103.

V.

Vaios Sigmund I, 224,
Valao (Valoa) Jacob I, 24, 25.
Valkovar II, 144.
Valosen I, 38,
Varad, s. Grosswardein.
Varaden I, 260.
Varadi Johann I, 370, II, 218,
Varadi Jonas II, 131.
Varadi Stefan I, 355, II, 1, 2, 31, 156, 158,
287,
Varadja II, 393, 394.
Varna I, 274,
Varsova, s. Warschau.
Vas Kapo, s. Eisernes Thor.
Vas Ladislaus II, 39,
Vasarhely, s. Maros-Vasarhely.
Vata, s. Waizen.
Vekear II, 280,
Velther Stefan I, 146.
Venaetleö I, 344.
Venedig (Venetianer) I, 42, 36, 57, 72, 80, 81,
133, 137, 221, 326, II, 100, 187, 287, 310,
338, 344, 346, 413.
Ver Georg II, 183, 277,
Ver Sigmund II, 23,
Verböczi I, 181.
Veres Ambrosius I, 161,
Veres Johann II, 96.
Veres Stefan I, 172, 180, II, 107.
Veresvar II, 380.
Verseogel, s. Fernsengel.

Vesprim II. 333. 334.
Vasselrul Franz I, 139. 144—147. 149. 173. 196. 197. 224. 239. 253. 261—263. II. 108. 114.
Vessely Franz II. 317.
Vets II. 126. 127. 148.
Veygl Blasius II. 392. 397. 413. 414.
Vigruthe II. 407.
Vilagosvar II, 33.
Villas Johann II. 170.
Vingard I. 322.
Vish I, 243. 254. 255. II. 163.
Visnafolyo Patak II. 294.
Visakony Peter II. 250. 251. 298. 304.
Vistieral Dragos I, 231.
Vistieral Ginaa I, 203—205. 211.
Vistieral Istratti I. 210. 219.
Vistieral Koride I. 231.
Vistural, s. Vistieral.
Vladen (Vladeny) I, 39.
Vagerland, Vager, s. Ungarn.
Vagleich, s. Ungleich.
Vrbejger, s. Urbejger.
Vrescher, s. Urescher.

W.

Waag I, 67. II. 344. 348—350. 361.
Wachsmann Georg II. 37. 279. 404.
Wage, s. Waag.
Waide Johann I, 47.
Waizen I, 63. II, 261. 262. 274. 277. 289. 293.
Walachei (Walachen, walachisch) I, 11—13. 16. 19. 20. 30. 32. 38. 41. 55. 65. 67. 75. 83. 113. 114. 118. 124—126. 131—133. 138. 139. 141. 152. 177. 185. 191. 195—197. 201. 203—205. 207. 211. 213. 218—221. 223. 224. 228—232. 235. 237 —239. 243. 246. 252. 254. 258. 261. 264. 266. 274. 299. 306. 313. 333. 345. 351. 356. 358. 360. 361. 376. 377. 382. II, 1. 6. 8. 16. 17. 19. 27. 28. 30. 32—34. 49. 50. 54—56. 68. 69. 93. 96. 97. 106. 123. 136. 141. 143. 157. 207. 208. 210—212. 216. 221. 238. 243. 258—260. 263. 264. 287. 297. 312. 316—318. 321. 323—327. 333. 335. 339. 343. 346. 347. 350. 356. 361. 369. 389—391. 393. 394. 396. 400—402.
Waldeck, Graf von, II. 381.
Walderßus Johann I, 191. 345. 373. II, 214.
Wallenstein I, 79.
Wallis II, 406. 413.
Walther II, 336. 342. 353.

Wardein, s. Grosswardein.
Warschau I, 149. 174. 270.
Weichsel I, 249. 270. 271. 281. 282. 303.
Weidenbach I. 30. 137. 331.
Weigell, s. Veygl.
Weimar I, 80. 247.
Weirauch Bartholomäus I, 119.
Weirauch David I, 14. 50. 52. 74. 113. 118. 119.
Weiss Michael I, 32. 33.
Weissenburg I, 26. 41. 50. 52. 56. 57. 70) 73. 76—78. 80. 82—85. 88. 89. 92. 107. 113. 116—118. 120—122. 124. 126. 131. 133. 136. 137. 139. 161. 173—175. 180. 181. 184. 185. 188. 190. 192—194. 225. 226. 228. 232. 237. 238. 244. 258. 263. 264. 272. 273. 278. 236. 287. 288. 298. 318. 321. 324. 325. 327. 353. 345. 343. 353. 354. 376. 381. II, 3—5. 25. 36. 48. 93. 153. 312. 313. 321. 344. 343. 373. 388. 389. 391. 394. 395. 402. 404. 405.
Weissenberger Johann I, 135.
Weisser Berg I, 39.
Weisskirch II. 28. 39. 82. 83. 87. 180. 195. 198. 222. 225. 231. 233—235. 237. 238.
Welliagh Gotthard I, 233. 239. 270.
Wellmann Martin II. 299.
Weltz, Maximilian Ernst Freiherr von II, 337.
Wenceslaus, Herzog von Sagan II, 300.
Wench I, 19. 29. 11. 87. 191.
Westwort Thomas I, 178.
Werder Andreas I, 329. II. 44.
Werdermann I, 264.
Wey . . ., s. Wei . . .
Weyeraw II, 354.
Wiedertäufer I, 72. 169.
Wien I, 17. 20. 47. 49. 50. 53. 55. 56. 61. 65. 80. 88. 108. 139. 147. 157. 195. 211. 220. 267. 372. II, 57. 187. 207. 210. 245. 251. 261. 287. 293. 334. 335. 342. 349. 362. 365. 368. 387. 402. 415.
Wilhelm Adolf von Nassau I, 268.
Wimpfen I, 71.
Windischgrätz, Graf II, 368.
Wins I, 38. 57. 72. 92. 102. 103. 111. 171. 194. 227. 235. 268. 307. 333. II, 25. 65. 135. 321.
Wladislaus V., I. 262.
Wladislaus VII. I, 174. 221.
Wolf II, 48.
Wolf Hans II, 137.
Wolf Rhedan, s. Reides, Daniel s.
Wolfsgrube I, 147.
Wolkendorf II, 222. 226. 233. 237.
Wollhahrt Peter II. 379.
Woltscher Georg II, 87.
Wotsch Lucas II. 299.

Würtemberg II, 384.
Wörts I, 252, 268, 271, 275, 276, 252, 307, 308.
Wüstung I, 171.

Z.

Zaffira, s. Saffira.
Zsikas II, 21.
Zakmar, s. Szathmar.
Zalaga Kapitanj II, 326.
Zalaga Morasa II, 193.
Zanni Graf II, 406, 407, 413.
Zarand I, 324.
Zattbmar, s. Szathmar.
Zeben I, 142.
Zeiden I, 30, 31, 82.
Zolssen II, 348.
Zekel (Zekelland), s. Szekler.
Zekelhed, s. Szekelyhid.
Zemleny, s. Semleny.
Zemplin I, 74.

Zeraphinus, s. Seraphicus.
Zeret II, 345.
Zernischt, s. Zernyest.
Zernyest II, 401.
Zibin I, 115, 132, 137, II, 36.
Zickmantel, s. Zuhmantel.
Ziffra Johann II, 82.
Zigenner I, 118, 137, 342, II, 34, 143.
Zilah I, 373, II, 62, 403.
Zillist, s. Szelystie.
Zimener, s. Csimener.
Zinnevits II, 207, 410, 413.
Zinzendorf Graf II, 368.
Zips (Zipser) I, 15, 16, 32, 135, 142, 249, 262, II, 203.
Zrini Nicolaus II, 147, 330, 331, 334, 340, 341, 344, 355, 358, 361—363, 374, 376—379, 381—383, 385—389, 396, 397, 400.
Zrini Peter II, 258, 285, 293, 294, 317, 362—364.
Zuhmantel II, 185.
Zusa, s. Susa.
Zwenicaka I, 365.

Druckfehler

bei den „Schässburger Chronisten."

Seite VII, Zeile 5 v. o. „Transylvania" statt „Transylvania."
„   VIII, „   2 „ „ „J. K. Schuller" statt „J. Kaler.
„   X,   fehlt die Anmerkung (zu „Lastenschläger" Z. 2 v. o.): „Der Raaber Bischof Listh erzählt in einer Anmerkung zu Bonfins Schilderung der Schlacht auf dem Brotfeld: „Haec omnis vostri Transsilvani édicines in tabernis longe aliter et verius decantant." Vgl. Transsilvania 1840, S. 38."
„   XXI,   „   13 „ „ „zu verhüllen" statt „verhüllen."
„   XXII, „   7 „ o. „sie" statt „er."
„   „   „   9 „ „ „derselben" statt „des folgenden Auszugs" (es lag nämlich zu dieser Stelle des Manuscripts eine vergleichende Tabelle bei, die aber ihres Umfanges wegen nicht gedruckt werden konnte).
„   „   „   5 „ u. „conevram" statt „conevram."
„   „   „   17 „ „ ist vor das Anmerkungszeichen 63 die ganze auf S. XXI" als Anmerkung 64 abgedruckte Zahlenreihe einzuschalten.
„   XXV,   „   2 „ „ „Standthurmchronik" statt „Städtechronik."
„   XXXIII, „   9 „ „ das Wort „Weyruuch" ist gestrichen, st. „steht so
„   XXXIV, „ 17 „ o. „Handschrift" statt „Wandschrift."
„   XLIV,   „ 11 „ u. „Hallert" statt „Hallert."
„   LII,   „   8 „ „ „1665" statt „1645."
„   „   „   7 „ „ „führt" statt „fahrt."
„   „   „ 11 „ o. „Gabriel" statt „Gabor."
„   LIII,   „ 19 „ „ „Kennt Kraus" statt „Kraus kennt."
„   LV,   „ 11 „ u. „eine" statt „eind."
„   LIX,   „   6 „ „ „genau genug" statt „genug"
„   LXIV,   „ 12 „ „ „Grafius'schen" statt „Grafin'schen."
„   LXXV,   steht an der Stelle von LXXIX, und diese Seite an der Stelle von jener.
„   XCV,   „   3 „ „ „Mettier" statt „Mutter."

www.ingramcontent.com/pod-product-compliance
Lightning Source LLC
Chambersburg PA
CBHW031943290426
44108CB00011B/655